U0872761

# 游客行为与旅游企业经营管理

## 厦门大学 MTA 论文集

林璧属◎主编

旅游教育出版社
·北京·

策　　划：赖春梅
责任编辑：赖春梅

**图书在版编目（CIP）数据**

游客行为与旅游企业经营管理：厦门大学MTA论文集／林璧属主编. --北京：旅游教育出版社，2020.12
ISBN 978-7-5637-4188-5

Ⅰ.①游… Ⅱ.①林… Ⅲ.①旅游企业－企业经营管理－文集 Ⅳ.①F590.65-53

中国版本图书馆CIP数据核字（2020）第244529号

**游客行为与旅游企业经营管理——厦门大学MTA论文集**
林璧属　主编

| | |
|---|---|
| 出版单位 | 北京旅游教育出版社有限责任公司 |
| 地　　址 | 北京市朝阳区定福庄南里1号 |
| 邮　　编 | 100024 |
| 发行电话 | （010）65778403　65728372　65767462（传真） |
| 本社网址 | www.tepcb.com |
| E-mail | tepfx@163.com |
| 印刷单位 | 天津雅泽印刷有限公司 |
| 经销单位 | 新华书店 |
| 开　　本 | 710毫米×1000毫米　1/16 |
| 印　　张 | 29.5 |
| 字　　数 | 500千字 |
| 版　　次 | 2020年12月第1版 |
| 印　　次 | 2020年12月第1次印刷 |
| 定　　价 | 62.00元 |

（图书如有装订差错请与发行部联系）

# ‖ 序 ‖

厦门大学管理学院旅游管理专业硕士（MTA）自2010年教育部批准设立以来，围绕工作定位与思路、课程思政教学、职业道德与伦理教育培养等展开本专业学位教育制度性设计，坚持“格物致知，知行合一”办学理念，依托厦门大学管理学院的学科优势与师资力量，秉承“产学研”相结合的人才培养原则，加强与相关旅游行政管理部门和旅游企业广泛而深入的合作，致力于旅游经营高级专门人才培养，旨在培养学生成为具有社会责任感和旅游职业素养、具备国际化视野和战略思维能力、能够胜任现代旅游、酒店接待及相关行业实际工作的领导型管理人才与创新创业人才。重点围绕课程、科研、实践、文化、心理、管理、服务和组织等育人体系，设置培养符合社会需求与培养目标、突出创新与应用能力的课程体系，进行教学综合改革，尽可能完善校外资源参与课程教学、开发建设教学案例、践行本专业学位学生专业实践的制度体系设计，严格执行师德师风建设，在教育、宣传、考核、监督、激励、惩处、组织领导与实施保障等方面全面落实师风建设制度，努力实现本专业学位教育的特色定位、培养成效及服务社会的功能。历经十载，有诸多成功也有些许不如意。十年之际，似乎已有必要做一番梳理和总结。

为适应旅游行业快速而多变的市场，迎合旅游综合性发展的新需要，我们自2012级开始进行了专业方向的调整，设立旅游（地产）投资管理、国际酒店管理和旅游连锁经营三个专业方向，着力将16门课程打造成为精品课。我们采用授课教师的课前预审制、试讲制和接受全系教师的点评，以期提高授课效率。我们外聘知名学者和业界精英授课，中国旅游研究院院长戴斌教授已坚持9年为MTA9届学生授课，美国Billy Bai、屈海林教授等亦为学生授课，我国台湾的暨南大学的郑建雄、静宜大学的吴政和、高雄科技大学的李一民和嘉义大学的郑天明教授和大陆业界的袁学娅、董媛等实践高手也为学生授课，以此增强学生的实践能力和贴近实际的洞察力。

我们坚持课堂教学与现场实践案例相结合的教学方式，尽全力推行研学实践，内地研学以参访旅游地产项目和各类创业项目为主，同时我们还推行台湾研学移动课堂。2011 级于 2012 年 4 月下旬开启第一次台湾研学，行程包括金门、台中、高雄、台东、花莲、台北和新北等县市，2012 级于 2013 年 4 月下旬开启的台湾研学行程还是金门小三通进出，足迹遍布台湾本岛大部分县市，2013 级至 2018 级都是于次年的 4 月下旬厦门直飞台北往返，时间固定为期 9 天，其中，2017 级的 2018 年台湾研学行程为 10 天，2016 级的台湾研学时间为 2017 年的 6 月下旬。研学内容涉及乡村旅游、生态观光、民宿、汽车旅馆、连锁餐饮、文创、观光工厂、温泉、奢华酒店、共创体验、博物馆等，以及六所大学的参访交流。我们坚持实践教学基地建设。校外教学基地不断拓展，面向一线旅游企业建立实践基地，校内教学基地成功创建——2016 年开始设计装修厦门大学管理学院教学实验基地林梧桐楼，并于 2018 年 3 月投入运营，成为培养国际酒店管理人才的基地。

十年之际，如果说有什么不足，最大的不足就是毕业率不理想，究其原因，主要瓶颈是论文。

本集为旅游管理专业硕士论文集，内容涉及旅游行为、旅游企业经营和酒店管理、景区与目的地管理、旅游地产投资管理等方向。旅游管理专业硕士论文，如何兼顾学术性与实践性，一直是困扰我们的难题，我们强调选题要有旅游实践指向性，为保证质量，又只能尽可能地在实践性的基础上强调学术性。我们导师学科背景不同，论文学术规范自然有异，论文评价结果也会有些许差异。但是，无论是盲审老师还是答辩评委，都本着科学、求真和规范的标准，严格地把好一道道关口。为总结经验教训，特抽选毕业论文中的 21 篇论文结集出版，以期为后进者作参考。同时也接受全国高校同行的批评，我们本着“丑媳妇总是要见公婆”的心态，虚心接受，敬请同行不吝赐教。

在此之际，再次向关心和帮助厦门大学旅游管理专业硕士的领导和全国同行们表示衷心的感谢！向各位授课教授、论文教导教师、盲审教授和答辩评委们表示由衷的谢意！

我们将继续努力，笃行致远，砥砺前行。

林璧属

2020 年 5 月 1 日

# 目 录

# 第一篇 游客行为研究

# 来厦游客伴手礼购买行为研究

黄凌鸿[①]

**摘要**：厦门 2012 年旅游收入中，旅游购物仅占 20.2%，近三年来也仅在 20% 左右浮动。如何发展旅游购物是一个非常值得业界和学术界共同探讨的问题。本研究发现，厦门伴手礼市场应具有较大发掘潜力的优势，但由于投入因素存在不足，如产品刺激因子中厦门伴手礼的质量、种类、价格、包装、服务未能较好地满足来厦客源对购买伴手礼馈赠亲友与纪念的心理需求，以及社会刺激因子反映出的导游营销公信力的缺失，使得游客在内部感知、学习和了解的综合作用下无法体现其应有的消费实力，制约了做大厦门伴手礼市场优势的发挥。据此，本文提出如下建议：根据人口学变量特征设计和生产适合市场需求的厦门伴手礼；提升游前信息内涵，增强即时信息信誉，营造伴手礼销售内生环境；完善市场监管机制，重塑顾客与导游间的互信感；及时掌握因子变化影响，引导伴手礼市场规范发展。

**关键词**：来厦游客；伴手礼；购买行为

## 一、引言

厦门作为经济发展特区，福建著名的海上花园旅游城市，在旅游业飞速发展的同时旅游购物业却徘徊不前。本文中旅游购物指旅游者为了旅游或在旅游活动中购买各种实物商品的经济文化行为。本文所研究的是旅游购物中游客对厦门伴手礼的购买行为，但排除了为转卖而进行的购物行为。厦门旅游购物商品以“伴手礼”最为普遍，主要有馅饼、肉制品等土特产品以及风光明信片、小饰品等纪念品为主，但整体设计上缺乏差异化，未能鲜明地体现出地域特征，而富有闽南传统文化特色的“漆线雕”等工艺品却因其售价较高不易携带而缺乏吸引力。厦门市贸易发展局等相关部门为改变这一现状，自 2009 年底首次举办伴手礼评选及推广活动，三年多来得到厦门伴手礼开发企业的积极响应，在名气渐长的同时伴手礼销售额有所提高但整体旅游购物水平仍不容乐观。据厦门旅游局统计，厦门 2012 年旅游收入中，旅游购物仅占 20.2%，与目前国内水平持平，近三年来也仅在 20% 左右浮动（黄国彬、林德荣、林璧属，2013），这样的数据显然与多数发达国家有很大的差距。

---

① 2011 级，2013 年毕业；点评教师：李玲。

旅游购物行为既是一种经济学上的交易行为，也是游客在心理学上的一个复杂的心理活动过程。游客作为旅游购物交易过程的主体处于市场需求方，如果要发展旅游购物、提高旅游行业经济效益，那么研究游客购物行为的特征和规律至关重要，因此本文从消费者心理学以及行为学等角度对来厦游客伴手礼购买行为进行研究是一个非常值得业界和学术界共同探讨的问题。

## 二、旅游购物研究现状

### （一）旅游购物国外研究现状

从 1900 年起，旅游购物就成为国外学者们的一个研究热点。

在旅游购物研究方法上，弗比克为旅游购物的研究提供了一个新的视角，即运用“时间－空间法”来分析旅游购物预算（Anderson and Littrell, 1995）。安德森（Anderson，1995）指出，在游客购物经历的研究上很少有人运用经验性研究来分析（Littrell，1996）。利特尔（Littrell，1996）认为，想要对旅游纪念品行业的发展和旅游目的地的产品设计及市场营销提出最可靠、真实的建议，就必须了解不同游客群体的购物偏好并分析游客的整个购物经历（Cohen，1988）。科恩（Cohen，1958）和利特尔（Littrell，1995）等人分别对游客购物行为及其影响因素、游客购物偏好等进行了实证调查研究。

在旅游购物行为特点的研究上，森彭格（SenPenger，2003）等发现不同类型的旅游购物者在购物空间方面存在特征和偏好差异。韩国观光研究院的加布·琼（Gab-Joung，1999）认为，“旅游购物行为不仅指游客在旅游目的地进行的商品购物活动，还指一切在购物过程中附带产生的参观、游览、品尝等行为。”吉、麦肯斯、乔伊德（Gee, Makens, Choyd，1997）等通过随机观察总结发现游客在旅游目的地进行的第一或最后一件事通常是购物。向（Heung，1998）研究了香港游客的购物特征，他认为正是因为香港利用其所占据的独特地理优势，着力发展旅游购物，才使得香港每年能吸引上千万游客游览购物。据统计，游客每年在港旅游花费额近千亿港元（Heung and Qu，1998）。

### （二）旅游购物国内研究现状

我国学者对旅游购物的研究起步较晚，主要是在 1990 年以后。

在旅游购物研究方法上：石美玉（2003）构建了一个旅游购物理论框架，该框架结合了经济学、文化学及行为学等多学科，对中国旅游购物存在的问题提出了解决的基本思路。马进甫则以旅游商品、旅游购物行为、旅游购物市场、旅游购物产业为旅游购物研究的四个基本点。钟志平、郭伟及崔玲玉等认为，要对旅游购物市场上存在的商家缺乏销售艺术，购物设施空间布局混乱，旅游商品雷同、质量差、行业自律差等问题进行改善和研究。袁国宏、叶苏平以及王晖等提出要通过扩大规模，发展连锁经营；将旅游购物环境视为旅游资源以及从政府职能、政策倾斜、产品销售等方面研究旅游购物的发展。

在旅游购物行为特点上：石美玉（2005）通过消费心理学、行为学、经济学等多视角对游客购物行为模式、购物决策过程及其特点进行了研究，并分析了旅游购物的未来发展趋势，发现游客购物行为具有即时性、风险性、模仿性、回头客少的特点。洪艳（2008）认为，旅游购物行为的特点可表现为：行为发生的普遍性、购物地点的集中性、决策方式的自主性、购物动机的多样性和购物行为的高风险性，这种高风险性主要体现在价格风险、产品质量风险和服务风险三个方面。陈晓艳、黄震方（2008）对南京市的农业游的游客购物行为进行了实证研究，从游客结构、停留时间、对购物环境的要求等方面进行了讨论。钟志平、王秀娟（2010）在对少林寺景区自驾车游客购物消费行为进行实证研究时，从购物决策、价格水平、产品选择、对不合格产品的态度等方面总结出了被调查者购物行为的基本特征。

总体说来，在对旅游购物者的研究上，国外学者的研究维度更具体更细化；在对旅游购物研究方法上，国外更侧重于对各种角度和影响因子的实地调研与分析，国内更注重对整体旅游购物市场改进方案的提出；在旅游购物行为特点上，国外更侧重于定义上的解析并结合实地调研结果进行论证，国内则更注重从不同学科角度和旅游特征进行归纳总结。

## 三、研究设计与调查

### （一）问卷的设计与调查

1. 问卷设计

问卷采取结构式设计方式，参照李克特量表进行分析统计：

李克特量表（Likert scale）是评分加总式量表最常用的一种，属同一概念的这些项目是用加总方式来计分，单独或个别项目是无意义的。它是由美国社会心理学家李克特于 1932 年在原有的总加量表基础上改进而成的。该量表由一组陈述组成，每一陈述有类似于“很好”“较好”“一般”“较差”“很差”等五种答案，分别记为 1、2、3、4、5，每个被调查者的态度总分即他对各道题的回答所得分数的加总，这一总分可说明他在这一量表上的不同状态或他的态度强弱。

问卷设计的理论基础为消费者购买行为中的霍华德 - 谢思模型，该模型中的四大因素构成问卷的四大组成部分：

（1）对游客人口学变量特征及购物背景进行调查，包括游客性别、年龄、学历、职业、家庭收入、客源地、家庭结构、性格、游览天数、行程安排和购物经验等。为问卷调查表第 1–11 题，属于该模型中的外在因素。

（2）对游客伴手礼购买评价、购买时间、地点、途径等进行调查，为问卷调查表第 18–22 题（产品刺激因子）、第 23–24 题（符号刺激因子）、第 15、16 题（社会刺激因子），属于该模型中的投入因素。

（3）对游客购物决策类型以及购买需求进行研究，为问卷第 14、17 题，属于该模型中的内在因素。

（4）对游客购物行为反应进行研究，为问卷第 12、13 题，属于该模型中的产出因素。

图 1 揭示了问卷各题目间的相关性：

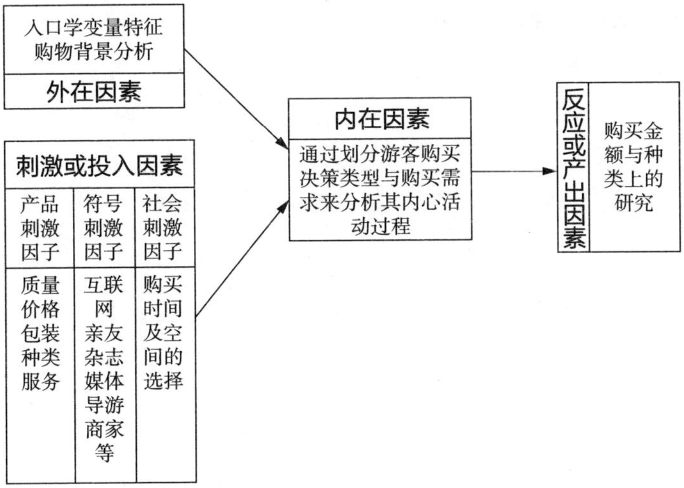


图 1　问卷设计方式

2. 问卷调查的过程与方法

本问卷于 2013 年 7–8 月对到厦门南普陀、厦门大学以及中山路的游客进行正式问卷调查，问卷团队客、散客约各占 50%，由于 7–8 月为学生假期，多为父母与孩子或大学生结伴旅游，其中家长为了锻炼孩子的社会阅历都会要求由孩子填写调查问卷，因此做统计时会发现问卷样本多为学生。其次，问卷填写前已确认所有参与人员均进行购物活动。

本次调查采用即发即收方式，根据调查问卷数量应达到问卷题数（本文问卷设计为 24 题）5–10 倍为合理数量的原则，本人共发放问卷 200 份，回收分析其填写的内容后，得到有效问卷 157 份，问卷有效率 78.5%。

### （二）问卷的统计分析方法

1. 频数分析

频数指对总数据按某种标准进行分组，统计出各个组内所含个体的个数。频数分析即通过了解组内次数占总数据次数的比例来获取分析的结论。对于一组数据，要了解数据的分布状况或数据落入指定区域内的频数，可用频数表来表示。

2. 列联表分析与独立性检验分析

列联表是以列表方式表示两个（或多个）变量式属性，具体说是将两个属性变量的不同取值置于行和列的位置，在表格中填入变量取值的频数的表格。独立性检验，是一种基于列联表分析的假设性检验，被用来确定一个列联表的行变量是否独立于它的列变量。两个分类变量的独立性检验就是通过卡方统计量来确定在多大程度上可以认为这两个变量有相关关系。

3. 单因素方差分析

方差分析实质上是一个假设检验的问题，可以用来分析某一个因素对所考察的随机变量的影响，本文使用单因素方差分析法检验来厦游客伴手礼购买行为在各种人口统计特征变量及其他相关因素上是否存在显著性差异。

## 四、数据分析

### （一）外在因素

根据霍华德－谢思模型，消费者的外在因素指购买决策过程中的外部影响因素，如文化、亚文化、社会阶层、个性、财力、时间压力和产品选择性等，问卷调查的设计将通过人口学变量和游客购物背景变量两个方面进行测量，有助于从原因上分析和研究游客的旅游购物行为。

1. 旅游人口学变量分布

根据表 1，在调查时间为 2013 年 7–8 月这一时期，厦门游客的主要人口学特征为：来厦游客以北京、上海、广东、江苏、浙江、江西等经济发达地区为主；游客的年龄群主要分布在 18–25 岁以及 26–45 岁两个年龄段，游客年龄层较年轻；游客学历大多为大专或本科学历，游客文化程度较高应对伴手礼的人文含量有较高期望；家庭年收入方面以 8–15 万及 15–30 万两个层次为主，经济实力中上水平应对伴手礼的质量、价格有较高期望；游客所属的家庭结构多为核心家庭，应有良好的家庭亲情氛围，注重对联系紧密的社会关系进行维系与呵护。这类游客应乐于在经济承受范围内尽可能多地购买伴手礼；游客性格以中性和偏外向为主，有利于受外在诱因影响产生购买冲动。

**表 1　样本的人口特征**

| 类别 | 选项 | 频数 | 频率（%） | 累计频率（%） |
|---|---|---|---|---|
| 性别 | 男 | 65 | 41.4 | 41.4 |
| | 女 | 92 | 58.6 | 100 |
| 年龄 | 18–25 岁 | 96 | 61.1 | 61.1 |
| | 26–45 岁 | 55 | 35 | 96.1 |
| | 46–60 岁 | 4 | 2.6 | 98.7 |
| | 60 岁以上 | 2 | 1.3 | 100 |
| 学历 | 初中及以下 | 5 | 3.2 | 3.2 |
| | 高中或中专 | 40 | 25.5 | 28.7 |
| | 大专或本科 | 104 | 66.2 | 94.9 |
| | 研究生及以上 | 8 | 5.1 | 100 |
| 客源地 | 福建省 | 16 | 10.2 | 10.2 |
| | 江苏、浙江、江西 | 55 | 35 | 45.2 |
| | 北京、上海、广东 | 32 | 20.4 | 65.6 |
| | 港澳台或国外 | 1 | 0.6 | 66.2 |
| | 其他省 | 53 | 33.8 | 100 |
| 职业 | 公务员 | 10 | 6.4 | 6.4 |
| | 公司职员 | 37 | 23.6 | 30 |
| | 学生 | 76 | 48.4 | 78.4 |
| | 退休 | 2 | 1.2 | 79.6 |
| | 其他 | 32 | 20.4 | 100 |
| 家庭年收入 | 50 万以上 | 6 | 3.8 | 3.8 |
| | 30–50 万 | 17 | 10.8 | 14.6 |
| | 15–30 万 | 37 | 23.6 | 38.2 |
| | 8–15 万 | 61 | 38.8 | 77 |
| | 3–8 万 | 28 | 17.9 | 94.9 |
| | 0.5–3 万 | 8 | 5.1 | 100 |
| 家庭结构 | 独居 | 8 | 5 | 5 |
| | 核心家庭 | 106 | 67.5 | 72.5 |
| | 单亲家庭 | 10 | 6.4 | 78.9 |
| | 主干家庭 | 31 | 19.8 | 98.7 |

续表

| 类别 | 选项 | 频数 | 频率（%） | 累计频率（%） |
|---|---|---|---|---|
| 家庭结构 | 其他 | 2 | 1.3 | 100 |
| 性格 | 外向 | 28 | 17.8 | 17.8 |
| | 比较外向 | 47 | 30 | 47.8 |
| | 中等 | 66 | 42 | 89.8 |
| | 比较内向 | 13 | 8.3 | 98.1 |
| | 内向 | 3 | 1.9 | 100 |

（1）本表调查样本中原有 12 名 60 岁以上人员，但多因问卷调查表内容较多导致问卷错填或漏填，所以有效问卷中仅有 2 名退休，其年龄为 60 岁以上的游客。

（2）本表家庭结构指：独居（一人居住），核心家庭（父母与未婚子女或夫妻双方组成的家庭）、单亲家庭（仅父母中一人与未婚子女组成的家庭）、主干家庭（父母与已婚子女组成的家庭），不包括在这四种类型的家庭为其他。

2. 游客伴手礼购物背景分布

下表主要从游客的游览时间、行程安排、过去伴手礼购买经验来研究游客伴手礼购物背景：游客在目的地游览天数的长短直接影响游客消费购物的时间压力，从表 2 看以 3-4 天的游客最多，占被调查样本的 51%，5-6 天的次之，占 22.9%，1-2 天仅占 13.4%，说明 80% 以上游客在厦游玩时间安排充裕，购物时间压力小；从行程安排上看以专门游览厦门的游客最多，占 65%，说明大多数游客对厦门的历史、文化、景点及娱乐消费有较大兴趣，有利于行前信息收集；游客以前的购买印象一般会对其再次参与购物产生延续影响，经对游客伴手礼购买经验进行调查，发现超过 90% 的游客以前的购买印象分布在一般到很好之间，说明对伴手礼购买有较浓厚的兴趣。

**表 2　样本的伴手礼购买背景构成**

| 类别 | 选项 | 频数 | 频率（%） | 累计频率（%） |
|---|---|---|---|---|
| 游览天数 | 1-2 天 | 21 | 13.4 | 13.4 |
| | 3-4 天 | 80 | 51 | 64.4 |
| | 5-6 天 | 36 | 22.9 | 87.3 |
| | 7 天及以上 | 20 | 12.7 | 100 |
| 行程安排 | 专门游览厦门，不去其他地方玩 | 102 | 65 | 65 |
| | 先游览厦门，再去其他地区游玩 | 27 | 17.2 | 82.2 |
| | 游览厦门前、后都去其他地方玩 | 17 | 10.8 | 93 |
| | 游览其他地区后最后游览厦门 | 11 | 7 | 100 |

续表

| 类别 | 选项 | 频数 | 频率（%） | 累计频率（%） |
|---|---|---|---|---|
| 购物经验 | 无购买经验 | 7 | 4.5 | 4.5 |
| | 以前伴手礼购买印象很好 | 17 | 10.8 | 15.3 |
| | 以前伴手礼购买印象较好 | 55 | 35 | 50.3 |
| | 以前伴手礼购买印象一般 | 73 | 46.5 | 96.8 |
| | 以前伴手礼购买印象较差 | 4 | 2.6 | 99.4 |
| | 以前伴手礼购买印象很差 | 1 | 0.6 | 100 |

### （二）投入因素

外在因素多研究游客自身状况，投入因素则是引起消费者产生购买行为的因素，它包括三大刺激因子：产品刺激因子、符号刺激因子和社会刺激因子。投入因素与外在因素共同对消费者的心理活动产生作用，影响其购买行为。

1. 产品刺激因子

产品刺激是指某产品的质量、价格、特征、可用性及相关服务等。本文通过问卷对伴手礼的价格、包装、质量、服务、种类几个方面进行测量。根据冯笑天在《社会调查中的问卷设计》李克特量表的编制方法，问卷中涉及到游客评价的题目按此原则设置“很好”“较好”“一般”“较差”“很差”等类似的备选答案，分别记为1、2、3、4、5，得出体现集中趋势的均值、众数、中位数、和体现离散趋势的方差、最大值、最小值。

从表3看，被调查游客对厦门伴手礼的服务与产品种类的认可度略高于对价格、包装以及质量的认可度。根据被调查游客在价格、包装、质量、服务、种类上的评价，可以发现厦门伴手礼作为产品刺激因子对游客购买行为的激励作用当属中性偏好水平，而对伴手礼的价格、包装与质量必须进行相应的优化与提高。

**表3 游客对厦门伴手礼价格、包装、质量、服务、种类的评价**

| 评价 | 均值 | 众数 | 中位数 | 方差 | 最大值 | 最小值 |
|---|---|---|---|---|---|---|
| 价格 | 2.57 | 3 | 3 | 0.37 | 4 | 1 |
| 包装 | 2.34 | 2 | 2 | 0.42 | 4 | 1 |
| 质量 | 2.34 | 2 | 2 | 0.47 | 5 | 1 |
| 服务 | 2.13 | 2 | 2 | 0.59 | 5 | 1 |
| 种类 | 2.18 | 2 | 2 | 0.68 | 5 | 1 |

2. 符号刺激因子

符号刺激因子主要指通过推销员、广告、媒体等把产品特征信息传递给消费者，从而引导消费者作出购买决策。为了了解符号刺激因子对厦门游客购买行为的影响程度，本节主要对来厦游客对伴手礼信息获取的时间与途径进行调查。

（1）游客信息获取的时间

通过信息传播的途径对信息获取时间可划分为前期途径，即游客出行前获取信息的途径，如广播电视、互联网、报纸杂志、亲友或同事介绍；即时信息途径，即旅途中或到达购物地点后获取的信息，如导游介绍、商家推荐以及同行游客推荐等。

通过问卷中对游客出行前了解程度的调查以及利用李克特量表的编制方法，分别将“很多”“较多”“一般”“较少”“很少”记为 1、2、3、4、5 进行分析得出：

一般地说游客出行前对前期信息准备得越充足则对即时信息的依赖越小，反之亦然。从表 4 看可以发现多数游客在出行前对厦门伴手礼信息的掌握程度一般，因此仍需要依赖即时信息作为参考与辅助，这一统计结果与后面表 8 发现消费者大多数属于广泛性问题解决类型相吻合，即游客需要通过认知和学习过程才能决定所需购买的物品。

**表 4　游客出行前对厦门伴手礼的了解程度**

| 认知 | 均值 | 众数 | 中位数 | 方差 | 最大值 | 最小值 |
|---|---|---|---|---|---|---|
| 游前认知 | 3.18 | 3 | 3 | 0.92 | 5 | 1 |

（2）游客信息获取的途径

调查样本中，游客获取信息的途径如表 5 所示。

**表 5　获取商品信息的途径频数分布**

| 获取途径 | 亲友或同事介绍 | 广播电视 | 互联网 | 报纸杂志 | 导游介绍 | 商家推荐 | 同行游客 | 其他 |
|---|---|---|---|---|---|---|---|---|
| 频数分布 | 67 | 30 | 87 | 21 | 49 | 40 | 39 | 13 |
| 频率（%） | 42.7 | 12.7 | 55.4 | 13.4 | 31.2 | 25.5 | 24.8 | 8.3 |

注：由于获取信息的途径不是单一的，因此表中选项总数大于问卷总数 157。

首先，在网络高度发达的今天，互联网使得信息越来越透明化，提升了消费者获取信息的效率和便捷性，因此调查结果中互联网成最高频的信息获取途径，仅次于互联网的是亲友或同事介绍。互联网、导游与同事成为传播的主流途径，使消费者在心里形成对厦门伴手礼的初步印象，成为其日后发生购买行为的一个重要刺激因素。我们还发现这两种传播途径是需要消费者主动去了解和查询的，可以体现为游客对旅游购物意识积极性的提升，是正向的、主动性的学习行为。

其次，在即时信息获取途径中导游、商家、同行游客的推荐只起到了辅助作用，其中以导游推荐的频率最高，占 31.2%。本调查样本中团队客约占 50%，问卷有效率 78.5%，即假设有 78 位有效的团队客样本，其中 49 人接受来自导游推荐，占团队客比率的 63%。由此，我们可以发现导游员作为旅游购物最传统的促销方式，对游客的购买决策可以起到较直接且重要的影响。

3. 社会刺激因子

社会刺激指刺激游客购买的社会环境，如家庭、社会阶层刺激、时间与空间环境刺激等。本文主要从游客购物的时间与空间角度进行问卷调查统计，其调查结果如表 6 与表 7 所示。

从表 6 可以发现游客大多在旅途中觉得需要时自行购买伴手礼，这是一种随机性购买，其比例多达 73.9%，本次调查样本仅有 50% 的人属于团队游客，通过导游带领进店购买的比率为 24.8%，说明厦门导游的营销辅助作用不明显。

**表 6　游客购买厦门伴手礼时机频数分布**

| 时机 | 跟随导游进店 | 途中需要时购买 | 离开时购买 | 其他 |
|---|---|---|---|---|
| 频数分布 | 39 | 116 | 25 | 19 |
| 频率（%） | 24.8 | 73.9 | 15.9 | 12.1 |

注：游客购物时机不受限制可多选，导致时机交叉出现，因此表中选项总数大于问卷总数 157。

从表 7 看出 59.2% 的游客偏向在自选商店或超市购物，这部分游客较为精打细算，属于货比三家购物理性程度较高人群。购物点比率占据第二的是景点购物区，为 44.6%，说明厦门景区的购物产品在价格、质量上受到游客认可，游客随机性购买冲动比率不低。而跟导游进店购买仅占 19.7%，游客受导游这一即时信息影响而做出购买决策的比率不高，说明游客对导游的推介持抵触或戒备心理。

**表 7　游客购买厦门伴手礼地点频数分布**

| 购买地点 | 跟导游进店 | 景点购物区 | 自选商店或超市 | 其他 |
|---|---|---|---|---|
| 频数分布 | 31 | 70 | 93 | 26 |
| 频率（%） | 19.7 | 44.6 | 59.2 | 16.6 |

注：游客可以在多点购物，因此表中选项总数大于问卷总数 157。

## （三）内在因素

投入因素与外在因素共同对游客产生影响，形成了游客认知学习的过程，这一过程影响着游客的心理变化，这就是霍华德－谢思模型最基本、最重要的因素——内在因素。该模型认为消费者内心接受投入因素的程度受到需求动机和信息反应敏感度的影响，因此本文将从游客购买类型划分、需求动机和信息反应等方面测量内在因素。

1. 游客购买决策类型

根据霍华德－谢思的理论将消费者购物的决策类型划分为三种：广泛性问题解决类型，即勾选问卷表第 14 题选项 A，“认真考虑、挑选后认为值得购买才买的游客”；有限性问题解决类型，即勾选问卷表第 14 题选项 B，“导游、他人推荐或受广告吸引购买的游客”；例行性问题解决，即勾选问卷表第 14 题选项 C，“直接购买早已想好的产品或者觉得喜欢就买的游客”。

表 8　购物决策类型频数分布

| 决策类型 | 广泛性问题解决类型 | 有限性问题解决类型 | 例行性问题解决类型 |
|---|---|---|---|
| 频数分布 | 99 | 24 | 34 |
| 频率 % | 63 | 15.3 | 21.7 |

如表 8 所示，有 63% 的调查者属于广泛问题解决类型，21.7% 属于例行性问题解决类型，只有 15.3% 的调查者属于有限型问题解决。可见来厦门的游客大多数需要经历内在因素这一环节，即学习、信息收集后才能最终做出购买决策，这在很大程度上降低了游客对厦门伴手礼产品的购买冲动。

为了分析外在因素与投入因素对其购物决策类型是否存在显著差异，本文采用 SPSS19.0 对外在因素与投入因素中购物决策类型的定类和定序变量因素的影响进行独立性检验，对外在因素与投入因素中购物决策类型的定量变量因素的影响进行单因数方差分析。

表 9　影响变量对游客购物决策类型的独立性检验结果

| 变量 | 性别 | 年龄 | 学历 | 客源地 | 职业 | 收入 | 家庭 | 性格 | 天数 | 行程 |
|---|---|---|---|---|---|---|---|---|---|---|
| Sig | 0.666 | 0.010 | 0.664 | 0.140 | 0.043 | 0.057 | 0.567 | 0.136 | 0.552 | 0.637 |

注：独立性检验中值如果小于 0.05，则表示存在显著性差异。

由表 9 可知不同性别、学历、客源地、收入、家庭、性格、天数和行程上游客的旅游购物没有显著差异存在，而不同年龄、职业的游客其购物决策类型上则有显著差异存在。

**表 10　基于年龄的游客购物决策类型分布**

| 决策类型 | 广泛性问题解决类型 | 有限性问题解决类型 | 例行性问题解决 |
|---|---|---|---|
| 18-25 岁 | 67（69.8%） | 11（11.5%） | 18（18.8%） |
| 26-45 岁 | 31（56.4%） | 10（18.2%） | 14（25.5%） |
| 46-60 岁 | 1（25%） | 1（25%） | 2（50%） |
| 60 岁以上 | 0 | 2（100%） | 0 |

由表 10 我们可以发现 46-60 岁与 60 岁以上的游客以有限性以及例行性问题解决类型为主，26-45 岁的游客样本中有限性与例行性问题解决类型共占比近 50%。产生这一结果的原因一方面与这类人群的经济实力较稳定、人生阅历较丰厚有关系，另一方面也因为这部分样本的游客以团队客居多。

**表 11　基于职业的游客购物决策类型分布**

| 职业 | 广泛性问题解决类型 | 有限性问题解决类型 | 例行性问题解决 |
|---|---|---|---|
| 公务员 | 5（50%） | 1（10%） | 4（40%） |
| 公司职员 | 23（62.2%） | 7（18.9%） | 7（18.9%） |
| 学生 | 53（69.7%） | 8（10.5%） | 2（19.7%） |
| 退休 | 0 | 2（100%） | 0 |
| 其他 | 18（56.3） | 6（18.8） | 8（25%） |

由表 11 我们发现样本中唯一的 2 名退休游客均为有限性问题解决类型，而其他职业的被调查游客则多以广泛性问题解决类型为主。

**表 12　影响变量对游客购物决策类型的单因素方差检验结果**

| 变量 | 购物经验 | 价格 | 包装 | 质量 | 服务 | 种类 |
|---|---|---|---|---|---|---|
| Sig | 0.858 | 0.672 | 0.691 | 0.762 | 0.102 | 0.331 |

注：单因素方差检验中如果变量值小于 0.05，则表示存在显著性差异。

由表 12 的检验结果可知，基于本调查问卷中的影响变量数据对游客购物决策类型没有显著性差异。

2. 游客需求动机

(1) 游客需求动机的分布

游客的需求动机是导致游客产生购物行为的一个重要因数，游客受到投入因素的影响，如果能激发游客的购物需求动机或者与游客内心的需求动机相吻合，游客就会拥有积极的需求欲望，刺激其产生购物行为。表 13 为问卷调查中将游客主要需求动机按用途划分后的分布表格。

**表 13　游客需求动机的频数分布**

| 需求动机 | 纪念 | 馈赠 | 旅途消费 | 回家消费 | 受人委托 | 其他 |
|---|---|---|---|---|---|---|
| 频数分布 | 104 | 118 | 34 | 27 | 18 | 3 |
| 频率 % | 66.2 | 75.2 | 21.7 | 19.2 | 11.5 | 2 |

注：游客所购买的不同商品可能出于不同的需求动机，所以表中数据大于总数 157。

从表 13 可以发现，被调查的游客购买厦门伴手礼的主要用途多为旅途纪念与馈赠，这对厦门伴手礼质量以及包装提出更高的要求，因为质量好的旅游商品能更好地激起游客对本次旅游的美好回忆，而包装精美的旅游商品则能使游客在赠送亲友、同事时更加体面。从另一方面也体现了厦门伴手礼作为“厦门名片”，向游客传播当地特色文化的重要性。

（2）外在因素对游客需求动机的影响

本文采用 SPSS19.0 对外在因素对游客需求动机的产生是否存在显著性差异进行独立性检验，检验结果如表 14 所示。

**表 14　外在因素对游客需求动机的独立性检验结果**

| 变量 | 性别 | 年龄 | 学历 | 客源地 | 职业 | 收入 | 家庭 | 性格 | 天数 | 行程 |
|---|---|---|---|---|---|---|---|---|---|---|
| Sig | 0.026 | 0.004 | 0.441 | 0.410 | 0.069 | 0.530 | 0.082 | 0.410 | 0.889 | 0.864 |

注：独立性检验中值如果小于 0.05，则表示存在显著性差异。

由表 14 可知在不同学历、客源地、职业、收入、家庭、性格、天数和行程上游客的需求动机没有显著差异存在，而不同性别与年龄的游客其需求动机类型上则有显著差异存在。如表 15 与 16 所示。

**表 15　基于性别的游客需求动机分布**

| 性别 | 纪念 | 馈赠 | 旅途消费 | 回家消费 | 受人委托 | 其他 |
|---|---|---|---|---|---|---|
| 男 | 37（29.8%） | 44（38.1%） | 18（13.7%） | 16（12.9%） | 9（7.3%） | 0 |
| 女 | 67（37.2%） | 73（40.6%） | 17（9.4%） | 11（6.1%） | 9（5%） | 3（1.7%） |

从表格 15 上看，男性的需求动机分布中厦门伴手礼作为旅途、回家消费以及旅途消费的比例明显比女性多，一方面与受调查的女性多为 18–25 岁之间而男性多为 26–45 岁间且以成家者居多有关，另一方面也说明男性在日常生活中担任的家庭职责逐渐凸显。而男、女性在用于纪念、馈赠上的需求则基本相同。

**表 16　基于年龄的游客需求动机分布**

| 年龄 | 纪念 | 馈赠 | 旅途消费 | 回家消费 | 受人委托 | 其他 |
|---|---|---|---|---|---|---|
| 18–25 岁 | 70（39.8%） | 70（39.8%） | 11（6.3%） | 12（6.8%） | 12（6.8%） | 1（0.6%） |
| 26–45 岁 | 28（25.7%） | 43（39.4%） | 19（17.4%） | 12（11%） | 5（4.6%） | 2（1.8%） |
| 46–60 岁 | 4（36.4%） | 3（27.3%） | 2（18.2%） | 1（9.1%） | 1（9.1%） | 0 |
| 60 岁以上 | 2（25%） | 2（25%） | 2（25%） | 2（25%） | 0 | |

由表格 16 可以发现，这四个年龄层的人员都以纪念与馈赠为主，但调查样本中产生旅途消费和回家消费需求动机的游客以年龄在 26 岁以上的游客居多，说明他们在购买伴手礼时比 18–25 岁年龄层的人员考虑更多的家庭消费需求。

3. 信息反应

通过表 5，我们了解了调查对象对厦门伴手礼信息获取途径的分布情况，为进一步了解不同外在因素游客在获取厦门伴手礼信息的渠道间是否存在显著差异，对二者进行独立性检验，如下表 17 所示。

**表 17　外在因素对获取信息途径的独立性检验结果**

| 变量 | 性别 | 年龄 | 学历 | 客源地 | 职业 | 收入 | 家庭 | 性格 | 天数 | 行程 |
|---|---|---|---|---|---|---|---|---|---|---|
| Sig | 0.691 | 0.652 | 0.878 | 0.482 | 0.759 | 0.945 | 0.994 | 0.683 | 0.551 | 0.472 |

注：独立性检验中值如果小于 0.05，则表示存在显著性差异。

从表 17 中可得出基于本调查问卷中的外在因素影响变量数据对游客购物决策类型没有存在显著性差异。

## （四）产出因素

产出因素是外在因素和投入因素在游客心理活动中发生作用后的产出结果，是购买决策过程所导致的购买行为，它包括认识反应、情感反应和行为反应三个阶段。本文主要对游客的行为反应进行研究。

1. 游客的购物行为反应

本文采用来厦游客对伴手礼的购买金额和购买产品的种类为指标来评估购买行

为，具体调查结果如表 18 与表 19 所示。

表 18　购买金额频数分布

| 金额 | 200 元以内 | 201-400 元 | 401-600 元 | 601-1000 元 | 1000 元以上 |
|---|---|---|---|---|---|
| 频数 | 57 | 52 | 28 | 16 | 4 |
| 频率 % | 36.3 | 33.1 | 17.8 | 10.2 | 2.6 |

在购买金额分布上，游客对厦门伴手礼的购买以 400 元以内为主，占总样本的 69.4%，购买金额在 400 元以上的仅占 30.6%，这说明来厦游客实际购买金额远低于前文所体现的消费能力。

表 19　购买伴手礼种类频数分布

| 品种 | 土特产 | 工艺品 | 纪念品 | 其他 |
|---|---|---|---|---|
| 频数 | 118 | 30 | 99 | 3 |
| 频率 % | 75.2 | 19.1 | 63 | 2 |

注：由于同一游客购买的产品品种可能不止一种，所以这里选项大于问卷总数。

在购买的产品分布上，以土特产、纪念品为主，各占 75.2% 与 63%，说明这两类产品更贴近游客的购物需求。结合购买金额分析，厦门旅游商品中的工艺品与纪念品价值太低，难以满足来厦游客人口变量特征需要，不利于做大厦门伴手礼市场。

2. 游客购物行为的影响因素分析

为进一步分析不同游客在购买伴手礼金额之间是否存在显著差异，本文以购买金额作为其购物行为的结果测量指标。首先本文采用 SPSS 19.0 对游客人口特征对购买金额的影响进行了独立性检验，结果如表 20 所示。

表 20　游客特征与购买金额的独立性检验结果

| 变量 | 性别 | 年龄 | 学历 | 客源地 | 职业 | 收入 | 性格 |
|---|---|---|---|---|---|---|---|
| Sig | 0.601 | 0.000 | 0.987 | 0.544 | 0.001 | 0.040 | 0.057 |

注：独立性检验中值如果小于 0.05，则表示存在显著性差异。

如表 20 所示，不同年龄、职业、收入的游客在本次厦门伴手礼购买金额上有显著差异，而不同性别、学历、客源地、性格的游客在购物金额上则没有显著差异，独立性检验结果与表 21 至表 22 显示状况相吻合。

**表 21　基于年龄的游客购物金额分布**

| 年龄 | 200 元以内 | 201-400 元 | 401-600 元 | 601-1000 元 | 1000 元以上 |
|---|---|---|---|---|---|
| 18-25 岁 | 44（45.8%） | 28（29.2%） | 16（16.7%） | 8（8.3%） | 0 |
| 26-45 岁 | 13（23.6%） | 23（41.8%） | 10（18.2%） | 6（10.9%） | 3（5.5%） |
| 46-60 岁 | 0 | 1（25%） | 2（50%） | 1（25%） | 0 |
| 60 岁以上 | 0 | 0 | 0 | 1（50%） | 1（50%） |

**表 22　基于职业的游客购物金额分布**

| 职业 | 200 元以内 | 201-400 元 | 401-600 元 | 601-1000 元 | 1000 元以上 |
|---|---|---|---|---|---|
| 公务员 | 2（20%） | 4（40%） | 1（10%） | 2（20%） | 1（10%） |
| 公司职员 | 9（24.3%） | 13（35.2%） | 8（21.6%） | 6（16.2%） | 1（2.7%） |
| 学生 | 37（48.7%） | 20（26.3%） | 15（19.7%） | 4（5.3%） | 0 |
| 退休 | 0 | 0 | 0 | 1（50%） | 1（50%） |
| 其他 | 9（28.1%） | 15（46.9%） | 4（12.5%） | 3（9.4%） | 1（3.1%） |

结合表 21 与 22 所示，年龄在 18-25 岁的年轻游客购买金额偏低且结合调查问卷分析发现这部分人群大部分均为学生，这就说明他们普遍缺乏固定的经济来源，需要依靠家人的资助，从而导致这类人群的购买能力偏低。而 26 岁以上的游客购买力明显较强，这与他们具有较为稳定及丰厚的收入来源以及较广泛的社会生活圈有关。

**表 23　基于收入的游客购物金额分布**

| 收入 | 200 元以内 | 201-400 元 | 401-600 元 | 601-1000 元 | 1000 元以上 |
|---|---|---|---|---|---|
| 50 万以上 | 2（33.3%） | 2（33.3%） | 1（16.7%） | 1（16.7%） | 0 |
| 30-50 万 | 2（11.8%） | 7（41.2%） | 4（23.5%） | 1（5.9%） | 3（17.6%） |
| 15-30 万 | 13（35.1%） | 15（40.5%） | 4（10.8%） | 4（10.8%） | 1（2.7%） |
| 8-15 万 | 26（42.6%） | 18（29.5%） | 10（16.4%） | 7（11.5%） | 0 |
| 3-8 万 | 10（35.7%） | 6（21.4%） | 9（32.1%） | 3（10.7%） | 0 |
| 0.5-3 万 | 4（50.%） | 4（50%） | 0 | 0 | 0 |

表 23 显示，家庭年收入在 8-15 万以下的游客购买金额以 200 元以内的区间为主，而年收入超过 15 万的游客购买金额在 201-600 居多，这也与前面年龄、收入与购买金额成正比的检验结果相吻合。

接着，本文又采用 SPSS19.0 对投入因素中的定量变量因素对购买金额的影响进行了单因素方差分析，结果如表 24 所示。

表 24　影响变量对游客购买金额的单因素方差检验结果

| 变量 | 购物经验 | 价格 | 包装 | 质量 | 服务 | 种类 |
|---|---|---|---|---|---|---|
| Sig | 0.230 | 0.538 | 0.192 | 0.361 | 0.835 | 0.142 |

注：单因素方差检验中值如果小于 0.05，则表示存在显著性差异。

从表 24 中可得出基于本调查问卷中的调查样本取得的影响变量数据对游客购物金额没有存在显著性差异。这说明厦门伴手礼产品的价格与价值基本相符，但是对于满足游客纪念与馈赠的需求有较大差距，所以购买欲望不高。因此要做大做强厦门伴手礼市场，就必须全方位提升影响变量。

## 五、结论与建议

### （一）结论

根据对来厦游客伴手礼购买行为的研究，通过描述性统计分析与假设检验，结合霍华德 - 谢斯模型中四大因素对现有伴手礼市场购买行为的分析，厦门伴手礼市场应具有较大发掘潜力的优势，但由于投入因素存在的不足，如产品刺激因子中厦门伴手礼的质量、种类、价格、包装、服务未能较好地满足来厦客源对购买伴手礼馈赠亲友与纪念的心理需求，以及社会刺激因子反映出的导游营销公信力的缺失，使得游客在内部感知、学习和了解的综合作用下无法体现其应有的消费实力，制约了做大厦门伴手礼市场优势的发挥。

### （二）建议

根据实证分析，要做大并繁荣厦门伴手礼市场，我们必须既要注重消费者经济因素、文化因素和相关群体因素对购买伴手礼决策产生的影响，又要注重投入因素在消费者心理活动中发生的刺激作用，如有针对性地构建消费者刺激环境，提高伴手礼产品广告、媒体互联网的宣传实效，提升导游与相关销售人员信誉的辅助作用，全方位提升产品影响变量，使产品的价格与价值获得全面升级，以满足人口学变量揭示的特征需求。本文运用该模型对游客伴手礼购买行为的分析研究，对厦门伴手礼市场的发展提出如下建议：

1. 根据人口学变量特征设计和生产适合市场需求的厦门伴手礼

（1）准确定位伴手礼市场，主打中高端旅游纪念品与馈赠品。

（2）建立伴手礼细分市场，丰富伴手礼类别、档次，满足不同层次游客群体的购物需求。

（3）以特色赢市场，注重伴手礼设计中“心、脑、身”的构建。

2. 提升游前信息内涵，增强即时信息信誉，营造良好的伴手礼销售内生环境

首先，政府搭桥，游客唱戏，充实游前信息。

其次，严监管，重质量，增强即时信息信誉。

根据模型，在符号刺激因子的有效传递以及刺激作用下，如果能结合内在因素中对游客购买需求的研究生产适销对路的伴手礼产品，必能吸引游客，优化伴手礼销售的内生环境。

3. 完善市场监管机制，重塑顾客与导游间的互信感

（1）实行有奖举报。

（2）增加抽查次数，定期公布抽查公告。

（3）制定严厉的惩罚机制。

（4）完善导游评级制度。

总之，不断地完善以上几条措施并充分发挥它们的综合功能与整体效应，将有效完善市场机制，重塑顾客与导游间互信感。

4. 及时掌握因子变化影响，引导伴手礼市场规范发展

（1）以季度为单位、在4A级以上景区做实地抽样问卷调研，通过统计分析法归纳旅游者消费行为特征与偏好，适时修正旅游产品的设计、生产与包装。

（2）通过定期抽样访谈，深入了解游客购买需求和顾虑，适时调整营销策略。

（3）设计开放式问卷，通过发放小礼物鼓励游客填写伴手礼购买意见反馈表。取得的有效问卷可由旅游局相关部门牵头，携手高校老师组成课题组进行研究和分析，制定有效、可行的改进对策。

（4）对于购买量达到一定数额的旅游者要进行售后服务跟踪，如邮件和电话交流等，以便在第一时间了解游客伴手礼使用信息和满意度，为更好地设计和生产具有创意的伴手礼产品奠定基础。

（5）由贸发局、旅游局、工商局等相关政府职能部门，建立伴手礼产品质量、销售服务质量监管网站，一方面收集消费者反馈的信息和建议，制定旅游产品生产销售指导性文件，落实相关处罚规定；另一方面可以通过网站传播最新的伴手礼信息。

通过以上五种途径能够更好地把握动态需求与建议，打造良好的厦门伴手礼购物环境，提升厦门伴手礼产品商誉。

## 主要参考文献

黄国彬，林德荣，林璧属．2012 年厦门市旅游经济蓝皮书．厦门市旅游局，2013.

Cohen, E. 1988. Authenticity and Commoditization in Tourism. *Annals of Tourism Research*, 15(3): 371–386.

Gab–joung. 1999. A Study on Programs to Be Activated for Shopping Tourism. *Korea Tourism Research Institute*, 9.

Gee, C.Y, Makens, J. C and Choyd, J.L. 1997. The travel industry. *New York*: Van Northland Reinhold.

Heung, VCS and Qu, H. 1998. Tourism Shopping and Its Contributions to HongKong. *Tourism Management*. 19(4).

Littrell, M.A. 1996. Shopping Experiences and Marketing of Culture to Tourists. in Tourism and Culture: Image, Identity and Marketing. *Center for Tourism Business Education Publishers, Sunderland UK*.

Littrell, M.A., Anderson. Eland and Brown P.J. 1993. What Makes Adrift Souvenir Authentic? *Annals of Tourism Research*, (20): 197–215.

SnePenger D J, Murphy L. O. Connell. 2003. Tourists and residents use of a shopping space. *Annals of Tourism Research*, 30(3): 567–580.

## 点评

旅游购物作为旅游活动的六大要素之一，不仅能满足游客的物质需求，更是追加游客人均消费的重要手段。目前一些发达国家旅游购物收入占旅游总收入的40%-60%，而看似旅游相当火爆的厦门，据厦门旅游局统计，厦门 2012 年旅游收入中，旅游购物仅占 20.2%，近三年来也仅在 20% 左右浮动。如何发展旅游购物，增加厦门旅游收入，是一个非常值得业界和学术界共同探讨的问题。

本论文在研究国内外旅游购物相关文献的基础上，制作调查问卷，采用李克特量表进行分析统计，对数据进行分析，从投入因素、外部因素和内部因素三个层面揭示厦门旅游购物市场的影响因素。研究表明，厦门伴手礼市场应具有较大发掘潜力的优势，但由于投入因素存在的不足，如产品刺激因子中厦门伴手礼的质量、种类、价格、包装、服务未能较好地满足来厦客源对购买伴手礼馈赠亲友与纪念的心理需求，以及社会刺激因子反映出的导游营销公信力的缺失，使得游客在内部感知、学习和了解的综合作用下无法体现其应有的消费实力，制约了做大厦门伴手礼市场优势的发挥。根据以上研究结论，论文提出相应建议：根据人口学变量特征设计和生产适合市场需求的厦门伴手礼；提升游前信息内涵，增强即时信息信誉，营造伴手礼销售内生环境；完善市场监管机制，重塑顾客与导游间的互信感；及时掌握因子变化影响，引导伴手礼市场规范发展。

总的来说，该论文的选题契合厦门旅游购物市场的现实状况，对如何提升游客在厦门增加购物具备一定的现实意义。论文的结构严整，层次分明，采用了实务与理论相结合的分析结构，提出若干对策建议，是一篇比较规范的硕士论文。

# 经济型酒店的品牌个性与消费者行为意向的关系研究

鲁治琪[①]

**摘要**：在非标准住宿的兴起以及消费者需求个性化的双重压力下，经济型酒店提供的有限标准服务已经不足以满足消费者的需求。有关经济型酒店品牌个性的研究较少。因此，本文以社会心理学中的自我一致性理论为基础，采用定量研究的方法来探讨品牌个性与消费者行为意向的内在作用机制。研究发现：国内经济型酒店的品牌个性有三个维度：真诚、智慧和能力。其中，品牌个性的真诚和能力对消费者行为意向均具有显著的正向影响；自我一致性对行为意向的作用没有功能一致性的影响显著；自我一致性对品牌个性和行为意向之间不存在中介作用，而功能一致性则起到不完全中介的作用。基于研究结论，对酒店管理人员开展营销活动提出两点实践启示：一是将品牌个性与功能属性相结合，通过完善和升级酒店的服务和设施设备，改变与消费者的互动模式，提高消费体验；二是将品牌个性作为长期战略，利用大数据深入挖掘消费者的内心自我概念，塑造符合消费者自我概念的品牌个性。

**关键词**：经济型酒店；品牌个性；行为意向

## 一、引言

目前酒店品牌间的差异因产品的相似性而逐渐消失，导致品牌竞争力下降。消费者行为因移动互联网技术的发展彻底被改变了。在多元化的社会中，曾经以“干净、卫生、方便”为核心诉求的标准化连锁酒店已无法满足当下消费者的需求，只有个性化的服务和产品才能吸引消费者。而面临民宿、长短租公寓等非标准住宿业的冲击，经济型酒店转型是适应市场发展需求的顺势之举。

品牌个性研究是一种新兴的视角，由品牌个性发展而来的自我一致性理论被广泛应用于品牌个性的研究。但是，现有研究中，学者多关注于该理论对旅游目的地选择等的影响，对酒店品牌个性的研究尚处于起步阶段，基于自我一致性视角研究

① 2013 级，2017 年毕业；点评教师：魏敏。

酒店品牌个性与消费者行为意向的研究更是匮乏。本文选取经济型连锁酒店作为研究对象，探讨经济型酒店的品牌个性维度、酒店品牌个性与消费者行为意向的关系、消费者自我一致性和功能一致性与消费者行为意向之间的关系，以及自我一致性、功能一致性对酒店品牌个性与消费者行为意向的中介作用。研究过程中同时考察了自我概念的四个维度，以期对自我一致性的作用做出更全面地解释。此外，增加了功能一致性的视角，从双重角度来解释消费者的行为意向。

本文采取文献研究与问卷调查法进行研究，首先通过查阅中外资料库，获得了有关品牌个性、自我概念及一致性理论的研究成果，总结发现很少有学者利用一致性理论研究经济型酒店的品牌个性，这为本研究提供了方向。

其次拟通过问卷调查的方式收集数据，为了提高数据的准确性和可靠性，先进行预调研，对选项进行修改完善；然后，在网络上进行广泛的数据收集。

最后对所收集的数据分两个步骤进行处理：第一步是利用 SPSS 软件对整体问卷进行信度分析，在信度较好的前提下，进行探索性因子分析，确定因子结构；第二步是在第一步的基础上，利用 AMOS 软件检验模型的效度，通过构建结构方程模型揭示各变量之间的关系，以对研究的问题进行解释和预测。

## 二、文献综述

### （一）品牌个性

阿克（Aaker，1995）将品牌个性定义为与给定品牌相联系的人格特质的组合。它不但包含了温暖、关怀等人性特征，还具有性别、年龄、社会经济地位等特点。在此基础上傅立叶（Fournier，1998）提出品牌个性是由品牌管理者通过市场营销手段表现出的基于对消费者行为的反复观察并由消费者所感知的一组特质。这种定义揭示了品牌和消费者之间是相互影响的关系。

基于此，本文将品牌个性定义为：品牌管理者通过一系列的市场营销活动让消费者所感知到的该品牌的人格特质组合。

在研究初期，许多关于品牌个性模型如 NEO 模型、ACL 模型都是基于心理学领域的个性维度提出，适用的范围有限，无法进行跨品牌的研究。阿克（Aaker，1997）为了弥补这种不足，选取了 60 多个美国品牌，采访了 1000 多名美国受访者，测量了 114 项个性特征指标，开发出了一套品牌个性量表（BPS）。这套量表由五大个性要素——真诚（Sincerity）、刺激（Excitement）、能力（Competence）、高雅（Sophistication）和粗犷（Ruggedness）组成，并将五大要素特征分解为 15 个次级特质。此后，不少学者在不同的文化情境下对该量表进行了跨文化的实证研究，得出了与阿克不同的结论。

回顾以前的研究发现，阿克的研究在跨文化背景下，具有良好的适用性。因此，本文也将采用阿克（Aaker）的品牌个性量表来测量经济型酒店的品牌个性。

### （二）消费者行为意向

有关行为意向的研究源于态度的概念。行为意向是消费者对未来购买行为的内部判断，它可以是基于理性思考的结果，也可以是某种无意识的行为（Folkes，1988）。与态度、主观规范等变量相比，行为意向更接近消费者的实际消费行为。因此，本文选取行为意向作为测量消费者行为的指标。在过去的研究中，重购意愿和向他人推荐被作为测量消费者行为意向的指标（Cizel and Ajanovic，2016）。大多数学者认为：行为意向是最能够预测和解释消费者未来购买行为的。因此，消费者的行为意向将作为本研究的结果变量，并参考齐森尔（Zeithaml）、贝瑞（Berry）和帕拉苏拉曼（Parasuraman）的行为意向测量指标。

### （三）品牌个性与消费者行为的关系

墨菲（Murphy，2007）从游客的视角选择了两个旅游目的地作为调查对象，验证了游客可以根据品牌个性来区分不同的旅游目的地。也有学者以拉斯维加斯为研究对象，探讨了该旅游目的地的五个特征维度，研究发现：品牌个性的五个维度对消费者的行为意向（重购和向他人推荐）具有积极正向的影响（Sirgy，1982）。有研究则是通过播放旅游目的地宣传短片的形式考察两者之间的关系，发现品牌个性对行为意向有正向影响（James，1890）。另外，有学者构建了品牌个性、品牌偏好、态度忠诚和口碑行为之间的关系模型，研究了两家主题餐厅橄榄园餐厅（Olive Garden）和红辣椒餐厅（Chili's）的品牌差异（Lee and Hyman，2008）。结果发现：品牌个性的不同维度对品牌偏好和态度忠诚的作用也有所差别。此外，品牌偏好和口碑行为有直接相关性。

在旅游与酒店行业，早期的研究多集中于品牌个性的概念方面，然而，现在的研究重点转向了品牌个性概念在旅游目的地和餐饮方面的运用，只有极少数的研究是关于酒店的。

李和巴克（Lee，Back，2010）将服务质量、用户形象、感知价格作为前置变量，信任和品牌忠诚度作为结果变量来探讨它们与高档商务酒店品牌个性的关系。但结论显示：在品牌个性的五个维度中，只有能力和高雅这两个维度表现突出。特兰（Tran，2013）利用相关分析方法，证明了酒店品牌质量的五个维度（自信、真实、道德、可靠、责任感）和品牌个性的五个维度（能力、兴奋、真诚、高雅、粗犷）之间是强相关的。酒店品牌个性与消费者自我形象一致会对消费者满意度产生重要影响，并对消费者忠诚度产生正面的间接影响（Juhee，Liang，Leea and Bosselmanc，2012）。因此，研究品牌个性与消费者行为意向之间的关系，有助于更好地理解和建立消费者的忠诚度。

纵观国内外研究发现，品牌个性已经成为品牌营销理论的重要分支，在旅游行业的运用也越来越广泛。国外对于酒店品牌个性的探索处于起步阶段，而国内多集中于旅游目的地的品牌个性研究，住宿作为旅行途中的重要环节，笔者认为有必要对酒店品牌个性和消费者行为意向之间的作用机制进行深入探索。

## 三、理论基础

### （一）自我概念

自我是一个多维度的概念。心理分析理论认为，自我是有冲突的自我系统；行为学理论提出，自我是一系列的条件反应；机体论将自我作为功能性的处于发展中的术语；认知理论对自我的定义是能够处理关于自我信息的系统。符号互动论认为自我具有人际交往的功能（Huang，Mitchell and Rosenaum-Elliott，2012）。社会心理学家詹姆斯（James，1890）就提出了系统的自我理论，他将自我划分为主我和客我。主我是个体活动的察觉者；客我则是感知自我活动。此外，他还将自我划分物质自我、社会自我和精神自我。其自我理论为以后的自我研究奠定了基础。

由于自我概念对解释和预测消费者的行为和态度具有明显的作用，因此，被广泛应用于消费者行为学、营销学等领域。

在消费者行为学中，产品或服务的功能价值或象征意义是消费者发生购买行为的动机（Matzler，Andreas Strobl，Stokburger-Sauer，Bobovnicky and Bauer，2016）。产品消费体现了个人特质、消费动机和社会形态，而象征性消费则反映的是消费者的个性和生活方式，以此显示社会差别。当消费行为被当作表现自我的工具时，消费者往往会选择与自我概念一致的产品或服务，而购买和使用该种产品或服务可以增强消费者的自我概念。

现在的研究通常将自我划分为四个维度（真实自我、理想自我、社会自我和理想社会自我）来解释和预测消费者行为。真实自我是消费者自己眼中的实际自我形象；理想自我是消费者想象中的自己；社会自我是消费者在别人眼中的形象；理想社会自我是消费者希望被他人感知的形象（白凯、马耀峰、李天顺、孙天宇，2010）。

### （二）自我一致性理论

自我一致性理论是指消费者的自我概念与产品 / 品牌 / 目的地形象之间认知上的匹配程度。在零售业，自我一致性被定义为是消费者自我形象与百货商店形象之间的匹配度（夏怡凡，2013）。在有关韩国的品牌咖啡店研究中，象征性形象通常与西方文化和时尚的生活方式相联系，它是一种成功和财富的象征。消费者可以利用象征性属性来评估品牌咖啡店，也可以基于功能属性。功能属性包括质量、价格、内部环境等。顾客对功能属性的期望与咖啡店功能属性所达到的程度之间的匹配度就是功能一致性。

在旅游与酒店领域，有学者研究如何利用自我一致性理论来预测高级餐厅的顾客保留率，消费者对酒店的品牌忠诚度以及旅游目的地的选择。然而，功能一致性在酒店行业的运用却非常少。普伦德加斯特和霍（Prendergast，Ho，2000）以及龙（Ryu，2008）调查了快餐行业功能一致性对消费者行为的影响，结果显示在预测忠诚度和影响消费者满意度这两个方面，功能一致性比自我一致性更重要。因此，有必要将自我一致性和功能一致性运用到酒店行业，因为消费者购买产品，不仅仅是为了其象征意义，同时也在乎实用价值。

西尔吉和萨姆利（Sirgy，Samli，1991）设计了四组实验，选取百货商店、与日常生活息息相关的品牌为研究对象，结果发现：功能一致性比自我一致性对行为意向的作用更显著。同时，自我一致性作为情感反应的一种形式，也形成于消费者购买行为发生之前或者持续存在于整个消费过程中。

两位学者将自我一致性和功能一致性对忠诚度作回归分析来研究影响百货商店忠诚度的决定性因子，结果显示虽然自我一致性不能有效地预测消费者的忠诚度，但是社会自我和理想社会自我这两个维度却与功能一致性存在显著的相关关系。在后续研究中，使用因果路径分析得出结论，功能一致性影响百货商店的忠诚度，而自我一致性会影响功能一致性。

在消费者行为的研究中，多属性态度模型和自我一致性模型是两种常见的用来解释和预测品牌态度的模型。态度模型里使用价值表达的评估标准就会涉及到自我一致性，自我一致性理论模型通常将关注点放在了价值表现属性上。相反地，如果提及功能属性的评估标准就涉及到功能一致性。从市场营销管理的角度，研究者将功能一致性和自我一致性的概念用于品牌定位。因此，明确两者之间的关系，是解释和预测消费者行为的前提。

## 四、研究设计

### （一）模型构建与研究假设

1.品牌个性与自我一致性的关系

自我一致性理论认为消费者更愿意选择和自我形象相匹配的品牌或产品。黄（Huang，2012）等学者认为消费者通过选择使用品牌来表现其个性特征，品牌个性和消费者个性之间的一致性反映的是两者的匹配程度越高，消费者产生购买行为的概率就越大。李（Lee，2008）等学者也赞同说消费者个性与其购买品牌个性之间存在一定的因果关系，这样消费者就会倾向于选择与其个性相匹配的品牌。基于此，提出如下假设：

H1：品牌个性显著正向地影响自我一致性。

2. 品牌个性与功能一致性的关系

功能一致性是指消费者预期的该产品或品牌的功用属性与实际功能之间的符合程度。消费者在购买该产品或品牌之前，会根据该品牌个性对其功能属性有一个预期，当两者之间的符合程度越高，消费者会倾向于再次购买该产品或品牌。阿克（Aaker）认为品牌个性会受到两类因素的影响：一类是与产品特征有关的，即功能属性；一类是与产品特征无关的，即象征属性。产品的功能属性会影响到该品牌个性的形成，那么，一个品牌传递给消费者的个性特征也会影响到其对功能属性的期望。基于此，提出如下假设；

H2：品牌个性显著正向地影响功能一致性。

3. 自我一致性和功能一致性的中介作用

虽然在酒店住宿领域，没有直接研究一致性对品牌个性和行为意向的中介作用。但在有关旅游目的地的研究中，有研究显示品牌个性通过自我一致性的部分中介作用对行为意向产生影响。根据阿克（Aaker）的观点，认为品牌个性受到两类因素的影响：一类是与产品有关的，即功能属性；一类是与产品无关的，即象征属性。由此可以做如下推导：消费者在选择品牌时，会将产品的功能属性所体现出的品牌个性与期望中的产品功能属性做对比，如果一致程度越高，那么消费者重购和向他人推荐的愿望就越强烈，也就是说，功能一致性间接影响品牌个性与行为意向的关系。基于此，提出如下假设：

H3a：品牌个性对行为意向的影响通过自我一致性的间接作用。

H3b：品牌个性对行为意向的影响通过功能一致性的间接作用。

4. 自我一致性、功能一致性和行为意向的关系

在零售业，有学者研究发现消费者的功能一致性程度越高，积极的行为意向越显著。在旅游目的地情境下，有研究结果显示：自我的两个维度（真实自我和理想自我）均对行为意向有显著的正向作用，自我一致性对行为意向有显著影响。在餐饮业，研究发现一致性程度越高（包含自我一致性和功能一致性），消费者的重购意愿越强，且功能一致性的作用更显著。基于前文所述，提出如下假设：

H4a：自我一致性显著正向地影响行为意向。

H4b：功能一致性显著正向地影响行为意向。

H4c：功能一致性对行为意向的影响比自我一致性更显著。

### （二）研究对象的选取

本文选取 7 天经济型连锁酒店的消费者作为研究对象。7 天连锁酒店作为国内经济型酒店的领导品牌，强调客房的舒适性和服务的标准化，在顾客服务方面缺少人性化的措施。同时，由于经济型酒店的成本限制，去除了其他非必要的服务，也使 7 天酒店失去了个性和特色。因此，选取 7 天连锁酒店的消费者作为研究对象，能够深入挖掘其品牌管理存在的问题和原因，使研究结果更具有现实意义。

### （三）变量测量

本研究共有四组变量，以下对各组变量项目的产生和测量尺度进行说明。

1. 控制变量

在消费者行为学中，不同性别、年龄、职业等背景的人具有不同的消费特征，而出行目的的不同也会影响消费者的品牌选择。因此，控制变量采用人口统计变量和出行目的来进行测量，以下对各变量的定义和测量进行说明。

（1）人口统计变量

该部分主要了解受访者的背景信息。受访对象为有过经济型酒店住宿体验的消费者，因此，选取性别、年龄、受教育程度、收入和职业五个因素。

（2）出行目的

出行目的测量共设定了四个选项：旅游、探亲访友、工作出差和其他。

2. 自变量

品牌个性是自变量，由于阿克（Aaker）的品牌个性量表已被证实在跨文化的背景下有良好的适用性。因此，本文也将采用阿克（Aaker）的量表来测量经济型酒店的品牌个性，并根据研究对象的不同对选项描述进行了调整。采用李克特五点计量，从完全不同意到完全同意设定 5 个等级，具体如表 1 所示。

**表 1　品牌个性量表**

| 维度 | 品牌个性 | 维度 | 品牌个性 |
|---|---|---|---|
| 真诚 | 务实的 | 能力 | 可信赖的 |
| | 诚实的 | | 聪明的 |
| | 健康的 | | 成功的 |
| | 愉悦的 | 高雅 | 高端的 |
| 刺激 | 勇敢的 | | 迷人的 |
| | 朝气蓬勃的 | 粗犷 | 活力的 |
| | 富于想象力的 | | 坚强的 |
| | 与时俱进的 | | |

3. 中介变量

(1) 自我一致性

大量的实证研究证明，直接测量法的有效性要高于间接测量法，因此，本文将采用直接测量法。为避免翻译过程中出现歧义，特别邀请了两名旅游管理专业的硕士互译，得到最终的表述如表 2，根据李克特五点量表，从完全不同意到完全同意设为 5 个等级。

**表 2 自我一致性量表**

| 维度 | 题项表述 | 量表参考来源 |
| --- | --- | --- |
| 真实自我 | 该酒店的个性与现实中的我是相符的 | 西尔吉和苏（Sirgy，Su，2000） |
| 理想自我 | 该酒店的个性与理想中的我是相符的 | |
| 社会自我 | 该酒店的个性与别人眼中的我是相符的 | |
| 理想社会自我 | 该酒店的个性与我期望的别人眼中的我是相符的 | |

(2) 功能一致性

功能一致性的测量参考康（Kang）和唐（Tang）的量表。具体题项包含：菜单的多样性、工作人员的专业表现、内部设计和装修、合理的价格、较短的排队时间、干净程度、门店选址。结合经济型酒店的特点，删除不符合实际情况的题项并加以调整，如表 3。采用李克特五点量表，从完全不同意到完全同意分为 5 个等级。

**表 3 功能一致性量表**

| 维度 | 题项表述 | 量表参考来源 |
| --- | --- | --- |
| 服务态度 | 该酒店的服务符合我的预期 | 龙（Ryu）康和唐（Kang，Tang） |
| 内部设计和装修 | 该酒店的内部装饰和设计符合我的预期 | |
| 价格 | 该酒店价格很合理 | |
| 干净程度 | 该酒店的卫生状况符合我的预期 | |
| 门店选址 | 该酒店的地理位置和我预期中的一样便利 | |
| 无线 WIFI 等智能设备 | 我觉得该酒店的智能设备（WIFI、智能电视、窗帘等）符合我的预期 | |

4. 因变量

行为意向量表参考齐森尔（Zeithaml）、贝瑞（Berry）和帕拉苏拉曼（Parasuraman），采用重购和推荐这两个常用维度。采用李克特五点量表，从完全不同意到完全同意分为 5 个等级，如表 4 所示。

表 4　行为意向量表

| 维度 | 题项表述 | 量表参考来源 |
| --- | --- | --- |
| 重购 | 我会再次入住该品牌的酒店 | Zeithaml、Berry 和 Parasuraman |
| 推荐 | 我会向我的亲戚朋友推荐该品牌的酒店 | |

## 五、数据分析与评价

### （一）问卷前测

为保证问卷的质量和可靠性，在发放正式问卷前，对初始问卷进行了前测，以检测问卷的信度。大多数学者认为，信度系数在 0.9 以上，则说明问卷的信度很好；在 0.8 以上是可以接受的；如果在 0.7 以上，则问卷需要进行修改，但仍有价值；如果在 0.7 以下，则问卷价值很低。本研究将采用这一标准用于信度分析。

笔者于 2016 年 11 月在线上（问卷星）发放了 50 份，回收有效问卷 40 份，运用 SPSS20.0 进行统计和处理。

表 5 显示，各测量变量的信度系数都高于 0.8，整体的信度系数是 0.936，说明该问卷的内部一致性非常好，可以用于正式调研。品牌个性和行为意向的信度系数均超过了 0.9，说明这两个变量的内部一致性非常好，而自我一致性和功能一致性的信度系数也都在 0.8 以上，信度系数良好。

表 5　各量表的前测结果

| 测量变量 | 测量变量的题项数 | Cronbach's Alpha |
| --- | --- | --- |
| 品牌个性 | 15 | 0.935 |
| 自我一致性 | 4 | 0.891 |
| 功能一致性 | 6 | 0.843 |
| 行为意向 | 2 | 0.926 |
| 总计 | 27 | 0.936 |

### （二）数据收集与样本分析

本次问卷收集主要采用线上（问卷星）的形式，其目的是为了突破地域的局限性，从而使研究结论具有更广泛的适用性。此次调研共发放问卷 300 份，收回的有效问卷共计 217 份，回收率达到了 72.3%。样本统计分析如表 6。

表 6 样本统计分析

| 基本信息 | 分类 | 样本数目（n=217） | 占比 |
| --- | --- | --- | --- |
| 性别 | 男 | 96 | 44.24% |
| | 女 | 121 | 55.76% |
| 年龄 | 18 岁以下 | 0 | 0% |
| | 18-25 岁 | 33 | 15.21% |
| | 26-35 岁 | 161 | 74.19% |
| | 36-45 岁 | 17 | 7.83% |
| | 45-55 岁 | 5 | 2.3% |
| | 55 岁以上 | 1 | 0.46% |
| 职业 | 政府公务员或工作人员 | 26 | 11.98% |
| | 企事业单位工作人员 | 102 | 47% |
| | 个体经营者 | 9 | 4.15% |
| | 自由职业者 | 16 | 7.37% |
| | 学生 | 17 | 7.83% |
| | 其他 | 47 | 21.66% |
| 收入 | 3000 元以下 | 32 | 14.75% |
| | 3000-5000 元 | 76 | 35.02% |
| | 5000-8000 元 | 52 | 23.96% |
| | 8000 元以上 | 57 | 26.27% |
| 教育程度 | 初中及以下 | 1 | 0.46% |
| | 高中 | 7 | 3.23% |
| | 大专或本科 | 138 | 63.59% |
| | 硕士及以上 | 71 | 32.72% |
| 出行目的 | 旅游 | 121 | 55.76% |
| | 探亲访友 | 11 | 5.07% |
| | 出差 | 49 | 22.58% |
| | 其他 | 36 | 16.59% |

### （三）信度分析

通过克朗巴哈 α 系数来检验量表的可靠性，可以看出各变量系数均超过了0.8，说明该量表具有良好的信度，可以做下一步的分析。

表 7　测量变量的信度分析

| 测量变量 | 测量变量的题项数 | Cronbach's Alpha |
|---|---|---|
| 品牌个性 | 15 | 0.941 |
| 自我一致性 | 4 | 0.928 |
| 功能一致性 | 6 | 0.862 |
| 行为意向 | 2 | 0.891 |
| 总计 | 27 | 0.950 |

### （四）探索性因子分析

由于品牌个性量表运用在国内经济型酒店领域的结构维度尚不确定，因此，需要对品牌个性这个变量进行探索性因子分析。本文使用 SPSS20.0，运用主成分分析法和最大方差法（即正交旋转），抽取 3 个因子且因子载荷不低于 0.5 的标准来确定品牌个性的结构维度。表 8 显示，品牌个性这一变量非常适合做探索性因子分析。

表 8　KMO 和 Bartlett 的检验

| | | |
|---|---|---|
| 取样足够度的 Kaiser-Meyer-Olkin 度量 | | .918 |
| Bartlett 的球形度检验 | 近似卡方 | 2341.624 |
| | df | 105 |
| | Sig. | .000 |

由于表 9 中"活力的"和"坚强的"同时分布于因子 1 和因子 2，所以将这两个题项剔除。剔除后的 KMO 值（0.908）有所下降，但依然超过了 0.9，且 Bartlett 球形检验仍然显著，累计解释总方差也提高到 72.322%，同样是适合做探索性因子分析的。

表 9　旋转成分矩阵

| | 成分 | | |
|---|---|---|---|
| | 因子 1 | 因子 2 | 因子 3 |
| 高端的 | .867 | | |
| 迷人的 | .847 | | |
| 富于想象力的 | .739 | | |

续表

| | 成分 | | |
|---|---|---|---|
| | 因子 1 | 因子 2 | 因子 3 |
| 活力的 | .626 | .550 | |
| 勇敢的 | .516 | | |
| 与时俱进的 | | .760 | |
| 成功的 | | .695 | |
| 可信赖的 | | .658 | |
| 朝气蓬勃的 | | .633 | |
| 聪明的 | | .623 | |
| 坚强的 | .520 | .564 | |
| 诚实的 | | | .876 |
| 健康的 | | | .807 |
| 务实的 | | | .740 |
| 愉悦的 | | | .658 |

表 10 是修正后的旋转成分矩阵，可以看出因子 1 主要与“务实的”“诚实的”“健康的”“愉悦的”相关，对应了原量表中“真诚”维度，笔者将其命名为“真诚”因子；因子 2 主要与“勇敢的”“富于想象力的”“高端的”“迷人的”相关，笔者将其命名为“智慧”因子；因子 3 主要与“朝气蓬勃的”“与时俱进的”“可信赖的”“聪明的”“成功的”相关，笔者将其命名为“能力”因子。

**表 10　修正后的旋转成分矩阵**

| | 成分 | | |
|---|---|---|---|
| | 因子 1“真诚” | 因子 2“智慧” | 因子 3“能力” |
| 高端的 | .877 | | |
| 迷人的 | .843 | | |
| 富于想象力的 | .750 | | |
| 勇敢的 | .527 | | |
| 与时俱进的 | | .796 | |
| 成功的 | | .688 | |
| 可信赖的 | | .671 | |

续表

| | 成分 | | |
|---|---|---|---|
| | 因子 1 “真诚” | 因子 2 “智慧” | 因子 3 “能力” |
| 朝气蓬勃的 | | .669 | |
| 聪明的 | | .624 | |
| 诚实的 | | | .879 |
| 健康的 | | | .803 |
| 务实的 | | | .739 |
| 愉悦的 | | | .641 |

## （五）验证性因子分析

验证性因子分析即效度检验，本节利用探索性因子分析的良好结果，运用 AMOS 软件（22.0 版本）分别检验模型中各变量的效度。

1. 品牌个性的效度检验

品牌个性三个维度（真诚、智慧和能力）的效度检验结果如图 1 所示，因子载荷都大于 0.6，整体效度很好。由表 11 可知：模型的总体卡方值与自由度之比是 2.2；GFI、NFI、RFI、CFI 和 IFI 均超过 0.9；RMSEA 达到 0.77，处于良好状态；AGFI 值是 0.869，也处于可接受的范围内。综上所述，数据和模型的拟合程度是可以接受的。

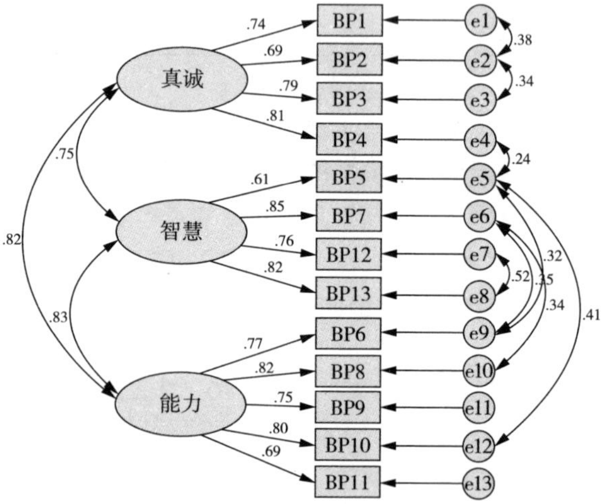


图 1　品牌个性的验证性因子分析

表 11　品牌个性拟合指数

| 测量指标 | $X^2$/df | GFI | AGFI | NFI | RFI | CFI | IFI | RMSEA |
|---|---|---|---|---|---|---|---|---|
| 适配临界值 | 1–3 | ＞0.9 | ＞0.9 | ＞0.9 | ＞0.9 | ＞0.9 | ＞0.9 | ＜0.08 良好；＜0.05 优良 |
| 适配情况 | 2.2 | 0.922 | 0.869 | 0.937 | 0.910 | 0.963 | 0.964 | 0.077 |

2. 自我一致性的效度检验

自我一致性的效度检验结果如图 2 所示，因子载荷均大于 0.8，说明整体效度非常好。由表 12 可知：模型的总体卡方值与自由度之比是 1.5，GFI、AGFI、NFI、RFI、CFI 和 IFI 均超过 0.9，RMSEA 值是 0.048，低于 0.05 的优良水平。综上所述，数据和模型的拟合程度非常好。

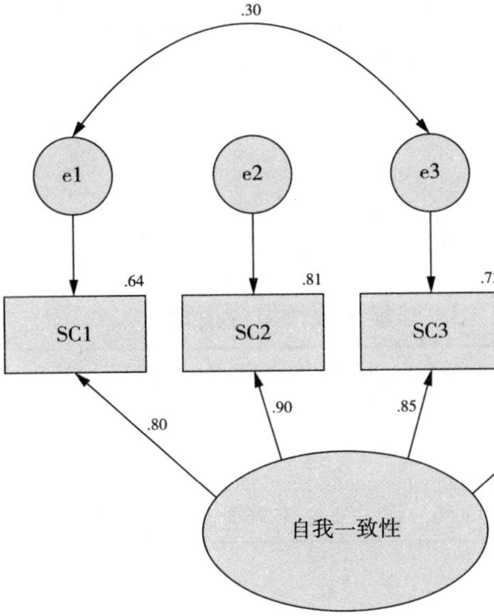


**图 2　自我一致性的验证性因子分析**

**表 12　自我一致性拟合指数**

| 测量指标 | $X^2$/df | GFI | AGFI | NFI | RFI | CFI | IFI | RMSEA |
|---|---|---|---|---|---|---|---|---|
| 适配临界值 | 1-3 | ＞0.9 | ＞0.9 | ＞0.9 | ＞0.9 | ＞0.9 | ＞0.9 | ＜0.08 良好；＜0.05 优良 |
| 适配情况 | 1.5 | 0.997 | 0.966 | 0.998 | 0.987 | 0.999 | 0.999 | 0.048 |

3. 功能一致性的效度检验

功能一致性的效度检验结果如图 3 所示，除了“FC5”的因子载荷低于 0.5，其他因子载荷均高于 0.6，总体来说，功能一致性也具有良好的效度。由表 13 可知：模型的卡方值与自由度之比是 1.5，GFI、AGFI、NFI、RFI、CFI 和 IFI 均超过 0.9，RMSEA 值是 0.049，低于 0.05 的优良水平。综上分析，数据和模型的拟合程度非常好。

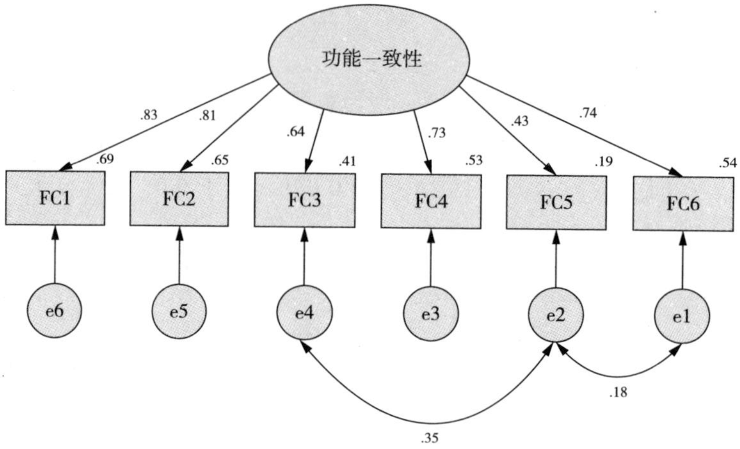


图 3　功能一致性的验证性因子分析

表 13　功能一致性拟合指数

| 测量指标 | $X^2$/df | GFI | AGFI | NFI | RFI | CFI | IFI | RMSEA |
|---|---|---|---|---|---|---|---|---|
| 适配临界值 | 1–3 | > 0.9 | > 0.9 | > 0.9 | > 0.9 | > 0.9 | > 0.9 | < 0.08 良好；< 0.05 优良 |
| 适配情况 | 1.5 | 0.985 | 0.955 | 0.981 | 0.960 | 0.993 | 0.993 | 0.049 |

## （六）假设检验

本节的假设检验分为三步：第一步，检验品牌个性三个维度（真诚、智慧和能力）与行为意向的直接效应；第二步，加入中介变量，分别检验自我一致性、功能一致性对行为意向的中介作用；第三步，同时加入两个中介变量，比较自我一致性和功能一致性的影响程度。

1. 品牌个性与行为意向的直接效应

品牌个性与行为意向的直接效应如图 4 所示。表 14 显示：该模型的卡方值与自由度之比是 2.3；GFI、NFI、CFI、IFI 的拟合指数均超过了 0.9；RMSEA 值是 0.076，处于良好水平。总体来看，品牌个性与行为意向的直接效应模型的适配性良好。

表 14　直接效应结构方程模型的拟合指数

| 测量指标 | $X^2$/df | GFI | AGFI | NFI | RFI | CFI | IFI | RMSEA |
|---|---|---|---|---|---|---|---|---|
| 适配临界值 | 1 < 3 | > 0.9 | > 0.9 | > 0.9 | > 0.9 | > 0.9 | > 0.9 | < 0.08 良好；< 0.05 优良 |
| 适配情况 | 2.3 | 0.915 | 0.857 | 0.931 | 0.897 | 0.960 | 0.960 | 0.076 |

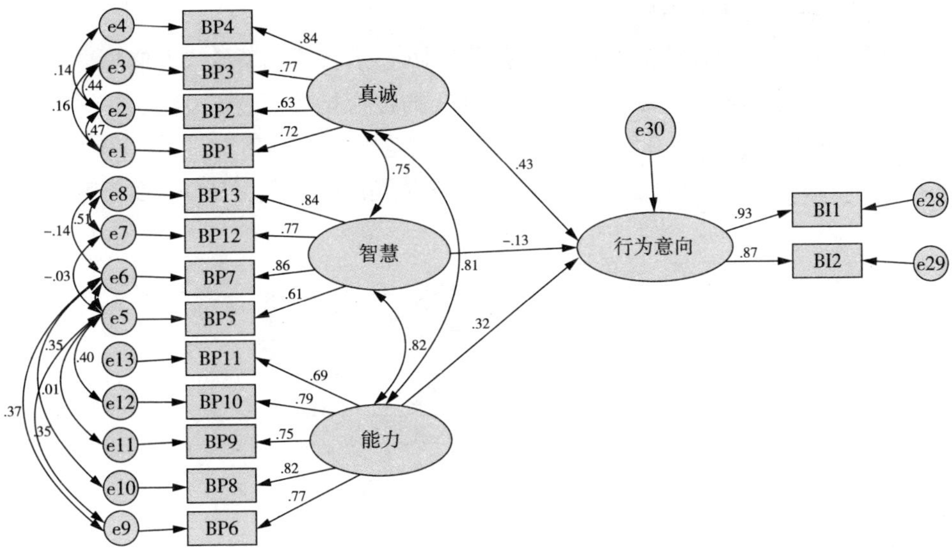


**图 4　品牌个性与行为意向的直接效应模型**

观察表 15，真诚和能力维度对行为意向的标准化回归系数分别为 0.43 和 0.32（P ＜ 0.001），说明真诚和能力维度对行为意向呈现显著的正向作用。也就是说，如果该酒店表现得越真诚，越有能力，消费者再次入住和推荐给他人的意愿越强。其中在真诚维度下，“愉悦的”贡献率达到了 0.82，也就是说，如果酒店能够带给消费者以上两种感觉的程度越强烈，那么，消费者的行为意向越积极。同样地，在能力维度下，消费者能感受到酒店是“与时俱进的”（贡献率为 0.82），则消费者会表现出积极正向的行为意向。

此外，智慧维度对行为意向呈现出负向不显著的作用。也就是说，消费者并不会因为酒店表现出“勇敢的”“富于想象力的”“高端的”“迷人的”的特征，而对其行为意向起到积极正向的影响。分析原因可以看出：在消费者心目中，以上四种描述并不符合经济型酒店的特性。

考虑到智慧维度对行为意向的作用不显著，在接下来的假设检验中，只选取真诚和能力代表经济型酒店的品牌个性特征。

**表 15　直接效应模型标准化回归系数及显著性**

| 自变量 | 因果关系 | 因变量 | 回归系数 | 标准化回归系数 | 显著性（P） |
|---|---|---|---|---|---|
| 真诚 | ---＞ | 行为意向 | 0.591 | 0.428 | *** |
| 智慧 | ---＞ | 行为意向 | −0.210 | −0.132 | 0.309 |
| 能力 | ---＞ | 行为意向 | 0.404 | 0.319 | *** |

**P ＜ 0.01；***P ＜ 0.001

2. 自我一致性的中介作用

自我一致性的中介效应如图 5 所示，表 16 显示：该模型的卡方值与自由度之比是 1.9；GFI、NFI、CFI、RFI、CFI、IFI 的拟合指数都处于 0.9 以上的优秀水平，AGFI 的拟合指数是 0.873，属于可接受的范围内；RMSEA 值是 0.066，处于良好状态。总体而言，自我一致性的中介效应模型的拟合程度良好，属于可接受范围内。

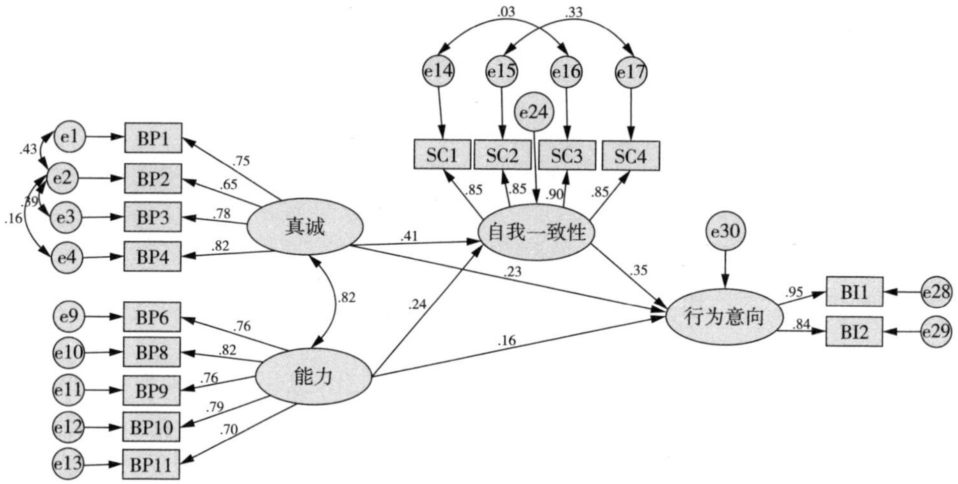


图 5 自我一致性的中介效应模型

表 16 中介效应结构方程模型的拟合指数

| 测量指标 | $X^2$/df | GFI | AGFI | NFI | RFI | CFI | IFI | RMSEA |
|---|---|---|---|---|---|---|---|---|
| 适配临界值 | 1 < 3 | > 0.9 | > 0.9 | > 0.9 | > 0.9 | > 0.9 | > 0.9 | < 0.08 良好；< 0.05 优良 |
| 适配情况 | 1.9 | 0.916 | 0.873 | 0.935 | 0.914 | 0.967 | 0.967 | 0.066 |

分析表 17，得出结论：自我一致性对品牌个性与行为意向不存在中介作用。具体分析如下：当模型中增加了自我一致性这一中间变量后，真诚对自我一致性的作用是不显著的。此时，已经不满足继续进行中介检验的条件，也就是说，在真诚维度下，自我一致性不存在中介作用。

同样地，能力维度对自我一致性的作用也不显著（标准化回归系数是 0.24），说明在能力维度下，自我一致性也不存在中介效应。综上所述，自我一致性对品牌个性与行为意向不存在中介作用。

**表 17　中介效应模型标准化回归系数及显著性**

| 自变量 | 因果关系 | 因变量 | 回归系数 | 标准化回归系数 | 显著性（P） |
|---|---|---|---|---|---|
| 能力 | ---> | 自我一致性 | 0.282 | 0.237 | 0.098 |
| 真诚 | ---> | 自我一致性 | 0.510 | 0.415 | 0.005 |
| 自我一致性 | ---> | 行为意向 | 0.381 | 0.347 | *** |
| 能力 | ---> | 行为意向 | 0.204 | 0.156 | 0.252 |
| 真诚 | ---> | 行为意向 | 0.307 | 0.227 | 0.117 |

$^{**}P < 0.01$；$^{***}P < 0.001$

此外，真诚和能力维度都对自我一致性呈现不显著影响，说明在经济型酒店的情境下，消费者在品牌形象和自我概念之间的一致性程度很低。也就是说，消费者在选择经济型酒店品牌时，并没有将其作为自我表达的工具。

3. 功能一致性的中介作用

自我一致性的中介效应如图 6 所示。表 18 显示：该模型的卡方值与自由度之比是 1.9；GFI、NFI、CFI、IFI 的拟合指数都处于 0.9 以上的优秀水平，AGFI 和 RFI 的拟合指数分别是 0.862 和 0.889，接近于 0.9 的临界值，属于可接受的范围内；RMSEA 值是 0.064，处于良好状态。总体而言，功能一致性中介效应模型的拟合程度在可接受范围内。

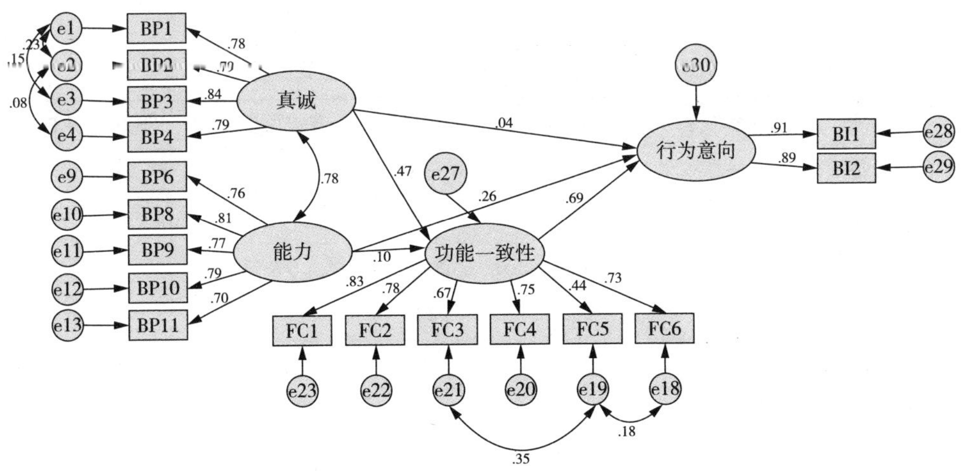


**图 6　功能一致性的中介效应模型**

表 18　中介效应结构方程模型的拟合指数

| 测量指标 | $X^2/df$ | GFI | AGFI | NFI | RFI | CFI | IFI | RMSEA |
|---|---|---|---|---|---|---|---|---|
| 适配临界值 | 1＜3 | ＞0.9 | ＞0.9 | ＞0.9 | ＞0.9 | ＞0.9 | ＞0.9 | ＜0.08 良好；<br>＜0.05 优良 |
| 适配情况 | 1.9 | 0.903 | 0.862 | 0.912 | 0.889 | 0.957 | 0.956 | 0.064 |

分析表 19，得出结论：功能一致性对品牌个性与行为意向存在不完全中介作用。具体分析如下：当模型中增加了功能一致性这一中间变量后，真诚对功能一致性的作用是显著的（回归系数为 0.47）。而功能一致性对行为意向的标准化回归系数为 0.70，说明作用显著。此时，真诚对行为意向的作用表现出不显著，即在真诚维度下，功能一致性起到完全中介的作用。进一步分析，酒店的服务与消费者期望的一致性程度最高（服务的贡献率有 0.83）；而酒店的地理位置与消费者预期的一致性程度最低（贡献率仅有 0.44），说明经济型酒店的选址不是以便利性作为首要因素，这也契合经济型酒店成本有限的特性。

同样地，能力维度对功能一致性的作用不显著（标准化回归系数是 0.42），此时不满足继续进行中介检验的条件，说明在能力维度下，功能一致性不存在中介效应。

功能一致性在真诚维度下的完全中介作用说明消费者在选择经济型酒店品牌时，看重的是其功能价值，而不是其象征性意义。消费者通过酒店提供的服务、设备、装修设计等感受到真诚、愉悦时，说明消费者在功能价值上的预期得到满足甚至超出预期。也就是说，在功能上的一致性程度高，会对消费者产生积极正向的行为意向。

表 19　中介效应模型标准化回归系数及显著性

| 自变量 | 因果关系 | 因变量 | 回归系数 | 标准化回归系数 | 显著性（P） |
|---|---|---|---|---|---|
| 能力 | ---＞ | 功能一致性 | 0.109 | 0.103 | 0.419 |
| 真诚 | ---＞ | 功能一致性 | 0.489 | 0.467 | *** |
| 功能一致性 | ---＞ | 行为意向 | 0.815 | 0.695 | *** |
| 能力 | ---＞ | 行为意向 | −0.043 | −0.035 | 0.259 |
| 真诚 | ---＞ | 行为意向 | 0.324 | 0.259 | 0.009 |

**P ＜ 0.01；***P ＜ 0.001

4. 模型检验

本研究的模型如图 7 所示。表 20 显示：该模型的卡方值与自由度之比是 1.8；NFI、CFI、IFI 的拟合指数都处于 0.9 以上的优秀水平，GFI 和 RFI 的拟合指数分别是 0.8886 和 0.885，接近于 0.9 的临界值，属于可接受的范围内；RMSEA 值是 0.059，接近于优良状态。总体而言，本研究模型的拟合程度在可接受范围内。

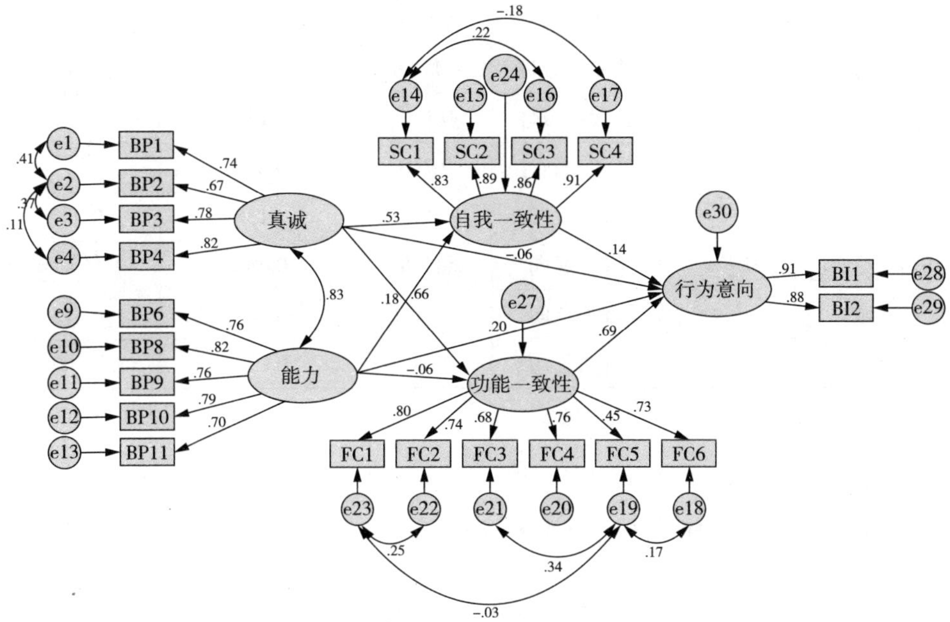


**图 7　研究模型**

**表 20　结构方程模型的拟合指数**

| 测量指标 | $X^2/df$ | GFI | AGFI | NFI | RFI | CFI | IFI | RMSEA |
|---|---|---|---|---|---|---|---|---|
| 适配临界值 | 1 < 3 | > 0.9 | > 0.9 | > 0.9 | > 0.9 | > 0.9 | > 0.9 | < 0.08 良好<br>< 0.05 优良 |
| 适配情况 | 1.8 | 0.888 | 0.848 | 0.907 | 0.885 | 0.957 | 0.957 | 0.059 |

分析表 21，得出结论：对比发现功能一致性对行为意向的作用比自我一致性显著。具体分析如下：真诚对自我一致性和功能一致性的路径系数分别是 0.526 和 0.655，自我一致性和功能一致性对行为意向的路径系数分别为 0.138 和 0.686。那么，在真诚维度下，自我一致性的贡献率为 0.07（0.526 与 0.138 的乘积），功能一致性的贡献率为 0.45（0.655 和 0.686 的乘积）。显而易见，功能一致性的作用要比自我一致性显著。同样地，在能力维度下，也得出了相同的结论。由此可见：在消费者心目中，只要经济型酒店在服务、设备、地理位置、价格等方面符合预期，那么，消费者会产生积极的行为意向。

表 21　结构方程模型标准化回归系数及显著性

| 自变量 | 因果关系 | 因变量 | 回归系数 | 标准化回归系数 | 显著性（P） |
|---|---|---|---|---|---|
| 真诚 | ---> | 自我一致性 | 0.639 | 0.526 | *** |
| 能力 | ---> | 功能一致性 | −0.066 | −0.062 | 0.701 |
| 能力 | ---> | 自我一致性 | 0.152 | 0.132 | 0.358 |
| 真诚 | ---> | 功能一致性 | 0.730 | 0.655 | *** |
| 自我一致性 | ---> | 行为意向 | 0.147 | 0.138 | 0.047 |
| 功能一致性 | ---> | 行为意向 | 0.798 | 0.686 | *** |
| 真诚 | ---> | 行为意向 | −0.072 | −0.056 | 0.713 |
| 能力 | ---> | 行为意向 | 0.243 | 0.197 | 0.107 |

**P＜0.01；***P＜0.001

5. 假设检验结果

基于以上分析，对所有检验结果汇报如下：

表 22　假设检验结果汇总

| 研究假设 | 验证结果 |
|---|---|
| H1：品牌个性显著正向地影响自我一致性 | 部分支持 |
| H2：品牌个性显著正向地影响功能一致性 | 部分支持 |
| H3a：品牌个性对行为意向的影响通过自我一致性的间接作用 | 不支持 |
| H3b：品牌个性对行为意向的影响通过功能一致性的间接作用 | 部分支持 |
| H4a：自我一致性显著正向地影响行为意向 | 不支持 |
| H4b：功能一致性显著正向地影响行为意向 | 支持 |
| H4c：功能一致性对行为意向的影响比自我一致性更显著 | 支持 |

## 六、结论与展望

### （一）研究结论

1. 经济型酒店的品牌个性

本研究表明：7 天酒店的品牌个性分为真诚、智慧和能力三个维度。对比国外的研究结果：酒店品牌个性与阿克的品牌个性五大要素是一致的。研究结果虽然只有三个维度，但覆盖了原量表中 87% 的题项，说明研究结果是具有解释力度的。

2. 自我一致性与功能一致性的中介作用

本文的实证研究结果显示：自我一致性对品牌个性和行为意向不存在中介作用，说明品牌个性不需要通过自我一致性的间接作用，而直接对行为意向产生影响。从消费者行为学的角度来解释，产品或品牌的功能价值或象征意义是使消费者产生购买行为的动机。由于经济型酒店属于中低端酒店，消费者看重的可能不是其象征意义，而购买决策的关注点是其功能价值。

在真诚维度下，功能一致性起到了完全中介作用；而在能力维度下，则不存在中介作用。也就是说，只有当消费者认为酒店品牌个性为真诚时，功能一致性才会对消费者的行为意向产生作用。此时，经济型酒店在功能属性上的差异是该品牌区别于其他品牌的重要因素。

在功能一致性的六个题项中，服务的贡献率都是最高的（路径系数均达到了0.8以上），其次是装修设计、卫生状况和智能设备（路径系数都超过了0.7）。也就是说，当该酒店的服务、装修设计、卫生状况及智能设备等功能价值能够满足消费者的需求，达到消费者的预期，那么，消费者才愿意再次入住或者把该酒店推荐给亲朋好友。

3. 品牌个性、自我一致性、功能一致性与行为意向的关系

（1）品牌个性中的真诚和能力维度显著正向地影响行为意向。在品牌个性的三个维度中，真诚和能力维度对行为意向的作用更显著，而智慧维度呈现负向的不显著作用。说明酒店在塑造品牌形象时，如果能让消费者感受到“真诚”和有“能力的”，对消费者行为意向的作用就越显著，也就是说，消费者重购和向他人推荐的意愿越强。

（2）自我一致性对行为意向的影响不显著，而功能一致性对行为意向具有显著的正向影响。酒店在功能属性上的价值与消费者心目中的预期越一致，那么，消费者的再次入住和向他人推荐的意愿就越强烈。探究其原因，笔者认为是消费者更加注重经济型酒店在功能属性上的价值。

（3）自我一致性对品牌个性和行为意向不存在中介作用，而功能一致性起到了部分中介作用。即在真诚维度下，功能一致性间接影响品牌个性与行为意向的关系。当品牌个性与消费者预期的功能属性一致性程度越高，行为意向越明显。

### （二）实践启示

1. 将品牌个性与酒店的功能属性相结合

根据研究结论，酒店在功能属性上的差异是消费者区分酒店品牌的一个重要因素。酒店管理者可以通过以下几种方式提升酒店功能价值。

（1）深入当地生活，提供当地服务。本研究表明，消费者对于酒店服务的一致性程度关注最高，说明酒店的服务对消费者行为意向的影响最显著。因此，酒店可

以此为切入点，来提升服务质量和特色。由于经济型酒店能够提供的服务很有限，那么，在有限的服务内，如何最大限度地满足消费者需求？在大数据的时代背景下，酒店管理人员可以通过酒店预订系统和互联网收集消费者的基本资料及需求，通过简单的数据就可以精准掌握消费者的最新需求。随着消费者需求的升级，无论是外出旅游或住宿都希望更多地体会当地的风土人情，酒店营销人员可以通过与当地社区建立合作关系，寻找当地的服务提供商，如干洗店、花店、餐厅等，改变消费者与酒店的互动方式。

(2) 运用移动互联网、云平台等科技，提供智能化设备。本研究表明，经济型酒店的智能化设备对消费者行为意向的影响仅次于服务，以此为切入点，经济型酒店可以塑造“与时俱进”的品牌个性。移动互联网成为了人与服务的桥梁，通过微信订房、APP 办理入住、开门锁等实现了酒店消费的 O2O 模式。无论从技术上还是管理上，引进智能化的设备，是降低成本、提高酒店入住率的有效手段。

(3) 打造经济型酒店主题化。经济型酒店的核心在于“经济性”，其功能经济、价格经济等特性限制了其向消费者提供住宿之外的更多服务。同时，在服务和房间标准化的要求下，导致产品同质化，消费者无法对同类型的酒店进行品牌识别和区分。在消费者需求多样化、个性化的趋势下，经济型酒店可以通过单地主题营造，在房间布置、产品陈列等方面结合当地文化，塑造品牌个性。

2. 将品牌个性作为长期战略，深入挖掘消费者的内心自我概念

(1) 研究发现，经济型酒店的品牌个性有三个维度：真诚、能力和智慧。在消费者心中建立恰当的品牌个性，能够有效地对酒店实行差异化营销和市场定位。虽然本研究显示：自我一致性不存在中介效应，也就是说，消费者并没有对该酒店品牌产生情感联结，因此，这也可以成为酒店营销的一个方向。

(2) 现在是大数据时代，谁掌握了更多的消费者信息，谁就更接近消费者。利用大数据在确定市场目标群体的同时，深入挖掘消费者的内心自我概念，塑造更符合他们内心自我概念的品牌个性，让消费者对该品牌产生更多情感上的联结，从而提高消费者的忠诚度。

### （三）研究不足与展望

本次研究中，受访者对于题项设置的情境代入感不够强烈。在问卷收集过程中，有受访者反馈题项的表述不是很容易理解。同时样本缺乏多样性。本文仅选取了 7 天连锁酒店为研究对象，以后的研究可以选择不同品牌、不同档次或不同地区的酒店品牌进行对比研究，寻找不同品牌之间的个性差异。此外，国内有关品牌个性的研究通常是直接引用国外的成熟量表，尽管这套量表的适用性已经得到了广泛的实证研究。但由于文化背景的差异，为了让研究更科学和严谨，国内学者可以尝试开发符合国内经济型酒店品牌个性特征的量表。另一方面，虽然国内有学者开发

出了本土环境下的品牌个性量表，但缺乏实证研究的检验，这也是后续研究的一个方向。

## 主要参考文献

白凯，马耀峰，李天顺，孙天宇．西安入境旅游者认知和感知价值与行为意图．地理学报，2010.

夏怡凡．SPSS统计分析精要与实例详解．北京：电子工业出版社，2013.

Beykan Cizel and Edina Ajanovic. 2016. Destination Brand Personality, Self-Congruity Theory. *Mediterranean Journal of Humanities*, 1: 1–16.

Dohee Kima, Vincent P. Magninib and Manisha Singal. 2011. The Effects of Customers' Perceptions of Brand Personality in Casual Theme Restaurants. *International Journal of Hospitality Management*, 30: 448–458.

Hazel H. Huang, Vincent–Wayne Mitchell and Richard Rosenaum–Elliott. 2012. Are Consumer and Brand Personalities the Same? *Psychology & Marketing*, 29(5): 334–349.

Ian Phau and Kong Cheen Lau. 2000. Conceptualising Brand Personality: A Review and Research Propositions. *Journal of Targeting, Measurement and Analysis for Marketing*, 9(1): 52–69.

Jennifer L. Aaker. 1997. Dimensions of Brand Personality. *American Marketing Association*, 34(3): 347–356.

Juhee Kanga, Liang Tangb, Ju Yup Leea and Robert H. Bosselmanc. 2012. Understanding Customer Behavior in Name Brand Korean Coffee Shops: The Role of Self–Congruity and Functional Congruity. *International Journal of Hospitality Management*, 31: 809–818.

## 点评

文章选题基于当下非标准住宿的兴起以及消费者需求个性化的双重特点下，经济型酒店提供的有限标准服务已经不足以满足消费者的需求，出现经营的困难与瓶颈，作者预期通过关于该领域的研究，为经济型酒店的经营提供一定的建设性意见，选题实用性强，虽然不是特别新颖，但也会在经济型酒店品牌个性研究的相关领域起到补充作用。

文章的整体研究方面，框架结构清晰合理、研究逻辑严谨。本文采取文献研究与问卷调查法进行研究，首先通过查阅中外资料库，获得了有关品牌个性、自我概念及一致性理论的研究成果，总结发现很少有学者利用一致性理论研究经济型酒店的品牌个性。其次拟通过问卷调查的方式收集数据，为了提高数据的准确性和可靠性，先进行预调研，对选项进行修改完善。然后，在网络上进行广泛的数据收集。最后对所收集的数据分两个步骤进行处理：第一步是利用 SPSS 软件对整体问卷进行信度分析，在信度较好的前提下，进行探索性因子分析，确定因子结构；第二步是在第一步的基础上，利用 AMOS 软件检验模型的效度，通过构建结构方程模型揭示各变量之间的关系。采用了该领域研究的典型、有效软件和方法，非常适合用来探讨经济型酒店的品牌个性维度、酒店品牌个性与消费者行为意向的关系、消费者自我一致性和功能一致性对消费者行为意向之间的关系，以及自我一致性、功能一致性对酒店品牌个性与消费者行为意向的中介作用。方法选择恰当、数据的结果分析得当。

在数据结果验证之前，采用前人文献和理论基础，并且大多为高质量的英文文献，看出作者是非常认真地写这篇文章，而且选择自我一致理论作为文章的理论基础，新且合适，在此基础上推导出自己的研究假设所在，在理论上具有逻辑性，也是本文逻辑研究的一个重点。

总体而言，本篇文章完成的比较规范，在严谨梳理理论基础和导出自己研究的同时，获得对实业界具有意义的结论和意见。

# 社交媒体营销方式对消费者购买行为的影响研究

## ——以精品酒店为例

丁 洁[①]

**摘要：** 社交媒体开创了市场营销的全新时代。提供个性化、体验性服务的精品酒店成为我国酒店业发展新的风向标之一，利用社交媒体营销方式来提高知名度和美誉度是精品酒店经营过程中常用的营销方式。本文立足于社交媒体营销的情境，综合运用定量与定性相结合的研究方法，在阐述精品酒店、社交媒体及社交媒体营销内涵及特征的基础上，剖析了基于社交媒体营销的消费者购买行为的特征和影响因素，在此基础上借鉴社交媒体营销以及消费者购买行为基础理论，引入消费者感知因素构建了社交媒体营销方式对精品酒店消费者购买行为的影响模型，并通过描述性统计分析、相关分析以及回归分析对假设进行验证，表明活动营销、植入性广告、网络口碑、体验营销、网络互动等社交媒体营销方式均能对消费者感知因素以及购买行为产生显著影响，从而提出了精品酒店应更好地借助社交媒体开展营销的策略。

**关键词：** 精品酒店；社交媒体营销；消费者购买行为

## 一、绪论

### （一）研究背景与意义

随着互联网技术的进步，特别是新媒体的出现及广泛应用，传统的营销方式已经不再适应与满足当前消费者的需求，社交媒体营销正在成为新的营销载体及模式（齐海伦，2012）。精品酒店以满足客户个性化需求作为特点，使得精品酒店需要充分把握消费者心理特点和需求，有针对性地进行营销。社交媒体营销以大数据作为基础，能够对消费者的认知以及行为等产生一系列的影响，进而影响到他们对精品酒店的消费。故在精品酒店营销中，充分运用社交媒体营销的优势，制定科学的营销策略、精准的营销计划，有利于实现营销效果的最大化。

随着社交媒体营销的广泛开展，国内外学者对网络消费者购买行为进行了大量的研究，但针对社交媒体营销的研究通常针对单一的社会媒体，同时专门针对精品

① 2012级，2017年毕业；点评教师：魏敏。

酒店社交媒体营销的研究也较少。本文着眼于精品酒店社交媒体营销方式，提出了精品酒店社交媒体营销策略。一方面，通过对精品酒店、社交媒体等相关概念的梳理，提炼出社交媒体营销的利弊，并借鉴社交媒体营销相关理论，从理论上构建起不同社交媒体营销方式对消费者购买行为影响的体系，试图丰富社交媒体营销理论体系。另一方面，通过社交媒体营销模型的建立，提出研究假设，并通过问卷调查的方式分析社交媒体营销方式对精品酒店消费者购买行为的影响机制，在此基础上提出精品酒店社交媒体营销策略，试图从实践角度来为精品酒店的社交媒体营销提供一定的指导。

## （二）文献综述

社交媒体作为一种新型的媒体方式，近些年得到了迅猛的发展。在营销学领域，社交媒体营销也逐渐凸显出优势。目前学术界以及营销界开始关注社交媒体营销的重要性，并逐渐开始探索社交媒体营销方式对消费者购买行为的影响。

### 1. 关于社交媒体营销的研究

社交媒体以自身的独到性为现代人提供着各种需求，同时也为商家的营销提供了机会。李宝玲（2012）针对社交媒体营销进行了总结，认为社交媒体营销包括三种主要的形式，即在社交媒体平台之上通过有价值新闻事件的创建来吸引关注，然后实现病毒式的传播；利用多种社交媒体渠道对公司的品牌进行推广，并吸引粉丝用户；在社交媒体平台之上通过与用户的互动对话塑造企业良好形象。而社交媒体营销相较于传统营销方式在品牌认知度的增加、老客户的维系以及目标群体的瞄准方面都有着很大的优势。

### 2. 关于消费者购买行为影响因素的相关研究

我国学者对消费者购买行为影响因素的研究也比较多，主要是以国外成熟的理论模型作为基础进行的探索。安诗芳（2007）在研究中以 TAM（Technology Acceptance Model）模型作为基础，引入了消费者自身特点、网站服务水平以及网站企业在售产品自身性能等几个独立的外生变量，进而设计出了一个具有综合性能的消费者网站购物意愿模型。谢卿（2011）在研究中发现消费者个人所感知的网购方式中的实际效益程度大小与感知网购产品价格的高低都会对消费者网购态度与意向产生直接显著的影响。

当然，在文献的梳理过程中发现，在与本文相关的研究之中，学者对于社交媒体营销方式与消费者购买行为影响因素的单独的研究相对来说比较多，但是将社交媒体营销方式与消费者购买行为相互结合进行研究的成果并不多，特别是针对精品酒店的相关研究更是少之又少，几乎处于空白的状态。因此，在本文的研究中，则主要是将社交媒体营销方式与消费者购买行为结合起来，以精品酒店为主要的研究对象，来进行实证性的探究。

## 二、概念界定及理论基础

理论分析是任何研究得以开展的基石。本章在对精品酒店、社交媒体及社交媒体营销等核心概念进行界定的基础上，系统性梳理和探讨了社交媒体营销及消费者购买行为的基础理论，以期为下文的实证分析夯实理论基础。

### （一）核心概念界定

1. 精品酒店

精品酒店最早出现于20世纪的80年代，是伴随着旅游业的兴盛而出现的一种酒店类型。精品酒店是一种能够为客户提供新奇以及精致住宿体验的具有个性化的高品位酒店类型，可以将其称之为设计师酒店，能够以独特而时尚的设计吸引追求品位、个性化的休闲者或是商务旅行者以及生活者。本文所研究的精品酒店，主要是指那些已经利用社交媒体平台进行营销的单体或者集团所属的精品酒店。

2. 社交媒体

社交媒体（Social Media）也被称为社会化的媒体，或是社会性的媒体。安东尼·梅菲尔德 Antony Mayfield，2007）最先在《什么是社会化媒体》这本著作中对社交媒体进行了界定，认为社交媒体就是一种能够给予用户极大的参与空间的新型的在线媒体，这种在线媒体具有参与、公开、交流、对话以及社区化等特征。社交媒体的出现彻底改变了传统媒体一对多的传播方式，让互动、沟通以及对话成为了可能，让媒体与受众之间的界限更加模糊，且大多数的社交媒体都是以免费的形式开放，鼓励人们的评论、言论发布以及信息的分享。

3. 社交媒体营销

社交媒体营销（Social Media Marketing，SMM）又可以称之为社会群体营销，大致包括两层含义，一种是指社交媒体以特有的形式对自身的营销推广，比如人人网、微信、微博等对自身平台的宣传推广；另一种是指企业或者个人为了实现经营目标或其他特定目的，而借助社交媒体对产品和服务的营销。

本文所阐述的精品酒店社交媒体营销，指的是精品酒店为了达到宣传推广并吸引顾客的目的，而通过自建媒体平台或是论坛、微博、微信、社区等三方社交媒体平台，对产品和服务进行的一系列营销活动。

### （二）社交媒体营销的基础理论

1. 用户选择动机理论

用户选择理论是社交媒体营销的基础性理论，主要包括理性行为理论、计划行为理论、技术接受模型、整合性技术接受与使用理论等。本文主要运用到了计划行为理论和接受技术模型。

阿杰恩（Ajizen，1980）在对理性行为理论不断研究的过程中提出了计划行为理论（TPB），该理论将“感知的行为控制”这个因素纳入到了决定行为意向的体系之中。在计划行为理论模型之下，感知的行为控制主要是由个人控制信念与感知的便利性决定，当个人能够支配的各种要素越来越多的时候，那么所遇到的困难也就会相应越来越少，对自身行为控制力会越强。

接受技术模型是本文进行精品酒店社交媒体营销对消费者购买行为影响研究的一个基础性理论模型，具体在整个模型的构建中会以感知有用性等为基本的要素来进行模型的分析。

2. 消费者购买行为基础理论

在对消费者购买行为的相关研究中，许多学者专家对消费者购买行为模式进行了研究，并提出了一些具有代表性的经典模式。如消费者购买行为一般模式，又称 SOR 模式，消费者在各种因素的刺激之下，就会产生购买的动机，继而在购买动机的驱使之下会作出购买的决策，最终实施购买行为，同时在购买之后还有可能会对购买的商品或者是服务等作出评价，由此完成一次完整的购买行为过程。

在本文的研究中，针对精品酒店的特征，试图以 SOR 模型为基础，整合 TAM 与 TPB 模型来进行精品酒店社交媒体营销对消费者购买行为影响的一般理论模型的构建。

## 三、研究设计

### （一）基于社交媒体营销的精品酒店消费者购买行为影响因素

社交媒体的营销并不是一个简单的过程，营销效果也会受到各方面因素的影响。社交媒体营销与消费者购买行为之间具有密切的联系，当社交媒体营销能够引起消费者关注并形成消费动机之后，消费者会根据社交媒体上产生的相关内容以及自身的判断等最终形成购买决策，实施购买行为，并对自身的购买进行评估、反馈，分享，进而对其他的消费者购买行为产生影响。

1. 社交媒体营销影响因子

就精品酒店消费者购买行为而言，社交媒体营销对其的影响主要是通过植入式广告、活动性的营销、体验式的营销以及互动性等来实现。

2. 感知因素

社交媒体营销实质上就是一种“刺激”，这种刺激会对消费者的现实需求以及潜在的需求进行挖掘，激发消费者的购买动机，提升消费者的内在感知，同时在不断的刺激之中促成消费者的购买行为，实现整个交易过程。就消费者感知因素而言，可以划分为感知实用、感知信任和感知风险三个方面。

## （二）模型构建及假设提出

1. 模型构建

在模型的构建中，本文是以 SOR 模型为切入点，通过对 TAM 模型、TPB 模型的整合为理论框架，结合社交媒体营销与消费者购买行为关系建立起来，对社交媒体营销方式对消费者购买行为的影响进行了解释。

本文旨在实证研究自变量社交媒体营销方式（前因变量）对因变量精品酒店消费者购买行为（结果变量）的影响机制，并引入消费者感知因素作为中介变量。基于上文的理论分析，本文所构建的具体模型理论框架如图 1 所示：

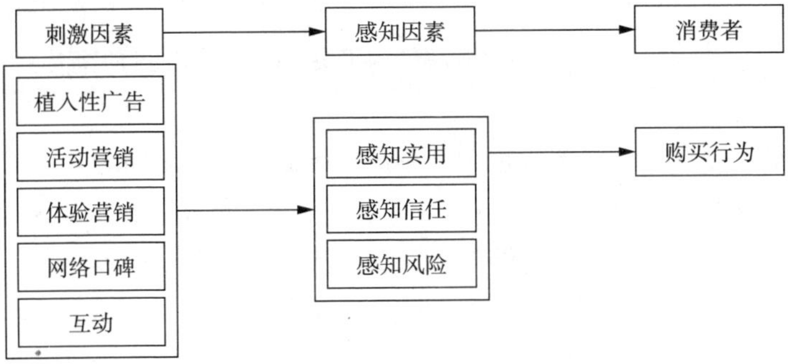


**图 1　社交媒体营销方式对消费者购买行为影响模型**

2. 变量定义

在上述构建的社交媒体营销方式对消费者购买行为影响模型之中，主要涉及的变量以及变量的定义如表 1：

**表 1　概念模型中各个变量定义**

| 研究层面 | 变量 | 定义 |
|---|---|---|
| 社交媒体营销内容生产来源（前置变量） | 植入性广告 | 以各种方法通过社交媒体植入产品或服务的广告，或采用名人以及意见领袖发布、转发与之相关的文章信息，激发消费者的购买欲望 |
| | 活动营销 | 以团购、秒杀、抽奖等各类活动进行价格上的让利，引发消费者在社交平台的关注、转发 |
| | 体验营销 | 从客户角度出发，通过现实与虚拟场景的相互结合创造出一种能够让顾客主动参与其中并产生难忘、深刻的心理活动，在这个过程中避免顾客产生厌烦心理，实现与顾客的更好沟通，以此来促使消费者产生现有的或者潜在的购买欲望的营销方式 |

续表

| 研究层面 | 变量 | 定义 |
| --- | --- | --- |
| 社交媒体营销内容生产来源（前置变量） | 网络口碑 | 潜在的、现有的或者是以往的消费者对产品、服务、品牌或者是企业所作出的正面或者负面的评论，其他的消费者或组织能够通过网络对这些评论浏览 |
| | 互动 | 通过文字、音频、图片或视频等形式实现信息的交换 |
| 中介变量 | 感知实用 | 对产品或服务实用性的感知，属于功能性的感知 |
| | 感知信任 | 消费者对产品或服务的信任 |
| | 感知风险 | 消费者对产品或服务来自功能性等其他方面的风险感知 |
| 因变量 | 购买行为 | 消费者最终的购买决策以及实施的购买行为 |

在上述的变量之中，前置变量主要是社交媒体营销的不同方式，不同方式对应的内容生产的来源，包括了植入式广告、活动营销、体验营销、网络口碑营销、互动这几个主要的变量，这些都能够产生大量的社交媒体营销内容，会以一定的方式对消费者的购买意愿以及购买行为产生影响。调节变量主要包括了信息内容以及信息的来源，即信息内容以及信息来源的不同都会产生不同的营销效果，也会对消费者对产品或服务感知的实用性、感知的情感以及感知的风险等产生影响，进而影响消费者的购买意愿以及购买行为。

3. 研究假设的提出

基于以上对精品酒店消费者购买行为的分析以及研究理论模型的构建、变量的定义，结合前人的研究结果，本文将研究假设概括为以下几个方面。

（1）植入式广告对消费者购买行为的影响关系

陆琪男（2011）在对企业微博互动对于品牌购买态度的影响研究之中，认为微博本身是社会网络的站点，能够实现他人动态的关注，这种功能能够让用户在网络之中的临场感等增强，能够促进互动双方之间的信任关系，有助于用户的交流以及信息的共享，因此实施品牌的营销有着很大的优势。据此，本研究提出如下假设：

H1：植入式广告对消费者购买行为有显著影响

H11：植入式广告正面影响消费者感知实用

H12：植入式广告正面影响消费者感知信任

H13：植入式广告负面影响消费者感知风险

（2）活动营销对消费者购买行为的影响关系

活动营销指的是企业通过介入重大活动来提升品牌知名度，以此来促进产品销售的营销方式。樊惠（2015）探讨了微信营销对消费者购买意愿的影响因素，表明活动营销对消费者购买意愿具有显著正向影响。据此，本研究提出如下假设：

H2：活动营销对消费者购买行为有显著影响

H21：活动营销正面影响消费者感知实用

H22：活动营销正面影响消费者感知信任

H23：活动营销负面影响消费者感知风险

（3）体验营销对消费者购买行为的影响关系

进入体验经济时代，体验已经成为市场营销的客体，是产品、商品、服务后的第四种经济提供物（周常英，2005）。宋明元和肖洪钧（2012）以施密特（Schmitt）的五维体验战略模型和理性行为理论为基础，构建了体验维度影响消费者购买意愿的模型，结果表明体验五维战略模块分别对消费者购买行为产生显著正向影响。据此，本研究提出如下假设：

H3：体验营销对消费者购买行为有显著影响

H31：体验营销正面影响消费者感知实用

H32：体验营销正面影响消费者感知信任

H33：体验营销负面影响消费者感知风险

（4）网络口碑对消费者购买行为的影响关系

网络口碑是潜在的、现有的或者以往的消费者对产品、服务、品牌或者企业做出的正面或负面的评论，其他消费者或组织能够通过网络浏览这些评论（宋明元、肖洪钧，2012）。海宁图劳（Henning-Thurau）等通过实证研究，探索了网络口碑对消费者购买决策的影响，发现消费者阅读网络口碑是为了节省决策时间，同时做出更好的购买决策（Hennig-Thurau，Gwinner，Walsh and Gremler，2004）。据此，本研究提出如下假设：

H4：网络口碑对消费者购买行为有显著影响

H41：网络口碑对消费者感知实用有显著影响

H42：网络口碑对消费者感知信任有显著影响

H43：网络口碑对消费者感知风险有显著影响

（5）网络互动对消费者购买行为的影响关系

琼斯和维杰萨拉西（Jones，Vijayasarathy，2002）在研究中对网络消费的影响因素进行了探究，认为消费者风险、产品的感知、服务、购物经验会对消费者的购买态度与行为产生影响，在消费者风险感知中，信任是最核心的因素。麦克奈特和奇瓦尼（McKnight，Chervany，2002）以及保罗（ Pavlou，2003）都分别在不同的研究中证明了消费者对在线服务商的信任态度能积极影响消费者的购买倾向。据此，本研究提出如下假设：

H5：网络互动对消费者购买行为有显著影响

H51：网络互动对消费者感知实用有显著影响

H52：网络互动对消费者感知信任有显著影响

H53：网络互动对消费者感知风险有显著影响

(6) 感知因素对消费者购买行为的影响关系

在目前的相关研究中，理性行为理论更多的是进行消费者行为影响动因的分析，比如说国内学者宋晓兵等（2007）以理性行为理论为基础来对消费者的品牌购买行为倾向影响因素进行了研究，认为行为态度以及主观规范是最直接的影响因素，且主观规范影响力更大。据此，本研究提出如下假设：

H6：消费者感知因素对消费者购买行为具有显著影响

H61：消费者感知实用正向影响消费者购买行为

H62：消费者感知信任正向影响消费者购买行为

H63：消费者感知风险负向影响消费者购买行为

## （三）问卷设计及前测

1. 问卷测量项目

在本文的研究中，为了有效地验证精品酒店社交媒体营销方式与消费者购买行为之间的关系，主要选取了使用社交媒体营销平台的在校大学生与城市的白领作为主要的调查对象。

问卷在设计的过程中主要包括了三个部分的内容：

第一部分：被调查者的基本信息，包括了年龄、性别、受教育的程度、常用的社交媒体、社交媒体的购物情况。

第二部分：精品酒店消费基本情况，主要是对所调查者对精品酒店的消费基本情况、消费的偏好以及消费的影响因素进行初步的调查。

第三部分：被调查者对社交媒体营销方式之中内容生产的感受。包括了现有社交媒体营销方式中的内容生产方式，即植入式广告、活动营销、体验营销、网络口碑、网络互动等带给消费者的购买感受以及对自身购买行为的影响。

2. 问卷前测

在此次的调查中，为了进一步验证问卷的有效性，在正式发布问卷之前，对问卷进行了前测。主要选择了 50 名与笔者比较熟悉的同学以及朋友来作为测试的对象，以此来对此问卷设计中的合理性、语言的通顺性、词汇的正确性等等进行验证。

(1) 前测问卷效度分析

在此次的前测中，为了进一步验证问卷的有效性，将 32 个测量项目主要分为精品酒店使用情况、内容生产留意、所持态度、信任、风险、可靠性、购买意愿七个部分来进行探索性因子分析。从统计结果可知，在测试中 KMO 的测试系统最小为 0.582，大于 0.5 的标准，且样本分布的过程中 Bartlett 的球体检验显著性水平都小于 0.05，这意味着各个部门的变量都适合进行因子分析。在通过对七组变量进行因子分析的过程中，累计的解释方差百分比分别为精品酒店使用情况62.581%、内容生产留意情况65.324%、内容生产所持态度66.201%、内容生产信任情况65.326%、内容生产风险66.591%、内容生产可靠性65.102%、消费者购买意愿76.325%。在因子分析的过程中，总共得到了8个因子并与之对应的32个测量项目。并且每个项目在因子上都接近1的最大载荷，说明测量项目的收敛性以及区分度较好，整个问卷中涉及到的测量项目具有比较好的效度。

(2) 前测问卷信度分析

信度分析主要是对问卷统计数据的一致性进行检验。在信度的分析中，如果信度系数越接近1，表示问卷的信度越高，如果信度系数越接近0，则意味着问卷的信度越低。在信度的检验中通常用Cronbach's α 系数来表示。在上文中对问卷的前测过程中，总共有32个测量项目，得出问卷的整体信度系数 α 值为0.952，这意味着问卷的总体信度比较好。

### (四) 问卷收集

通过线上与线下相结合的方式来进行问卷的发放，数据的收集。在问卷发放的过程中，总共发放360份问卷，线上与线下平均分布。在线上主要是通过网络平台进行问卷的发放，采用随机抽样的方法，最终总共回收问卷176份，回收率为97.78%，删除未使用过社交媒体受访者问卷最终有168问卷，因此线上的有效回收率为93.33%。在线下主要是实地走访各大精品酒店，选取20家不同的精品酒店，通过与精品酒店管理人员沟通协调，现场发放问卷，并现场回收，最终有效回收问卷175份，有效回收率为97.22%。所以，在此次的调查中，线上线下总共发放问卷360份，有效回收334份，有效回收率为92.78%。

## 四、数据分析

在对设计问卷回收后相关数据整理的基础上，笔者主要运用SPSS17.0软件，对收集到的相关数据进行描述性统计分析。与此同时，笔者在运用相关分析软件对核心变量相关关系进行初步分析的基础上，通过实证分析结果的总结来验证研究假设。

### (一) 描述性统计

1. 样本基本特征统计

如表2，被调查者的性别分布基本均匀，男性比例稍低，占到了46.94%，女性为53.06%。从年龄分布来看，主要集中在23岁到35岁之间，特别是在线下的调查中发现，入住精品酒店的消费者比较时尚、年轻，同时学历层次普遍比较高，集中在本科及以上的学历。他们普遍使用社交媒体的时间比较长，且每周使用社交媒体的频率也比较高，倾向于通过社交媒体获取相关的资讯。

表 2　样本基本情况描述

| 统计性特征 | 选项 | 频次 | 百分比（%） |
|---|---|---|---|
| 性别 | 男 | 161 | 46.94% |
| | 女 | 182 | 53.06% |
| 年龄 | 18 岁以下 | 0 | 0% |
| | 18–22 岁 | 18 | 5.25% |
| | 23–27 岁 | 186 | 54.23% |
| | 28–35 岁 | 122 | 35.57% |
| | 36 岁及以上 | 17 | 4.95% |
| 学历 | 中专 / 高中及以下 | 8 | 2.33% |
| | 大专 | 15 | 4.37% |
| | 本科 | 132 | 38.48% |
| | 研究生在读或硕士 | 113 | 32.94% |
| | 博士及以上 | 75 | 21.88% |
| 使用社交媒体的时间 | 不到 3 个月 | 5 | 1.46% |
| | 3–6 个月 | 15 | 4.37% |
| | 6 个月 –1 年 | 52 | 15.16% |
| | 1 年 –2 年 | 109 | 31.78% |
| | 2 年以上 | 169 | 47.23% |
| 每周使用社交媒体的频率 | 不到 1 次 | 6 | 1.75% |
| | 1–3 次 | 10 | 2.92% |
| | 4–7 次 | 48 | 13.99% |
| | 8–10 次 | 78 | 22.74% |
| | 10 次以上 | 201 | 58.6% |
| 是否通过社交媒体获取相关资讯 | 是 | 248 | 72.3% |
| | 否 | 95 | 27.7% |

2. 消费者所关注的内容

在了解社交媒体营销中内容生产对消费者购买行为造成的影响之前，笔者对被调查者进行了初步地分析。

（1）精品酒店相关情况统计

在调查中显示，有 78% 的被调查者表示对精品酒店非常了解、比较了解，有 12% 的被调查者表示对精品酒店的了解一般，仅仅有 10% 的被调查者对精品酒店不太了解或者是不了解。

从经常入住精品酒店方面来看，相较于线上的被调查者，因为线下的被调查者都是已住精品酒店者，因此线下被调查者表示经常入住精品酒店的概率比较高。从整体上来看，有 52% 的被调查者表示经常入住精品酒店，有 35% 的被调查者表示偶尔入住精品酒店，而有 13% 的被调查者表示从没有入住过精品酒店。在经常或偶尔入住精品酒店的被调查者订购精品酒店的过程中，有 46% 表示通过电话预约，有 58% 表示通过酒店官网，有 78% 表示通过酒店订购的专业网站，还有 76% 的表示通过旅游网站 APP，有 56% 的通过社交媒体平台来进行订购。由此可见，在精品酒店的订购中方式多样，入住精品酒店的消费者大部分都是采取多样化的订购方式。

在选择精品酒店考虑因素的调查中显示，有 78% 的被调查者会主要考虑精品酒店的品牌，有 79% 的被调查者会考虑精品酒店的口碑，而有 63% 的被调查者会考虑精品酒店进行的广告宣传，当然有 39% 的被调查者表示会考虑价格因素，有 43% 的被调查者表示会考虑其他的一些因素。因此在精品酒店选择的过程中，消费者更多地考虑精品酒店的口碑、品牌、广告等等，对于价格的考虑反而是其次。

（2）精品酒店社交媒体营销中消费者所关注的内容

在上文的研究中指出社交媒体营销主要是通过植入性广告、活动营销、体验营销、口碑宣传以及网络互动等方式来实现。在精品酒店的社交媒体营销中也是一样，通常精品酒店在实施社交媒体营销的过程中也大致是使用这几种方式。在调查中显示，消费者在进行购买精品酒店的服务或者是产品的时候，有 62.7% 的消费者会关注信息的来源，而有 37.3% 的消费者会关注营销的内容。由此可见，在社交媒体营销中，消费者对于生产内容的真实性以及可靠性关注度比较高。在被调查者对社交媒体中出现的一些针对精品酒店的营销内容的调查中显示，被调查者对社交媒体上的针对精品酒店的口碑的关注度更高，其次是体验营销的方案以及植入性广告，互动情况的关注度相对来说比较低。

## （二）相关分析

本研究采用 Pearson 相关分析，其目的在于进行变量间假设检验前，首先就各个变量的线性相关程度作进一步分析，从而为后续的假设检验提供基础。

在分析的过程中用均值法来计算进而提取 5 个因子的综合得分，接着将每个因子对应消费者购买行为来进行相关性的分析，具体结果如表 3 所示：

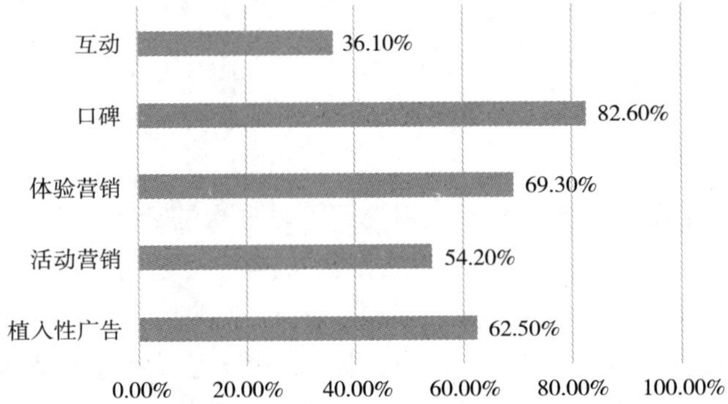


图 2　被调查者对精品酒店社交媒体内容关注度

表 3　社交媒体营销方式与精品酒店消费者购买行为的相关性分析

| 相关系数 | 1 | 2 | 3 | 4 | 5 | 6 |
|---|---|---|---|---|---|---|
| 1 植入性广告 | 1 | .921** | .754** | .692** | .569** | .339** |
| 2 活动营销 | .921** | 1 | .779** | .816** | .633** | .433** |
| 3 体验营销 | .754** | .779** | 1 | .841** | .483** | .317** |
| 4 网络口碑 | .692** | .816** | .841** | 1 | .739** | .571** |
| 5 互动 | .569** | .633** | .483** | .739** | 1 | .776** |
| 6 消费者购买行为 | .339** | .433** | .317** | .571** | .776** | 1 |

** 在 0.01 水平（单侧）上显著相关。

从上述的相关性分析中可以看出，在显著性水平在 0.05 水平之下，植入性广告、活动营销、体验营销、网络口碑、互动与消费者购买行为之间呈现出显著的相关性。其中网络互动（0.776）＞网络口碑（0.571）＞活动营销（0.433）＞植入性广告（0.339）＞体验营销（0.317），检验结果与提出的假设相符合。

## （三）回归分析

在研究中，回归分析能够对各个变量之间的相互关系的方向以及强弱程度进行更为直观的解释，因此也是一种对变量之间因果关系统计分析的有效方法。本文在研究中，通过对社交媒体营销方式与消费者购买行为进行多元线性回归模型的构建，来有效地验证本文所提出的假设以及各个不同变量之间的关系情况。

1. 社交媒体营销方式对精品酒店消费者购买行为的回归分析

从上文中的相关性分析可以得知，植入性广告、活动营销、体验营销、网络口碑以及网络互动会对消费者购买行为产生显著性的影响，而为了进一步探讨这几个变量对消费者购买行为的影响程度，笔者对植入性广告、活动营销、体验营销、网络口碑、网络活动与消费者购买行为作回归分析，具体分析结果如表 4：

表 4　回归系数与显著性检验

| 模型 | | 非标准化系数 | | 标准系数 | t | Sig. | 相关性 | | |
|---|---|---|---|---|---|---|---|---|---|
| | | β | 标准误差 | | | | 零阶 | 偏 | 部分 |
| 1 | （常量） | .723 | .254 | | 2.840 | .000 | | | |
| | 植入性广告 | .419 | .175 | .245 | 2.394 | .000 | .339 | .131 | .081 |
| | 活动营销 | .162 | .166 | .113 | .977 | .000 | .433 | .054 | .033 |
| | 体验营销 | .121 | .119 | .083 | 1.013 | .000 | .317 | .056 | .034 |
| | 网络口碑 | .218 | .161 | .143 | 1.357 | .000 | .571 | .075 | .046 |
| | 互动 | 1.036 | .078 | .779 | 13.329 | .000 | .776 | .593 | .450 |

因变量：消费者购买行为。

在回归模型之中，调整判定系数 R2 为 0.620，F 统计值的显著性概率 $P < 0.001$，这就说明在该回归模型之中，有着显著的回归效果。在回归方程中，截距项的 t 值为 2.840，Sig 为 0.000，这就说明截距项同样也显著。结合表 4 中各变量的系数，可以得到如下的回归方程：

$$消费者购买行为 =0.419\times 植入性广告 +0.162\times 活动营销 +0.121\times 体验营销 +0.218\times 网络口碑 +1.036\times 网络互动 +0.723 \quad （公式 1）$$

有上式可以看出，植入性广告、活动营销、体验营销、网络口碑与网络互动与消费者购买行为之间呈现出了显著的正相关，其中网络互动对精品酒店消费者购买行为的影响最大，其次为植入性广告、网络口碑、互动营销，体验营销对于精品酒店消费者购买行为的影响最小。

2. 社交媒体营销方式对消费者感知因素的回归分析

为了进一步了解精品酒店社交媒体营销方式对消费者购买行为的影响情况，笔者分析了社交媒体营销方式对感知实用、感知信任、感知风险这三个中介变量的具体影响。分析结果如表 5 所示：

表 5　营销方式对感知实用回归分析

| 模型 | | 非标准化系数 | | 标准系数 | t | Sig. |
|---|---|---|---|---|---|---|
| | | β | 标准误差 | | | |
| 1 | （常量） | 2.932 | .495 | | 5.929 | .000 |

续表

| 模型 | | 非标准化系数 | | 标准系数 | t | Sig. |
|---|---|---|---|---|---|---|
| | | β | 标准误差 | | | |
| 1 | 植入性广告 | −1.998 | .340 | −.853 | −5.867 | .000 |
| | 活动营销 | 1.434 | .322 | .731 | 4.457 | .000 |
| | 体验营销 | 1.043 | .232 | .521 | 4.491 | .000 |
| | 网络口碑 | −1.275 | .313 | −.609 | −4.076 | .000 |
| | 互动 | 1.125 | .151 | .618 | 7.443 | .000 |

因变量：感知实用。

从表 5 中可以看出，社交媒体营销方式对感知实用在统计学上有着意义，sig=0.000 < 0.001，说明在此回归模型中，有着显著的回归效果。具体来看，植入性广告、网络口碑与感知实用之间呈现出了负相关的关系，这与假设 H11 不相符。而在内容生产中，活动营销、网络互动以及体验营销对感知实用有正向的影响。

**表 6　营销方式对感知信任回归分析**

| 模型 | | 非标准化系数 | | 标准系数 | t | Sig. |
|---|---|---|---|---|---|---|
| | | β | 标准误差 | | | |
| 1 | （常量） | .159 | .216 | | .738 | .000 |
| | 植入性广告 | 1.749 | .149 | .888 | 11.780 | .000 |
| | 活动营销 | −2.356 | .140 | −1.428 | −16.785 | .000 |
| | 体验营销 | −1.131 | .101 | −.671 | −11.164 | .000 |
| | 网络口碑 | 1.588 | .136 | .902 | 11.643 | .000 |
| | 互动 | 1.128 | .066 | .737 | 17.115 | .000 |

因变量：感知信任。

从表 6 中可以看出，精品酒店社交媒体营销对感知信任这个中介变量也有着显著的影响，在统计学上有着显著的统计学意义。其中 t 为 0.738，sig 普遍为 0.000 < 0.001，说明回归模型有着显著的回归效果。具体来看，活动营销、体验营销与感知信任之间呈现出了负相关的关系，而植入性广告、网络口碑以及网络互动都与感知信任之间呈现出了正相关的关系。从影响程度方面来看，由强至弱依次为活动营销、植入性广告、网络口碑、体验营销、网络互动。

**表 7　营销方式对感知风险回归分析**

| 模型 | | 非标准化系数 | | 标准系数 | t | Sig. |
|---|---|---|---|---|---|---|
| | | β | 标准误差 | | | |
| 1 | （常量） | -.924 | .193 | | -4.782 | .000 |
| | 植入性广告 | -1.010 | .133 | -.497 | -7.592 | .000 |
| | 活动营销 | 1.407 | .126 | .827 | 11.192 | .000 |
| | 体验营销 | -.275 | .091 | -.159 | -3.307 | .000 |
| | 网络口碑 | .342 | .122 | .188 | 2.798 | .000 |
| | 互动 | .856 | .059 | .542 | 14.502 | .000 |

因变量：感知风险。

从表 7 中可以看出，精品酒店社交媒体营销对感知风险这个中介变量有着显著的影响，同时在统计学之上有着显著的统计学意义。其中 t 为 -4.782，sig 为 0.000 < 0.001，说明回归模型有着显著的回归效果。具体来看，植入性广告、体验营销与感知风险之间呈现的是负相关的关系，即植入性广告越多，体验营销越充分，消费者感知到的风险越小，同样的活动营销、网络口碑以及网络互动与感知风险之间也有着显著的相关性。

3. 消费者感知因素对消费者购买行为的回归分析

在精品酒店社交媒体的内容生产之中，不同的社交媒体营销方式会对消费者的购买行为产生不同的作用。而这种作用主要是通过感知实用、感知信任以及感知风险这三个主要的变量来不断变化。因此，在精品酒店社交媒体营销方式对消费者购买行为的影响研究中，需要分析中介变量对消费者购买行为的影响。

**表 8　感知实用对消费者购买行为回归分析**

| 模型 | | 非标准化系数 | | 标准系数 | t | Sig. |
|---|---|---|---|---|---|---|
| | | β | 标准误差 | | | |
| 1 | （常量） | 4.035 | .253 | | 15.920 | .000 |
| | 植入性广告感知实用 | .548 | .073 | .575 | 7.547 | .000 |
| | 活动营销感知实用 | .168 | .060 | .213 | 2.807 | .000 |
| | 体验营销感知实用 | .156 | .070 | .153 | 2.226 | .000 |
| | 网络口碑感知实用 | .000 | .088 | .000 | .003 | ,000 |
| | 互动感知实用 | .175 | .050 | .225 | 3.502 | .000 |

因变量：消费者购买行为。

从表 8 中可以看出，在对精品酒店社交媒体营销感知实用对消费者购买行为的回归分析中，t 检验结果为 15.920，sig 为 0.000，说明有着显著的回归效果，即感知实用对消费者购买行为有着显著的影响，且感知实用对消费者购买行为都是呈现出正向的影响。

表 9　感知信任对消费者购买行为回归分析

| 模型 | | 非标准化系数 | | 标准系数 | t | Sig. |
|---|---|---|---|---|---|---|
| | | β | 标准误差 | | | |
| 1 | （常量） | 5.344 | .104 | | 51.480 | .000 |
| | 植入性广告感知信任 | .294 | .031 | .457 | 9.588 | .000 |
| | 活动营销感知信任 | .469 | .037 | .668 | 12.510 | .000 |
| | 体验营销感知信任 | .478 | .026 | .814 | 18.218 | .000 |
| | 网络口碑感知信任 | .349 | .030 | .565 | 11.505 | .000 |
| | 互动感知信任 | .741 | .026 | 1.001 | 28.187 | .000 |

因变量：消费者购买行为。

从表 9 中可以看出，在对精品酒店社交媒体营销感知信任对消费者购买行为的回归分析中，t 检验结果为 51.480，sig 为 0.000，说明有着显著的回归效果，即感知信任对消费者购买行为有着显著的影响，且感知信任对消费者购买行为都是呈现出正向的影响。

表 10　感知风险对消费者购买行为回归分析

| 模型 | | 非标准化系数 | | 标准系数 | t | Sig. |
|---|---|---|---|---|---|---|
| | | β | 标准误差 | | | |
| 1 | （常量） | 3.199 | .241 | | 13.249 | .000 |
| | 植入性广告感知风险 | −.097 | .050 | −.127 | −1.950 | .000 |
| | 活动营销感知风险 | −.053 | .046 | −0.60 | −1.140 | .000 |
| | 体验营销感知风险 | −.242 | .045 | −.443 | −5.344 | .000 |
| | 网络口碑感知风险 | .307 | .035 | .455 | 8.857 | .000 |
| | 互动感知风险 | .252 | .033 | .424 | 7.700 | .000 |

因变量：消费者购买行为。

从表 10 中可以看出，在对精品酒店社交媒体营销感知风险对消费者购买行为的回归分析中，t 检验结果为 13.249，sig 为 0.000，说明有着显著的回归效果，即感知风险对消费者购买行为有着显著的影响。且从感知风险对消费者购买行为的影响之中，植入性广告、活动营销、体验营销都是对消费者购买行为有负面的影响。

### （四）研究假设验证

根据上文对相关数据的相关性分析、回归分析，可以对上文提出的 8 个主要的研究假设作出总结，具体的研究假设验证结果如表 11 所示：

表 11　研究假设检验结果

| 编号 | 假设 | 结论 |
|---|---|---|
| H1 | 植入式广告对消费者购买行为有显著影响 | 成立 |
| H11 | 植入式广告正面影响消费者感知实用 | 不成立 |
| H12 | 植入式广告正面影响消费者感知信任 | 成立 |
| H13 | 植入式广告负面影响消费者感知风险 | 成立 |
| H2 | 活动营销对消费者购买行为有显著影响 | 成立 |
| H21 | 活动营销正面影响消费者感知实用 | 成立 |
| H22 | 活动营销正面影响消费者感知信任 | 成立 |
| H23 | 活动营销负面影响消费者感知风险 | 不成立 |
| H3 | 体验营销对消费者购买行为有显著影响 | 成立 |
| H31 | 体验营销正面影响消费者感知实用 | 成立 |
| H32 | 体验营销正面影响消费者感知信任 | 成立 |
| H33 | 体验营销负面影响消费者感知风险 | 成立 |
| H4 | 网络口碑对消费者购买行为有显著影响 | 成立 |
| H41 | 网络口碑对消费者感知实用有显著影响 | 成立 |
| H42 | 网络口碑对消费者感知信任有显著影响 | 成立 |
| H43 | 网络口碑对消费者感知风险有显著影响 | 成立 |
| H5 | 网络互动对消费者购买行为有显著影响 | 成立 |
| H51 | 网络互动对消费者感知实用有显著影响 | 成立 |
| H52 | 网络互动对消费者感知信任有显著影响 | 成立 |
| H53 | 网络互动对消费者感知风险有显著影响 | 成立 |
| H6 | 消费者感知因素对消费者购买行为产生显著影响 | 成立 |
| H61 | 消费者感知实用正向影响消费者购买行为 | 成立 |
| H62 | 消费者感知信任正向影响消费者购买行为 | 成立 |
| H63 | 消费者感知风险负向影响消费者购买行为 | 不成立 |

依据回归分析结果，各假设的检验情况如下：

1. 社交媒体营销方式各维度对消费者购买行为有显著影响

通过回归分析结果得出如下公式：消费者购买行为 =0.419× 植入性广告 +0.162× 活动营销 +0.121× 体验营销 +0.218× 网络口碑 +1.036× 网络互动 +0.723。据此不难得出，植入性广告、活动营销、体验营销、网络口碑与网络互动与消费者购买行为之间呈现出了显著的正相关，其中网络互动对精品酒店消费者购买行为的影响最大，其次为植入性广告、网络口碑、互动营销，体验营销对于精品酒店消费者购买行为的影响最小。因此，假设 H1、H2、H3、H4、H5 均得到了验证。

2. 社交媒体营销方式各维度对消费者感知因素有显著影响

（1）社交媒体营销方式对感知实用在统计学上有着意义（sig=0.000 < 0.001），具体来看植入性广告、网络口碑与感知实用之间呈现出了负相关的关系，这与假设 H11 不相符，而在内容生产中，活动营销、网络互动以及体验营销对感知实用有正向的影响。

（2）社交媒体营销方式对感知信任在统计学上有着显著的统计学意义（sig 普遍为 0.000 < 0.001），具体来看活动营销、体验营销与感知信任之间呈现出了负相关的关系，而植入性广告、网络口碑以及网络互动都与感知信任之间呈现出了正相关的关系。从影响程度方面来看，依次为活动营销、植入性广告、网络口碑、体验营销、网络互动。

（3）社交媒体营销方式对感知风险在统计学之上有着显著的统计学意义（sig 为 0.000 < 0.001），具体来看植入性广告、体验营销与感知风险之间呈现的是负相关的关系，即植入性广告越多，体验营销越充分，消费者感知到的风险越小，同样的活动营销、网络口碑以及网络互动与感知风险之间也有着显著的相关性。

3. 消费者感知因素各维度对消费者购买行为有显著影响

（1）在对社交媒体营销感知实用对消费者购买行为的回归分析中，t 检验结果为 15.920，sig 为 0.000，即感知实用对消费者购买行为有着显著的影响，且感知实用对消费者购买行为都呈现出正向影响。

（2）在对社交媒体营销感知信任对消费者购买行为的回归分析中，t 检验结果为 51.480，sig 为 0.000，即感知信任对消费者购买行为有着显著的影响，且感知信任对消费者购买行为都是呈现出正向的影响。

（3）在对社交媒体营销感知风险对消费者购买行为的回归分析中，t 检验结果为 13.249，sig 为 0.000，即感知风险对消费者购买行为有着显著的影响。且从感知风险对消费者购买行为的影响之中，植入性广告、活动营销、体验营销都是对消费者购买行为有负面的影响。

## 五、结论

### （一）社交媒体营销方式对精品酒店营销的影响

本文研究发现，植入性广告、活动营销、体验营销、网络口碑以及网络互动这五种社交媒体营销方式都会对精品酒店的营销产生一定的影响。其中，网络互动的影响最大，其次为植入性广告、活动营销、体验营销。同时这些社交媒体营销方式与消费者购买行为之间呈现出的是正相关的关系，即这些社交媒体营销方式中内容生产越正向化，那么精品酒店的营销效果就突出，消费者购买也越积极。

### （二）社交媒体营销方式对消费者感知的影响

在研究中发现，不同的社交媒体营销方式会对消费者的感知实用、感知信任以及感知风险造成不同程度的影响。植入性广告、网络口碑与感知实用之间呈现出了负相关的关系，而体验营销、活动营销、网络互动则与感知实用之间呈现出了正相关的关系；活动营销、体验营销与感知信任之间呈现出了负相关的关系，而植入性广告、网络口碑以及网络互动都与感知信任之间呈现出了正相关的关系；植入性广告、体验营销与感知风险之间呈现的是负相关的关系，即植入性广告越多，体验营销越充分，消费者感知到的风险越小，同样的活动营销、网络口碑以及网络互动与感知风险之间也有着显著的相关性。由此可见，精品酒店社交媒体营销方式会对消费者对酒店的感知实用、感知信任以及感知风险都产生不同程度的影响。

### （三）消费者感知对购买行为的影响

在上文中提出，消费者感知的情况会影响消费者最终的购买行为。在本文的统计中发现，感知实用、感知信任、感知风险则都与消费者购买行为之间呈现出了正向的影响，但这与假设之间明显不相符。这是因为不同的社交媒体营销方式会对感知风险产生不同的影响，有的影响是正向的，有的影响是负向的，而在感知风险对消费者购买行为影响本身的探讨是整体的效果，所以会出现与假设不相符的情况，但也在合理的范围之内。总体而言，消费者感知情况会对消费者购买行为产生显著的影响，所以在精品酒店的营销中，应该有效地运用社交媒体方式，注重内容的生产，以此来达到最佳的营销效果。

## 主要参考文献

陈渝，杨保建．技术接受模型理论发展研究综述．科技进步与对策，2009.

齐海伦．如何运用社交媒体拓展电子商务营销．理论探索，2012(5).

宋明元，肖洪钧．体验营销对消费者购买意愿的影响——以 3G 业务为例．技术经济，2012,31(3).

宋晓兵，董大海，于丹，刘瑞明．基于 TRA 理论的品牌购买行为倾向前因研究．大连理工大学学报（社会科学版），2007,84(4).

周常英．基于顾客满意的体验营销．区域经济评论，2005(5).

Pavlou, P. A. 2003. Consumer acceptance of electronic commerce: integrating trust and risk with the technology acceptance model. *Journal of Electronic Commerce*, 7(3): 101–134.

## 点评

文章选题方面，切合当前酒店经营需要，研究当下很火的社交媒体营销方式，以精品酒店为例研究社交媒体营销方式对消费者购买行为的影响。整体结构方面，结构安排合理，分为绪论、概念界定及理论基础、研究设计、数据分析、结论等五个部分，阅读相关方面的优秀文章，引用多篇高质量英文文献，阐述精品酒店、社交媒体及社交媒体营销内涵及特征，文献综述和理论基础的选择恰当，阐释简明扼要，剖析了基于社交媒体营销的消费者购买行为的特征和影响因素，在此基础上借鉴社交媒体营销以及消费者购买行为基础理论，引入消费者感知因素构建了社交媒体营销方式对精品酒店消费者购买行为的影响模型。在方法方面，采用定量分析，实证研究了社交媒体营销方式对精品酒店消费者购买行为的影响模型，通过描述性统计分析、相关分析以及回归分析对假设作了验证，并获得了确切的研究结论，结果表明活动营销、植入性广告、网络口碑、体验营销、网络互动等社交媒体营销方式均能对消费者感知因素以及购买行为产生显著影响，对精品酒店更好地借助社交媒体开展营销的策略提供建议。

但是本文也存在一个小缺点就是文献综述不够丰富，文献基础较弱，没有在前人的基础上或者说没有从理论方面，推出假设提出的依据，假设的提出不够具有逻辑性。

总体而言，本篇论文完成的较规范，将社交媒体营销方式与消费者购买行为相互结合进行研究的成果并不多，特别是针对精品酒店的相关研究更是少之又少，几乎处于空白的状态，本文丰富了社交媒体营销理论体系，通过问卷调查的方式分析社交媒体营销方式对精品酒店消费者购买行为的影响机制，在此基础上提出精品酒店社交媒体营销策略，试图从实践角度来为精品酒店的社交媒体营销提供一定的指导。

# 微信朋友圈对旅游者旅游目的地决策的影响研究

张　晗[①]

**摘要**：自媒体成为当下最热门的旅游信息传播方式。信息传播方式的改变使得旅游消费方式、旅游消费习惯也随之发生了巨大的变化。本文以微信这一覆盖群体广、使用频率高的社交软件，以微信朋友圈所分享出的旅游信息为切入点，探讨其对旅游者在进行旅游决策过程中所带来的影响。本文在相关理论研究的基础上，提出理论模型并通过问卷调查的方法获得第一手数据，并对采集到的样本数据进行分析。研究发现微信朋友圈中的旅游信息吸引度、旅游信息质量、关系强度、旅游信息发布者的专业度以及感知有用性都分别正向影响着旅游者决策行为，并且，感知有用性起到了中介的作用。

**关键词**：社交媒体；旅游目的地；微信朋友圈；旅游者决策

## 一、引言

旅游业作为第三产业的主要构成部分，在整个国民经济中有着举足轻重的意义。在"互联网 +"的时代背景下，社交媒体对当今旅游的影响毋庸置疑，而微信作为中国社交媒体界的主流产品，给旅游业市场带来的影响不可小觑。目前国内的学者以社交媒体为切入点，分析其与旅游者决策之间如何关联的相关研究仍然处于初级阶段，值得多维度、多层次地深入探讨。微信朋友圈双向确认的验证程序，使得其具有更高的可信度，人们更愿意从自己信任的人群里获取有用的信息。加之微信朋友圈的信息传播模式具有病毒式传播的特征，以其作为依托将会直接催化旅游信息的传播效用、提升旅游信息传播的速度，此种信息分享行为已逐渐演变成了生活中的常态，使旅游信息的推广、营销模式的选择、受众人群的范围也发生着一系列的变化。

笔者试图通过本文论证三个问题，第一，微信朋友圈是否会对旅游者在进行旅游决策时产生影响？第二，若旅游者决策会受到微信朋友圈内容的影响，主要的影响因素又有哪些？第三，这些因素又是通过什么样的方式作用于旅游者身上，使其作出决策？

① 2015 级，2018 年毕业；点评教师：魏敏。

本研究选用定量研究的形式展开论证，涵盖了旅游学相关知识、消费者行为学相关内容、心理学相关概念以及统计学相关方法等一系列学科领域，并以动机的相关理论、理性行为理论、技术接受模型、技术采纳模型等有关的成熟理论和框架为依托，采用文献分析法、问卷调查及访谈法、统计分析法等多种研究方法，深入探讨了微信朋友圈对旅游者旅游目的地决策的影响。

## 二、文献综述

### （一）社交媒体研究综述

在互联网时代背景下，对旅游者来说，选择社交媒体（Social Media）进行旅游目的地信息的汲取已成为最便捷、最全面的一种方式。卡普兰等（Kaplan etal, 2010）提出社交媒体的概念，认为其是一种依托于互联网 2.0 概念上的一个平台，并将其技术功能加以运用的网络应用，它可以实现使用者进行自主创作生成内容，也可完成用户之间的相互交流。

对社交媒体的研究主要集中在社会学、心理学、经济学、传播学等多个领域中，探索社交媒体给旅游者在使用过程中带来的影响也成为此领域的热点问题。西方学者认为，社交媒体正在改变旅游者的消费模式、行程计划和安排（Hudson and Thal, 2013; Zehrer, Grabmüller, Crotts, et al., 2012; Xiang and Gretzel, 2010.）。它可以降低选择过程中的不确定性，提高有效信息的价值，使得用户拥有安全感和归属感（陆高峰 , 2014; 胡春阳、周劲 , 2015）。社交媒体还促进了旅游目的地和旅游企业的发展，使他们可以在一系列的数据支撑和热点信息的推动下，及时关注市场动态和消费者喜好，并进行管理模式、营销战略及其他策略的调整。

### （二）微信朋友圈研究综述

近几年，学者们对微信朋友圈的研究主要围绕着经济学、传播学展开，和社会学相关的研究尚处于起步状态，仅有的部分成果主要从社会网络、相关社会资本及市场营销的视角进行研究。

从传播学领域来看，陆高峰（2014）在其研究中提到，微信朋友圈拥有较强的私密性，不仅能够使用户之间的沟通更加轻松、自在，还能充分表达使用者自身的情感（胡春阳、周劲，2016）。从强弱关系理论的角度，胡春阳、周劲（2015，2016）对微信朋友圈中人际关系的发展与维护进行了一系列的研究，发现微信朋友圈不仅会使已有的强关系连接得到强化，而且会促使弱关系连接向强关系连接转变（王欢、关静雯,2016;Mishra,Akman and Mishra,2014）。从社会心理学角度，王欢、关静雯（2016）通过对“晒现象”的研究，提出人们可以通过晒微信朋友圈，与圈子好友分享自己的现状及对某些现象的领悟，能够传达一种积极向上的精神状态(Davis，1989)。

### （三）旅游者决策行为研究综述

国外对旅游者行为决策的研究起步较早，以德国学者吉克斯曼（Giucksmann，1935）为代表人物，他从旅游动机的分类入手，分析归纳了旅游的原因。吉尔伯特（1991）在文章中提到，旅游者决策是一个具有连续性的、多层次的、阶段性的、复杂的一系列决策过程。它包含自旅游者旅游需求动机产生初期，到旅游体验完成的全部过程中，旅游者面对旅游行为而作出的所有决策（谢丽琼，2014）。国内学者保继刚（1999）在其专著中提出，旅游决策主要是指潜在旅游者在计划旅行的前期，通过对旅游相关信息的收集与过滤，并结合其个人的旅游喜好而作出一系列决定的过程（Gilly, Graham, Wolfinbarger, et al., 1998）。本文中所提到的旅游者决策的概念与国内外学者关于旅游决策的概念基本一致。

### （四）研究评价

旅游学科属于交叉性学科，笔者在对已有文献的梳理过程中，发现学者对社交媒体中口碑传播效应所产生的影响并未达成共识，就其对旅游者决策所造成的影响也并未统一结论。此外，学者们对微信朋友圈这一关系纽带、高信赖度的社交媒体的相关研究也比较少，充分体现了其具有很高的研究价值。因此，本文建立在传统社交媒体使用模式、旅游者决策过程及成熟模型的基础上，以微信朋友圈强关系纽带的特点为切入点，试图探讨微信朋友圈对旅游者旅游目的地决策的影响。

## 三、理论基础

### （一）动机的相关理论

旅游行为之所以会发生，最初的起源来自于旅游动机的存在，关于旅游动机研究的理论基础又源自于社会学领域和心理学领域。本文选取马斯洛需求层次理论、驱力理论以及诱因理论，分别从内部推动和外部刺激两个角度进行阐述，为本文的研究内容提供支撑依据。

马斯洛的需求层次理论从心理学角度出发，剖析了人们之所以产生动机，主要是源自其内心的需求。马斯洛需求理论呈现出了金字塔的形态，从金字塔的底端到顶端，分别涉及到了生理方面的相关需求、安全方面的相关需求、社交方面的相关需求、尊重方面的相关需求和自我实现自我成就方面的相关需求。随着需求层次的上升，需求的力量逐渐在减弱，只有当低层级的需求得到满足的情况下，人们才会产生更高一级的需求。

驱力理论（Hull, 1943）中提到，机体所带来的匮乏感会刺激人们产生一种非选择性行为，在这个过程中会有一定的驱力存在。驱力的强弱和匮乏感的程度有着密切的关系，驱力可以引起某些行为的发生，使得原本的需求得到满足，进而驱力开始减少。当驱动力成功地被削弱，当类似的情境成为机体的一种习惯时，机体将会本能的记住所有或部分导致成功的行为，当机体熟悉了一种习惯，再遇到类似情境时，这些行为就会再次出现。

诱因理论侧重于强调源自于外部刺激从而引起种种动机的出现。诱因理论的观点主要有以下四个方面：第一，诱因是一种外界刺激物，可以用来满足人们需求，并具有激发或引导个体向着目标发展的作用；第二，诱因分为积极和消极两个方面；第三，产生某种行为的反应潜能（SER）= 内驱力（D）* 外部诱因（K）* 习惯强度（SHR）；第四，诱因与驱力两者是不能分开的，是通过外在目标激发的，只有当诱因成为个体内在的需求时，才能影响个体的行为。

### （二）理性行为理论

理性行为理论（Theory of Reasoned Action，简称为 TRA），该理论主要针对人们生活中的种种行为动态进行预测和解释，分析了主观行为态度、主观行为规范、主观行为意愿以及实际行为之间的相互影响关系。理性行为理论模型如图 1 所示：

**图 1　理性行为理论模型（TRA）**

### （三）技术接受模型与技术采纳模型

技术接受模型（Technology Acceptance Model，简称 TAM）是由戴维斯（Davis，1989）最早提出的，它建立在理性行为理论和计划行为理论的基础上，通过对用户关于新技术的接受与使用的影响因素研究，解决使用者针对新技术的使用意向、使用动机以及使用行为等相关问题。具体模型如图 2 所示：

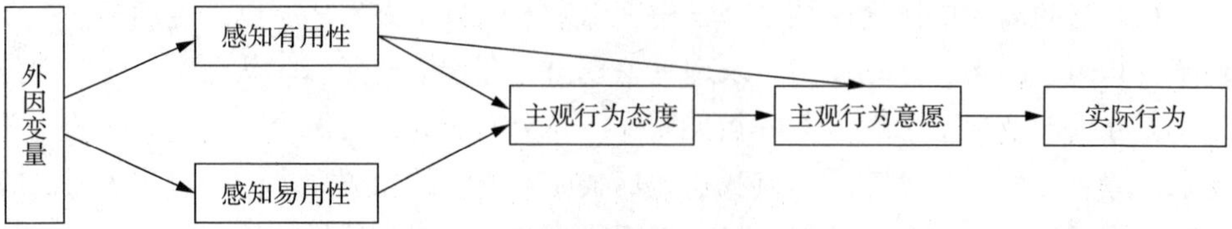


**图 2　技术接受模型（TAM）**

该模型指出，用户的实际使用行为取决于其主观行为意愿，而主观行为意愿又受到了使用者的主观行为态度和感知的有用性的影响。主观行为态度又是由感知有用性和感知易用性所控制，感知有用性和感知易用性是由外因变量所决定，同时，感知易用性又影响着感知有用性。文卡特什和戴维斯（Venkatesh，Davis，2000）在之后的研究中修正了 TAM。新的技术接受扩展模型（TAM2）如图 3 所示：

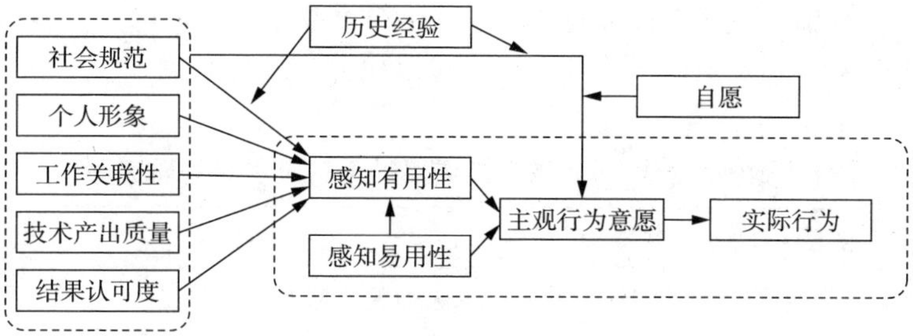


图 3　技术接受扩展模型（TAM2）

技术采纳模型是在技术接受模型基础上逐步构建起来的，学者们提出，人类基于对某种技术的接受，逐渐对在使用该种技术时，对其所带来的正面评价、优质测量结果进行评估，从而形成的一种采纳意愿。后来，Sussman 和 Siegal（2003）将这种采纳意愿扩展到了信息采纳领域，继而提出了信息采纳模型，如图 4 所示：

图 4　信息采纳模型

根据笔者所梳理的动机相关理论、理性行为理论、技术接纳模型与技术采纳模型，并结合上文对于社交媒体、微信朋友圈以及旅游者决策的相关研究，可以看出，旅游者或潜在旅游者做出旅游决策行为的前提是旅游动机的产生，该动机包含内部动机以及外部刺激，与此同时，外生变量以及旅游者自身的感知也在整个决策过程中起到了决定性作用。当人们在使用微信朋友圈的过程中，对其平台中所发布的信息进行采纳会受到来自信息自身的吸引强度、质量情况、发布方与采纳方的关系强度以及该信息发布者的专业程度的影响，在旅游者或潜在旅游者对其感知有用的作用下，对旅游者决策产生着一定的作用。

## 四、研究设计

### （一）立论依据与研究假设

本文以动机的相关理论、理性行为理论、技术接受模型和技术采纳模型为根本，根据前文中对学者们的研究梳理情况，归纳总结出了微信朋友圈对旅游者决策的影响因素，分别为：旅游信息吸引度、旅游信息质量、关系强度、旅游信息发布者的专业度以及感知有用性。本文的研究假设如表 1 所示：

**表 1　微信朋友圈对旅游者旅游目的地决策影响的研究假设**

| 研究变量 | 假设 |
|---|---|
| 旅游信息吸引度 | H1：旅游信息吸引度与旅游者决策呈正相关关系 |
| 旅游信息质量 | H2：旅游信息质量与旅游者决策呈正相关关系 |
| 关系强度 | H3：关系强度与旅游者决策呈正相关关系 |
| 旅游信息发布者的专业度 | H4：信息发布者的专业度与旅游者决策呈正相关关系 |
| 感知有用性 | H5：感知有用性中介旅游信息吸引度与旅游者决策的关系 |
| | H6：感知有用性中介旅游信息质量与旅游者决策的关系 |
| | H7：感知有用性中介关系强度与旅游者决策的关系 |
| | H8：感知有用性中介发布者专业度与旅游者决策的关系 |
| | H9：感知有用性与旅游者决策呈正相关关系 |

### （二）研究模型

根据上文所述内容及所提出的研究假设，旅游信息吸引度、旅游信息质量、关系强度以及旅游信息发布者的专业度分别将对旅游者决策产生正向影响，同时，感知有用性在本研究中起到了中介的作用。根据上述信息，笔者尝试提出和本研究相关的理论模型。如图 5 所示：

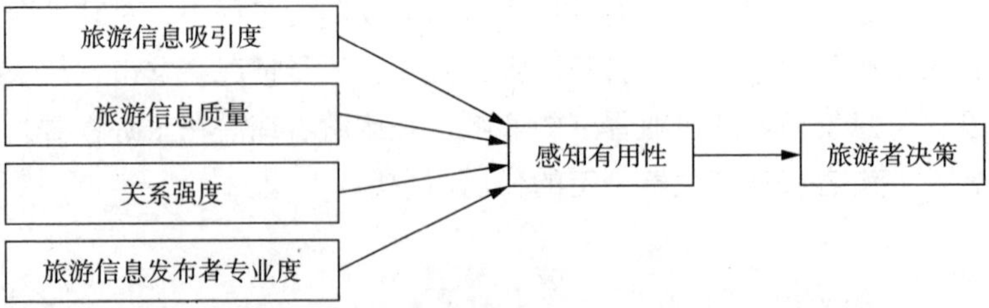


**图 5　微信朋友圈对旅游者旅游目的地决策影响的研究模型**

### （三）问卷设计与数据分析方法

为使得收集到的一手数据所反映出来的样本情况真实、可靠，笔者在问卷设计环节对其科学性、合理性进行了反复的斟酌。在问卷开始前，先向被调研者介绍了此次调研的目的，并承诺所得数据仅用于学术研究，对所填写数据严格保密，让被调研对象放心填写。为了确保本文的问卷设计与研究目的相符合，笔者将本问卷划分为以下三个部分：第一部分是针对被调查者对于微信及微信朋友圈的使用情况进行提问。第二部分为微信朋友圈对旅游者决策影响的因素调查。分别从旅游信息吸引度、旅游信息质量、关系强度、旅游信息发布者的专业度、感知有用性以及旅游者决策这六个方面进行提问。第三部分为被调查者的基本信息。

### （四）问卷发放与回收

本次调研采用网络问卷的方式进行数据收集，调查对象为使用微信朋友圈的用户，通过问卷调查平台“问卷星”形成问卷后，将问卷发放至微信朋友圈中随机抽样，并利用微信朋友圈自身的转发功能，将问卷进行滚雪球式推广，以此来收集更多更广的样本数据，以此完成最终的问卷调查工作。

笔者于 2018 年 1 月开始在线收集预调研数据，共采集样本 53 份，其中男性占比 39.63%，女性占比 60.38%；样本年龄多分布于 18-55 岁。利用 SPSS19.0 对样本数据进行了简单的信效度检验，并通过深度访谈的方式对被调查对象进行提问，针对问卷中的部分内容进行了修改与调整，最终将更改后的问卷于 2018 年 2 月进行大范围发放。正式样本收集阶段共收回 513 份问卷，均为电子问卷形式，其中有效问卷 434 份，有效率为 84.60%。

## 五、数据分析与检验

### （一）描述性统计分析

关于描述性统计变量的选定以及本文所研究的内容，笔者主要从用户对微信软件的使用情况以及人口统计学特征两个层面进行了统计。

根据有效问卷的统计情况，通过表 2 可以看出，微信自 2011 年问世以来，使用微信时间超过 5 年的用户占到了总样本的 53.23%，使用时间超过 3 年的用户则高达 90.79%；被调查者中每天使用微信的频率为 7 次以上的群体占到了总样本的 78.34%，种种数据都说明了微信已经成为人们生活中密不可分的一部分；朋友圈、通信、订阅号 / 公众号、钱包成为人们经常使用微信的几大主要功能。每天多次翻阅微信朋友圈的使用者占总样本的 82.26%，但从发送微信朋友圈的频率方面来看，各个区间的样本分布相对平均。

表 2　受访者关于微信的使用信息

| 基本特征 | 具体项目 | 人数 | 百分比（%） |
| --- | --- | --- | --- |
| 微信的使用时间 | 从未使用过 | 1 | 0.23 |
| | 1 年以下 | 3 | 0.69 |
| | 1-2 年 | 36 | 8.29 |
| | 3-4 年 | 163 | 37.56 |
| | 5 年以上 | 231 | 53.23 |
| 微信的使用频率 | 每天不到 1 次 | 7 | 1.61 |
| | 每天 1-3 次 | 33 | 7.6 |
| | 每天 4-6 次 | 54 | 12.44 |
| | 每天 7 次以上 | 340 | 78.34 |
| 经常使用微信的功能 | 通信 | 320 | 73.73 |
| | 订阅号 / 公众号 | 294 | 67.74 |
| | 朋友圈 | 414 | 95.39 |
| | 钱包 | 292 | 67.28 |
| | 摇一摇 | 4 | 0.92 |
| | 看一看 | 24 | 5.53 |
| | 搜一搜 | 7 | 1.61 |
| | 小程序 | 55 | 12.67 |
| | 其他 | 27 | 6.22 |
| 翻阅微信朋友圈的频率 | 每天多次 | 357 | 82.26 |
| | 每天 1 次 | 39 | 8.99 |
| | 每周 3-6 次 | 17 | 3.92 |
| | 每周 1-2 次 | 12 | 2.76 |
| | 每月 1-3 次 | 7 | 1.61 |
| | 平均每月不到 1 次 | 2 | 0.46 |
| 发送微信朋友圈的频率 | 每天多次 | 68 | 15.67 |
| | 每天 1 次 | 31 | 7.14 |
| | 每周 3-6 次 | 55 | 12.67 |
| | 每周 1-2 次 | 68 | 15.67 |

续表

| 基本特征 | 具体项目 | 人数 | 百分比（%） |
| --- | --- | --- | --- |
| 发送微信朋友圈的频率 | 每月 1–3 次 | 114 | 26.27 |
| | 平均每月不到 1 次 | 98 | 22.58 |

性别比例上，男女比例分别占样本总数的 44.7% 和 55.30%，其中男性占比略低于女性，但结合整体来看，本次样本中的男女比例较为合理。

本次研究的样本群体年龄分布相对较为均衡，占比最大的群体为 26–35 岁，占了总样本的 39.86%；年龄群体为 55 岁以上、46–55 岁、18–25 岁、36–45 岁的样本相对平均，分别占样本总数的 18.89%、17.05%、12.67%、11.06%。在本次调查中，18 岁以下的这部分群体所占比重最低，仅为 0.46%，出现此种情况，说明微信使用群体的范围较广，不像微博、博客等这些关于新事物类的社交媒体，主要使用群体年龄相对较为年轻；而微信以其便利的、强大的功能，吸引的确是各个年龄层的用户。

具有本科学历背景的被调查者共占样本总数的 45.39%；其次为专科 / 高职，占比为 24.88%；硕士及以上、高中及以下占比分别为 15.21% 和 14.52%。通过数据显示，更加证明了微信的使用群体很广，并没有很明显的倾向性。

在被调查的 434 个有效样本中，企业管理人员或员工、公务员或事业单位职工所占的比重最大，人数高达 149 人与 140 人，占据了样本数量的一半之多；而其他类职业、自由职业者、学生、个体经营者及创业者人数相对接近，分别为 44 人、35 人、34 人和 25 人；军人和农民群体所占人数最少，仅为 4 人和 3 人。其中企业管理人员或员工、公务员或事业单位职工拥有一定的可支配收入，并且拥有一定的闲暇时间，也是主要的旅游者或潜在旅游者群体。

在本次调查样本群体关于收入水平的统计结果中发现，月收入在 2001–5000 元的群体所占的比例最重，占总人数的 44.7%；其次为 5001–10 000 元区间，所占比例为 30.18%；再次为 2000 元及以下和 10 001–20 000 元这两个区间段，所占总样本比例分别为 12.21% 和 8.99%；月收入为 20001 及以上的群体所占比重最少，为 3.92%。

### （二）信度分析

笔者首先对研究量表的全部问项进行了信度检验，其 Cronbach’s Alpha 值为 0.956，说明量表整体的可信度较高，并且具有较好的内部一致性。其他各个研究变量的 Cronbach’s Alpha 系数也均大于 0.850，因此，本文中的研究量表所表现出的可靠性较高。与此同时，各个问项的 Corrected Item–Total Correlation 值均大于 0.590，综合考量下，本研究的量表符合统计学的可信度标准，满足信度要求。关于信度分析统计的结果如表 3 所示。

表 3　信度分析统计结果

| 潜变量 | 观测变量 | Corrected Item-Total Correlation | Alpha If Item Deleted | Cronbach's Alpha |
|---|---|---|---|---|
| 旅游信息吸引度 | 6（1）微信朋友圈中的食、住、行、游、购、娱等信息是有趣的 | .677 | .882 | .886 |
| | 6（2）微信朋友圈中的旅游信息使我印象深刻 | .790 | .840 | |
| | 6（3）微信朋友圈中发布的旅游经历和体验是吸引人的 | .777 | .844 | |
| | 6（4）微信朋友圈中发布的旅游信息激起了我旅游的冲动 | .767 | .848 | |
| 旅游信息质量 | 7（1）朋友发布在微信朋友圈的旅游信息是丰富的 | .597 | .862 | .858 |
| | 7（2）朋友发布在微信朋友圈的旅游信息是可靠值得信任的 | .631 | .849 | |
| | 7（3）朋友发布在微信朋友圈的旅游信息是表达清晰的、容易理解的 | .794 | .780 | |
| | 7（4）我喜欢微信朋友圈中和旅游相关的信息 | .801 | .779 | |
| 关系强度 | 8（1）我经常与旅游信息发布者通过微信聊天 | .694 | .807 | .850 |
| | 8（2）我会在旅游信息发布者的微信朋友圈内容下与之互动（如：评论、点赞、与发布者直接在线交流等） | .702 | .804 | |
| | 8（3）我经常浏览旅游信息发布者的微信朋友圈 | .727 | .792 | |
| | 8（4）如果有机会，我愿意与微信朋友圈中的旅游信息发布者结伴同游 | .635 | .833 | |
| 旅游信息发布者的专业度 | 9（1）旅游信息发布者具备旅游领域的相关知识 | .778 | .823 | .880 |
| | 9（2）信息发布者具有丰富的旅游经验 | .784 | .817 | |
| | 9（3）信息发布者在旅游行业有相关从业经验 | .749 | .853 | |
| 感知有用性 | 10（1）通过微信朋友圈发布的信息，让我了解了更多人 | .682 | .876 | .883 |

续表

| 潜变量 | 观测变量 | Corrected Item-Total Correlation | Alpha If Item Deleted | Cronbach's Alpha |
|---|---|---|---|---|
| 感知有用性 | 10（2）使用微信朋友圈让我能够获得更多旅游信息 | .777 | .838 | .883 |
| | 10（3）使用微信朋友圈有助于提高我和好友分享旅游信息的效率 | .787 | .834 | |
| | 10（4）总而言之，使用微信朋友圈对我来说是有用的 | .745 | .852 | |
| 旅游者决策 | 11（1）微信朋友圈提供了一些对我旅游有帮助的信息 | .760 | .912 | .924 |
| | 11（2）在实际出游前我会参照微信朋友圈看到的信息 | .779 | .910 | |
| | 11（3）微信朋友圈中的旅游信息提到了一些我未曾考虑到的注意事项 | .765 | .912 | |
| | 11（4）微信朋友圈中的旅游信息改变了我对某个旅游目的地的态度与看法 | .792 | .908 | .924 |
| | 11（5）微信朋友圈旅游信息对我直接作出旅游决定会产生影响 | .776 | .910 | |
| | 11（6）微信朋友圈的旅游信息能协助我作出旅游决策 | .813 | .905 | |

### （三）效度分析

关于整个量表的 KMO 值和 Bartlett 球形检验结果如表 4 所示，KMO 值为 0.949，接近于 1；Bartlett 球形检验值为 8079.637，其 P 值为 .000，近似于 0，说明了就整体情况而言，本研究中的量表适合进行因子分析。

**表 4　整体量表的 KMO 检验和 Bartlett 检验**

| | | |
|---|---|---|
| 取样足够度的 Kaiser-Meyer-Olkin 度量 | | .949 |
| Bartlett 的球形度检验 | 近似卡方 | 8079.637 |
| | df | 300 |
| | Sig. | .000 |

各变量的 KMO 值和 Bartlett 球形检验如表 5 所示，旅游信息吸引度、旅游信息质量、关系强度、旅游信息发布者的专业度、感知有用性、旅游者决策的 KMO 值分别为：0.835、0.767、0.820、0.743、0.832、0.894，均大于 0.6；对应的 Bartlett 球形检验值分别为：967.750、956.485、721.458、702.459、945.856、1869.265；所有变量的 P 值均为 .000，近似于 0，根据上述情况，数据之间具有明显的显著差异，因此各问项均可进行因子分析。

**表 5　各变量的 KMO 检验和 Bartlett 检验**

| 变量 | | 旅游信息吸引度 | 旅游信息质量 | 关系强度 | 旅游信息发布者的专业度 | 感知有用性 | 旅游者决策 |
|---|---|---|---|---|---|---|---|
| 取样足够度的 Kaiser-Meyer-Olkin 度量 | | .835 | .767 | .820 | .743 | .832 | .894 |
| Bartlett 的球形度检验 | 近似卡方 | 967.750 | 956.485 | 721.458 | 702.459 | 945.856 | 1869.265 |
| | df | 6 | 6 | 6 | 3 | 6 | 15 |
| | Sig. | .000 | .000 | .000 | .000 | .000 | .000 |

## （四）因子分析

### 1. 自变量主成分分析

在对自变量进行主成分分析前，笔者先对自变量进行效度分析，根据所有自变量的 KMO 值和 Bartlett 球形检验结果显示，本量表变量适合做主成分分析，具体结果如表 6 所示。

**表 6　自变量的 KMO 检验和 Bartlett 检验**

| | | |
|---|---|---|
| 取样足够度的 Kaiser-Meyer-Olkin 度量 | | .909 |
| Bartlett 的球形度检验 | 近似卡方 | 4116.266 |
| | df | 105 |
| | Sig. | .000 |

通过测试，本研究共得到了四个因子，累积解释变异结果为 74.282%，说明本研究所提取的四个公因子可以解释总方差的 74.282%，具有良好的效度。SPSS 软件所输出的自变量主成分分析结果如表 7 所示。

表 7　自变量总体方差解释输出表

| 成分 | 初始特征值 | | | 旋转平方和载入 | | |
|---|---|---|---|---|---|---|
| | 特征 | 解释变异（%） | 累积解释变异（%） | 特征 | 解释变异（%） | 累积解释变异（%） |
| 1 | 7.249 | 48.329 | 48.329 | 7.249 | 48.329 | 48.329 |
| 2 | 1.644 | 10.963 | 59.292 | 1.644 | 10.963 | 59.292 |
| 3 | 1.197 | 7.980 | 67.271 | 1.197 | 7.980 | 67.271 |
| 4 | 1.052 | 7.011 | 74.282 | 1.052 | 7.011 | 74.282 |
| 5 | .560 | 3.731 | 78.013 | | | |
| 6 | .503 | 3.353 | 81.367 | | | |
| 7 | .479 | 3.191 | 84.558 | | | |
| 8 | .436 | 2.907 | 87.465 | | | |
| 9 | .381 | 2.538 | 90.003 | | | |
| 10 | .348 | 2.321 | 92.324 | | | |
| 11 | .302 | 2.013 | 94.336 | | | |
| 12 | .259 | 1.729 | 96.065 | | | |
| 13 | .234 | 1.562 | 97.627 | | | |
| 14 | .213 | 1.417 | 99.044 | | | |
| 15 | .143 | .956 | 100.000 | | | |

本研究采用 Kaiser 标准化的正交旋转法，将 0.5 作为保留和删除项目的标准值，再将测量结果按照从大到小进行排序，如表 8 所示，其中各测量问项均用序列号表示。

表 8　自变量旋转成分矩阵

| 测量问项 | 成分 1 | 成分 2 | 成分 3 | 成分 4 |
|---|---|---|---|---|
| 6（2） | .832 | | | |
| 6（3） | .802 | | | |
| 6（4） | .761 | | | |
| 6（1） | .759 | | | |
| 8（2） | | .832 | | |
| 8（3） | | .742 | | |
| 8（1） | | .687 | | |

续表

| 测量问项 | 成分 1 | 成分 2 | 成分 3 | 成分 4 |
| --- | --- | --- | --- | --- |
| 8（4） | | .669 | | |
| 7（3） | | | .873 | |
| 7（4） | | | .861 | |
| 7（2） | | | .694 | |
| 7（1） | | | .527 | |
| 9（3） | | | | .878 |
| 9（2） | | | | .836 |
| 9（1） | | | | .822 |

由旋转成分矩阵（表 8）可见，将因子载荷值大于 0.50 的问项进行提取，一共得到四个主成分。这四个主成分分别正好与旅游信息吸引度、关系强度、旅游信息质量以及旅游信息发布者的专业度这四个变量相对应，因此所提取的这四个主成分分别命名为旅游信息吸引度、关系强度、旅游信息质量、旅游信息发布者的专业度，以便做进一步分析。

2. 中介变量主成分分析

关于中介变量的主成分分析，在特征值大于 1 的前提下，总共提取出了一个主成分，累积总解释变异数为 74.297%，其解释情况基本满足研究要求。主成分命名为感知有用性，表 9 为 SPSS 输出的成分得分系数矩阵，感知有用性的得分为因子得分系数与标准化原始变量的乘积。

表 9　成分得分系数矩阵

| 测量问项 | 成分 1 |
| --- | --- |
| 10（1） | .815 |
| 10（2） | .883 |
| 10（3） | .888 |
| 10（4） | .860 |

3. 因变量主成分分析

因变量的主成分分析，在特征值大于 1 的前提下，总共提取出了一个主成分，累积总解释变异数为 72.523%，解释情况基本满足研究要求。主成分命名为旅游者决策，表 10 为 SPSS 输出的成分得分系数矩阵，旅游者决策的得分为因子得分系数与标准化原始变量的乘积。

表 10　成分得分系数矩阵

| 测量问项 | 成分 1 |
|---|---|
| 11（1） | .834 |
| 11（2） | .850 |
| 11（3） | .840 |
| 11（4） | .860 |
| 11（5） | .849 |
| 11（6） | .875 |

## （五）相关分析

1. 自变量与因变量的相关分析

如表 11 所示，根据各自变量与因变量的相关分析结果显示，其显著性水平均在 0.01 之上，旅游信息吸引度、旅游信息质量、关系强度以及旅游信息发布者的专业度与旅游者决策的 Pearson 相关系数分别为：0.590、0.554、0.649、0.578，因此，说明了这四个自变量分别与因变量（旅游者决策）呈正相关关系。

表 11　各自变量与因变量（旅游者决策）的相关分析

| 变量 | | 旅游者决策 |
|---|---|---|
| 旅游信息吸引度 | Pearson 相关性 | .590** |
| | 显著性（双侧） | .000 |
| 旅游信息质量 | Pearson 相关性 | .554** |
| | 显著性（双侧） | .000 |
| 关系强度 | Pearson 相关性 | .649** |
| | 显著性（双侧） | .000 |
| 旅游信息发布者的专业度 | Pearson 相关性 | .578** |
| | 显著性（双侧） | .000 |

综上所述，旅游信息吸引度、旅游信息质量、关系强度、旅游信息发布者的专业度分别与旅游者决策呈现正相关关系，研究假设 H1、H2、H3、H4 均成立。

2. 自变量与中介变量的相关分析

如表 12 所示，根据各自变量与中介变量的相关分析结果显示，其显著性水平均在 0.01 之上，且旅游信息吸引度、旅游信息质量、关系强度以及旅游信息发布者的专业度与感知有用性的Pearson相关系数分别为：0.648、0.602、0.660、0.523，因此，说明了这四个自变量分别与中介变量（感知有用性）呈正相关关系。

表12 各自变量与中介变量（感知有用性）的相关分析

| 变量 | | 感知有用性 |
|---|---|---|
| 旅游信息吸引度 | Pearson相关性 | .648** |
| | 显著性（双侧） | .000 |
| 旅游信息质量 | Pearson相关性 | .602** |
| | 显著性（双侧） | .000 |
| 关系强度 | Pearson相关性 | .660** |
| | 显著性（双侧） | .000 |
| 旅游信息发布者的专业度 | Pearson相关性 | .523** |
| | 显著性（双侧） | .000 |

3. 中介变量与因变量的相关分析

根据中介变量（感知有用性）与因变量（旅游者决策）的相关分析结果，其显著性水平均在0.01之上，且感知有用性与旅游者决策的Pearson相关系数为0.783，因此，说明了中介变量（感知有用性）与因变量（旅游者决策）呈正相关关系。

综上所述，感知有用性与旅游者决策呈现正相关关系，研究假设H9成立。

### （六）假设验证

本部分在前文阐述与分析的基础上，使用回归分析，分别通过对各自变量与因变量，各自变量与中介变量，各自变量、中介变量与因变量的系数水平、方差膨胀因子（VIF）值以及R方的变化情况作出分析说明并验证假设。

在对中介效用进行检验的过程中，本文选取巴伦和肯尼（Baron，Kenny，1986）所提出的多元检验中介效应的方法，具体方法如下所述：第一步，先将因变量对自变量做回归（X → Y），当自变量系数不等于0时，则可确定说明两者之间存在显著的线性相关关系，从而进行后续检验；第二步，再把自变量对中介变量做回归（X → M），同样，当此时自变量系数不等于0时，则说明两者之间存在显著的线性相关关系，从而进行下一步的检验；第三步，把自变量和中介变量同时对因变量做回归（X，M → Y），当此时自变量系数不等于0、中介变量系数不等于0、且此时自变量系数小于第一步中自变量系数、此时R方的值大于第一步中R方的值时，即说明在中介变量的作用下，自变量对因变量的影响明显减少，验证了假设中提到的中介变量在自变量和因变量之间起到部分中介的作用。

1. 旅游信息吸引度、感知有用性与旅游者决策的假设验证

旅游信息吸引度与旅游者决策的 Pearson 相关系数为 0.590（如表 11 所示），两者之间的相关系数和显著程度已经详细说明了两者之间的相关程度。在本小节中，笔者以旅游信息吸引度为自变量，旅游者决策为因变量；以旅游信息吸引度为自变量，感知有用性为因变量；以旅游信息吸引度和感知有用性为自变量，旅游者决策为因变量，分别验证变量系数、R 方的变化情况，以及 VIF 值水平，以此来验证假设是否成立。回归分析结果详见表 13 至表 16 所示。

**表 13　旅游信息吸引度与旅游者决策的模型汇总[b]**

| 模型 | R | $R^2$ | 调整 $R^2$ | 标准估计的误差 | 更改统计量 | | | | | Durbin-Watson |
|---|---|---|---|---|---|---|---|---|---|---|
| | | | | | $\Delta R^2$ | $\Delta F$ | df1 | df2 | Sig. $\Delta F$ | |
| 1 | .590[a] | .349 | .347 | .58755 | .349 | 231.225 | 1 | 432 | .000 | 2.145 |

a. 预测变量：（常量），A6

b. 因变量：A11

表 13 显示的数据为以自变量（旅游信息吸引度）对因变量（旅游者决策）做回归（X1 → Y），其中相关系数 R 为 $0.590 \neq 0$，调整 $R^2$ 为 0.347。

**表 14　旅游信息吸引度与感知有用性的模型汇总[b]**

| 模型 | R | $R^2$ | 调整 $R^2$ | 标准估计的误差 | 更改统计量 | | | | | Durbin-Watson |
|---|---|---|---|---|---|---|---|---|---|---|
| | | | | | $\Delta R^2$ | $\Delta F$ | df1 | df2 | Sig. $\Delta F$ | |
| 1 | .648[a] | .420 | .419 | .54149 | .420 | 312.777 | 1 | 432 | .000 | 2.159 |

a. 预测变量：（常量），A6

b. 因变量：A10

表 14 显示的数据为以自变量（旅游信息吸引度）对中介变量（感知有用性）做回归（X1 → M），其中相关系数 R 为 $0.648 \neq 0$，调整后 $R^2$ 为 0.419。

**表 15　旅游信息吸引度、感知有用性与旅游者决策的模型汇总[b]**

| 模型 | R | $R^2$ | 调整 $R^2$ | 标准估计的误差 | 更改统计量 | | | | | Durbin-Watson |
|---|---|---|---|---|---|---|---|---|---|---|
| | | | | | $\Delta R^2$ | $\Delta F$ | df1 | df2 | Sig. $\Delta F$ | |
| 1 | .790[a] | .625 | .623 | .44653 | .625 | 358.652 | 2 | 431 | .000 | 2.112 |

a. 预测变量：（常量），A6，A10

b. 因变量：A11

表 15 显示的数据为以自变量（旅游信息吸引度）、中介变量（感知有用性）对因变量（旅游者决策）做回归（X1，M → Y），调整 $R^2$ 为 0.623 > 0.347。

**表 16　旅游信息吸引度、感知有用性与旅游者决策的系数 [a]**

| 模型 | | 非标准化系数 | | 标准系数 | t | Sig. | 共线性统计量 | | $\Delta R^2$ |
|---|---|---|---|---|---|---|---|---|---|
| | | B | 标准误差 | 试用版 | | | 容差 | VIF | |
| 1 | （常量） | .421 | .119 | | 3.530 | .000 | | | |
| | A6 | .133 | .036 | .143 | 3.701 | .000 | .580 | 1.724 | .276 |
| | A10 | .706 | .040 | .690 | 17.803 | .000 | .580 | 1.724 | .204 |

a. 因变量：A11

表 16 显示的数据为以自变量（旅游信息吸引度）、中介变量（感知有用性）对因变量（旅游者决策）做回归（X1，M → Y），此时旅游信息吸引度的标准系数为 0.143 < 0.59、P=0.000、VIF=1.724 < 3、$\Delta R^2$=0.276，感知有用性的标准系数为 0.690、P=0.000、VIF=1.724 < 3、$\Delta R^2$=0.204。

综上所述，感知有用性对旅游信息吸引度与旅游者决策之间，起到了部分中介的作用，研究假设 H5 成立。

2. 旅游信息质量、感知有用性与旅游者决策的假设验证

旅游信息质量与旅游者决策的 Pearson 相关系数为 0.554（如表 11 所示），两者之间的相关系数和显著程度已经详细说明了两者之间的相关程度。在本小节中，笔者分别以旅游信息质量为自变量，旅游者决策为因变量；以旅游信息质量为自变量，感知有用性为因变量；以旅游信息质量和感知有用性为自变量，旅游者决策为因变量，分别验证变量系数、$R^2$ 的变化情况，以及 VIF 值水平，以此来验证假设是否成立。回归分析结果详见表 17 至表 20 所示。

**表 17　旅游信息质量与旅游者决策的模型汇总 [b]**

| 模型 | R | $R^2$ | 调整 $R^2$ | 标准估计的误差 | 更改统计量 | | | | | Durbin-Watson |
|---|---|---|---|---|---|---|---|---|---|---|
| | | | | | $\Delta R^2$ | $\Delta F$ | df1 | df2 | Sig. $\Delta F$ | |
| 1 | .554[a] | .307 | .306 | .60597 | .307 | 191.537 | 1 | 432 | .000 | 2.011 |

a. 预测变量：（常量），A7

b. 因变量：A11

表 17 显示的数据为以因变量（旅游者决策）对自变量（旅游信息质量）做回归（X2 → Y），其中相关系数 R 为 0.554 ≠ 0，调整 $R^2$ 为 0.306。

表 18　旅游信息质量与感知有用性的模型汇总 [b]

| 模型 | R | $R^2$ | 调整 $R^2$ | 标准估计的误差 | 更改统计量 | | | | | Durbin-Watson |
|---|---|---|---|---|---|---|---|---|---|---|
| | | | | | $\Delta R^2$ | ΔF | df1 | df2 | Sig. ΔF | |
| 1 | .602[a] | .362 | .361 | .56783 | .362 | 245.289 | 1 | 432 | .000 | 1.992 |

a. 预测变量：(常量)，A7

b. 因变量：A10

表 18 显示的数据为以自变量（旅游信息质量）对中介变量（感知有用性）做回归（X2 → M），其中相关系数 R 为 0.602 ≠ 0，调整 $R^2$ 为 0.361。

表 19　旅游信息质量、感知有用性与旅游者决策的模型汇总 [b]

| 模型 | R | $R^2$ | 调整 $R^2$ | 标准估计的误差 | 更改统计量 | | | | | Durbin-Watson |
|---|---|---|---|---|---|---|---|---|---|---|
| | | | | | $\Delta R^2$ | ΔF | df1 | df2 | Sig. ΔF | |
| 1 | .790[a] | .624 | .622 | .44718 | .624 | 356.995 | 2 | 431 | .000 | 2.098 |

a. 预测变量：(常量)，A7，A10

b. 因变量：A11

表 19 显示的数据为以自变量（旅游信息质量）、中介变量（感知有用性）对因变量（旅游者决策）做回归（X2，M → Y），调整 $R^2$ 为 0.622 ＞ 0.306。

表 20　旅游信息质量、感知有用性与旅游者决策的系数 [a]

| 模型 | | 非标准化系数 | | 标准系数 | t | Sig. | 共线性统计量 | | $\Delta R^2$ |
|---|---|---|---|---|---|---|---|---|---|
| | | B | 标准误差 | 试用版 | | | 容差 | VIF | |
| 1 | （常量） | .373 | .125 | | 2.999 | .000 | | | |
| | A7 | .235 | .038 | .130 | 3.524 | .000 | .638 | 1.568 | .316 |
| | A10 | .721 | .038 | .704 | 19.034 | .000 | .638 | 1.568 | .261 |

a. 因变量：A11

表 20 显示的数据为以自变量（旅游信息质量）、中介变量（感知有用性）对因变量（旅游者决策）做回归（X2，M → Y），此时旅游信息质量的标准系数为 0.130 ＜ 0.554、P=0.000、VIF=1.568 ＜ 3、$\Delta R^2$=0.316，感知有用性的标准系数为 0.721、P=0.000、VIF=1.568 ＜ 3、$\Delta R^2$=0.261。

综上所述，感知有用性对旅游信息质量与旅游者决策之间，起到了部分中介的作用，研究假设 H6 成立。

3. 关系强度、感知有用性与旅游者决策的假设验证

关系强度与旅游者决策的 Pearson 相关系数为 0.649（如表 11 所示），两者之间的相关系数和显著程度已经详细说明了两者之间的相关程度。在本小节中，笔者分别以关系强度为自变量，旅游者决策为因变量；以关系强度为自变量，感知有用性为因变量；以关系强度和感知有用性为自变量，旅游者决策为因变量，分别验证变量系数、$R^2$ 的变化情况，以及 VIF 值水平，以此来验证假设是否成立。回归分析结果详见表 21 至表 24 所示。

表 21　关系强度与旅游者决策的模型汇总 [b]

| 模型 | R | $R^2$ | 调整 $R^2$ | 标准估计的误差 | 更改统计量 | | | | | Durbin-Watson |
|---|---|---|---|---|---|---|---|---|---|---|
| | | | | | $\Delta R^2$ | $\Delta F$ | df1 | df2 | Sig. $\Delta F$ | |
| 1 | .649[a] | .421 | .419 | .55415 | .421 | 313.590 | 1 | 432 | .000 | 2.063 |

a. 预测变量：（常量），A8

b. 因变量：A11

表 21 显示的数据为以自变量（关系强度）对因变量（旅游者决策）做回归（X3 → Y），其中相关系数 R 为 $0.649 \neq 0$，调整 $R^2$ 为 0.419。

表 22　关系强度与感知有用性的模型汇总 [b]

| 模型 | R | $R^2$ | 调整 $R^2$ | 标准估计的误差 | 更改统计量 | | | | | Durbin-Watson |
|---|---|---|---|---|---|---|---|---|---|---|
| | | | | | $\Delta R^2$ | $\Delta F$ | df1 | df2 | Sig. $\Delta F$ | |
| 1 | .660[a] | .435 | .434 | .53429 | .435 | 332.986 | 1 | 432 | .000 | 1.917 |

a. 预测变量：（常量），A8

b. 因变量：A10

表 22 显示的数据为以自变量（关系强度）对中介变量（感知有用性）做回归（X3 → M），其中相关系数 R 为 $0.660 \neq 0$。

表 23　关系强度、感知有用性与旅游者决策的模型汇总 [b]

| 模型 | R | $R^2$ | 调整 $R^2$ | 标准估计的误差 | 更改统计量 | | | | | Durbin-Watson |
|---|---|---|---|---|---|---|---|---|---|---|
| | | | | | $\Delta R^2$ | $\Delta F$ | df1 | df2 | Sig. $\Delta F$ | |
| 1 | .802a | .644 | .642 | .43510 | .644 | 389.209 | 2 | 431 | .000 | 2.159 |

a. 预测变量：（常量），A8，A10

b. 因变量：A11

表 23 显示的数据为以自变量（关系强度）、中介变量（感知有用性）对因变量（旅游者决策）做回归（X3，M → Y），调整 $R^2$ 为 0.642 > 0.419。

**表 24　关系强度、感知有用性与旅游者决策的系数 [a]**

| 模型 | | 非标准化系数 | | 标准系数 | t | Sig. | 共线性统计量 | | $\Delta R^2$ |
|---|---|---|---|---|---|---|---|---|---|
| | | B | 标准误差 | 试用版 | | | 容差 | VIF | |
| 1 | （常量） | .470 | .112 | | 4.204 | .000 | | | |
| | A8 | .206 | .034 | .234 | 6.113 | .000 | .565 | 1.771 | .223 |
| | A10 | .643 | .039 | .628 | 16.424 | .000 | .565 | 1.771 | .208 |

a. 因变量：A11

表 24 显示的数据为以自变量（关系强度）、中介变量（感知有用性）对因变量（旅游者决策）做回归（X3，M → Y），此时关系强度的标准系数为 0.234 < 0.649、P=0.000、VIF=1.771 < 3、ΔR2=0.223，感知有用性的标准系数为 0.628、P=0.000、VIF=1.771 < 3、$\Delta R^2$=0.208。

综上所述，感知有用性对关系强度与旅游者决策之间，起到了部分中介的作用，研究假设 H7 成立。

4. 旅游信息发布者的专业度、感知有用性与旅游者决策的假设验证

旅游信息发布者的专业度与旅游者决策的 Pearson 相关系数为 0.578（如表 11 所示），两者之间的相关系数和显著程度已经详细说明了两者之间的相关程度。在本小节中，笔者分别以旅游信息发布者的专业度为自变量，旅游者决策为因变量；以旅游信息发布者的专业度为自变量，感知有用性为因变量；以旅游信息发布者的专业度和感知有用性为自变量，旅游者决策为因变量，分别验证变量系数、$R^2$ 的变化情况，以及 VIF 值水平，以此来验证假设是否成立。回归分析结果详见表 25 至表 28 所示。

**表 25　旅游信息发布者的专业度与旅游者决策的模型汇总 [b]**

| 模型 | R | $R^2$ | 调整 $R^2$ | 标准估计的误差 | 更改统计量 | | | | | Durbin–Watson |
|---|---|---|---|---|---|---|---|---|---|---|
| | | | | | $\Delta R^2$ | ΔF | df1 | df2 | Sig. ΔF | |
| 1 | .578[a] | .334 | .333 | .59397 | .334 | 216.972 | 1 | 432 | .000 | 2.022 |

a. 预测变量：（常量），A9

b. 因变量：A11

表 25 显示的数据为以自变量（旅游信息发布者的专业度）对因变量（旅游者决策）做回归（X4 → Y），其中相关系数 R 为 0.578 ≠ 0，调整 $R^2$ 为 0.333。

表 26 旅游信息发布者的专业度与感知有用性的模型汇总[b]

| 模型 | R | $R^2$ | 调整 $R^2$ | 标准估计的误差 | 更改统计量 | | | | | Durbin-Watson |
|---|---|---|---|---|---|---|---|---|---|---|
| | | | | | $\Delta R^2$ | $\Delta F$ | df1 | df2 | Sig. $\Delta F$ | |
| 1 | .523[a] | .273 | .272 | .60613 | .273 | 162.392 | 1 | 432 | .000 | 2.022 |

a. 预测变量：(常量)，A9

b. 因变量：A10

表 26 显示的数据为以自变量（旅游信息发布者的专业度）对中介变量（感知有用性）做回归（X4 → M），其中相关系数 R 为 $0.523 \neq 0$。

表 27 旅游信息发布者的专业度、感知有用性与旅游者决策的模型汇总[b]

| 模型 | R | $R^2$ | 调整 $R^2$ | 标准估计的误差 | 更改统计量 | | | | | Durbin-Watson |
|---|---|---|---|---|---|---|---|---|---|---|
| | | | | | $\Delta R^2$ | $\Delta F$ | df1 | df2 | Sig. $\Delta F$ | |
| 1 | .808[a] | .652 | .650 | .42992 | .652 | 403.863 | 2 | 431 | .000 | 2.121 |

a. 预测变量：(常量)，A9，A10

b. 因变量：A11

表 27 显示的数据为以自变量（旅游信息发布者的专业度）、中介变量（感知有用性）对因变量（旅游者决策）做回归（X4，M → Y），调整 $R^2$ 为 $0.650 > 0.333$。

表 28 旅游信息发布者的专业度、感知有用性与旅游者决策的系数[a]

| 模型 | | 非标准化系数 | | 标准系数 | t | Sig. | 共线性统计量 | | $\Delta R^2$ |
|---|---|---|---|---|---|---|---|---|---|
| | | B | 标准误差 | 试用版 | | | 容差 | VIF | |
| 1 | (常量) | .381 | .112 | | 3.387 | .001 | | | |
| | A9 | .205 | .029 | .233 | 6.980 | .000 | .727 | 1.376 | .317 |
| | A10 | .677 | .034 | .661 | 19.839 | .000 | .727 | 1.376 | .378 |

a. 因变量：A11

表 28 显示的数据为以自变量（旅游信息发布者的专业度）、中介变量（感知有用性）对因变量（旅游者决策）做回归（X4，M → Y），此时旅游信息发布者的专业度的标准系数为 $0.233 < 0.578$、P=0.000、VIF=$1.376 < 3$、$\Delta R^2$=0.317，感知有用性的标准系数为 0.661、P=0.000、VIF=$1.376 < 3$、$\Delta R^2$=0.378。

综上所述，感知有用性对旅游信息发布者的专业度与旅游者决策之间，起到了部分中介的作用，研究假设 H8 成立。

## 六、结论与讨论

本文在前人研究成果的基础上，提出了适合本研究的理论指导模型，并引用国内外成熟的量表，通过对收集到的数据进行实证分析，考察了人们对微信朋友圈的使用情况、关注的内容、以及是否参与其中等多方面的内容，解开了本文试图探讨的几个问题，现将结论汇总如下：

第一，文章通过一系列的探索，肯定了微信朋友圈确实对旅游者在进行旅游决策时产生影响。其中，旅游信息吸引度、旅游信息质量、关系强度、旅游信息发布者的专业度以及感知有用性，这些都影响着旅游者决策。

第二，阐明了微信朋友圈对旅游者旅游目的地决策的影响因素。笔者通过对大量文献资料的阅读和梳理，建立在互联网时代背景下，社交媒体对旅游者旅游目的地决策的影响，归纳总结出了微信朋友圈对旅游者决策产生影响的几大要素，其分别来自旅游信息内容的特征以及信息发布者的自身特征这两个层面。

第三，通过一系列的数据分析及验证，结果表明，在旅游者决策过程中，微信朋友圈中的旅游信息吸引度、旅游信息质量、关系强度、旅游信息发布者的专业度以及感知有用性都分别正向影响着旅游者决策行为。其中，笔者在相关分析和回归分析的章节中，验证了本文理论模型中所提出的感知有用性这一变量，确认了其分别在旅游信息吸引度、旅游信息质量、关系强度、旅游信息发布者的专业度与旅游者决策之间，发挥着中介变量的作用。

## 主要参考文献

胡春阳，周劲．经由微信的人际传播研究（ ）．新闻大学，2015(6).

王欢，关静雯．微信朋友圈“晒”现象研究．重庆邮电大学学报（社会科学版），2016,28(3).

谢丽琼．旅游目的地官方微博对游客行为意愿的影响研究．浙江大学，2014.

Davis F. D. 1989. Perceived Usefulness, Perceived Ease of Use, and User Acceptance of Information Technology. *Mis Quarterly*, 13(3): 319–340.

Gilly M. C, Graham J. L., Wolfinbarger M. F., et al. 1998. A Dyadic Study of Interpersonal Information Search. *Journal of the Academy of Marketing Science*, 26(2): 83–100.

Simon Hudson, Karen Thal. 2013. The Impact of Social Media on the Consumer Decision Process: Implications for Tourism Marketing. *Journal of Travel & Tourism Marketing*, 30(1–2): 156–160.

Sussman S. W. , Siegal W. S. 2003. Informational Influence in Organizations: An

Integrated Approach to Knowledge Adoption. *Information Systems Research*, 14(1): 47–65.

## 点评

本文立意新颖，以微信对旅游者的影响作为研究内容，阐释在当下互联网 + 日益兴起，自媒体成为当下最热门的旅游信息传播方式，信息传播方式的改变使得旅游消费方式、旅游消费习惯也随之发生了巨大变化的形势下，微信这一覆盖群体广、使用频率高的社交软件，以微信朋友圈所分享出的旅游信息为切入点，探讨其对旅游者在进行旅游决策过程中所带来的影响。该文选题具有较强的现实性、针对性和实用性。在互联网 + 的时代背景下，社交媒体对当今旅游的影响毋庸置疑，而微信作为中国社交媒体界的主流产品，给旅游业市场带来的影响不可小觑。目前国内的学者以社交媒体为切入点，分析其与旅游者决策之间如何关联的相关研究仍然处于初级阶段，值得多维度、多层次地深入探讨。所以本文也对弥补该方面的学术研究短板贡献了一份力量，并且也符合旅游管理专业的要求。

重点探讨分析，第一，微信朋友圈是否会对旅游者在进行旅游决策时产生影响？第二，若旅游者决策会受到微信朋友圈内容的影响，主要的影响因素又有哪些？第三，这些因素又是通过什么样的方式作用于旅游者身上，使其做出决策？然后针对问题提出一些具有可操作性的对策。问题和观点表达准确，结构完整，思路、格式规范。

在方法方面，选用定量研究的形式展开论证，涵盖了旅游学相关知识、消费者行为学相关内容、心理学相关概念以及统计学相关方法等一系列学科领域，并以动机的相关理论、理性行为理论、技术接受模型、技术采纳模型等有关的成熟理论和框架为依托，采用文献分析法、问卷调查及访谈法、统计分析法等多种研究方法，深入探讨了微信朋友圈对旅游者旅游目的地决策的影响，方法选择得当，能够解决作者的研究问题，并且能够更加深入的分析其背后的原因，论证内容具有说服力，对问题的分析比较透彻。该学生在论证过程中也能很好地将旅游管理专业知识原理与社会现实结合起来。

总体而言，全文结构安排合理，观点表达准确，思路清晰，本篇毕业论文比较规范，具有一定的学术研究意义和现实应用意义。

# 经济型酒店微博营销对消费者预订意愿影响的实证研究

蒋贞星[①]

**摘要：**微博作为社会化媒体的代表之一，从其诞生之初就吸引了众多目光。微博以其互动性、裂变性、碎片化、自主性等传播特性，改变着人们的阅读习惯、沟通方式，甚至是人们的消费习惯。在短时间内微博迅速成为了现代社会中最主要的信息传播途径，同时也成为众多企业开展品牌营销最廉价、最有效的网络平台。本文通过深度访谈和问卷调查的方式，结合文献中关于消费者行为理论和微博营销特点，提出经济型酒店微博营销对消费者预订意愿的影响模型，并以消费者对酒店品牌的认知性态度、情感性态度为中间变量，来研究经济型酒店微博营销对消费者预订意愿的影响机制。得到以下结论：（1）提取了经济型酒店微博营销中对消费者预订意愿产生影响的五个因子，分别为经济型酒店微博营销的有用性、交互性、趣味性、利益考虑和拟人化。（2）经济型酒店微博营销影响因子有用性、交互性、趣味性、利益考虑、拟人化与消费者对酒店品牌的认知性态度存在显著性关系；经济型酒店微博营销影响因子有用性、趣味性、利益考虑、拟人化与情感性态度存在显著性关系。（3）消费者对酒店品牌的认知性态度、情感性态度与预订意愿存在显著性关系。（4）经济型酒店微博营销的有用性、交互性、趣味性、利益考虑、拟人化与消费者预订意愿存在显著性关系。

**关键词：**微博营销；经济型酒店；消费者预订意愿

## 一、引言

随着过去十多年中国经济的持续发展和休闲旅游市场的蓬勃发展，经济型连锁酒店在中国的消费群体与行业规模日渐壮大。为了提升整体竞争力、扩大市场份额，各大经济型酒店一直在寻求多种营销方式和途径。在众多的营销方式中，网络营销日益凸显出重要性，成为营销策略中不可或缺的组成部分，给酒店营销带来了变革性的变化。社会化媒体作为新兴的网络营销媒介，不仅具备信息发布及时、功

① 2011 级，2014 年毕业；点评教师：李玲。

能简单易用、多方参与互动、营销成本低、自主选择营销对象等优势，而且能够使酒店企业直接与消费者终端市场建立关系。

微博作为新型社会化大众媒体的一种形式，是一种基于用户关系的信息获取、传播、分享的社会化网络媒体平台。微博用户可以通过网页或者平板电脑、手机等移动客户端使用该平台，以 140 字的文字长度发布信息，并实现即时分享，组建个人社区。并且微博用户人数庞大，使用特征明显，信息传播迅速等特点，使微博平台迅速成为酒店业竞相争夺的营销阵地。然而对于酒店业如何有效利用微博平台开展市场营销尚未形成清晰的理解和共识，大多数酒店还处于探索阶段。如何利用微博营销平台的特性增强消费者对酒店品牌的认可，进而提高购买转化率成为酒店经营者关注的核心问题。

围绕社会化媒体旅游酒店行业带来的影响，国内外研究文献主要从以下两个不同的角度进行论述。

（1）社会化媒体提供的信息查询、评论内容对消费者选择酒店产生的影响；

（2）旅游酒店企业经营管理过程中如何利用社会化媒体进行品牌营销、销售管理、收益管理、价格管理等。

但针对微博营销如何影响不同细分市场类型的特定旅游消费群体行为的实证研究尚不多见。由于行业差异和消费群体的需求不完全一致，营销方式与结果影响联系也就不同。本文专注于研究经济型酒店的微博营销。

## 二、理论基础

### （一）理性行为理论模式

1975 年 Fishbein 和 Ajzen 依据社会心理学，对有意识行为进行描述，进而发展出理性行为理论（Fishbein and Ajzen, 1975）。该理论主要是通过“行为态度”与“行为意愿”，预测个人的“实际行为”。该理论主张，个人的“行为意愿”将决定其“实际行为”，而个人的“行为态度”与外在的“主观规范”会共同影响“行为意愿”。理性行为理论的核心要素是行为意愿，行为意愿是指个体执行特定行为的倾向性，是实际行为的前置变量（张辉、白长虹、李储凤，2011）。行为态度是个体对执行某种行为的正面或负面的评价。主观规范涉及社会环境对个体行为的影响，指一个人对执行或不执行某种行为的社会压力感知，主要来自于重要他人如家人、朋友等认为他是否应该执行某特定行为的感知。

### （二）计划行为理论模式

计划行为理论是 1985 年阿杰恩（Ajzen）在理性行为理论的基础上进行了延

展，增加了感知行为控制这一因素（Ajzen, 1985）。感知行为控制主要反映个人过去的经验和预期的阻碍，当个人认为自己所拥有的资源与机会越多、所预期的阻碍越少，对行为的感知行为控制就越强。如果个人认为自己缺乏资源或机会去完成某一行为，那么他就不可能形成强烈的行为意愿。

## （三）技术接受模型

技术接受模型是1989年戴维斯（Davis）等人在理性行为理论研究基础上提出的模型（Davis, Bagozi and Warshaw, 1989）。最初主要是为了解释说明用户广泛接受使用计算机的决定性因素。技术接受模型提出两个主要的决定因素：感知的有用性和易用性。感知的有用性是反映一个人认为使用一个具体的系统对效率提高的程度；感知的易用性是反映一个人认为容易使用一个具体的系统的程度。该模型认为系统使用是由行为意向决定的，而行为意向由想用的态度和感知的有用性共同决定，想用的态度由感知的有用性和易用性共同决定，感知的有用性由感知的易用性和外部变量共同决定，感知的易用性是由外部变量决定的。外部变量包括系统设计特征、用户特征、任务特征、开发或执行过程的本质、政策影响、组织结构等。技术接受模型为研究网络营销的购买意愿提供了理论依据。模型如图1所示。

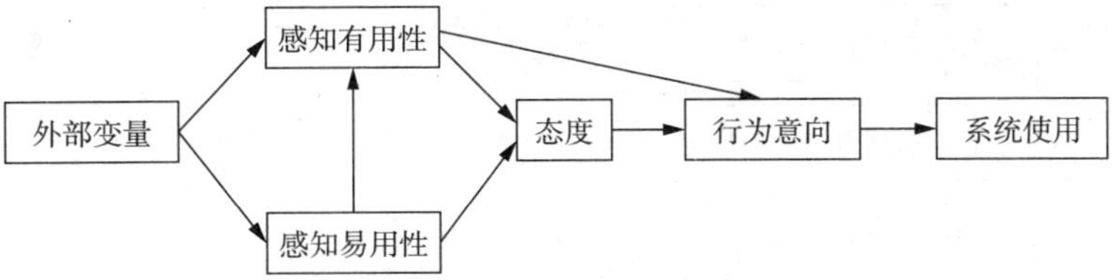


**图1　技术接受模型**

## （四）基于消费者网络购买行为的AISAS理论

2005年日本电通集团提出了基于消费者网络购买行为的AISAS理论，即注意商品（Attention）、产生兴趣（Interest）、信息搜索（Search）、购买行动（Action）、信息分享（Share）。从而进一步准确地概括了网络时代下消费者获得信息、分享信息的能力。此后社会化媒体带来的全新的信息传播方式使原有的传播环境与消费者行为发生了改变，消费者的购买决策过程也随之变化。由此产生了新的消费者行为模式SICAS模型，即品牌与用户相互感知（Sense）、产生兴趣并形成互动（Interest & Interactive）、建立联系并交互沟通（Connect & Communicate）、购买行动（Action）、体验与分享（Share）。而且各个阶段存在着全景式、非线性、多维度的互动过程。在SICAS模型中，企业品牌与消费者之间通过各类社会化媒体平台形成不受时间、地点限制的，多触点的动态感知的信息网络。品牌曝光度、消费者对品牌的理解、响应和口碑在整个消费者行为模式中不断地出现，从而建立了企业品牌和消费者之间的连接。

## 三、研究模型和假设

### （一）研究模型

依据理性行为理论、计划行为理论、技术接受模型理论以及基于消费者网络购买行为的 AISAS 理论，本文认为，在经济型酒店微博营销对消费者预订意愿的影响中，各因素不仅直接影响消费者的态度，而且通过消费态度的认知和情感两大构成成分的中介作用对消费者酒店预订意愿产生影响，并将行为意向性的态度转化为预订意愿。本文研究的是经济型酒店微博营销对消费者预订意愿的影响，因此只参考了上述理论中态度对预订意愿的影响，而没有将主观规范、感知行为控制对消费者预订意愿的影响纳入研究范围。根据前文的理论基础提出的消费者预订意愿的影响模型，如图 2 所示。

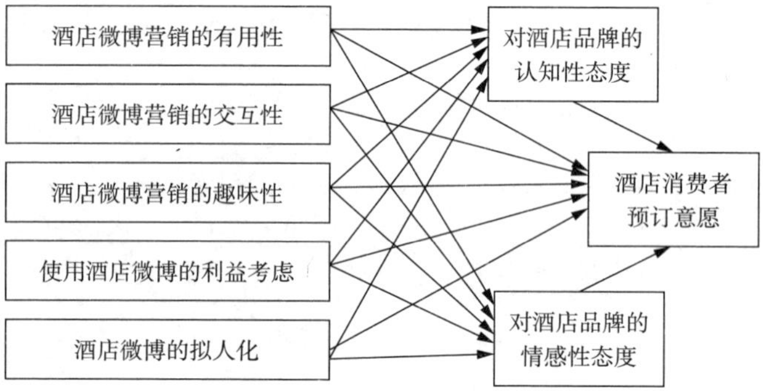


图 2　经济型酒店微博营销对消费者预订意愿的影响模型

### （二）研究假设

1. 酒店品牌的认知性态度和情感性态度对酒店消费者预订意愿的影响

根据前文中消费者购买行为理论的介绍和分析，消费者对酒店品牌的态度分为认知性态度和情感性态度，两者分别对酒店消费者的预订意愿产生影响作用。由此提出以下假设。下列假设中提及的酒店品牌或酒店消费者，皆指经济型酒店。

H1：消费者对酒店品牌的认知性态度对酒店消费者预订意愿有正向影响，即消费者对该酒店品牌的认知性态度越好，消费者预订该酒店的意愿越强。

H2：消费者对酒店品牌的情感性态度对酒店消费者预订意愿有正向影响，即消费者对该酒店品牌的情感性态度越好，消费者预订该酒店的意愿越强。

2. 酒店微博营销的有用性对消费者态度和意愿的影响

酒店微博作为消费者了解该酒店的一种媒体公开渠道，通过发布信息并保持及时更新为消费者提供便利。尽管对信息质量的看法因人而异，没有统一的评判标准，但消费者希望获得真实、全面、有效的酒店信息，是对酒店微博所发布信息质量的最基本要求。同时在微博网站上每天发布的信息成千上万，所发布的信息内容能否上升为热门话题，吸引潜在消费者眼球，成为众多营销策略的最终目的。酒店微博可以充分利用网上支付、实时沟通的方式实现酒店日常经营中咨询、预订、投诉等功能。通过酒店微博营销使消费者了解获取酒店信息的权威渠道，提高酒店与消费者进行信息交流的效率，让消费者得到更好的预订体验，增加消费者对酒店品牌的认识和情感认可，从而影响消费者预订意愿。由此提出以下假设。

H3：酒店微博营销的有用性对消费者对酒店品牌的认知性态度有正向影响，即消费者越是经常使用该酒店微博，对该酒店的品牌认知性态度越好。

H4：酒店微博营销的有用性对消费者对酒店品牌的情感性态度有正向影响，即消费者越是经常使用该酒店微博，对该酒店的品牌情感性态度越好。

H5：酒店微博营销的有用性对酒店消费者预订意愿有正向影响，即消费者越是经常使用该酒店微博，消费者预订该酒店的意愿越强。

3. 酒店微博营销的交互性对消费者态度和意愿的影响

酒店微博中传播的交互性主要表现为信息发布源与受众之间的互动、受众与受众之间的互动等。微博上的评论功能、投票功能、点“赞”功能、私信功能等都是互动方式。通过交互式传播方式，酒店微博内容可以得到消费者及时、直接的反馈。并且由于留言的相对公开，能够吸引更多的消费者参与评论，从而扩大传播范围和影响力。另一方面由于酒店本身具有体验性的服务产品属性，消费者无法提前了解或感知酒店服务。通过与酒店微博上入住客户交流体验感受，能够互相参考消费体验，从而提高消费者对酒店的认识和预订可能性。

H6：酒店微博营销的交互性对消费者对酒店品牌的认知性态度有正向影响，即消费者越是经常参与酒店微博上的互动，对该酒店的品牌认知性态度越好。

H7：酒店微博营销的交互性对消费者对酒店品牌的情感性态度有正向影响，即消费者越是经常参与酒店微博上的互动，对该酒店的品牌情感性态度越好。

H8：酒店微博营销的交互性对酒店消费者预订意愿有正向影响，即消费者越是经常参与酒店微博上的互动，消费者预订该酒店的意愿越强。

4. 酒店微博营销的趣味性对消费者态度和意愿的影响

由于微博采用订阅式的信息传播方式，只有消费者主动关注酒店微博，方能收到酒店微博发布的信息。微博的长度限制为 140 个字，恰好是两条短信的最多字数。简短有力、方便阅读，更加符合快节奏社会生活下的阅读习惯。而且发展出了彰显个性的网络语言文化和风格，如“凡客体”“杜甫体”“正能量”“喵星人”等。

酒店微博发布的内容迎合众多南来北往的消费者多元化、趣味化的阅读偏好。消费者日常使用微博浏览信息的习惯和频率会不断增强对微博的黏性。有的微博用户表示“每天最大的乐趣之一就是看微博”。酒店微博营销过程中要想吸引消费者形成阅读酒店微博的习惯，必须提供除了酒店基本信息外能够引起消费者兴趣的内容。比如微博上的一些新鲜、奇特、有趣的微博话题和信息，且最好集文字、视频、图片、声音等内容于一体，为微博用户们带来多重的视听享受。微博作为自媒体、全民媒体，每个注册用户都是传播点，微博用户发布的帖子如果被不断转发、评论将使博主获得成就感，激发用户自发使用微博的积极性。当酒店的消费者成为酒店微博的粉丝，把参与微博上的互动作为一种趣味休闲的习惯时，酒店消费者也将有可能成为该酒店品牌的传播者。

H9：酒店微博营销的趣味性与消费者对酒店品牌的认知性态度有正向影响，即消费者认为酒店微博越有趣，对该酒店的品牌认知性态度越好。

H10：酒店微博营销的趣味性与消费者对酒店品牌的情感性态度有正向影响，即消费者认为酒店微博越有趣，对该酒店的品牌情感性态度越好。

H11：酒店微博营销的趣味性对酒店消费者预订意愿有正向影响，即消费者认为酒店微博越有趣，消费者预订该酒店的意愿越强。

5. 消费者使用酒店微博的利益考虑对消费者态度和意愿的影响

经济型酒店消费者属于对价格较为敏感的消费群体。经济利益往往是消费者选择酒店时考虑的首要因素。酒店微博上特有的各类活动优惠或奖励措施往往能够吸引广大经济型酒店消费者的关注。如“关注微博免单抽奖”“微博预订送积分”“电子房金券”等。在酒店微博营销中，为了迅速扩大微博粉丝规模，活跃微博人气，常常会不定期推出各类特定的优惠活动或折扣。而消费者也有可能为了获得酒店的优惠而关注酒店微博。

H12：消费者使用酒店微博的利益考虑对酒店品牌的认知性态度有正向影响，即消费者越是关注该酒店的优惠信息，对该酒店的品牌认知性态度越好。

H13：消费者使用酒店微博的利益考虑对酒店品牌的情感性态度有正向影响，即消费者越是关注该酒店的优惠信息，对该酒店的品牌情感性态度越好。

H14：消费者使用酒店微博的利益考虑对酒店消费者预订意愿有正向影响，即消费者越是关注该酒店的优惠信息，消费者预订该酒店的意愿越强。

6. 酒店微博营销的拟人化对消费者态度和意愿的影响

随着社会生产力的不断提高和市场竞争的加剧，酒店消费者的需求层次已经由低端的满足住宿需求、安全需求向高端的服务需求、尊重需求、自我实现价值发展。越来越多的消费者注重预订前的体验。酒店微博则为了提升预订体验，通过拟人化形象来塑造酒店品牌个性，使企业与消费者之间的沟通变成人与人之间的交流沟通。根据酒店的产品定位和消费群体的特征，在微博上酒店用合适的“性格”来包装自己的产品，以拟人化方式跟消费者产生互动。当消费者对酒店品牌产生一种认可，就会增强对品牌的忠诚度和美誉度。这种认可不同于传统交易中卖方与买方的关系，而是产生像朋友之间的"友谊"，甚至是酒店品牌的粉丝。消费者会支持该酒店品牌的产品，也可能会主动参与到酒店品牌的塑造过程。即使酒店在某些方面做得不好，消费者也会去帮助酒店改变，而不是诋毁。酒店微博营销的拟人化不仅增强了消费者自我价值的挖掘，也强化了酒店微博的真实性。由此提出下列假设。

H15：酒店微博营销的拟人化对酒店品牌的认知性态度有正向影响，即消费者越是认同酒店微博营销的拟人化，对该酒店的品牌认知性态度越好。

H16：酒店微博营销的拟人化对酒店品牌的情感性态度有正向影响，即消费者越是认同酒店微博营销的拟人化，对该酒店的品牌情感性态度越好。

H17：酒店微博营销的拟人化对酒店消费者预订意愿有正向影响，即消费者越是认同酒店微博营销的拟人化，消费者预订该酒店的意愿越强。

## 四、研究设计与数据收集

本文研究时将需要测量的变量分为预测变量、中间变量和结果变量三类，其中预测变量有 5 个，中间变量 2 个，结果变量 1 个。测量变量的题项主要根据深度访谈及参考研究文献获得。测量变量如下表 1 所示。

**表 1　测量变量列表**

| 模块 | 变量 |
|---|---|
| 预测变量 | 酒店微博营销的有用性、交互性、趣味性、经济利益考虑、拟人化 |
| 中间变量 | 消费者对酒店品牌的认知性态度、消费者对酒店品牌的情感性态度 |
| 结果变量 | 消费者预订酒店的意愿 |

同时在调查问卷开篇放置 7 天连锁酒店的官方微博链接，方便初次接触酒店微博的消费者浏览。问卷正文分为两大部分，第一部分为被试者个人基本情况，包括对微博熟悉程度、预订酒店情况等，第二部分为被试者根据自身的感受或认知对各变量测试项描述的情况进行打分。

正式问卷调查主要采取网上发布、填写、回收的方式。由于调查问卷中第 3 题（您使用微博的频率）答项设置中有"从不使用"一项，作为判断本次调查问卷的有效性。即如果被调查对象选择"从不使用"微博，则作为无效问卷，不计入统计范围。正式调查问卷共发放 298 份，回收 192 份，有效问卷 187 份，有效回收率为 63%。

## 五、数据分析与模型检验

### （一）描述性统计分析

1. 使用微博消费者的年龄分布

由于国内微博媒体开始于 2009 年，根据现有统计的年龄分布上增加最后一列“2009 年国内微博兴起时的年龄段”，能够更好地解释使用微博的消费者年龄分布情况。如表 2 中统计数据所示，微博使用者的年龄主要集中在 20 岁至 42 岁之间，大约占所有微博使用者的 76.6%。该年龄段的消费者不仅容易接受新鲜事物，而且具备一定的消费能力和消费需要。

表 2　年龄分布百分比

| 您目前所属的年龄段 | 频率 | 百分比（%） | 累积百分比（%） | 2009 年国内微博兴起时的年龄段 |
|---|---|---|---|---|
| 51–60 | 7 | 3.7 | 3.7 | 46–55 |
| 43–50 | 25 | 13.3 | 17.0 | 38–45 |
| 34–42 | 57 | 30.3 | 47.3 | 29–37 |
| 25–33 | 87 | 46.3 | 93.6 | 20–28 |
| 16–24 | 12 | 6.4 | 100.0 | 16–19 |
| 合计 | 188 | 100.0 | | |

2. 经济型酒店消费者在微博使用者中的占比

在问卷收集整理后，已经剔除“从不使用”微博的问卷个例。如图 3 所示，预

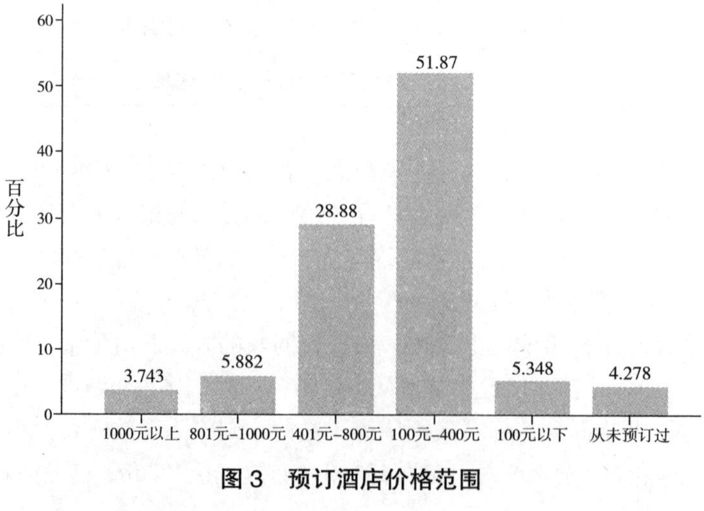


图 3　预订酒店价格范围

订 400 元以下酒店的消费者在微博使用者中的占比为 57.4%。这一数值比例说明了微博使用者中有超过一半的消费者是经济型酒店的潜在客户，这也许是所有酒店中经济型酒店最先开始微博营销的原因之一。而预订超过 800 元以上的高端消费者仅占微博使用者的 9.6%，说明微博使用者不是高端酒店的主要消费群体。

3. 使用微博的频率

如图 4 所示，超过一周不使用微博的高达 19.25%，说明目前微博的活跃度较低。但同时每天至少使用 1 次微博的消费者比例仍达到 35.83%，说明微博上仍然保有约三分之一的使用者为重度惯性使用者。往往微博的重度惯性使用者又是微博上粉丝最多，影响力较大的用户，是酒店微博营销的重点对象。

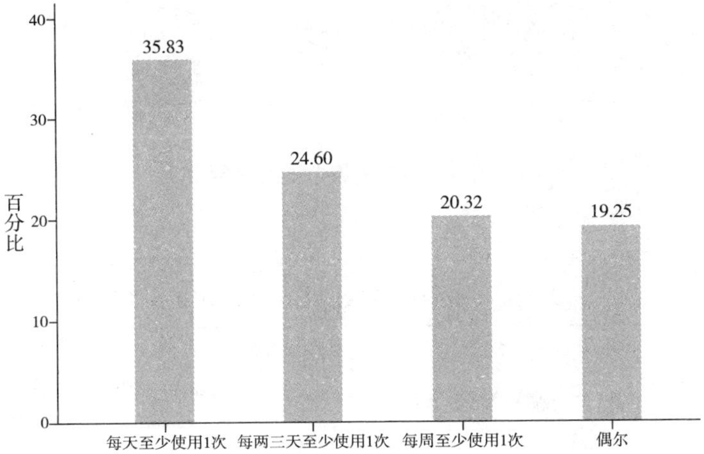


图 4　使用微博频率

4. 浏览或关注过酒店微博的占比

所有微博使用者中，有 70.59% 的微博使用者关注或浏览过酒店微博，如图 5 所示。说明已有大量的酒店企业和消费者参与到了酒店微博的营销活动中，酒店微博营销的观念已非常普遍，但仍然有进一步提升的空间。

## （二）信效度分析

1. 信度分析

本文采用 Alpha 方法，通过数据分析工具 SPSS 19 运算 Cronbach's α 值。一般认为，Cronbach's α 值越高越好。在做基础研究时 Cronbach's α 值大于 0.8 较好，在做探索性研究时 Cronbach's α 值大于 0.7 即可接受。经检验，总体 α 值为 0.966，因此本文数据具有较好的一致性。

对 8 个变量分别进行可靠性分析，得到各变量的 Cronbach's α 值、校正的项总计相关性（CITC）、项删除后的 α 值，如表 3 所示。

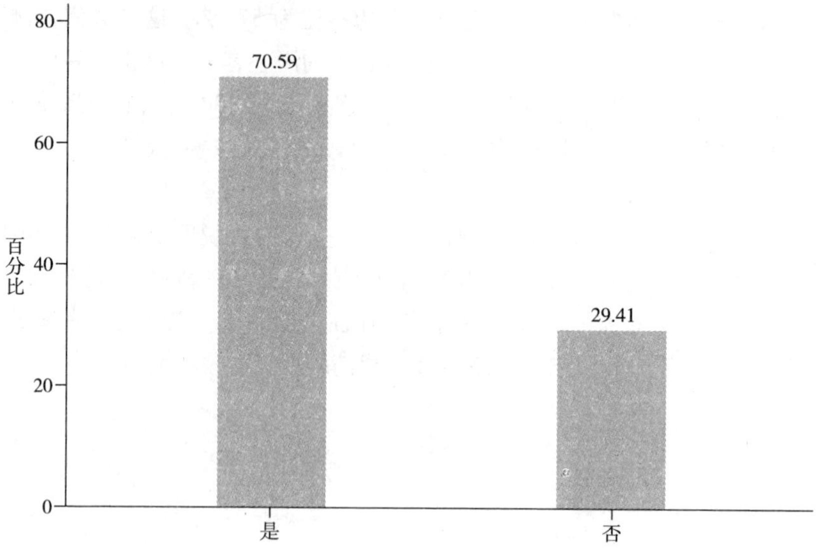


图 5 浏览酒店微博的比例

表 3 预调研中各变量的 Cronbach's α 值

| 变量 | 题号及问项内容 | Cronbach's α 值 | 校正的项总计相关性（CITC） | 项删除后的 α 值 |
|---|---|---|---|---|
| 酒店微博营销的有用性 | 5. 我能够通过酒店微博预订酒店 | .844 | .685 | .800 |
| | 6. 我能够通过酒店微博咨询关于酒店的一些问题 | | .738 | .779 |
| | 7. 我能够在酒店微博上进行投诉 | | .649 | .821 |
| | 8. 我能够在酒店微博上分享我的住店体验 | | .667 | .809 |
| 酒店微博营销的交互性 | 9. 我常评论酒店微博的内容 | .859 | .690 | .828 |
| | 10. 如果有需要，我会私信酒店微博 | | .633 | .848 |
| | 11. 我会转发酒店微博的内容 | | .743 | .804 |
| | 12. 我会把酒店微博内容 @ 给朋友 | | .758 | .798 |
| 酒店微博营销的趣味性 | 13. 酒店微博上的文字有时很幽默 | .863 | .753 | .794 |
| | 14. 酒店微博上有时有好笑的图片 | | .745 | .806 |
| | 15. 酒店微博上有时有好笑的视频 | | .727 | .822 |

续表

| 变量 | 题号及问项内容 | Cronbach's α 值 | 校正的项总计相关性（CITC） | 项删除后的 α 值 |
|---|---|---|---|---|
| 消费者使用酒店微博的利益考虑 | 16. 通过酒店微博，有机会获得比其他旅客更优惠的价格折扣 | .831 | .718 | .738 |
| | 17. 参与酒店微博转发等活动有时可以抽奖 | | .675 | .783 |
| | 18. 通过酒店微博，有时可以获得优惠券或更多会员积分 | | .680 | .777 |
| 酒店微博营销的拟人化 | 19. 我认为称呼拟人化显得更亲切，如“亲”“店小七” | .859 | .719 | .815 |
| | 20. 我认为拟人化的酒店微博名字更好记 | | .753 | .782 |
| | 21. 我认为微博上用拟人化的语气回复、评论更容易交谈 | | .727 | .808 |
| 消费者对酒店品牌的认知性态度 | 22. 我认为该品牌的酒店房间设施很齐全 | .840 | .668 | .815 |
| 消费者对酒店品牌的认知性态度 | 23. 我认为该品牌的酒店设计很实用 | .840 | .704 | .780 |
| | 24. 我认为该品牌的酒店很干净 | | .745 | .738 |
| 消费者对酒店品牌的情感性态度 | 25. 我认为该品牌的酒店服务人员态度热情 | .840 | .677 | .804 |
| | 26. 我很喜欢该酒店品牌 | | .715 | .767 |
| | 27. 我很信任该酒店品牌 | | .721 | .762 |
| 酒店消费者的预订意愿 | 28. 如果需要预订同类酒店，我会优先考虑该品牌 | .943 | .850 | .940 |
| | 29. 我预订该品牌的酒店可能性很大 | | .932 | .876 |
| | 30. 我会再次预订该品牌酒店 | | .862 | .931 |

如表 3 所示，上述 3 个系数值都符合要求，说明整个量表信度较好，本问卷的设计较可靠。

2. 效度分析

(1) 酒店微博营销影响因素的因子分析

本文通过因子分析方法来检验量表的效度。首先对酒店微博营销的影响因素进行 KMO 样本测度和 Bartlett 球形度检验。得到以下结果，如表 4 所示。

表 4　酒店微博营销影响因子的 KMO 和 Bartlett 球形度检验结果

| KMO 和 Bartlett 的检验 | | |
|---|---|---|
| 取样足够度的 Kaiser-Meyer-Olkin 度量 | | .946 |
| Bartlett 的球形度检验 | 近似卡方 | 2156.799 |
| | df | 136 |
| | Sig. | .000 |

KMO 值为 0.946，大于 0.9，表明非常适合做因子分析。同时，Bartlett 球形度检验的 $X^2$ 显著性（即上表中的 Sig. 值）为 0.000，小于 0.01，球形假设被拒绝，说明变量间具有相关性，适合做因子分析。

在进行因子分析时，本文选择主成分分析法。一般是抽取特征根大于 1 作为标准（卢文岱，2002）。因本文研究需要，在利用 SPSS 分析过程中，选择抽取因子的数量为 5，同时因子旋转采用方差极大法。得到总体方差分解表和旋转因子载荷表如表 5 所示。

从表 5 中可以看到，前两项因子特征根大于 1，因子 3、因子 4 和因子 5 特征根小于 1，但都大于 0.5。旋转后因子特征根则均大于 1，并且五项因子可以解释总体方差的 75.662%。涵盖了原有测量变量的大部分信息，达到了较好结构效度。

表 5　探索性因子分析结果

| 总体方差分解 | | | | | | |
|---|---|---|---|---|---|---|
| 因子 | 初始特征值 | | | 旋转后因子平方和载入 | | |
| | 合计 | 方差 % | 累积 % | 合计 | 方差 % | 累积 % |
| 1 | 9.524 | 56.022 | 56.022 | 2.906 | 17.093 | 17.093 |
| 2 | 1.047 | 6.159 | 62.181 | 2.800 | 16.474 | 33.566 |
| 3 | .982 | 5.778 | 67.959 | 2.700 | 15.884 | 49.451 |
| 4 | .719 | 4.229 | 72.188 | 2.367 | 13.922 | 63.373 |
| 5 | .591 | 3.474 | 75.662 | 2.089 | 12.289 | 75.662 |
| 6 | .558 | 3.285 | 78.946 | | | |
| 7 | .517 | 3.043 | 81.990 | | | |
| 8 | .440 | 2.587 | 84.577 | | | |
| 9 | .414 | 2.437 | 87.014 | | | |

续表

| 总体方差分解 | | | | | | |
|---|---|---|---|---|---|---|
| 因子 | 初始特征值 | | | 旋转后因子平方和载入 | | |
| | 合计 | 方差 % | 累积 % | 合计 | 方差 % | 累积 % |
| 10 | .380 | 2.236 | 89.249 | | | |
| 11 | .336 | 1.976 | 91.226 | | | |
| 12 | .327 | 1.925 | 93.150 | | | |
| 13 | .278 | 1.637 | 94.788 | | | |
| 14 | .250 | 1.472 | 96.259 | | | |
| 15 | .220 | 1.292 | 97.552 | | | |
| 16 | .217 | 1.274 | 98.825 | | | |
| 17 | .200 | 1.175 | 100.000 | | | |

在选择测量项目时，以旋转后因子载荷值大小作为保留和删除该项目的标准。当旋转后因子载荷值小于 0.3 时，因子对该变量变异的解释度不到 10%，从使用的角度应删去（张文彤，2002）。如表 6 中所示，除了第 5 题、第 10 题外，每个题项对应的因子载荷值有且只有一个载荷高于 0.5，并且对应同一个预测变量的所有题项的最大因子载荷值都分布同一个因子上。表中已保留出载荷值高于 0.5 的项。由于第 5 题有两个载荷值大于 0.5 且相差很小，可忽略该差异，则第 5、6、7、8 题进入因子 1，即对应酒店微博营销的有用性；第 9、11、12 题进入因子 5，即酒店微博营销的交互性；由于第 10 题（如果有需要，我会私信酒店微博）与第 9、11、12 题的因子载荷值没有分布在同一因子上，而是分布在因子 1 内，说明存在题项的重复糅合，考虑到因子 1、因子 5 上已有至少 3 个题项，故删除第 10 题，不影响问卷结构。第 13、14、15 题进入因子 2，即酒店微博营销的趣味性；第 16、17、18 题进入因子 4，即消费者使用酒店微博的利益考虑；第 19、20、21 进入因子 3，即酒店微博营销的拟人化。

**表 6　旋转因子矩阵**

| | 因子 | | | | |
|---|---|---|---|---|---|
| | 1 | 2 | 3 | 4 | 5 |
| 第 5 题（因子 1） | .503 | | | | .509 |
| 第 6 题 | .607 | | | | |
| 第 7 题 | .780 | | | | |

续表

| | 因子 | | | | |
|---|---|---|---|---|---|
| | 1 | 2 | 3 | 4 | 5 |
| 第 8 题 | .605 | | | | |
| 第 9 题 | | | | | .531 |
| 第 10 题（删除） | .710 | | | | .161 |
| 第 11 题 | | | | | .706 |
| 第 12 题 | | | | | .621 |
| 第 13 题 | | .802 | | | |
| 第 14 题 | | .711 | | | |
| 第 15 题 | | .777 | | | |
| 第 16 题 | | | | .723 | |
| 第 17 题 | | | | .559 | |
| 第 18 题 | | | | .682 | |
| 第 19 题 | | | .779 | | |
| 第 20 题 | | | .780 | | |
| 第 21 题 | | | .766 | | |

（2）酒店品牌认知性态度、情感性态度和预订意愿的因子分析

对酒店品牌认知性态度、情感性态度和预订意愿进行 KMO 样本测度和 Bartlett 球形度检验。得到结果如下，见表 7。

**表 7　中间变量、结果变量的 KMO 和 Bartlett 球形度检验结果**

| KMO 和 Bartlett 的检验 | | |
|---|---|---|
| 取样足够度的 Kaiser-Meyer-Olkin 度量 | | .920 |
| Bartlett 的球形度检验 | 近似卡方 | 1433.477 |
| | df | 36 |
| | Sig. | .000 |

如上表所示，KMO 值为 0.920，大于 0.9，表明非常适合做因子分析。同时，Bartlett 球形度检验的 $X^2$ 的显著性（即上表中的 Sig. 值）为 0.000，小于 0.01，球形假设被拒绝，说明变量间具有相关性，适合做因子分析。

在进行因子分析时，选择主成分分析法。利用 SPSS 分析过程中，选择抽取因

子的数量为3，同时因子旋转采用方差极大法。得到总体方差分解表和旋转因子载荷表如表8和表9所示。

**表8 中间变量、结果变量因子分析**

| 总体方差分解 | | | | | | |
|---|---|---|---|---|---|---|
| 因子 | 初始特征值 | | | 旋转后因子平方和载入 | | |
| | 合计 | 方差% | 累积% | 合计 | 方差% | 累积% |
| 1 | 6.230 | 69.224 | 69.224 | 3.128 | 34.757 | 34.757 |
| 2 | .648 | 7.201 | 76.425 | 2.272 | 25.239 | 59.996 |
| 3 | .482 | 5.359 | 81.783 | 1.961 | 21.787 | 81.783 |
| 4 | .415 | 4.611 | 86.394 | | | |
| 5 | .398 | 4.419 | 90.813 | | | |
| 6 | .297 | 3.302 | 94.115 | | | |
| 7 | .242 | 2.690 | 96.805 | | | |
| 8 | .208 | 2.312 | 99.117 | | | |
| 9 | .079 | .883 | 100.000 | | | |

从表8中可以看到，旋转后因子特征根则均大于1，并且三项因子可以解释总体方差的81.783%。涵盖了原有测量变量的大部分信息，达到了较好结构效度。

**表9 中间变量、结果变量的旋转因子矩阵**

| 旋转因子矩阵 | | | |
|---|---|---|---|
| | 因子 | | |
| | 1 | 2 | 3 |
| 第22题 | | | .472 |
| 第23题 | | | .832 |
| 第24题 | | | .641 |
| 第25题 | | .773 | |
| 第26题 | | .730 | |
| 第27题 | | .641 | |
| 第28题 | .799 | | |
| 第29题 | .851 | | |
| 第30题 | .833 | | |

在选择测量项目时，以旋转后因子载荷值大小作为保留和删除该项目的标准。当旋转后因子载荷值小于 0.3 时，因子对该变量变异的解释度不到 10%，从使用的角度应删去。如上表所示，只保留了载荷值大于 0.4 的题项。第 22、23、24 题进入因子 3，即消费者对品牌的认知性态度；第 25、26、27 题进入因子 2，即消费者对品牌的情感性态度；第 28、29、30 题进入因子 1，即消费者预订意愿。

### （三）结构方程模型分析

本文将利用结构方程模型来检测理论模型中的各变量和假设关系。根据前文提及的 8 个变量，在结构方程模型中构建了相对应的 8 个结构变量。其中 5 个预测变量，分别为酒店微博营销的有用性、交互性、趣味性、经济利益考虑、拟人化；2 个中间变量，分别为消费者对酒店品牌的认知性态度、消费者对酒店品牌的情感性态度；1 个结果变量是消费者预订酒店的意愿。构建的结构方程模型如图 6 所示。

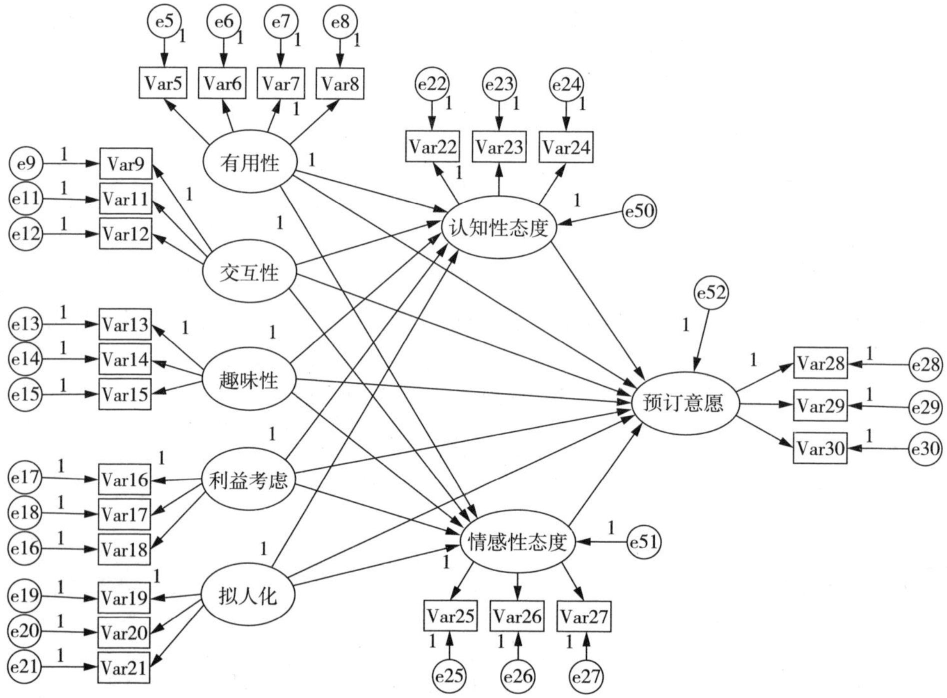


**图 6　结构方程模型**

AMOS 统计软件中可以输出的众多拟合指数，本文根据前人的经验和研究惯例，采用卡方除以自由度的比值 CMIN/DF、基准化拟合指数 NFI、拟合优度指数 GFI、相对适合度拟合指数 RFI、增量适合度拟合指数 IFI、比较适合度拟合指数 CFI、平均平方误差平方根 RMSEA 这 7 个拟合指数来共同评价该模型。本文模型拟合指数如表 10 所示。

根据表 10，卡方与自由度的比值 CMIN/DF 为 1.787，远小于参考值 5，且介于 1–3 之间，说明拟合度良好；基准化拟合指数 NFI 为 0.886，拟合优度指数 GFI 为 0.841，相对适合度拟合指数 RFI 为 0.865，均比较接近 0.9，说明拟合度较好。增量适合度拟合指数 IFI 值为 0.946，比较适合度拟合指数 CFI 为 0.946，均大于 0.9 且介于 0–1 之间，说明拟合度非常好。平均平方误差平方根 RMSEA 为 0.065，略大于 0.05 且小于 0.1，说明拟合度较好。总体而言，所测量的各项指标都达到了拟合指数所设定的标准，表明该模型与数据拟合较好，说明了本文的理论模型的设定是合理的。

**表 10　参考指数列表**

| 指数名称 | 数值结果 | 判断标准 | 拟合结果 |
|---|---|---|---|
| CMIN/DF | 1.787 | 值＜ 5，越接近 0，表示模型与数据配合越好 | 拟合良好 |
| NFI | .886 | 数值在 0–1 之间，值越大，表示拟合度越好 | 拟合良好 |
| GFI | .841 | 数值在 0–1 之间，值越大，表示拟合度越好 | 拟合良好 |
| RFI | .865 | 数值在 0–1 之间，值越大，表示拟合度越好 | 拟合良好 |
| IFI | .946 | 数值在 0–1 之间，值越大，表示拟合度越好 | 拟合良好 |
| CFI | .946 | 数值在 0–1 之间，值越大，表示拟合度越好 | 拟合良好 |
| RMSEA | .065 | 值＜ 0.05 时，拟合度非常好；值介于 0.05–0.1 之间，好的拟合；值〉0.1 时，拟合度差，需调整模型。 | 拟合良好 |

在模型拟合度良好的情况下，对本文假设进行结果检验。通常认为，当 C.R.（Critical ratio，判别回归系数是否显著异于零的标准临界比例，由回归系数的估计值除以标准误得到）的绝对值大于等于 2 时，回归系数数值即可认定为在 0.05 的显著性水平下与零存在显著性差异。结构方程模型路径系数和假设检验结果如表 11 所示。

**表 11　结构方程模型路径系数和假设检验结果**

| 假设 | 检验项 | | | C.R. 临界比 | P | 标准化回归系数 | 模型检验结果 |
|---|---|---|---|---|---|---|---|
| H1 | 预订意愿 | ＜ -- | 认知性态度 | 4.892 | *** | 0.708 | 支持 |
| H2 | 预订意愿 | ＜ -- | 情感性态度 | 4.186 | *** | 0.635 | 支持 |
| H3 | 认知性态度 | ＜ -- | 有用性 | 5.676 | *** | 0.435 | 支持 |
| H4 | 情感性态度 | ＜ -- | 有用性 | 7.095 | *** | 0.568 | 支持 |

续表

| 假设 | 检验项 | | | C.R.<br>临界比 | P | 标准化<br>回归系数 | 模型<br>检验结果 |
|---|---|---|---|---|---|---|---|
| H5 | 预订意愿 | < -- | 有用性 | −4.583 | *** | −0.578 | 支持 |
| H6 | 认知性态度 | < -- | 交互性 | 3.107 | 0.002** | 0.22 | 支持 |
| H7 | 情感性态度 | < -- | 交互性 | 0.406 | 0.684 | 0.026 | 不支持 |
| H8 | 预订意愿 | < -- | 交互性 | 2.703 | 0.007** | 0.184 | 支持 |
| H9 | 认知性态度 | < -- | 趣味性 | 5.984 | *** | 0.464 | 支持 |
| H10 | 情感性态度 | < -- | 趣味性 | 4.441 | *** | 0.304 | 支持 |
| H11 | 预订意愿 | < -- | 趣味性 | −3.406 | *** | −0.349 | 支持 |
| H12 | 认知性态度 | < -- | 利益考虑 | 3.724 | *** | 0.267 | 支持 |
| H13 | 情感性态度 | < -- | 利益考虑 | 3.176 | 0.001*** | 0.21 | 支持 |
| H14 | 预订意愿 | < -- | 利益考虑 | 2.282 | 0.023* | 0.178 | 支持 |
| H15 | 认知性态度 | < -- | 拟人化 | 3.885 | *** | 0.277 | 支持 |
| H16 | 情感性态度 | < -- | 拟人化 | 6.099 | *** | 0.45 | 支持 |
| H17 | 预订意愿 | < -- | 拟人化 | −2.958 | 0.003** | −0.296 | 支持 |

备注：* 表示显著性水平为 0.05；** 表示显著性水平为 0.01；*** 表示显著性水平为 0.001。

从表 11 可知，17 个路径检验中有 16 个通过检验；1 个未通过，即路径“情感性态度< -- 交互性”未能达到拟合要求。说明结构方程模型中大部分路径检验得到了实证数据的支持。

为了让模型更具有解释力，对初始模型进行修正，尝试将路径“情感性态度< -- 交互性”删除，导入问卷数据重新进行拟合运算。得到修正后的模型见图 7。

根据修正后的结构方程模型再次计算拟合指标，结果如表 12 所示。

**表 12　修正模型拟合指数**

| 指数名称 | CMIN/DF | NFI | GFI | RFI | IFI | CFI | RMSEA |
|---|---|---|---|---|---|---|---|
| 修正后数值结果 | 1.815 | 0.884 | 0.835 | 0.863 | 0.944 | 0.943 | 0.066 |
| 修正前数值结果 | 1.787 | 0.886 | 0.841 | 0.865 | 0.946 | 0.946 | 0.065 |

从表 12 的拟合指数对比情况可知，修正后模型的 CMIN/DF 为 1.815，虽然数值比模型修正前变大，但仍小于 2，符合拟合度要求。其他 6 项指数仅有细微差别，且都符合拟合度要求。

修正后模型的路径检验结果如表 13 所示，从表 13 可知，修正后模型各项的

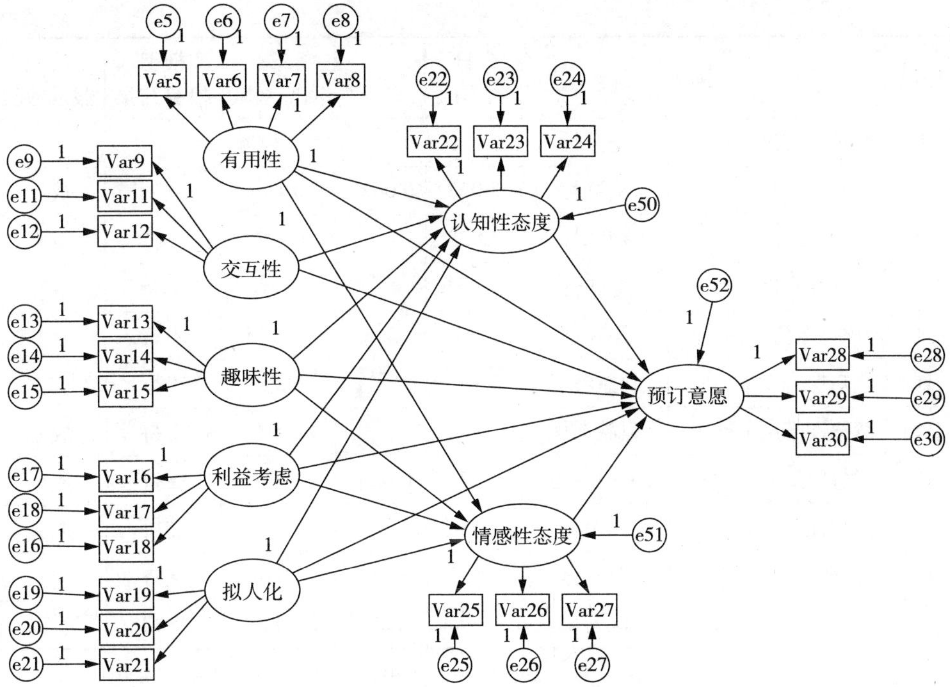


**图 7 修正后的结构方程模型**

C.R. 值的绝对值都大于 2，且标准化回归系数至少在 0.05 的水平上具有显著统计性。因此修正后的结构方程模型完全通过路径检验。本文在提出研究假设时，皆是假设正向影响。H7（情感性态度< -- 交互性）在结构方程模型检验中不存在显著性关系，因此 H7 假设不成立。虽然 H5（预订意愿< -- 有用性）、H11（预订意愿< -- 趣味性）、H17（预订意愿< -- 拟人化）假设不成立，但存在反向作用，因此予以保留，将在下文中进一步讨论。其他项则都存在正向显著性关系，假设皆成立。

**表 13 修正模型拟合结果**

| 假设 | 检验项 | | | C.R.<br>临界比 | P | 标准化<br>回归系数 | 模型<br>检验结果 | 研究<br>假设检验 |
|---|---|---|---|---|---|---|---|---|
| H1 | 预订意愿 | < -- | 认知性态度 | 4.889 | *** | 0.711 | 支持 | 成立 |
| H2 | 预订意愿 | < -- | 情感性态度 | 4.18 | *** | 0.645 | 支持 | 成立 |
| H3 | 认知性态度 | < -- | 有用性 | 5.724 | *** | 0.439 | 支持 | 成立 |
| H4 | 情感性态度 | < -- | 有用性 | 7.192 | *** | 0.572 | 支持 | 成立 |
| H5 | 预订意愿 | < -- | 有用性 | −4.566 | *** | −0.586 | 支持 | 负相关 |
| H6 | 认知性态度 | < -- | 交互性 | 2.962 | 0.003** | 0.208 | 支持 | 成立 |

续表

| 假设 | 检验项 | | | C.R.<br>临界比 | P | 标准化<br>回归系数 | 模型<br>检验结果 | 研究<br>假设检验 |
|---|---|---|---|---|---|---|---|---|
| H7 | 情感性态度 | <-- | 交互性 | 删除 | | | | |
| H8 | 预订意愿 | <-- | 交互性 | 3.068 | 0.002$^{**}$ | 0.196 | 支持 | 成立 |
| H9 | 认知性态度 | <-- | 趣味性 | 6.022 | $^{***}$ | 0.466 | 支持 | 成立 |
| H10 | 情感性态度 | <-- | 趣味性 | 4.542 | $^{***}$ | 0.309 | 支持 | 成立 |
| H11 | 预订意愿 | <-- | 趣味性 | −3.415 | $^{***}$ | −0.355 | 支持 | 负相关 |
| H12 | 认知性态度 | <-- | 利益考虑 | 3.789 | $^{***}$ | 0.272 | 支持 | 成立 |
| H13 | 情感性态度 | <-- | 利益考虑 | 3.302 | $^{***}$ | 0.217 | 支持 | 成立 |
| H14 | 预订意愿 | <-- | 利益考虑 | 2.177 | 0.029$^{*}$ | 0.173 | 支持 | 成立 |
| H15 | 认知性态度 | <-- | 拟人化 | 3.888 | $^{***}$ | 0.277 | 支持 | 成立 |
| H16 | 情感性态度 | <-- | 拟人化 | 6.137 | $^{***}$ | 0.448 | 支持 | 成立 |
| H17 | 预订意愿 | <-- | 拟人化 | −2.964 | 0.003$^{**}$ | −0.3 | 支持 | 负相关 |

备注：$^{*}$表示显著性水平为0.05；$^{**}$表示显著性水平为0.01；$^{***}$表示显著性水平为0.001。

### （四）检验结果讨论

1. 经济型酒店微博营销的有用性

该因子与消费者对经济型酒店品牌的认知性态度和情感性态度之间存在正向显著性关系，同时有用性对情感性态度的影响更大些。说明消费者越是经常使用该经济型酒店微博，对该经济型酒店的品牌认知性态度和情感性态度越好。H3、H4成立。但经济型酒店微博营销中的有用性与消费者预订意愿则存在反向影响。故H5不成立。

本文认为，消费者通过使用酒店微博可以了解到该经济型酒店的基本信息。比如酒店内设施条件、周边环境等，提高消费者对酒店的认知；或者消费者看到其他旅客与酒店之间的提问、评论或分享的住店体验，能够对该酒店的服务有初步的印象，进而对酒店产生信任感。这两个方面在前文的数据分析中得到了验证，即经济型酒店微博营销的有用性对认知性态度和情感性态度起正向作用。而经济型酒店微博营销的有用性对消费者预订意愿产生反向作用，可能有以下两个方面的原因。首先是消费者网络消费的风险防范心理。微博上虽然提供了众多产品信息或购买体验的评论，但其中也不排除存在着大量失实或虚构的信息。粉丝的回复或评论也可能只是“马甲”所为。越是简单重复的好评反而会削弱消费者的预订意愿。其次经济型酒店微博为消费者提供了酒店信息查询、获取的一个渠道，尚处于消费决策过程中“信息搜寻”阶段（Kotler and Kelle, 2006），并不直接作用于消费者的预订意愿。而且微博上的负面信息或消费风险容易被消费者感知放大，反而会降低了消费者的预订意愿。

2. 经济型酒店微博营销的交互性

该因子与消费者对经济型酒店品牌的认知性态度和预订意愿之间存在正向显著性关系；与消费者对经济型酒店品牌的情感性态度之间存在弱相关，但不显著。说明消费者越是经常参与经济型酒店微博上的互动，如评论、转发或者 @ 朋友，对该经济型酒店的品牌认知性态度越好，预订的意愿也越大。所以 H6、H8 成立，H7 不成立。消费者之所以参与酒店微博的互动，可能只是源于对酒店微博的内容感兴趣，愿意分享或提醒某人。而微博内容可能是时下的一则热门新闻或一段美文，与酒店品牌没有任何联系。因此本文认为目前经济型酒店微博上发布的微博内容多数与酒店本身无关这一现状，是导致微博营销的交互性与消费者对酒店品牌的情感性态度不存在显著性关系的重要原因。

3. 经济型酒店微博营销的趣味性

该因子与消费者对经济型酒店品牌的认知性态度、情感性态度之间存在正向显著性关系。说明消费者对经济型酒店微博越是感兴趣，对该经济型酒店的认知性态度、情感性态度越好。H9、H10 假设成立。该因子与消费者对经济型酒店品牌的预订意愿之间存在反向显著性关系，说明经济型酒店微博趣味性越强，反而会削弱消费者的预订意愿。故 H11 假设不成立。如果酒店微博只是通过幽默的故事、有趣的图片或者搞笑的视频提高微博营销中的趣味性，却没有提及酒店本身的产品或服务，无意中就削弱了自身品牌，忽略了酒店微博作为酒店营销平台的作用，容易使消费者将酒店官微视为娱乐类微博，进而降低了消费者的预订意愿。

4. 经济型酒店微博营销的经济利益考虑

该因子与消费者对经济型酒店品牌的认知性态度、情感性态度和预订意愿之间存在正向显著性关系。H12、H13、H14 假设成立。说明经济型酒店微博营销中的让利活动，能够提高消费者对该经济型酒店的品牌认知性态度和情感性态度，同时增强消费者的预订意愿。

5. 经济型酒店微博营销的拟人化

该因子与消费者对经济型酒店品牌的认知性态度、情感性态度和预订意愿之间存在显著性关系。对经济型酒店品牌的认知性态度和情感性态度起正向的影响，而对预订意愿则是反向的，故 H15、H16 假设成立，H17 假设不成立。说明经济型酒店微博营销过程中的拟人化方式可以提高消费者对经济型酒店的品牌认知，拉近与消费者之间的距离，但对于最终的消费意愿影响却是相反的。这可能是受限于经济型酒店的产品属性。拟人化营销一般经过提炼商品本身的特性、功能、优点等，对照人物角色所具有的性格、价值观、言语等进行拟人化，向消费者展示商品特色。经济型酒店的核心产品是客房，加之市场定位的原因，相对于个性酒店更加缺乏可提炼或可转化的产品属性。只是通过简单萌化的称呼或流行的网络语言无法让酒店产品达到有效的拟人化营销要求，就无法进一步提高消费者的预订意愿。在网上沟通中有时反而容易引起消费者的反感，使消费欲望大大降低。

6. 认知性态度

如表 13 所示，消费者对经济型酒店品牌的认知性态度与预订意愿之间存在正向显著性关系，H1 假设成立。说明消费者对经济型酒店品牌的认知性态度越好，预订意愿越强。同时经济型酒店微博营销的五个因子对经济型酒店品牌的认知性态度都有正向显著影响，影响系数大小依次为趣味性（0.466）>有用性（0.439）>拟人化（0.277）>利益考虑（0.272）>交互性（0.208）。

7. 情感性态度

消费者对经济型酒店品牌的情感性态度与预订意愿之间存在正向显著性关系，H2 假设成立。说明消费者对经济型酒店品牌的情感性态度越好，预订意愿越强。经济型酒店微博营销的五个因子中，只有有用性、趣味性、利益考虑和拟人化四个因子对经济型酒店品牌的情感性态度有正向显著影响，影响系数大小为有用性（0.572）>拟人化（0.448）>趣味性（0.309）>利益考虑（0.217）。而交互性对酒店品牌的情感性态度不存在显著性影响。

8. 预订意愿

如前文所述，消费者对经济型酒店品牌的认知性态度、情感性态度与预订意愿之间存在正向显著性关系，并且两者间认知性态度（0.711）影响力大于情感性态度（0.645）。

经济型酒店微博营销的五个因子中，只有交互性和利益考虑对消费者预订意愿有正向显著影响，其他三个因子有用性（-0.586）、趣味性（-0.355）、拟人化（-0.3）对消费者预订意愿有反向作用。

## 六、结论与讨论

### （一）研究结论

本文目的是利用实证分析的手段，研究经济型酒店微博营销对消费者预订意愿的影响。根据以往相关理论的研究基础，引入酒店品牌认知性态度、情感性态度和预订意愿之间的概念模型，最后通过深度访谈方式提出经济型酒店微博营销的五因子模型，并进行验证。利用 SPSS 和 Amos 统计分析软件对问卷调查的有效样本进行了探索性因子分析、结构方程模型检验。本文研究结论主要有如下几点：

1. 提出经济型酒店微博营销的五因子影响模型

本文在数据分析部分，使用 SPSS 统计分析软件，对影响因子采用主成分分析法，同时对因子进行方差极大法旋转，提取了五个影响因子，分别为经济型酒店微博营销的有用性、交互性、趣味性、经济利益考虑、拟人化。五个因子的累计方差解释率为 75.662%，达到了较好的解释力。

2. 经济型酒店微博营销影响因子与消费者对酒店品牌的认知性态度、情感性态度的关系

利用 Amos 统计分析软件，本文验证了五个因子分别与认知性态度、情感性态度之间的回归关系。从数据分析结果看，在认知性态度方面，经济型酒店微博营销中的趣味性对认知性态度影响的标准化回归系数最大，为 0.466；其次依次是经济型酒店微博营销中的有用性、拟人化、利益考虑和交互性。其中趣味性、有用性对经济型酒店品牌认知性态度的影响，两者间差距很小。说明通过微博营销提供信息、获得愉悦的过程中最容易提高消费者对经济型酒店的认识，达到酒店品牌宣传的效果。在情感性态度方面，经济型酒店微博营销中的有用性对情感性态度影响的标准化回归系数最大，为 0.572；其次依次是拟人化、趣味性和利益考虑。交互性则不影响消费者对酒店品牌的情感性态度。这说明要增强消费者对酒店品牌的友好印象，更多的是通过微博营销过程中准确的传递酒店品牌信息以及亲切贴心的服务意识。

3. 消费者对酒店品牌的认知性态度、情感性态度与预订意愿的关系

通过结构方程模型的检验结果可以看出，消费者对酒店品牌的认知性态度、情感性态度与预订意愿存在正向显著性关系。其中认知性态度的标准化回归系数为 0.711，要大于情感性态度的 0.645。在调查问卷中，认知性态度主要设定为消费者对经济型酒店的设施、设计和环境的评价，情感性态度主要设定为消费者对经济型酒店的信任、喜好和店员态度的评价。上述的研究结果说明相对于酒店的软性服务，经济型酒店的消费者更加重视酒店的硬件条件。

4. 经济型酒店微博营销影响因子与消费者预订意愿关系

本文通过 SPSS 统计分析软件的探索性因子分析，提取了经济型酒店微博营销五大因子，并且通过 Amos 的结构方程模型对五因子与消费者预订意愿之间的显著性关系进行了检验。发现在经济型酒店微博营销过程中，酒店品牌的认知性态度对消费者预订意愿的影响最大，标准化回归系数达到 0.711，而情感性态度仅次之，为 0.645；同时经济型酒店微博营销中的有用性、趣味性和拟人化对消费者最终预订意愿的影响是负作用。说明消费者对酒店品牌的态度，不论是认知性还是情感性态度，都会对消费意愿产生至关重要的影响。而在酒店微博上过量的酒店信息或与酒店无关的娱乐性信息，包括营销过程中使用的拟人化方式，反而减弱了经济型酒店消费者的预订意愿。

### （二）启示与建议

结合本文的研究结论，为经济型酒店更好地开展微博营销提供以下几点建议：

1. 明确酒店微博定位，建立微博营销整体策略

经济型酒店在开展微博营销时需要明确微博自身的定位。作为社会化媒体，微博不仅需要酒店微博管理团队和众多粉丝的参与，而且需要酒店内部各部门、各地连锁酒店的共同协助和维护，才能形成多角度、多层次的立体化微博营销体系，把酒店品牌影响力最大化。目前有的经济型酒店存在多个官方微博。这些官方微博涵盖了集团微博、分店微博、员工微博以及部门微博等。虽然数量众多，但是分散杂乱，没有统一的管理，无法形成营销合力。而且容易使消费者产生混淆，不利于酒店品牌的传播。结合本次研究结论，本文认为经济型酒店微博营销可以从有用性、交互性、趣味性、利益考虑和拟人化五个方面着手，建立整体的营销策略，将社会化媒体营销纳入连锁酒店扩建新店的标准化建设模块。在日常微博营销中避免各自为政，应互相协同，确立统一的酒店品牌意识和运维方式。

2. 充分发挥微博的服务功能

经济型酒店微博的有用性对认知性态度和情感性态度产生正向影响，而且其影响因子都较大。经济型酒店能够通过官方微博为消费者提供无障碍、一站式服务，从提供当地旅游信息、酒店住宿咨询到酒店在线预订与支付，会员管理以及处理客户投诉等，甚至可以通过刷微博二维码入住酒店，链接实体酒店与线上服务功能，提高消费者的入住体验。在微博营销过程充分体现酒店微博的服务功能，增强酒店微博的有用性，切实有效地降低消费者通过微博信息预订酒店的风险，真正给消费者带来便利和使用价值。

3. 在微博营销中合理运用优惠促销手段

在经济型酒店微博营销的五因子中，只有利益考虑对酒店品牌的认知性态度、情感性态度和预订意愿都产生正向作用。经济型酒店消费属于价格敏感型消费者，在关注酒店微博时，就期待获得优惠积分或价格折扣，适时的专属微博粉丝的优惠活动可以迅速扩大消费信息覆盖面，扩大粉丝数量。但同时利益考虑因子对酒店品牌的认知性态度、情感性态度和预订意愿的标准化回归系数分别为 0.272、0.217、0.173。由此可知，虽然经济利益会影响消费者对经济型酒店品牌的认识和认同，影响消费者的预订意愿，但影响作用都比较有限。因此，在经济型酒店微博营销过程中，应当合理运用优惠促销手段。如果只是把微博平台作为一面广告墙，不断地往上堆放各类硬性促销信息，不仅难以在消费者口碑中树立品牌，反而容易让消费者对酒店品牌产生厌恶感，取消对酒店微博的关注。

4. 多维度提高酒店微博的趣味性

由研究结论可知，经济型酒店微博营销的趣味性会影响消费者对酒店品牌的认知性和情感性态度。在众多的微博信息中，富有娱乐性、趣味性的信息可以更容易吸引消费者的眼球，也更容易被转发、评论，从而达到扩大传播范围的宣传效果。消费者在转发、评论的过程中自然而然地会对酒店品牌留下印象。信息传播的过程

实质上也是酒店品牌营销的过程。趣味性的酒店微博营销是通过提高消费者参与度，满足酒店微博粉丝的娱乐需求，拉近消费者与酒店品牌的距离，在消费者心目中树立良好的企业形象，从而提高消费预订的转化率。但同时需要注意的是趣味性对消费者的预订意愿起反作用，比如目前一些酒店微博中常常发布天气信息、心灵鸡汤等信息，无助于提高酒店品牌在消费者中的地位。经济型酒店在微博营销过程中，不仅需要关注微博内容的趣味性、吸引力，更应该重视酒店品牌与趣味性内容的融合。

5. 结合酒店服务特色，开展拟人化营销

微博的拟人化营销是企业通过考虑产品的个性，进行拟人化描述，在微博上塑造品牌的个性。从而营造轻松友好的沟通氛围，并且能够传递给消费者企业所想要表现的企业文化、产品个性等。但从本文的研究结论中，可以看到经济型酒店微博的拟人化营销对酒店品牌的认知性态度和情感性态度产生影响，而对消费者预订意愿存在反向作用。说明目前经济型酒店微博的拟人化营销效果不理想，或许是受限于经济型酒店产品难以拟人化。经济型酒店可以结合自身经营、服务的特色，避开产品属性难以拟人化的限制，塑造拟人化的服务形象。通过酒店微博的拟人化营销，向消费者讲述酒店的故事，使酒店品牌形象更加亲切。

### （三）研究局限与展望

首先，本文提取的经济型酒店微博营销因子可以解释总体方差的75.662%，解释力仍需要进一步提升，而且在特殊情况下可能不完全有效。今后的研究可以继续尝试提取新的影响因子。

其次，本文研究的对象比较单一，选取的样本对象需要对酒店微博和经济型酒店有一定的了解或接触，使得研究结论稍微欠缺普遍性。今后可以尝试研究其他社会化媒体营销对消费者品牌态度和意愿的影响，如微信；或者研究其他行业的微博营销对消费者的影响。

最后，本文研究过程中产生的一些新问题还有待深入研究。如经济型酒店微博营销中的有用性、趣味性和拟人化因子分别对酒店品牌认知性态度和情感性态度起正向作用、对消费者预订意愿起反向作用，这两方面影响力的比较关系会是怎样的，经济型酒店在实际应用中如何平衡等。

## 主要参考文献

DCCI 互联网数据中心 . 2011 中国社会化营销蓝皮书 . http://www.dcci.com.cn, 2011(7).

卢纹岱 . SPSS for Windows 统计分析 . 北京 : 电子工业出版社 , 2002.

杨银辉 . 基于 SICAS 模型的企业社会化营销模式探索 . 新营销 , 2011(12).

张文彤 . 世界优秀统计工具 SPSS 统计分析教程 . 北京 : 北京希望电子出版社 , 2002.

Ajzen I. 1985. From Intentions to Actions: a Theory of Planned Behavior, *Springer Series in Social Psychology*, 11–39.

Davis F., Bagozi R. and Warshaw P. 1989. User Acceptance of User Technology: A Comparison of Two Theoretical Models, *Management Science*, (35): 982–1002.

Fishbein M., Ajzen I.1975. Belief, Attitude, Intention, Behavior, *Addison-Wesley, Reading, MA*.

Kotler P., Kelle K.L.2006. Marketing Management, *Upper Saddle River, NJ: Prentiee Hall*, 191–199.

## 点评

随着过去十多年中国经济的持续发展和休闲旅游市场的蓬勃发展，经济型连锁酒店在中国的消费群体与行业规模日渐壮大。在以社会化媒体为媒介的新兴网络营销手段的冲击下，如何利用微博营销平台的特性增强消费者对酒店品牌的认可，进而提高购买转化率成为酒店经营者关注的核心问题。

该论文紧扣这一问题，在梳理了相关文献的前提下，采用两个模式——理性行为理论模式、计划行为理论模式，一个模型——技术接受模型，一个理论——基于消费者网络购买行为的 AISAS 理论，根据以往相关理论的研究基础，引入酒店品牌认知性态度、情感性态度和预订意愿之间的概念模型，最后通过深度访谈方式提出经济型酒店微博营销的五因子模型，并进行验证。利用 SPSS 和 Amos 统计分析软件对问卷调查的有效样本进行了探索性因子分析、结构方程模型检验，从而得出经济型酒店微博营销对消费者预订意愿的影响相关结论。从理论铺垫到模型构建，符合学术规范，结论正当，提出了经济型酒店微博营销的五因子影响模型，验证了因子之间的交互关系。

总的来说，该论文的选题契合当下经济型酒店行业的营销实务状况，具备一定的现实意义。论文的结构严整，层次分明，采用了实务与理论相结合的分析结构，提出若干行业建议，包括明确酒店微博定位，建立微博营销整体策略，充分发挥微博的服务功能，在微博营销中合理运用优惠促销手段，多维度提高酒店微博的趣味性，结合酒店服务特色，开展拟人化营销等可以落地的对策措施，相信对经济型酒店的营销工作具备一定的借鉴意义。

# 基于在线评论的跟团游客满意度影响因素研究

傅 璇[①]

**摘要**：在线旅游网站逐渐成为游客获取信息和预订旅游产品的选择之一，在线跟团游呈现出增长趋势。在线评论由于其广泛性、针对性等特点受到在线旅游企业的重视且深受消费者的信任。学术界利用在线评论对跟团游这一细分领域的游客满意度的研究尚未得到深入的展开。本文在回顾和总结国内外研究的基础上，试图从新的角度将内容分析法运用到顾客满意的研究中，利用网络上发表的游客评论信息获取游客对跟团游旅游产品的褒贬评价，进而得到 24 个影响游客满意度的关键因素，通过层次聚类归类为导游和网站评价、安全因素等 10 大类主要因素。在此基础上，根据不同出游方式划分不同的细分市场，对比每类影响游客满意度的关键因素在不同细分市场中的重要程度，发现不同出游方式消费者对大部分关键因素的关注度呈现出差异性。

**关键字**：在线评论；跟团游；顾客满意度

## 一、引言

我国旅游电子商务网站数量和种类繁多，各个旅游电子商务网站上都有供游客沟通互动的平台，包括专门供游客发表游后评价的“在线评论”。在购买具有标准化程度较高的跟团游产品时，在线评论帮助消费者了解产品质量、相关服务和交易风险，为消费者提供了丰富的决策参考信息。尽管近年来在线评论等旅游网络口碑影响下的消费者行为研究已经成为旅游学界和实业界关注的热点，但是利用在线评论的数据对细分领域的顾客满意度的研究没有得到深入的展开。

本研究从消费者购物决策理论出发，基于中国旅游电子商务网站途牛旅游网跟团游产品板块下的游客点评来获取研究资料，探索跟团游产品中影响游客满意度的服务属性及不同出游方式下的差异。旨在于帮助同质化竞争激烈的在线旅游企业找出游客购买旅游产品最为关注的要素指标，有针对性地改进和完善现有的“游客点评”及“满意度”评分机制。同时有助于消费者建构产品形象和做出正确的购买决策，降低购买过程中的复杂性，降低购买风险，获得理想的旅游服务。

① 2013 级，2015 年毕业；点评教师：李玲。

本文的研究结果可以弥补实地调研的一些缺陷，可以作为以往用问卷调研探讨满意度影响因素的有益补充，拓展在线评论研究的视角，丰富国内在线跟团游产品的研究，充实游客满意度的研究内容。

本文的研究结果将明确用户在旅游产品体验过程中关注的因素，在线旅游企业可以据此分析相应的旅游产品开发中存在的不足，推出具有更高游客满意度与忠诚度的旅游产品，对不同类型的旅游产品采用不同的营销策略，提高产品销量。为 OTA 企业和在线旅游平台合理引入旅游批发商提供的旅游产品，以及为上游要素供应商提供市场信息。也可以帮助旅游行业的经营者们了解目标消费者的需求、关注重点，让跟团游以更具品质化、多样化、个性化的形态生存发展下去，以服务品质真正赢得消费者的认可。

## 二、文献述评

### （一）跟团游产品的游客满意度影响因素

从研究对象上看，主要侧重于从狭义的旅行社角度出发研究旅行社所提供的各项产品的顾客满意度，有些研究的影响因素 / 指标可以进行适当合并避免重复或者进一步分解以更清楚地构建指标体系和满意度模型，有的研究只围绕各种旅游媒体展开而忽略了结合旅游主体进行讨论研究。

游客满意度是游客对产品期望与实际感知后进行比较后所产生的感受（王德刚，2012），是游客对整个服务消费经历的态度，而一个完整的消费过程是多方面的，除了旅行社提供的服务外还有产品购买过程中以及旅游目的地的诸多因素会对游客满意度产生影响。研究游客满意度的角度应该是更宏观和广义的。同时，国内对旅游市场上旅游企业不同类型旅游产品的游客满意度缺乏具体研究。

从研究方法上看，现有的游客满意度多采用问卷调查、访谈的方式进行实证分析，问卷调查方法存在有限的研究对象、数据有效性等缺陷，需要一种创新的游客满意度研究方法。基于在线评论的研究方法基本可以避免这些缺陷，在保证研究对象选择范围广泛的同时也保证了数据获取的针对性、有效性。

### （二）基于在线评论的相关旅游研究

在 WEB2.0 背景下伴随着体验性产品种类的日趋丰富，研究对象已经不再局限于电影、图书等行业，研究人员开始投向旅游、餐饮等行业。综合以往文献，对在线评论的研究主要沿着三条主线：

一是在线评论发生的动机。从学者们的研究成果来看，消费者发表在线评论的动机可归纳为利己动机和利他动机，利己动机包括自我提升、表达情绪、寻求他人建议和帮助、愉悦享乐、获取经济奖励等；利他动机包括回报企业、帮助平台发展、帮助其他消费者。旅游者在确认了自身的旅游需求后基于利己动机查阅旅游电子商务网站上相关旅游产品的在线评论，体验产品或者服务后基于利他动机发表或传播在线评论。

二是在线评论的影响机制的研究。在线评论影响旅游者对于旅游目的地、旅游线路、酒店、交通等旅游决策的选择。比如帕克、珀金斯、巴克利实证研究在线评论的来源、内容具体性以及认证标识如何影响顾客有用性、可信性、质量、企业社会责任 (Parks, Perkins and Buckley, 2013)。

三是在线评论的管理策略研究。大部分学者都认为旅游网络口碑对企业的营销作用远远超过传统营销手段，是旅游企业进行营销传播和沟通、市场分析的重要渠道，营销人员应将其纳入企业的营销组合 (Schmallegger, Carson, 2008; Maurer, Schaich, 2011; Milano, Baggio, Piattelli, 2011; Huang, Yung, Yang, 2011)。

目前学者们对在线评论进行了大量研究，进一步证实了在线评论对消费者和企业的意义。但是鉴于旅游行业的特殊性、信息技术的创新性以及网络环境的复杂性，基于在线评论的研究还是存在一定的不足。国内大部分学者围绕在线评论对旅游者行为的影响进行实证研究，基于企业视角的研究比较缺乏。文献多以旅游目的地、酒店为对象，从各点评网站上获取数据针对具体类型的旅游产品、旅游群体、口碑载体进行细致化有针对性的研究很少。如上不足为本文的研究指定了道路和方向。

## 三、在线跟团游产品的游客满意度影响因素分析

本研究拟利用在旅游电商网站途牛网上收集的跟团游的在线评论的一手资料的基础上，运用内容分析法，来挖掘在线跟团游产品的游客满意度的影响因素。

### （一）样本来源

本研究所用数据均来自于途牛旅游网跟团游产品板块下的游客点评。途牛旅游网创立于 2006 年 10 月，是一个提供旅游产品预订服务并且经过数年发展已成为旅游行业领先的在线旅游服务网站，为累计超过 400 万人次提供超过 8 万余种旅游产品，涵盖跟团、自助、自驾、邮轮、酒店、签证、景区门票以及公司旅游等。为了保证服务和产品质量，途牛除了全面开放由售后客服进行的客户回访的评价记录外，消费者也可以自行登录网站进行评价。

之所以选择途牛旅游网作为样本的来源地，主要基于以下三个原因：首先途牛以跟团游为核心竞争力，领跑在线跟团游市场。艾瑞咨询 2015 年《中国在线旅游行业年度监测报告》数据显示从 OTA 维度的市场竞争格局方面来看，在线跟团游

市场中，途牛份额 19.2%，稳居市场第一；其次，途牛旅游网是用户倾向选择的三大跟团游类在线度假网站之一，有较高的网民关注度；再次，途牛旅游网整体满意度处于行业领先地位，艾瑞咨询调研结果显示，2014 年中国在线度假网站用户整体满意度和网站操作服务得分最高为途牛旅游网，整体满意度得分 92.8，操作满意满意度达到 94.1，被调查者普遍认为途牛网网站操作便捷[①]。

综上，由旅游网站市场份额、网民关注度、网站用户满意度比较分析可知，途牛旅游网的游客点评具有较强的代表性，能更翔实、具体、直接地反映顾客消费体验后感受与期望的对比。

### （二）数据来源

图 1 展示了途牛网跟团游板块下的一条游客点评。该板块下超过 70 万条点评数，本文以国内海滨城市跟团游产品为主要研究对象，通过 JAVA 编程自动采集了包括厦门、三亚、青岛、北海等城市在内的国内代表性的海滨城市的数据，选取时间定为 2009 年新版网站上线后的 7 月至 2015 年 4 月的所有数据，共得评论 3014 条。对于每条评论，主要抓取以下属性值：ID、产品编号、产品名、订单号、成人数、儿童数、启程时间、返程时间、产品总体满意度、该产品总点评数、出游类型、用户名、导游服务满意度、行程安排满意度、旅行交通满意度、餐饮住宿满意

图 1　途牛网跟团游板块的一条游客点评

---

① 中国在线旅游度假用户研究报告 .[EB/OL]（2015）[2015-4-09]. http://report.iresearch.cn/2337.html.

度、具体点评、点评时间、行程点评、导游点评、住宿点评、交通点评、渠道、有用、网页地址。其中产品总体满意度是描述评论者对该产品的总体满意度，根据游客对具体项目的累加得分除于 15 得出当次点评的满意度分数；出游类型描述游客出游类型，包括代人预订、独自出游、情侣 / 朋友、家庭出游、公司出游、同学组团、商务 / 会议等；各类满意度描述游客对此次出游的各项服务的满意度，分三个级别：满意（3 分）、一般（2 分）、不满意（0 分）；渠道描述游客发布评论的渠道，包括电脑、APP；有用描述其他游客评价此条评论是否有用。

### （三）文本内容预处理

由于游客不同的表达水平和表达方式，为了实现对相关评论最大程度的利用，本研究对所选择的 3014 条评论数据组成的评论集进行了文本内容的预处理，包括如下步骤：①删除重复、内容缺失（该用户没有写点评）的文本，淘汰 225 条评论，最终得到 2756 条评论数据，由此组成了本研究所用的评论集；②通篇阅读评论集，修改错别字，合并某些同义地点、景点名称，为建立自定义词库做准备；③依次删除与分析无关的标点、英文单词、表情符号、数字，将文档另存为可用于内容分析的 TXT. 文件。再筛选不同出游方式相关的评论，整合，保存为不同的评论集文本文件，确定为有效数据。这些评论样本真实可靠，可以作为本研究的数据基础。初始文本如图 2。

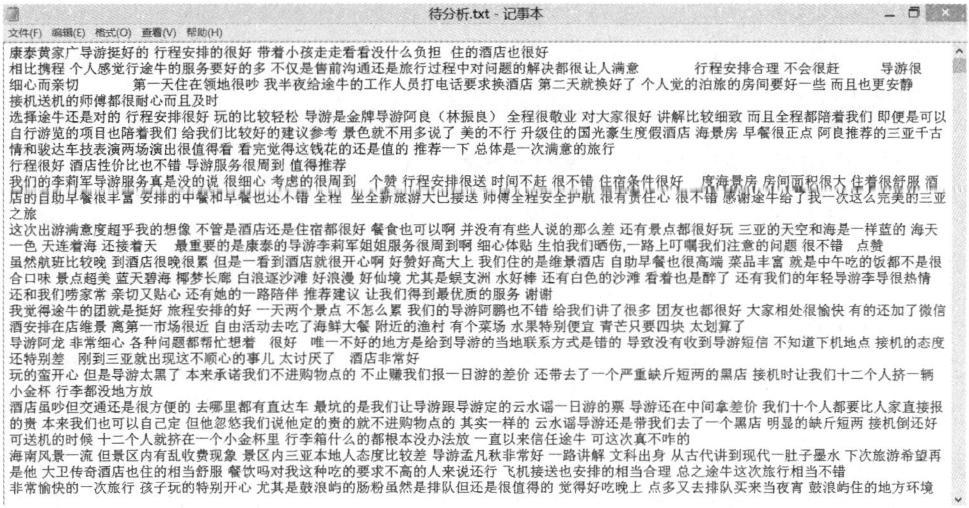
待分析.txt - 记事本
文件(F) 编辑(E) 格式(O) 查看(V) 帮助(H)
康泰黄家广导游挺好的 行程安排的很好 带着小孩走走看看没什么负担 住的酒店也很好
相比携程 个人感觉行途牛的服务要好的多 不仅是售前沟通还是旅行过程中对问题的解决都很让人满意 行程安排合理 不会很赶 导游很细心而亲切 第一天住在领地很吵 我半夜给途牛的工作人员打电话要求换酒店 第二天就换好了 个人觉的泊旅的房间要好一些 而且也更安静
接机送机的师傅都很耐心而且及时
选择途牛还是对的 行程安排很好 玩的比较轻松 导游是金牌导游阿良（林振良） 全程很敬业 对大家很好 讲解比较细致 而且全程都陪着我们 即便是可以自行游览的项目也陪着我们 给我们比较好的建议参考 景色就不用多说了 美的不行 升级住的国光豪生度假酒店 海景房 早餐很正点 阿良推荐的三亚千古情和骏达车技表演两场演出很值得看 看完觉得这钱花的还是值的 推荐一下 总体是一次满意的旅行
行程很好 酒店性价比也不错 导游服务很周到 值得推荐
我们的李莉军导游服务真是没的说 很细心 考虑的很周到 个赞 行程安排很送 时间不赶 很不错 住宿条件很好 度海景房 房间面积很大 住着很舒服 酒店的自助早餐很丰富 安排的中餐和早餐也还不错 全程 坐全新旅游大巴接送 帅傅全程安全护航 很有责任心 很不错 感谢途牛给了我一次这么完美的三亚之旅
这次出游满意度超乎我的想像 不管是酒店还是住宿都很好 餐食也可以啊 并没有有些人说的那么差 还有景点都很好玩 三亚的天空和海是一样蓝的 海天一色 天连着海 还接着天 最重要的是康泰的导游李莉军姐姐服务很周到啊 细心体贴 生怕我们晒伤,一路上叮嘱我们注意的问题 很不错 点赞
虽然航班比较晚 到酒店很晚很累 但是一看到酒店就很开心啊 好赞好高大上 我们住的是维景酒店 自助早餐也很高端 菜品丰富 就是中午吃的饭都不是很合口味 景点超美 蓝天碧海 椰梦长廊 白浪逐沙滩 好浪漫 好仙境 尤其是蜈支洲 水好棒 还有白色的沙滩 看着也是醉了 还有我们的年轻导游李导很热情 还和我们唠家常 亲切又贴心 还有她的一路陪伴 推荐建议 让我们得到最优质的服务 谢谢
我觉得途牛的团就是挺好 旅程安排的好 一天两个景点 不怎么累 我们的导游阿鹏也不错 给我们讲了很多 团友也都很好 大家相处很愉快 有的还加了微信 酒安排在店维景 离第一市场很近 自由活动去吃了海鲜大餐 附近的渔村 有个菜场 水果特别便宜 青芒只要四块 太划算了
导游阿龙 非常细心 各种问题都帮忙想着 很好 唯一不好的地方是给到导游的当地联系方式是错的 导致没有收到导游短信 不知道下机地点 接机的态度还特别差 刚到三亚就出现这不顺心的事儿 太讨厌了 酒店非常好
玩的蛮开心 但是导游太黑了 本来承诺我们不进购物点的 不止赚我们报一日游的差价 还带去了一个严重缺斤短两的黑店 接机时让我们十二个人挤一辆小金杯 行李都没地方放
酒店虽吵但交通还是很方便的 去哪里都有直达车 最坑的是我们让导游跟导游定的云水谣一日游的票 导游还在中间拿差价 我们十个人都要比人家直接报的贵 本来我们也可以自己定 但他忽悠我们说他定的贵的就不进购物点的 其实一样的 云水谣导游还是带我们去了一个黑店 明显的缺斤短两 接机倒还好 可送机的时候 十二个人就挤在一个小金杯里 行李箱什么的都根本没办法放 一直以来信任途牛 可这次真不咋的
海南风景一流 但景区内有乱收费现象 景区内三亚本地人态度比较差 导游孟凡秋非常好 一路讲解 文科出身 从古代讲到现代一肚子墨水 下次旅游希望再是他 大卫传奇酒店也住的相当舒服 餐饮吗对我这种吃的要求不高的人来说还行 飞机接送也安排的相当合理 总之途牛这次旅行相当不错
非常愉快的一次旅行 孩子玩的特别开心 尤其是鼓浪屿的肠粉虽然是排队但还是很值得的 觉得好吃晚上 点多又去排队买来当夜宵 鼓浪屿住的地方环境

图 2 初始文本

### （四）解析

本研究选取 ROST Content Mining System Version 6.0 进行中文分词、词频统

计。本平台由武汉大学信息管理学院、计算机学院沈阳教授博导设计编码的一种内容挖掘系统软件，利用该软件可以实现内容挖掘、文本分析、知识处理，主要功能从网页、搜索引擎、论坛、读者评论、即时通信聊天群中采集和导入各种信息，对信息进行分词，抽取语义要素，然后进行聚类、分类、相关性、相似性、情感倾向等分析，构建出关系网络、社会网络、语义网络等，并能将结果导出到 SPSS、MatLab、NETDraw 等软件进一步分析。

在使用 ROST 软件分析前，为了保证分词的准确性，需要整理一个包括厦门、三亚、北海主要旅游景点、城镇地名、导游名字、酒店名字、旅游项目等的自定义词库，保证分词和词频分析结果的准确性。启动 ROST 软件对评论集文本文件进行第一次分析，先使用“分词”功能进行分词，得到分词后的文件，所有句子分成独立的词汇，第一次分词结果如图 3。

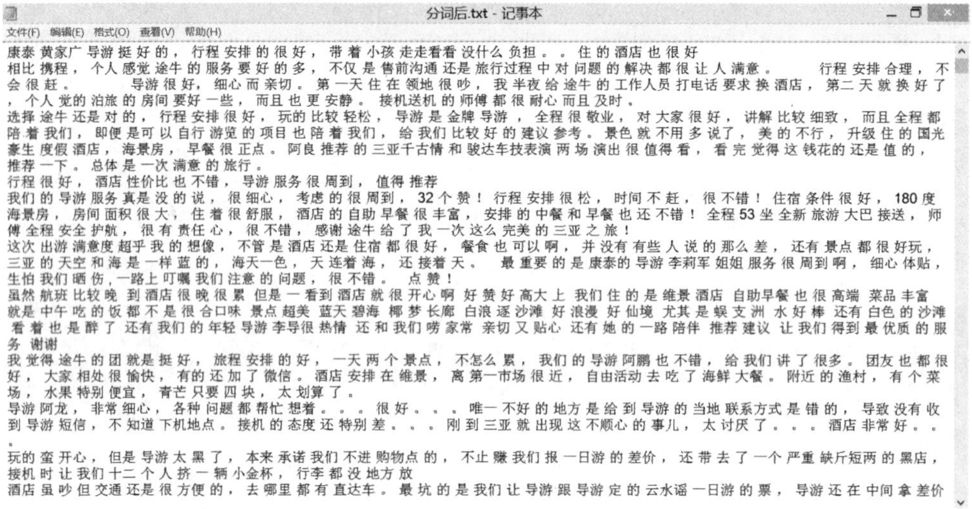

分词后.txt - 记事本
文件(F) 编辑(E) 格式(O) 查看(V) 帮助(H)
康泰 黄家广 导游 挺 好 的， 行程 安排 的 很 好， 带 着 小孩 走走看看 没什么 负担 。 。 住 的 酒店 也 很 好
相比 携程， 个人 感觉 途牛 的 服务 要 好 的 多， 不仅 是 售前沟通 还是 旅行过程 中 对 问题 的 解决 都 很 让 人 满意 。 行程 安排 合理， 不会 很 赶 。 导游 很 好， 细心 而 亲切 。 第 一天 住 在 领地 很 吵， 我 半夜 给 途牛 的 工作人员 打电话 要求 换 酒店， 第二 天 就 换 好 了， 个人 觉的 泊旅 的 房间 要好 一些， 而且 也 更 安静 。 接机送机 的 师傅 都 很 耐心 而且 及时 。
选择 途牛 还是 对 的， 行程 安排 很 好， 玩的 比较 轻松， 导游 是 金牌 导游 ， 全程 很 敬业， 对 大家 很 好， 讲解 比较 细致， 而且 全程 都 陪 着 我们， 即便 是可 以 自行 游览 的 项目 也 陪 着 我们， 给 我们 比较 好 的 建议 参考 。 景色 就 不用 多 说了， 美 的 不行， 升级 住 的 国光 豪生 度假 酒店， 海景房， 早餐 很 正点 。 阿良 推荐 的 三亚千古情 和 骏达车技表演 两 场 演出 很 值得 看， 看 完 觉得 这 钱花的 还是 值 的， 推荐 一下 。 总体 是 一次 满意 的 旅行 。
行程 很 好， 酒店 性价比 也 不错， 导游 服务 很 周到， 值得 推荐
我们 的 导游 服务 真是 没 的 说， 很 细心， 考虑 的 很 周到， 32 个 赞！ 行程 安排 很 松， 时间 不 赶， 很 不错！ 住宿 条件 很 好， 180 度 海景房， 房间 面积 很 大， 住 着 很 舒服， 酒店 的 自助 早餐 很 丰富， 安排 的 中餐 和 早餐 也 还 不错！ 全程 53 坐 全新 旅游 大巴 接送， 师傅 全程 安全 护航， 很 有 责任 心， 很 不错， 感谢 途牛 给 了 我 一次 这么 完美 的 三亚 之 旅！
这次 出游 满意度 超乎 我 的 想像， 不管 是 酒店 还是 住宿 都 很 好， 餐食 也 可以 啊， 并 没有 有些 人 说 的 那么 差， 还有 景点 都 很 好玩， 三亚 的 天空 和 海 是 一样 蓝 的， 海天一色， 天 连着 海， 还 接着 天 。 最 重要 的 是 康泰的 导游 李莉军 姐姐 服务 很 周到 啊， 细心 体贴， 生怕 我们 晒 伤，一路上 叮嘱 我们 注意 的 问题， 很 不错 。 点 赞！
虽然 航班 比较 晚 到 酒店 很 晚 很 累 但是 一 看到 酒店 就 很 开心 啊 好 赞 好 高大 上 我们 住 的 是 维景 酒店 自助早餐 也 很 高端 菜品 丰富 就是 中午 吃 的 饭 都 不 是 很 合口味 景点 超美 蓝天 碧海 椰 梦 长廊 白浪 逐 沙滩 好 浪漫 好 仙境 尤其 是 蜈 支 洲 水 好 棒 还有 白色 的 沙滩 看 着 也 是 醉 了 还有 我们 的 年轻 导游 李导很 热情 还 和 我们 唠 家常 亲切 又 贴心 还有 她 的 一路 陪伴 推荐 建议 让 我们 得到 最 优质 的 服务 谢谢
我 觉得 途牛 的 团 就是 挺 好， 旅程 安排 的 好， 一天 两 个 景点， 不怎么 累， 我们 的 导游 阿鹏 也 不错， 给 我们 讲 了 很多 。 团友 也 都 很 好， 大家 相处 很 愉快， 有的 还 加 了 微信 。 酒店 安排 在 维景， 离 第一市场 很 近， 自由活动 去 吃 了 海鲜 大餐 。 附近 的 渔村， 有 个 菜场， 水果 特别 便宜， 青芒 只要 四 块， 太 划算 了 。
导游 阿龙， 非常 细心， 各种 问题 都 帮忙 想着 。 。 。 很 好 。 。 。 唯一 不好 的 地方 是 给 到 导游 的 当地 联系方式 是 错 的， 导致 没有 收 到 导游 短信， 不 知道 下机地点 。 接机 的 态度 还 特别 差 。 。 。 刚 到 三亚 就 出现 这 不顺心 的 事儿， 太 讨厌 了 。 。 。 酒店 非常 好 。 。 。
玩的 蛮 开心， 但是 导游 太 黑 了， 本来 承诺 我们 不进 购物点 的， 不止 赚 我们 报 一日游 的 差价， 还 带 去 了 一个 严重 缺斤短两 的 黑店， 接机 时 让 我们 十二 个 人 挤 一 辆 小金杯， 行李 都 没 地方 放
酒店 虽 吵 但 交通 还是 很 方便 的， 去 哪里 都 有 直达车 。 最 坑 的 是 我们 让 导游 跟 导游 定 的 云水谣 一日游 的 票， 导游 还 在 中间 拿 差价

图 3 第一次分词结果

查看分词结果，对不正确、不恰当的分词结果进行修正，相应的修正自定义词库，在此基础上继续进行多次修正和分词。得到分词后的文件先构建过滤词库，将副词、量词、冠词、代词、介词、助词、人名等无助于词频分析的词汇添加入过滤词库。使用“词频分析”功能进行词频分析，统计出词语出现的频率，图 4 展示出了词频分析的初步结果。由于中文词语同义词较多，需要对得到的高频词运用人工检查结合原始文本的方式进行合并处理，用其中一个具有代表性的频数较高的词语来代表这些同义词，频数为同义词频数之和，再进行筛选提取高频词，获得有意义的高频词和频数。按照词汇出现的频数高低，高频词和频次结果展示如图 5。

图 4　词频分析的初步结果

图 5　词频分析的提取结果

## （五）结果分析

1. 关键因素识别

本文拟根据得到的高频词汇和评论数据库来考察每条评论提及这些影响因素的情况。建立一个评论 - 因素矩阵来记录评论和影响因素之间的关系。其中每一行代表一条评论；每一列代表一个高频词（即关键影响因素）。这样通过这个矩阵就能够清楚地看到评论中所提及的关键因素（1 代表该评论提及此列对应的因素，0 则代表没有提及）。而对于有很多同义词的高频词来说，利用程序游历整条评论区匹配所有的同义词，以免在结果上出现误差。例如，其中一个关键因素为导游，查找所有导游服务质量相关的词语比如讲解、短信、敬业等，评论 6 提及无任何导游服务质量相关的词语，则对应的单元格中的数字为 0，但有提及住宿条件，因此所对应的单元格数字为 1。同时该矩阵也能够清楚地计算出每个关键因素究竟在多少条评论中出现过，即判断出关键因素的重要程度如何。

表 1　评论 - 因素矩阵

| | 导游服务质量 | 住宿条件 | … | 气候 |
|---|---|---|---|---|
| 评论 1 | 0 | 0 | … | 0 |
| 评论 2 | 1 | 1 | … | 1 |
| 评论 3 | 1 | 1 | … | 1 |
| 评论 4 | 0 | 0 | … | 0 |
| 评论 5 | 0 | 0 | | 0 |

续表

| | 导游服务质量 | 住宿条件 | … | 气候 |
|---|---|---|---|---|
| 评论 6 | 0 | 1 | | 0 |
| … | … | … | … | … |
| 评论 2756 | 0 | 0 | … | 0 |

为了使结果更清晰，利用聚类分析法对影响因素进行分类。本文采用 SPSS 软件进行聚类分析，选取的方法为层次分析法，主要对变量进行聚类。利用 Ward 法（离差平方和法）及 Pearson 相关性进行层次聚类分析。根据结果示意图，分为 10 类最适合于分析的关键因素，结果如图 6 所示。

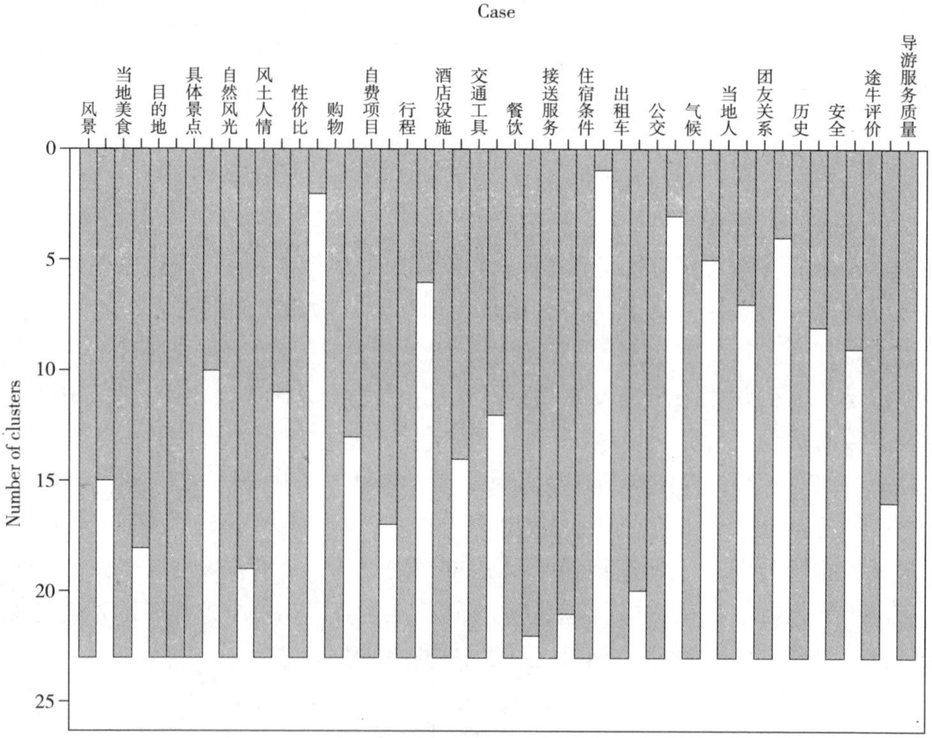


图 6　层次聚类结果示意图

本文将游客满意度的 24 个影响因素按照聚类分析结果分为 10 大类关键因素，分别为导游和网站评价、安全因素、历史文化、团队环境、与目的地居民接触、天气因素、行程外交通、旅游配套服务、产品设计质量、性价比与目的地吸引力，如表 2 所示。这 10 个因素中，从旅游系统的层次结构看，第一类是旅游产品层次，主要类别是旅游配套服务（住宿条件、接送服务、餐饮、酒店设施、交通工具）、导游和网站评价关联（导游服务质量、途牛评价）、产品设计质量（行程、自费项目、购物），是旅游电商企业直接或间接为游客提供的各项服务；第二类为旅游目的地层次，包括安全因素、历史文化、团队环境、与目的地居民接触、天气因素、行程外交通、性价比和目的地吸引力。2015 年 1 月 9 日中国旅游研究院在成都发布的 2014 年第四季度及全年全国游客满意度调查报告分析结果显示，2014 年全国游客满意度呈现“游客对目的地总体环境更加敏感”,“游客对样本城市的发展情况、城市建设、城市管理、公共服务等总体环境的关注和评论趋多”这一新的特点①，本文研究结果得到进一步验证。其中，旅游电商可以直接或间接控制的是旅游产品层次的影响因素，可直接控制的如旅游评价中的网站客服、工作人员提供的服务，可间接控制的如旅游配套服务（设计住宿、餐饮、交通等上游要素提供商）；天气、安全等目的地层次的影响因素，电商企业难以控制，但是通过努力可以避免、补救。

**表 2　游客满意度影响因素聚类分析结果**

| 因素 | 类别 |
|---|---|
| 住宿条件、接送服务、餐饮、酒店设施、交通工具 | 旅游配套服务 |
| 性价比、风土人情、自然风光、具体景点、目的地、当地美食、风景 | 性价比与目的地吸引力 |
| 行程、自费项目、购物 | 产品设计质量 |
| 导游服务质量、途牛评价 | 导游与网站评价 |
| 气候 | 天气因素 |
| 公交、出租车 | 行程外交通 |
| 安全 | 安全因素 |
| 团友关系 | 团队环境 |
| 历史 | 历史文化 |
| 当地人 | 与目的地居民接触 |

通过将聚类结果与文献综述国内外研究现状进行对比，验证了已有的从旅行社服务质量出发的国外研究发现的影响顾客满意度的重要影响因素包括导游服务质量、安全因素、旅行社签约点服务、目的地吸引力、行程、价格和价值（Andrzej Kobylanski, 2012）等，国内研究中提及的与目的地居民接触、天气因素等因素也

① 2014 年第四季度及全年全国游客满意度调查报告研究成果 [EB/OL] (2015) 2015-1-9 http://www.ctaweb.org/html/2015-1/2015-1-9-14-14-46221.html.

在本研究中得到证明。除了以上因素外，本文还发现了之前国内外研究中未触及的网站评价、历史文化、团队环境、行程外交通等因素，这些因素也是消费者体验跟团游产品后消费感受与期望相比较，发表评论中提及较多的因素，是影响消费者满意度的重要因素。本章利用在线评论的数据，从游客反馈信息角度，获得了较为全面的影响在线跟团游产品游客满意度各类因素的研究结果。

2. 关键因素分析

为了进一步研究解读游客满意度，本文对影响因素的重要度即影响因素在所有评论中出现的总次数进行排名，比如位列第一是“行程”这个影响因素，在总评论数 2756 中共有 1510 评论有提及“行程”，对应的频次为：1510/2756=54.79%，即超过一半的评论提及“行程”。本次研究结果表明（如表 4），24 个影响因素中，行程最为重要，其次是接送服务，接下来依次为住宿条件、目的地、餐饮、途牛评价、具体景点、导游服务质量、交通工具、性价比、购物、自费项目、自然风光、酒店设施、当地美食、风景、气候、风土人情、出租车、公交、安全、团队环境、历史、当地人。旅游配套服务、目的地吸引力、产品设计质量关键因素，以及天气因素、安全因素、历史文化关键因素的关注度，与中国旅游研究院发布的 2014 年第四季度及全年全国游客满意度调查报告显示的结果是一致的，结果显示游客对城市旅游综合环境更为敏感，对目的地空气质量、公共服务、商业接待体系和主客文明等旅游环境的抱怨至 2014 年仍然没有明显好转，制约游客满意的除了传统吃住行游娱购等传统要素，目的地公共服务以及安全救援的地位更加凸显。

结合赫茨伯格的双因素理论，我们把旅游产品层次的影响因素划分为保健因素，旅游目的地影响因素划分为激励因素，具体见表 3 所示。保健因素的满足能减少顾客的不满意，激励因素的满足导致顾客满意，任何一个旅游产品层次的因素没有得到满足，都将招致消费者的不满，任何一个目的地层次因素的满足将给消费者留下更美好的回忆，消费者将对此次购买的旅游产品感到满意。

**表 3　游客满意度影响因素的分类**

| 影响因素 | | 因素分类 |
|---|---|---|
| 旅游产品层次 | 旅游配套服务 | 保健因素 |
| | 导游和网站评价 | 保健因素 |
| | 产品设计质量 | 保健因素 |
| 旅游目的地层次 | 安全因素 | 激励因素 |
| | 行程外交通 | 激励因素 |
| | 历史文化 | 激励因素 |
| | 天气因素 | 激励因素 |

续表

| 影响因素 | | 因素分类 |
|---|---|---|
| 旅游目的地层次 | 团队环境 | 激励因素 |
| | 性价比与目的地吸引力 | 激励因素 |
| | 与目的地居民接触 | 激励因素 |

如图7，根据归因理论，产生满意或者不满意后，消费者将寻找导致满意或者不满意的原因，判断是由个人原因或者外在因素引发，无法判断责任方时，将只会对旅游产品的提供者旅游企业表达满意或不满，进一步影响消费者未来的购买选择。

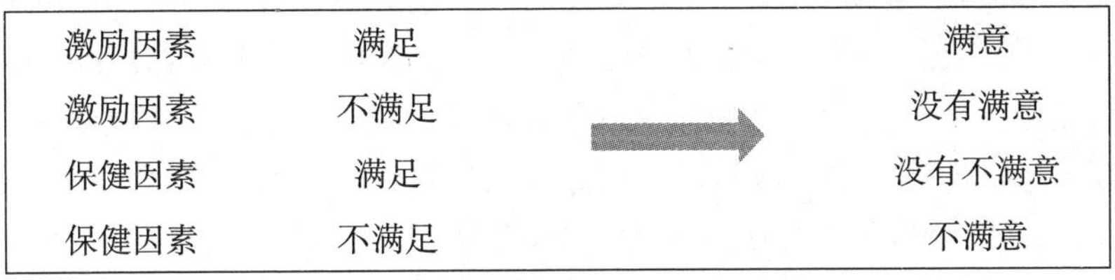


**图7　激励因素和保健因素对游客满意的影响**

（1）由表4发现，旅游配套服务的5个影响因素共被提及4036次，且接送服务、住宿条件、餐饮、交通工具重要度排名分列2、3、5、9。说明目前参加途牛跟团游的游客仍最为看重食、住、行等标准，且这些保健因素是旅游企业必须做好的，提供的产品和服务无法达到消费者需求时，消费者会产生不满意。首先，接送服务、住宿条件、餐饮、交通工具、酒店设施直接决定消费者旅游活动的档次和异地活动舒适度，其次，食、住、行属于旅游企业提供的包价产品中可以间接控制的核心部分，消费者可直接感知并进一步比较是否符合旅游合同中约定的标准，比如评论中提到的“吃住都按合同执行的”“住宿条件根本不按合同上约定”，因此成为了消费者关注的焦点。旅游过程中上游供应商无法严格按照合同规定履行责任提供旅游配套服务，消费者有时并无法判断责任方，只会对旅游企业表示不满。

（2）目的地、具体景点、性价比、自然风光、当地美食、风景、风土人情共提及3395次。说明受个人可自由支配收入的限制，大部分消费者对跟团游产品的感知价格还是比较敏感，消费者比较价格的同时还会考虑自己购买的商品包括目的地因素及目的地提供的旅游资源是不是可以满足出行的要求，这些激励因素的满足对提升消费者满意度有很大的帮助。首先由于经济发展不平衡，很多地区的消费者还是有观光需求的，选择跟团游产品的消费者往往都是第一次去这个目的地，目的地传统意义上的景点对此类消费者仍有较大吸引力。性价比衡量了消费者体验产品和服务后对获得服务与支出费用的符合程度，旅游企业如果可以根据目的地和景点观光的特点，在成本和质量的矛盾中合理定价开发创新的包价旅游产品，消费者会对产品表示满意。

（3）行程、购物、自费项目共被提及2410次，其中行程安排被提及1510次，占总评论数2756的比例高达54.79%。说明游客最为重视行程安排，证明了旅游六要素的“游”是跟团游旅游活动的核心内容，这些保健因素也是旅游企业必须要做到的，做得不好容易引起消费者的不满。游客选择跟团游并且愿意支付团费、投入时间以获得经过设计规划的旅游路线以及景点给予的游客体验。由于景点服务是由旅游目的地旅游景点或者风景区提供，是一种在一定的容量范围内，任何游客都可以以同样的方式享用的准公共产品，所以针对相同目的地在景观质量以及服务上如果各旅游企业之间不存在较大差异无法提供创新的跟团游产品，但是根据行程安排的不同，景点游览顺序和每个景点的停留时间以及穿插在景点游览之间的购物和自费项目的安排相应的会有很大的不同。行程安排成为影响游客满意度的重要因素，如果旅游企业无法分清主次合理安排行程，地接社服务人员没有严格按照合同规定安排参观游览和购物、自费项目的时间，将会导致消费者的不满意。

（4）途牛评价与导游服务质量共被提及1622次，重要度排名分别为6和8。说明消费者重视预订过程的方便性、网站品牌、网站在线客服人员的个人素质和业务素养以及服务体验过程中导游人员的服务，包括导游知识素质、职业素质、个人综合素质方面的因素影响游客满意度，属于保健因素，消费者将对无法满足其这类需求的旅游产品和服务不满。究其原因，学者们认为旅游者最为关心电子商务的核心问题之一就是便利性，在线旅游电商企业在旅行前通过互联网技术包括电话服务为消费者提供包括产品信息、产品预订功能以及周边信息等在线服务，以及旅游中的实时跟踪与反馈处理为消费者提供方便快捷的服务，而导游是旅游资源与游客之间的桥梁，是旅游活动的具体实施者，网站客服人员的个人业务素养以及导游人员的服务水平保证消费者在遇到购买问题以及服务失误时出现问题能够得到及时解决，否则消费者会表示不满。

旅游电商品牌比如研究中“途牛”和特色产品名词“牛人专线”的频繁出现，也反映了品牌在消费者选择在线企业和购买体验跟团游产品过程中的主导作用。在网络环境中，由于网络的虚拟性和信息不对称性，消费者对于品牌的依赖度要高于现实环境。消费者在浏览拥有较高品牌声誉的旅游网站时，受潜意识中高声誉品牌代表高质量产品信号的作用并不会太关注服务细节，但是形成了较高期望。在此次消费体验过程中，如果旅游企业为消费者提供了优质的服务，某个服务属性让消费者觉得符合或者超过了自己的期望，就不会对产品或服务感到不满意。

（5）天气因素共被提及249次。说明消费者在旅游过程中比较关注旅游目的地气象气候条件，属于激励因素。首先气候条件不同造就了不同地区的景观差异，吸引旅游者前往并感受强烈；其次本文关注的海滨旅游城市均为热带或亚热带气候，每个季节的温度湿度相比其他城市有较大不同，且容易受极端天气比如台风的影响。天气因素首先影响航空旅游交通，出现飞机无法正常起降从而晚点延误，影响之后的旅游活动；其次旅游活动大多在露天进行，游客对外界环境温度变化感知比较强烈，天气炎热或者骤然变冷影响游客舒适度；再次遭遇台风短时强降雨等极端天气时，如果旅游企业在关注目的地天气变化情况获取最新气象信息的同时，迅速重新安排旅游路线，重新规划安全合理的交通工具和行程，从消费者利益出发保证游客利益不受损害，消费者将对旅游产品感到满意。

（6）出租车、公交这两种行程外的目的地公共交通共被提及 247 次。说明游客在行程外更多地使用城市公共交通出行，行程外的旅游城市交通也成为游客关注的重要内容，也会影响游客对旅游产品的满意度，属于激励因素。游客行程外出行受到城市公共交通系统网络的影响，由于跟团游游客重视旅游生活中的便利性，除观光需求之外也有采取当地居民日常出游方式贴近并感受、融入当地生活方式，认识社会与体验人生的需求，旅行社在城市交通信息的整理提供、综合考虑旅游地公共交通的基础上对酒店位置和行程外景点的安排，都可以导致消费者满意。

（7）安全因素的出现频次说明游客在购中和购后的跟团游购买决策过程中极为关注旅途安全和旅游目的地安全。其中旅游安全指离开客源地后旅途中搭乘的交通工具安全，旅游目的地安全指目的地的整体环境包括自然和社会环境以及各种设施条件的安全，游客行为受跟团游方式的限制对安全因素影响较小。根据马斯洛需求层次理论，安全是人类的第二大需求，消费者出于趋利避害的本能，安全因素是影响人们确定出游方式和旅游目的地等出游决策时的重要因素，属于激励因素。偏好不同，安全因素对游客满意度的影响存在较大差异，选择跟团游的消费者明显比选择自助游的游客更为关注各种安全因素，特别是近年来安全交通事故频发，消费者对旅游安全的敏感程度日益提高，各在线旅游企业如在旅游产品设计过程中的目的地选择、旅游服务供应商的选择以及与目的地各旅游安全管理机构配合过程中更多地从消费者角度出发重视安全因素的考量，消费者将表示满意。

（8）团队环境因素的出现说明跟团游游客在满足体验需求的同时关注团队成员关系，属于激励因素。旅游团的松散、暂时性、非正式关系等特性的存在，决定了旅游者利益、旅游者不同的个性和情绪以及每个旅游者都会影响团队是否和谐的人际关系。旅游企业以及导游人员如通过旅游前对团队成员的个人特质进行预测、旅游过程中增进团员感情、同行伙伴的安慰、控制节奏增加趣味性、转移冲突情绪等方式来调节团队气氛，减轻团队成员异地旅游的孤独感，将导致消费者满意。

（9）历史文化因素的多次提及说明了游客有了解旅游目的地历史文化的需求，属于激励因素。国内游客的旅游习惯决定了游客对于观光的需求，随着游客观念和心态的改变，旅游者了解旅游地的外部特征的同时，开始关注旅游目的地的历史渊源和文化内涵，偏好于对目的地历史文化遗存的了解。旅游企业在产品设计过程中结合旅游地的历史文化包括当地传说、民间工艺、特色美食来设计产品，导游在导览过程中进行铺陈，于休闲观光中融入历史文化，提升旅游内涵并丰富旅游者知识，旅游者会感到满意。

（10）当地人因素也引起了我们的注意，刻画了游客渴望在跟团游过程中与当地人接触沟通的新的特征，属于激励因素。旅游者渴望通过旅游到他地寻求一种与其日常截然相反的生活方式，享受跟团旅游便利性的同时，崇尚感性与部分的自由，主张人与人之间的互动，追求与当地居民进一步的交流，实现不同文化间的碰撞与融合。旅游企业可以为消费者提供一些其他的附加服务，比如深入特色民居，适当安排与当地居民交流，都可以激发旅游者的旅游动机，让消费者感到满意。

**表4 满意度影响因素重要度排名**

| 类别 | 排名 | 影响因素 | 频次 | 频率 % |
|---|---|---|---|---|
| 旅游配套服务 | 2 | 接送服务 | 1150 | 41.73% |
| | 3 | 住宿条件 | 993 | 36.03% |
| | 5 | 餐饮 | 936 | 33.96% |
| | 9 | 交通工具 | 627 | 22.75% |
| | 14 | 酒店设施 | 330 | 11.97% |
| 性价比与目的地吸引力 | 4 | 目的地 | 979 | 35.52% |
| | 7 | 具体景点 | 778 | 28.23% |
| | 10 | 性价比 | 495 | 17.96% |
| | 13 | 自然风光 | 365 | 13.24% |
| | 15 | 当地美食 | 302 | 10.96% |
| | 16 | 风景 | 277 | 10.05% |
| | 18 | 风土人情 | 199 | 7.22% |
| 产品设计质量 | 1 | 行程 | 1510 | 54.79% |
| | 11 | 购物 | 463 | 16.80% |
| | 12 | 自费项目 | 437 | 15.86% |
| 导游与网站评价 | 6 | 途牛评价 | 859 | 31.17% |
| | 8 | 导游服务质量 | 763 | 27.69% |
| 天气因素 | 17 | 气候 | 249 | 9.03% |
| 行程外交通 | 19 | 出租车 | 125 | 4.54% |
| | 20 | 公交 | 122 | 4.43% |
| 安全因素 | 21 | 安全 | 83 | 3.01% |

续表

| 类别 | 排名 | 影响因素 | 频次 | 频率 % |
|---|---|---|---|---|
| 团员关系 | 22 | 团友关系 | 82 | 2.98% |
| 历史文化 | 23 | 历史 | 30 | 1.09% |
| 与目的地居民接触 | 24 | 当地人 | 24 | 0.87% |
| | | 总评论数 | 2756 | |

关键词：团游

## 四、不同出游方式下游客满意度影响因素分析

### （一）不同出游方式的影响因素重要度排名

根据收集数据可以发现此类海滨城市跟团游产品的消费者出游方式包括独自出游、公司出游、情侣 / 朋友出游、家庭出游、商务 / 会议出游、同学组团、其他、代人预订 8 种。本文认为对于不同的出游方式，消费者感知到的满意度重点有所不同。“代人预订”一般是成年子女代父母预订、代长辈亲戚预订、代朋友及其父母预订；“其他”指其他社会关系或者多种社会关系混合组成的群体，包括各类独立包团，规模从两人到最多 38 位成人和 4 位儿童参团。

基于此，本章将数据按照出游方式分类，分别来统计海滨城市跟团游中每类影响因素在五种主要出游方式群体中的重要程度。具体步骤是先根据不同出游方式将每种方式的评论整合到不同的文本文件中，再分别建立评论 - 因素矩阵，来记录不同出游方式评论和影响因素之间的关系，考察每种出游方式下每条评论提及这些影响因素的情况。根据统计学规律，一定规模的样本量构成的数据才具有统计意义，公司出游、商务 / 会议、同学组团点评数量较少，不参与不同出游方式下的满意度影响因素研究。如图 8，按照评论数由高到低为家庭出游、情侣 / 朋友、其他、独自出游、代人预订，本章研究评论数总和占总评论数比例为 99.75% 的这五类出游方式。

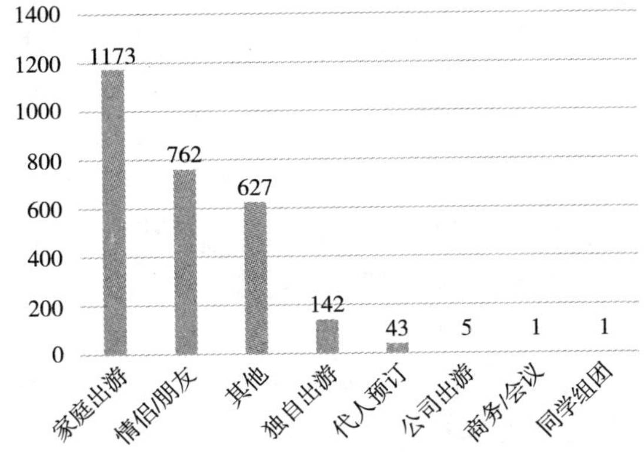

图 8　不同出游方式的评论数

表 5 为家庭出游方式的满意度影响因素重要性排名，由表 5 可知，对家庭出游满意度影响最大的是旅游配套服务，其次是性价比与目的地吸引力，接下来依

次是产品设计质量、导游与网站评价、行程外交通、天气、安全、团员关系、历史文化以及与目的地居民的接触。

**表 5 家庭出游旅游方式满意度影响因素重要度排名**

| | 影响因素 | 频次 | 频率 % | 排名 |
|---|---|---|---|---|
| 旅游配套服务 | 酒店设施 | 174 | 14.83% | 14 |
| | 交通工具 | 342 | 29.16% | 9 |
| | 餐饮 | 524 | 44.67% | 4 |
| | 住宿条件 | 531 | 45.27% | 3 |
| | 接送服务 | 609 | 51.92% | 2 |
| 性价比与目的地吸引力 | （吸引）风土人情 | 125 | 10.66% | 18 |
| | 风景 | 153 | 13.04% | 16 |
| | 当地美食 | 163 | 13.90% | 15 |
| | 自然风光 | 229 | 19.52% | 12 |
| | 性价比 | 242 | 20.63% | 10 |
| | 具体景点 | 429 | 36.57% | 7 |
| | 目的地 | 512 | 43.65% | 5 |
| 产品设计质量 | 自费项目 | 214 | 18.24% | 13 |
| | 购物 | 242 | 20.63% | 11 |
| | 行程 | 728 | 62.06% | 1 |
| 导游与网站评价 | 导游服务质量 | 413 | 35.21% | 8 |
| | 途牛评价 | 432 | 36.83% | 6 |
| 行程外交通 | 公交 | 68 | 5.80% | 20 |
| | 出租车 | 78 | 6.65% | 19 |
| 天气因素 | 气候 | 142 | 12.11% | 17 |
| 安全因素 | 安全 | 64 | 5.46% | 21 |
| 团员关系 | 团友关系 | 47 | 4.01% | 22 |
| 历史文化 | 历史 | 21 | 1.79% | 23 |
| 与目的地居民接触 | 当地人 | 14 | 1.19% | 24 |

表 6 为情侣 / 朋友出游方式的满意度影响因素重要性排名，由表 6 可知，对情侣 / 朋友出游满意度影响最大的是性价比与目的地吸引力，其次是旅游配套服务，接下来依次是产品设计质量、导游与网站评价、天气、行程外交通、团员关系、安

全、历史文化以及与目的地居民的接触。

**表 6　情侣 / 朋友出游方式满意度影响因素重要度**

| | 影响因素 | 频次 | 频率 % | 排名 |
|---|---|---|---|---|
| 性价比与目的地吸引力 | 目的地 | 271 | 35.56% | 2 |
| | 具体景点 | 221 | 29.00% | 3 |
| | 性价比 | 144 | 18.90% | 10 |
| | 当地美食 | 108 | 14.17% | 11 |
| | 风景 | 70 | 9.19% | 16 |
| | 自然风光 | 66 | 8.66% | 17 |
| | 风土人情 | 53 | 6.96% | 18 |
| 旅游配套服务 | 接送服务 | 200 | 26.25% | 5 |
| | 餐饮 | 187 | 24.54% | 6 |
| | 住宿条件 | 185 | 24.28% | 7 |
| | 交通工具 | 148 | 19.42% | 8 |
| | 酒店设施 | 85 | 11.15% | 13 |
| 产品设计质量 | 行程 | 332 | 43.57% | 1 |
| | 购物 | 107 | 14.04% | 12 |
| | 自费项目 | 85 | 11.15% | 14 |
| 导游与网站评价 | 途牛评价 | 206 | 27.03% | 4 |
| | 导游服务质量 | 145 | 19.03% | 9 |
| 天气因素 | 气候 | 75 | 9.84% | 15 |
| 行程外交通 | 公交 | 33 | 4.33% | 19 |
| | 出租车 | 26 | 3.41% | 20 |
| 团员关系 | 团友关系 | 17 | 2.23% | 21 |
| 安全因素 | 安全 | 11 | 1.44% | 22 |
| 历史文化 | 历史 | 7 | 0.92% | 23 |
| 与目的地居民接触 | 当地人 | 6 | 0.79% | 24 |

表 7 为独自出游方式的满意度影响因素重要性排名，由表 7 可知，对独自出游满意度影响最大的是旅游配套服务，其次是性价比与目的地吸引力，接下来依次是产品设计质量、导游与网站评价、行程外交通、天气、团员关系、安全、历史文化以及与目的地居民的接触。

表 7　独自出游出游方式满意度影响因素重要度

| | 影响因素 | 频次 | 频率 % | 排名 |
|---|---|---|---|---|
| 旅游配套服务 | 接送服务 | 51 | 35.92% | 2 |
| | 餐饮 | 43 | 30.28% | 3 |
| | 住宿条件 | 38 | 26.76% | 5 |
| | 交通工具 | 26 | 18.31% | 10 |
| | 酒店设施 | 19 | 13.38% | 13 |
| 性价比与目的地吸引力 | 目的地 | 39 | 27.46% | 4 |
| | 具体景点 | 36 | 25.35% | 8 |
| | 性价比 | 23 | 16.20% | 12 |
| | 自然风光 | 16 | 11.27% | 14 |
| | 风景 | 12 | 8.45% | 15 |
| | 当地美食 | 9 | 6.34% | 17 |
| | 风土人情 | 5 | 3.52% | 21 |
| 产品设计质量 | 行程 | 72 | 50.70% | 1 |
| | 购物 | 30 | 21.13% | 9 |
| | 自费项目 | 24 | 16.90% | 11 |
| 导游与网站评价 | 途牛评价 | 38 | 26.76% | 6 |
| | 导游服务质量 | 36 | 25.35% | 7 |
| 行程外交通 | 出租车 | 9 | 6.34% | 18 |
| | 公交 | 5 | 3.52% | 20 |
| 天气因素 | 气候 | 12 | 8.45% | 16 |
| 团员关系 | 团友关系 | 6 | 4.23% | 19 |
| 安全因素 | 安全 | 2 | 1.41% | 22 |
| 历史文化 | 历史 | 0 | 0.00% | 23 |
| 与目的地居民接触 | 当地人 | 0 | 0.00% | 24 |

表 8 为代人预订出游方式的满意度影响因素重要性排名，由表 8 可知，对代人预订出游满意度影响最大的是旅游配套服务，其次是性价比与目的地吸引力，接下来依次是产品设计质量、导游与网站评价、天气、团员关系、行程外交通、与目的地居民的接触、历史文化以及安全因素。

**表 8　代人预订出游方式满意度影响因素排名**

| | 影响因素 | 频次 | 频率 % | 排名 |
|---|---|---|---|---|
| 旅游配套服务 | 住宿条件 | 18 | 41.86% | 2 |
| | 接送服务 | 15 | 34.88% | 3 |
| | 餐饮 | 12 | 27.91% | 7 |
| | 交通工具 | 8 | 18.60% | 11 |
| | 酒店设施 | 4 | 9.30% | 15 |
| 性价比与目的地吸引力 | 目的地 | 14 | 32.56% | 4 |
| | 性价比 | 8 | 18.60% | 9 |
| | 具体景点 | 8 | 18.60% | 10 |
| | 自然风光 | 6 | 13.95% | 13 |
| | 当地美食 | 5 | 11.63% | 14 |
| | 风景 | 3 | 6.98% | 17 |
| | 风土人情 | 1 | 2.33% | 20 |
| 产品设计质量 | 行程 | 23 | 53.49% | 1 |
| | 购物 | 10 | 23.26% | 8 |
| | 自费项目 | 7 | 16.28% | 12 |
| 导游与网站评价 | 导游服务质量 | 12 | 27.91% | 5 |
| | 途牛评价 | 12 | 27.91% | 6 |
| 天气因素 | 气候 | 4 | 9.30% | 16 |
| 团员关系 | 团友关系 | 2 | 4.65% | 19 |
| 行程外交通 | 出租车 | 2 | 4.65% | 18 |
| | 公交 | 0 | 0.00% | 21 |
| 与目的地居民接触 | 当地人 | 0 | 0.00% | 24 |
| 历史文化 | 历史 | 0 | 0.00% | 23 |
| 安全因素 | 安全 | 0 | 0.00% | 22 |

表 9 为除上述四种外其他出游方式的满意度影响因素重要性排名，由表 9 可知，对其他出游满意度影响最大的是旅游配套服务，其次是产品设计质量，接下来依次是性价比与目的地吸引力、导游与网站评价、历史文化、行程外交通、与目的地居民的接触、天气、安全以及团员关系因素。

表 9 其他出游方式满意度影响因素重要度排名

| | 影响因素 | 频次 | 频率 % | 排名 |
|---|---|---|---|---|
| 旅游配套服务 | 接送服务 | 209 | 33.33% | 2 |
| | 住宿条件 | 192 | 30.62% | 3 |
| | 餐饮 | 145 | 23.13% | 7 |
| | 交通工具 | 121 | 19.30% | 8 |
| | 酒店设施 | 57 | 9.09% | 13 |
| 产品设计质量 | 行程 | 345 | 55.02% | 1 |
| | 自费项目 | 103 | 16.43% | 10 |
| | 购物 | 92 | 14.67% | 11 |
| 性价比与目的地吸引力 | 目的地 | 161 | 25.68% | 5 |
| | 具体景点 | 108 | 17.22% | 9 |
| | 性价比 | 87 | 13.88% | 12 |
| | 自然风光 | 51 | 8.13% | 14 |
| | 当地美食 | 39 | 6.22% | 15 |
| | 风景 | 36 | 5.74% | 17 |
| | 风土人情 | 19 | 3.03% | 19 |
| 导游与网站评价 | 途牛评价 | 165 | 26.32% | 4 |
| | 导游服务质量 | 160 | 25.52% | 6 |
| 历史文化 | 历史 | 2 | 0.32% | 24 |
| 行程外交通 | 出租车 | 28 | 4.47% | 18 |
| | 公交 | 14 | 2.23% | 20 |
| 与目的地居民接触 | 当地人 | 4 | 0.64% | 23 |
| 天气因素 | 气候 | 39 | 6.22% | 16 |
| 安全因素 | 安全 | 7 | 1.12% | 22 |
| 团员关系 | 团友关系 | 13 | 2.07% | 21 |

### （二）满意度影响因素在不同出游方式中的对比分析

1. 家庭结构分析

父母利用公共假期以及寒暑假带未成年子女出游、成年子女带年老父母出游，这类家庭出游占比 42.59%，情侣 / 朋友的结伴出游占比 22.67%，独自出游占比

5.16%，其他占比 22.77%。通过分析可以发现，出游群体以中青年为中坚力量，中青年群体拥有出游的旅游方式以及目的地选择的最终决定权。究其原因，一是第一代独生子女已逐渐成为社会和家庭的中流砥柱，拥有稳定的收入，是家庭收入的主要来源，承担着让孩子增长见闻和提高个人素养等教育子女的职责，二是成年子女平时工作繁忙，出于补偿父母的心理利用闲暇时间安排出游，三是单身青年出于休闲、购物、了解世界的需要选择和朋友、情侣结伴出游。家庭结构以核心家庭二代三代户为主，家庭结构影响旅游产品的选择、购买以及评价，不同家庭结构因成员年龄、家庭收入以及个性不同关注指标不同。

2. 不同类型出游方式的影响因素对比分析

通过对评论集中的四项行程点评、导游点评、住宿点评、交通点评按照满意计 3 分，一般计 2 分，不满意计 0 分，四项累加总分除于 12 的计算方式计算每种出游方式的总体满意度可以发现，如表 10，在本章研究的五种出行方式中“其他”类出游方式出游人数较多，出游总人数占评论数比例最高反映了“其他”类是单次活动出游人数最多的一种出游方式，但是满意度最低，旅游企业应更多关注这类群体，对此类群体反馈的不满意因素进行积极改进，以争取规模经济、降低采购成本、改进服务质量以提高游客满意度。家庭出游、情侣 / 朋友、独自出游三种类型出游方式满意度差别不大。代人预订总体满意度较高可能的解释是信息传递过程以及评论者本身非旅游活动真实体验者的影响作用。

**表 10　出游人数与总体满意度统计**

| 出游类型 | 出游人数 | 成人 | 儿童 | 评论数 | 总体满意度 | 出游人数 / 评论数 |
|---|---|---|---|---|---|---|
| 家庭出游 | 3635 | 3165 | 470 | 1173 | 86.03% | 3.10 |
| 情侣 / 朋友 | 1760 | 1741 | 19 | 762 | 86.45% | 2.31 |
| 其他 | 2224 | 2113 | 111 | 627 | 72.15% | 3.55 |
| 独自出游 | 152 | 151 | 1 | 142 | 84.73% | 1.07 |
| 代人预订 | 90 | 86 | 4 | 43 | 91.17% | 2.09 |
| 公司出游 | 149 | 137 | 12 | 5 | 93.33% | 29.80 |
| 商务 / 会议 | 1 | 1 | 0 | 1 | 66.66% | 1.00 |
| 同学组团 | 16 | 14 | 2 | 1 | 100.00% | 16.00 |

如表 11，通过对比可以发现除情侣 / 朋友外的四种出游方式家庭出游、独自出游、代人预订以及其他类都最为重视旅游产品层次中的旅游配套服务、产品设计质量、导游和网站评价三类因素。受我国现阶段家庭结构特点的影响，出游成员较多且年龄差别较大，对各种配套服务接送服务、住宿条件、餐饮、交通工具、酒店设

施的要求较高，期望也高，这反映了中国以家庭为核心的消费模式。选择独自出游以旅游经验较缺乏的单身青年为主，他们选择独自一人出游，希望通过旅游得到休闲和放松，选择跟团游对旅行社提供的标准化的旅游接待有较高的期望。

相比于其他四类出游方式，情侣 / 朋友类最重视出游方式性价比与目的地吸引力。朋友、情侣一起出游，借助海滨旅游城市景色优美、气候宜人的环境特点以及景点的丰裕度和知名度烘托甜蜜和友好的氛围来加深彼此的了解，在陌生环境中朝夕相处增进感情和友情。消费者购物都希望快捷方便，买到性价比较高的产品及服务，这是消费者传统购物的标准。年轻情侣和朋友受经济条件限制，愈发重视价格与价值之间的衡量，选择更为优惠、服务标准化的跟团游，从而降低旅游成本的支付。

五类出游方式对行程外交通重视程度一般，其中代人预订最低。代人预订类出游方式的实际消费者一般是老人，而且只有老人独自出行，沿用马斯洛的“需求层次论”来解释，老年人旅游的最基本的动机是游览观光来消除寂寞，老年人受制于体力与经济双重因素不会选择在基本观光行程外乘坐当地城市交通自由活动，相应的，较少的行程外活动决定了此类旅游方式的主要参加者基本不关注旅游地的安全因素和当地人因素以及当地历史文化因素。

“其他”类型出游方式的旅游者相较于其余四类旅游者，觉得天气因素的重要度较低。天气因素不仅影响老人和小孩的身体状况，而且也影响年轻旅游者的游玩兴趣，降低体验价值。其他出游方式的旅游者对此类因素的关注度较低可能的原因是此类游玩方式包括独立包团，实际行程可以由游客根据天气情况和旅游企业以及导游商量决定，灵活性较高，此类出行方式的消费者更为注重与当地居民的接触，希望通过获取地方旅游信息、感悟地方文化精髓，更好地融入当地人生活。这种特殊的组团方式决定了该出游方式的旅游者对于团队环境的重视不如其他类型出游方式旅游者，同时也是该类旅游方式的旅游者对与当地人接触和当地历史文化因素更为重视的原因。本节研究可以为旅游企业的管理者及时向上游供应商反馈每个细分市场独特的行为特征数据，对产品进行分类和整合，制定更为有效的细分市场的战略决策，以迅速提升游客满意度提供启示和建议。

**表 11　不同出游方式下影响因素的关注度排名对比**

| 影响因素 / 出游方式 | 关注度排名 | | | | |
|---|---|---|---|---|---|
| | 家庭出游 | 情侣 / 朋友 | 其他 | 独自出游 | 代人预订 |
| 旅游配套服务 | 1 | 2 | 1 | 1 | 1 |
| 产品设计质量 | 3 | 3 | 2 | 3 | 3 |
| 导游和网站评价 | 4 | 4 | 4 | 4 | 4 |

续表

| 影响因素 / 出游方式 | 关注度排名 | | | | |
|---|---|---|---|---|---|
| | 家庭出游 | 情侣 / 朋友 | 其他 | 独自出游 | 代人预订 |
| 性价比与目的地吸引力 | 2 | 1 | 3 | 2 | 2 |
| 行程外交通 | 5 | 6 | 6 | 5 | 7 |
| 天气因素 | 6 | 5 | 8 | 6 | 5 |
| 团队环境 | 8 | 7 | 10 | 7 | 6 |
| 安全因素 | 7 | 8 | 9 | 8 | 10 |
| 与目的地居民接触 | 10 | 10 | 7 | 10 | 8 |
| 历史文化 | 9 | 9 | 5 | 9 | 9 |

## 五、结论与建议

### （一）结论

本文从在线评论视角出发，研究在线跟团游产品的游客满意度影响因素，并且对在不同出游方式下影响游客满意度的关键因素进行对比分析。首先收集数据组成评论集，应用内容分析法挖掘出 24 个影响消费者满意度的重要因素，对影响跟团游产品游客满意度的因素给出了相对全面的概括，并通过层次聚类分析将其归类为 10 大类，其中以往研究中较少系统研究过的应引起在线旅游企业关注的有网站评价、历史文化、团队环境、行程外交通等因素。基于消费者提及因素的频次反映消费者关注度的高低，对影响因素的关注度进行排序，结合赫茨伯格的双因素理论，对所得到的结果进行解释和分析。

根据抓取的数据主要分析了五类评论数总和占总评论数比例为 99.75% 的出游方式，不同出游方式代表不同细分市场，本文对比每类关键影响因素在不同出游方式群体中的重要程度，对对比结果进行解释和分析，结果发现不同类型出游方式的消费者都最关注旅游产品层次中的旅游配套服务、产品设计质量、导游和网站评价三类因素。受年龄和家庭结构的影响，不同出游方式消费者对大部分关键因素的关注度呈现出差异性。

### （二）对策与建议

基于以上研究结果，本文提出以下对策建议：

1. 从影响游客满意度最重要因素入手提高服务质量。首先是加强供应商管理。正确选择供应商，控制供应商数量，并建立供应商评价指标体系。通过控制供应商提供的各旅游要素的质量来保证跟团游产品服务的可靠性和稳定性。其次是加强营销沟通，依据相应的质量标准制定产品价格，通过广告宣传、产品介绍以及各部门线上线下一致的信息和服务标准的传递，向消费者解释不同价格产品之间的区别，对消费者满意度的期望进行有效管理。

2. 从导游和网站评价因素入手提高游客满意度。首先是品牌化经营，旅游电商在设计网站时要尽量突出自有品牌标识，将网站标识、网站排名和旅游者评价放在醒目的位置。其次是提高工作人员服务质量，旅游企业在完善员工服务规范和企业文化的同时，重视技能和知识培训，建立合理的薪酬体制，监督、激励客服人员和导游，增进导游、客服与游客之间的良性互动和合作。

3. 从旅游目的地层次出发的建议。大型旅游企业应联系旅游行政主管部门推动政府宣传“为游客服务”的意识，完善交通、餐饮、娱乐等商业接待体系和公共服务体系，提升包括游客问询、旅游投诉、应急管理、旅游标识和解说系统、灾害预警、旅游天气在内的公共服务水平，提高游客满意度。

4. 根据不同出游方式的不同满意度影响因素设计旅游产品。旅游电商企业在重视保健因素的基础上提供标准化和定制化、半定制化共存的旅游产品和服务，满足不同出游类型旅游者的需求。

5. 完善“游客点评”板块和“满意度”评分机制。在“游客点评”板块中，增加除导游服务满意度、行程安排满意度、旅行交通满意度、餐饮住宿满意度之外本文研究获得的消费者关注的其他影响因素，建议在确定每个影响因素的权重后进行满意度的计算。

## 主要参考文献

王德刚 . 旅游学概论 . 第三版 . 北京 : 清华大学出版 , 2012.

Andrzej Kobylanski. 2012. Attributes and Consequences of Customer Satisfaction in Tourism Industry: The Case of Polish Travel Agencies. *Journal of Service Science*, 5(1): 29–42.

Huang, L, Yung, C. Y. 2011. Yang E. How Do Travel Agencies Obtain a Competitive Advantage: Through a Travel Blog Marketing Channel. *Journal of Vacation Marketing*, 17(2): 139–149.

Maurer, C. Schaich, S. 2011. Online Customer Review Used as Complaint Management Tool. *Information and Communication Technologies in Tourism*, 499–511.

Milano, R., Baggio, R., Piattelli, R. 2011. The effects of online social media on tourism websites. *Information and Communication Technologies in Tourism*, 471–483.

Parks, B. A, Perkins, H. E. and Buckley R. 2013. Online Travel Reviews as

Persuasive Communication: The Effects of Content Type, Source, And Certification Logos on Consumer Behavior. *Tourism Management*, 39: 1–9.

Schmallegger, S, Carson, A. 2008. Blogs in Tourism: Changing Approaches to Information Change. *Journal of Vacation Marketing*. 2008,14 (2): 99–110.

## 点评

中国旅游市场规模不断扩大，在线旅游网站逐渐成为游客获取信息和预订旅游产品的首选，在线跟团游呈现出增长趋势。基于这样的背景，具有广泛性、针对性的亲测在线评论深受消费者的信任，从而成为消费选择的重要参考，进而受到了在线旅游企业的重视。实务中如此重要，学术界在利用在线评论对跟团游这一细分领域的游客满意度的研究尚未达到深入细致的程度，从而使得这一问题的学术研究尤为迫切。

本论文在回顾和总结国内外研究的基础上，尝试从新的角度将内容分析法运用到顾客满意的研究中来，利用网络上发表的游客评论信息获取游客对跟团游旅游产品的褒贬评价，进而提取出 24 个影响游客满意度的关键因素，通过层次聚类归类为导游和网站评价、安全因素等 10 大类主要因素。在此基础上，根据不同出游方式划分不同的细分市场，对比每类影响游客满意度的关键因素在不同细分市场中的重要程度，进而发现不同出游方式消费者对大部分关键因素的关注度呈现出差异性。

总的来说，该论文的选题契合当下在线跟团游的实务状况，对在线旅游企业如何处理在线评论具备一定的现实意义。论文的结构严整，层次分明，采用了实务与理论相结合的分析结构，提出若干对策建议，提示相关企业从影响游客满意度的重要因素入手提高服务质量，从导游和网站评价因素入手提高旅客满意度，从旅游目的地层次出发的建议，根据不同出游方式的不同满意度影响因素设计旅游产品，完善“游客点评”板块和“满意度”评分机制。

# 第二篇

# 旅游企业管理

# 组织创新氛围与工作价值观对酒店员工创新行为的影响

黄芳红[①]

**摘要**：酒店业的竞争越来越激烈，酒店是否能够根据顾客的需求适当改善服务流程或者改变服务方式为顾客提供优质的个性化服务将会影响到顾客满意感及忠诚度。有效鼓励员工的创新性行为已经成为当前酒店赢得核心竞争力的重要手段之一。基于此，本文主要探索以下几个问题：一是探索员工所知觉的创新氛围与员工在工作中表现出的创新行为之间的关系；二是工作价值观对酒店创新氛围与员工创新行为关系的影响。本文通过向泉州六家四星级、五星级的一线员工发放问卷，共得到有效问卷205份，借助统计软件检验数据的可靠性、稳定性和研究假设。研究结论为：第一，酒店的创新氛围对员工创新行为的两个维度都有显著的正向影响；第二，工作价值观调节组织创新氛围和员工创新行为之间的关系；最后，通过实证调研证实了本文提出的理论模型。本研究可为我国酒店培养员工的创造性和激发员工的服务创新行为提供借鉴。

**关键词**：工作价值观；组织创新氛围；创新行为；酒店

## 一、引言

有效鼓励员工的创新性行为已经成为当前酒店赢得核心竞争力的重要手段之一。但是，在酒店的日常工作中，员工的服务创新行为很少会受到领导的关注与支持。国内外学者不仅关注而且非常重视个体的创新行为，他们对此开展了非常多的调研，调研之深度和广度不断在扩大并且取得了一定的成就。在研究层次上，国外学者对创新的研究已经从宏观层面转向微观层面，由组织层面转向个人层面，由单一层次转向多层次研究，由制造业的技术创新向服务业的服务创新转变。创新也是国内学术界及产业界研究的热点。国内对创新的研究成果也不少，但是多集中于教育、保险、银行、物流、零售企业等的研究。国内学者虽然对服务创新的研究已经非常广泛了，但是对酒店行业的创新研究较少，对酒店企业的员工创新行为的关注

① 2015级，2017年毕业；点评教师：伍晓奕。

就更少了。

在研究方法方面，国外已经从定性研究向定量研究深入，国内基本是学习国外的研究成果，借鉴国外的测量工具。国内针对酒店员工创新行为的实证研究较少，把组织环境因素与员工工作价值观结合起来深入调研的更是凤毛麟角。因此笔者将两者结合起来研究，这在理论上具有重大意义，是酒店员工创新行为实证研究的重要理论补充。

本文深入探讨组织创新氛围与员工工作价值观等特质对酒店员工创新行为的影响，以期得到一定的成果，给酒店的服务创新带来新思路，为酒店的服务管理提升与人力资源管理工作提供借鉴。

## 二、研究述评

### （一）组织创新氛围

随着研究的深入，学者们将组织氛围的研究延伸到创新、伦理、服务、安全等领域。到了 20 世纪 90 年代，组织创新氛围成为了学者们研究的热点。由于研究的方法、角度各异，研究所涉及的领域不同，国内外学者对组织创新氛围的定义也莫衷一是。大部分学者是从主观和客观两个角度为组织创新氛围下定义：认同组织创新氛围的主观性的学者认为组织创新氛围是组织环境在个体心中的主观反映或个体对组织的创新特征等现象的一致知觉；认同组织创新氛围的客观性的学者认为组织创新氛围是客观存在的物理环境、社会环境，是组织的一部分。

根据本文的研究目的，笔者采用的定义：组织创新氛围指的是个体对组织中创新支持要素的主观认知。这些要素包括组织政策、组织流程、管理行为及其他支持要素，其知觉结果可能会影响员工的创新行为。关于组织创新氛围结构的研究目前主要有两种，即单因素研究和多因素研究。在研究阶段的早期，学者们主要是采用单一条目测量创新环境的某一特性，然后汇总测量到的数据，最后得到组织创新氛围的概况，这就是单因素研究范式。随着学者们不断深入地研究以及丰富研究方式，他们逐渐从多维度研究组织创新氛围的结构，形成了多因素研究范式。

### （二）工作价值观

工作价值观在国外又被称为职业价值观或者择业观。通过有关工作价值观文献的阅读可以发现学者们一致认为工作价值观是价值观的一方面，具有价值观的一般属性、特点与基本结构。但是对工作价值观内涵的界定却没有达成一致观点。

国外学者主要从两个视角定义工作价值观。第一视角是从满足个人需求的层面考虑。然而，有大部分学者是从评价标准定义工作价值观。国内的学者们主要是从评价标准层面定义工作价值观。

### （三）一线员工服务创新行为

目前服务创新的定义是在熊彼得的创新理论的基础上发展的。判断是否创新的标准有两个，一是创新是被用于实践的新方法、新途径、新思想；二是创新是否会带来更大的收益。

从上世纪 80 年代末开始，国外许多学者聚焦于员工个体的创新。到了 21 世纪，在国家和企业都大力强调创新重要性的背景下，我国学者开始关注员工的创新行为。员工的创新行为并不是按章办事，有时候具有一定的偶然性与突发性，但是大部分情况下的创新行为是对组织有利，也有利于个体更好地完成工作。国内也有众多学者在国外研究成果的基础上对员工创新行为做出界定。

国内学者在员工创新行为维度划分和量表编制方面大多是借鉴国外学者的研究成果，对量表进行修改或者直接引用。现在国内学者对创新行为量表的使用情况有两种：一种是认为员工创新行为是单维度，在实证研究中借鉴的是斯科特和布鲁斯（Scott，Bruce，1994）开发的量表；另一种观点是员工创新行为是多维度，在研究中大多学者在 Kleysen 等（2001）的量表基础上进行修改。

## 三、模型、数据与验证

### （一）研究假设

1. 理论基础

人境互动理论指出个体行为的产生是个体（P）与个体所在环境（E）共同作用的结果，即 B=F（P, E）。个体所处的环境、个体和个体的行为之间是互相影响和互相作用，这就是著名的社会认知理论。根据社会认知理论可以知道环境可以影响个体的认知，而个体的认知又会进一步影响个体行为。本文以人境互动理论作为理论基础，该理论认为个人的行为是个人特质与所处情境共同作用下产生的结果，从这个角度本研究认为酒店员工在对客服务、解决客人问题中表现出来的这些创新行为是在员工个人工作价值观和酒店的创新氛围的共同影响下产生的。

2. 立论依据与假设

(1) 组织创新氛围与员工创新行为的关系

组织创新氛围是员工个体所感知到的组织对于创新的支持程度，具体包括同事支持、主管支持、资源支持、组织理念和任务特性等，员工感受到组织的支持程度会影响员工的行为表现。大部分学者的研究结果表明组织创新氛围对员工的创新行为有正向影响。例如，提德（Tidd，1997）研究 50 多个创新组织时发现组织创新气氛中所包含的要素能够营造创造氛围和强化创新环境，进而对个体的创新思想和行为有显著影响。李（Lee，2002）研究发现在工作中上级对创新的支持程度越高，组织的创新气氛就越好，组织的创新绩效就越高。国内很多学者的研究也表明了同样的结果。由于中西文化的差异，个体创新行为量表被中国的多数学者证明不具有良好的结构效度，学者们在实证调研的基础上，将该量表划分为创新构想产生和创新构想执行两个维度。因此，笔者也认同在中国情境下，员工创新行为分为创新构想的产生和创新构想的执行两个阶段。本研究提出如下假设：

H1a：组织创新氛围对员工创新构想产生有正向影响。

H1b：组织创新氛围对员工创新构想执行有正向影响。

（2）工作价值观、组织创新氛围与员工创新行为的关系

工作价值观是能够超越具体的工作情景，员工个体按照所期望达到的结果作出工作行为的选择与评价的信仰与观念。首先，价值观的优先顺序会直接影响人们对工作的偏好程度，也会影响行为的决策结果。工作的适应理论指出员工会根据自己感知的环境与价值观匹配的水平来调整自己的行为。借鉴工作的适应理论，当员工的工作价值观与员工对组织创新氛围的感知认识一致时，员工的行为会与组织所倡导的行为相一致；当员工的工作价值观与组织创新氛围感知有冲突时，员工表现出的行为与组织所倡导的行为会不一致；其次，有部分学者的研究表明，员工的工作价值观对组织创新氛围与员工创新行为的关系有调节作用。笔者参考其他学者的研究结果，将工作价值观分为两个维度：物质追求和成长发展。物质追求表明员工的工作行为是为了得到物质回报，希望在工作中获得最大化的收益。成长发展指的是员工在评价和选择工作时，比较注重有利于个人发展的人际关系、工作环境，更加注重个人的长期发展与职业规划，员工更加注重能否通过工作实现价值与成长发展。

本文对组织创新氛围、工作价值观和员工创新行为之间三者的关系提出以下的假设：

H2：工作价值观对组织创新氛围与员工创新行为的关系起调节作用。

H2a：物质追求对组织创新氛围与员工创新构想产生的关系有负向调节作用。

H2b：物质追求对组织创新氛围与员工创新构想执行的关系有负向调节作用。

H2c：成长发展对组织创新氛围与员工创新构想产生的关系起正向调节作用。

H2d：成长发展对组织创新氛围与员工创新构想执行的关系起正向调节作用。

### （二）研究模型的建立

笔者基于以上的人境互动等理论基础并结合前人的研究成果提出本研究的理论模型。本研究的模型如图 1 所示：

虽然已有大量的研究结果表明组织创新氛围正向影响员工创新行为，但这些研

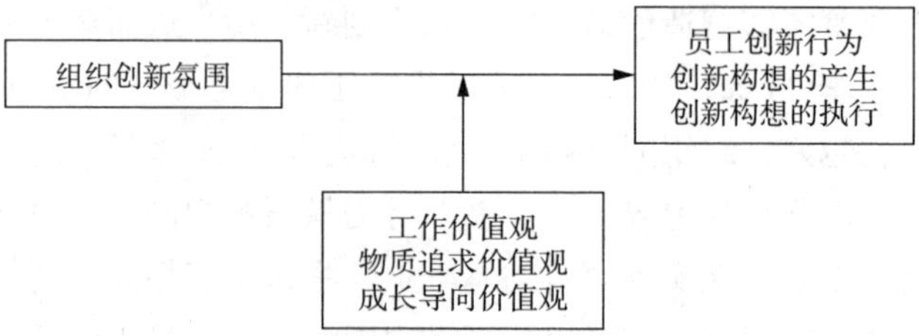


图 1 理论模型

究主要集中在银行、教育等领域，酒店不同于其他的服务业。因此，笔者在前人研究的基础上，探索酒店企业创新氛围对员工创新行为的影响，同时探索工作价值观对酒店创新氛围与员工创新行为关系的影响。

### （三）调研设计与数据收集

1. 样本选取

本研究采用的是已有的成熟量表，使用的正式调查问卷包括四部分。笔者于 2017 年 3 月共向酒店一线员工发放纸质问卷 300 份，回收了 233 份问卷。笔者删除缺失值较多、答案存在规律性、随意勾选和个别问卷的填写者不符合调查的对象要求等无效问卷后，获得有效问卷共有 205 份，有效问卷回收率为 68.33%。

2. 变量的计量

（1）组织创新氛围

本文采用刘云、石金涛（2009）编制的包含 20 个题项的组织创新氛围量表。该量表是在参考了 KEYS 量表的基础上结合中国特有的企业文化特征开发而来，主要测量同事、主管、组织、资源供应以及工作本身是否有利于创新行为的产生。

（2）工作价值观

该量表的作者是通过定性结合定量的方式研究新生代员工的特质，而后编制了适合中国新生代员工的工作价值观量表，这是一个内容效度比较好的量表。但是在实证研究中，其构念效度的检验效果不理想，此外有学者利用此量表得到两个维度的检验结果。因此本研究对工作价值观这一变量进行探索性因子分析和验证性因子分析检验这个量表的维度构成。通过参考其他学者的结论和因子分析的验证，本研究将工作价值观分为两个维度，物质追求和成长发展。物质追求表明员工的工作行为是为了得到物质回报，希望在工作中获得最大化的收益。成长发展指的是员工在评价和选择工作时，比较注重有利于个人发展的人际关系、工作环境，更加注重个人的长期发展与职业规划，员工更加注重能否通过工作实现价值与成长发展。

（3）员工创新行为

笔者认同员工创新行为的过程性，员工创新行为就是员工在工作过程中为提高对客服务质量和顾客满意度，借助企业现有的资源，用自身的专业技能知识，根据特定情况和出现的问题推出新的服务产品、改善服务流程以及对客沟通方式等，将所有创意融入整个服务过程中的具有自主性的创新行为。本研究采用由黄致凯根据克莱森和施特雷特（Kleysen，Street，2001）翻译修订的个人创新行为量表。该量表采用五点计分法共 12 题项，1–8 题属于创新行为构想产生，9–12 命名为创新构想执行，员工根据个人在实际工作中的情况填写问卷。

（4）控制变量

在文献的梳理中发现有多项研究表明，性别、年龄、受教育程度、员工所在部门、员工的工龄、员工的收入可能会影响员工的创新行为表现。因此，笔者将这些人口统计特征作为控制变量以研究他们对本研究假设的影响。

笔者采用 Likert 五点制计量各个题项。

3. 数据收集与样本概况

在文献的查询与阅读中总结出性别、年龄、学历、工龄等因素会对员工创新行为产生一定的影响。因此本次问卷抽样调查获取了这些个人信息并在后文的回归分析中将这些变量作为控制变量加入回归分析，使得分析更加客观。

本研究的 205 份问卷中，男性占 40.00%，女性占 60.00%，女性员工多于男性员工；年龄主要集中在 20 岁到 29 岁，占比 86.34%；一线员工的教育程度多集中在高中或中专以及初中及以下，合计 91.22%，说明酒店的一线员工学历相对较低。在问卷筛选时候已经剔除了临时工以及实习生，因此所调查的对象都是正式员工；在该酒店的工作年限在三年以内的占 76.09%。这些样本数据比较好地反映了酒店的现实基本情况。

## （四）数据分析与检验

1. 信效度分析

哈尔（Hαir）等学者认为当 Cronbach’s α 值大于 0.7 表示数据信度比较高，大于 0.8 时表明量表信度相当高。运用 SPSS20.0 对各量表进行信度效度分析，得出组织创新氛围量表的总表 Cronbach’s α 系数是 0.970；工作价值观量表的总表 Cronbach’s α 系数是 0.940，各分量表 Cronbach’s α 系数分别是 0.836、0.962；创新行为量表的总表 Cronbach’s α 系数是 0.911，各分量表 Cronbach’s α 系数分别是 0.882、0.800，这表明量表的信度非常高。

（1）组织创新氛围、创新行为效度分析

本研究所采用的组织创新氛围量表是国内学者在借鉴国外学者成熟量表的基础上开发的，并且经过多位学者反复论证的。这在一定程度上已经确保了量表的内容效度。采用因子分析法，主因子解释总变异为 63.76%，并且所有因子载荷值均大于 0.7，说明该量表的结构效度较好。创新行为量表是国内学者在借鉴国外学者成熟量表的基础上开发的，并且经过多位学者反复论证的。这在一定程度上已经确保了量表的内容效度。本文采用因子分析法，主因子解释总变异大于 60.00 % 并且所有因子载荷值均大于 0.7，说明该量表的结构效度较好。

（2）工作价值观效度分析

笔者主要采用 SPSS20.0 软件将样本随机分为两组，一组数据用来做探索性因子分析，另一组数据用来做验证性因子分析，以此检验工作价值观量表的结构效度。用 SPSS20.0 软件分析得出 KMO 值为 0.927，Sig. 值为 .000，表示适合做探索性因子分析。笔者在特征值大于 1 的情况下提取因子，然后采用最大方差正交旋转法旋转，取消绝对值小于 0.4 的小系数，共提取了两个因子，累计的总方差达到 64.90%，各因子载荷都大于 0.6，该量表符合良好的结构效度。为了进一步验证，运用 A MOS17.0 对工作价值观进行验证性因子分析。笔者首先利用 SPSS20.0 对收集的 205 条有效数据进行随机分组构建了两组数据，其中一组作为验证性因子分析模型中的数据，结果如表 1 和表 2 所示。

**表 1　工作价值观的拟合指数**

| Model fit | χ2/df | GFI | A GFI | CFI | RMR | RMSE A |
|---|---|---|---|---|---|---|
| Default model | 3.164 | 0.906 | 0.946 | 0.954 | 0.022 | 0.043 |

**表 2　工作价值观的收敛效度**

| | 物质追求 | 成长发展 |
|---|---|---|
| AVE | 0.668 | 0.636 |
| 组合信度（CR） | 0.889 | 0.863 |

由表 1 可得，χ2/df=3.164，小于 5，表示该模型与数据的拟合度良好。除了卡方值与自由度的比值外，还要根据其他指标进一步判断。由于拟合优度 GFI=0.906，调整后的拟合优度 A GFI=0.946，比较拟合优度 CFI=0.954，这三者都大于 0.9。而且，RMR=0.022 小于 0.05，RMSE A =0.043 接近 0.05。根据这些指标数据可得本模型和数据有很好的拟合性。由表 2 可得，CR 值分别是 0.889、0.863 都大于 0.6，AVE 值都大于 0.5，表明这些变量具有良好的收敛效度。

综合上述的 Cronbach's α 系数、探索性因子分析和验证性因子分析可以得知该量表信度和效度比较好。

2. 相关性分析

表 3　变量间的相关系数（N=205）

| | 组织创新氛围 | 创新构想产生 | 创新构想执行 | 物质追求 | 成长发展 |
|---|---|---|---|---|---|
| 组织创新氛围 | 1 | | | | |
| 创新构想产生 | .307** | 1 | | | |
| 创新构想执行 | .224** | .740** | 1 | | |
| 物质追求 | .908** | .283** | .142* | 1 | |
| 成长发展 | .910** | .303** | .240** | .849** | 1 |

注：**1% 水平显著，*5 % 水平显著。

根据表 3 可知组织创新氛围与创新构想产生、创新构想执行在 0.01 水平都有显著正相关。物质追求与创新构想产生、成长发展与创新构想产生、成长发展与创新构想执行在 0.01 水平显著相关。物质追求与创新构想执行在 0.05 水平显著相关。上述结果为本研究的假设提供初步支持。

3. 回归分析

（1）酒店创新氛围对创新构想产生的回归分析

本文在模型 M1 中的回归分析只纳入了控制变量（人口统计特征），即只研究控制变量对因变量（创新构想产生）的影响；在模型 M1 的基础上，M2 加入了自变量组织创新氛围进行回归分析，结果如表 4：

表 4　组织创新氛围对创新构想产生的回归分析

| 变量 | | M1 | | M2 | |
|---|---|---|---|---|---|
| | | Beta | p 值 | Beta | p 值 |
| 控制变量 | 性别 | .001 | .990 | −.046 | .450 |
| | 年龄 | −.101 | .247 | −.142 | .076 |
| | 学历 | .078 | .313 | −.025 | .730 |
| | 部门 | .301 | .000 | .431 | .000 |
| | 工作年限 | −.076 | .453 | −.044 | .629 |
| | 收入 | .267 | .007 | .212 | .020 |
| 自变量 | | | | .408 | .000 |
| 模型统计量 | $R^2$ | .193 | | .333 | |
| | $\Delta R^2$ | .167 | | .308 | |
| | $\Delta F$ | .000 | | .000 | |

结果得 M1 中的 ΔR2 值为 0.167，M2 中 Beta=0.408，p=0.000，$\Delta R^2$ 值调整为 0.308，解释变异度提高了，说明组织创新氛围对创新构想产生有显著的正向影响，因此假设 H1a 得到了验证。

（2）组织创新氛围对创新构想执行的回归分析

**表 5　组织创新氛围对创新构想执行的回归分析**

| 变量 | | M1 | | M2 | |
|---|---|---|---|---|---|
| | | Beta | p 值 | Beta | p 值 |
| 控制变量 | 性别 | −.037 | .579 | −.073 | .260 |
| | 年龄 | −.060 | .496 | −.091 | .281 |
| | 学历 | .153 | .052 | .075 | .220 |
| | 部门 | .278 | .000 | .376 | .000 |
| | 工作年限 | −.111 | .277 | −.087 | .370 |
| | 收入 | .167 | .095 | .125 | .191 |
| 自变量 | | | | .309 | .000 |
| 模型统计量 | $R^2$ | .171 | | .253 | |
| | $\Delta R^2$ | .145 | | .224 | |
| | ΔF | .000 | | .000 | |

根据表 5，M1 中的 $\Delta R^2$ 值为 0.145，M2 中在加入控制变量的基础上，再加入组织创新氛围作为自变量后 Beta=0.309，p=0.000，$\Delta R^2$ 值调整为 0.224，解释变异度提高了，说明组织创新氛围对创新构想执行有显著的正向影响，因此假设 H1b 得到了验证。

（3）物质追求对组织创新氛围与创新构想产生的关系的调节作用

在本研究中，工作价值观是作为调节变量，这部分将对工作价值观进行调节效应检测。在检测之前，笔者对控制变量、自变量（组织创新氛围）、调节变量（工作价值观）去中心化处理，然后把标准化的自变量和标准化的调节变量的乘积作为交互项。

**表 6　物质追求对创新氛围与创新构想产生关系的调节作用**

| 变量 | | M1 | | M2 | | M3 | | M4 | |
|---|---|---|---|---|---|---|---|---|---|
| | | Beta | p 值 | Beta | p 值 | Beta | p 值 | Beta | p 值 |
| 控制变量 | 性别 | .009 | .886 | −.028 | .643 | −.029 | .641 | −.020 | .740 |
| | 年龄 | −.051 | .457 | −.040 | .525 | −.040 | .531 | −.043 | .485 |

续表

| 变量 | | M1 | | M2 | | M3 | | M4 | |
|---|---|---|---|---|---|---|---|---|---|
| | | Beta | p 值 | Beta | p 值 | Beta | p 值 | Beta | p 值 |
| 控制变量 | 学历 | .106 | .159 | .014 | .848 | .013 | .856 | .027 | .697 |
| | 部门 | .313 | .000 | .430 | .000 | .430 | .000 | .357 | .000 |
| | 工作年限 | −.115 | .212 | −.103 | .226 | −.102 | .238 | −.116 | .168 |
| | 收入 | .244 | .011 | .184 | .038 | .183 | .041 | .192 | .028 |
| 自变量 | | | | .381 | .000 | .377 | .011 | .221 | .016 |
| 调节变量 | | | | | | −.17 | .047 | −.099 | .509 |
| 交互项 | | | | | | | | −.315 | .001 |
| 统计变量 | $R^2$ | .196 | | .323 | | .323 | | .361 | |
| | $\Delta R^2$ | .171 | | .298 | | .294 | | .331 | |
| | $\Delta F$ | .000 | | .000 | | .912 | | .001 | |

从表 6 的 M2 可得组织创新氛围对员工创新构想产生有显著的正向影响（Beta=0.381，p=0.000），从 M3 可得，调节变量物质追求对创新构想产生有显著的负向影响（Beta=−0. 17，p=0.047），根据 M4 可得，在回归方程中加入物质追求与创新氛围的交互项后，交互项对创新构想产生有显著的负向影响（Beta=−0.315，p=.001），此时，创新氛围与创新构想产生的相关系数减少了。这表明，通过物质追求导向价值观的调节，组织创新氛围对创新构想产生的影响降低了，故 H2a 假设成立。

笔者通过简单斜率分析方法将物质追求对组织创新氛围与员工创新构想产生的关系的调节作用描绘如图 2 所示：

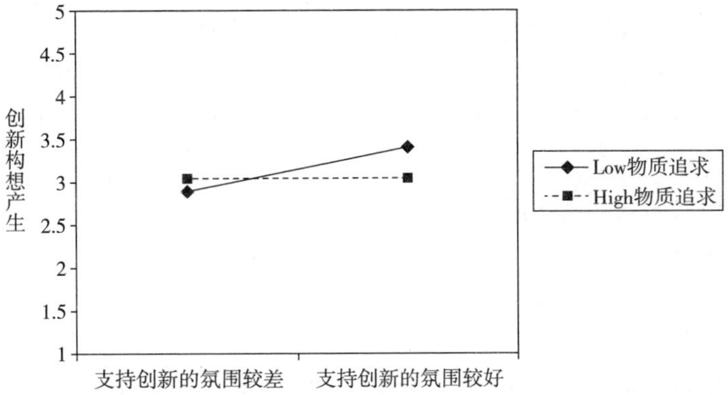


图 2　物质追求对组织创新氛围与员工创新构想产生的关系的调节作用

通过图 2 可以看出，当员工对物质的追求程度较低的情况下，组织创新氛围对员工创新构想产生的影响程度显著高于员工对物质追求程度较高的情况，这进一步支持了假设 H2a。

(4) 物质追求对组织创新氛围与创新构想执行的关系的调节作用

表 7　物质追求对创新氛围与创新构想执行的关系的调节作用

| 变量 | | M1 | | M2 | | M3 | | M4 | |
|---|---|---|---|---|---|---|---|---|---|
| | | Beta | p 值 | Beta | p 值 | Beta | p 值 | Beta | p 值 |
| 控制变量 | 性别 | −.023 | .728 | −.051 | .425 | −.056 | .380 | −.050 | .427 |
| | 年龄 | −.056 | .419 | −.048 | .472 | −.042 | .528 | −.044 | .503 |
| | 学历 | .171 | .025 | .102 | .170 | .091 | .221 | .101 | .174 |
| | 部门 | .296 | .000 | .383 | .000 | .383 | .000 | .335 | .000 |
| | 工作年限 | −.132 | .155 | −.123 | .167 | −.101 | .258 | −.110 | .214 |
| | 收入 | .166 | .085 | .121 | .190 | .099 | .288 | .104 | .257 |
| 自变量 | | | | .283 | .000 | .346 | .001 | .231 | .011 |
| 调节变量 | | | | | | −.283 | .073 | −.337 | .034 |
| 交互项 | | | | | | | | −.206 | .037 |
| 统计变量 | $R^2$ | .187 | | .257 | | .269 | | .286 | |
| | $\Delta R^2$ | .162 | | .230 | | .239 | | .252 | |
| | $\Delta F$ | .000 | | .000 | | .073 | | .037 | |

从表 7 中 M2 可得组织创新氛围对员工创新构想执行有显著的正向影响（Beta=0.283，p=0.000）。根据 M4 可得，在回归方程中加入物质追求与组织创新氛围的交互项后，交互项对创新构想执行有显著的负向影响（Beta=−0.206，p=.037），此时，创新氛围与创新构想执行的相关系数减少了。这表明，通过物质追求价值观的调节作用，组织创新氛围对创新构想执行的影响降低了，故 H2b 假设成立。

笔者通过简单斜率分析方法将物质追求对组织创新氛围与员工创新构想执行的关系的调节作用描绘如图 3 所示：

通过图 3 得，当员工对物质的追求程度较低的情况下，组织创新氛围对员工创新构想执行的影响程度显著高于员工对物质追求程度较高的情况，这进一步支持了假设 H2b。

(5) 成长发展对组织创新氛围与创新构想产生的关系的调节作用

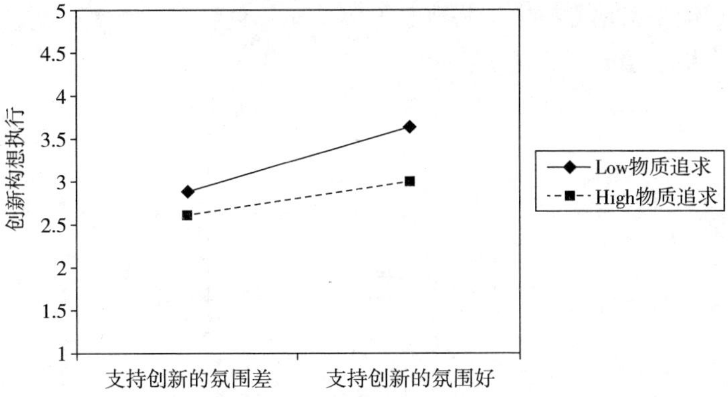


**图 3 物质追求对创新氛围与创新构想执行的关系的调节作用**

**表 8 成长发展对创新氛围与创新构想产生的关系的调节作用**

| 变量 | | M1 | | M2 | | M3 | | M4 | |
|---|---|---|---|---|---|---|---|---|---|
| | | Beta | p 值 | Beta | p 值 | Beta | p 值 | Beta | p 值 |
| 控制变量 | 性别 | .009 | .886 | −.028 | .643 | −.029 | .641 | −.018 | .764 |
| | 年龄 | −.051 | .457 | −.040 | .525 | −.040 | .531 | −.059 | .334 |
| | 学历 | .106 | .159 | .014 | .848 | .013 | .856 | .043 | .541 |
| | 部门 | .313 | .000 | .430 | .000 | .430 | .000 | .342 | .000 |
| | 工作年限 | −.115 | .212 | −.103 | .226 | −.102 | .238 | −.110 | .188 |
| | 收入 | .244 | .011 | .184 | .038 | .183 | .041 | .195 | .025 |
| 自变量 | | | | .381 | .000 | .324 | .535 | −.038 | .941 |
| 调节变量 | | | | | | .058 | .912 | .147 | .772 |
| 交互项 | | | | | | | | −.344 | .000 |
| 统计变量 | $R^2$ | .196 | | .323 | | .323 | | .371 | |
| 统计变量 | $\Delta R^2$ | .171 | | .298 | | .294 | | .342 | |
| | $\Delta F$ | .000 | | .000 | | .912 | | .000 | |

从表 8 中 M2 得组织创新氛围对员工创新构想产生有显著的正向影响（Beta=0.381，p=0.000）。根据 M4 可得，在回归方程中加入成长发展价值观与组织创新氛围的交互项后，交互项对创新构想产生有显著的负向影响（Beta=−0.344，p=0.000）。此时，创新氛围与创新构想产生的相关系数减少了。这表明，成长发展价值观对组织创新氛围与创新构想产生的关系起负调节的作用，故 H2c 假设不成立。

笔者通过简单斜率分析方法将成长发展对组织创新氛围与员工创新构想产生的关系的调节作用描绘如图 4 所示：

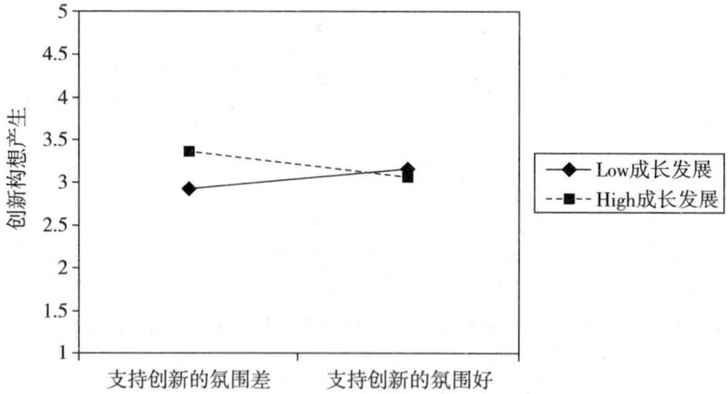


**图 4　成长发展对创新氛围与创新构想产生的关系的调节作用**

（6）成长发展对组织创新氛围与创新构想执行的关系的调节作用

**表 9　成长发展对创新氛围与创新构想执行的关系的调节作用**

| 变量 | | M1 | | M2 | | M3 | | M4 | |
|---|---|---|---|---|---|---|---|---|---|
| | | Beta | p 值 | Beta | p 值 | Beta | p 值 | Beta | p 值 |
| 控制变量 | 性别 | −.023 | .728 | −.051 | .425 | −.056 | .380 | −.049 | .437 |
| 控制变量 | 年龄 | −.056 | .419 | −.048 | .472 | −.042 | .528 | −.054 | .406 |
| | 学历 | .171 | .025 | .102 | .170 | .091 | .221 | .111 | .136 |
| | 部门 | .296 | .000 | .383 | .000 | .383 | .000 | .325 | .000 |
| | 工作年限 | −.132 | .155 | −.123 | .167 | −.101 | .258 | −.106 | .230 |
| | 收入 | .166 | .085 | .121 | .190 | .099 | .288 | .107 | .245 |
| 自变量 | | | | .283 | .000 | −.687 | .206 | −.923 | .091 |
| 调节变量 | | | | | | .980 | .073 | .999 | .055 |
| 交互项 | | | | | | | | −.224 | .020 |
| 统计变量 | $R^2$ | .187 | | .257 | | .269 | | .290 | |
| | $\Delta R^2$ | .162 | | .230 | | .239 | | .256 | |
| | $\Delta F$ | .000 | | .000 | | .073 | | .020 | |

从表 9 中 M2 得组织创新氛围对员工创新构想执行有显著的正向影响（Beta=0.283，p=0.000）。根据 M4 可得，在回归方程中加入成长发展价值观与组

织创新氛围的交互项后，交互项对创新构想执行有显著的负向影响（Beta=-0.224，p=0.020）。此时，创新氛围与创新构想执行的相关系数变成负数了。这表明，在成长发展价值观对组织创新氛围与创新构想执行的关系起负向调节的作用，故 H2d 假设不成立。

笔者通过简单斜率分析方法将成长发展价值观对组织创新氛围与员工创新构想执行的关系的调节作用描绘如图 5 所示：

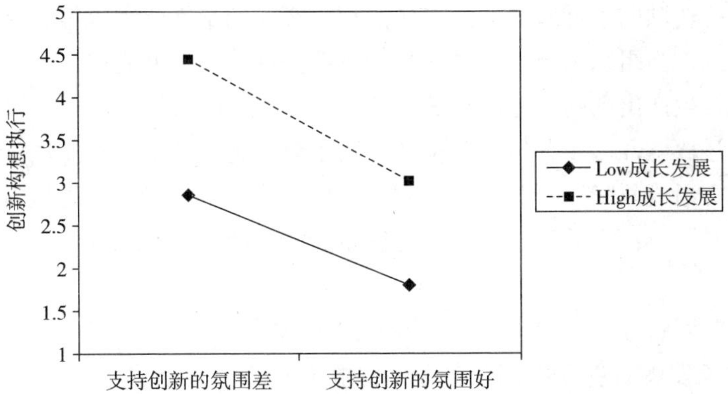


**图 5　成长发展对创新氛围与创新构想执行的关系的调节作用**

（7）假设检验结果

根据上述数据分析，本研究的假设检验结果如表 10 所述，在此不再展开叙述。

**表 10　假设检验结果**

| 假设 | 假设的内容 | 检验结果 |
| --- | --- | --- |
| H1a | 组织创新氛围对员工创新构想产生有显著正向影响 | 支持 |
| H1b | 组织创新氛围对员工创新构想执行有显著正向影响 | 支持 |
| H2 | 工作价值观对组织创新氛围与员工创新行为的关系起调节作用 | 支持 |
| H2a | 物质追求导向价值观对组织创新氛围与员工创新构想产生的关系起负调节作用 | 支持 |
| H2b | 物质追求导向价值观对组织创新氛围与员工创新构想执行的关系起负调节作用 | 支持 |
| H2c | 成长发展导向价值观对组织创新氛围与员工创新构想产生的关系起正调节作用 | 不支持 |
| H2d | 成长发展导向价值观对组织创新氛围与员工创新构想执行的关系起正调节作用 | 不支持 |

## 四、结论与讨论

### （一）研究结论

组织创新氛围对员工创新构想产生、执行有正向影响。回归模型数据表明，当员工感受到的组织氛围是支持员工创新，鼓励员工在工作中发现问题、创新性解决问题，鼓励员工改善服务流程、创新服务方式、改善服务产品等，那么员工在工作的过程中就比较倾向于针对酒店的工作流程、客人的个性化需求等提出创新性的想法与解决方式，当组织为员工提供充足的资源条件，员工就更有机会将创新性的想法付诸实践，生产出新的服务产品等。

本文通过探索性因子分析以及验证性因子分析验证了工作价值观分为两个维度的观点。本文通过回归分析验证了物质追求导向价值观对创新氛围与创新构想产生的关系起负向调节；物质追求价值观对创新氛围与创新构想执行的关系有负调节的作用。

最后，在回归分析中得出成长发展对创新氛围与创新构想产生的关系中起负调节作用；成长发展对创新氛围与创新构想执行的关系中起负调节作用。这与假设不符。第一，有研究结果表明当相关系数大于 0.75 以上，可能会存在共线性问题，导致与假设不符。第二，可能是因为酒店的特殊情况导致。在问卷调查中发现，酒店的一线员工流动性比较大，由于这个原因可能导致酒店的员工并不重视长远的发展，反而比较重视自己的行为带来的短期效益，本问卷中的成长发展维度，主要指的是员工长远的发展，长期的职业发展空间等。因此，酒店中重视成长发展的员工，本质上是重视短期的成长发展，从这个角度，酒店行业中的成长发展是比较功利性的，因此当员工持这种功利性导向的价值观时，组织创新氛围对员工创新行为构想产生、创新构想执行的影响就会减弱。侯烜方在新生代员工的创新行为研究中也表明，功利性导向价值观对员工创新行为有负向影响。

### （二）管理启示

酒店的管理者想要一线员工在工作中改善服务流程、发现问题、解决问题、提供新服务产品甚至从不同角度看待问题，满足客人未被满足的新需求，就必须先为员工提供一个有利于创新的组织氛围。首先酒店应该要有创新的组织理念，赏识、鼓励有创新精神的员工。其次，作为酒店的中高层领导，应该要以身作则，积极创新。要尊重员工提出的异议，支持甚至可以帮助员工实现创意。最后，酒店应该为员工的创新执行提供资源保障。比如给员工一些例外时间，让他们有时间去产生创新、执行创意；比如，要给员工提供实现创新的信息、设备、资料等。

酒店的管理者在招聘、选择员工的过程中要注重考察员工的工作价值观念，根据酒店的需求选择适合酒店的员工。管理者还可以制定相应的规章制度，当员工创新失败时，尽量不要影响员工的薪酬福利，从这个角度激发引导员工创新，激发员工的创新行为。

### （三）研究不足与展望

本研究具有一些不足，具体表现在一是样本局限性，本研究样本容量相对较小，一定程度上可能会影响样本的代表性。二是研究方法不足，笔者只用横截面的研究方法。如果能考虑不同时期的酒店员工进行纵向研究，可能可以得到更丰富的结果。三是概念模型有待进一步完善，本研究的外部情境因素选择的是组织的创新氛围，员工的个人特质主要是从工作价值观角度，但是外部情境因素还有很多种，调节因素也不只有工作价值观。该模型有待进一步完善。

鉴于此次研究过程中存在的不足，今后在做研究时应该要扩大样本容量以及样本来源。其次，在今后的研究中，要从多角度研究酒店的员工创新行为，丰富研究的模型。

## 主要参考文献


顾远东，彭纪生．组织创新氛围对员工创新行为的影响：创新自我效能感的中介作用．南开管理评论，2010(13).

霍娜，李超平．工作价值观的研究进展与展望．心理科学进展，2009(17).

金盛华，李雪．大学生职业价值观：手段与目的．心理学报，2005(5).

刘云，石金涛．组织创新气氛对员工心理赋能的影响研究．科学学与科学技术管理，2009(2).

甄美荣，彭纪生，杨晶照．组织创新气氛对员工创新行为的影响——基于个体目标取向、心理资本的分析．科技与经济，2012,(25).

Alam. 2002. An Exploratory Investigation of User Involvement In New Service Development, *Journal of the Academy of Marketing Science*, 30(3): 250–261.

Lee C., Tinsley C. H and Bobko P. 2002. An Investigation of The Antecedents and Consequences of Group Level Confidence. *Journal of Applied Social Psychology*, 8: 1628–1652.

Tidd J., Bessant J. and Pavvit K. 1997. Managing innovation: integrating technological, market and organizational change. *John Wiley Sons Ltd,* 1997.

## 点评

服务创新是当前旅游管理领域的一个热门研究主题。有效鼓励员工的创新性行为已经成为当前酒店赢得核心竞争力的重要手段之一。但是，在酒店的日常工作中，员工的服务创新行为很少得到领导的关注与支持。我国学术界对服务创新的研究主要集中在宏观的组织层面，很少关注服务企业员工的创新行为，特别对于哪些因素影响酒店员工创新行为缺乏深入的实证调研。基于上述原因，该论文主要探索酒店创新氛围与员工的创新行为之间的关系，以及工作价值观在上述关系中发挥的作用。论文的一个特色之处不仅考虑组织因素对酒店一线员工服务创新行为的影响，而且充分考虑到了酒店员工的个人因素——工作价值观。论文选题具有较强的理论意义与实践价值，研究内容具有一定的创新性。

该论文符合学术规范、结构合理，作者在对相关文献进行综述的基础上，提出相应的假设。MTA 同学在撰写实证论文时，往往仅根据自己的主观判断提出相应的假设，该论文把理论、逻辑、已有文献融合起来作为假设的依据，是比较充分与合理的。论文采用较规范的实证研究方法，使用问卷调查的方式对一个城市的多家高星级酒店进行调查。该调研方法是合适的，能够解决本文研究目标中提出的问题。论文的分析方法比较科学，首先对数据质量进行分析，然后对假设的模型进行数据检验。论文的研究结论比较可靠，通过实证调研基本证实了本文提出的理论模型。研究得出的结论是：第一，酒店的创新氛围对员工创新行为的两个维度都有显著的正向影响；第二，工作价值观调节组织创新氛围和员工创新行为之间的关系。该论文不仅丰富了现有的服务创新领域的成果，而且具有一定的管理启示意义，能为我国高星级酒店培养员工的创造性和激发员工的服务创新行为提供借鉴。

# 连锁餐饮企业基层管理人员胜任力模型研究

郑晓瑜[①]

**摘要：**研究基层管理人员胜任力对于旅游业的发展十分重要。本文首先通过查阅国内外文献资料，对胜任力内涵、胜任力模型、国内外研究现状进行文献综述，提出论文研究的理论和实践意义；其次，在前人胜任力研究的基础上，结合连锁餐饮业未来发展趋势和基层管理人员岗位特征，运用行为事件访谈法、问卷调查法构建连锁餐饮企业基层管理人员胜任力模型，并进行实证分析；最后针对连锁餐饮企业中面临的业务高速发展和人力支持的矛盾和挑战，实施基于胜任力模型的基层管理人员内、外部人才配置规划，从外部招聘和内部培养两个角度进行人才供给。本文的针对性研究深化了胜任力在连锁餐饮行业的应用，此研究成果可为连锁餐饮企业基层管理人员招聘选拔、内部培养等人力资源工作提供实践指导作用，并进而通过实践完善模型构成。

**关键词：**连锁餐饮；人力资源管理；胜任力

## 一、引言

胜任力研究是人力资源管理中的热点问题，然而当前研究主要集中在对中高层管理者的通用胜任力模型研究，缺乏对餐饮企业，特别是针对连锁餐饮企业基层管理人员的研究。餐饮企业的消费特征使得服务效率、顾客满意度和回头率主要取决于对一线员工服务效果的控制，而对基层管理者胜任力的研究无疑可以从根本上解决餐饮企业服务质量不稳定的管理难题，是对餐饮服务管理理论的有益补充，也拓展了从人力资源视角探讨提升餐饮企业质量管理的研究思路，更是对已有胜任力研究成果的检验与丰富。本研究的理论意义在于深化了胜任力模型研究在连锁餐饮业的应用，丰富了连锁餐饮企业人力资源管理理论。

本研究的实践意义在于既为连锁餐饮企业人力资源管理内、外部人才配置提供一个有效的评价方法和技术工具，同时也为连锁餐饮从业人员的自我完善提供参考。首先，对于连锁餐饮企业而言，建立科学的基层管理人员的胜任力模型，能使人力资源管理的各项工作有一个统一的、可衡量的标准，确保选人、育人的科学

① 2011 级，2013 年毕业；点评教师：伍晓奕。

性、公平性和合理性。其次，对于连锁餐饮从业人员而言，胜任力模型为基层管理人员指明了努力的方向，给他们的晋升提供一整套具体化的能力导向，同时也有利基层管理人员进行自身能力盘点，明晰现有能力与未来要求之间的差距，以胜任力模型为标杆参照体系，帮助基层管理人员更好地提高个人绩效。

## 二、研究述评

### （一）理论基础——冰山模型

胜任力模型主要是以冰山模型为基础来展开研究。斯宾塞（Spencer）等人（1994）经过近二十年对胜任力的研究和应用，提出了冰山模型，将个体素质的不同表现形式划分为表面的“冰山以上部分”和深藏的“冰山以下部分”。其中，“冰山以上部分”是可见的、外显的特征，包括知识、技能，这些特征是容易了解与测量的部分，相对而言也比较容易通过培训来改变和发展。而“冰山以下部分”包括社会角色、自我形象、特质和动机，是人内在的、难以测量的部分。它们不太容易通过外界的影响而得到改变，但却对人员的行为和表现起着关键性的作用。

知识是指一个人在某个领域的专业知识；技能是指在执行任务时的能力；特质指身体的特性、性格的特性对情境和信息的反应；动机是指一个人对某种事物的渴望进而付出行动的想法和念头；自我概念是指一个人对自己所担任的社会角色的自我印象。斯宾塞（Spencer）等人（1994）认为，特质和动机是一个人的核心的人格，相当不容易发展，并且难以评价与后天习得；知识和技能则容易发展，通过系统的业务能力培训可以获得；自我概念的社会角色认知则介于两者之间，后天可以培养。

### （二）胜任力研究

胜任力的概念，最早可以追溯到1911年，优秀工作与较差工作在完成工作任务时是有差异的，管理者要用“时间—动作”分析法去界定工人的胜任力的构成，进而采用系统的培训活动去提高工作的胜任力。

胜任力研究起源于美国，与西方国家相比而言，我国国内胜任力理论在管理领域的研究和应用起步较晚。

综上所述，从研究类别来看，我国的胜任力模型研究既有对通用胜任力模型的研究，也有对特定岗位的胜任力模型研究。从研究内容来看，国内研究大多是结合中国国情而提出的，能较好地被中国的企业所运用；从研究对象来看，目前国内研究大多从心理学的领域出发，建立了高层或中层管理岗位的胜任力模型，对基层管理者的胜任力研究非常少。本文将研究对象定为基层管理人员，对国内胜任力模型的研究也是一个较好的补充。

## 三、模型、数据与验证

### （一）连锁餐饮企业发展趋势

改革开放以来，中国餐饮业伴随着中国社会经济的进步与发展，走过了具有历史性、跨越性和剧变性的 30 年，尤其是进入 21 世纪以来，餐饮行业以年均 20% 的增长速度，成为国民经济中发展最快的行业之一。

1994 年，重庆小天鹅火锅开始进行连锁经营，到现在已经在全国开设了近 200 家特许加盟店；1998 年，成都谭鱼头火锅走上连锁之路，至今在全国 50 多个城市拥有 100 多家分店，并于 2002 年 9 月打入台湾市场；2000 年，重庆德庄开始涉足连锁，目前在全国已有 120 多家连锁店；最著名的是内蒙古小肥羊，从 1999 年在包头市起家以来，短短数年间，开设了 700 多家连锁店，也创造了中国餐饮连锁的最快成长纪录。这一批中国最早以连锁经营方式发展的餐饮企业，拉开了中国餐饮连锁经营的篇章，从中心城市到二三线城市，甚至到乡镇，连锁经营取得了令人瞩目的成绩。

2011 年，中国限额以上连锁餐饮企业总店数 428 个，门店总数为 16285 个，营业面积 821.37 万平方米，从业人员 83.29 万人，营业收入 1120.39 亿元。显然，在中国政府拉动消费的政策、城乡居民收入较快增长和消费观念更新等因素影响下，未来餐饮业依然是引人注目的消费热点。

连锁经营不仅是企业提高效率、降低成本的经营方式，更重要的是能够帮助企业突破发展中的管理瓶颈。连锁经营具有成本优势、价格优势、服务优势、品牌优势，有着极强的竞争能力，是未来一个时期中国餐饮业经营模式的主要发展方向。

### （二）连锁扩张带来的基层管理人才依赖问题分析

虽然连锁经营给餐饮企业带来了前所未有的发展机会，但是同时连锁餐饮企业也面临着巨大的挑战。基层管理人才的匮乏是连锁餐饮业遇到的普遍问题，人才问题成了限制连锁餐饮业扩张规模和速度的主要原因。首先，连锁餐饮企业规模扩大对管理人员的素质提出了更高的要求，尤其是直接将产品和服务呈现给消费者的基层管理人员，高素质的连锁管理人才“奇货可居”。其次，餐饮业的就业的主力军年龄一般在 18 岁至 35 岁，这一群体的年轻人对工作的期望值较高，但心理承受能力和稳定性相对较差，人员流失严重。再次，随着餐饮业的蓬勃发展，越来越多的投资商看好这块蛋糕，整个行业的开店脚步不断加快，餐饮店数量与日俱增，由此带来的人才争夺尤其是基层管理人员的争夺也日趋激烈。企业自身的基层管理人员尚不足，加上竞争对手的抢夺，使得连锁餐饮企业对基层管理人才存在着严重的依赖。一旦基层管理人员大量流失，人才供给不上不仅会使老店的发展受到影响，同时也使新开的分店由于没有足够的老店基层管理人员的支持而陷入运营的断层。因此，连锁企业自身对降低人才依赖所做的工作对于连锁企业的持续发展尤为重要。

不少连锁餐饮企业在应对人才匮乏的问题时有两个方向，一是搞人海战术，从外部招聘大量的员工来解决人员的短缺问题；二是通过提高内部员工的福利和待遇暂时解决老员工的人才保留问题。然而这两种方式只能解决一时的问题，外招进来新员工很有可能与连锁餐饮企业“水土不合”，在企业增加了培训的成本之后仍不见效，最终选择离职。而企业的老员工也未必通过金钱就能够被留住，大多数人才往往更需要一个好的发展平台，有一个施展才华的空间比现有待遇的提高更重要。

解决人才短缺的一个基础条件就是了解企业对人力资源素质的要求，通过建立基于企业战略发展需求的胜任力模型，实现在组织的人力资源现状和理想的未来之间搭建一座桥梁的目标。胜任力模型将为基层管理层提供对于组织而言十分重要的一系列能力构成。一个先进的胜任力模型能够作为组织从事员工培训、改善员工绩效水平、在招聘中定义能力以及其他人力资源管理的基础。因此，研究连锁餐饮企业基层管理人员的胜任力迫在眉睫，建立以员工胜任力为导向的招聘和培养体系，即外部招聘要招与企业价值观相适合的人，而内部培养也要让员工看到一个广阔的发展平台，才能有效地解决人才供给问题。

### （三）胜任力模型维度的确认

笔者选取麦当劳、肯德基、必胜客 3 家连锁企业的 6 家分店的店长共 6 人进行深入的访谈，运用冰山模型的胜任力框架以及冰山模型五项能力特征的发展情况，获取与基层管理人员相匹配的胜任力维度。访谈中，6 名店长均认为“自我概念”要求基层管理人员必须认清自己的管理角色，需要在业务管理过程中具备与岗位匹配的“领导力”；“知识与能力”要求基层管理人员必须具备与一线操作员工一样的“专业能力”，只有在掌握了专业能力的基础上，才能更好地对一线操作员工进行督导和管理；“特质和动机”要求基层管理人员需要有与连锁餐饮企业价值观相匹配的“核心能力”，由于这部分的能力难以培养，6 名店长均表示这项能力是一个基层管理人员要产出优秀绩效的根基，只有找到与企业特质相适合的人，才有利于企业的长远发展。

综上，由笔者与 6 名店长通过借鉴冰山模型，一同将连锁餐饮企业基层管理人员胜任力模型的三项维度确定为：核心能力、专业能力、领导力（见图 1）。

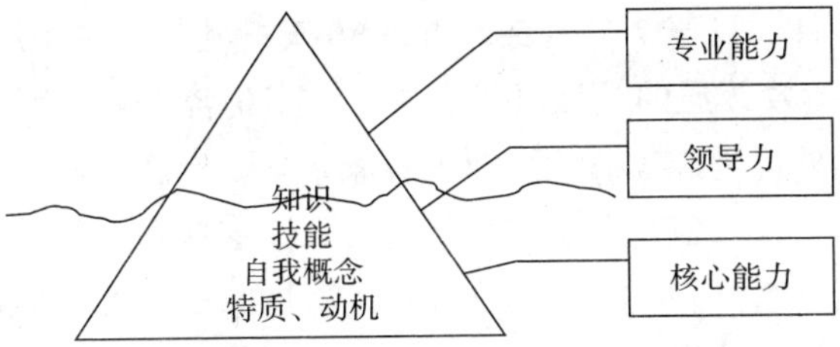


**图 1　连锁餐饮企业基层管理人员胜任力维度构成图**

## （四）胜任力要素的确定

连锁餐饮企业基层管理人员的三项胜任力维度，即核心能力、专业能力、领导力是一种概括性的能力项，每一个胜任力维度还包含着具体的胜任力要素，这些要素能够更直观地反映出胜任连锁餐饮企业基层管理岗位应具备的能力要求。本节将进一步提取核心能力、专业能力、领导力三项维度里的胜任力要素。

在国内外有关胜任力模型的研究中，行为事件访谈法是有效识别胜任力要素的最好方法。行为事件访谈法是一种开放式的行为回顾技术，它需要被访谈者回顾自己的工作中遇到的关键事件或情景，包括三项成功的事件和三项失败的事件。在长达三个小时的访谈过程中，访谈者引导被访谈者对其工作中的关键情景进行详细描述，访谈者从中收集 3～6 个详细的行为事件信息。这一方法最早由“胜任力模型之父”麦克莱伦（McClellan.et al，1994）提出并实施，其创立的管理咨询公司应美国政府要求帮助挑选 FSIO（驻外联络官）。麦克莱伦（McClellan.et al，1994）通过采用自己创造的行为事件访谈法来寻找选拔 FISO 的标准，构建了 FISO 胜任力模型。后来这一方法被推广，斯宾塞等（Spencer et al.，1994）运用行为事件访谈法，总结了他们 20 年的胜任特征研究成果，提出了五个通用模型，包括技术人员、社会服务人员、管理人员、销售人员和企业家五类胜任力模型。国内胜任力研究的著名学者时勘等（2002）运用行为事件访谈法对我们通信行业管理人员的胜任力进行实证，构建了通信管理干部胜任力模型。前人的研究表明，行为事件访谈法在胜任力要素的揭示上更为有效。

1. 访谈对象的选择

胜任力模型是对优秀员工的行为表现的描述和再现，研究对象集中在优秀绩效者。虽然每个连锁餐饮企业对基层管理人员优秀绩效者的评判没有统一的标准，但是通过咨询百胜餐饮人力资源部、星巴克中国人力资源部及豪享来、豪客来人力资源部后得知，每个企业每年都会在各个分店进行优秀员工的评比，获得优秀员工称号的员工均需要取得良好的业绩以及获得分店同事的认可。因此，笔者与各访谈企业的人力资源工作者商议，将优秀绩效者确定为：最近一年获得优秀员工称号的基层管理人员。

本次访谈从 6 月 5 日至 7 月 4 日，历时 30 天，共访谈了 10 名绩效优秀的基层管理人员和 10 名绩效普通的员工（见表 1）。这 20 名员工分别来自星巴克、肯德基、必胜客三家国外优秀连锁餐饮企业以及豪享来、豪客来两家在本土经营状况良好且有一定规模的企业。值得注意的是，笔者只让这些企业的总部人力资源管理者提供这 20 名员工名单，而并不知道 20 名员工所属的是在优秀组还是普通组。同时每名员工也不被告知与分组相关的信息。这是为了避免访谈者与被试人员存在先入为主的印象而采取的“双盲”设计。

**表 1　行为事件访谈对象构成**

| 访谈企业 | 访谈岗位 | 定义职级 | 访谈人数 |
|---|---|---|---|
| 星巴克 | 店经理 | 餐厅店长 | 1 |
| | 店助理 | 餐厅经理 | 1 |
| | 值班主管 | 餐厅主管 | 2 |
| 肯德基 | 餐厅助理 | 餐厅主管 | 2 |
| | 餐厅副理 | 餐厅经理 | 2 |
| | 餐厅经理 | 餐厅店长 | 2 |
| 必胜客 | 餐厅储备经理 | 餐厅主管 | 2 |
| | 餐厅副理 | 餐厅经理 | 1 |
| | 餐厅经理 | 餐厅店长 | 1 |
| 豪客来 | 店长 | 餐厅店长 | 1 |
| | 西餐主管 | 餐厅主管 | 1 |
| 豪享来 | 中餐主管 | 餐厅主管 | 1 |
| | 西餐主管 | 餐厅主管 | 1 |
| | 点心主管 | 餐厅主管 | 1 |
| | 凉菜主管 | 餐厅主管 | 1 |

2. 访谈过程

根据上文确定的连锁餐饮基层管理人员三项胜任力维度，笔者设计了能够获取核心能力要素、专业能力要素和领导力要素的访谈提纲。依据访谈提纲进行时长三个小时的深度访谈，让访谈对象回顾自己在工作当中遇到的关键事件或情景，成功和失败的经历各三项。为确保访谈结果的科学性与严谨性，访谈者在运用行为事件访谈法时，应在访谈前中后进行有效控制。

访谈前控制。访谈者应事先了解被访谈者的姓名、岗位、职务与工作内容，随后作自我介绍，告知被访谈者访谈的目的和流程，帮助被访谈者消除顾虑，创造融洽和谐的访谈气氛，并强调会对访谈内容进行保密，建立与被访谈者之间的信任。

访谈中控制。访谈记录是行为事件访谈的核心步骤，它需要访谈者引导被访谈者对所经历的关键成功事件或失败事件进行详细描述，以记录其关键行为要素。在访谈的过程中，为了确保被访谈者能完整地说出关键事件的方方面面，需要访谈者用 STAR 法对关键事件进行引导，具体包括：情境（Situation），即要求被访谈者描述所列举的事件是在怎样的情境下发生的；任务（Task），即要求被访谈者回答在整个事件中的关键任务和主要目的是什么；行动（Action），即要求被访谈者描述具体采取了哪些行为；结果（Result），即要求被访谈者总结采取这种行为产生的结果如何。

访谈后控制。访谈结束时，首先要在现场对被访谈者花费精力与时间配合访谈的行为表示衷心感谢，然后要立即总结访谈资料，确保资料不会因为未及时整理而随着时间有所遗漏，如果发现不十分清楚的问题，应尽快与被访谈者进一步确认。这些记录是分析行为事件访谈资料、提取胜任力要素的重要内容与依据。

3. 编码与模型

经过一个月的行为事件访谈，共收回 20 份有效的访谈问卷，笔者开始对访谈资料进行编码。首先将原卷分为优秀组和普通组。并在原卷中每一个能表明胜任特征的句子画线，提炼出能表达句子意思的胜任力要素。其次对比优秀组和普通组分别列出的胜任特征。例如：无论优秀组还是普通组的基层管理人员在回答领导力问题时，都认为“决策能力”很重要，但普通组的访谈对象在整个访谈过程中只举了 1-2 个事例，但优秀组列举了 8-10 个事例。最后，将编码所得到的数据进行汇总和统计，对优秀组和普通组在每一胜任特征出现的频次进行分析，将差异显著的胜任特征挑选出来，确定出每个维度的胜任力要素。

通过编码后得出核心能力维度的胜任力要素是服务意识、合作意识；专业能力维度的胜任力要素是服务技能、营销能力、客户投诉处理；领导力维度的胜任力要素是团队建设、组织计划、决策能力。将胜任力要素放入各个维度里，由此得出基础模型（见图 2）。

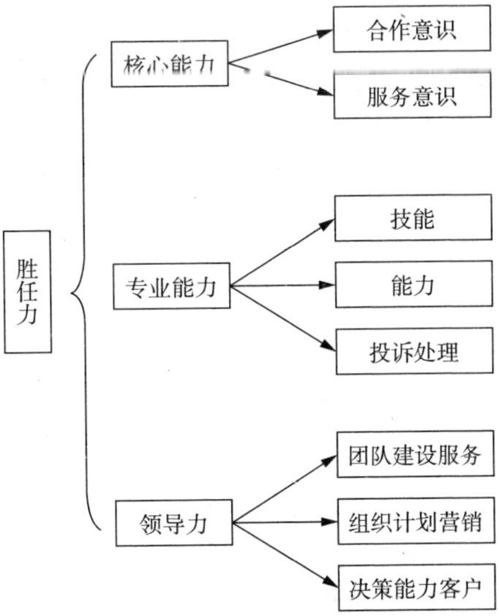


**图 2　连锁餐饮企业基层管理人员胜任力模型**

## （五）胜任力模型验证

本文依据定性研究编码得出的 8 项

胜任力要素，编制调查问卷，用以验证这些胜任力要素是否与优秀员工的绩效密切相关。由于笔者无法让每个被试企业都提供优秀员工的资料，因此试图通过大批量问卷的发放来获得关键数据。

1. 问卷设计

问卷内容分为两部分，第一部分为被调查者的个人背景资料，包括性别、年纪、工作年限、职务职级等。第二部分是问卷的主体，采用 Likert 五点等量表评分法对这些要素进行评分，每个胜任力要素都有相应的 5 个分值，1–5 分别代表胜任力要素对成为一名优秀的餐饮连锁企业基层管理人员的重要程度，其中 1 表示“非常不重要”，2 表示“不太重要”，3 表示“一般”，4 表示“比较重要”，5 表示“非常重要”。

2. 问卷发放及回收情况

本次问卷共发放 220 份，回收 166 份，其中有效问卷 150 份，特别强调的是，调查的群体不含经过行为事件访谈法的员工。从 150 份问卷中获得 62 份优秀基层管理人员问卷，优秀基层管理人员分别来自德克士、麦当劳、汉堡王、小肥羊、大丰收、鱼旨寿司等在厦门经营状况良好的连锁餐饮企业。随后对得到的数据进行统计分析，用以验证编码得出的 8 项胜任力要素是否与优秀绩效正相关。

3. 样本描述

本节对问卷调查得到 62 名优秀基层管理人员的问卷做样本分析，见表 2。研究发现优秀连锁餐饮企业基层管理人员的年龄大多分布在 25–30 岁这一年龄段，较为年轻，且大多数人受过良好的教育，学历均在大专及大专以上。从整个年龄与学历来讲，这一群体的潜力与发展空间还是比较大的。

**表 2　调查对象分布情况**

| 项目 | 类别 | 人数 | 百分比 | 项目 | 类别 | 人数 | 百分比 |
|---|---|---|---|---|---|---|---|
| 性别 | 男 | 38 | 61.29% | 文化程度 | 中专 | 9 | 14.52% |
| | 女 | 24 | 38.71% | | 大专及以上 | 53 | 85.48% |
| 年龄 | 20–25 | 10 | 16.13% | 工作年限 | 1–3 年 | 36 | 58.06% |
| | 25–30 | 34 | 54.84% | | 3–5 年 | 18 | 29.03% |
| | 30 以上 | 18 | 29.03% | | 5 年以上 | 8 | 12.90% |

4. 问卷信度分析

问卷是否具有信度是进行问卷分析的关键和前提，只有在问卷具有一定的信度的情况下，数据分析的价值才能凸显。一般学者采用的方法是用 SPSS 软件进行问卷的信度分析。

信度分析是测量问卷是否具有一定的稳定性和可靠性的有效分析方法。目前，信度检验有四种方法：再度信度、复本信度、评分者信度和一致性信度。本文主要采用一致性信度法。

信度指标是对信度的定量化描述，信度指标的量化值为信度系数。信度系数越大，则测量的可信度就越大。不同的学者对信度系数的界限值看法不同，一般来说，0.65 至 0.75 是最小可接受值，0.70 至 0.80 是相当好，0.80 以上就是非常好。笔者通过发放问卷，收集相关数据，运用 SPSS17.0 对数据进行信度分析。总体信度系数为 0.892，从中可以看出问卷具有较好的信度，问卷的可靠性高。

5. 问卷结果分析

本文采用的问卷已经过信度检验，已明确其具有一定的可信度，因此可以对优秀组的结果进行分析。研究表明，胜任力要求能衡量优秀绩效者的能力，我们以过去一年是否获得优秀员工的称号作为优秀员工和普通员工的区分条件，对优秀员工的问卷结果进行降序排列，使关键胜任力得到凸显，以此验证基础模型。

此次问卷共回收优秀员工问卷 62 份，笔者运用 SPSS17.0 对 62 名优秀员工的作答情况做描述性分析，对其分析结果均做降序排序，以便分析每个胜任力要素的重要程度（见表 3）。8 项胜任力要素的均值均在 4.84 以上，说明这些胜任力要素与基层管理人员的优秀绩效正相关；且优秀员工认为“合作意识”与“服务意识”的重要性最大，这与前文在确定胜任力维度时，与 6 名店长的考量一致：核心能力是连锁餐饮企业的根基。

表 3 优秀组描述统计量

| | N | 最小值 | 最大值 | 均值 | 标准差 |
|---|---|---|---|---|---|
| 合作意识 | 62 | 5 | 5 | 5.00 | 0.000 |
| 服务意识 | 62 | 4 | 5 | 4.98 | 0.127 |
| 服务技能 | 62 | 4 | 5 | 4.97 | 0.178 |
| 团队建设 | 62 | 4 | 5 | 4.95 | 0.216 |
| 决策能力 | 62 | 4 | 5 | 4.92 | 0.275 |
| 客户投诉处理 | 62 | 4 | 5 | 4.90 | 0.298 |
| 组织计划 | 62 | 4 | 5 | 4.87 | 0.338 |
| 营销能力 | 62 | 4 | 5 | 4.84 | 0.371 |

## （六）验证后的模型分析

针对连锁餐饮企业基层管理岗位建立的胜任力模型包括：这个岗位取得优秀绩

效所需要的几个维度的胜任力名称、各胜任力维度所包含的要素以及每个胜任力要素的典型行为表现。维度和胜任力要素上文已构建好，接下来需要对每个胜任力进行行为描述。笔者参考行为事件访谈中收回的问卷，通过归纳分法对最终模型进行行为描述。由于基层管理岗位包括主管、经理、店长三个不同层级的管理岗位，对其在专业能力和领导力的要求将有所不同，因此在对这两个维度的行为描述时，笔者进行了分级描述（见表 4）。而核心能力要求每一个基层管理人员都具备与连锁餐饮企业相匹配价值观的关键行为能力，因此在核心能力维度，不做分级。

**表 4　连锁餐饮企业基层管理人员胜任力模型分析**

| 胜任力维度 | 胜任力要素 | 行为描述 | |
|---|---|---|---|
| 核心能力 | 合作意识 | 员工个人对创建协同一致的团队而采取共同行动的认知与情感 | |
| | 服务意识 | 自觉主动做好服务工作的一种观念和愿望，它发自服务人员的内心 | |
| 专业能力 | 服务技能 | 主管层级 | 关心顾客的感受，主动寻找服务的机会点<br>以身作则，有示范美好服务的能力 |
| | | 经理层级 | 甄选团队成员成为优秀的顾客服务人员<br>有效培训团队成员，始终传递以顾客为导向的理念 |
| | | 店长层级 | 组织、策划各类行动，提升餐厅服务成效<br>乐意分享美好的服务经验，带动团队创造更多创新服务 |
| | 营销能力 | 主管层级 | 领导团队完成销售目标 |
| | | 经理层级 | 不断更新市场营销观念和促销手段，以适应客户的需要 |
| | | 店长层级 | 结合餐厅的中长期经营目标和规划，负责业务拓展和方案实施 |
| | 客户投诉处理 | 主管层级 | 对解决影响顾客满意的问题表现急迫，妥善处理顾客抱怨 |
| | | 经理层级 | 熟练掌握各种服务补救技巧，使顾客满意 |
| | | 店长层级 | 对顾客投诉的处理，能成为餐厅的典范 |
| 领导力 | 组织计划 | 主管层级 | 能将餐厅工作目标分解成多项有序可行的工作任务<br>能制作详细的问题清单、进度表和日程安排，并跟踪记录进展以确保没有遗漏细节，所有工作按计划进行 |
| | | 经理层级 | 制定灵活的日程计划，用以协调不同人员的时间安排<br>预先检查可能出现的意外风险和项目阻滞，制定相应的应急方案以避免项目延期或失败 |

续表

| 胜任力维度 | 胜任力要素 | 行为描述 | |
|---|---|---|---|
| 领导力 | 组织计划 | 店长层级 | 能监控项目的关键节点，确定并执行纠错行动<br>帮助他人发现工作计划中存在的问题，提供改进建议 |
| | 团队建设 | 主管层级 | 充分理解并能清晰地描述团队目标和各成员的角色和职责<br>通过非正式的沟通互动等活动加强团队合作意识<br>支持有利于餐厅进步的想法和行为 |
| | | 经理层级 | 有能力运用不同的方式提高员工士气<br>善于倾听员工的观点和意见，协助他们完成任务<br>了解下属的专长和工作风格，分析、预期下属的职业发展方向 |
| | | 店长层级 | 鼓舞员工士气，降低离职率<br>建立沟通管道，建立餐厅相互信任的工作环境<br>知人善用，帮助他人成长 |
| | 决策能力 | 主管层级 | 显示出寻找、利用相关信息和数据来源以推进决策过程的积极性<br>应用最精确的信息来源以作出正确决策<br>识别影响决策的因素，通过理清因素的优先次序在最终期限前决策 |
| | | 经理层级 | 在紧急情况下能够快速及时地作出决策，不会因时间紧迫而草率作出不合理的决定<br>在必需的情况下能够顶住压力，有充分的勇气和自信作出自己所坚信的决策 |
| | | 店长层级 | 具备分析判断最佳决策时间和环境，或是不适宜决策的时机和环境的敏感力<br>在作出决策前，善于分析评估可能面临的潜在风险，预计决策的短 / 长期影响 |

### （七）应用与讨论

连锁餐饮企业在扩张时期的基层管理人员缺乏一直是企业较为棘手的难题，获得人才的方式有两种：外部招聘与内部选拔。这两种方式在企业内部常常并存，又各有优劣。传统的外部招聘和内部选拔，都存在一个严重的问题——缺乏评估人才的标准，而胜任力模型恰恰是给企业量身定做了一个选拔人才的标准，有了标准，再来度量人才，就能较容易选到与连锁餐饮企业“水土相符”的员工。这一章节，笔者将从企业外部招聘和内部选拔两方面，来探讨胜任力模型的应用。

1. 基于胜任力模型的外部招聘应用

传统的招聘方法一般存在缺乏规范的招聘管理过程与标准、在测评过程中重外显素质轻内隐素质、依赖惯性和经验等问题。而基于胜任力模型的招聘除了对应聘者做传统意义上的考察以外，还依据应聘者所具备的胜任力素质对其未来绩效的指引作用来对应聘者进行综合评估。因此，这种基于胜任力素质的招聘选拔不仅能为企业找到能满足目前需要的人才，还能为企业找到适合企业未来长远发展所需的人才。企业借助胜任力模型对应聘者关键行为表现进行评估，可以确保企业所招聘到的员工具备企业期望的技能和知识，更有利于减少在培训方面的投资成本。

具体在餐饮连锁企业人力资源管理中实施招聘选拔时，企业需要做到：

（1）应用胜任力模型确立基层管理岗的任职资格

纵观人才网上的招聘简章，不少企业过分强调教育背景、技能水平和工作经验，甚至是性别和婚姻状况等“硬件”水平。我们以厦门某知名连锁餐饮企业 HSL 为例，其在人才网上公开招聘餐厅经理一职，招聘简章只简单罗列了岗位要求为大专及以上学历，持食品从业健康证；3-5 年中高档西餐厅管理层经验，精通营运业务，较强的成本意识和创新意识；具备较强的抗压能力，团队意识强。

这种招聘简章往往不能真正地反映胜任餐厅经理这个岗位所需要的真实能力，很有可能因选人的不当而导致人才的浪费和用人的失误。如果能够应用胜任力模型来设计招聘简章，则可以改善或解决选人的问题，HSL 的餐厅经理必备的岗位职责在模型中都能被覆盖到（见表 5)。

**表 5　基于胜任力模型的 HSL 招聘简章**

| |
|---|
| **岗位要求：**<br>1. 大专及以上学历，持食品从业健康证<br>2. 3-5 年中高档西餐厅管理层经验 |
| **岗位职责：**<br>1. 甄选团队成员成为优秀的顾客服务人员，并能有效培训团队成员，始终传递以顾客为导向的理念<br>2. 具备较好的营销能力，能够不断更新市场营销观念和促销手段，以适应客户的需要<br>3. 熟练掌握各种服务补救技巧，有效处理客户投诉，使顾客满意<br>4. 制定灵活的日程计划，用以协调不同人员的时间安排，在日常工作中能预先检查可能出现的意外风险和项目阻滞，制定相应的应急方案以避免项目延期或失败<br>5. 善于倾听员工的观点和意见，协助他们完成任务；具备运用不同的方式提高员工士气的激励能力；了解下属的专长和工作风格，分析、预期下属的职业发展方向<br>6. 具备在紧急情况下能够快速及时地作出决策的能力，在必需的情况下能够顶住压力，有充分的勇气和自信作出自己所坚信的决策 |
| **我们希望：**<br>HSL 的每一位伙伴，都拥有自觉主动做好服务工作的一种观念和愿望，并能为创建协调一致的团队而努力 |

(2) 设计基于胜任力模型的结构化面试

胜任力模型理论要求采取结构化面试过程。所谓结构化面试又称标准化面试，它是根据特定职位的胜任力要求，遵循固定的程序，根据事先设计好的试题、评分标准及方法，来确定应聘者胜任特征的人才测评过程和方法。这种面试方式标准化程度高，可控性较强，面试过程较客观公正，面试结果又能实现横向比较。

笔者仍以餐厅经理为例，具体操作如下：

识别餐厅经理岗位所要求具备的胜任力，确定与每项胜任力（以决策能力为例，见表6）相关的行为表现。

**表6　决策能力之行为表现表**

| 胜任力名称 | 相关联的行为表现 |
| --- | --- |
| 决策能力 | 1. 能预见可能出现的问题 |
| | 2. 能在信息不全的情况下快速作出决策 |
| | 3. 能考虑餐厅的相关政策、制度、流程及各种客观制约因素 |
| | 4. 能为自己的决策承担相应的责任 |

针对“决策能力”的行为表现来设计面试问题提纲。提纲（见表7）由一套标准的问题组成，面试官根据候选人对这些问题的回答来判断是否具备岗位要求的决策能力。

**表7　决策能力之面试问题提纲**

| 胜任力名称 | 相关联的行为表现 |
| --- | --- |
| 决策能力 | 1. 你目前的岗位允许你有多大程度的决策范围？当自己权限内无法处理问题时，你通常会怎么做？ |
| | 2. 请描述最近一次你所做的在紧急情况下的重要决策？ |
| | 3. 你在这次决策前，会考虑餐厅的相关政策、制度、流程及各种客观制约因素吗？请举例说明。 |
| | 4. 请举出你曾经对自己所做的决策反其道而行之的例子，是什么因素导致这种情况的发生？结果如何？ |
| | 5. 请举例当你客户或上级批评你的某个决定时，你是如何处理的？结果如何？从中获取了什么经验教训？ |

实施全面的面试综合评估。首先面试官需反复阅读和领会各项胜任力定义，以明确要针对什么做出评价；其次，面试官需仔细回顾归纳面试情景，从中分析候选人描述的行为是否体现各项胜任力的水平；最后，根据评分细则对候选人的胜任力

水平进行全面的综合评估。

验证招聘选拔效果。经过结构化面试招聘进来的员工，需要招聘人员进一步追踪其试用期的绩效以验证招聘选拔效果，从中收集各种反馈信息，提供改善工作的素材，让结构化面试更加准确有效。

综上所述，胜任力模型无疑是连锁餐饮企业进行外部招聘的一个很好的工具，企业掌握这个工具并能熟练运用它，能较大程度地减少企业的用工风险。

2. 基于胜任力模型的内部选拔应用

连锁餐饮企业存在两类传统的内部选拔方法：经验导向的选拔方法和业绩导向的选拔方法。经验导向晋升方法比较适合初级岗位，以及员工的综合素质和学习能力较为近似的群体，其好处是能够给员工带来较强的职业安全感。但它不能体现个体间的能力差异，容易造成论资排辈的现象。业绩导向的晋升方法是以当前岗位的优秀业绩为主要依据，也就是选择在当前岗位表现优秀的员工去担任难度更大、价值更高的工作。晋升要求愈加严格，个人的销售成绩、客户管理和项目管理效果等绩效结果成为了最显著的晋升要求。这种晋升方法的基本假设是：当前岗位的业绩反映当前的能力水平，并且能够预测未来的业绩。但事实上，不同岗位对任职者能力的要求存在巨大差异，在当前岗位获得优秀绩效者未必在下一个岗位也能做好。

传统的晋升方法有相当的局限性，没有充分体现个体差异、预测性较差等。随着企业的发展，员工职业发展已不仅限于垂直晋升，还包含了职业空间多样化的横向拓展，仅仅通过经验或业绩标准进行职业发展的决策已经不能满足现代的管理需求。

连锁餐饮企业基层管理人员胜任力模型，一共由八项能力组成，每项能力从低到高分为三个层级，每个层级都有其具体的行为描述。根据工作职责，每个职位都有相应的胜任力要求。通过职位胜任力匹配度分析，公司可以清楚地了解员工的能力强项与差距，对不同候选人进行横向比较，以做出正确的任命决策。在被任命者没有完全达到目标能力要求时，还可以针对员工的能力短板进行密集的培养和发展，帮助其迅速适应新职位的要求。与基于经验或业绩的职业发展方法相比，基于胜任力的职业发展方法能帮助公司把人放到最合适的岗位上，同时使员工有清晰的发展方向和目标。

因此，胜任力评估是应用胜任力模型作为内部选拔工具的一个关键环节。为了确保评估的有效性，本文提出以胜任力模型为原型，设计 360 度测评问卷，进而展开人才盘点工作，公平客观地选拔内部人才。

(1) 测评前期准备

测评目标确定。HSL 连锁餐饮公司处于一个快速扩展的时期，伴随着经营规模的快速扩张，该餐饮公司人力资源的短板也日益凸显：公司的管理团队大多是跟着老板一同打江山的老员工，眼界不高，管理方式简单，跟不上企业快速发展的要求；公司所需要的基层管理人员可谓凤毛麟角、青黄不接；与此同时，外聘基层管理人员由于企业文化、管理方式、工作环境不适应、同行挖角等原因频繁流失，人才短缺严重。因此HSL连锁餐饮公司也逐渐意识到内部基层管理人员培养、储备及能力提升的必要性，为了确保基层管理人员能力、梯队能够匹配公司未来扩展战略发展，HSL连锁餐饮公司将对基层管理人员实施基于胜任力模型的360度评估。以便后续提供相应培训及资源支持，目的在于提升他们的胜任力、搭建基层管理人才梯队以匹配公司战略经营的需求。

测评方法选择。为了克服胜任力评估人员单一、评估结果不客观以及传统测评问卷简单罗列能力标准而造成的主观性、偏差或不真实的情况，HSL连锁餐饮公司采用典型性行为360度评估法。这种方法的基本假设是，根据一个人出现的典型性行为反证其是否具备相关能力以及能力所达到程度。同时，由于在某项能力上无法穷尽所有的行为描述，故以典型性、代表性行为描述为主。

测评问卷设计。围绕核心能力、专业能力、领导力每个胜任力维度，针对餐厅主管、经理、店长三个层级人员分别设计不同的典型性行为360评估问卷，分别设计在餐厅中他们所遇到的实际问题。例如，当想了解某位餐厅主管在实际餐厅中核心能力之服务意识如何时，可以设计2-3个场景，并分别列出其在该场景中会出现的典型性行为4项，让评估人根据观察的结果选择典型性行为。不同的典型性行为代表其胜任力所达到的不同程度，后续将基于评估人的权责、能力权重等赋予相关数值，以便客观公正地对被测评对象进行能力评估。

（2）实施阶段

通知与宣传。全面有效的沟通与宣传，对于360度典型性行为测评有着特殊的意义。由于被测评者可能会感到报告的结果对自己存在负面的威胁，因此更需要在测评之前就对被评估人、参与评估人进行根本目的的宣导。启动形式可以是召开宣导会，告知测评的目的、注意事项、具体操作技巧等，确保达成共识，进而使评估人客观、公正参与测评。

正式开始实施。首先是评估人员筛选，由HR与被评估人上级共同指定，以免出现请自己关系好或者根本不熟悉的人员进行测评，后续在规定时间内邀请被评估人员上级、本人、下属、相关客户和同事按问卷进行观察评估。

（3）报告撰写

报告生成。在360度评估结束后，回收评估问卷，建立相关数据库，合理设计报告思路。根据评估的目的，确定数据分析的方法和内容，得到个人的能力诊断分析报告。

结果校正与反馈。将评估结果反馈给被评估人上级，并且通过上级进一步反馈给被评估人，这是一个非常重要的环节：一方面，应该就评估的准确性、公正性向被评估人上级提供反馈，以便他们提出意见进行校正与调整；另一方面，应提醒被评估人上级后续及时将被评估人的测评结果通过面对面的形式及时反馈给他们，帮助被评估人员分析在哪些方面做得比较好，哪些方面还有待改进，该如何来改进。

（4）结果运用

HSL 连锁餐饮公司完成福建区域的基层管理人员 360 度评估后，评估的结果分为不胜任的人群、基本胜任的人群和完全胜任的人群。HSL 连锁餐饮公司基于此次胜任力评估结果，对餐厅基层管理人员实施后续规划盘点，目的在于通过最优化配置、针对性培养、差异化激励，优胜劣汰，从而提升公司基层管理人员整体质量，以匹配公司扩张业务的战略需求。

基于胜任力模型的能力评估，从人才盘点开始，到人才规划，以及后续的规划实施，HSL 连锁餐饮公司将 210 名基层管理人员这一庞大的队伍做一次彻底的人才梳理。通过梳理，我们能够顺利地建立企业内部选拔的人才库，从而帮助企业更准确地发现与组织发展相匹配的高潜力人才，当出现空缺岗位时，可以更快速地找到替补岗位的人才，实现企业的可持续成长。

## 四、结论与讨论

三十年的研究表明，胜任力理论对人力资源管理具有巨大的推动作用，如何将理论应用于连锁餐饮业，这是十分值得连锁餐饮领域的研究者和实践者探讨的问题。本文采用定性研究与定量分析的方法，构建并验证了连锁餐饮企业基层管理人员胜任力模型，并在模型的基础上进一步开发内外部人才配置的管理工具。本研究主要得出以下结论：

通过文献分析法、行为事件访谈法、问卷测量和统计分析等方法，本文开发并验证了连锁餐饮企业基层管理人员胜任力模型。研究结果表明，一个具备优秀绩效产生条件的基层管理人员需要具备良好的核心能力、专业能力、领导力。在核心能力要求上，他必须拥有良好的合作意识、服务意识；在专业能力要求上，他必须具备良好的服务技能、营销能力以及客户投诉处理能力；在领导力方面，他必须拥有良好的团队建设、组织计划和决策能力。

在胜任力模型的应用研究中，本文利用已构建好的模型开发出结构化面试题库和典型性行为 360 评估法，确保连锁餐饮企业对外招聘和对内培养基层管理人员时有标准可依，且这个标准是能真正渗透到连锁餐饮的人力资源管理应用当中的。

需要说明的是，由于目前国内学界针对连锁餐饮企业人力资源管理的研究尚不多见，关于胜任力的研究更是凤毛麟角，笔者能够借鉴的文献虽多但都缺乏行业特征分析，因此本次研究存在以下不足。首先，本文的样本范围比较窄，仅选取几个国外著名的连锁餐饮企业和本土优秀的民营企业，建议学者们在后续的研究中覆盖全国各地优秀的连锁餐饮企业。同时，本文主要采用访谈与问卷调查的方式收集数据，本文对基层管理人员调查的数量有限，今后还应加大样本数量。其次，行为事件访谈法是胜任力模型构建的有效方法之一，但个人的访谈能力有一定的局限性，在今后的研究中，应邀请人力资源专家参与到整个访谈环节，提高访谈质量。同时在编码过程中，应进一步提高科学性与准确性。最后，对连锁餐饮企业招聘与选拔基层管理人员的应用的可行途径的探讨还应更深入些，胜任力模型应用的有效性需要通过一到两年时间的检验才能真正地说明问题，但由于时间的关系，还无法检验其成效。

展望今后的研究方向，笔者认为目前胜任力模型的构建方法及检验方法等技术较为复杂，还不容易被大多数人力资源管理者所掌握，故学界和业界应对构建连锁餐饮企业基层管理人员胜任力模型的方法和流程做进一步的探讨和简化，以使更多的管理者能更加方便有效地开展研究。

## 主要参考文献


金杨华，陈卫旗，王重鸣．管理胜任特征与工作绩效关系研究．心理科学，2004.(27:6).

刘学方，王重鸣，唐宁玉，朱健，倪宁．家族企业接班人胜任力建模——一个实证研究．管理世界，2006(5).

时勘，王继承，李超平．企业高层管理者胜任特征评价的研究．心理学报，2002(34:3).

时雨，仲理峰，时勘．团体焦点访谈方法．中国人力资源开发，2003(1).

陶祁，冯明．基于胜任力的培训设计研究．外国经济与管理．2002(24).

王重鸣，陈民科．管理胜任力特征分析：结构方程式模型的检验．心理科学，2002(25:5).

仲理峰，时勘．胜任特征研究的新进展，南开管理评论，2003(2).

Spencer L. M., McClelland D. C. and Spencer S. 1994. Competency Assessment Methods: History and State of The Art. *Boston: Hay –McBer Research Press*.


## 点评

胜任力研究是人力资源领域曾热衷探讨的话题之一。尽管在国际化的连锁企业中，对各层级管理人员的胜任力分析已经成为人力资源管理的基础性工作，但对于绝大多数内资餐饮连锁企业而言，不仅缺少这方面有针对性的研究，甚至实践都非常有限。

当前，我国连锁餐饮企业发展正步入成熟阶段，近期餐饮市场的重新洗牌，标志着市场竞争从增加单店数量向提升单店质量转变；“经营模式”作为过去支撑连锁企业战略扩张的关键要素，如今已难以为继，新的战略扩张要素有待发掘。本文将基层管理者视为保证连锁企业下一阶段扩张战略成功的核心要素，并将胜任力作为破解基层管理队伍选材、用材难题的突破口，具有较强的实践意义。

该文在梳理前人文献的基础上，对餐饮连锁企业进行了访谈与问卷调查。论文首先采用访谈法确定餐饮连锁企业基层管理人员的胜任力基本要素，然后采用问卷调查的方式对这些要素进行验证，把定性与定量研究较好地结合起来，研究方法运用得当，增强了研究结果的可靠性。论文的写作规范，结构合理。作者根据餐饮企业特点筛选基层管理者胜任力维度与要素，对模型进行验证，并在证明模型有效的前提下，对模型应用提出了具体的建议。该研究不仅丰富了胜任力研究的成果，而且对餐饮企业具有较强的实践指导作用。论文不足之处在于定量研究的样本数量有限，在一定程度上影响了研究的效度。总体而言，该 MTA 同学专注于餐饮连锁企业基层管理人员的胜任力问题，进行深耕细作，提出比较科学合理、适用于餐饮连锁企业的人力资源管理措施，对于无论人力资源管理的基础方法还是实践领域，都具有一定的价值。

# 基于财务评价的中国国旅和众信旅游发展战略之异同

曾　岚[①]

**摘要**：中国旅游业的发展深受外部环境变化和行业竞争影响，旅行社也面临巨大的挑战。本文首先运用 PEST 和波特五力模型概述了目前旅游业发展环境与旅游社行业的竞争特征，在介绍中国国旅与众信旅游两家旅行社上市公司基本情况的基础上，基于财务分析的视角比较分析了两者的发展战略。对这两家上市公司战略的执行效果进行了深入全面的财务分析和比较研究，结合两家公司的发展战略，对战略执行情况作出总体评价，并提出相应的发展建议。本文主要得出如下结论：中国国旅公司战略属于中高程度多元化战略，但其差异化的核心竞争力在市场上明显不足，自主产品研发创新相对薄弱，品牌与渠道建设优势没有得到足够彰显，同时在资本市场上的投资并购上升空间较大。众信旅游公司战略属低程度多元化战略，与中国国旅对比，该公司可加强销售渠道的区域建设，同时探索新的细分产品与潜力市场，降低公司经营风险等。

**关键字**：旅行社企业；财务分析；公司战略

## 一、选题意义

2016 年底据国家旅游局发布《2016 年中国旅游上市企业发展报告》，旅行社类企业国内上市公司有 5 家，见表 1。

**表 1　旅游业主要上市公司一览表**

| 公司 | 股票代码 | 上市日期 |
| --- | --- | --- |
| 中国国旅股份有限公司 | 601888 | 2009/10/15 |
| 中青旅控股股份有限公司 | 600138 | 1997/12/03 |
| 众信旅游集团股份有限公司 | 002707 | 2014/01/23 |
| 西安旅游股份有限公司 | 000610 | 1996/09/26 |
| 海航凯撒旅游集团股份有限公司 | 000796 | 2015/10/12 |

① 2015 级，2018 年毕业；点评教师：黄海玉。

近年传统旅行社面临内外部的双重压力。首先从外部环境来看，移动互联网、电子商务与各类旅游 APP 的快速发展使市场规则发生了巨大的变化，迫使旅行社进行颠覆性的改革；其次，行业内部环境也存在巨大挑战，行业门槛低、产品同质化严重、缺乏创新意识、低价格恶性竞争、地方保护主义等等。

本文选择中国国旅股份有限公司与众信旅游集团股份有限公司两家公司。中国国旅是唯一一家同时经营旅行社和免税业务的国有企业股份制改革的代表。众信旅游是首家民营旅行社上市公司，是国内最具竞争力的全方位出境游服务商。两家公司是行业内影响力大，公司规模大且可比，重要公司业务都是以旅行社业务为主的上市公司。

本文拟通过对中国国旅与众信旅游近年对外公布的财务报表来做分析比较研究，得出公司战略目标执行情况并给出建议。这两家公司面临的痛点和许多旅行社相似，本研究能对现在国内上市旅行社公司及大中型旅行社有理论指导作用与借鉴启示。

## 二、文献回顾

我国旅行社发展起步的标志是在 20 世纪 20 年代的第一家旅行社的成立。旅行社实际上就是通过整合分散的需求资源，集中提供服务，从而找到自身存在的空间。中介、整合、过程服务实际上是传统旅行社三个业务重心。但这个重心是在变化的，旅行社现在更多体现整合性的特征（曾博伟、魏小安，2016）。刘艳红、易小力（2009）提出基于价值链的旅行社发展研究分析，旅行社企业经营是不同且关联的经营价值链活动过程，价值链增值本质是一种生态经济与循环经济的形式，是对传统旅行社经济的挑战，也是旅行社可持续发展战略的理论基础。

杜安、罗伯特和迈克尔（Duane，Robert，Michael，2013）认为公司层战略按多元化的程度及类型分为三种：低程度多元、中高程度多元化、特高程度多元化。业务层战略分差异化、成本领先、聚集差异化等。杨锡怀、王江（2016）提出在超竞争环境下，更是要打破常规，建立自有竞争优势，以市场为基础获取优势，以设置壁垒寻求优势。游洋（2017）提出旅行社成本领先战略，战略建议包括与上游供应商长期共赢合作、平行同行战略联盟、自身经营战略不断随市场改进完善。具体财务管理上进行预算、内控等审核监督管理，最终实现产品成本领先，获得企业最大利益。

杨静怡（2011）指出旅行社的盈利模式方面通常问题是无核心竞争力，提出最有效直接的盈利途径是旅游产品的创新，这才是利润增长点的关键。旅行社盈利不单在于盈利模式的创新，而是产品创新、资源的整合、内容的扩展等等。陈敏华、黄福才（2017）指出新常态环境下旅游企业盈利对策：首先，对旅游投资项目有足够的认知；其次，实现盈利的关键是旅游投资项目的有机闭环开发；再次，实现盈利的手段是投资运营项目的金融化和加强科技研发，实现项目的深度复制。

从以上文献分析可见，研究论述旅行社财务分析与发展战略类论文相对较少，故本文以上市公司中国国旅与众信旅游作为案例进行相关研究，两家都是国内龙头旅行社企业，所处市场环境一致，适合比较研究。

## 三、中国国旅和众信旅游的发展战略分析

### （一）中国国旅和众信旅游的基本情况

1. 中国国旅

（1）中国国旅简介

中国国旅股份有限公司2009年10月在上海证交所挂牌上市，是大型综合旅行社运营商，集旅游服务产品与旅游商品相关项目的投资管理，旅游服务配套设施开发、改造与经营，产业研究与咨询服务为一体的大型股份制企业。

（2）中国国旅的经营状况

中国国旅主要财务数据如表2所示，可以看出中国国旅在近5年的投资和自身实力方面增长迅速，超过了其业务增长的速度。

表2 中国国旅近五年主要财务数据 单位：百万元

| 项目 | 2012年 | 2013年 | 2014年 | 2015年 | 2016年 |
|---|---|---|---|---|---|
| 货币资金 | 3959.33 | 7080.83 | 7289.18 | 5260.31 | 8973.26 |
| 资产总计 | 8930.27 | 12 961.42 | 14 700.79 | 15 731.34 | 17 287.67 |
| 负债总计 | 2736.55 | 3255.45 | 3908.29 | 3838.87 | 3927.43 |
| 销售收入 | 16 133.92 | 17 448.19 | 19 935.94 | 21 291.88 | 22 389.79 |
| 营业利润 | 1447.57 | 1893.60 | 2202.04 | 2295.75 | 2649.16 |
| 净利润 | 1180.39 | 1484.71 | 1670.41 | 1721.48 | 2035.22 |
| 投入资本 | 6228.72 | 9782.97 | 10 862.50 | 12 002.46 | 13 493.86 |
| 经营净现金 | 1272.57 | 1470.22 | 1495.84 | 1570.92 | 1936.53 |
| 总计 | 41 889.32 | 55 377.39 | 62 064.99 | 63 712.99 | 72 692.92 |

资料来源：根据中国国旅2012-2016的公告年报数据整理

中国国旅的主要收入是来自免税商品销售、出境旅游、国内旅游，还有小部分来自于有税商品销售、境外签证、商旅服务、入境旅游及其他服务。如下表3所

示，中国国旅近年业务发展成熟平稳，最强劲的业务增长是免税商品销售，次之为出境旅游，2012 年至 2015 平稳快速增长，这也正符合近年来出境旅游的业态发展势头。

表 3　中国国旅 2012–2016 年主营业务收入　　单位：百万元

| 项目 | 2012 年 | 2013 年 | 2014 年 | 2015 年 | 2016 年 |
|---|---|---|---|---|---|
| 入境旅游 | 1060.64 | 665.23 | 759.26 | 783.83 | 615.61 |
| 出境旅游 | 5167.65 | 6087.68 | 6371.87 | 6950.21 | 6685.24 |
| 国内旅游 | 3382.83 | 3086.70 | 3277.42 | 3208.68 | 3447.77 |
| 商旅服务 | 220.02 | 252.49 | 205.58 | 264.7 | 838.51 |
| 境外签证 | – | – | – | 783.65 | 863.57 |
| 其他服务 | 771.1 | 679.79 | 1396.53 | 339.22 | 204.61 |
| 免税商品销售 | 5134.69 | 5968.49 | 7003.16 | 8057.32 | 8780.35 |
| 有税商品销售 | 265.01 | – | 665.6 | 561.64 | 598.34 |
| 合计 | 16 001.94 | 16 740.38 | 19 679.41 | 20 949.25 | 22 034.00 |

2. 众信旅游

（1）众信旅游简介

众信旅游于 2014 年 1 月在深圳证券交易所挂牌上市，是国内 A 股市场首家民营旅行社上市公司。公司明确“国内最具竞争力的全方位出境游服务商”的战略定位，目标是建立四大平台，一是出境游业务平台；二是海外教育服务平台；三是目的地生活服务平台；四是移民置业服务平台。

（2）众信旅游的经营情况

众信旅游主要财务数据如表 4 所示，可以看出众信旅游在近 5 年的投资、自身实力、销售收入和净利润方面都有着迅猛的提升，呈现出良好的上升趋势。

表 4　众信旅游近五年主要财务数据　　单位：百万元

| 项目 | 2012 年 | 2013 年 | 2014 年 | 2015 年 | 2016 年 |
|---|---|---|---|---|---|
| 货币资金 | 244.52 | 265.85 | 414.44 | 960.4 | 932.28 |
| 资产总计 | 523.79 | 676.45 | 1072.09 | 3217.98 | 4002.15 |
| 负债总计 | 320.4 | 385.59 | 490.18 | 1542.76 | 2039.71 |
| 销售收入 | 2149.92 | 3005.26 | 4217.00 | 8370.23 | 10 104.00 |
| 营业利润 | 81.29 | 115.06 | 144.32 | 254.02 | 313.28 |

续表

| 项目 | 2012 年 | 2013 年 | 2014 年 | 2015 年 | 2016 年 |
|---|---|---|---|---|---|
| 净利润 | 61.8 | 87.47 | 108.74 | 209.66 | 245.48 |
| 投入资本 | 223.39 | 290.85 | 588.03 | 2295.22 | 2765.00 |
| 经营净现金 | 62.51 | 68.23 | 69.46 | 12.51 | 50.39 |
| 总计 | 3667.62 | 4894.77 | 7104.26 | 16 862.78 | 20 452.28 |

资料来源：根据众信旅游 2012-2016 的公告年报数据整理

如表 5，近五年来众信旅游的主要收入是来自出境游批发、出境游零售，还有小部分来自于整合营销服务、其他旅游业务、其他行业产品、会奖旅游及其他。众信旅游出境游批发占营业收入比重逐年均较大幅度增长，同时新增了整合营销服务，总的营业收入从 2012 年至 2016 增速突飞猛进，五年翻了近 5 倍，远超出旅游行业的增长速度。

**表 5　众信旅游 2012–2016 年主营业务收入**　　**单位：百万元**

| 项目 | 2012 年 | 2013 年 | 2014 年 | 2015 年 | 2016 年 |
|---|---|---|---|---|---|
| 出境游批发 | 1207.21 | 1715.77 | 2520.79 | 5843.62 | 7440.38 |
| 出境游零售 | 500.2 | 714.08 | 1014.20 | 1649.69 | 1802.55 |
| 整合营销服务 | | | | 808.32 | 706.78 |
| 其他旅游业务 | | | | 63.52 | 134.17 |
| 其他行业产品 | | | | 4.91 | 8.65 |
| 商务会奖旅游 | 442.51 | 575.4 | 681.57 | | |
| 其他 | | | 0.44 | | |
| 合计 | 2149.92 | 3005.25 | 4217.00 | 8370.06 | 10 092.53 |

### （二）中国国旅和众信旅游的发展战略

1. 中国国旅的发展战略

（1）中国国旅的战略目标

中国国旅的战略目标是成为掌控多项要素资源的综合性旅游服务运营商和具有影响力的旅游服务集成商，成为中国免税行业的代表，中国最大奢侈品运营商，国际一流的商品供应商和零售运营商，为顾客提供物超所值的商品和服务。

（2）中国国旅的发展战略和举措

公司战略模式的发展战略坚持出境游、入境游、国内游“三游并重”，根据客户需求差异开发不同的产品层级，坚持“有税、免税业务并举”的发展战略。以“旅游 + 免税”的双核心力并齐发展，以产品创新、模式改革、资源整合和管理提升为突破口，以中国旅游集团的产业链优势带动国旅在旅游产业链的布局，发挥资本运作平台和业务协同平台的作用，成为一流旅游服务运营商。

中国国旅偏属于中高程度多元化战略下的相关联系型战略，其来自主导业务的收入低于 70%，且各业务间只存在有限的联系，而免税业务与旅游业务中“吃、住、行、游、购、娱”中的“购”是相关联系的，故属于中高程度多元化战略中的相关联系型战略。

中国国旅的业务层战略偏属于差异化业务层战略。首先是中国国旅品牌差异化尤为明显。“中国国旅”品牌在《中国 500 最具价值品牌排行榜》中，自 2015 年居旅游行业首位以来已蝉联榜首 12 年。其次中国国旅的纵向与横向的渠道差异化显著，中国国旅有遍布全国、延伸海外的实体网络，门店数量遍布全国达上千家，并且开发国旅在线旅游品牌电商。

中国国旅的两大业务的另一项是中国免税，业务层战略也属于偏差异化业务层战略。中国免税是经国务院批准的统一经营、管理免税品销售业务的专营公司。免税业务牌照门槛高，政策壁垒相对高企。

2. 众信旅游的发展战略

（1）众信旅游的战略目标

众信旅游战略定位：全方位出境综合服务商。发展战略是从旅游到旅行，以出境游为核心，纵向发展上、中、下游业务，横向发展“旅游 +”服务业务。

（2）众信旅游的发展战略和举措

众信旅游是抓住国内出境游快速发展的有利契机，充分运用自身资源与资本市场平台优势，采取“一纵一横”战略。众信战略是坚持做专业出境游运营商，在目的地旅游资源、线上线下营销渠道、产品设计与服务三方面进行产业链一体化纵向扩张，不断保持出境游业务优势。

众信旅游偏属于低程度多元化战略下的主导业务型战略。纵向一体化用于企业核心业务上，可战胜竞争对手获得市场影响力。众信旅游经营模式以批发业务为主，2009 年涉足零售业务，上市后加快向批零一体化转型。出境游产业链包括航空、酒店、租车、景区、娱乐等上游产品供应商，也包括代理、批发、分销等中游渠道商，及下游媒体营销平台等等。

众信旅游在业务层战略偏向于聚焦业务层战略。聚焦战略，可以作为聚焦战略目标市场的特定市场，包含某一地理统计变量市场，如众信旅游专攻出境游产品和市场，其战略本质是比在行业宽度内竞争的竞争对手更有效地服务于一个细分市场——出境游市场。

### （三）中国国旅与众信旅游的战略对比与分析

如表6，中国国旅与众信旅游的战略选择上是有所差别的，而未来旅行社行业的竞争是服务价值链之间的线与线综合性竞争，不是简单的点对点的单一竞争。

表6　中国国旅与众信旅游战略对比

| 项目 | 中国国旅 | 众信旅游 |
| --- | --- | --- |
| 核心业务 | 入境游、出境游、国内游、会奖旅游、签证服务、商旅服务、航空服务；免税商品批发、零售业务；旅游综合项目开发业务 | 出境游批发、零售业务、商务会奖业务 |
| 市场客户 | 以全球客户为主 | 以中国市场为主，目前重点关注北京大区、华东大区、中原大区 |
| 公司层战略 | 中高程度多元化——相关联系型战略 | 低程度多元化——主导业务型战略 |
| 业务层战略 | 差异化业务层战略 | 聚焦业务层战略 |
| 竞争优势 | 渠道的优势 | 产品优势 |
|  | 强大的品牌及行业地位优势 | 聚焦专业化 |
|  | 业务协同与政策优势 | 互联网技术与资本市场经验 |

现结合两家公司战略，中国国旅的中高程度多元化公司层战略与差异化业务层战略预计中国国旅的财务特征为：较高的获利能力，有稳定的成长性，现金创造能力强，财务弹性较好，无形资产占比较大，总资产周转率比较低等。众信旅游的低程度多元化公司层战略与聚焦业务层战略预计众信旅游的财务特征为：聚焦独特性高或产品成本低，有较高的财务绩效表现，成长性与管理能力相对强，固定资产与无形资产占比小，总资产周转率较高。

## 四、中国国旅与众信旅游发展战略实施的财务分析

### （一）中国国旅和众信旅游财务报表的三维分析

1. 资产负债表的三维分析

（1）规模趋势分析

表7　中国国旅和众信旅游资产负债表趋势分析　　单位：百万元

| 公司 | 项目 | 2012年 | 2013年 | 2014年 | 2015年 | 2016年 |
| --- | --- | --- | --- | --- | --- | --- |
| 中国国旅 | 总资产 | 8930.27 | 12 961.42 | 14 700.79 | 15 731.34 | 17 287.67 |

续表

| 公司 | 项目 | 2012 年 | 2013 年 | 2014 年 | 2015 年 | 2016 年 |
|---|---|---|---|---|---|---|
| 中国国旅 | 流动资产 | 6711.09 | 10 000.29 | 10 923.87 | 11 846.25 | 13 489.60 |
| | 货币资金 | 3959.33 | 7080.83 | 7289.18 | 5260.31 | 8973.26 |
| | 应收账款 | 849.07 | 755.1 | 884 | 939.82 | 912.35 |
| | 预付款 | 629.76 | 521.47 | 555.8 | 600.32 | 576.98 |
| | 存货 | 984.53 | 1302.04 | 1529.87 | 1844.98 | 2174.95 |
| | 非流动资产 | 2219.18 | 2961.13 | 3776.92 | 3885.09 | 3798.07 |
| | 固定资产 | 562.91 | 562.52 | 1614.97 | 1573.74 | 1502.58 |
| | 总负债 | 2736.55 | 3255.45 | 3908.29 | 3838.87 | 3927.43 |
| | 流动负债 | 2733.65 | 3252.31 | 3867.02 | 3677.52 | 3860.00 |
| | 短期借款 | 35 | 77 | 70 | 109.99 | 133.62 |
| | 应付账款 | 1091.17 | 1429.81 | 1752.15 | 1273.85 | 1315.25 |
| | 预收账款 | 796.42 | 712.84 | 745.46 | 797.54 | 771.66 |
| | 非流动负债 | 2.9 | 3.14 | 41.27 | 161.34 | 67.43 |
| | 股东权益 | 6193.72 | 9705.97 | 10 792.50 | 11 892.47 | 13 360.24 |
| 众信旅游 | 总资产 | 523.79 | 676.45 | 1072.09 | 3217.98 | 4002.15 |
| | 流动资产 | 509 | 654.8 | 976.55 | 2149.51 | 2428.94 |
| | 货币资金 | 244.52 | 265.85 | 414.44 | 960.4 | 932.28 |
| | 应收账款 | 46.57 | 98.55 | 164.71 | 451.18 | 519.35 |
| | 预付款 | 171.15 | 220.87 | 219.46 | 479.03 | 607.02 |
| | 存货 | 0 | 0 | 0 | 0.37 | 1.41 |
| | 非流动资产 | 14.78 | 21.65 | 95.54 | 1068.47 | 1573.21 |
| | 固定资产 | 4.94 | 6.07 | 6.16 | 10.59 | 55.93 |
| | 总负债 | 320.4 | 385.59 | 490.18 | 1542.76 | 2039.71 |
| | 流动负债 | 320.4 | 385.59 | 490.18 | 1542.76 | 2003.89 |
| | 短期借款 | 20 | 0 | 6.12 | 620 | 802.55 |
| | 应付账款 | 109.52 | 183.57 | 201.75 | 474.62 | 612 |
| | 预收账款 | 153.9 | 155.1 | 219.18 | 325.13 | 299.83 |
| 众信旅游 | 非流动负债 | 0 | 0 | 0 | 0 | 35.81 |
| | 股东权益 | 203.39 | 290.85 | 581.92 | 1675.22 | 1962.44 |

资料来源：根据中国国旅与众信旅游 2012—2016 年年报财务报表数据整理

从表 7 的总资产走势看出，两家公司的总资产规模持续增长，尤其是众信旅游总资产的水平发展相当迅猛。相较之下中国国旅是逐年相对稳步增长，但总的规模中国国旅是远高于众信旅游。众信旅游负债增长较快，尤其是在 2014-2016 年甚至呈现出直线型上升趋势。从所有者权益走势可以得出，中国国旅基本是稳步上升趋势，2016 年较 2012 年翻一番。同比众信旅游所有者权益的增幅水平明显远高于中国国旅的增速，众信旅游 2012 年所有者权益为 2 亿，到 2016 年则为近 19.6 亿，增长了近 10 倍，达到了质的突破。

（2）资产结构分析

**表 8　中国国旅和众信旅游资产负债表结构分析**　　　　单位：%

| 公司 | 项目 | 2012 年 | 2013 年 | 2014 年 | 2015 年 | 2016 年 |
|---|---|---|---|---|---|---|
| 中国国旅 | 总资产 | 100 | 100 | 100 | 100 | 100 |
| | 流动资产 | 75.15 | 77.15 | 74.31 | 75.3 | 78.03 |
| | 货币资金 | 44.34 | 54.63 | 49.58 | 33.44 | 51.91 |
| | 应收账款 | 9.51 | 5.83 | 6.01 | 5.97 | 5.28 |
| | 预付款 | 7.05 | 4.02 | 3.78 | 3.82 | 3.34 |
| | 存货 | 11.02 | 10.05 | 10.41 | 11.73 | 12.58 |
| | 非流动资产 | 24.85 | 22.85 | 25.69 | 24.7 | 21.97 |
| | 固定资产 | 6.3 | 4.34 | 10.99 | 10 | 8.69 |
| | 总负债 | 30.64 | 25.12 | 26.59 | 24.4 | 22.72 |
| | 流动负债 | 30.61 | 25.09 | 26.3 | 23.38 | 22.33 |
| | 短期借款 | 0.39 | 0.59 | 0.48 | 0.7 | 0.77 |
| | 应付账款 | 12.22 | 11.03 | 11.92 | 8.1 | 7.61 |
| | 预收账款 | 8.92 | 5.5 | 5.07 | 5.07 | 4.46 |
| | 非流动负债 | 0.03 | 0.02 | 0.28 | 1.03 | 0.39 |
| | 股东权益 | 69.36 | 74.88 | 73.41 | 75.6 | 77.28 |
| 众信旅游 | 总资产 | 100 | 100 | 100 | 100 | 100 |
| | 流动资产 | 97.18 | 96.8 | 91.09 | 66.8 | 60.69 |
| | 货币资金 | 46.68 | 39.3 | 38.66 | 29.84 | 23.29 |
| | 应收账款 | 8.89 | 14.57 | 15.36 | 14.02 | 12.98 |
| | 预付款 | 32.68 | 32.65 | 20.47 | 14.89 | 15.17 |
| | 存货 | 0 | 0 | 0 | 0.01 | 0.04 |
| | 非流动资产 | 2.82 | 3.2 | 8.91 | 33.2 | 39.31 |

续表

| 公司 | 项目 | 2012 年 | 2013 年 | 2014 年 | 2015 年 | 2016 年 |
| --- | --- | --- | --- | --- | --- | --- |
| 众信旅游 | 固定资产 | 0.94 | 0.9 | 0.57 | 0.33 | 1.4 |
| | 总负债 | 61.17 | 57 | 45.72 | 47.94 | 50.97 |
| | 流动负债 | 61.17 | 57 | 45.72 | 47.94 | 50.07 |
| | 短期借款 | 3.82 | 0 | 0.57 | 19.27 | 20.05 |
| | 应付账款 | 20.91 | 27.14 | 18.82 | 14.75 | 15.29 |
| | 预收账款 | 29.38 | 22.93 | 20.44 | 10.1 | 7.49 |
| | 非流动负债 | 0 | 0 | 0 | 0 | 0.89 |
| | 股东权益 | 38.83 | 43 | 54.28 | 52.06 | 49.03 |

资料来源：根据中国国旅与众信旅游 2012—2016 年年报财务报表数据整理

如表 8，从资产结构上分析，中国国旅与众信旅游大部分资产配置在流动资产，但中国国旅的流动资产相对稳定，同时在 2015 年与 2016 年都高于众信旅游。在流动资产各项项目中，两家公司货币资金都比其他资产占比高，这符合旅游行业以组团为主的企业现金流充沛的行业特点。

（3）资本结构分析

中国国旅的资金来源基本上是自有为主，总负债占总资产的 26%上下，股东权益占约 75%。而众信旅游负债与股东权益基本各占 50%。从资产结构和资本结构上分析看，中国国旅是保守谨慎的经营风格。众信旅游后期偏重投资，出境游产业一体化加深规模投资，运用了财务杠杆政策，加大资金使用效率。

2. 利润表的三维分析

（1）利润表趋势分析

**表 9　中国国旅和众信旅游利润表趋势分析　　单位：百万元**

| 公司 | 项目 | 2012 年 | 2013 年 | 2014 年 | 2015 年 | 2016 年 |
| --- | --- | --- | --- | --- | --- | --- |
| 中国国旅 | 营业总收入 | 16 133.92 | 17 448.19 | 19 935.94 | 21 291.88 | 22 389.79 |
| | 营业总成本 | 12 639.01 | 13 289.96 | 15 179.88 | 16 089.51 | 16 776.15 |
| | 总毛利 | 3494.91 | 4158.23 | 4756.05 | 5202.37 | 5613.65 |
| | 营业税金及附加 | 189.89 | 198.83 | 218 | 257.74 | 250.44 |
| | 销售费用 | 1169.36 | 1427.26 | 1581.50 | 1826.34 | 1807.47 |
| | 管理费用 | 790.17 | 826.83 | 906.57 | 968.41 | 1062.00 |
| | 财务费用 | −26.94 | −99.66 | −54.1 | −11.66 | −41.5 |

续表

| 公司 | 项目 | 2012 年 | 2013 年 | 2014 年 | 2015 年 | 2016 年 |
|---|---|---|---|---|---|---|
| 中国国旅 | 资产减值损失 | 35.53 | 18.85 | 29.76 | 20.43 | 85.98 |
| | 投资收益 | 110.67 | 107.48 | 127.71 | 154.64 | 199.91 |
| | 营业利润 | 1447.57 | 1893.60 | 2202.04 | 2295.75 | 2649.16 |
| | 利润总额 | 1562.51 | 1956.93 | 2227.16 | 2312.52 | 2671.43 |
| | 所得税费用 | 382.13 | 472.22 | 556.74 | 591.04 | 636.21 |
| | 净利润 | 1180.39 | 1484.71 | 1670.41 | 1721.48 | 2035.22 |
| 众信旅游 | 营业总收入 | 2149.92 | 3005.26 | 4217.00 | 8370.23 | 10 104.00 |
| | 营业总成本 | 1936.36 | 2704.87 | 3847.15 | 7603.76 | 9048.02 |
| | 总毛利 | 213.56 | 300.38 | 369.85 | 766.48 | 1055.98 |
| | 营业税金及附加 | 12.26 | 17.11 | 21.58 | 43.98 | 16.51 |
| | 销售费用 | 105.32 | 150 | 187.83 | 367.01 | 547.5 |
| | 管理费用 | 18.29 | 24.28 | 37.19 | 90.07 | 152.62 |
| | 财务费用 | −4.57 | −6.19 | −24.49 | 3.72 | 15.37 |
| | 资产减值损失 | 0.97 | 0.12 | 3.43 | 7.67 | 16.52 |
| | 投资收益 | 0 | 0 | 0 | 0 | 5.81 |
| | 营业利润 | 81.29 | 115.06 | 144.32 | 254.02 | 313.28 |
| | 利润总额 | 82.21 | 115.95 | 148.27 | 257.61 | 317.92 |
| | 所得税费用 | 20.41 | 28.49 | 39.53 | 47.95 | 72.44 |
| | 净利润 | 61.8 | 87.47 | 108.74 | 209.66 | 245.48 |

资料来源：根据中国国旅与众信旅游 2012—2016 年年报财务报表数据整理

根据表 9，从利润表的收支构成分析可看出，中国国旅营业总收入平稳增长，相比较下，众信旅游营业总收入增长更为迅速，至 2016 年营业总收入相比 2012 年增长了 4.7 倍。中国国旅和众信旅游营业成本均呈上升趋势，上升幅度与营业收入成正比，但营业利润率相差甚远，需进一步分析。

（2）利润表结构分析

**表 10 中国国旅和众信旅游利润表结构分析** 单位：%

| 公司 | 项目 | 2012 年 | 2013 年 | 2014 年 | 2015 年 | 2016 年 |
|---|---|---|---|---|---|---|
| 中国国旅 | 营业总收入 | 100 | 100 | 100 | 100 | 100 |
| | 营业总成本 | 78.34 | 76.17 | 76.14 | 75.57 | 74.93 |

续表

| 公司 | 项目 | 2012年 | 2013年 | 2014年 | 2015年 | 2016年 |
|---|---|---|---|---|---|---|
| 中国国旅 | 总毛利 | 21.66 | 23.83 | 23.86 | 24.43 | 25.07 |
| | 营业税金及附加 | 1.18 | 1.14 | 1.09 | 1.21 | 1.12 |
| | 销售费用 | 7.25 | 8.18 | 7.93 | 8.58 | 8.07 |
| | 管理费用 | 4.9 | 4.74 | 4.55 | 4.55 | 4.74 |
| | 财务费用 | -0.17 | -0.57 | -0.27 | -0.05 | -0.19 |
| | 资产减值损失 | 0.22 | 0.11 | 0.15 | 0.1 | 0.38 |
| | 投资收益 | 0.69 | 0.62 | 0.64 | 0.73 | 0.89 |
| | 营业利润 | 8.97 | 10.85 | 11.05 | 10.78 | 11.83 |
| | 利润总额 | 9.68 | 11.22 | 11.17 | 10.86 | 11.93 |
| | 所得税费用 | 2.37 | 2.71 | 2.79 | 2.78 | 2.84 |
| | 净利润 | 7.32 | 8.51 | 8.38 | 8.09 | 9.09 |
| 众信旅游 | 营业总收入 | 100 | 100 | 100 | 100 | 100 |
| | 营业总成本 | 90.07 | 90 | 91.23 | 90.84 | 89.55 |
| | 总毛利 | 9.93 | 10 | 8.77 | 9.16 | 10.45 |
| | 营业税金及附加 | 0.57 | 0.57 | 0.51 | 0.53 | 0.16 |
| | 销售费用 | 4.9 | 4.99 | 4.45 | 4.38 | 5.42 |
| | 管理费用 | 0.85 | 0.81 | 0.88 | 1.08 | 1.51 |
| | 财务费用 | -0.21 | -0.21 | -0.58 | 0.04 | 0.15 |
| | 资产减值损失 | 0.05 | 0 | 0.08 | 0.09 | 0.16 |
| | 投资收益 | 0 | 0 | 0 | 0 | 0.06 |
| | 营业利润 | 3.78 | 3.83 | 3.42 | 3.03 | 3.1 |
| | 利润总额 | 3.82 | 3.86 | 3.52 | 3.08 | 3.15 |
| | 所得税费用 | 0.95 | 0.95 | 0.94 | 0.57 | 0.72 |
| | 净利润 | 2.87 | 2.91 | 2.58 | 2.5 | 2.43 |
| | 净利润 | 2.87 | 2.91 | 2.58 | 2.5 | 2.43 |

资料来源：根据中国国旅与众信旅游2012—2016年年报财务报表数据整理

根据表10，总体期间费用占营业总收入的比例差距明显，中国国旅期间费用占比约12%，众信旅游占比约6%。从利润率指标分析上看，中国国旅毛利率基本维持24%左右，众信2012年至2016年毛利率均在10%左右。深究其原因，是两家公司业务板块上有一大差异，中国国旅从事旅行社业务的同时，还从事免税业务，而其免税业务是目前全球最大的免税商业综合体，其毛利率平均约45%，故中国国旅总的毛利率平均近24%。

3. 现金流量表的三维分析

（1）现金流量表趋势分析

表11　中国国旅和众信旅游现金流量表趋势分析　　单位：百万元

| 公司 | 项目 | 2012年 | 2013年 | 2014年 | 2015年 | 2016年 | 累计 |
| --- | --- | --- | --- | --- | --- | --- | --- |
| 中国国旅 | 经营净现金 | 1272.57 | 1470.22 | 1495.84 | 1570.92 | 1936.53 | 7746.08 |
| | 投资净现金 | −207.69 | −493.98 | −808.08 | −5359.73 | 4633.81 | −2235.67 |
| | 筹资净现金 | −308.9 | 2156.12 | −473.39 | −544.95 | −649.27 | 179.61 |
| | 当年现金净额 | 756.61 | 3119.93 | 207.8 | −4344.52 | 5998.28 | 5738.10 |
| | 期初现金余额 | 3120.93 | 3877.54 | 6997.47 | 7205.28 | 2860.75 | 24 061.97 |
| | 期末现金余额 | 3877.54 | 6997.47 | 7205.28 | 2860.75 | 8859.03 | 29 800.07 |
| 众信旅游 | 经营净现金 | 62.51 | 68.23 | 69.46 | 12.51 | 50.39 | 263.1 |
| | 投资净现金 | −10.96 | −7.84 | −111.25 | −246.19 | −285.36 | −661.59 |
| | 筹资净现金 | 8.55 | −21.69 | 183.74 | 772.87 | 224.45 | 1167.92 |
| | 当年现金净额 | 58.94 | 38.76 | 142.24 | 542.84 | −10.86 | 771.91 |
| | 期初现金余额 | 160.37 | 219.31 | 258.06 | 400.3 | 943.14 | 1981.18 |
| | 期末现金余额 | 219.31 | 258.06 | 400.3 | 943.14 | 932.28 | 2753.09 |

注：汇率变动对现金有相应的影响。

趋势分析从表11可得，中国国旅在经营净现金流量上看，经营净现金余额逐年递增，年末现金余额除2015年因重大投资因素之外，每年也保持上升趋势，这表明企业拥有相对充足的现金来源。筹资活动产生的现金流量净额只有在2013年是正值，这主要是因为2013年定向增发筹集资金的缘故。投资活动产生的现金流量净额都是负值，为了提高资金使用效率，连续2015、2016两年用闲置资金购买理财产品。在众信旅游经营净现金项目中，2014至2016是有大的波动。在投资净现金方面，5年均为输出现金，在筹资净现金方面，2013年为输出现金，其他年度均为输入现金，且每年变化幅度较大。

（2）现金流量表结构分析

表12　中国国旅和众信旅游现金流量表结构分析　　单位：%

| 公司 | 项目 | 2012年 | 2013年 | 2014年 | 2015年 | 2016年 | 累计 |
| --- | --- | --- | --- | --- | --- | --- | --- |
| 中国国旅 | 经营净现金 | 100 | 100 | 100 | 100 | 100 | 100 |

续表

| 公司 | 项目 | 2012年 | 2013年 | 2014年 | 2015年 | 2016年 | 累计 |
|---|---|---|---|---|---|---|---|
| 中国国旅 | 投资净现金 | −16.32 | −33.6 | −54.02 | −341.18 | 239.28 | −28.86 |
| | 筹资净现金 | −24.27 | 146.65 | −31.65 | −34.69 | −33.53 | 2.32 |
| | 当年现金净额 | 59.46 | 212.21 | 13.89 | −276.56 | 309.74 | 74.08 |
| | 期初现金余额 | 245.25 | 263.74 | 467.8 | 458.67 | 147.73 | 310.63 |
| | 期末现金余额 | 304.7 | 475.95 | 481.69 | 182.11 | 457.47 | 384.71 |
| 众信旅游 | 经营净现金 | 100 | 100 | 100 | 100 | 100 | 100 |
| | 投资净现金 | −17.53 | −11.5 | −160.17 | −1968.3 | −566.32 | −251.46 |
| | 筹资净现金 | 13.68 | −31.79 | 264.54 | 6179.26 | 445.45 | 443.91 |
| | 当年现金净额 | 94.28 | 56.8 | 204.79 | 4340.08 | −21.56 | 293.4 |
| | 期初现金余额 | 256.53 | 321.42 | 371.55 | 3200.51 | 1871.77 | 753.03 |
| | 期末现金余额 | 350.81 | 378.22 | 576.35 | 7540.6 | 1850.21 | 1046.42 |

资料来源：根据中国国旅与众信旅游2012—2016年年报财务报表数据整理

结构分析上从表12可知，中国国旅投资净现金前4年均输出现金，占比持续攀升，第5年则输入现金，占比为当年经营净现金的2倍多；众信旅游投资净现金均为输出现金。中国国旅的经营活动完全可以满足其投资需求。众信旅游5年累计经营净现金约为3亿，而投资净现金约为7亿，可见众信旅游经营活动所创造的现金并不能满足企业的经营活动和投资活动，而需要依靠筹资来实现。

综上所述，中国国旅资产主要配置在流动资产，其中货币资金占比最高，期间费用增长与营收成正比，现金余额约为经营净现金的4倍；众信旅游资产配置及期间费用与中国国旅趋同，但绝对值与占比更小，投资活跃，经营净现金不足以满足经营活动及投资所需。

## （二）中国国旅和众信旅游主要财务指标体系分析

1. 盈利能力分析与评价

表13 中国国旅和众信旅游盈利能力财务对比 单位：%

| 财务指标 | 中国国旅 | | | | | 众信旅游 | | | | |
|---|---|---|---|---|---|---|---|---|---|---|
| | 2012 | 2013 | 2014 | 2015 | 2016 | 2012 | 2013 | 2014 | 2015 | 2016 |
| 销售毛利率 | 21.66 | 23.83 | 23.86 | 24.43 | 25.07 | 9.93 | 10.00 | 8.77 | 9.16 | 10.45 |
| 销售净利率 | 7.32 | 8.51 | 8.38 | 8.09 | 9.09 | 2.87 | 2.91 | 2.58 | 2.50 | 2.43 |

续表

| 财务指标 | 中国国旅 | | | | | 众信旅游 | | | | |
|---|---|---|---|---|---|---|---|---|---|---|
| | 2012 | 2013 | 2014 | 2015 | 2016 | 2012 | 2013 | 2014 | 2015 | 2016 |
| 资产利润率 | 18.80 | 17.88 | 16.10 | 15.20 | 16.18 | 18.69 | 19.32 | 16.96 | 12.01 | 8.81 |
| 权益利润率 | 25.23 | 20.16 | 20.64 | 19.45 | 20.00 | 40.42 | 39.87 | 25.48 | 15.38 | 16.20 |

如表 13，中国国旅在销售毛利率方面维持在 24%左右，众信旅游维持在 10%左右。单从旅游业务板块看，中国国旅旅游业务平均毛利 9.5%略低众信旅游 9.66%，且有下滑趋势。在销售净利率这一指标上，中国国旅维持 8%左右，众信旅游维持 3%左右。在资产盈利能力的资产利润率上众信旅游呈下降趋势，中国国旅在稳定性、持久性上，均略胜一筹。

2. 偿债能力分析与评价

表 14　中国国旅和众信旅游偿债能力财务对比

| 财务指标 | 中国国旅 | | | | | 众信旅游 | | | | |
|---|---|---|---|---|---|---|---|---|---|---|
| | 2012 | 2013 | 2014 | 2015 | 2016 | 2012 | 2013 | 2014 | 2015 | 2016 |
| 流动比率 | 2.45 | 3.07 | 2.82 | 3.22 | 3.49 | 1.59 | 1.7 | 1.99 | 1.39 | 1.21 |
| 速动比率 | 2.09 | 2.67 | 2.43 | 2.72 | 2.93 | 1.59 | 1.7 | 1.99 | 1.39 | 1.21 |
| 现金比率 | 1.45 | 2.18 | 1.88 | 1.43 | 2.32 | 0.76 | 0.69 | 0.85 | 0.62 | 0.47 |
| 利息保障倍数 | 148.2 | 341.8 | 383.7 | 361.5 | 510.2 | 101.7 | 138.5 | 162.8 | 27.4 | 9.9 |
| 权益乘数 | 1.44 | 1.34 | 1.36 | 1.32 | 1.29 | 2.58 | 2.33 | 1.84 | 1.92 | 2.04 |
| 资产负债率（%） | 30.64 | 25.12 | 26.59 | 24.40 | 22.72 | 61.17 | 57.00 | 45.72 | 47.94 | 50.97 |

如表 14，两家公司资产负债率对比，中国国旅均值约为 26%，众信旅游 5 年间约为 53%，总体说，中国国旅有较低的负债率，同时资金资源未得到充分利用，众信旅游的财务风险高于中国国旅，但是运用财务杠杆充分利用资金。

3. 资产管理能力分析与评价

表 15　中国国旅和众信旅游管理能力财务对比

| 财务指标 | 中国国旅 | | | | | 众信旅游 | | | | |
|---|---|---|---|---|---|---|---|---|---|---|
| | 2012 | 2013 | 2014 | 2015 | 2016 | 2012 | 2013 | 2014 | 2015 | 2016 |
| 应收账款周转率 | 20.27 | 21.75 | 24.33 | 23.35 | 24.18 | 42.94 | 41.42 | 32.04 | 27.18 | 20.82 |
| 流动资产周转率 | 2.61 | 2.09 | 1.91 | 1.87 | 1.77 | 5 | 5.16 | 5.17 | 5.36 | 4.41 |

续表

| 财务指标 | 中国国旅 | | | | | 众信旅游 | | | | |
|---|---|---|---|---|---|---|---|---|---|---|
| | 2012 | 2013 | 2014 | 2015 | 2016 | 2012 | 2013 | 2014 | 2015 | 2016 |
| 固定资产周转率 | 29.06 | 31.01 | 18.31 | 13.35 | 14.56 | 598.09 | 545.88 | 689.51 | 999.4 | 303.79 |
| 总资产周转率 | 1.94 | 1.59 | 1.44 | 1.4 | 1.36 | 4.89 | 5.01 | 4.82 | 3.9 | 2.8 |

如表 15，中国国旅总资产周转率约为 1.6，低于众信旅游的 4.3，但众信旅游下滑程度明显。总体上看，两家公司近年的资产管理能力，众信旅游更强，中国国旅要采取措施提高资产管理效率，增强竞争力。

4. 现金创造能力分析与评价

表 16　中国国旅和众信旅游现金创造能力指标　单位：%

| 财务指标 | 中国国旅 | | | | | 众信旅游 | | | | |
|---|---|---|---|---|---|---|---|---|---|---|
| | 2012 | 2013 | 2014 | 2015 | 2016 | 2012 | 2013 | 2014 | 2015 | 2016 |
| 销售获现率 | 7.89 | 8.43 | 7.50 | 7.38 | 8.65 | 2.91 | 2.27 | 1.65 | 0.15 | 0.50 |
| 总资产获现率 | 15.31 | 13.43 | 10.82 | 10.32 | 11.73 | 14.21 | 11.37 | 7.94 | 0.58 | 1.40 |
| 权益资本获现率 | 22.44 | 18.49 | 14.59 | 13.85 | 15.34 | 36.24 | 27.61 | 15.92 | 1.11 | 2.77 |
| 现金利润率 | 107.81 | 99.02 | 89.55 | 91.25 | 95.15 | 101.15 | 78.01 | 63.87 | 5.97 | 20.53 |

如表 16，中国国旅的销售获现率平均约 8，持续远高于众信旅游，众信旅游获现率平均约 1.5，中国国旅销售获取现金的能力明显比众信旅游高，这与中国国旅免税业务的收支性质有直接关系，其免税业务从性质上看，基本不存在赊销行为，故现金充沛。总体上众信旅游在财务风险与潜在风险上都高于中国国旅。

现金利润率中国国旅均值为 97%远高于众信旅游均值 54%，并且中国国旅净利润的现金含量远大于众信，差距逐年拉大。总体上说，现金创造能力中国国基本上是强于众信旅游。

5. 成长能力分析与评价

表 17　中国国旅和众信旅游成长能力指标　单位：%

| 财务指标 | 中国国旅 | | | | | 众信旅游 | | | | |
|---|---|---|---|---|---|---|---|---|---|---|
| | 2012 | 2013 | 2014 | 2015 | 2016 | 2012 | 2013 | 2014 | 2015 | 2016 |
| 营业收入增长率 | 27.09 | 8.15 | 14.26 | 6.80 | 5.16 | 34.98 | 39.78 | 40.32 | 98.49 | 20.71 |
| 应收账款增长率 | 14.31 | −11.07 | 17.07 | 6.31 | −2.92 | −13.05 | 111.62 | 67.14 | 173.93 | 15.11 |

续表

| 财务指标 | 中国国旅 | | | | | 众信旅游 | | | | |
|---|---|---|---|---|---|---|---|---|---|---|
| | 2012 | 2013 | 2014 | 2015 | 2016 | 2012 | 2013 | 2014 | 2015 | 2016 |
| 净利润增长率 | 41.33 | 25.78 | 12.51 | 3.06 | 18.23 | 39.89 | 41.53 | 24.32 | 92.81 | 17.09 |
| 总资产增长率 | 16.03 | 45.14 | 13.42 | 7.01 | 9.89 | 47.13 | 29.15 | 58.49 | 200.16 | 24.37 |

如表 17，中国国旅和众信旅游近 5 年营业收入均呈递增趋势，平均涨幅分别为 12%和 47%，其中众信旅游 2015 年营业收入涨幅明显，主要原因为公司收购竹园国际旅行社有限公司 70%股权，其当年贡献收入 28.4 亿，说明众信旅游产业拓展能力更强；应收账款中国国旅平稳控制，而众信旅游平均涨幅 71%，远高于其营业收入的增长，应关注公司销售政策，避免资金占用及财务风险。从两家公司 5 年的主要财务指标看，中国国旅的经营模式仍保持沿用传统模式，盈利能力方面主导是免税业务；众信旅游积极推进纵向一体化扩张与“旅游 +”的横向旅游渗透，众信旅游的成长能力更强。

### （三）中国国旅和众信旅游财务指标因素分解分析

#### 1. ROE 及其影响因素指标分析

表 18　中国国旅和众信旅游净资产收益率分解表

| 财务指标 | 中国国旅 | | | | | 众信旅游 | | | | |
|---|---|---|---|---|---|---|---|---|---|---|
| | 2012 | 2013 | 2014 | 2015 | 2016 | 2012 | 2013 | 2014 | 2015 | 2016 |
| 销售净利率 | 7.32% | 8.51% | 8.38% | 8.09% | 9.09% | 2.87% | 2.91% | 2.58% | 2.50% | 2.43% |
| 权益乘数 | 1.44 | 1.34 | 1.36 | 1.32 | 1.29 | 2.58 | 2.33 | 1.84 | 1.92 | 2.04 |
| 总资产周转率 | 1.94 | 1.59 | 1.44 | 1.4 | 1.36 | 4.89 | 5.01 | 4.82 | 3.9 | 2.8 |
| ROE（%） | 20.81 | 18.68 | 16.30 | 15.18 | 16.12 | 35.83 | 35.40 | 24.92 | 18.58 | 13.50 |

如表 18，中国国旅净利率近 5 年均值为 8.3%高于众信旅游的 2.7%，且中国国旅是上升势头，同比众信旅游在 2013 年后是下滑状态。权益乘数表现：众信旅游 5 年均值近 2.14，高于中国国旅近 5 年均值 1.35。中国国旅权益乘数变化较平稳，众信旅游呈小 U 型，但从其数据上可以看出，众信旅游的财务杠杆作用是发挥得较为充分。众信旅游的营运能力从总资产周转率上说更胜一筹。总体上在净资产收益率即股东权益回报率 ROE 方面，众信旅游是近 5 年 25.64%比中国国旅近 5 年均值 17.42%表现更好。

2. 风险分解分析

表 19 中国国旅和众信旅游风险分解表 单位：%

| 财务指标 | 中国国旅 | | | | | 众信旅游 | | | | |
|---|---|---|---|---|---|---|---|---|---|---|
| | 2012 | 2013 | 2014 | 2015 | 2016 | 2012 | 2013 | 2014 | 2015 | 2016 |
| （1）EBIT 增长率 | 41.99 | 24.76 | 13.77 | 3.85 | 15.43 | 35.80 | 40.67 | 27.73 | 79.23 | 32.20 |
| （2）营业收入增长率 | 27.09 | 8.15 | 14.26 | 6.80 | 5.16 | 34.98 | 39.78 | 40.32 | 98.49 | 20.71 |
| （3）净利润增长率 | 41.33 | 25.78 | 12.51 | 3.06 | 18.23 | 39.89 | 41.53 | 24.32 | 92.81 | 17.09 |
| （4）经营杠杆 =(1)/(2) | 1.55 | 3.04 | 0.97 | 0.57 | 2.99 | 1.02 | 1.02 | 0.69 | 0.80 | 1.55 |
| （5）财务杠杆 =(3)/(1) | 0.98 | 1.04 | 0.91 | 0.79 | 1.18 | 1.11 | 1.02 | 0.88 | 1.17 | 0.53 |
| 总杠杆 =(4) × (5) | 1.53 | 3.16 | 0.88 | 0.45 | 3.53 | 1.14 | 1.04 | 0.60 | 0.94 | 0.82 |

如表 19，中国国旅近 5 年，财务费用均为负值均值 1.07 亿，则说明其负债利息基本被理财等财务收入所覆盖，故财务杠杆并未发生效用。而众信 2015 年与 2016 年发生了财务费用，2016 年利息费用绝对值增加了 6 倍，但 2015 年净利润增长率很高，众信旅游增长率呈波动趋势。中国国旅总杠杆曲线波动较大，众信旅游曲线较为平缓，但不是简单地说中国国旅风险高，财务杠杆两家是相对波动小，原因主要是经营杠杆起的作用。

3. 自我可持续增长率分析

表 20 中国国旅和众信旅游自我可持续增长率分析

| 财务指标（%） | 中国国旅 | | | | | 众信旅游 | | | | |
|---|---|---|---|---|---|---|---|---|---|---|
| | 2012 | 2013 | 2014 | 2015 | 2016 | 2012 | 2013 | 2014 | 2015 | 2016 |
| ROE | 20.81 | 18.68 | 16.30 | 15.18 | 16.12 | 35.83 | 35.40 | 24.92 | 18.58 | 13.50 |
| 留存收益比例 | 91.25 | 76.21 | 73.44 | 70.18 | 73.01 | 100.00 | 100.00 | 89.28 | 92.56 | 90.28 |
| 自我可持续增长率 | 18.99 | 14.23 | 11.97 | 10.65 | 11.77 | 35.83 | 35.40 | 22.25 | 17.19 | 12.19 |

如表 20 和图 1 所示，近 5 年众信旅游的自我可持续增长率均高于中国国旅，众信旅游变化趋势更陡。众信旅游可持续增长率幅度大与公司目前发展战略是匹配的，其一留存收益 2014 年前后有变，是公司发展阶段至 2014 年后进行低股利分配政策，留存收益率下滑。其二是净利润在上升但增速不及权益资本增率，这也说明投资者对众信旅游的前景是充满信心的。

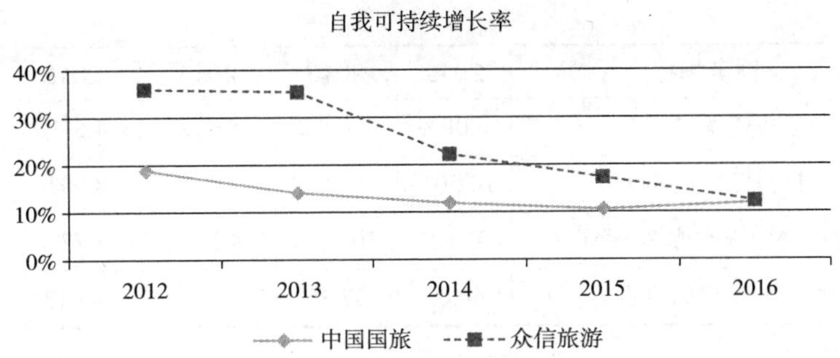


**图 1　中国国旅和众信旅游自我可持续增长率比较图**

4. EVA 分解分析

**表 21　中国国旅和众信旅游 EVA 分解分析表**

| 公司 | 财务指标 | 2012 | 2013 | 2014 | 2015 | 2016 |
|---|---|---|---|---|---|---|
| 中国国旅 | 投入资本（百万元） | 6228.72 | 9782.97 | 10 862.50 | 12 002.46 | 13 493.86 |
| | 投入资本利润率（ROIC） | 18.90% | 15.00% | 15.40% | 14.50% | 14.90% |
| | 净营业利润 NOPAT（百万元） | 1179.84 | 1472.01 | 1674.73 | 1739.20 | 2007.51 |
| | 无风险利率 Kf | 2.60% | 2.60% | 2.40% | 1.10% | 1.10% |
| | 风险溢价 Km—Kf | 7.90% | 7.80% | 7.30% | 6.90% | 6.70% |
| | 市场风险测度 β | 1 | 1 | 1 | 1 | 1 |
| | 债务资本权重 | 0.60% | 0.80% | 0.60% | 0.90% | 1.00% |
| | 权益资本权重 | 99.40% | 99.20% | 99.40% | 99.10% | 99.00% |
| | 债务资本成本 Kd | 6.00% | 6.00% | 5.60% | 4.60% | 4.35% |
| | 权益资本成本 Ke | 10.50% | 10.40% | 9.70% | 8.00% | 7.80% |
| | 加权平均资本成本 WACC | 10.47% | 10.35% | 9.61% | 7.96% | 7.76% |
| | 经济增加值 EVA（百万元） | 527.93 | 459.12 | 630.31 | 784.01 | 961.05 |
| 众信旅游 | 投入资本（百万元） | 223.39 | 290.85 | 588.03 | 2295.22 | 2765.00 |
| | 投入资本利润率（ROIC） | 27.90% | 30.10% | 19.00% | 8.70% | 9.60% |
| | 净营业利润 NOPAT（百万元） | 62.27 | 87.6 | 111.89 | 200.53 | 265.1 |
| | 无风险利率 Kf | 2.60% | 2.60% | 2.40% | 1.10% | 1.10% |
| | 风险溢价 Km—Kf | 7.90% | 7.80% | 7.30% | 6.90% | 6.70% |
| | 市场风险测度 β | 1 | 1 | 1 | 1 | 1 |
| | 债务资本权重 | 9.00% | 0.00% | 1.00% | 27.00% | 29.00% |
| | 权益资本权重 | 91.00% | 100.00% | 99.00% | 73.00% | 71.00% |

续表

| 公司 | 财务指标 | 2012 | 2013 | 2014 | 2015 | 2016 |
|---|---|---|---|---|---|---|
| 众信旅游 | 债务资本成本 Kd | 6.00% | 6.00% | 5.60% | 4.60% | 4.35% |
| | 权益资本成本 Ke | 10.50% | 10.40% | 9.70% | 8.00% | 7.80% |
| | 加权平均资本成本 WACC | 9.96% | 10.40% | 9.59% | 6.77% | 6.48% |
| | 经济增加值 EVA（百万元） | 40.02 | 57.35 | 55.48 | 45.13 | 85.85 |

如表 21，中国国旅近 5 年经济增长值 EVA 是绝对值上扬势头，2016 年对比 2012 年 EVA 绝对值增长近 1 倍。众信旅游 2016 年相对比 2012 年也是翻倍增长，但众信旅游经济增长值 EVA 在 2013 年至 2015 年是一个下滑状态，在 2016 年对比 2015 年则翻倍增长，波动的主要原因是众信旅游在 2012 到 2016 年投入资本的增长，投入资金已不仅单一的权益投资，同时也增加债权投资，众信旅游增加资本总额投入是因为公司发展战略的横向与纵向出境游产业的聚焦扩张，但其经济增加值增长幅度是比中国国旅更高的。

从企业业绩表现上看，众信旅游近年来的股东权益回报率表现比中国国旅更佳，但由于众信旅游的出境产业链一体化扩张，其股东权益回报率出现下滑，要重视投资风险。在风险分解分析方面，中国国旅表现经营杠杆波动大，原因主要是收入增幅与成本费用增幅出现了小反向变动，加上固定成本相对众信旅游也较高，而众信旅游风险总杠杆相对平稳。在自我可持续增长率方面，众信旅游均高于中国国旅，在经济增加值 EVA 上看，分析数据就绝对值而言，中国国旅是占绝对优势，但分析期间成长性，众信旅游增长更强劲。

### （四）中国国旅和众信旅游财务政策和财务战略分析与评价

1. 财务政策比较与分析

（1）资本结构政策

表 22 中国国旅和众信旅游负债政策分析表

| 财务指标 | 中国国旅 | | | | | 众信旅游 | | | | |
|---|---|---|---|---|---|---|---|---|---|---|
| | 2012 | 2013 | 2014 | 2015 | 2016 | 2012 | 2013 | 2014 | 2015 | 2016 |
| 资产负债率 | 30.60% | 25.10% | 26.60% | 24.40% | 22.70% | 61.20% | 57.00% | 45.70% | 47.90% | 51.00% |
| 有息负债率 | 1.30% | 2.40% | 1.80% | 2.90% | 3.40% | 6.20% | – | 1.20% | 40.20% | 39.30% |

如表 22，中国国旅 5 年平均资产负债率为 25.9%，具备强大的抵御外界环境变化能力及较好的财务弹性。众信旅游资产负债率处于相对合理水平，5 年平均为 52.6%，均为流动负债，且善于使用无息负债，降低债权资金成本。

两家公司除了上市 IPO 首次发行股票外，中国国旅仅在 2013 年 7 月再次公开发售 9623.78 万股，此次定向增发目的是将资金投放到三亚海棠湾国际购物中心，同时优化资本结构，放大公司价值；而众信旅游鉴于 2016 年限制性股票激励计划 7 名激励对象离职，已不符合激励条件，对其已获授未解锁的股份共计 153 700 股进行了回购注销。

（2）股利政策分析

表 23　中国国旅股利政策列表

| 公告日期 | 派息（税前）(元 / 每股) | 股数（亿） | 除权除息日 | 股权登记日 |
|---|---|---|---|---|
| 2016/05/27 | 0.5 | 9.76 | 2016/06/03 | 2016/06/02 |
| 2015/07/07 | 0.46 | 9.76 | 2015/07/14 | 2015/07/13 |
| 2014/06/17 | 0.4 | 9.76 | 2014/06/24 | 2014/06/23 |
| 2013/05/16 | 0.35 | 8.8 | 2013/05/22 | 2013/05/21 |
| 2012/05/30 | 0.1 | 8.8 | 2012/06/06 | 2012/06/05 |

表 24　众信旅游股利政策列表

| 公告日期 | 派息（税前）(元 / 每股) | 股数（亿） | 除权除息日 | 股权登记日 |
|---|---|---|---|---|
| 2016/04/16 | 0.05 | 4.17 | 2016/04/22 | 2016/04/21 |
| 2015/05/08 | 0.2 | 0.69 | 2015/05/14 | 2015/05/13 |
| 2014/05/30 | 0.2 | 0.58 | 2014/06/09 | 2014/06/06 |

根据表 23，中国国旅保持稳定的股利政策，从发展生命周期来看中国国旅属于稳定增长期的成熟期企业。根据表 24，众信旅游 2014 至 2016 年股利政策相对保守，公司处于成长期，采用低股利政策，此政策既平衡股利分配与奖金需求，又将更多的资金留存用于公司发展，这与公司当下发展战略相符合。

（3）投资政策分析

表 25　中国国旅和众信旅游投资政策分析表　　　单位：百万元

| 项目 | 中国国旅 | | | | | 众信旅游 | | | | |
|---|---|---|---|---|---|---|---|---|---|---|
| | 2012 | 2013 | 2014 | 2015 | 2016 | 2012 | 2013 | 2014 | 2015 | 2016 |
| 长期股权投资 | 154.59 | 204.07 | 196.98 | 231.27 | 245.91 | – | – | – | 37.39 | 67.51 |

续表

| 项目 | 中国国旅 | | | | | 众信旅游 | | | | |
|---|---|---|---|---|---|---|---|---|---|---|
| | 2012 | 2013 | 2014 | 2015 | 2016 | 2012 | 2013 | 2014 | 2015 | 2016 |
| 投资收益 | 110.67 | 107.48 | 127.71 | 154.64 | 199.91 | – | – | – | -0.00 | 5.81 |
| 金融资产 | 0.71 | 1.05 | 2.59 | 0.89 | 0.89 | – | – | 1.00 | 241.14 | 431.96 |
| 银行理财产品 | – | – | 300.00 | 2820.00 | 500.00 | – | – | – | – | – |
| 结构性存款 | – | – | – | 2300.00 | – | – | – | – | – | – |
| 发放贷款及垫款 | – | – | – | – | – | – | – | – | 88.30 | 168.93 |
| 贷款损失准备 | – | – | – | – | – | – | – | – | 1.32 | 2.53 |

如表 25，闲置资金利用方面中国国旅用于购买稳定收益的银行理财产品等，而众信旅游则用于风险高、收益高的发放贷款业务。中国国旅对外投资主要是下属公司旅行社及免税公司的投资，这种投资决策快速利用合作、联营方的优势成熟渠道，可夯实国旅品牌核心竞争力。众信旅游的投资政策，主要是产业链的上游到下游各细分领域，更多地掌握对旅游业务相关的有用资源，增强对供应商议价权。

（4）营运资本政策

表 26　中国国旅和众信旅游营运资本政策分析表

| 项目 | 中国国旅 | | | | | 众信旅游 | | | | |
|---|---|---|---|---|---|---|---|---|---|---|
| | 2012 | 2013 | 2014 | 2015 | 2016 | 2012 | 2013 | 2014 | 2015 | 2016 |
| 营运资本（百万元） | 3977 | 6748 | 7057 | 8169 | 9630 | 189 | 269 | 486 | 607 | 425 |
| 营运资本配置比率 | 59% | 67% | 65% | 69% | 71% | 37% | 41% | 50% | 28% | 17% |
| 总资产周转率 | 1.94 | 1.59 | 1.44 | 1.4 | 1.36 | 4.89 | 5.01 | 4.82 | 3.9 | 2.8 |

从表 26 可知，中国国旅营运资本配置比率高于众信旅游，说明中国国旅营运资本较高，企业短期偿债能力更强，而总资产周转率众信旅游更胜一筹，说明众信旅游其销售能力强，资产管理质量与利用效率是具有较高水平。

2. 财务战略矩阵分析

表 27　中国国旅和众信旅游财务矩阵分析表

| 项目 | 中国国旅 | | | | | 众信旅游 | | | | |
|---|---|---|---|---|---|---|---|---|---|---|
| | 2012 | 2013 | 2014 | 2015 | 2016 | 2012 | 2013 | 2014 | 2015 | 2016 |
| 经济增加值 EVA（百万元） | 527.93 | 459.12 | 630.31 | 784.01 | 961.05 | 40.02 | 57.35 | 55.48 | 45.13 | 85.85 |

续表

| 项目 | 中国国旅 | | | | | 众信旅游 | | | | |
|---|---|---|---|---|---|---|---|---|---|---|
| | 2012 | 2013 | 2014 | 2015 | 2016 | 2012 | 2013 | 2014 | 2015 | 2016 |
| 自我可持续增长率（%） | 19 | 15 | 12 | 11 | 12 | 36 | 35 | 22 | 17 | 12 |
| 营业收入增长率（%） | 27 | 8 | 14 | 7 | 5 | 35 | 40 | 40 | 98 | 21 |
| 营业收入增长率减自我可持续增长率（%） | 8 | −7 | 2 | −4 | −7 | −1 | 4 | 18 | 81 | 8 |
| 资金状态 | 短缺 | 剩余 | 短缺 | 剩余 | 剩余 | 剩余 | 短缺 | 短缺 | 短缺 | 短缺 |

表 27 为中国国旅和众信旅游财务矩阵分析表，把经济增加值 EVA 作为纵坐标，营业收入增长率减去自我可持续增长率的差值作为横坐标，将两者数据分析结果运用到财务战略矩阵中，如图 2 所示。

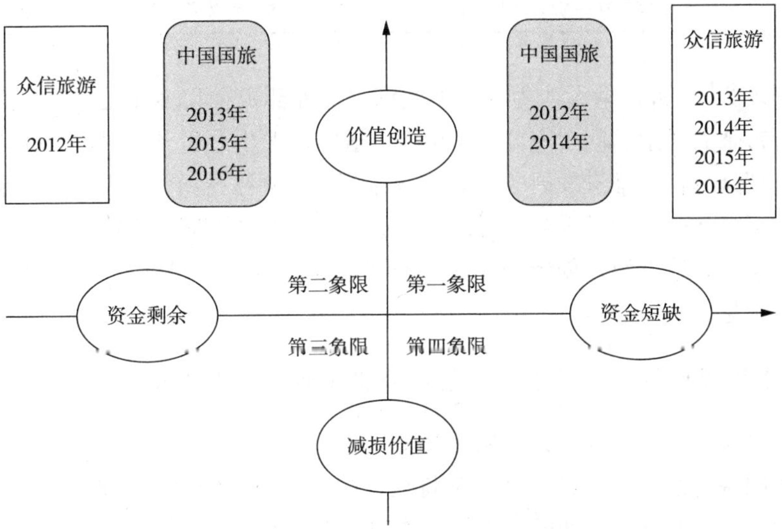


**图 2　中国国旅和众信旅游财务战略矩阵对比图**

中国国旅 2012 年和 2014 年位于价值创造和资金短缺的第一象限，但数值微小，但并非真正的资金短缺，如 2014 年中国国旅对外公告报表中的其他流动资产类含有银行理财产品 3 亿，是发挥闲置资金的作用，公司投资银行理财产品取得投资回报。2013 年、2015 年、2016 年位于价值创造和资金剩余的第二象限，公司相对处于较好的战略地位。

众信旅游除了 2012 年在位于价值创造和资金剩余的第二象限以外，2013 年至

2016 年都位于价值创造和资金短缺的第一象限，这说明 4 年间财务方面总是资金短缺，并通过理财收益缓冲借入资金成本压力。

3. 小结

通过两家公司的财务政策与财务战略矩阵对比分析，总结对比了两家的财务绩效与财务政策见表 28。

表 28　中国国旅和众信旅游财务绩效及财务政策

| 项目 | 中国国旅 | 众信旅游 |
| --- | --- | --- |
| 财务绩效 | 较高的整体盈利能力<br>较低的负债率和较强的债务偿还力<br>较低的资产利用效率<br>较强的现金创造能力 | 合理负债率<br>较高的资产利用效率<br>筹资对外扩张<br>成长能力较强 |
| 财务政策 | 资本结构政策：较低负债比率<br>股利政策：股利发放保持稳定上升<br>营运资本管理政策：高流动资产<br>投资政策：资产规模适度增长 | 资本结构政策：保持约 53%负债比率<br>股利政策：股利发放趋于保守<br>营运资本管理政策：高流动资产<br>投资政策：资产规模快速增长 |

根据表 28 分析，本人认为中国国旅可利用外部机会和多元化经营，降低低利润产品所带来的风险。同时充分利用资源，进行产业生态链条的纵向一体化及横向一体化，都是可积极推进发展的有效战略部署。从财务指标分解因素角度来看，众信旅游则可以从改善权益乘数、提高主营业务增长率等方面来缓解资金压力；从财务政策和竞争政策方面，创新开辟多元排他化的旅游产品，增强企业独特的生产能力与竞争优势。

## （五）中国国旅与众信旅游发展战略实施效果的财务诊断

1. 中国国旅发展战略实施效果的财务诊断

中国国旅与众信旅游的预计财务特征，和两家公司的财务比较分析见表 29 得出，中国国旅其旅行社板块的表现，其获利能力、资产管理能力、成长能力与发展战略预期效果是有差距的，要实现中国国旅发展战略，需分析给出更有效的财务与发展战略建议。

表 29　中国国旅财务指标比较结果汇总表

| 项目 | 指标 | 与众信旅游对比 |
| --- | --- | --- |
| 资产负债表 | 货币资金 | 高 |
| | 长期股权投资 | 高 |

续表

| 项目 | 指标 | 与众信旅游对比 |
| --- | --- | --- |
| 资产负债表 | 可供出售金融资产 | 低 |
| | 股东权益占资产比 | 高 |
| 利润表 | 商品销售毛利 | – |
| | 旅游服务毛利 | 低 |
| | 净利率 | 高 |
| | 投资收益 | 高 |
| 现金流量表 | 经营净现金 | 高 |
| | 投资净现金 | 低 |
| | 筹资净现金 | 低 |
| 盈利能力 | 资产利润率 | 高 |
| | 权益利润率 | 低 |
| 偿债能力 | 流动比率 | 高 |
| | 速动比率 | 高 |
| | 现金比率 | 高 |
| | 利息保障倍数 | 高 |
| | 权益乘数 | 低 |
| | 资产负债率 | 低 |
| 资产管理能力 | 应收账款周转率 | 低 |
| | 流动资产周转率 | 低 |
| | 固定资产周转率 | 低 |
| | 总资产周转率 | 低 |
| 现金创造能力 | 销售获现率 | 高 |
| | 总资产获现率 | 高 |
| | 权益资本获现率 | 高 |
| | 投入资本获现率 | 高 |
| | 现金利润率 | 高 |
| 成长能力 | 营业收入增长率 | 低 |
| | 应收账款增长率 | 低 |
| | 净利润增长率 | 低 |
| | 总资产增长率 | 低 |

（1）加强现金流管理

中国国旅的应收账款和预付账款之和小于应付账款和预收账款之和，说明公司善于利用 OPM 策略，加上公司自身造血能力充足、公司现金流充裕。但目前货币资金占比总资产过大，仅货币资金就占半壁江山，现金资源的利用程度不高，需提高资金利用率。

（2）调整资本结构并适度增加负债

中国国旅近 5 年的平均资产负债率为 26%，建议公司要调整资本结构、适当利用财务杠杆，以进行市场扩张、促进公司发展。适度负债能降低公司综合资本成本，从而推动公司价值的最大化，有时低负债反而桎梏了公司的发展。

（3）加强营运管理与成本管理水平，加快资产周转效率

中国国旅长期发展缓慢的原因之一是没有高效的使用资产，造成产能浪费。公司应加强调配资源，优先开发利润大的项目。公司同时需注重成本管理，加强期间费用控制。同时建议公司梳理长期股权投资及金融资产，调整投资项目，提高资产周转效率。

2. 众信旅游发展战略实施效果的财务诊断

与中国国旅比较，众信的偿债能力与现金创造力是薄弱的，这与众信近年来的发展战略“一纵一横”有密切因果关系，因此在快速一体化产业链扩张时，需加强财务风险控制。故在财务战略上有如下建议：

（1）改善现金流状况

众信旅游的创现能力不足。建议众信旅游要加强预算管理，并增加在股权融资及债务融资方面的灵活性。同时更加优化明星产品优势，提高产品利润空间。

（2）改善资本结构

众信旅游近 5 年资产负债率为 53%，属于合理水平，但作为快速成长中的企业，众信旅游可以在财务杠杆的运用上相对更积极。

（3）加强营运资本管理及保持资产的高效周转

公司的资产变现能力逐渐变弱。在公司规模急剧扩张时期，需完善投资风险评估系统，加强企业的营运资本管理，保持资产的高效周转，以防范可能出现的突发状况。

## 五、研究结论和发展战略建议

### （一）中国国旅的研究结论及发展战略建议

中国国旅分两个业务主体板块来分述。一方面，中国国旅的旅行社业务在中高程度多元化相关联系型公司层战略与差异化业务层战略上，差异化战略的核心竞争

力在市场上并不明显，即仅品牌差异与渠道差异化对旅游业务的核心力发展贡献不足。首先建议产品方面建设，将产品作为中国国旅参与市场竞争的立身之本，整合国内外资源为产品研发服务，敢于承担市场风险。在没有创新产品与自主产品的情况下，再强大的渠道也成为别家旅行社的“嫁衣”。其次，中国国旅可加速与调整投资并购，向资源端延伸，降低产品成本。旅游投资的有机闭环开发是实现盈利的关键，中国国旅近年的投资基本围绕下属企业以投资或将大量闲置资金购买理财产品，但在产业链上、下游的资源整合与投资上投入少，最终使旅游产品的毛利率是不具优势的。再次中国国旅在线上销售与采购渠道拓展上，相对缺乏技术、人才，异业合作电商发展缓慢、第三方平台电商缺乏统一管理和规范，运营能力较低。

另一方面，中国国旅的免税板块处于行业内的领军地位，但其政策风险巨大。目前阶段要加大用足其政策窗口期，保持与坚挺高收益趋势。同时完善电商业务，快速进入跨境电子商务市场、实现独立 B2C。

### （二）众信旅游的研究结论及发展战略建议

众信旅游战略定位为全方位出境综合服务商，在产品研发上，众信旅游批发商产品研发能力强。在渠道建设上，建议众信旅游积极在重点城市扩充零售门店，并且引入代理退税、货币兑换、移民置业、健康医疗等产品服务，丰富门店功能，建立线上线下相结合的服务体系。目前众信市场集中在北京、中原、华东市场，2016 在这三个市场营收份额达到 80%以上，因此建议加强渠道网点建设，拓展全国客源地丰富的目标市场，同时也进一步下沉至三四线城市，成熟一个点，则发展一片，以点带面，逐步布局全国重点区域。

### （三）行业发展战略建议

本章分析了行业中典型具有代表性的中国国旅与众信旅游的发展战略并提出相应建议，现在提出以下建议，尤其针对大中型旅行社：

首先，旅行社需重视旅游产品本身，旅游产品才是生存的根本。部分大型国有旅行社营业收入逐年递增，但营业利润增幅却远不及营业收入，甚至萎缩。原因是产品由专线商和供应商提供，自身不研发旅游产品，这类企业缺乏支撑企业发展的核心竞争力——自身创新产品。所以要注重与投入旅游产品研发，打造主题产品、差异化的自身产品。产品才是生产力。

其次，销售模式的改善。目前仍有盲目扩张销售加盟或挂靠门店，公司主营产品端与销售端的中间平台，主要收入来自加盟挂靠费用，这样的销售模式不适应市场的更新迭代。故需从根本上打造自身规范的销售渠道，形成自营销售线上线下一体化。

最后，旅行社的资源整合，尤其是旅游投资项目的有机闭环开发，从产品前端资源布局，以保证产品成本的可控性，实现利润空间的提升。最后是市场营销需和与日俱进的市场竞争环境相匹配，建议传统型旅行社主动走出去多元化营销，迎接市场多维需求。

## 主要参考文献

陈敏华，黄福才．福建省旅游产业发展现状研究 (2016–2017). 北京：社会科学文献出版社，2017.

杜安．爱尔兰（R.Duane lreland），罗伯特 E. 霍斯基森（Robert E.Hoskisson），迈克尔 A. 希特（Michael A.Hitt). 战略管理：竞争与全球化（概念).（原书第 10 版). 北京：机械工业出版社，2013.

杜江．中国旅行社业发展的回顾与前瞻．旅游学刊．2003(6).

刘艳红，易小力．基于价值链的旅行社发展战略研究——以深圳市为例．特区经济，2009(4).

杨静怡．海南旅行社盈利模式研究．科技信息，2011(16).

杨锡怀，王江．企业战略管理：理论与案例（第四版). 北京：高等教育出版社，2016.

游洋．旅行社成本领先战略与财务成本费用管理．中国国际财经，2017(15).

曾博伟，魏小安．旅游供给侧结构性改革．北京：中国旅游出版社，2016.

## 点评

外部环境的变化和行业竞争的加剧，使各传统旅行社企业面临巨大的挑战。首先移动互联网、电子商务等外部环境使旅行社行业的服务与技术等面临创新改革，其次是旅行社内部行业门槛低、产品同质化严重、低价恶性竞争等普遍问题，也对旅行社经营分析与发展战略提出了更高的要求。

中国国旅是一家同时经营旅行社和免税业务的国有旅行社上市公司，而众信旅游是首家民营旅行社上市公司，是国内最具竞争力的全方位出境游服务商。两家公司规模较大，各具战略发展特征，且在行业内影响力较大。论文以中国国旅和众信旅游为案例，对两家公司的财务状况和发展战略进行比较分析，具有行业典型意义。

论文对这两家上市公司战略的执行效果进行了深入全面的财务分析和比较研究，包括：财务报表的三维分析，财务指标的财务状况和经营成果解读，杜邦分析系统对财务业绩影响因素的剖析，以及财务政策与财务战略的实施分析等。财务分析上，论文认为中国国旅长期发展缓慢的原因之一是没有高效地使用资产，造成产能浪费；同时国旅还需注重成本管理，加强期间费用控制。与中国国旅相比，众信偿债能力与现金创造力上是薄弱的，这与众信近年来的发展战略“一纵一横”有密切因果关系，因此在快速产业链扩张时，需加强财务风险控制。结合财务分析结果，根据两家公司现有的战略执行情况，论文认为国旅可利用外部机会和多元化经营，梳理长期股权投资及金融资产，调整投资项目，降低低利润产品所带来的风险；同时充分利用资源，进行产业生态链条的布局。而对于众信，论文则建议降低杠杆率，提高主营业务增长率等方面来缓解资金压力；在竞争战略上，继续创新开辟多元排他化的旅游产品，增强企业独特的竞争优势。最后论文分析了现今旅行社企业发展面临的共性问题，对未来旅行社行业和旅行社企业的发展战略提出建议。

论文选择的比较研究案例具有行业典型特征，分析比较深入，研究结果对旅行社的行业管理、旅行社企业的改革创新和商务模式转型等都具有一定的参考借鉴价值。

# 酒店业轻资产运营的财务绩效研究
# ——以岭南控股为例

陈 新[①]

**摘要**：本文以岭南控股为案例，首先介绍了岭南控股从单体酒店的重资产模式转换到实施轻资产运营模式的整个过程，然后分析了其轻资产运营模式的可行性，并介绍了其轻资产具体的运营模式。其次，本文以上市公司的年度报告为数据来源，从盈利质量分析、资产质量分析和现金流量分析三个方面对其进行评价。通过分析岭南控股实施轻资产模式的前后对比以及轻资产模式运营期间和同业的对比，发现轻资产运营模式的确提高了财务绩效、促进了公司发展、改善了资产结构，从而表明该模式是适合该公司发展的战略选择。最后，本文结合岭南控股的轻资产模式运营，总结该模式运营在酒店业的可行性和适应性，期望此案例能有借鉴价值。

**关键词**：轻资产运营模式；财务绩效；岭南控股

## 一、引言

在国内经济新常态背景下，外部环境的不确定性是 2017 年中国经济“稳中求进”的一大挑战。随着城市化的发展和人口老龄化的推进，国内酒店业正面临着人力成本与资本成本的上升、人民币贬值等诸多压力。在上述背景下，需要酒店业管理者运用创新性的运营模式，才能在旅游业大发展的时代让酒店重塑新的比较优势。轻资产运营模式是管理咨询公司麦肯锡（McKinsey & Company）特别推崇的战略，它认为企业应该将有限的资源尽可能地投资于设计开发和市场推广，而将那些非核心的业务，如物流环节、产品制造环节等外包出去，从而降低企业的资本投入，提高资本回报率，增强企业的核心竞争力。国内旅游企业已开始关注这一运营模式，以期可以获得更好、更快的发展和资本市场更高的估值。

本文以广州岭南集团控股股份有限公司（以下简称岭南控股）为研究对象，对其轻资产运营模式进行了分析和财务绩效评价，以期通过研究该公司的轻资产战略转型案例，为国内酒店业的发展提供新的思路。从理论上来看，对岭南控股的轻资

---

① 2014 级，2017 年毕业；点评教师：黄海玉。

产运营模式进行研究，分析和研究该模式的财务绩效，是从财务角度对企业盈利模式问题进行探讨。对盈利模式与财务理论之间关系的探讨，有助于旅游学者进一步完善酒店公司财务理论的研究。从现实上来看，通过评价岭南控股的财务绩效，分析其实施轻资产运营模式的原因，有助于探明酒店行业未来的发展方向，为市场上各类酒店的企业战略选择提供一定的借鉴。

## 二、文献综述

### （一）酒店资产经营

目前对酒店资产经营专门的研究还不是很多。韩刚（2009）分析了我国酒店类上市公司的资本运营情况，认为我国酒店集团急需通过多种形式实现资本扩张。黄海玉等（2011）对 2000–2009 年的旅游主板上市公司的多元化经营绩效进行实证分析，发现酒店类上市公司的相关多元化和绩效有显著的正相关关系。段正梁和危湘衡（2013）研究了 2002–2008 年 41 家旅游企业并购事件及其影响，以财务指标来衡量并购对企业绩效的影响，显示不同类型的旅游企业进行并购后，长期绩效有着显著差异。

从资产规模角度可以把酒店的资产运营按以下分类：

1. 扩张型资产运营模式

扩张型资产运营是通过盈余公积、所有者追加投资、吸纳新的投资者等方式，实现酒店的财务资产合计数扩大。根据产权流向的不同可以将扩张型资产运营按以下分类：

（1）横向型资本扩张

横向型资本扩张是指同属于酒店业的交易双方为了实现规模经营而进行的产权交易行为，其主要经济动力来源于“多地点经济性”。所谓“多地点经济性”是指随着酒店集团开业酒店数量的增加，服务客户的空间范围延伸而产生的单位经营成本下降和全程经营利润增加的现象。酒店通过横向型资产扩张追求规模经济和网络经济，减少管理费用在产品或服务之间的分摊。

（2）纵向型资本扩张

纵向型资本扩张是指旅游服务链上两个不同层次的组织的集中。这可以是前向的，如航空公司购买旅行社，形成前向一体化；也可以是后向的，如旅游经营商购买交通运输公司或酒店企业，形成后向一体化。

（3）混合型资本扩张

混合型资本扩张是指酒店与没有关联的企业进行的产权交易行为。这类兼并的主体多为与酒店关系密切的房地产企业、投资基金等。

2. 收缩型资产运营模式

收缩型资产运营相对于扩张型资产运营则是在“做减法”——酒店集团把一部分资产、某一部门或某单体酒店移出财务报表，从而缩小酒店的规模。其实质是对酒店的总规模或主营业务范围进行重组，但根本目的还是为了在追求酒店最大价值的同时提高酒店的运营效率。收缩型资产运营的通常做法是放弃没有比较优势的业务，放弃会干扰酒店主体经营的业务。其主要实现形式有：

（1）资产剥离

资产剥离是指酒店把一部分企业未来发展不需要的资产出售。当一些服务环节市场上专业化企业更有效率时，剥离的边际收益大于边际成本。

（2）企业分立

企业分立是指酒店集团将拥有的某一子公司的部分或全部资产分离转让给现存或新设的企业，从而在法律和组织上实现分立，把一个企业变为两个独立的企业。企业分立有两种形式，如表 1 所示：

表 1　企业分立形式

| 形式 | 定义 |
|---|---|
| 存续分立 | 一个企业分离成两个企业，本企业继续存在并设立一个新企业 |
| 解散分立 | 一个企业分解为两个以上的公司，本企业注销并设立两个新企业 |

资料来源：笔者自己总结

（3）分拆上市

分拆上市是酒店集团将部分优质酒店资产单独 IPO。分拆上市的优点在于股权的二次溢价。对于旅游集团来说，未上市的酒店只能贡献投资收益、经营净利润（控制权）。而一旦酒店实现上市，股东手里的股份一般有比较高的市盈率，酒店公司的估值得到了系统性的抬升。此外，旅游集团还可拓宽融资渠道。

（4）股份回购

股份回购是指酒店按一定的程序购回发行或流通在外的本酒店股份，从而达到缩小股本规模或改变资本结构的目的。

## （二）本节小结

酒店运用轻资产模式运营，可以很好地结合上述酒店资产运营扩张型和收缩型两种模式的优点。轻资产模式既可以快速扩大企业的经营规模，又可以收缩企业在重资产上投入的低效率资源。在酒店行业竞争已成为“红海”领域的当下，酒店业运用轻资产模式运营就成为一个可选的方案。而本文通过运用财务绩效评价岭南控股资产运营这个案例，就是来研究轻资产模式对酒店业发展能否提供一个较好的模式。

酒店业的绩效要通过财务指标来衡量，但是单一的财务指标只能反映酒店业经营过程中某个时刻、某一方面的情况。要正确评价轻资产模式是否适用于酒店业，必须对企业的财务状况做出综合评价，企业的不同利益相关者也需要从不同的角度来观察其财务绩效，所以财务绩效评价指标要多个方面、多个指标相结合才行。这就需要建立一个从多方面反映企业财务状况的评价指标体系。构建评价指标体系也是笔者对酒店业轻资产模式运营进行财务绩效评价的基础。

## 三、酒店业轻资产运营模式分析

### （一）酒店业轻资产运营模式

酒店的主要服务是提供住宿，经营酒店的模式可以分为重资产运营和轻资产运营。重资产运营模式就是购买一块土地，建设一个酒店，用营业收入产生的现金流投资持有的建筑物。酒店业务以自建、自营为主导，有的也发展会展、传媒、食品等相关产业。这种模式就是酒店业重资产运营的主要方式。轻资产运营则是公司专注于营销和研发，不投入重金用于酒店的土地与建筑物，较少拥有酒店产权。轻资产运营目前主要有下列几种实现方式：

1. 酒店资产证券化

这里是指狭义的资产证券化定义，英文：Asset-Backed Securitization（ABS）。它是一种创新性金融工具，以未来将会产生的现金流入进行重新分配作为证券收益发行。传统酒店业一般采用重资产运营模式，建筑物这类固定资产都是自己建设，而酒店建设期限较长、投资金额较大，未来投资收回存在风险。资产证券化能帮助企业及时回笼现金，保证资产的流动性。

**图 1　资产证券化模式简图**

资料来源：笔者自己绘制

酒店资产证券化主要方式是以酒店的应收账款收益权作为质押来发行资产支持证券，但一般不超过预期支付额。它的优点在于为酒店盘活了存量资产，通过依靠应收账款稳定的现金流入和分级化的风险结构安排提前实现了现金的流入。

2. 售后回租

酒店售后回租是指酒店将所有的不动产出售后，随即将该资产从买方的手中租回，并定期给付租金的融资方式。售后租回集融资和销售为一体，酒店行业可利用该方法筹集资金，在欧美发达国家已有很多成熟案例可参考。售后租赁模式如图 2：

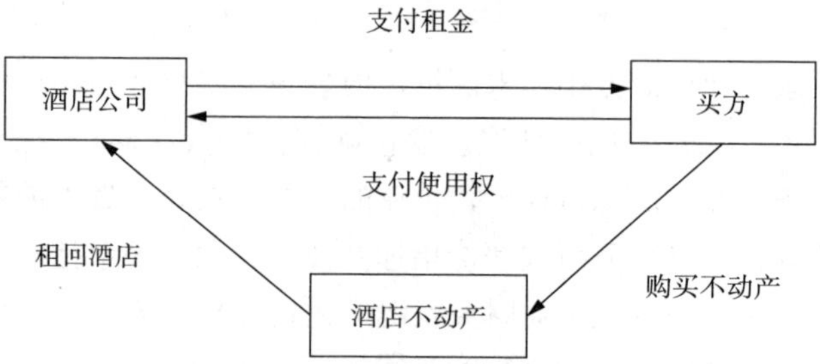


**图 2　售后回租模式简图**

资料来源：笔者自己绘制

售后回租具有不同于其他酒店融资形式的特征：交易的双重性；资产价值与实物相分离；资产形态改变；收益的非实时性。

3. 特许经营

酒店特许经营一般的方式是单体酒店业主依照酒店集团提供其拥有的品牌、管理模式、服务标准和质量标准等要求自主经营管理，同时可接入酒店集团建设的客房预订网络与信息系统等。酒店业主根据使用的情况依据双方签订的合同向酒店集团支付相应的费用。直营酒店物业选择、建筑装修以及日常经营所需的资金等在酒店成长到一定阶段后往往会出现问题。从如家、汉庭、七天等经济型连锁酒店的发展历程来看，各品牌都会选择发展加盟店，以求扩大市场份额。采用特许经营的优势在于，特许权人可以利用极少投资迅速渗透市场，极快地以同一品牌占领市场。受特许权人拥有酒店资产和资金，酒店集团需要快速占领市场，在这种情况下，特许经营可以加快发展的速度。从经济效益看，成员酒店自主经营，酒店集团不承担酒店建筑物投资，酒店品牌较易快速扩张。

在特许经营模式中，特许方与酒店业主的关系如图 3：

**图 3　特许经营模式关系简图**

资料来源：笔者自己绘制

酒店特许经营模式一般具有以下几个特征：复制、服务、按比例收费、筛选加盟者。

4. 委托管理

酒店的委托管理是一种非股权式的运营方式，一般是管理公司通过与业主达成的协议，由管理方输出管理人员，并用其所拥有的酒店品牌、管理模式、服务规范、质量标准等管理酒店，并依据协议的条款向业主收取一定的酬金。委托管理能让酒店集团采用较少的资本投入迅速扩张酒店集团规模，规避了不动产价格变动的风险。同时，又可令没有酒店业管理经营经验的不动产业主，共享酒店运营的收益和所带动的整体资产增值。目前，许多高星级酒店就是属于委托管理经营，其中比较有名的有希尔顿饭店集团和万豪酒店集团等。委托管理模式中，业主与酒店管理公司的关系如图 4：

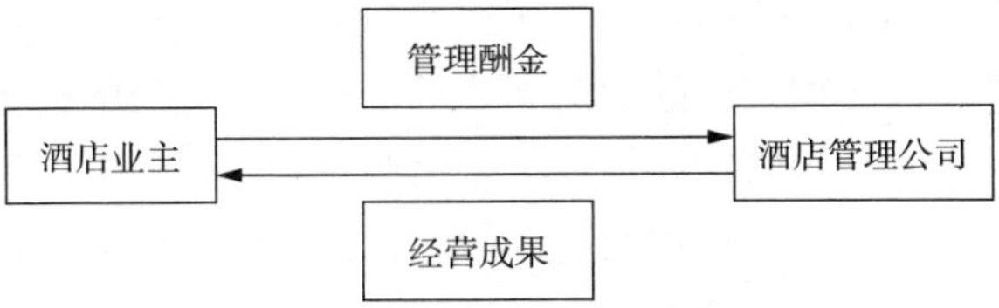


**图 4　酒店管理合同运行机制简图**

资料来源：笔者自己绘制

在酒店经营管理合同中，酒店业主和酒店管理公司的权利义务是相互的、对等的。管理公司向业主提供经营成果，并提供财务报表等供业主监督，业主则向管理公司按合同支付管理酬金。

### （二）国内酒店业轻资产运营的可行性

轻资产运营模式是酒店业顺应市场环境的战略产物。传统酒店都有大量固定资产，特别是自有物业会计账上金额都很大，为酒店实施轻资产运营出售物业提供了坚实的基础。同时财务账上也将获得大量的现金流，这些现金流便可以支持酒店进行市场扩张。从现实情况来看，酒店业轻资产运营模式具有一定的可行性，是一条可连续发展之路。

建设一家酒店，耗费的资金是巨大的。如果全部依靠自建，根本无法快速扩张。而且企业选择自建，也无法保证建设的成功性。但是自建酒店又存在各种退出的壁垒。目前国内对于土地的管制还比较严格，土地上所盖建筑物用途有较为严格的控制。一旦依靠自有资金建好了酒店建筑物，如果经营不善，很难转成其他用途。未来想要通过出售等方式退出，如果不是好的不动产，也需要较长的时间和一定的折价处置。

1. 财务战略可行性

当前的酒店行业有的对财务战略还不够重视，忽视了财务战略在酒店管理中的作用，只注重企业短期的利益，较少考虑企业长远的发展，管理中比较“短视”。

当经济周期不好时，许多酒店才认识到财务战略的重要性是使酒店健康稳定持续发展的关键。轻资产运营模式的公司固定资产少，未来期间的折旧费用就少，较易取得良好的财务利润，这些是其低成本的特点。此外，国内酒店业可以选择采用轻资产模式进行经营，还有以下几个原因：

第一，从融资成本角度看，由于采取了剥离了酒店不动产等重资产，重组为轻资产的酒店管理公司，使得酒店容易增加盈利，改善资产结构，公司容易获得比原有重资产模式下更高的资信评级，整个公司能够以更低的融资成本吸引投资者。对自身规模较小且资产负债率高的酒店企业，这是一个实现扩张的有效方式。

第二，从投资者角度看，受限于单体酒店不动产项目的局限，其投资者一般是区域性的。而轻资产模式下酒店管理公司运营的品牌是一种标准化产品，可以利用不同地区、不同性质、不同资质的酒店项目进行扩张。规模的扩张会有助于酒店获得来自全国银行、基金、保险、证券等众多机构投资者的认可，帮助其进入资本市场。在资本市场上市具有不可比拟的商誉效应，能为酒店带来广告附加值。它有助于提高酒店再融资的成功率、降低融资成本。

第三，从项目滚动开发角度看，重资产模式项目开发循环速度较慢。酒店项目建设期需要大规模投入。以单个酒店项目为例，首先要从政府手中购买土地，酒店公司投资建成后进行商业化运营，充分发挥市场优势形成稳定的经营性现金流；然后项目所有人将项目产生的经营性现金流留存作为资本公积，获得的资金逐渐置换出项目中原有的前期投资；经营期营业收入规模相对较小，需要一定的时间才能收回投资，将被置换出的资金投入到新的项目开发中，最后实现良性的开发循环。通过运用轻资产模式，能有效解决两者间的规模错配与时间错配问题。通过盘活有限的资源，能有效发挥酒店品牌运营支持公司发展。

第四，从融资方式的融合性角度看，目前文化旅游建设项目普遍规划规模很大，配套的高星级酒店项目也会给投资方带来一定的投资压力，单一融资模式往往难以满足需求。酒店管理公司的品牌一般都有一定的知名度，通过互相合作可以获得更好的背书，较易获得资金提供方的认可，因此通过轻资产模式进行融资可以成为一种新尝试。在项目前期由有实力有经验的项目承揽人联合酒店管理公司启动项目。在项目进行过程中，不动产所有人一方面投入自有资金建设，另一方面以所有者身份将不动产委托酒店管理公司进行经营以专注于主业，进一步实现经济效益最大化。

2. 公司战略可行性

轻资产运营模式不但是酒店业应对严峻的经济环境和激烈的市场竞争所做出的战略选择，而且是酒店业顺应自身阶段发展的战略产物。基于本土市场需求和原创品牌的酒店投资，才能为未来发展奠定更加坚实的市场基础。在线旅游企业将会继续攻城略地，酒店供给也将更加多样化。目前酒店的经营管理面临以下战略抉择的挑战：

(1) 单体酒店的局限性

单体酒店的竞争性质都只能是区域性的竞争，而无法向广域性的方向发展。由于酒店产品不具有储存性的特点，也不能进行空间转移，其价值实现只能限定于特定的旅游目的地。一个酒店需要通过一种企业组织的形式，在不同的空间点上形成规模。因为它不能在一个特定的空间点上形成规模经济。所以创业者一般都不会满足于单体酒店的经营。酒店通过规模化的发展，可以达到规模效应降低经营风险和增强酒店竞争实力的目的。

(2) 酒店集团快速扩张

国内酒店建设已进入高速扩张期，世界一流酒店品牌也在不断进入中国，国内酒店业面临不进则退的竞争压力。所有国内的酒店集团几乎都选择在各地不断扩张酒店数量。高速扩张战略也就意味着大量的资金流出。如何保障公司的现金流，为酒店品牌的持续扩张保障资金，就成了众多酒店所面临的难题。许多传统酒店是重资产运营模式，沉淀了大量固定资产，无法快速地转化为现金流入，扩张战略就无法得到支持。针对这种情况，酒店业需要创新改革，只寻求拥有对酒店资产保留经营权，而不寻求拥有酒店建筑物的所有权，避免投资大金额的固定资产，方能改善公司的现金流。在全域旅游时代，需要改变传统只重视自有资产、忽视社会资本，只重视投资自建酒店、忽视品牌运营管理的做法，才能用少的投资开多的酒店。

(3) 酒店形态多元化

酒店业的外延不断拓展。豪华游轮、房车、民宿等新的融观光、住宿于一体的新兴住宿业态已经得到了消费者的认同。而以途家、爱彼迎（Airbnb）为代表的共享住宿业态的发展，也正在颠覆酒店的传统概念。新的需求侧就有新的供给侧投资机会。国内中产阶级的消费习惯不断发生变化，带来了新的旅游需求，导致酒店投资的方向、规模与结构、酒店投资的空间构造、业态选择和产品组合都要变化。虽然二、三线城市乃至一线城市商业地产相对过剩，但随着我们国家城市化的不断推进，新的城市圈正在形成和崛起，市场上仍然有新的酒店建设需求。

面对以上问题，如果用重资产模式进行扩张，将耗费公司大量资源，导致公司负债率迅速上升，财务风险迅速放大。而采用轻资产的经营模式则可以较好地规避这些问题。

### （三）本节小结

酒店轻资产运行具有相应的背景和可行性，是目前酒店经营出现的新趋势。根据前文的分析，轻资产经营财务上有如下特征，主要包括：固定资产方面少投入，与酒店业主共同分担酒店经营风险，给企业提供快速发展的可能，降低了企业的财务风险。

综上，本文认为轻资产模式会给酒店带来良好的现金流结构，其在财务报表上的特征体现见表 2：

表 2　轻资产模式的财务报表特征

| 特　征 | |
|---|---|
| 高 | 现金储备、营运资本 |
| | 无息负债（通常依赖占用上下游资金） |
| | 资产周转速度、存货周转速度 |
| | 广告费用、研发费用（具有营销、技术优势） |
| | 利润、经营现金流、证券投资及其收益 |
| 低 | 存货、固定资产 |
| | 资本成本与利息费用 |
| | 有息负债 |

资料来源：笔者自己绘制

## 四、岭南控股轻资产运营模式的财务绩效评价

### （一）岭南控股轻资产运营模式的可行性

1. 单体酒店阶段

根据该公司 2014 年的公告，东方宾馆（岭南控股的原证券简称）是为了消除公司与实际控制人岭南集团之间的同业竞争，同时增强上市公司的核心竞争力，进一步优化公司主业运营模式，以 6400 万元的价格购买岭南酒店的全部股权。岭南酒店成为岭南控股的全资子公司。之前该上市公司只拥有一家酒店即广州东方宾馆，属于单体酒店经营。上市公司拥有该酒店建筑物和土地 100% 的所有权，财务账面资产净值金额目前仍高达 2 亿多元，每年财务账上计提的折旧费用高达 1000 万多元，属于典型的重资产经营。

以母公司 2012–2014 年三年的营业收入和净利润对比可以看出，连续三年母公司的收入和净利润都呈持续下降的趋势。原先母公司主要经营东方宾馆，这基本可以反映其单体酒店且重资产模式经营下的持续困难。虽然酒店建筑物和土地在财务上折旧和摊销的期限高达几十年，但由于这类重资产往往原值很高，所以在财务账面上会有持续的大额折旧和摊销费用，影响酒店的净利润。而且酒店的装修需要持续的更新，导致在建筑物上要不断地投入，相应的折旧费用也很难下降。东方宾馆作为五星级酒店，又富有浓郁的岭南历史文化风格，在广州市场本应拥有较大的竞争优势，它的业绩持续下降也从侧面反映了高星级酒店 2012–2014 年行业整体

都处于低迷状态。

2. 酒店品牌管理运营商

此时岭南控股作为广州市旅游类国有资产唯一的上市公司，迫切需要新的资产注入来挽救上市公司不断下滑的业绩。国有企业混合制的改革方向，也使广州国资委和控股股东岭南集团有相关的需求要将优质的酒店业资产注入上市公司。而控股股东的优质资产—“岭南酒店”公司就成了注入上市公司的最佳选择。如果直接收购控股股东手里的酒店业重资产，不仅资金耗费巨大、自有资本不足，而且重资产的注入也会随之带来大额的折旧和摊销费用，未必能快速提高上市公司的业绩。如果不能快速提高上市公司的业绩，资本市场未必认可，也就难以通过增发等方式来筹集资金进行收购。收购酒店管理公司、走轻资产运营模式，则可以通过酒店管理公司很高的毛利率（岭南酒店 2014 年度的管理业务毛利率约 94%），快速提高公司业绩。而且酒店管理公司的轻资产使得其通过自有资金也可以负担这笔收购，从而避免在股价行情不好的情况下折价增发。

2014 年 6 月岭南控股全资收购了控股股东的子公司“岭南酒店”。收购时岭南集团承诺除个别存在特殊原因的酒店，控股股东拥有产权的其他所有酒店均委托岭南酒店管理。

岭南控股收购了控股股东的酒店管理公司（岭南酒店），从而走上了轻资产运营模式的路线，它的可行性有以下几个方面：（1）拥有一系列自主知识产权的酒店品牌；（2）拥有高效的运营管控体系；（3）不断优化自身的管理输出模式；（4）具备较高的品牌研发能力；（5）具备强大的专业人才储备；（6）控股股东的支持；（7）良好的财务表现。

### （二）岭南控股轻资产运营模式

岭南控股通过收购岭南酒店，主业便由单体的酒店经营转型扩展至酒店品牌管理运营。这对公司的股价产生了积极、有利的影响，说明该公司选择轻资产运营模式得到了资本市场的认同。岭南酒店本身并不拥有酒店产权，纯粹只是一家酒店管理公司。目前岭南控股的轻资产运营主要是通过酒店品牌运营、中央营销平台的构建、加强与控股股东的旅行社合作等三个方向进行，详见图 5：

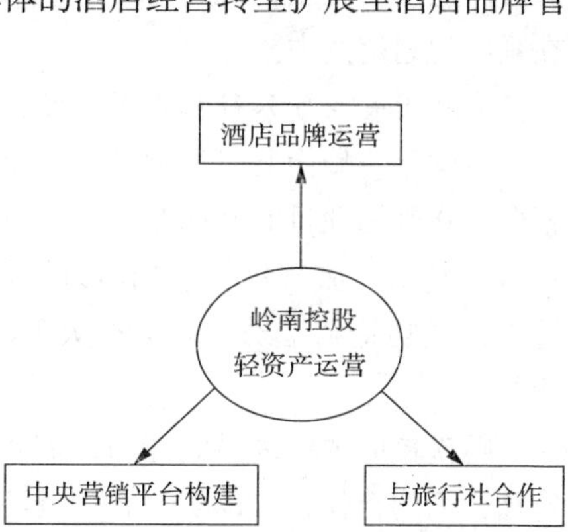

**图 5　岭南控股轻资产模式简图**

资料来源：笔者总结编制

1. 酒店品牌运营

截至 2015 年年报发布，岭南酒店运营及拥有的酒店品牌如下：

表 3　岭南酒店的品牌

| 品牌名称 | 类型 |
|---|---|
| 岭南花园 | 奢华品牌 |
| 岭南东方 | 豪华五星级品牌 |
| 岭南五号酒店 | 特色高端精品品牌 |
| 岭南佳园度假酒店 | 中端度假品牌 |
| 岭南佳园连锁酒店 | 城市休闲连锁酒店品牌 |

资料来源：笔者总结编制

这种高中低互相搭配，为岭南酒店轻资产模式扩张做好了铺垫。这些品牌经过公司这几年的运营，已具备了可复制能力。品牌的建立使岭南酒店通过轻资产模式不断扩张所管理酒店的数量，实现“深耕广东，辐射全国”的战略布局。

岭南酒店在并入上市公司平台后，岭南控股并没有满足于它目前的经营成果，而是不断采取各项经营措施，促进酒店管理公司做大做强。岭南酒店在轻资产模式下的各项经营措施具体如下：(1) 加快创新转型，打造绿色低碳酒店，实现降本增效；(2) 继续完善品牌的标准化建设工作；(3) 洽谈拓展新的酒店管理项目，强化项目拓展能力。

2. 中央营销平台的构建

岭南控股推进实施的是以 CRS 系统为核心的中央营销平台，其目标是完成全部成员酒店的接入上线。同时，未来还将继续完成以下工作：岭南酒店的移动端应用程序、呼叫中心、营销中心的建设；完善微信公众号的内容和完成微信商城框架搭建等工作，为实现微信上就能订酒店奠定基础；全新设计、中英文双语的岭南酒店官网已基本完成，拟 2017 年下半年上线；与大型 OTA 开展的第三方合作项目也在紧密规划落实中。

3. 利用关联方旅行社资源，发挥旅游产业链优势

近两年，岭南酒店深化了与关联方企业广之旅国际旅行社股份有限公司的资源整合，在开拓项目时互相合作，形成在“大旅游”产业链下轻资产品牌输出的独特优势。利用“旅行社 + 酒店管理”的产业链的优势，双方合作进行一体化的品牌输出，成功签约了珠三角某个大型酒店旅游综合体项目，有力支撑公司的轻资产运营。

岭南控股要提高盈利能力，需要整合旅行社和酒店的客户资源。通过与关联旅行社公司的合作，可以实现客户资源对接、营销渠道互补，进一步促进岭南控股轻资产运营模式的实施，推动公司酒店业务的跨越式发展。

4. 未来轻资产运营计划

随着国务院《"十三五"旅游业发展规划》的发布，旅游业也迎来了新的机遇和挑战。根据对旅游酒店行业的未来发展趋势的研判，及认知自身在酒店行业市场的优劣势，岭南酒店公司制订了未来的轻资产经营计划，具体如下：(1）对标国内外知名管理公司，推动品牌拓展战略；(2）坚持品牌研发工作；(3）构建以中央预订系统（CRS）为中心的营销生态；(4）加快产业链资源联动发展，发挥"大旅游"产业链资源优势；(5）积极推动全国范围内的项目拓展工作；(6）加大降本增效和节能减排力度。

5. 通过轻资产运营带动重资产证券化

这里的资产证券化是广义的资产证券化定义，指的是以实体资产为基础发行证券上市。目前岭南控股通过专门的酒店管理子公司进行轻资产运营，像东方宾馆等的重资产还留在了母公司。因此，母公司还属于重资产运营，在财务报表上的主营业务数据并没有得到改善。但由于子公司通过轻资产模式经营，财务利润较好，就可以对股东有较好的分红。这样，母公司本身由于得到轻资产运营的子公司的分红，"投资收益"这个会计科目数据较好，使得母公司财务报表在总体的各项财务指标上就会有较好的表现。作为一个上市公司，财务指标有好的表现，就会比较容易在资本市场筹集资金。岭南控股的控股股东岭南集团手里还有大量的酒店重资产。只有将这些重资产以合适的价格证券化，才能改善整个集团包括未上市部分的资本结构。2016 年，岭南控股就成功地通过在股票市场增发，将岭南集团的两家优质酒店资产注入了上市公司。

## （三）财务绩效

本文通过构建岭南控股的财务绩效影响因素指标体系，为本节岭南控股财务绩效评价奠定基础。盈利质量表明了企业的经营能力。资产质量要从营运能力和偿债能力综合考核，同时要选取多个财务指标相互印证、相互补充。因为如果只有部分指标表现较好，而其他指标表现较差，那么岭南控股的资产质量也可能存在问题。轻资产模式的重要特点是能够改善经营性现金流，因此需要关注岭南控股的经营性现金流是否得到了改善。

1. 盈利质量分析

(1）毛利率变动趋势

毛利率是判断企业长期盈利能力的关键指标。足够的毛利，表明酒店能在盈利的前提下实现主营业务收入，为后面扣除销售费用、管理费用和装修摊销等提供了基础。利用毛利率计算公式，通过岭南控股各年度报告数据，计算得出表 4 结果：

表 4　岭南控股 2011–2015 年毛利率　　单位：元

| 报告年度 | 营业收入 | 营业成本 | 毛利率 |
|---|---|---|---|
| 2015 | 305 819 618.85 | 131 689 262.94 | 56.94% |
| 2014 | 301 805 439.20 | 130 917 048.69 | 56.62% |
| 2013 | 316 675 883.80 | 144 773 973.37 | 54.28% |
| 2012 | 328 785 820.67 | 154 719 467.30 | 52.94% |
| 2011 | 310 468 400.14 | 142 422 048.40 | 54.13% |

资料来源：岭南控股各年年度报告

从上述表格可以看出，2011–2013 年，岭南控股的毛利率稳定在 52%~54% 之间。从 2014 年收购岭南酒店，该公司纳入公司报表后，岭南控股的毛利率就稳定地超过了 56%，提高了 2 个百分比以上。阅读近几年的年度报告可以发现，岭南控股运营的东方宾馆高星级酒店，毛利率变动不大，详见表 5：

表 5　岭南控股 2013–2015 年分行业毛利率

| 行业 | 2015 年 | 2014 年 | 2013 年 |
|---|---|---|---|
| 客房 | 65.11% | 64.42% | 66.94% |
| 餐饮 | 37.54% | 39.19% | 41.51% |
| 酒店管理收入 | 93.79% | 93.96% | – |

资料来源：岭南控股各年年度报告

酒店业目前竞争激烈，且目前全球经济存在不确定性，东方宾馆主营的客房、餐饮等的售价根本没有提升的空间。因此，岭南控股这两年总体的毛利率的提升不大，但主要是因为岭南酒店的并入有了酒店管理收入，由于岭南酒店管理收入的高毛利率，使得上市公司整体营业收入提升的同时，营业成本实现了相对的降低。这说明 2014 年岭南酒店的并入，使得上市公司在合并报表上显示了成本控制上有较好的表现，对其在资本市场上的正面评价起到了贡献作用。

（2）每股收益（EPS）

每股收益（Earnings Per Share），即每股的利润、每股的收益。每股收益为公司获利能力的最后结果。每股收益高一般代表获利能力高，这表示公司具有较佳的管理，使得其可以用相对少的资源创造出相对高的获利。利用每股收益计算公式，通过岭南控股各年度报告数据，计算得出表 6 结果：

表 6　岭南控股 2011-2015 年每股收益　单位：元

| 报告年度 | 2015 | 2014 | 2013 | 2012 | 2011 |
|---|---|---|---|---|---|
| 每股收益 | 0.15 | 0.13 | 0.13 | 0.11 | 0.08 |

资料来源：岭南控股各年年度报告

岭南控股这五年的总股本并没有变化。如果仅从近五年的每股利润来看，收购岭南酒店并没有给公司业绩带来特别大的影响，这几年业绩似乎也一直在稳步增长。但如果细读财务报表可以发现，公允价值变动损益和投资收益等非经常性损益占了岭南控股这几年利润的相当比例。只有扣除这些非经常性损益，才能较为准确地分析岭南控股主业的经营状况。表 7 就是岭南控股归属于上市公司股东的近五年扣除非经常性损益的净利润：

表 7　岭南控股 2011-2015 年扣除非经常性损益的净利润　单位：元

| 报告年度 | 归属于上市公司股东的扣除非经常性损益的净利润 | 本年比上年增减 |
|---|---|---|
| 2015 | 33 076 265.07 | 24.80% |
| 2014 | 26 502 559.35 | -13.19% |
| 2013 | 30 530 235.55 | 3.93% |
| 2012 | 29 375 748.93 | 34.42% |
| 2011 | 21 854 415.84 | - |

资料来源：岭南控股各年年度报告

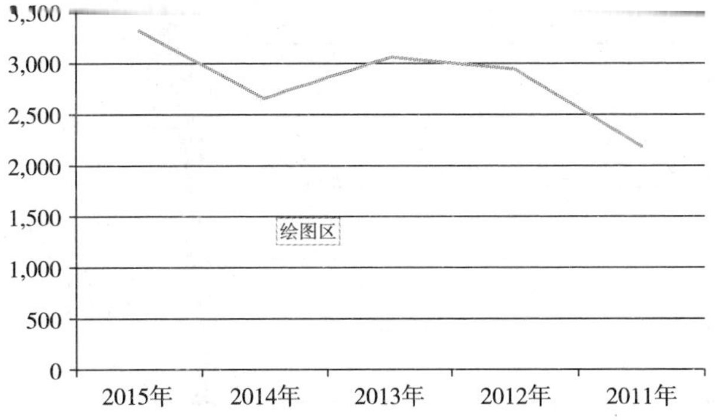


图 6　岭南控股 2011-2015 年扣除非经常性损益的净利润

资料来源：岭南控股各年年度报告

由表 7 及图 6 可以看出，除去 2012 年公司主业实现两位数大幅增长外，2013 年扣除后的净利润相比上年基本未增长，2014 年度已变成两位数的下滑。且岭南控股 2014 年度报表数据已包含合并的子公司岭南酒店。如果扣除该子公司，公司净利润下降比率更高。2014 年全年，岭南控股母公司的主营业务收入同比 2013 年下降了 15.69%，金额为 24 628.74 万元；净利润同比 2013 年下降了 27.94%，金额为 2270.02 万元。但收购了岭南酒店后，岭南控股通过一年多时间的不断整合和轻资产模式的运营，其主营业务的盈利开始稳健增长，2015 年就实现了同比上年两位数的增长。

2. 资产质量分析

为了更为准确地评价岭南控股的资产质量，下面选择同在国内 A 股上市的酒店行业公司锦江股份（600754）和金陵饭店（601007）与岭南控股在各个财务指标的 2014 年至 2015 年的比率做横向对比分析，从而评价岭南股份的资产质量。

（1）营运能力分析

表 8 是岭南控股 2011–2015 年营运能力指标表。

**表 8　岭南控股 2011–2015 年营运能力指标**

| 营运能力指标 | 2015 年 | 2014 年 | 2013 年 | 2012 年 | 2011 年 |
|---|---|---|---|---|---|
| 流动资产周转率 | 1.59 | 2.12 | 1.70 | 1.75 | 2.64 |
| 总资产周转率 | 0.38 | 0.38 | 0.42 | 0.45 | 0.43 |
| 固定资产周转率 | 0.87 | 0.82 | 0.81 | 0.80 | 0.71 |
| 应收账款周转率 | 21.03 | 23.42 | 46.28 | 48.41 | 29.41 |

资料来源：岭南控股各年年度报告

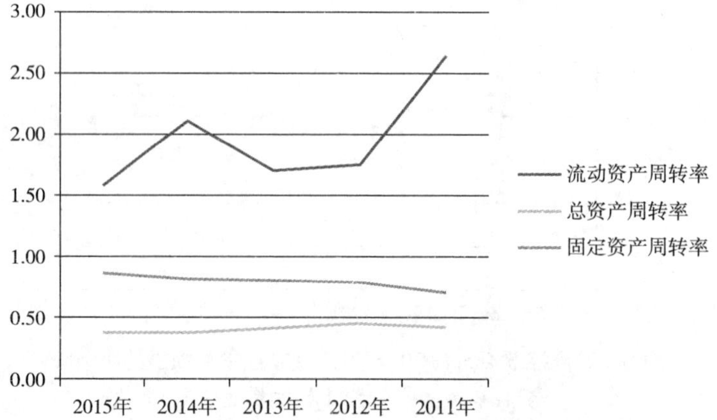


**图 7　营运能力 2011–2015 年财务指标**

资料来源：笔者自己绘制

通过表 8 和图 7 可以看出，岭南控股 2014 年并购岭南酒店后，经过近两年的发展，岭南控股营运能力的各项指标除固定资产周转率以外，其他指标基本都没有比并购前的 2013 年有改善。究其原因是因为上述营运能力指标计算的分母都是营业收入。而在上一节分析了母公司经营的五星级酒店“东方宾馆”近几年受国家政策和国内外经济因素的影响，营业收入数据近三年都在不断下滑。而目前东方宾馆的营业收入占岭南控股营业收入的大头。这就导致了岭南控股实行轻资产运营模式的这两年，营运指标没有显著的提高。但可喜的是，2015 年固定资产周转率指标是这五年来最高值，证明了公司这两年实行轻资产模式，没有在固定资产上投入大量资源，改善了自己的营运能力。而且随着岭南酒店通过轻资产模式扩张，所管理的酒店数量不断增加，收入占比逐渐提高，岭南控股的营运能力指标也将逐渐提高。

**表 9　锦江股份 2014-2015 年营运能力指标**

| 营运能力指标 | 2015 年 | 2014 年 |
|---|---|---|
| 流动资产周转率 | 1.18 | 1.25 |
| 总资产周转率 | 0.29 | 0.32 |
| 固定资产周转率 | 1.19 | 1.03 |
| 应收账款周转率 | 21.16 | 36.96 |

资料来源：锦江股份各年年度报告

**表 10　金陵饭店 2014-2015 年营运能力指标**

| 营运能力指标 | 2015 年 | 2014 年 |
|---|---|---|
| 流动资产周转率 | 0.77 | 0.66 |
| 总资产周转率 | 0.23 | 0.20 |
| 固定资产周转率 | 0.51 | 0.72 |
| 应收账款周转率 | 14.04 | 11.62 |

资料来源：金陵饭店各年年度报告

从表 9、表 10 和图 8、图 9 的对比来看，自从 2014 年岭南酒店并入上市公司财务报表后，公司的营运能力方面各指标较同行业在各项指标上，除固定资产周转率外，涉及资产周转的指标均有优势。说明了公司采取轻资产运营模式后，公司营业能力指标在行业内已处于领先水平。固定资产周转率略低于锦江股份，但远高于金陵饭店，主要原因应是锦江股份旗下酒店是以加盟特许经营模式为主，轻资产模式运营模式，固定资产金额相应不大。且锦江股份营业的酒店数量是岭南控股目前所不能比的，营业收入对比占巨大的优势。从营运能力角度，公司在采用了轻资产

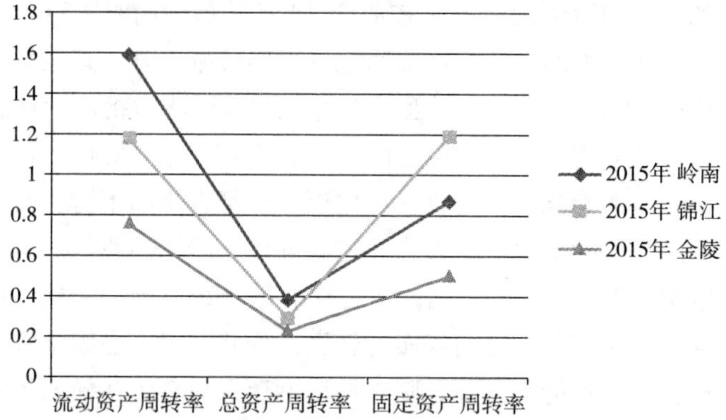


**图 8　2015 年营运能力财务指标对比图**

资料来源：笔者自己绘制

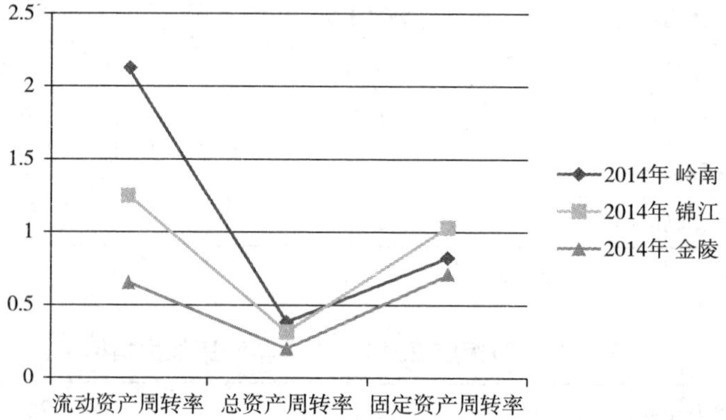


**图 9　2014 年营运能力财务指标对比图**

资料来源：笔者自己绘制

模式后，营业指标在行业内是基本领先的。

（2）偿债能力分析

**表 11　岭南控股 2011-2015 年偿债能力指标**

| 偿债能力指标 | 2015 年 | 2014 年 | 2013 年 | 2012 年 | 2011 年 |
|---|---|---|---|---|---|
| 流动比率 | 3.18 | 1.43 | 1.66 | 2.31 | 1.73 |
| 速动比率 | 3.12 | 1.37 | 1.59 | 2.24 | 1.65 |
| 资产负债率 | 26.95% | 29.12% | 16.02% | 17.78% | 17.40% |
| 产权比率 | 36.90% | 41.07% | 19.07% | 21.63% | 21.06% |

资料来源：岭南控股各年年度报告

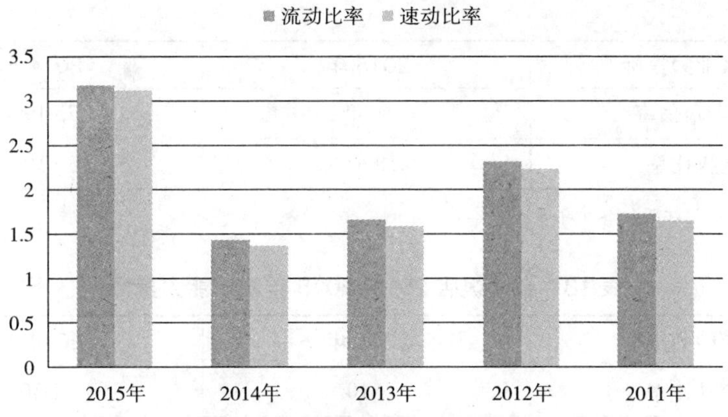


**图 10　短期偿债财务指标对比图**

资料来源：笔者自己绘制

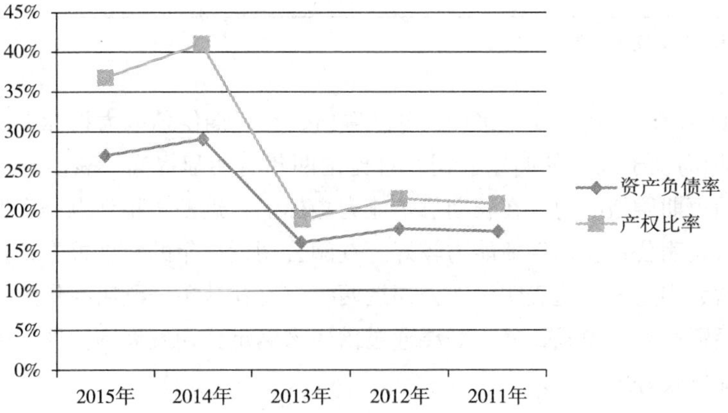


**图 11　长期偿债财务指标对比图**

资料来源：笔者自己绘制

从表 11 和图 10 及图 11 可以看出，短期偿债能力指标在 2015 年都达到了近五年的最佳值，表明轻资产运营模式确实改善了公司的短期偿债能力。长期偿债能力指标虽较前几年有所提高，也属于企业扩张的正常变动。且长期偿债能力指标和表 12 与表 13 的同业相比，仍处于较低水平。

**表 12　锦江股份 2014–2015 年偿债能力指标**

| 偿债能力指标 | 2015 年 | 2014 年 |
|---|---|---|
| 流动比率 | 0.77 | 1.94 |
| 速动比率 | 0.71 | 1.87 |

续表

| 偿债能力指标 | 2015 年 | 2014 年 |
|---|---|---|
| 资产负债率 | 68.64% | 23.19% |
| 产权比率 | 218.91% | 30.19% |

资料来源：锦江股份各年年度报告

表 13　金陵饭店 2014–2015 年偿债能力指标

| 偿债能力指标 | 2015 年 | 2014 年 |
|---|---|---|
| 流动比率 | 2.10 | 1.50 |
| 速动比率 | 1.62 | 1.12 |
| 资产负债率 | 37.44% | 37.82% |
| 产权比率 | 59.85% | 60.82% |

资料来源：金陵饭店各年年度报告

从表 11 到表 13 和图 12、图 13 可以看出，在短期偿债能力指标上，岭南控股 2015 年指标均优于同业的两家公司，且比前两年有明显提高，表明轻资产模式改善了公司的短期偿债能力。在长期偿债能力指标上，近三年指标也一直保持同行业较低水平，表明公司长期偿债能力较好。查阅公司近三年的年度报告，资产负债表的长期借款数均为零。这表明虽然公司近两年一直在从单一酒店向集团化扩张，但由于采用轻资产运营模式，并不需要通过借债来满足公司发展的需要。因此偿债能力指标能保持较好的水平。

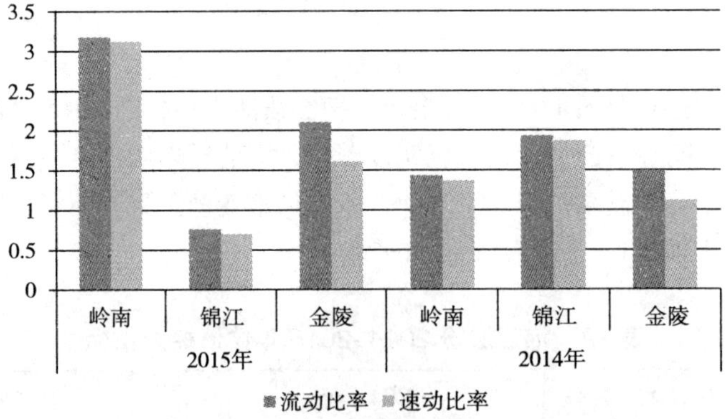


图 12　短期偿债能力对比图

资料来源：笔者自己绘制

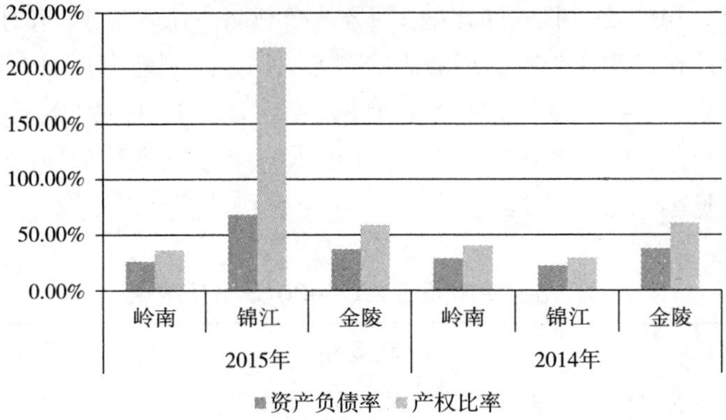


**图 13　长期偿债能力对比图**

资料来源：笔者自己绘制

3. 现金流量分析

(1) 财务数据分析

表 14 为岭南控股 2013–2015 年现金流汇总。

**表 14　岭南控股 2013–2015 年现金流汇总**　　单位：元

| 现金流量表摘要 | 2015 年 | 2014 年 | 2013 年 |
|---|---|---|---|
| 经营活动产生的现金流量 | 54 623 578.85 | 49 545 333.14 | 58 295 350.73 |
| 投资活动产生的现金流量 | 91 862 697.90 | −72 152 393.70 | −127 495 289.68 |
| 筹资活动产生的现金流量 | – | −26 158 353.16 | −14 174 562.76 |
| 现金及现金等价物净增加 | 146 486 276.75 | −48 765 413.72 | −83 374 501.71 |

资料来源：岭南控股各年年度报告

表 14 是汇总岭南控股 2013–2015 年三年的现金流量表，经营活动的现金流这两年虽在增长，但依然没有超过 2013 年未收购酒店管理子公司时的水平。通过查看岭南控股近几年的年度报告就会发现，造成经营活动现金流下降的主要原因是主要经营活动为对旗下五星级酒店“东方宾馆”运营的岭南控股母公司收入和净利润出现了大幅下降。酒店作为直接面对消费者的行业，应收账款占收入的比重较小。由于无法取得东方宾馆分公司的数据，就以母公司的数据进行分析。2014 年度，母公司的主营业务收入同比上年下降了 16%；净利润同比上年下降了 28%。2015 年度，母公司的主营业务收入同比上年下降了 0.3%；净利润同比上年增长了 156%。母公司净利润大幅增长的主要原因是岭南酒店与东方汽车向母公司进行了利润分配。扣除利润分配的因素，母公司净利润比上年同期增长了 12%。但 2016

年一季度，母公司的营业收入同比减少 7%，净利润同比减少 16%，拖累全公司收入和业绩下滑。这表明作为高星级酒店的东方宾馆，盈利能力仍旧十分脆弱。

岭南酒店在 2014、2015 年两个会计年度则实现了较好的财务表现，为公司带来了丰厚的现金流。岭南酒店在 2015 年度和 2014 年度的业绩均超出收购时披露的盈利预测，详见表 15。

表 15　岭南酒店 2014–2015 财务数据　　单位：万元

| 项目 | 2015 年 | 2014 年 |
|---|---|---|
| 营业收入 | 3570.68 | 2951.28 |
| 营业收入同比上年 | 20.99% | 33.72% |
| 净利润 | 1082.85 | 1020.85 |
| 净利润同比上年 | 6.07% | 133.72% |

资料来源：岭南控股各年年度报告

只是目前岭南酒店的收入规模还不够大，占全公司总收入的比例不足 15%，无法完全弥补东方宾馆收入下降带来的经营活动现金流净额的下降。但只要假以时日，随着岭南酒店收入规模的不断扩大，东方宾馆的占比就会逐渐变小，岭南控股也就能摆脱因为东方宾馆的变动所带来的现金流影响。

（2）财务指标分析

图 14　岭南控股现金流财务指标柱状图

资料来源：岭南控股历年年度报告，作者自己整理

根据图 14，对比近五年的每股经营现金流和销售现金比率可以发现，财务指标从 2013 年开始下降。财务指标变动的主要原因是经营性现金流从 2013 年开始出

现下降，直到 2015 年才稳住下降趋势，开始上升。纵观岭南控股这五年的应收账款数据，并没有异常，因此可以判断影响因素在于主营业务收入的变动。在上面分析过，岭南控股的母公司从 2013 年起收入开始下降，这也就直接导致了经营性现金流的下降，同时财务指标在 2013 年也下降。在高星级酒店业经营依然困难的大环境背景下，在 2014 年岭南控股采用轻资产模式后，公司的现金流财务指标在 2015 年才得到了改善。

综上分析岭南控股实行轻资产后的财务绩效，总体财务指标都有较好的体现，详见表 16。

**表 16　岭南控股 2015 年财务指标**　　单位：万元

| 项目 | 营业收入 | 营业收入同比增长 | 净利润 | 净利润同比增长 |
|---|---|---|---|---|
| 岭南控股（合并） | 30 582 | 1.33% | 3923 | 7.88% |
| 岭南酒店 | 3571 | 20.99% | 1083 | 6.07% |

资料来源：岭南控股 2015 年年度报告，作者自己整理

由表 16 可以看出，岭南酒店的表现是一大亮点，它的业绩超出收购时的盈利预测很多。虽然其收入占比整个岭南控股只有 10% 多一点，但净利润却占到了近三分之一，有力地支撑了整个公司利润的增长。上述一切都表明公司采用轻资产模式运营后，财务指标得到了改善，给资本市场打开了想象空间。好的财务指标有利于公司未来在资本市场进行融资，收购集团未上市的酒店重资产，从而改善整个集团的资产结构，助力企业发展。岭南控股在 2016 年度成功地在 A 股增发，收购了岭南集团的两家酒店资产，也证明了轻资产模式是适合改善集团整体资产结构的选择。

## 五、结论

2016 年上半年，首旅酒店集团正式将如家酒店集团纳入合并报表。自此，国内民族品牌酒店集团基本形成了以首旅、锦江和华住三大酒店集团三分天下的格局。岭南控股面对这三大酒店集团的竞争，外加国外酒店品牌不断在中国“攻城略地”，公司的业务扩张和业绩都承受着巨大的压力。面对经营压力，如果选择偏安原来固守的华南区域，最终一定会被市场淘汰。如果要通过传统的重资产模式大规模地扩展酒店项目，公司本身并无足够的资金。如果要选择对外大规模举债，也必然导致公司高资产负债率，带来巨大的财务风险。重资产模式在报表上会体现很高的折旧费用，利润上升幅度未必能达到预期，公司的经营风险就会增加，资本市场也未必认同。岭南控股选择轻资产模式发展，可以在不增加负债风险的基础上，实

现业务的快速拓展。同时，由于岭南控股以酒店品牌输出为主，不大量新建不动产，也能规避国内越来越大的房地产泡沫破灭的风险，实现企业持续健康的发展。

岭南控股的一系列酒店品牌形成的历史时间较短，且主要业务和影响力主要在华南地区。公司目前的战略是希望通过轻资产模式运营，以便对外扩张走出华南，较为容易地使业绩得到提升。但这样做是否适合该企业，就需要通过一定的方式进行评价。本文从财务绩效的角度进行评价，发现在收购岭南酒店后的 2014 和 2015 年这两个会计年度，总体财务指标都比收购前有了较大的改善，且跟同业的上市公司对比也具有一定的优势。这说明岭南控股转向轻资产模式运营的战略是较为成功的。财务指标的改善，便于岭南控股在资本市场进行增发收购岭南集团的酒店重资产，从而改善整个集团的资本结构。因此，有了岭南控股这个案例，说明轻资产模式是国内酒店同业在未来的企业经营中值得考虑的一个方向。

最后，由于本论文的选题角度以及笔者的学术研究能力限制，本论文还存在一定的研究局限。本文的财务数据只截至 2015 年度，研究轻资产模式运营的时间跨度较短。岭南控股目前已公布了 2016 年度的年度报告，该年度数据也不在本文研究范围内。

## 主要参考文献


戴天婧，张茹，汤谷良．财务战略驱动企业盈利模式——美国苹果公司轻资产模式案例研究．会计研究．2012(11).

刘闲月，林峰，孙锐．企业轻资产商业模式的内涵、动因及运营中的战略能力．中国流通经济．2012(05).

裴正兵．酒店轻资产盈利模式前提、方式与财务绩效评价——华天酒店轻资产经营案例分析．财会月刊．2017(13).

王翊，彭博．海澜之家"轻资产"经营模式下的财务风险解析．财务与会计，2012(11).

杨天波，景梁．"轻资产"战略在现代服装企业中的应用分析．管理学家，2011(9).

张奇．我国饭店投融资模式创新：基于资产证券化的视角．酒店研究．2015(01).

邹光勇，何建民．在线旅游企业的低价竞争与纵向约束控制及其规制研究．旅游学刊，2017(03).

Robvet N. Anthony, David F. 2005. Hawkins and Kenneth Merchant. Accounting: Text and Cases. 11th Edition, The McGraw-Hill Companies.

## 点评

近年来随着我国旅游经济的发生，游客的规模日益扩大，市场需求更为多样，市场上出现了大量各种类型的酒店。在激烈的竞争环境中，众多酒店的利润增长甚至维持经营都承受着巨大的压力。论文选择酒店经营管理模式中的轻资产运营模式作为探讨的论题，针对目前酒店经营管理的难题，具有较强的现实意义和实践参考价值。论文梳理了近年来财务绩效评价的理论研究成果，查阅了相关的商业文献，选择了岭南控股作为研究案例。岭南控股证券代码为000524，为深交所主板A股上市公司，2015年6月，由"东方宾馆"更名为"岭南控股"，目前上市公司的主要业务以广州岭南国际酒店管理有限公司和东方宾馆分公司管理的酒店业务为主。岭南控股现为广州市唯一的旅游类国有控股上市公司，是从单体酒店的重资产模式转换到实施轻资产运营模式的酒店管理集团（2014年6月，东方宾馆收购岭南国际酒店管理100%股权），具有分析的典型意义。

论文主要采用比较研究方法，通过分析岭南控股实施轻资产模式的前后业绩对比和轻资产模式运营期间和同业的业绩对比，发现轻资产运营模式的确提高了财务绩效，促进了公司规模的扩大并改善了资产结构，从而说明该模式是适合公司未来发展的战略选择。同时在财务绩效评价上，论文从盈利质量分析、资产质量分析和现金流量分析三个方面对其进行评价，较为全面系统。在财务绩效上，论文不仅仅是分析岭南控股这一上市公司的，还分析了岭南控股母公司业绩的前后对比，力图说明酒店的经营模式是需要集团公司的总体权衡考量。

论文通过研究岭南控股的轻资产战略转型案例，为国内酒店业的发展提供了新的思路。从理论上来看，对岭南控股的轻资产运营模式进行研究，分析和研究该模式的财务绩效，是从财务角度对酒店企业盈利模式问题进行探讨。对盈利模式与财务理论之间关系的探讨，有助于旅游学者进一步完善酒店公司财务理论的研究。从现实上来看，国内酒店集团为了扩张和满足市场发展需求，从原有的重资产模式为主转向轻资产模式的扩张。论文通过评价岭南控股的财务绩效，分析其实施轻资产运营模式的原因，探明酒店行业未来的发展方向，为今后酒店企业的战略选择提供一定的借鉴。

# 旅游企业的资产证券化研究

## ——以扬州迎宾馆信托受益权资产支持专项计划为例

刘　鹤[①]

**摘要**：资产证券化作为一种新兴的融资工具，在提高资产流动性、改善投资者资产结构、降低企业融资成本等方面具有先天的优势。研究资产证券化在旅游企业中的应用，对于解决依靠传统融资工具难以满足的旅游企业融资需求，具有重要的启示作用。本文对资产证券化的概念与类型、优势与风险、原理与运行机制进行了梳理，以“扬州迎宾馆信托受益权资产支持专项计划”为例，对该专项计划的基础资产、产品设计结构与交易流程、现金流、信用增级机制、风险控制机制等进行详细分析，并从产品设计、项目运营情况和存在的问题几个方面对案例对象进行了评价。研究认为：（1）资产证券化的融资方式对于解决旅游项目投资规模大、投资周期长等问题具有适用性和现实的可操作性；（2）旅游企业资产证券化产品具备较高的灵活性与安全性;（3）旅游企业资产证券化表现出资产池风险集中度较高的特点，要求对项目涉及的各类风险进行有效控制，并做好相应的防范措施。

**关键词**：旅游企业；资产证券化；信托受益权

## 一、引言

我国的旅游业发展呈现高速增长趋势，并且存在巨大的投资潜力。与其快速发展趋势相矛盾的是，我国旅游企业普遍存在融资难的问题，这主要是源于内部融资能力的不足和外部融资渠道的约束。旅游项目普遍存在投资金额大、项目周期长、风险高的特点，在融资工具的选择上具有较大的局限性。

国内资本市场的快速发展及以资产证券化为代表的新型融资工具的出现，为解决旅游企业融资困难的现状提供有效且具有创新性的解决方案。

目前旅游企业运用资产证券化的成功案例还比较有限，相关的研究成果也较为匮乏。研究资产证券化在旅游企业的应用，对旅游行业的资本运营管理和长期投资都具有重要的实践意义。

---

① 2014 级，2016 年毕业；点评教师：魏敏。

本文在现有的企业资产证券化研究基础上，结合资产证券化的核心概念和理论，以扬州迎宾馆信托受益权资产支持专项计划为研究对象，深入分析资产证券化在解决我国旅游企业融资难的问题中表现出的优势与不足之处，并总结经验与教训。通过对资产证券化在我国旅游企业实际运用中的核心环节和主要特点的具体探讨，可以为相关的投资管理部门提供借鉴，进而对资产证券化在旅游企业中的实务推广起到一定的指导作用。

## 二、资产证券化相关研究综述

### （一）资产证券化概念的由来与发展

美国投资银行家刘易斯·雷尼尔（Lewis Rainier）于1977年在演讲中首次提到“资产证券化”的相关概念。法布齐（Fabozzi，1992）第一次较为成功地阐述资产证券化的核心概念，是整个世界资产证券化理论发展的基础。它认为通过把不具有流动性的贷款、应收账款等资产转换成为具有可投资价值的付息证券的过程就是实现资产证券化的过程。后来随着资产证券化的快速发展，其相关定义更加明晰，肯德尔（Kendall，1996）首次提出“增信”的概念，它认为实现资产证券化的过程就是对债务工具进行打包转化为证券的过程，通过增信措施增加信用评级，为以后的顺利出售提供基础。美国证券交易委员会（SEC）（1997）将实现资产证券化的过程定义为将资产及其带来可预见的收入转换为流通可销售的金融产品的过程。

随着资产证券化的进一步发展，卡劳泰等人（Kalotay etal，2004）认为根据资产证券化的特点，对资产证券化可以进行进一步细分，首次将资产证券化产品划分为资产抵押贷款类证券、担保债务凭证和资产支持证券三种类型。

### （二）资产证券化在国内旅游行业的应用研究

关于资产证券化在国内市场的应用，一直受到学界的密切关注。尹龙（1999）对资产证券化的定义、动力、约束与制度安排进行了较全面的概述，标志着我国资产证券化基础理论体系的初步搭建。

资产证券化在旅游行业中的研究起步较晚，现有的研究成果还比较有限，以理论研究和案例分析为主。

张国胜和叶瑶云（2008）基于旅游产业的融资困境，以八达岭长城景点资产为例，提出资产证券化的具体流程，并提出制度建议。王艳等（2010）研究认为海南国家旅游岛的建设所需要的资金困境可通过资产证券化融资的方式进行解决。闫果棠（2011）分析资产证券化的优势，进而对资产证券化在山西旅游业融资中实际运用的可行性进行分析，并提出推进策略。商彤云等（2015）在对颐和园资产证券化融资方案的探索过程中，建议可通过资产证券化方式进行融资，解决旅游企业融资渠道相对单一的问题。程子涵（2016）以“广州长隆主题公园入园凭证资产证券化”为例，从项目背景、交易结构、关键要素、业务优势等方面对其进行较为详细的研究。李彦之（2016）以欢乐谷主题公园项目作为案例，详细论证资产证券化在旅游产业中的实际运用中所遇到的问题并提出解决办法。

从国外相关研究来看，资产证券化在国外推广时间长，理论研究相对扎实，相关研究已经涉及到资产证券化的核心概念、发展特点、风险类型及创新性应用。在国内，由于资产证券化研究时间较短，与国外学者相比还有较大差距。同时，国内学者对于资产证券化的研究更偏重于对实际案例的分析。值得注意的是，资产证券化在旅游行业中成功发行的案例多以旅游企业未来某段期限内主营业务收入的收益权作为基础资产，无论在产品核心环节设计上还是风险控制手段上都基本相同，研究结论对旅游企业的指导意义较为有限。

本文以华创证券成功发行的“扬州迎宾馆信托受益权资产支持专项计划”为研究对象，该专项计划是国内第一支以信托受益权作为基础资产在旅游企业中成功发行的资产证券化产品。笔者希望通过对“扬州迎宾馆信托受益权资产支持专项计划”的理论研究和案例分析能为后来学者更好地研究资产证券化在旅游企业中的应用起到一定的借鉴意义。

## 三、资产证券化的原理与机制

### （一）资产证券化的原理

资产证券化的原理可分为两个方面：核心原理和基本原理。核心原理为基础资产的现金流分析原理；基本原理则包括资产重组、风险隔离和信用增级原理（赵胜来、陈俊芳，2006）。

1. 资产证券化的核心原理

与传统的债权类融资产品依靠发行人还本付息不同，资产证券化最大的特点是以特定基础资产未来产生的现金流作为偿付支持的，因此稳定可预期的现金流是资产证券化产品交易结构设计的基础，现金流分析原理也成为资产证券化运行的核心原理。在目前的现金流分析体系中，计划管理人主要根据基础资产的历史数据对其未来产生的现金流进行预测。

2. 资产证券化的基本原理

（1）资产重组

运用合适的手段和方法，根据资产重组原理，对资产进行合理的分配和组合，来实现资产收益的重新分割是资产证券化运行的基本原理之一。资产重组原理一般由最佳化原理、均衡原理、成本最低原理、优化配置原理等四部分构成。

（2）风险隔离

资产证券化产品交易结构设计的目的是对资产证券化产品进行有效的风险隔离。在资产证券化产品交易结构的设计上，通过设立特殊目的载体（SPV）对基础资产和原始权益人进行有效的风险隔离。当产品存在违约风险时，资产证券化产品的本息支付只和基础资产有关，从而使原始权益人在发行资产证券化产品时的风险得到有效控制。

（3）信用增级

降低投资风险，增强发行产品的吸引力，是资产证券化产品进行信用增信的主要目的。资产证券化的增信方式主要由内部增信和外部增信两种方式构成。内部增信的方式是从资产证券化资产池的结构设计出发的，主要包括优先级和次级的结构安排、利差支付、超额抵押设置等方式。外部增信的方式是从外部企业提供的信用担保出发的，主要包括机构担保、流动性担保、差额支付等方式。

### （二）资产证券化的主要参与方

通常在一个完整的资产证券化产品进程中，主要参与方包括原始权益人、特殊目的载体（SPV）、受托管理人、信用增级机构、信用评级机构、投资者、计划管理人、其他中介机构等相关机构。资产证券化产品发行过程中的主要参与方能否尽责决定其能否顺利地完成发行。

1. 原始权益人

原始权益人，又叫发起人，是基础资产的原始拥有者，也是迫切需要融入资金的一方。原始权益人配合计划管理人选择合适的可发行资产支持证券产品的基础资产，并通过选择、组合的方式将其“真实销售”给特殊目的载体（SPV）获取资金来满足自身融资的需求。

2. 特殊目的载体（SPV）

特殊目的载体（SPV）是发起人为发行资产支持证券这一特殊目的而专门设立的法律意义上的实体，在名义上拥有相关权益和资产，但实际运营依靠委托别人进行。

3. 受托管理人

计划管理人将获得的款项存入受托管理人，受托管理人对托管资金进行资产管理，最后交给特殊目的载体（SPV），以保证资金的安全性。

4. 信用增级机构

信用增级机构通过给资产支持证券提供信用支持来提高它的信用等级。目前国内主要通过内部增级和外部增级两种方式来提高资产支持证券的信用评级。

5. 信用评级机构

在整个资产支持证券发行的过程中，信用评级机构负责对资产支持证券进行信用评价。待产品发行结束之后，信用评级机构还会根据基础资产质量和结构的变化，对资产支持证券进行跟踪评级并及时披露评级结果。

6. 投资者

投资者即发行产品的购买者，购买者对发行产品的认购热情直接决定资产支持证券在二级市场上的流动性。由于资产支持证券的购买门槛相对较高，目前资产支持证券在二级市场上的购买者主要以机构投资者为主。

7. 计划管理人

计划管理人负责整个资产证券化产品的结构设计、包装、定价及销售。计划管理人在设计整个产品发行方案时，会根据市场情况及原始权益人的特性设计符合其自身特点的方案。

8. 其他中介机构

参与资产证券化产品发行的其他中介机构主要包括律师事务所、会计师事务所等相关中介机构，在产品发行的过程中计划管理人要确保所有中介机构能够通力合作以保障资产证券化产品的顺利发行。

### （三）资产证券化的运行机制

一个完整的资产证券化产品的发行要经历基础资产的建立、证券化载体（SPV）的创立、信用增级、发起人资产的转让、发行证券的销售、发行证券的维护和偿还等五个流程。

1. 基础资产的建立

基础资产的合理选择是资产证券化产品成功发行的基础，首先，原始权益人要选择具有独立、稳定、可预测现金流的资产作为基础资产。其次，计划管理人要进行尽职调查以确保原始权益人对基础资产拥有真实和完整的所有权。再次，在产品结构设计时，计划管理人要能够充分获得基础资产真实且稳定的现金流量历史记录。若基础资产属于未来现金收益合同权利的，要保证相关合同的真实性，且保证基础资产不存在抵押或其他权利限制。最后，在选择基础资产时要应充分考虑原始权益人及实际借款人所在行业的未来发展前景。

2. 证券化载体（SPV）的创立

待基础资产确定之后，需创立一个符合条件的特殊目的载体（SPV），用于资产支持证券的购买及其应收权益的整合，从而实现表外融资的目的。

3. 信用增级

信用增级是资产证券化运行机制中的关键步骤，通过信用增级的方式可有效提高资产支持证券的信用评级，增强其对投资者的吸引力，改善其在二级市场上的流动性。

4. 发起人资产的转让

目前发起人资产转让的方式主要由让与、债务更新、从属参与等三种方式构成。让与的方式是指原始权益人直接终止与原始债务人之间的合约并将资产直接转让给 SPV。债务更新的方式是指原始债务人与原始权益人之间债权债务关系进行终止后和 SPV 重新签订相关合同。从属参与的方式是指 SPV 直接将发行资产支持证券所募集到的资金转贷给原始权益人，原始权益人对原始债务人的债权进行担保。

5. 发行证券的销售

目前资产支持证券的主要购买者是专业机构投资者，发行方式主要通过私募发行的方式进行，资产支持证券成功发行之后在交易所及场外市场进行流通，专业机构投资者对资产支持证券的认可度决定其在二级市场上的流动性。

6. 发行证券的维护和偿还

发行证券的维护和偿还是资产证券化运行的关键性后续过程。如图 1 所示，在整个资产证券化运行过程中，原始权益人要按照约定将基础资产产生的现金流收入划转到专项计划账户中，计划管理人要负责对专项计划账户进行管理并将其中的沉淀资金投资于安全性和流动性较高的金融产品，以提高资金的使用效率。在还本付息日之前，计划管理人要将投资的资产进行及时变现以保证对投资者的兑付。若出现资金不足的情况，计划管理人应启动外部担保或其他偿债措施对投资者进行资金偿还。在证券的存续期间计划管理人、托管机构应履行信息披露义务，评级机构要对资产支持证券进行跟踪信用评级。

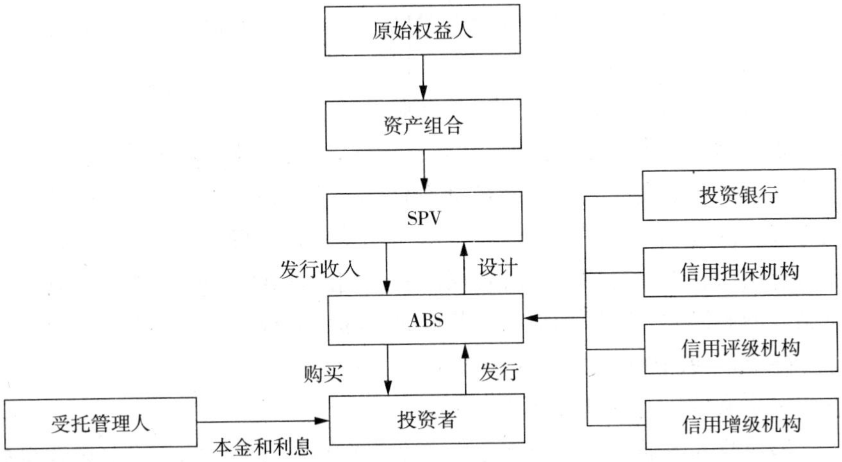


**图 1　资产证券化运行机制**

### （四）开展资产证券化的约束条件

1. 基础资产属性的约束

基础资产的适用性一直是资产证券化产品进行推广的约束条件，基础资产必须满足一定的特征才符合资产证券化的要求。首先，基础资产产生的现金流要相对稳定，资产权属要独立。其次，基础资产的现金流量历史记录要完整，历史现金流量要具有规律性，未来现金流量能够得到有效预测。最后，基础资产应达到相应的规模，具有可实际操作的意义。

2. 金融市场体系的约束

资产证券化产品能够顺利的发行需要金融市场的高度支持。首先，要有足够多的专业机构投资者具有购买资产证券化产品的意愿。其次，资产证券化的顺利发行需要专业中介机构的支持。最后，二级市场对资产证券化产品的认可度也影响企业通过该模式进行融资的积极性。

3. 市场风险体系的约束

资产证券化产品在发行时除受自身风险因素的影响，还受到宏观政策、法律法规、市场利率、市场流动性等相关市场风险体系的限制。因此发行机构在选择发行资产证券化产品时应综合考虑内外部环境对资产证券化产品发行的影响，降低内外部风险因素的不利影响，提高产品的发行效率和成功率。

### （五）我国旅游企业资产证券化的运行模式

旅游企业资产证券化是一种常见的结构性融资方式，在产品交易结构的设计上，计划管理人会根据实现融资目标的不同，采取不同的运行模式。结合资产证券化在我国旅游业中的实际运用，笔者根据基础资产类型的不同，将旅游企业资产证券化归纳为“营业收入收益权类资产证券化”和“信托受益权类资产证券化”两种运行模式。

1. 旅游企业营业收入收益权类资产证券化

旅游企业营业收入收益权类资产证券化是指旅游企业以未来某段期限内的营业收入的收益权作为基础资产进行资产证券化产品设计的一种模式，如图 2。运用这一模式以资产证券化产品进行融资时，原始权益人只需将其未来一定时期内产生的现金流进行出售，不会对资产的所有权造成影响。这在酒店行业中同样具有重要的实践意义，酒店以未来某段期限内的营业收入的收益权作为基础资产发行资产支持证券进行融资，使酒店的发展和扩张获得更多资本支持。

2. 旅游企业信托受益权类资产证券化

由于营业收入收益权类资产证券化产品对旅游企业的要求过高，导致很多旅游企业受自身规模的限制，不满足发行资产证券化产品的基本条件，使资产证券化产

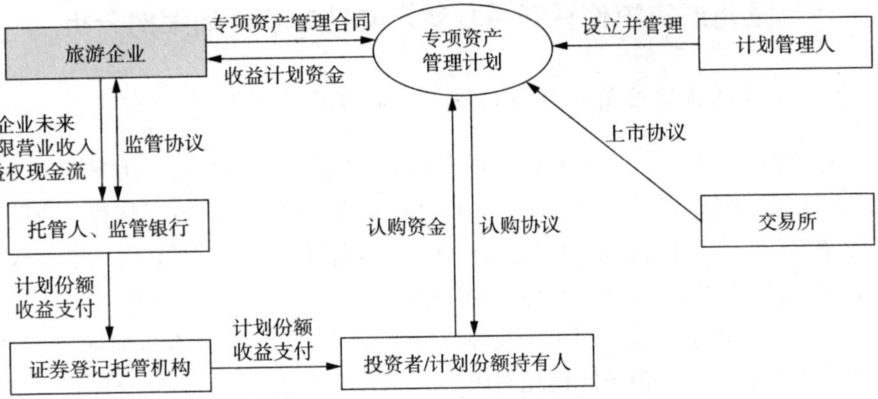


图 2　旅游企业营业收入收益权类资产证券化模式

品在旅游业中的推广造成了严重的阻碍。2013 年，中国证监会明确规定可进行资产证券化的基础资产包括信托受益权。在产品交易结构的设计上，旅游企业作为实际借款人而不是原始权益人进行产品交易结构的设计，原始权益人通过设立单一资金信托为旅游企业发放信托贷款，使旅游企业获得融资，然后原始权益人用其获得的信托受益权作为基础资产进行产品交易结构的设计，使原始权益人获得融资，从而完成整个产品交易架构的设计，如图 3 所示。

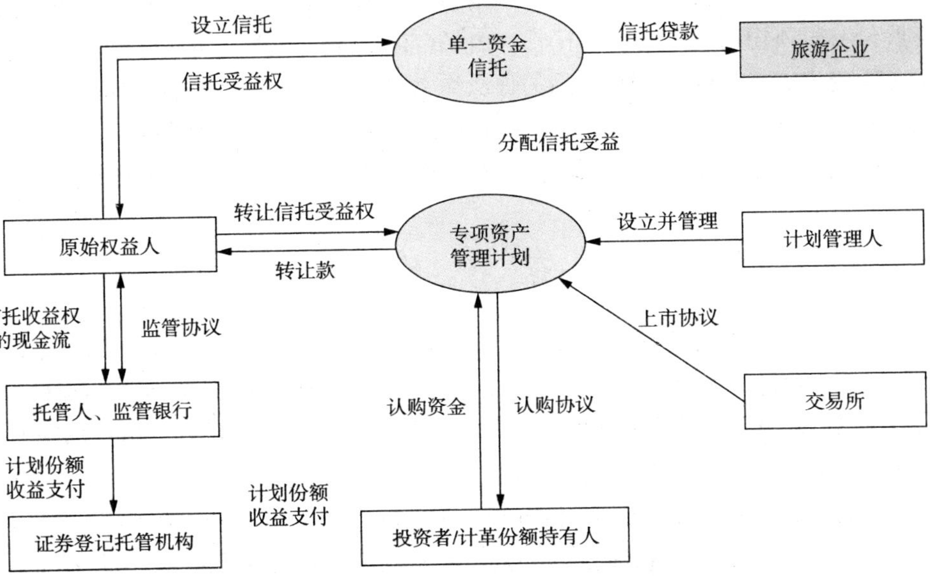


图 3　旅游企业信托受益权类资产证券化模式

## 四、扬州迎宾馆信托受益权资产支持专项计划案例分析

### （一）扬州迎宾馆信托受益权资产支持专项计划介绍

扬州迎宾馆成立于 1996 年，隶属于扬州瘦西湖旅游发展集团有限公司（以下简称“旅发集团”），是国有独资企业。根据 2015 年 7 月联合资信评估有限公司对旅发集团的跟踪评级报告，旅发集团的长期信用评级为 AA 级，评级展望稳定，表明公司经营能力强，且受不利环境的影响较低。

扬州迎宾馆信托受益权资产支持专项计划（以下简称“本专项计划”）由旅发集团作为发起人，交银国际信托有限公司作为信托受托人，华创证券有限责任公司作为计划管理人和推广机构，通过发行优先级资产支持证券和次级资产支持证券的方式为实际借款人扬州迎宾馆解决融资需求而设计的资产证券化产品。

本专项计划的基础资产为旅发集团在专项计划设立日转让给计划管理人的、旅发集团依据信托合同的约定和中国法律的规定持有的信托受益权。根据专项计划的安排，资产支持证券的实际还款来源为信托贷款借款人扬州迎宾馆的运营收入。同时，在专项计划成立且完成购买基础资产后，由旅发集团为扬州迎宾馆对交银国信·稳健 1321 号单一资金信托贷款的偿付义务提供不可撤销的无限连带责任担保。

本专项计划发行总规模 3.8 亿元，产品结构优先级档为 10 档，次级档为 1 档。优先级资产支持证券总规模为 3.5 亿元，销售对象为机构投资者，次级资产支持证券总规模为 0.3 亿元，由扬州迎宾馆有限责任公司全部认购。本专项计划由民生银行股份有限公司南京分行进行托管，由联合信用评级有限公司进行评级，并给予优先级资产支持证券 01–10 产品的评级为 AA 级。根据会计师事务所验资，本专项计划实收资金人民币 3.8 亿元已全部划入专项计划托管人中国民生银行股份有限公司南京分行专用账户，资产支持证券销售的完成也标志着该专项计划成功完成发行。

### （二）专项计划基础资产分析

华创证券团队以扬州迎宾馆信托贷款单一资金信托的信托受益权作为基础资产，在国内旅游行业中的应用还属于首次。本专项计划的基础资产系指由原始权益人在专项计划设立日转让给计划管理人的，原始权益人依据信托合同的约定和中国法律的规定持有的信托受益权。

首先，通过对基础资产的分析可知，在原始权益人依据信托合同向受托人交付信托资金，受托人按照《信托贷款合同》约定以信托资金向借款人发放信托贷款后所获得的基础资产属于原始权益人合法所有的财产权利。因此本专项计划的基础资

产符合法律法规规定，权属明确。再次，通过对基础资产对应的信托合同约定的分析，该基础资产未来可产生稳定、可预测的现金流，且该基础资产不存在附带抵押、质押等担保负担或其他权利限制的情况。最后，根据律所对基础资产转让行为的分析，认定该基础资产的转让行为合法合规。

### （三）交易结构与流程分析

根据图4，本专项计划采用双SPV形式。在第一层交易结构中，首先，旅发集团（原始权益人）设立3.8亿元的交银国信·稳健1321号单一资金信托，旅发集团作为委托人和受益人，拥有交银国信·稳健1321号单一资金信托的信托受益权。其次，交银国际信托与扬州迎宾馆签订《信托贷款合同》，向扬州迎宾馆发放信托贷款，信托贷款总额为3.8亿元，年利率为8%，采用一次性贷款，半年计算需偿还本息的方式，扬州迎宾馆承诺以客房收入与餐饮收入作为信托贷款的还款来源。最后，旅发集团与交银国际信托签订《保证合同》，在专项计划存续期间，为扬州迎宾馆本次信托贷款的偿付提供不可撤销的无限连带责任担保。

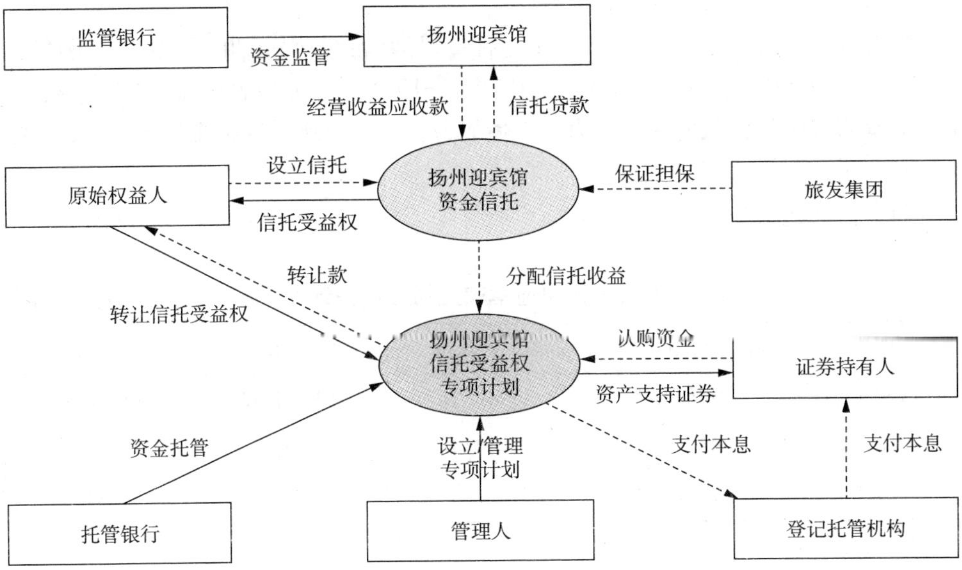


**图4 扬州迎宾馆信托受益权产品交易结构图**

在第二层交易结构中，首先，华创证券有限公司作为计划管理人设立扬州迎宾馆信托受益权资产支持专项计划，以募集资金购买原始权益人持有的扬州迎宾馆资金信托的信托受益权。其次，资产支持证券投资者认购专项计划，将认购资金以专项资产管理方式委托计划管理人管理。最后，计划管理人成功设立专项计划后，专项计划取得扬州迎宾馆资金信托的信托受益权，专项计划认购人取得资产支持证券，成为资产支持证券持有人。

在本专项计划运行中，计划管理人与托管人签订《托管协议》，托管人负责管理专项计划账户。扬州迎宾馆根据《信托贷款合同》和《账户监管协议》的约定，定期归集扬州迎宾馆的客房收入与餐饮收入款，并划入资金归集账户，作为偿还信托贷款本息的来源。专项计划存续期间，信托账户收到借款人偿还的本息后的两个工作日内，将收到借款人偿还的信托贷款本息扣除当期必要的信托费用后以信托利益分配的方式全部分配给信托受益人。在每个兑付日，在支付完毕专项计划应缴纳的专项计划费用及优先级资产支持证券的预期收益和本金后，将剩余资金支付给次级资产支持证券持有人。

### （四）财务报表分析

在本案例中，实际借款人和原始权益人的实际运营能力决定专项计划能否顺利运行。财务报表分析则是了解企业的盈利能力、偿债能力、运营效率和流动性等综合运营能力的有效途径。

1. 实际借款人主要财务指标分析

根据亚太（集团）会计师事务所（特殊普通合伙）对扬州迎宾馆（实际借款人）2012年到2014年的审计报告及2015年1–10月的财务报表所提供的财务数据，笔者分别对实际借款人的盈利能力、偿债能力、运营效率、现金流量等主要财务指标进行分析。

（1）盈利能力分析

表1　扬州迎宾馆盈利数据统计　　单位：万元

| 项目 | 2015年1–10月 | 2014年度 | 2013年度 | 2012年度 |
|---|---|---|---|---|
| 营业收入 | 10 655.35 | 11 731.18 | 10 787.71 | 10 124.57 |
| 营业成本 | 1974.76 | 3489.78 | 3473.09 | 3593.06 |
| 毛利率 | 81.47% | 70.25% | 67.80% | 64.51% |

注：毛利率＝营业毛利/营业收入

扬州迎宾馆的主营业务包括客房、餐饮和其他业务，属于季节波动性行业。根据表1，2012年到2015年1–10月，随着扬州市旅游和商务活动范围的扩大，扬州迎宾馆的营业收入保持稳定增长的趋势；营业成本基本保持稳定，扬州迎宾馆经营团队控制营业成本的能力强。产品毛利率稳定，盈利能力强。

（2）偿债能力分析

表 2 扬州迎宾馆偿债能力指标

| 项目 | 2015 年 1-10 月 | 2014 年度 | 2013 年度 | 2012 年度 |
| --- | --- | --- | --- | --- |
| 流动比率 | 18.69% | 24.08% | 43.53% | 8.29% |
| 速动比率 | 18.07% | 23.47% | 43.24% | 8.02% |
| 资产负债率 | 61.90% | 75.74% | 70.98% | 90.28% |

注：流动比率 = 流动资产 / 流动负债
速动比率 =（流动资产 - 存货）/ 流动负债
资产负债率 = 负债合计 / 资产总计

如表 2，从短期偿债能力指标看，扬州迎宾馆 2012 年到 2015 年 1-10 月的流动比率和速动比率均高于同行业平均水平，短期偿债能力强。从长期偿债能力指标看，扬州迎宾馆 2012 年到 2015 年 1-10 月的资产负债率下降明显，公司长期偿债能力不断增强。本次资产证券化成功发行后，扬州迎宾馆的资产负债率并不会有大幅上升，预计将达到 64% 左右，资产负债率保持在合理的范围内。

（3）运营效率分析

表 3 扬州迎宾馆运营效率指标

| 项目 | 2015 年 1-10 月 | 2014 年度 | 2013 年度 | 2012 年度 |
| --- | --- | --- | --- | --- |
| 应收账款周转次数 | 14.99 | 17.33 | 18.71 | 29.86 |
| 存货周转数 | 9.22 | 23.03 | 43.73 | 43.47 |

注：应收账款周转率 = 营业收入 / 应收账款平均余额（2012 年应收账款采用年末余额）
存货周转率 = 营业成本 / 存货平均余额（2012 年存货采用年末余额）

如表 3，从扬州迎宾馆的运营效率分析可知，2012 到 2015 年 1-10 月扬州迎宾馆的应收账款周转次数和存货周转次数在同行业中都保持在较高的水平，扬州迎宾馆运营效率良好。

（4）现金流量分析

扬州迎宾馆 2012 年至 2015 年 1-10 月近三年一期经营活动现金流净额分别为 2684.39 万元、1772.53 万元、937.78 万元、4633.49 万元。均保持在稳定的水平，表明其自身经营能力强。

扬州迎宾馆 2012 年到 2015 年 1-10 月的投资活动产生的现金流量净额均为负数，各期投资活动产生的现金流量净额分别为 -5416.73 万元、-21 930.40 万元、-22 162.83 万元、-17 607.94 万元，随着与之相关的持续投入的结束，未来投资活动产生的现金流量净额将转负为正，这一关键财务指标将得到有效的改善。

扬州迎宾馆 2012 年到 2015 年 1-10 月的筹资活动产生的现金流量净额分别为

3651.63 万元、20 020.67 万元、25 206.39 万元、8409.06 万元，筹资活动产生的现金流入较为稳定，主要来源于银行贷款。

2. 原始权益人主要财务指标分析

根据中兴华富华会计师事务所对旅发集团（原始权益人）2012 年到 2014 年的审计报告及 2015 年 1–9 月的财务报表所提供的财务数据，笔者分别对旅发集团的盈利能力、偿债能力、运营效率等主要财务指标进行分析。

（1）盈利能力分析

**表 4　旅发集团盈利数据统计**　　单位：万元

| 项目 | 2015 年 1–9 月 | 2014 年度 | 2013 年度 | 2012 年度 |
|---|---|---|---|---|
| 营业总收入 | 98 242.86 | 164 714.31 | 138 852.57 | 83 073.29 |
| 营业成本 | 76 572.64 | 136 137.01 | 110 894.64 | 60 382.20 |
| 利润总额 | 14 211.79 | 12 370 95 | 20 925.16 | 17 172.22 |
| 营业利润 | 13 666.17 | −5546.57 | 17 580.38 | 17 290.22 |
| 净利润 | 10 634.42 | 5089.36 | 16 185.87 | 16 418.00 |

通过对表 4 旅发集团盈利数据的分析可知，首先，在营业收入方面，2012 年旅发集团开始积极转型，业务开始向旅游经营板块进行倾斜，营业收入连年增长。2014 年之后，旅发集团的旅游工程施工与房地产开发为未来几年营业收入的持续增长提供了良好的基础。

其次，在营业成本方面。2012 年到 2015 年 9 月，旅发集团营业成本与各业务板块的营业收入呈现同比例变动的趋势。

最后，在营业利润方面，旅发集团 2012 年到 2015 年 9 月，呈现总体上升的态势。2014 年营业利润为负，主要是由于旅发集团收购瘦西湖酒店，而瘦西湖酒店长期处于亏损状态，出于调整报表的要求，旅发集团当年营业利润出现较大幅度的下滑。总体来看，旅发集团盈利能力突出，且呈现逐年提升的趋势。

（2）偿债能力分析

**表 5　旅发集团偿债能力指标**

| 项目 | 2015.9.30 | 2014.12.31 | 2013.12.31 | 2012.12.30 |
|---|---|---|---|---|
| 流动比率 | 1.98 | 2.10 | 1.60 | 2.01 |
| 速动比率 | 1.26 | 1.34 | 1.02 | 1.14 |
| 资产负债率 | 67.14% | 64.34% | 57.71% | 52.18% |
| EBIT 息税前利润 | – | 12 483.13 | 22 999.00 | 17 529.45 |

续表

| 项目 | 2015.9.30 | 2014.12.31 | 2013.12.31 | 2012.12.30 |
|---|---|---|---|---|
| EBITDA 利息保障倍数 | – | 111.28 | 294.58 | 49.07 |

注：流动比率 = 流动资产 / 流动负债
速动比率 =（流动资产 – 存货）/ 流动负债
资产负债率 = 负债合计 / 资产总计
EBIT 息税前利润 = 利润总额 + 财务费用的利息支出 + 折旧 + 摊销
EBITDA 利息保障倍数 =（利润总额 + 财务费用的利息支出 + 折旧 + 摊销）/ 财务费用的利息支出

通过对表 5 旅发集团偿债能力的分析可知，首先，2012 年到 2015 年 9 月，旅发集团流动比率及速动比率均高于行业平均值，旅发集团短期偿债能力较强。

其次，通过对旅发集团 EBIT（息税前利润）的分析可知，旅发集团债务主要集中在长期，整体债务负担轻，长期负债能力强。

最后，2012 年到 2015 年 9 月，旅发集团 EBIT 利息保障倍数波动较大，主要由于 2013 年以后旅发集团自身经营规模的扩大对 EBIT 利息保障倍数的影响，但从总体上来看，旅发集团拥有较为充足的现金来保障债务利息的支付。

（3）运营效率分析

**表 6　旅发集团运营效率指标**

| 项目 | 2015 年 1–9 月 | 2014 年度 | 2013 年度 | 2012 年度 |
|---|---|---|---|---|
| 应收账款周转数 | 2.15 | 2.53 | 1.89 | 1.00 |
| 存货周转数 | 0.21 | 0.49 | 0.52 | 0.27 |

注：应收账款周转率 = 营业收入 / 应收账款平均余额（2012 年应收账款采用年末余额）
存货周转率 = 营业成本 / 存货平均余额（2012 年存货采用年末余额）

通过对表 6 旅发集团运营效率的分析可知，旅发集团 2012 年到 2015 年 1–9 月应收账款周转次数和存货周转次数与同行业相比长期处于较低的状态，究其原因是由于旅发集团在经营规模扩大的同时需要储备相关物资，这一财务指标的特性也符合旅发集团自身业务经营的特点。

（4）现金流量分析

根据对旅发集团的现金流量表分析可知，旅发集团经营活动现金流净额 2012 年到 2015 年 1–9 月分别为 30 905.51 万元、17 718.27 万元、–135 262.96 万元、116 065.21 万元，旅发集团经营活动现金流保持在较为稳定的状态。旅发集团投资活动现金流净额 2012 年到 2015 年 1–9 月分别为 –65 224.22 万元、–86 766.20 万、–175 588.14 万元和 –126 454.74 万元。旅发集团投资活动现金流入规模较小，投资活动现金流出主要反映为购建固定资产、无形资产等支付的现金和投资支付的现金。旅发集团筹资活动现金流量净额2012年到2015年1-9月分别为48 405.88万元、101 086.29万元、344 562.98万元、18 930.19万元，旅发集团筹资性现金流出体现为偿还债务支付的现金和分配股利、利润或偿付利息支付的现金，总体来说旅发集团的现金流量处于较为稳定的状态。

### （五）专项计划基础资产和实际借款人的现金流分析

1. 基础资产现金流

本专项计划基础资产的现金流包括但不限于扬州迎宾馆资金信托分配的信托利益及其信托资产。根据扬州迎宾馆资金信托及相关文件的规定，在信托贷款利率为8.0%的情况下，基础资产的现金流情况如表7和表8所示：

表7 专项计划基础资产现金流数据统计　　单位：万元

| | 第1期 | 第2期 | 第3期 | 第4期 | 第5期 | 第6期 | 第7期 | 第8期 | 第9期 | 第10期 |
|---|---|---|---|---|---|---|---|---|---|---|
| 偿还本金 | 2200 | 3800 | 2500 | 4000 | 3000 | 4000 | 3500 | 4000 | 5500 | 5500 |
| 本息合计 | 3720 | 5232 | 3780 | 5180 | 4020 | 4900 | 4240 | 4600 | 5940 | 5720 |
| 信托报酬 | 34.2 | 32.22 | 28.8 | 26.55 | 22.95 | 20.25 | 16.65 | 13.5 | 9.9 | 4.95 |
| 预期现金流 | 3686 | 5200 | 3751 | 5153 | 3997 | 4880 | 4223 | 4587 | 5930 | 5715 |

2. 现金流覆盖率

表8 各预期年收益率下的现金流覆盖率数据统计

| 预期年收益率 | | 第1期 | 第2期 | 第3期 | 第4期 | 第5期 | 第6期 | 第7期 | 第8期 | 第9期 | 第10期 |
|---|---|---|---|---|---|---|---|---|---|---|---|
| 5.5% | 预期现金流 | 3686 | 5200 | 3751 | 5153 | 3997 | 4880 | 4223 | 4587 | 5930 | 5715 |
| | 优先级本息 | 3163 | 4702 | 3298 | 4729 | 3619 | 4536 | 3926 | 4330 | 4220 | 4110 |
| | 覆盖比率 | 1.17 | 1.11 | 1.14 | 1.09 | 1.10 | 1.08 | 1.08 | 1.06 | 1.41 | 1.39 |
| 6% | 预期现金流 | 3686 | 5200 | 3751 | 5153 | 3997 | 4880 | 4223 | 4587 | 5930 | 5715 |
| | 优先级本息 | 3250 | 4784 | 3370 | 4795 | 3675 | 4585 | 3965 | 4360 | 4240 | 4120 |
| | 覆盖比率 | 1.13 | 1.09 | 1.11 | 1.07 | 1.09 | 1.06 | 1.07 | 1.05 | 1.40 | 1.39 |
| 6.5% | 预期现金流 | 3686 | 5200 | 3751 | 5153 | 3997 | 4880 | 4223 | 4587 | 5930 | 5715 |
| | 优先级本息 | 3338 | 4866 | 3443 | 4861 | 3731 | 4634 | 4004 | 4390 | 4260 | 4130 |
| | 覆盖比率 | 1.10 | 1.07 | 1.09 | 1.06 | 1.07 | 1.05 | 1.05 | 1.04 | 1.39 | 1.38 |
| 7% | 预期现金流 | 3686 | 5200 | 3751 | 5153 | 3997 | 4880 | 4223 | 4587 | 5930 | 5715 |

续表

| 预期年收益率 | | 第1期 | 第2期 | 第3期 | 第4期 | 第5期 | 第6期 | 第7期 | 第8期 | 第9期 | 第10期 |
|---|---|---|---|---|---|---|---|---|---|---|---|
| 7% | 优先级本息 | 3425 | 4948 | 3515 | 4927 | 3788 | 4683 | 4043 | 4420 | 4280 | 4140 |
| | 覆盖比率 | 1.08 | 1.05 | 1.07 | 1.05 | 1.06 | 1.04 | 1.04 | 1.04 | 1.39 | 1.38 |

根据基础资产的预期现金流，笔者采用覆盖比率的方法来衡量资产支持证券信用风险的大小。覆盖比率反映了在各偿还时点上基础资产的现金流对预期支出的最低覆盖水平，若该数值小于1，则表示基础资产的现金流不能完全覆盖当期的预期支出，也就意味着资产支持证券存在不能按时偿付的风险。考虑到各优先级资产支持证券的存续期限不同，其对应的预期年化收益率可能存在差异，假定各档优先级资产支持证券的加权平均预期收益率均为表8中预期的年化收益率所设定的数值，经过测算可知表8中各期优先级资产支持证券的覆盖比率均大于1，表示基础资产的预期现金流完全能够覆盖预期支出，因此基础资产的现金流对各期优先级资产支持证券的偿付都具有保障。

3. 实际借款人现金流分析

本次交易标的资产的现金流最终来源于实际借款人扬州迎宾馆未来特定期间内的客房收入和餐饮收入，为对本专项计划基础资产的现金流分析进行相应的补充，笔者在完成基础资产现金流分析的基础上，对实际借款人的经营现金流进行了相应的预测。

笔者将其特定期间内的客房收入、餐饮收入以每年递增5%的方式对扬州迎宾馆经营现金流入的预测和主营业务收入的口径保持一致的基础上对其未来五年的经营现金流入预测如表9：

**表9　扬州迎宾馆未来五年的经营现金流入预测**　　单位：万元

| 项目 | 2016年 | 2017年 | 2018年 | 2019年 | 2020年 |
|---|---|---|---|---|---|
| 客房收入 | 4547.54 | 4774.92 | 5027.99 | 5299.50 | 5590.97 |
| 餐饮收入 | 7315.59 | 7681.37 | 8088.49 | 8525.26 | 8994.15 |
| 其他收入 | 806.54 | 846.86 | 891.75 | 939.90 | 991.60 |
| 合计 | 12 669.67 | 13 303.15 | 14 008.22 | 14 764.66 | 15 576.72 |

扬州迎宾馆主营业务成本主要包括客房成本、餐厅成本和其他业务成本。笔者在对扬州迎宾馆主营业务成本现金流出预测和主营业务成本的口径保持一致的基础上对其未来五年的主营业务成本现金流出预测如表10：

表 10　扬州迎宾馆未来五年的主营业务成本现金流出预测　单位：万元

| 项目 | 2016 年 | 2017 年 | 2018 年 | 2019 年 | 2020 年 |
|---|---|---|---|---|---|
| 客房成本 | 973.63 | 1022.31 | 1076.49 | 1134.62 | 1197.03 |
| 餐饮成本 | 2556.07 | 2683.87 | 2826.12 | 2978.73 | 3142.56 |
| 其他成本 | 239.06 | 251.01 | 264.31 | 278.59 | 293.91 |
| 合计 | 3768.75 | 3957.19 | 4166.93 | 4391.94 | 4633.49 |

专项计划实施后，扬州迎宾馆能否维持稳定的现金流会对基础资产的现金流产生重大影响。根据笔者对其未来五年的经营现金流入和主营业务成本现金流出的预测表明，未来五年扬州迎宾馆现金流运营良好，能保证专项计划的有效运行。

### （六）专项计划信用增级机制分析

本专项计划采用两种信用增级措施，包括内部增级措施 - 优先级 / 次级分层结构设计的方式和外部增级措施 - 旅发集团保证担保的方式。

1. 内部增级——优先 / 次级分层

优先 / 次级分层结构设计是资产证券化中最常见的内部增级措施。

本次资产支持证券在内部增级措施上采用优先 / 次级的交易结构来实现，次级资产支持证券全部售予扬州迎宾馆，次级资产支持证券为优先级资产支持证券提供 7.9% 的信用支持。在一般情况下，扬州迎宾馆认购次级资产支持证券后，不能将其进行全部或部分转让，通过这种增级方式的设计可有效降低资产支持证券的信用风险，增强机构投资者的投资信心。

在资产证券化产品发生违约前，现金是按照税金和费用支出、优先级资产支持证券利息、储备金及其他费用支出、优先级资产支持证券本金、次级债券本金及利息的顺序进行支付，如图 5 所示。

在资产证券化产品发生违约后，则现金支付的顺序有所改变，在通常情况下现金在完成优先档本息的支付后对次级档本息进行支付，这一现金支付方式的改变有效地保证了对优先级资产支持证券偿付的安全，也对优先级资产支持证券信用评级的提高起到了促进作用，如图 6 所示。

2. 外部增级——第三方担保

第三方担保是一种较为传统的外部信用增级方式，信用增级效果明显且容易衡量。为保证本专项计划的顺利发行，在专项计划成立且完成基础资产的购买后，由旅发集团为扬州迎宾馆对交银国信 · 稳健 1321 号单一资金信托贷款的偿付义务提供不可撤销的无限连带责任担保。

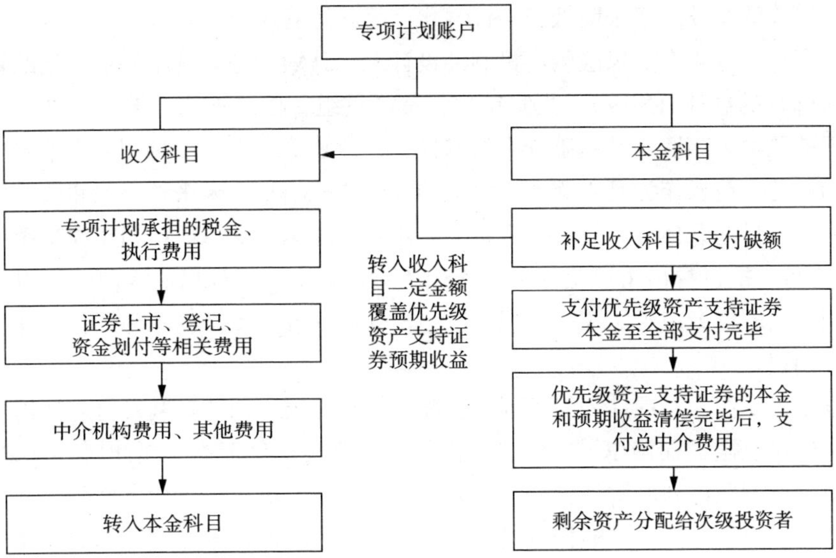


**图5　资产证券化现金流分配情况（违约前）**

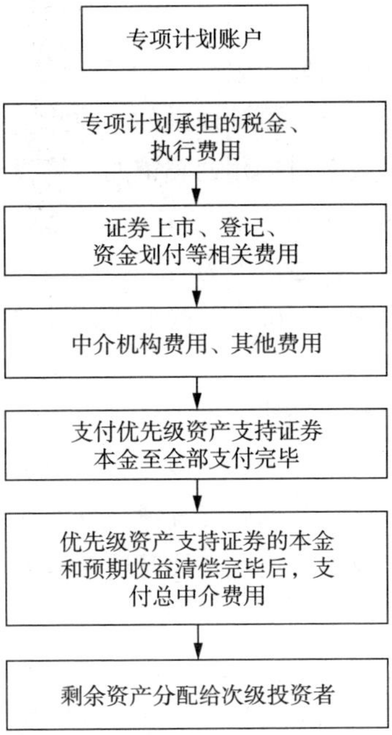


**图6　资产证券化现金流分配（违约后）**

### （七）专项计划风险隔离方式分析

本专项计划通过对本基础资产与其他资产（主要是基础资产原始所有人的其他

资产）风险的有效隔离来降低资产证券化产品的运营风险。

在资产证券化产品风险隔离机制的设计上，计划管理人从本专项计划的基础资产、特殊目的载体（SPV）、真实销售、资产重组、信息披露等多个角度出发，构建稳固的风险隔离墙。在基础资产的选择上，计划管理人选择扬州迎宾馆单一资金信托的信托受益权作为基础资产，该基础资产产权明晰，未来的风险和收益相对可期。在特殊目的载体（SPV）的建立上，计划管理人以本专项计划作为特殊目的载体（SPV），把自身信用风险与其他资产风险相隔离，起到风险隔离的作用。本专项计划募集的资金用于购买扬州迎宾馆信托受益权资产支持专项计划，实现了产品的真实销售。

华创证券作为专项计划的管理人管理并保障专项计划的顺利发行。计划管理人在民生股份有限公司南京分行设立专门的托管账户，负责本专项计划的收支活动。在整个资产管理计划后续运营中，计划管理人、托管机构履行信息披露义务，信用评级机构对资产支持证券的评级进行持续的跟踪，以保证本专项计划的风险可控。

### （八）专项计划风险防范与控制分析

1. 破产风险

扬州迎宾馆破产风险是指其发生破产以后，无法完成对扬州迎宾馆单一资金信托的偿还，导致整个专项计划产品设计体系的失败。

防范措施：随着近年来股东对扬州迎宾馆的持续投入，它的经营能力得到不断增强，抗风险的能力也得到相应的改善。未来随着扬州地区旅游环境的持续改善，其主营业务收入将会继续增长，运营能力将会持续增强。通过以上分析，笔者认为扬州迎宾馆破产的风险概率较低，破产风险处于可控的范围内。

2. 利率风险

由于本专项计划为固定利率结构，当市场利率上升时，资产证券化产品的相对收益水平将会下降。

防范措施：专项计划在设计初期就充分考虑到产品未来利率波动的影响，当利率发生较大程度的波动时，投资者可以转让其所持有的资产支持证券来规避利率上升所导致的相对收益的下降。

3. 尽职履约风险

本专项计划的正常运行依赖于计划管理人、托管银行、原始权益人及信托公司的尽职履约，当上述机构未能尽职履约或对其内部作业人员的管理不当，将会对优先级资产支持证券持有人的利益造成损害。

防范措施：扬州迎宾馆作为次级资产支持证券的持有人，为保证自己的利益将竭力履行自己的职责并对其他机构进行监督，计划管理人在产品结构的设计上，也保证各中介机构相互制约、相互监督。通过以上措施的实施，可有效保证各中介机构的尽职履约。

4. 流动性风险

本专项计划优先级资产支持证券的流通交易场所为上海证券交易所的综合协议交易平台。由于目前产品的主要认购方为机构投资者，可能会存在由于交易对手不足而导致资产支持证券无法完成出售的风险。

防范措施：为增加资产支持证券的流动性，计划管理人将积极地协助上交所对综合协议交易平台的交易规则和交易方式进行改善，探索回购、做市等能增加资产支持证券流动性的措施和方法。

5. 评级风险

由于联合信用评级公司只对资产支持证券的预期收益和本金偿付的可能性作出判断，而对原始权益人和实际借款人的运营能力缺乏综合全面的评价，这对计划管理人对资产支持证券信用评级的综合判断造成了一定程度上的障碍。

防范措施：当资产支持证券信用评级降低的情况发生时，计划管理人应及时对投资者进行信息披露，降低因资产支持证券信用级别的变化对投资者造成的不利影响。

## 五、研究结论、建议与展望

### （一）研究结论

1. 资产证券化在旅游业中具有的适用性和可行性

由于旅游项目的基础建设规模大、周期长，且大多数是难以变现的固定资产的投入，如何选择合适的融资工具成为决定旅游企业发展的关键性要素。利用资产证券化的模式进行融资可盘活旅游企业的长期资产，缩短旅游企业的资金回笼时间，改善旅游企业的融资能力。本案例选取信托受益权作为基础资产进行产品交易结构的设计，信托受益权作为基础资产能保证资产证券化产品拥有长期稳定的可预测的现金流。在产品交易结构设计上由于引入信托公司作为项目通道，解决投资者对实际借款人扬州迎宾馆经营能力的过度关注，使资产证券化产品的发行效率得到提高，这为资产证券化产品在旅游企业中的实际应用提供了更多的选择空间。

2. 旅游资产证券化产品相对灵活且安全性高

首先，旅游企业资产证券化通过有效隔离的方式将资产证券化融资与旅游企业的运营能力进行有效的隔离，规避第三方对旅游企业自身资质的过多审查，在一定程度上降低了旅游企业的融资门槛。同时，旅游企业资产证券化的募集资金用途灵活，能加快旅游企业项目的滚动速度，提升旅游企业获取新业务的能力。

其次，旅游企业资产证券化可帮助旅游企业降低融资成本，优化负债结构。由于资产证券化属于表外融资且融资成本低于同期银行贷款利率，可有效降低旅游企业的财务费用，调整旅游企业的负债结构，提高旅游企业的信用等级和偿债能力。在产品交易结构的设计上，计划管理人还运用外部增信措施和内部增信措施提高产品的信用评级，提高投资者对旅游企业资产证券化产品的认购热情。

3. 旅游资产证券化需强调风险控制

从本专项计划中可看出，旅游企业收入来源相对单一会导致其相应的资产证券化资产池的风险集中度增加，这要求计划管理人在旅游企业资产证券化产品的设计阶段应更加关注可能影响资产池现金流回收的关键性因素，保障旅游企业资产证券化产品的顺利发行。

对于旅游企业自身而言，由于行业的特性所导致的经营波动性大，对相关产业的发展依赖度高等不利因素，也为金融机构及监管机构对旅游企业资产证券化产品的发行成功率的论证增加了难度，因此，旅游企业资产证券化产品在风险控制的设计上应穿透到实际借款人的实际运营情况，充分考察其经营能力，避免可能存在的经营性风险。同时，对于影响旅游企业资产证券化产品发行的利率风险、尽职履约风险、流动性风险、评级风险等内外部风险因素，在产品设计初期计划管理人应制定相应的风险控制手段，保证旅游企业资产证券化产品的发行风险处于可控范围内。

### （二）旅游资产证券化运作建议

1. 创建适宜的法律法规环境，构筑良好的发展空间

政府部门应该积极发挥监管和引导的职能，建立和完善银行、证券、保险等相关金融机构的协调机制，建立稳定、高效的市场安全体系。在满足相关监管的前提下，政府各级监管部门应该逐步开放以保险资金、养老资金、信托基金等为代表的专业机构投资者的进入，增强资产支持证券在二级市场上的活跃程度，使具有投资判断能力的专业机构投资者成为二级市场的投资主体。

2. 完善证券化市场体系，打通发行和交易流通环节

未来国家监管层应当明确在总量控制的前提下，打通发行和交易的流通环节，提高发行效率，提高资产证券化发行规模，增加可交易基数。发行机构在发行产品的同时还应该积极引进市场的参与者，特别是交易活跃的券商资管和基金专户，以促进市场流通性。在引进投资机构的同时，发行机构还应该逐步完善证券化产品估值、现金流测算等相关机制，加强监管、防范风险，增加交易的公平性。中介机构还应该加强金融创新，促进市场活跃度的增加，通过各种措施保证交投市场的活跃性，促进产品定价更加有效、交易更加顺畅。

3. 规范中介服务机构，提高运行效率

目前国内满足资产证券化产品发行要求的评级机构相对较少，且没有形成相对

统一的评级标准，评级市场混乱，导致评级机构的评级结果缺乏公信力，在二级市场上的认可度不高。因此资产证券化发行机构应当加大具有复合型背景的人才的引入，创造出符合行业自身特点的评级标准。国内信用评级机构应在相关监管部门的引导下建立统一的信用评价体系，提高信用评估的透明度，树立良好的信誉和权威，增强投资者的投资信心。国家也应该针对资产证券化相关服务中介制定统一标准，加大对中介机构的监管力度，以保障资产证券化产品的发行效率。

## 主要参考文献

胡抚生．我国旅游集团的融资模式研究．企业经济，2011(1).

商彤云，李欣怡，梁怡硕．颐和园资产证券化融资方案探索．时代金融旬刊，2015(8).

史建平，高宇．宏观审慎监管理论研究综述．国际金融研究，2011(8).

于玲玲，张建萍．旅游基础设施资产证券化融资模式初探．特区经济，2010(5).

张春丽．信贷资产证券化信息披露的法律进路．法学，2015(2).

张国胜，叶瑶云．旅游资产证券化模式探索．首届中国旅游科学年会．2009.

张明，邹晓梅，高蓓．中国的资产证券化实践：发展现状与前景展望．上海金融，2013(11).

张金城，李成．金融监管国际合作失衡下的监管套利理论透析．国际金融研究，2011(8).

## 点评

我国的旅游业发展呈现高速增长趋势，并且存在巨大的投资潜力。与其快速发展趋势相矛盾的是，我国旅游企业普遍存在融资难的问题，将旅游企业的融资问题作为选题依据，文章选题新颖，并满足当下的实际需要，具有较强的现实意义。资产证券化作为一种新兴的融资工具，在提高资产流动性、改善投资者资产结构、降低企业融资成本等方面具有先天的优势。研究资产证券化在旅游企业中的应用，对于解决依靠传统融资工具难以满足的旅游企业融资需求，具有重要的启示作用。

文章理论与实践相结合，既对资产证券化的概念与类型、优势与风险、原理与运行机制进行了梳理和解读，又以“扬州迎宾馆信托受益权资产支持专项计划”为例，对该专项计划的基础资产、产品设计结构与交易流程、现金流、信用增级机制、风险控制机制等进行详细分析，并从产品设计、项目运营情况和存在的问题几个方面对案例对象进行了评价。通过分析获得资产证券化的融资方式对于解决旅游项目投资规模大、投资周期长等问题具有适用性和现实的可操作性；旅游企业资产证券化产品具备较高的灵活性与安全性；旅游企业资产证券化表现出资产池风险集中度较高的特点，要求对项目涉及的各类风险进行有效控制，并做好相应的防范措施等结论。

本文的学术意义和实践意义较大，国内资本市场的快速发展及以资产证券化为代表的新型融资工具的出现，为解决旅游企业融资困难的现状提供有效且具有创新性的解决方案。目前旅游企业运用资产证券化的成功案例还比较有限，相关的研究成果也较为匮乏。研究资产证券化在旅游企业的应用，对旅游行业的资本运营管理和长期投资都具有重要的实践意义，在研究方面弥补了此领域的空白，深入分析资产证券化在解决我国旅游企业融资难的问题中表现出的优势与不足之处，并总结经验与教训。通过对资产证券化在我国旅游企业实际运用中的核心环节和主要特点的具体探讨，可以为相关的投资管理部门提供借鉴，进而对资产证券化在旅游企业中的实务推广起到一定的指导作用。

# 厦门餐饮企业连锁经营模式优化研究

## ——以临＋闽南菜酒楼为例

汤 捷[①]

**摘要：**厦门的餐饮业取得了长足的发展，但近年来互联网的快速发展、餐饮消费行为的急剧改变、国内外知名餐饮品牌的纷纷进入给厦门餐饮市场带来了很大的挑战。为此，本文在对经营模式文献研究的基础上，以厦门餐饮连锁企业为研究对象，以餐饮企业经营模式的优化为研究内容，选取厦门临＋闽南菜酒楼为案例，运用介观商务模型的研究框架，详细分析该酒楼在面临平台环境、顶板环境、客户环境、伙伴环境及内部环境发生变化时，该企业所采取的经营模式和竞争策略，对于厦门地区的餐饮连锁企业的经营优化具有现实指导意义。本研究认为，厦门餐饮连锁企业若要实现经营模式优化，必须解决如下两个方面问题。第一，通过互联网营销手段改善客户体验，来解决"客户引流"问题；第二，通过员工股权激励的经营策略，解决"留住员工"问题。

**关键词：**餐饮业；连锁经营；经营模式；股权激励；互联网

## 一、问题的提出

近年来，在互联网潮流推动下，我国餐饮行业主流消费群体和消费习惯变化巨大，大众消费快速成为我国餐饮业发展的主要驱动力，大众消费所占比例达到80% 以上，餐饮消费行为也随之发生改变。2016 年，中国经济保持健康发展，全国餐饮收入实现 35 779 亿元，同比增加 10.8%，限额以上单位的餐饮收入额为9213 亿元，同比增长 6.0%。如图 1 所示，从 2006 年以来我国餐饮业收入几乎每年保持两位数的增长，保持良好的增长势头。

作为经济特区，厦门的餐饮业也取得了良好的发展水平。近年来，在餐饮业竞争加剧、成本普遍上涨的形势下，厦门传统餐饮企业普遍陷入发展瓶颈，2014 年至 2016 年的全市餐饮业收入增幅分别为 5.5%、9.5%、7.5%，低于全国两位数的增长率水平。面对急剧变化的消费者市场、成本上涨、员工流失等挑战，厦门地区餐

① 2012 级，2017 年毕业；点评教师：张进福。

饮连锁经营企业如何优化经营模式，合理利用互联网营销工具，满足消费者的情景式消费，提高综合竞争能力，改善经营局面，是摆在每个餐饮企业眼前急需解决的重要问题。

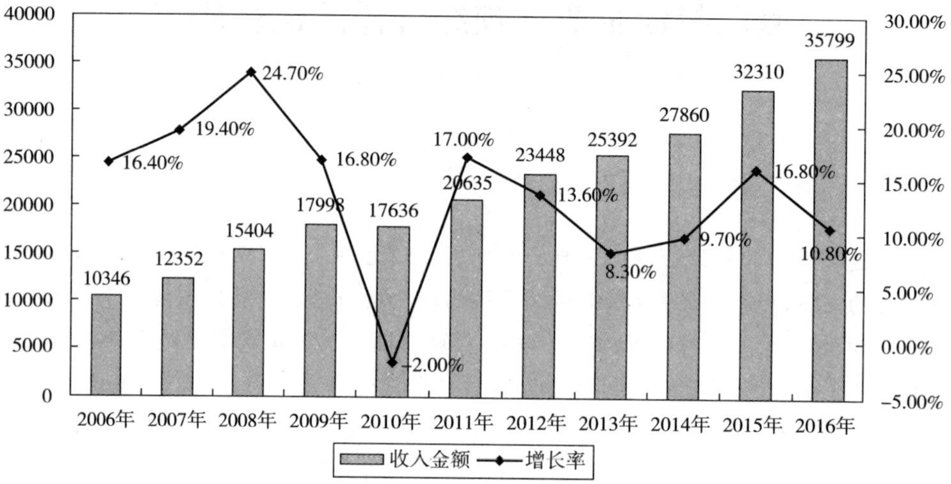


**图 1　2005 年 -2016 年全国餐饮收入增长[①]（单位：亿元）**

数据来源据国家统计局整理

## 二、理论回顾

作为社会生产分工化、专业化的产物，“连锁经营”于 19 世纪中期首次被应用于商业流通领域，成为制造企业的一种产品分销方式，之后又被广泛应用于服务业，成为一种经营模式的复制方式（庞春等，2008；冯俊，2006）。在餐饮等服务型企业中，连锁经营一般指对多个门店实行统一标准管理运作的企业经营模式，管理对象可以是多个门店，也可以是多个企业。其实质是具有同类商品的门店或企业，通过一定的方式组合起来统一分工协作，实施统一的整体规划和集中管理，从而改变独立的经营活动弱小力量，实现整体组合的规模效益（朱鹏，2012）。

国外学界对连锁经营模式的研究经历了较长时期，主要集中在对连锁经营的流通理论体系、发展可行性分析、标准化方法论三个方面进行研究。关于连锁经营的流通理论体系研究，1987 年布里克利（Brickley）和达克（Dark）在《金融经济学刊》（Journal of Financial Economics）发表文章提出连锁经营的实质是以专业化分工为基础的现代生产理论在流通领域的运用，实现了商业流通的系统性和规模化，

① 2010 年较 2009 年全国餐饮收入出现小幅负增长，主要是由于国家统计口径的变化，将住宿业和餐饮业分拆，因此单从餐饮业收入来看还是保持增长势态的。

从而达到经营灵活与规模效益的统一；安妮·玛丽·多尔蒂（Anne Marie Doherty）从物流成本角度分析提出连锁经营是流通领域专业化分工的结果，该理论是对既有连锁经营研究的有力补充，通过物流配送中心规模化运作的基本功能和经济效益实证，提出物流是其信息流、现金流、商流运转的基础系统。关于连锁经营中特许经营的授权理论研究，帕吉夫（Pajiv）、奥德什（Audhesh）和约翰·斯坦沃斯（John Stanworth）在 1996 年对特许授权的所有权转向理论进行分析，提出特许连锁经营是授权人和被授权人在早期发展阶段的短期性行为，并非稳固的利益共同体，在特许授权不再稀缺时，授权人会为了长期发展利益而趋向于选择更传统的成长策略。1998 年斯坦沃斯（Stanworth）、普迪（Purdy）、普赖斯（Price）通过实例论证特许经营的失败率低于传统小商业，认为特许经营在全球范围内将长期持续扩张发展，但贝特（Bate）在 1995 的研究指出特许经营的发展已饱和。关于连锁经营的标准化管理方面，国际大型连锁企业在实践中形成了系统、完善的标准化运作体系，西里安·霍普金森（Cillian C. Hopkinson）也对国际快餐连锁经营的发展历程、产品研发、经营管理等进行了全面说明。总之，国外学术界对现代快餐业的理论和方法做了系统、全面的研究，以标准化和工业化为核心方法论，从餐厅选址到招募、运营到促销、生产到服务等都有标准手册。

20 世纪 90 年代，我国企业开始实践连锁经营模式，理论研究起步较晚，2001 年任薇君在《连锁经营：中国零售业的发展策略》中提出我国零售行业发展应当积极运用连锁经营模式，才能在与国际品牌竞争中生存发展。2002 年郑文全发表《连锁经营的竞争力》一文，则是从经济学角度分析，通过交易费用经济学和产权经济学的相关理论，诠释连锁经营能够有效降低交易费用，提高行为主体积极性，从而解决流通领域追求规模经济问题。2003 年贺昆所著《从零开始：连锁经营的运作与管理》，从管理学角度对连锁经营模式的流程再造、资源共享、市场共生效应分析，阐述连锁经营实质上是现代化分工原理在商品流通领域的成功运用；同时对商品配送中心的基本功能和经济效益加以论证，强调了建立现代物流管理体系对发展连锁经营模式的重要性，说明现代物流配送体系是实施连锁经营的基础前提，得到国内许多学者支持，学界也发表了诸多关于连锁经营中物流配送相关文章。本文通过中国知网数据库相关文献资料的检索，累积阅读超过 500 篇关于“餐饮连锁经营”的优秀硕士论文和专业期刊文章，发现我国餐饮连锁经营的研究主要集中在案例分析层面，理论论证较少。理论研究主要集中在连锁经营三种主流模式比较分析、人力资源、物流配送等运营管理环节的优化研究上，且优化方向总体停留在运营标准化、品牌多元化两个层面，对于其他领域的优化策略研究较少。故而，本文采用“介观商务模型”来分析企业连锁经营模式，同时结合股权激励、体验设计、互联网营销工具，制定有效优化手段。

确定企业经营模式和经营方向，可以运用介观商务模型的五个环境因素来分析企业所面对的具体环境，包含企业直接发生商务关系的客户环境、伙伴环境、顶板环境，也包含企业所处时期、空间的社会经济大平台环境，以及企业自身资源的内部环境（详见图 2）。

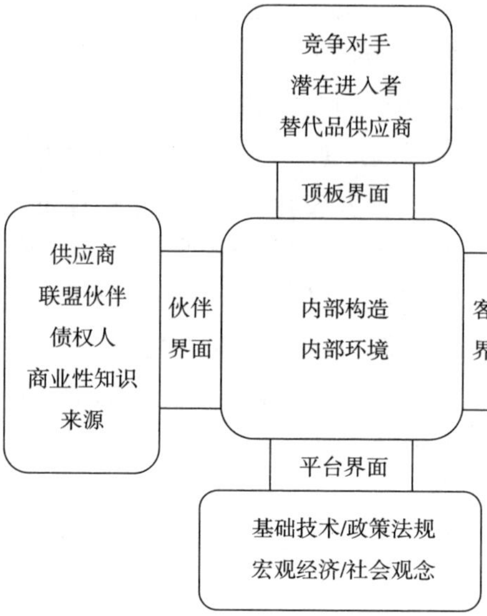


**图 2　介观商务模型**

确定企业经营方向，首先要分析企业所处的大环境，因为这决定了企业的经营是否符合政策法规，是否具备现实的技术条件，社会消费文化习惯、社会经济发展水平能否支撑经营业务范围，介观商务模型将这类大环境归纳为平台环境；在一定的市场容量下企业要取得一定的市场份额目标，必须评估竞争程度，如一个社区的餐饮消费额有限，开得餐厅越多，分配到每家餐厅的客户就越少，经营顶板就越低，制定企业的经营发展目标就必须考虑到市场竞争格局，即顶板环境；当然企业最直接面对的还是客户环境，客户群体的数量、消费力、消费喜好、支付条件等都直接决定了经营手段的策略；经营手段的实现，一方面要看供应商、服务商等各种合作伙伴能否提供给企业所需的外部资源，称为伙伴环境；另一方面要看企业自身的内部环境，看企业拥有的各种内部资源，最重要的包括资金、资产、技术、人力等资源，以及股东、管理层、员工的企业内部关系和发挥经营管理作用的效果。本文认为介观商务模型的五个方面环境分析，对于分析餐饮企业经营模式的三个方面内容——价值定位、业务范围、实现手段，相对适用和贴切。

## 三、厦门餐饮业发展现状与问题研究

要研究厦门餐饮企业的连锁经营模式优化问题，首先需要从整个厦门餐饮行业

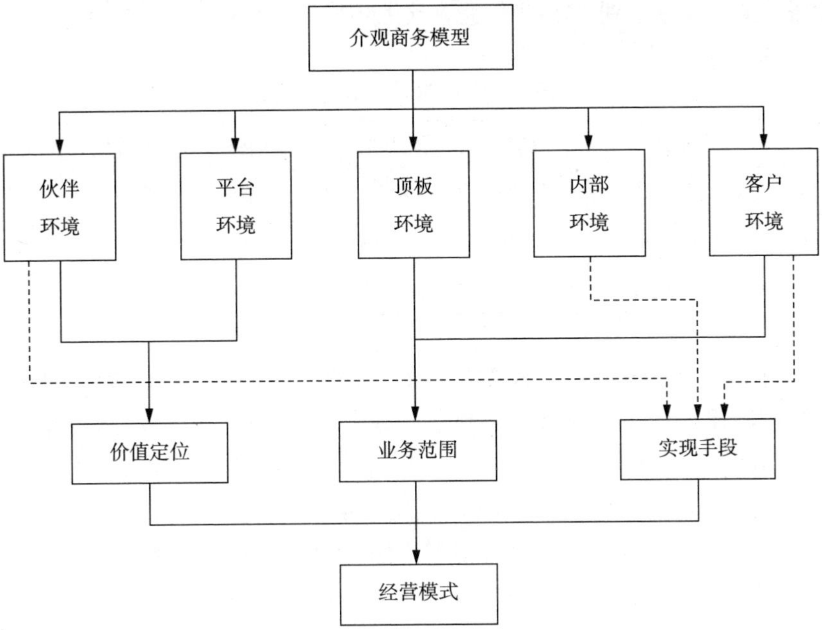


**图 3　介观商务模型与经营模式对应图**

资料来源：笔者参考“介观商务模型”绘制而成

的宏观概况入手，研究厦门餐饮行业的现状发展水平，然后再细化到厦门餐饮连锁企业的微观经营问题，从而分析归纳出在当今互联网快速发展、消费行为急剧变化的行业发展形势下，厦门餐饮企业连锁经营模式是否滞后于行业发展需求，从而导出厦门餐饮企业连锁经营模式的优化策略。

为了解厦门餐饮业发展现状，笔者通过设计网络调研问卷的方式，在 2014 年至 2016 年间在厦门市工商系统登记的餐饮经营许可范围的企业法人（包括提供正餐和西餐等提供餐食和餐饮服务的企业，但不涉及饮料店、纯餐饮外卖企业、酒店内部餐厅）中进行抽样调查，收集到 160 个餐饮连锁企业的调研问卷，除去重复填写、无效问卷 29 份，有效问卷为 131 份（有效问卷的填写者均为企业创始人或具有多年管理经验的管理层）。通过数据透视表交叉分析，归纳出企业在不同发展阶段遇到的经营发展难点，同时通过“股权开放”“体验设计”“销售策略”三个方面具体操作举措的经验评价，获得不同具体优化举措的效果优先排序，进而归纳出经营模式优化手段。

20 世纪 90 年代以来，厦门餐饮企业加快连锁经营步伐，1992 年第一家国际连锁餐饮企业麦当劳在厦门开业，1993 年厦门本土第一家餐饮连锁品牌豪客来牛排开张，并有越来越多的国内外餐饮品牌进驻厦门，与本土菜系融合。2013 年起厦门市餐饮营业总额超过百亿元规模，据厦门市统计局数据（见表 1 和表 2），2015

年全市餐饮业营业额达到 123.64 亿元，比上年增长 9.5%，增幅比上年回升 4%。

**表 1　厦门餐饮业发展现状**

| 年份 | 营业额 | 增幅 | 网点数 | 注销数 | 净增数 | 增幅 |
|---|---|---|---|---|---|---|
| 2014 年 | 106.83 亿元 | 5.5% | 19 572 | 216 | 2207 | 12.6% |
| 2015 年 | 123.64 亿元 | 9.5% | 22 048 | 315 | 2476 | 12.7% |
| 2016 年 | 132.86 亿元 | 7.5% | 23 235 | 182 | 1187 | 5.4% |

2013 年，厦门市餐饮业实现零售额 101.3 亿元，增长 5.4%。营业额下降的包括荣誉海鲜酒楼、环岛佳丽海鲜大酒楼、海港城大酒楼、牡丹大酒楼等厦门本土知名大型酒楼公司。2014 年，中央厉行节约新规出台以来，全年餐饮业实现营业额 106.83 亿元，比上年增长 5.5%，增幅比上年回落 1.2 个百分点。其中，年营业额超过 200 万元的限额以上餐饮实现零售额 35.39 亿元，占全市餐饮业零售额的 33.7%，下降 0.1%，其中 64.1% 的企业营业收入比上年呈下降态势，在营业额排前 50 位的企业中，有 26 家营业额下降，下降面高达 52%。

2015 年，全市餐饮业实现营业额 123.64 亿元，比上年增长 9.5%，增幅比上年回升 4%。132 家限额以上餐饮企业实现营业额 38.13 亿元，增长 3.4%；统计数据显示，近六成限额以上餐企创新转型、积极营销，营业收入实现了增长。随着大众餐饮消费蓬勃兴起，居民成为带动行业发展的主力军。2016 年，全市餐饮业实现营业额 132.86 亿元，比上年增长 7.5%，其中限额以上餐饮实现营业额 40.83 亿元，占餐饮业营业额的 30.7%，增长 2.4%，在营业额排前 50 位的企业中，有 29 家营业额实现增长，业绩温和回升。综上可知，近年来，厦门限额以上餐饮企业数量发展较为停滞，营业额增长相对于限额以下餐饮企业发展缓慢，占总体营业额的比重在逐年缩小。

**表 2　厦门限额以上餐饮企业发展现状**

| 年份 | 限额以上总数 | 年营业额 | 占比 | 正餐 | 快餐 | 其他 |
|---|---|---|---|---|---|---|
| 2014 年 | 131 | 35.39 亿元 | 33.7% | 109 | 16 | 6 |
| 2015 年 | 134 | 38.13 亿元 | 30.8% | 105 | 18 | 11 |
| 2016 年 | 140 | 40.83 亿元 | 30.7% | 109 | 18 | 13 |

通过对厦门 131 个餐饮企业的抽样调查，发现近年来厦门餐饮业虽然走出了一批餐饮品牌，但大多数停留在小有名气，中小经营规模。大部分企业由于人才、管理等问题，经营规模和管理水平难以突破发展瓶颈，没能很好地扩大品牌的影响力

| 选项 | 小计 | 比例 |
|---|---|---|
| 1 个 | 52 | 39.69% |
| 2–5 个 | 36 | 27.48% |
| 6–20 个 | 22 | 16.79% |
| 20 个以上 | 21 | 16.03% |

**图 4 厦门 131 家餐饮连锁企业各自门店数量**

数据来源：根据笔者问卷数据整理

| 选项 | 小计 | 比例 |
|---|---|---|
| 1 个 | 67 | 51.15% |
| 2 个 | 30 | 22.9% |
| 3 个 | 12 | 9.16% |
| 3 个以上 | 22 | 16.79% |

**图 5 厦门 131 家餐饮连锁企业各自品牌数量**

数据来源：根据笔者问卷数据整理

(见图 4 和图 5)。

从分店拓展和盈利状况看，“仅有单店并且未实现盈亏平衡的”为 43 家，占比高达 32.82%；“整体分店保持盈利，但开店速度放缓并有少数店铺亏损的”仅为 30 家，占比 22.9%；“开始发展分店，部分分店未实现盈亏平衡的”达到 58 家，占比高达 44.27%。从门店营业收入状况看（见图 6），“收入稳定，持续增长”或“收入稳定，但有规律波动”的合计占比 69.46%，“收入不稳定”“增长困难”仍占 30% 以上。

| 选项 | 小计 | 比例 |
|---|---|---|
| 收入稳定，但有规律波动 | 57 | 43.51% |
| 收入稳定，持续增长 | 34 | 25.95% |
| 收入不稳定，波动大 | 23 | 17.56% |
| 收入稳定，增长困难 | 17 | 12.98% |

**图 6 厦门 131 家餐饮连锁企业门店营业收入状况**

数据来源：根据笔者问卷数据整理

此外，许多餐饮连锁企业在开了众多的分店之后，产品质量和管理质量均大幅下降，甚至倒闭不乏其数。厦门 131 个餐饮企业的创始人或高管表示，自身管理能力、品牌意识、人力资源等都是困扰厦门餐饮企业做大做强、改善经营的主要难题（见图 7）。

| 选项 | 小计 | 比例 |
|---|---|---|
| 人力资源 | 81 | 61.83% |
| 菜品质量与开发 | 58 | 44.27% |
| 服务水平 | 38 | 29.01% |
| 资金 | 35 | 26.72% |
| 单店销售 | 22 | 16.79% |
| 品牌宣传 | 21 | 16.03% |
| 采购与配送 | 19 | 14.5% |
| 股东结构 | 16 | 12.21% |
| 加盟商管理 | 13 | 9.92% |

**图 7　厦门 131 家餐饮连锁企业的经营难题**

数据来源：根据笔者问卷数据整理

其中，“人力资源不足”为制约厦门餐饮企业发展的第一因素，受访企业有 81 个选择了人力资源为经营难点，占比 61.83%。厦门餐饮业从业人员缺口大，员工流动率也高，高端管理人员更少。主要原因之一大多数餐饮企业没有足够重视员工，不具有以人为本的管理思想。作为餐饮行业经营的基本产品“菜品质量与开发”和“服务水平提升”分列经营难点中的第二、第三位，占比分别为 44.27%、29.01%，合计达到 73.28%，绝大多数厦门餐饮企业缺乏自己持久的核心产品，菜品口味和品质不稳定。对于餐饮品牌的客户体验、用餐环境、装修特色、停车设施、卫生、服务水平等，服务细节是厦门餐饮企业经营普遍难点。

综上，在当今互联网和消费者行为的急剧变化下，厦门餐饮企业不仅面对“人力资源不足”急需解决的问题，还面对“菜品质量与开发”“服务水平提升”“单店销售提升”等综合经营的问题。厦门餐饮企业要改善经营局面，本文建议根据“介观商务模型”，从股权结构、体验设计、销售策略等方面创新和优化连锁经营模式。下文就以厦门临 + 闽南菜酒楼为例，进行具体分析。

## 四、厦门临 + 闽南菜酒楼连锁经营模式的优化

厦门临 + 闽南菜酒楼是厦门本地餐饮企业，自 2004 年成立至今，厦门临 + 闽

南菜酒楼经历了2004年到2013年的低速发展期，在2014年正值中高档餐饮酒楼大面积经营下滑时期，临+闽南菜经过经营模式的优化探索，不仅成功存活下来，并进入了门店扩展的高速发展时期。为明晰厦门临+闽南菜酒楼成功转型的原因，笔者深入到企业日常经营中实地考察，对董事长、总经理、区域总监、代表店长、行政总厨等关键管理岗位进行访谈，收集企业实施的主要政策和经营数据，进行详细的案例分析研究。

## （一）经营环境分析

1. 平台环境

商务部2014年发布的《餐饮业经营管理办法》不仅鼓励餐饮经营者发展特色餐饮、快餐、早餐、团膳、送餐等大众化餐饮的发展，为餐饮业发展提供基本的政策法规治理环境，对禁止餐饮经营者设置最低消费、健全顾客投诉制度、食品安全监督、卫生许可审批、用餐环境消防检验等明确有效的管理，有利于维护正规经营的餐饮企业良性的市场经营环境，为消费者提供安全可靠的用餐保障。厦门地区在税则上执行“营业税改增值税、小规模纳税人定额发票改实时机打发票”，在2015年全面普及和实施，成为消费者用餐消费的基本权益保障；同时，厦门地区餐饮业历经多年进步提升，餐厅装修、信息管理系统、大型厨房设备烹饪技术、海鲜保鲜冷冻技术等方面均较可靠。

2. 客户环境

据中国烹饪协会2016年消费调查报告显示，我国餐饮消费者在餐厅的选择上看重的因素依次排序为就餐的环境、菜系风味、安全卫生、价格水平、服务的水平、口碑评价、地理位置、营养健康及促销信息。厦门是居于全国前列的旅游城市，近年来游客人数达到数千万人次，餐饮消费也较为发展，如何征服本地居民的口味和消费习惯，并让本地居民宴请、推荐外地游客朋友，成为临+闽南菜获得源源不断的新老客户的关键。据中国烹饪协会2016发布的餐饮调研报告显示，通过互联网第三方平台现场支付的比例升至35.6%，成为第一大支付方式；同时，40%以上消费者通过美食网站和APP、11%消费者通过社交媒体来搜索选择餐厅。

3. 伙伴环境

厦门餐饮业经过三十多年的发展，餐饮配套服务的食材供应商、辅材供应商发展迅速，厨房设备耗材供应市场众多，价格透明，同时，厦门地区位于中国东南沿海，系中国渔业发达的主要区域之一，盛产海鲜、蔬菜、禽类等食材。厦门系较早改革开放的经济特区，对台及东南亚交流交往广泛，内地和福建省其他地市的厨师、餐饮业经营人才、服务从业人员源源不断地流入市场，在21世纪初前后对于餐饮业经营所需的人才提供了有效供给，但近年来厦门经济发展速度慢于福建及东南沿海其他地区，餐饮和酒店业人才外流严重，给餐饮连锁企业的门店扩展造成人才梯队上的供给不足。

4. 顶板环境

在 2013 年前，临 + 闽南菜酒楼的菜品与消费档次与传统大型酒楼相近，追求高价高档、豪华装修的消费档次，竞争对手众多，包括佳丽海鲜、舒友餐厅、牡丹大酒楼、海港城等高档经营场所，竞争激烈，装修档次一个比一个奢华，在 2012 年国家实施八项规定后因公消费大幅下降，造成高档餐饮生存空间急剧缩小。临 + 闽南菜及时调整菜品定位和消费档次，面向大众消费定位高性价比的中档餐饮品牌，与厦门知名的味友餐厅一样主打本土风味的菜品特色，同时出品多道生态禽类主菜和特色豆腐等土菜系列，又与老聃民间菜馆高度相似，可以说味友和老聃民间菜馆都是临 + 闽南菜的直接竞争对手。

5. 内部环境

临 + 闽南菜酒楼员工人数目前已超过 1000 人，服务于 13 个临 + 闽南菜餐厅的顾客和一个餐饮配食中心，分为门店经营公司员工和总部管理公司员工，环岛路店、泉州店、前埔店为直辖店，厦门岛内外两个区域分设总监分别管理，区域总经理、直辖店总经理向管理公司总经理汇报。对于拥有 13 个门店和 1000 名员工的本土餐饮企业管理运营，需要考虑 13 个门店地处每个行政区域和地段的消费者差异，门店经营面积大小的不同。在考核管理和资源支持上，需要做大量的工作才能做到因地制宜。从 2004 年临 + 闽南菜成立之日起，其创始人就是临 + 闽南菜的灵魂人物，倡导“向上向善”的企业关怀管理文化。

### （二）经营模式梳理

临 + 采用直营连锁的经营模式，在厦门直接投资管理 13 家门店，餐饮主营业面积超过 3 万平方米，2016 年营业额估计超过 3 亿元，净资产已过亿元，员工规模达到 1000 人。临 + 闽南菜以闽南本地菜为主，在厦门各区开设大型酒楼门店，人均消费水平为 120-150 元，定位为高性价比的中档消费，临 + 提出“新鲜不过夜、当地当季菜”理念，坚持选购好食材是成功的首选。实现当日食材零库存、16 个小时流转。菜品和装修风格贴近本地文化习俗，是本地居民家庭聚餐和商务宴席的优质选择，是本地人接待外地游客，游客品味闽南本帮菜的不二选择。为占领市场和在消费者心智中树立本土餐饮品牌第一位置，临 + 闽南菜不仅以超过对手的速度在厦门地区加快开店，同时，在菜品方面主打海鲜新鲜食材的主张，更好地实现品牌区隔，在服务和环境上更加精心细致。

临 + 闽南菜通过管理公司对旗下各区域 13 个餐厅进行直接投资和管理，采用直营连锁的经营模式，在投资开店上，临 + 闽南菜采取逐个开发、导入员工托管的稳健策略。具体餐厅根据规模分为一类店、二类店和三类店，投资金额和员工规模不同。一类店：临 + 闽南菜，投入成本为 6000 元 /$m^2$，面积大于 1500 平米的沿街店铺，15-20 个包厢，大厅有 20 个大桌，40 个小桌。人均消费水平为 120-150 元。成熟期平均月营业额在 200-300 万之间，年营业额超过 3000 万；二类店：临 + 闽南菜，投入成本为 6000 元 /m$^2$，面积大于 800 平米小于 1500 平米的沿街店铺，10 个包厢，大厅有 10 个大桌和 20-30 个小桌。人均消费水平为 120-150 元。成熟期平均月营业额在 150 至 180 万之间，年营业额过 2000 万；三类店：咱厝餐厅，投入成本为 8000 元 /m$^2$，面积小于 300 平米的商场店，面向年轻群体消费，人均 60 元客单价。

根据经营环境与经营模式的关系，笔者绘制了临 + 经营环境与经营模式对应图，如图 8 所示。

**图 8　临 + 经营环境与经营模式对应图**

### （三）经营优化举措

1. 股权结构优化

分店股权激励政策在临＋企业实施多年，形成了一套完整有效的制度。临＋在餐厅开业 18 个月（即 1.5 年后）进入经营平稳期，开放员工股权认购，第一次上限为该店股权的 10%，多次认购后单个店不超过 30% 的股权，均采用自愿加入、自愿退出原则，组建该店的股东会（保持先进委员会，简称保先会，每月组织例会），吸纳员工股东参与经营。单店独立注册公司，总股本为 1000 股，按照过去 12 个月该餐厅经营利润的月平均值，乘以 18 倍作为总股本。面向该店在职主管级以上员工开放认购，包括岗位有门店上属区域总经理 30 股、门店总经理 30 股、厨师长 30 股、主厨人均 15 股、楼面总监人均 15 股、楼面主管人均 10 股，开放上限为 300 股，即为股权的 30%。目前临＋公司员工包括门店员工已经达到 1000 名，参与股权认购的员工达到 200 名，超过 20% 的员工比例持股。一旦员工离开本店调任其他门店，将按照当月利润的股本估值，兑换至即将到任门店的股本中去。临+13 个餐厅除了 2016 年 7 月刚开业的海沧店未实施员工股权开放以外，12 个店均已实施。店总、楼面总监、楼面主管、厨师长、档口组长可参与股权认购。

2. 产品体验优化

临＋餐饮自 2004 年开业以来，经历了多次定位的调整，从“临＋闽南生态酒楼”在 2013 年 5 月份大唐店重装之际，正式更名“临＋闽南菜”，定位于“为厦门食客提供正宗闽南菜”，人均消费在 120-150 元之间，在厦门餐饮行业属于中偏上的消费水平。临＋闽南菜在整体经营思路上以乡土美食为菜品定位，在设计、环境和菜品上，也更为考究精细，单店大于 800 平米的经营面积，呈现高档用餐环境，门店装饰融入闽南最早的古建筑元素和文化符号。2013 年大唐店重新装修，启用全新形象，经营面积增加 20%，单价提升 15%，不仅提高了客户重复消费频率、提高了消费金额，更是引入了更多的外地旅客群体和商务宴请群体，当月营业额增幅超过 100%，突破 200 万月度营业额。2014 年江头店新形象重装在未增加经营面积的情况下，当月实现营业额突破 200 万，增幅达到 50% 以上。

菜品方面，临＋酒楼过滤了原有的复杂菜肴，从最初的 200 多道菜，精简到现在的 60 道口碑最好的菜品。缩短了厨房的产品线，就能实现快速翻台，推行“30 分钟不上菜，客人可免单”的承诺。在实施过程中，后厨的砧板、锅台和传菜员要紧密配合，将取食材、初加工、成品制作、快速传递这四道程序在 30 分钟之内完成。临＋提出“新鲜不过夜、当地当季菜”理念，在餐饮行业竞争激烈的当下，坚持选购好食材是成功的首选。实现当日食材零库存、16 个小时流转。在临＋后厨，冰箱一律是冷藏式的，没有冷冻。餐饮业最关键的还是要回归饮食的本源，不断挖掘和创新闽南本土美食，让食客们味蕾时刻保鲜。

3. 销售策略优化

临＋闽南菜采用的销售策略主要包括会员储值卡和线上平台支付合作，包括大众闪惠支付、支付宝。临＋认为临＋品牌系中高端餐饮中属于高性价比的餐厅，因此，本身就有一定的价格竞争力和客户接受度，直接折扣对提升收入意义不大。临＋将餐厅经营期分为三个阶段：开业6个月内为新开期，6至18个月为成长期，18个月以后为成熟期。一般在开业期间也会适当做消费折扣和赠券活动。储值会员卡直购，储值2000元送168元，储值5000元送500元；持卡消费尊享鲜榨果汁买一送一；储值即赠临+12道指定菜券，每月1道；5000元级会员卡消费即赠果盘。目前，储值会员卡消费占比总体消费额达到35%。互联网销售渠道包括大众点评和支付宝。门店开业期间七九折团购券火热开卖，还有“一元券”抢购活动，每天限量10张，售完为止。大众点评网主要上线闪惠活动，消费满200元赠50元，下次消费300元可用，但临＋公司并不承担折扣费用，而是由大众点评承担。支付宝及大众点评等网络平台结算的金额占比达到30%。

餐饮企业制定连锁经营模式的优化策略关键在于依据企业所处发展阶段的经营难点和现实条件，分析设计符合自身发展需求的经营优化举措。通过对临＋闽南菜酒楼的经营现状分析，发现临＋闽南菜酒楼符合餐饮企业成长期的基本特征，体现在以下三个方面：

（1）临＋闽南菜酒楼在最近三年餐厅数量快速发展，达到13家餐厅，基本扩张范围局限在厦门地区，仅有1家为泉州地区餐厅；

（2）临＋闽南菜酒楼目前的13家餐厅中，除了超大型同安店、2016年新开海沧店，其余11家餐厅营业收入稳定增长并实现盈利；

（3）临＋闽南菜酒楼在近年来快速发展的过程中，公司职员快速发展到1000人，在人才梯队培养和高级管理人才方面均面临挑战。

进入成长期的餐饮企业，销售经营水平转为稳定，销售波动也较为规律，消费者已认可熟悉品牌，出现更多的重复消费和口碑传播，企业进入良性发展期，初步形成管理体系，部分分店未实现盈亏平衡。由于门店的加快开设，人才梯队和资金储备需求增大，同时随着经营规模的扩大迫切需要各方面管理制度的完善。本次受调研的131个企业中有58个认为自身企业处于成长期，其中38个企业的店铺规模在2–20个之间，占比65.52%；经营时间在3–10年的占58.62%。成长期企业的经营困难来自前三方面：人力资源63.79%、菜品质量与开发41.38%、资金34.48%。本文对131个调研样本中处于成长期的厦门餐饮企业在“股权开放、体验设计、销售策略”三个方面的优化举措进行交叉分析，归纳成长期优化经验，从而印证临＋闽南菜酒楼的经营模式优化举措符合成长期企业的一般规律。

## （三）优化策略偏重

1. 股权结构优化偏重

在企业成长期，初步尝试分店发展，并未形成强大的资金储备和人才梯队，阻碍分店快速拓展的两大因素是资金和店长。临 + 闽南菜酒楼的股权激励首要对象为区域总经理、门店总经理和厨师长，各占单店股权比例均为 3%，均以出资方式认购股权，与成长期企业调研统计结果较为一致，唯一不同之处在于临 + 闽南菜酒楼到目前为止全部靠自有资金发展门店，未开放纯资金股东的加入。调研显示，在股东开放方面，处于成长期的企业选择股东对象前三位依次是：纯资金股东 41%、管理层股东和店长股东并列第二为 40%、总厨股东 26%。

2. 产品体验优化偏重

成长期的餐饮连锁企业，把特色食材放在产品体验的首位，76% 的企业均选择特色食材的经营举措；成长期的企业快速增长在食材、摆盘和菜式上并没有太大的开发压力，而是在特色服务和空间体验上投入更多精力，33% 选择空间改造、31% 选择特色服务，使得食客体验更加全面，品牌发展各个方面更为均衡。临 + 闽南菜酒楼极为重视特色食材的体系化管理，建立了黑猪肉供养基地、半放养鸡鸭供养基地、天岩山有机果蔬基地、南日岛野生海鲜供应基地。同时，临 + 闽南菜酒楼也在 2014 年启动了新的门店形象，巨资打造闽南风情的空间装饰特色。

3. 销售策略优化偏重

成长期的企业由于借助了产品和分店发展势头，在销售经营策略方面的创新相对比较保守，更倾向于使用储值卡预售的销售策略，以满足快速发展分店资金的需求。从临 + 闽南菜酒楼的支付方式看，储值会员卡直购成为第一大销售手段，占比总体消费额达到 35%，互联网销售渠道包括大众点评和支付宝，O2O 网络平台结算金额占比达到 30%，这与成长期企业调研统计结果较为一致，在销售策略创新方面排前三位的依次是：团购网合作 45%、O2O 平台合作 43%、储值卡预售 34%。唯一不同在于临 + 闽南菜酒楼并不承担折扣费用，因此从未与团购网合作，对企业良性经营和利润空间更有保障。

## （四）经营优化成效

厦门临 + 闽南菜酒楼自 2013 年启动经营模式优化工程，对员工股权开放、客户体验创新、销售渠道创新进行尝试，对旗下直营餐厅实现连锁经营模式的有效优化和管理，在 2014 年厦门高档餐饮酒楼大面积经营下滑局势下逆势增长，迎来了企业的快速扩张和壮大，具体表现在门店规模、员工规模、客户规模、营业规模等方面的良好增长势头，进入企业的快速成长期，保持良好的经营局面。

（1）厦门临 + 闽南菜酒楼从 2013 年的四店时期，3 年间实现跨越式发展至 13

个门店，平均每年以 3 个门店的增速扩张，并在泉州市开设了第一家门店，开设了第二个品牌门店——咱厝餐厅；

（2）厦门临 + 闽南菜酒楼从 2013 年的 200 名员工规模，发展到如今超过 1000 名员工的中型企业，不仅低于行业水平的员工流失率，同时参与股权激励的员工人数达到总员工人数的 20% 以上；

（3）厦门临 + 闽南菜酒楼在客户体验和客户满意方面也取得了长足的进步，尤其是 2014 年环岛路超大型餐厅开业以来，顾客盈门超过 1 万名客户办理了储值会员卡，得到大众点评网的客户好评；

（4）公司整体营业额也稳步增长，从 2013 年的数千万，增长到 2014 年 1.2 亿，再到 2015 年 1.5 亿，2016 年超过 3 亿，较 2013 年实现闽南菜定位下的各方面创新经营以前实现 20 多倍的增长。

## 五、结论与建议

近年来，厦门餐饮业发展增速显著低于全国平均水平，且限额以上餐饮企业发展速度也相对滞后。为此，本文通过介观商务模型，从宏观上分析了企业所处的经营环境，确定目标市场定位、产品与价格定位、门店选址、直营连锁等的经营方向，总结出厦门餐饮企业优化经营模式的经验和方法。通过对厦门临 + 闽南菜酒楼的实例论证和厦门 131 家餐饮企业的普遍性归纳，本文建议厦门餐饮连锁企业从股权开放、体验设计、销售模式三个方面入手，制定适合企业发展阶段的经营模式优化方法，实现厦门餐饮连锁企业“对外引来顾客”“对内留住员工”的两方面诉求，保证企业连锁经营的良性发展。

### （一）实施有效的股权激励制度

本文关注股权激励不仅包括对内发展管理层、行政总厨、店长等员工股东，也对外向供应商、加盟商、店业主、大客户、会员众筹开放股权。调研显示，管理层股东、纯资金股东、店长股东、总厨股东分别为 48.09%、47%、24%、24%，位列厦门餐饮企业股权开放前四位。初创期企业的菜品品质和研发，对餐厅的生存发展具有决定性作用，40% 以上的初创期企业主直接选择总厨股东，甚至以免费入股的方式为总厨提供股权。成长期企业初步尝试分店发展，未形成强大的资金储备和人才梯队，阻碍分店快速拓展的两大因素是资金和店长，使得企业愿意吸纳纯资金股东和店长股东，分别高达 41% 和 40% 的企业主选择这两类股东的加盟；73% 的企业主在成熟期选择向管理层开放股权，企业成熟期具有一定规模的餐厅数量，公司化运营和科学化管理尤为重要，引入职业经理人、吸纳管理层股东对于企业规范化发展意义重大。

### （二）设计独特的用餐体验服务

关于菜品和服务体验创新的手段很多，包括特色食材、空间创意设计、摆盘创意、举办交流活动、客户订制、艺术品装饰展示、特色服务、主题导入、礼品等方面。本文调研显示，特色食材、摆盘或吃法创新、空间创意设计分别为 87%、60%、47%，位列厦门餐饮企业体验设计前三位。餐饮连锁企业不论处于什么发展阶段，特色食材的经营策略始终放在消费者用餐体验设计的首位，70% 以上的企业主选择特色食材作为主打经营特色，特色摆盘和吃法紧随其后，53% 的成熟期企业主选择在这个方面取得竞争优势，给食客不同的体验；成长期的企业快速增长在食材、摆盘和菜式上并没有太大的开发压力，而是在特色服务和空间体验上投入更多精力，33% 的成长期企业选择空间改造、31% 选择特色服务，使得食客体验更加全面，品牌发展更为均衡；关于组织沙龙交流活动方面，30% 的初创期企业会选择举办交流活动来提高客户进店率，相比之下仅 7% 的成熟期企业组织活动。

### （三）推行互联网化的销售策略

餐饮业在销售策略上的创新与实践，包括大客户认购、会员分类、储值卡预售、等待时间减价、分时段调价等企业自身设计的促销方式，也广泛与互联网平台合作，运用信息技术优化预订、团购、点餐、结算等交易环境。本文调研显示，团购网合作、O2O 平台合作、储值卡预售分别为 74.09%、65.65%、49.62%，位列厦门餐饮企业销售应用前三位。餐饮连锁企业在不同发展阶段，对销售策略的设计和互联网的运用各有所偏重。初创期企业业务相对不稳定，更希望通过储值卡方式保障顾客的回头率；成长期企业在分店扩张的销售势头下，销售策略创新相比初创期比较保守，倾向使用储值卡预售；成熟期企业管理店铺数量众多，业绩提升压力迫使其选择外部渠道导流，57% 的企业与互联网平台合作引流，成熟期企业管理体系完善，使精细化营销变为可能，40% 的成熟期实施会员分类促销。

综上所述，在厦门餐饮连锁企业的经营模式优化过程中，企业需审视自身经营环境和企业发展阶段特点，重点在股权开放、体验设计和销售策略三个方面采取有效手段，组合发挥其功效，才能赢得消费者的青睐，适应快速变化的市场形势和互联网浪潮，为企业连锁经营发展道路铺设更好的基础。

## 主要参考文献

冯俊．特许经营与其他商业形式的区别．商业研究，2006(3).

贺昆．从零开始：连锁经营的运作与管理．新华出版社，2003.

任薇君．连锁经营：中国零售业的发展策略．经济工作导刊，2001(2).

郑文全．连锁经营的竞争力：经济学的分析．财经问题研究，2002(8).

朱鹏．餐饮企业连锁经营研究．云南大学，2012.

Anne Marie Doherty and Barry Quinn.1999. International retail franchising: an agency theory perspective. *International Journal of Retail Distribution Management*, 27(6): 224–226.

Brickley, J.A. and Dark, F.H. 1987.The Choice of Organizational Form: The Case of Franchising. *Journal of Financial Economics*.18(2): 401–420.

Gary J. Castrogiovanni and Robert T. Justis.1998. Franchising configurations and transitions. *Journal of Consumer Marketing*, 2(15): 170–190.

## 点评

在新的网络技术情境下，大众餐饮消费在消费心理、行为模式等方面发生了深刻变化，并给餐饮生产、流通、服务、内部管理等带来全新挑战。因此，汤捷同学专业硕士学位论文《厦门餐饮企业连锁经营模式优化研究——以临＋闽南菜酒楼为例》对餐饮企业连锁经营模式及其优化的研究，在选题上具有一定的理论价值和现实意义。

文章以厦门临＋闽南菜酒楼为案例，围绕连锁经营主题，在国内外连锁经营理论梳理基础上，借助"介观商务模式"分析餐饮企业连锁经营之平台环境、顶板环境、客户环境、伙伴环境、内部环境及其变化，从员工股权激励、用餐体验设计、销售策略网络化等方面探讨餐饮企业连锁经营模式优化；理论依据充分、逻辑思路较为清晰。因基于成长期之连锁直营餐饮企业展开深度访谈与问卷调查，资料较为翔实、数据分析较为合理，结论有一定可信度与合理性，对餐饮企业尤其是成长中的连锁经营餐饮企业具有现实启发意义。

但是，囿于产品设计、网络营销、员工股权激励三个维度对餐饮企业连锁经营模式的探讨，使餐饮企业连锁经营仍有理论与现实的拓展空间，连锁经营之内涵与外延亦有提升之可能。同时，作为特殊行业之餐饮连锁经营还可与一般连锁经营尤其是服务性企业连锁经营有更多的理论对话。

总之，尽管在概念维度、理论深度方面尚有提升空间，汤捷同学《厦门餐饮企业连锁经营模式优化研究——以临＋闽南菜酒楼为例》一文仍是一篇资料翔实、逻辑思路清晰、兼具理论价值与现实意义的比较规范的专业硕士学位论文。

# 第三篇

# 旅游目的地管理

# 湄洲岛旅游目的地形象感知研究

## ——基于网络文本的分析

吴政锋[①]

**摘要：**本研究将从目的地形象认知的需求视角（游客感知视角）来研究湄洲岛的旅游形象。以105篇游客点评网络文本为研究样本，借助ROST Content Mining软件，采用内容分析法、情感分析法，从游客感知视角对湄洲岛旅游形象进行了词频分析、情感分析和旅游形象评价，得到如下研究结论：（1）基于游客感知视角的湄洲岛旅游目的地的主题形象，按出现频次依次是妈祖文化、海岛风光。（2）通过社会语义网络分析进一步印证了以湄洲岛和妈祖为中心发散，延伸到岛内的特色景点、海岛风光、旅游服务和交通状况的频次统计的结果。（3）湄洲岛购物、饮食和建筑特征等次类目提及较少。（4）通过湄洲岛目的地形象情感分析研究得出，游客对湄洲岛绝大多数是积极情绪，占比为85.7%，消极情绪占比为7.6%，主要是对湄洲岛岛内交通管理的混乱以及电瓶车乱收费及门票收费现象表示不满。

**关键词：**湄洲岛；目的地形象感知；网络文本；内容分析

## 一、引言

本文从目的地形象认知的游客感知视角，研究湄洲岛的旅游形象。以105篇游客点评网络文本为研究样本，借助ROST Content Mining软件，采用内容分析法、情感分析法等方法，从游客感知视角对湄洲岛旅游形象进行了词频分析、情感分析和旅游形象评价，得到研究结论，并对湄洲岛旅游发展提出建议。

本文的研究意义如下：

第一，期望通过研究确认湄洲岛的旅游形象应为宗教圣地，度假小岛，抑或休闲渔业？尝试通过网络文本分析研究得出湄洲岛的核心吸引力，对湄洲岛展开精确营销将有重大意义。

第二，期望得到游客客源地、旅游动机、逗留时间、交通工具选择等相关信息，为有关部门确定后续改进举措提供参考。

---

① 2013级，2018年毕业；点评教师：周波。

## 二、文献综述

### （一）国外研究现状

目的地形象能够影响个体的主观感知、结果行为以及目的地选择，其重要性不言而喻。目的地形象的研究始于 Hunt（1975）在其博士论文中的开创性研究（Echtner and Ritchie，1991）。从此以后，目的地形象的研究便层出不穷，呈现多元化。

1. 目的地形象概念及其维度

关于目的地形象的内涵，研究者们因研究对象差异而未形成共识，也没有一个囊括所有属性和维度的目的地形象的概念。

国外研究者对目的地形象维度的认知存在两种观点：一是认为目的地形象是一个非结构化的概念，将目的地形象视为一个整体的印象；二是认为目的地形象是一个结构化的概念。如目的地形象包括原生形象和诱发形象，认知成分（Perceptive/Cognitive Component）和情感成分（Affective Component）。

2. 目的地形象形成

目的地形象形成（Image Formation）是指基于形象塑造代理所传递的以及个人选择的信息线索，对某个目的地心理表征的构建过程（Young，1999）。目的地形象塑造过程主要基于两种视角，分为静态和动态（Baloglu、McCleary，1999）。图 1 是关于目的地形象塑造的一般框架。

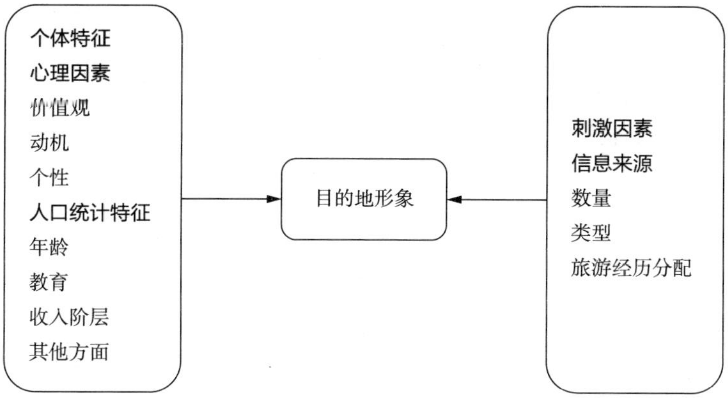


**图 1　国外文献中目的地形象影响因素**

资料来源：根据文献巴洛格鲁、麦克莱里（Baloglu & McCleary，1999）整理而成

根据已有研究文献，目的地形象影响因素中最主要的三个因素是旅游动机、人口统计特征以及信息来源。

3. 游客感知视角的目的地形象测量

国外对目的地形象测量主要使用定性和定量两种方法开展研究。主流方法是通过编制各种目的地形象的量表进行定量测量，使用定性的访谈方法来分析旅游者对某一特定目的地形象的感知。表 1 列出了目的地形象测量的主要方法。

**表 1　国外目的地形象主要的测量方法**

<table>
<tr><th>测量方法</th><th>主要技术</th></tr>
<tr><td rowspan="4">定性分析</td><td>开放式的提问</td></tr>
<tr><td>焦点小组</td></tr>
<tr><td>深度访谈法 / 专家访谈法</td></tr>
<tr><td>内容分析法（基于促销材料和以往文献资料）</td></tr>
</table>

表 2 是关于目的地形象测量中使用的统计方法。

**表 2　国外目的地形象测量使用的主要技术**

<table>
<tr><th>统计分析方法</th><th>主要技术</th></tr>
<tr><td rowspan="4">因素分析方法</td><td>主成分分析法</td></tr>
<tr><td>因子分析法</td></tr>
<tr><td>对应分析法</td></tr>
<tr><td>内容分析法</td></tr>
<tr><td>量表法</td><td>李克特量表</td></tr>
<tr><td>组群法</td><td>聚类分析</td></tr>
<tr><td rowspan="6">多变量分析</td><td>多元回归分析</td></tr>
<tr><td>对数线性回归</td></tr>
<tr><td>联合分析</td></tr>
<tr><td>方差分析</td></tr>
<tr><td>相关分析</td></tr>
<tr><td>t 检验</td></tr>
</table>

表 3 列出了国外研究对目的地形象测量的结果，目的地形象的维度主要体现在九个方面。

表 3　国外目的地形象维度构成要素

| 目的地形象维度 | 内容 | 目的地形象维度 | 内容 |
| --- | --- | --- | --- |
| 自然资源 | 气候：温度、降雨、湿度、光照时间<br>海滩：海水质量、沙滩或岩滩、海滩长度、海滩拥挤程度<br>乡村资源：自然资源保护、湖泊、山地、沙漠等<br>动植物多样性 | 文化、历史及艺术设施 | 博物馆、历史建筑、节日、音乐会、手工艺、传说、宗教、习俗 |
| | | 政治经济因素 | 政治稳定性、经济发展、安全（犯罪率、恐怖袭击）、价格 |
| | | 自然环境 | 风景美誉度、城市吸引力、干净、拥挤程度、空气噪声污染、交通堵塞等 |
| | | 社会环境 | 当地居民好客和友好程度、贫困程度、生活质量、语言障碍 |
| 基础设施 | 道路、机场、港口发展<br>公共交通及私人交通发展<br>医疗服务设施发展<br>电信发展<br>商业基础设施的发展 | 地方氛围 | 奢华、时尚、美誉度、异国风情、神秘的、放松的、压力的、无聊的、愉悦的、有趣的 |
| | | 旅游休闲娱乐设施 | 主题公园、娱乐和运动设施 |
| 基础设施 | | 旅游基础设施 | 酒店及接待设施；<br>餐厅、酒吧、俱乐部、目的地可达性、游客中心、旅游信息网络 |

## （二）国内研究现状

从已有旅游目的地形象学位论文的情况分析，我国最早关注了目的地形象的硕士论文出现在 2005 年，共有三篇学位论文。博士论文最早出现在 2006 年，作者单位为华东师范大学，题目为《旅游目的地形象的提升研究——以桂林为例》。从数量变化趋势看，学位论文对目的地形象选题的兴趣一直持续不断，呈现出逐年增多的总体特征。从学位论文的选题上看，主要集中于利用不同的技术对目的地形象进行测量以及目的地形象的影响因素和结果变量。

1. 目的地形象概念及感知探讨

早期国内研究者对目的地形象的兴趣主要从旅游市场营销的需求出发，来认知目的地形象对于旅游市场营销的功能和作用。对于目的地形象的概念认知还处于对国外研究成果的引入和介绍阶段。

关于目的地形象概念的探讨，最初相关概念包括文脉、企业形象识别、旅游城市形象、旅游地形象等概念。王磊等（1999）在分析国外目的地形象相关概念的基础上，提出了旅游目的地内涵包括两个方面（发射性目的地形象和接受性目的地形象）。

2. 目的地形象形成及塑造

李蕾蕾（2000）从地理空间视角分析了旅游目的地形象认知的空间过程及其规律，提出了旅游目的地形象认知遵循“背景律—接近律—相似律—形象替代”空间规律，并通过地方性塑造着旅游目的地的形象。

3. 游客感知视角的目的地形象影响因素和结果变量

国内关于旅游目的地形象影响因素的研究沿袭了国外文献思路。这些目的地影响因素与国外文献中的外部刺激因素和游客个体特征是一脉相承的。

国内旅游目的地形象的结果变量的研究与旅游目的地形象影响因素研究类似，两者在一定程度上是相互独立的研究。相关研究基本上沿袭了目的地形象的“感知——态度——行为”的一般路径。

4. 目的地形象测量

通过对国内旅游目的地形象测量研究方法的归纳分析，可以看出国内研究中使用的测量方法同样包括结构性方法和非结构方法。从调研的对象分析，基本上都采用了游客的视角，亦即需求方的视角。

## （三）国内外研究述评

纵观国内外旅游目的地形象相关研究文献，可知早期研究重在探讨旅游目的地形象概念及其构成维度、形成过程。国内外研究者在目的地形象的概念界定及形成过程上基本形成了共识。但由于目的地的特殊性与多样性以及游客感知的主观差异，在目的地形象测量上研究者们远未达成一致，也不存在一个能够包括所有目的地形象属性和要素的测量量表。

特别是在互联网日益发达和普及的时代，旅游者接收目的地形象信息发生了根本性的变革，用户生成的信息（User-generated Content，UGC）对于目的地形象测量的研究具有极大的研究价值和意义。根据以上分析，本研究以湄洲岛为研究对象，基于游客感知视角，拟通过内容分析方法来研究湄洲岛目的地的形象要素，以期更好地识别和认知湄洲岛形象，并试图对湄洲岛的旅游形象的宣传推广工作提供建设性的政策建议。

## 三、案例例证

### （一）湄洲岛旅游发展评价

1. 研究区概况

湄洲岛位于福建省莆田市东南方向，是莆田市第二大岛。湄洲岛拥有较为优越的地理位置，紧邻台湾海峡，紧靠湄洲湾港。由于其南北长约 9.6 公里，东西宽约 1.3 公里，整体狭长，形如蛾眉，所以被命名为湄洲。全岛共有 4.2 万常住人口，其陆地面积约为 14.35 平方公里，拥有各种岛屿、岛礁 30 余个，还分布着各类风景名胜 30 多处。湄洲岛所处的莆田市同样地理位置优越，往北紧依省会城市福州市，往南则接泉州市并靠近厦门市。莆田市海湾众多，主要有湄洲湾、兴化湾、平海湾三大海湾，其中湄洲湾还是我国重要的国际中转港之一。

从地理位置来看，湄洲岛位于北纬 24° 26' 和东经 119° 01'，亚热带海洋性季风气候的特征非常明显，年均降雨量很高，可达 1000mm 左右，气候较为温暖适宜。

从旅游特色来看，湄洲岛素有“南国蓬莱”美称，各种风景名胜数不胜数。例如，因为有绵延数公里的九宝澜黄金沙滩，而被称为“东方夏威夷”；因为有怪石嶙峋的鹅尾怪石等景点，而被称为“小石林”；因为有独特的妈祖文化和妈祖祖庙，引得众多游客前往朝圣旅游，而更是被誉为“东方麦加”。

2. 旅游业发展状况

近年来，莆田市政府把湄洲岛旅游开发视为经济发展、莆田形象宣传的重中之重。这种发展思路促进了湄洲岛旅游业大发展，但在发展的同时，旅游产品结构单一、旅游发展定位不清晰、文化旅游氛围培育并不十分浓厚、文物古迹如古民居古民宅等保护不到位等问题也逐渐显现，这也是发展过程中无法避免的问题。面对这些问题，想要更好地促进湄洲岛旅游业的发展，科学地认识到这些问题并积极予以解决是唯一的出路。通过厘清这些问题的利与弊，找到问题症结所在，湄洲岛旅游、当地经济水平才能有更快和更好的发展。

（1）湄洲岛旅游发展情况

截至 2016 年 12 月 31 日，湄洲岛全岛共有四星级酒店 1 家（湄洲岛海景大酒店），三星级酒店 3 家，家庭旅馆 85 家、床位 2000 余个，湄洲岛是国家 4A 旅游景区，拥有妈祖文化影视园、天妃故里、鹅尾神石园、妈祖祖庙等 30 多处风景名胜。

在国民经济和社会发展方面，2016 年湄洲岛的各项经济指标数据较前一年均有明显的提高。其中，地区生产总值和财政总收入分别同比增长 10.2% 和 33%，达 14 亿元和 2 亿元，财政的亩产水平更是位于全市前列。接待境内外游客和全社会旅游总收入分别同比增长 18.6% 和 14.2%，达 510 万人次和 2.6 亿元。居民人均可支配收入 1.9 万元，同比增长 10%。由此可见，湄洲岛的经济发展不断向好，旅游收入不断增加。旅游业对湄洲岛的经济发展起到了越来越重要的作用，对经济增长的贡献比重不断提高，对人民生活水平的贡献也在不断增加。

（2）政府宣传的湄洲岛旅游形象

打开莆田市人民政府网站（www.putian.gov.cn），首页图片即可看到是妈祖雕像和妈祖文化园里的建筑。官方宣传将湄洲岛旅游形象定位于妈祖及妈祖文化。

莆田下设一县四区两个管委会（仙游县、荔城区、城厢区、涵江区、秀屿区、湄洲岛管委会、湄洲湾北岸管委会），打开湄洲岛管委会官方网站，官方对湄洲岛的旅游形象在“妈祖圣地”基础上，增加了“度假天堂”。

继续浏览，在湄洲岛管委会官方网站首页下侧，又出现了“加快推进国际旅游目的地和朝圣岛、度假岛、生态岛建设”的标语，即“一地三岛”战略（详见图 2）。

**图 2　湄洲岛管委会官网网页显示**

查阅《湄洲岛 2016 年工作总结及 2017 年工作计划》，政府工作报告里面对 2016 年湄洲岛旅游营销总结为“不断拓展”；进入“2016 最美国家级海洋保护区”微信评选环节前十名；渔村古堡获得“全国休闲渔业示范基地”称号以及黄金沙滩、鹅尾沙滩双双列入全省首批海岸公园”。另外，截至目前，湄洲岛获批国家众多名号如“妈祖信俗世界遗产地”“国家级旅游度假区”“国家级风景名胜区”“国家海洋公园”等。

为了宣传湄洲岛旅游，政府尽心尽力打造众多活动赛事，积极拓展旅游营销，并取得了若干不同领域的国家级名号。可是随之而来的问题便是湄洲岛旅游特色越来越不突出，定位也越来越模糊，湄洲岛究竟是宗教朝圣小岛（像浙江普陀山），还是度假海岛（如海南三亚），又或者休闲渔业小岛（如福建霞浦），还是生态型海岛等？

笔者对此深有感触，笔者是妈祖故里人，每年春节期间偕同家人前往湄洲岛妈祖圣地进行朝拜祈福，平时有朋自远方来也带朋友过去朝拜、观光。在求学期间认识的来自省外的同学，与他们非正式访谈获知，他们前往湄洲岛一方面看一眼妈祖，感受下氛围，毕竟名气较大，一方面也是享受海滨风光，但是对于湄洲岛旅游形象主要是偏向于妈祖圣地还是度假小岛，同学们也对此产生疑问。

因此，湄洲岛官方旅游形象营销与游客心中感知出现了一定偏差，湄洲岛官方旅游定位也是多重角度，并不十分清晰，游客感知也是多种多样。故此，本文通过游客撰写的网络游记，进行网络文本分析，提取高频词汇进行情感分析，清晰识别和认知湄洲岛特色旅游形象，对湄洲岛实施精准的旅游营销战略，意义重大。

（3）现阶段湄洲岛发展旅游业存在的问题

湄洲岛旅游文化内涵开发与保护不到位。谈及与湄洲岛距离 200 公里的厦门鼓浪屿，人们深切感受到的是鼓浪屿中西文化交汇、自然景观与人文景观交融的深厚内涵，至今仍有千余幢中外风格各异的建筑物在这座“弹丸小岛”上被较好地保存，故又有“万国建筑博览”之称，这无疑是一笔极具特色的宝贵旅游资源。

湄洲岛以妈祖信俗闻名于世，近年来随着城镇化的发展，一座座古民居古民宅夷为平地，笔者同学家一座 150 多年的古厝在前年仓促夷平，这栋古厝可是湄洲岛近 200 年历史的缩影，承载着故里几代人的记忆，如今村里族人拜妈祖都只好到宫庙里去，世代相传的妈祖信俗家祭妈祖仪式被简化。五年前可以接驾妈祖的老房子有一百多家，今年仅剩 37 家，无法想象之后还能剩下多少。倘若湄洲岛妈祖信俗表现的符号只剩下公共的宫庙，妈祖的文化内涵究竟还能延续多久？有研究者指出，妈祖文化几经波折历千年而不衰，正缘于其民间草根特质（王进宝，2016）。故此，笔者认为弘扬妈祖文化不能仅仅满足于一年数次的官方、半官方的大规模祭拜典礼，需要重视发扬民间信俗的影响力。

关于湄洲岛文化旅游产品开发。一方面缺乏特色的旅游纪念品。湄洲岛的商业发展还不够健全，岛内的购物商店数量不足，旅游纪念品也缺乏特色、品种单一，无法满足众多游客的购物需求。同时，档次较低，制作较为粗糙的旅游纪念品，即便已经购买，仍然意见较大，不利于妈祖文化的成熟开发。另一方面，缺乏特色的妈祖文化活动。整体来看，湄洲岛关于妈祖文化的活动仍然乏善可陈，并没有开发出更具特色的活动项目。目前仍然停留在传统的朝拜活动、各类妈祖文化学术活动以及相关的影视作品（如刘涛主演的《妈祖》电视剧）等。实际上，学术活动仅限在学术业内专家同行交流，普通游客对这种旅游营销并不十分感兴趣，另外旅游者对一成不变的传统形式，不会进行二次消费，更不会在该旅游目的地更长时间停留。

湄洲岛旅游基础设施不完善。沟通岛内外的客轮交通不完善。湄洲岛的海岛属性使得轮渡是游客入岛的主要方式。轮渡分为游艇和普通客轮。游艇时间间隔短，每 15 分钟就有一班，速度快，舒适度较高，但是费用为 28 元，为普通客轮的 2 倍。普通客轮则是每隔 1 小时 1 班，等候时间较长，舒适度较差，而且没有夜班，唯一的优势在于价格相对低廉，从而成为大部分游客的选择。从这个角度来看，不完善的轮渡配置一定程度上降低了游客的旅游意愿和旅行体验，甚至有可能缩短游客在湄洲岛上的游玩时间。

岛内交通设施较为混乱。通过轮渡到达岛内之后，游客还面临着转运的困扰。一方面，岛内的公交班次停放随意，缺乏统筹管理，游客往往不知所措。另一方面，岛内的摩的仍屡禁不止，摩的随意揽客，既给岛内的交通秩序带来不确定的因素，又加剧了游客的危险。相对不规范的交通使得游客往往选择步行前往妈祖祖庙等著名景点，不利于湄洲岛旅游业的健康发展。

湄洲岛的特色景点利用程度仍然不高，包括湄屿潮音、九宝澜沙滩等在内的诸多"南国蓬莱"特色景点几乎还是自然风光的状态，与之相配套的各种休息、娱乐设施尚待进一步的修建。

旅游资源开发力度不足。湄洲岛环岛路上有不少山景和海景甚佳，但没有更进一步营造景观氛围。湄洲岛周边尚有许多岛礁可供开发，但是目前的情况是除湄本岛之外的大部分区域仍未开发、无人的状态比较普遍。

从业人员的整体素质不高。依托于湄洲岛得天独厚的旅游资源与旅游优势，岛内的多数旅游从业人员是从渔民转业过来的，并未接受过政府的专业培训和有效管理，甚至部分从业人员的资质存疑。此外，湄洲岛配备的专业导游或讲解员相对有限，整体文化水平不高，对待工作的投入积极性也不够，电瓶车司机还经常宰客。

### （二）研究思路

本文主要从游客感知视角进行湄洲岛旅游形象研究，采用网络文本分析对从马蜂窝、去哪儿、携程等在线旅游知名网站搜集的湄洲岛游记数据或点评文本进行分析，并借助 ROST Content Mining 软件将这些文本资料具体化、可视化，从而实现对湄洲岛旅游目的地形象的归纳与研究。

整体研究思路遵循样本采集、词频统计、初级编码、类目构建、结果分析的步骤。具体来说：第一，在各旅游网站搜集游客对湄洲岛的点评或游记文本进行筛选和整理，形成分析所需的数据集；第二，借助 ROST Content Mining 软件的文本分析功能，重点提取描述湄洲岛旅游目的地形象的高频特征词和特征词的频数，初步了解湄洲岛的旅游形象；第三，运用内容分析法完成湄洲岛旅游形象的初步编码后，继续构建湄洲岛旅游目的地的类目表；第四，实现对湄洲岛旅游目的地的具体分析，包括旅游形象和情感属性感知等各个方面。

### （三）研究方法与步骤

1. 样本选取与处理

样本的选取要兼顾普适性和特殊性，要能够实现研究目的。我国旅游业发展蓬勃。据国家旅游局统计数据显示，各项旅游统计指标均呈现较大程度的增长。在2017年，无论是国内的旅游人数，还是出入境旅游的总人数，较2016年增长明显，分别已达50.01亿人次和2.7亿人次。2017年实现了5.4万亿的旅游总收入，直接或间接地创造超过千万的就业岗位。由此可见，旅游业对国民经济的拉动作用巨大。

随着“互联网+旅游”的贯彻实施，在线旅游市场呈现出勃勃生机。以去哪儿、携程等为首的在线旅游网站越来越多地成为了众多旅游者收集旅游信息的首选。中国互联网络信息中心（CNNIC）发布的《中国在线旅行预订市场研究报告》指出，携程网和去哪儿的市场占比位于前列——分别高达33.9%和22.1%，前者的优势在于规模效应明显、用户较多；后者则是用户忠诚度较高、深度用户较多。另外，马蜂窝网站是一家专门专注于旅游目的地攻略的网站。故此，本文拟选取这三家在线平台游客对旅游目的地的评论内容为研究样本。

本文分别在携程网、去哪儿网、马蜂窝网站页面上，输入“湄洲岛”进行检索，得到游记和游客评论数量庞大，且文本水平参差不齐。参考相关文献处理方法，本文按照以下原则进行选择：

（1）样本筛选时间为2016年1月1日至2018年1月1日。

（2）样本须确实为实际到湄洲岛旅行的外地游客所撰写，剔除掉当地旅行社、当地政府相关部门、当地酒店客栈为招徕生意、进行旅游宣传所发布的游记或评论。

（3）文本内容须完善连贯、认真负责，包括行程规划、旅途见闻、感受评价等，剔除只有照片或过于简短的帖子。由于湄洲岛南邻厦门、北邻福州，常有游客将湄洲作为多旅游目的地之一。如果游记内容里有包括湄洲岛的见闻感受且内容丰富，这类情况也被选作样本。如果只是在目的地地点中写上湄洲岛，但是文本内容与湄洲岛旅游目的地游览评价关系不大，则剔除。

（4）有的网络用户会在不同在线旅游平台发布同样内容的游记，本文为避免重复，仅保留一篇。

（5）在以上基础之上，再筛选出回复超过10次以上的游记。

根据以上原则，在携程网、去哪儿网、马蜂窝三个网站分别进行文本筛选，共得出105篇游客游记和游览点评文本。具体来看，包括携程网20篇、去哪儿网36篇、马蜂窝49篇，样本的字数达近12万字。基于上述原则完成严格筛选后的样本信息真实、有效，符合研究要求，成为后续具体实证分析的数据来源。将这些点评数据保存为内容分析软件可识别的.txt文本格式。

2. 高频特征词分析

本研究主要使用的内容分析软件是ROST Content Mining分词软件。将105篇游客点评文本数据整理保存为“湄洲岛旅游目的地游客网络文本.txt”文件，导入

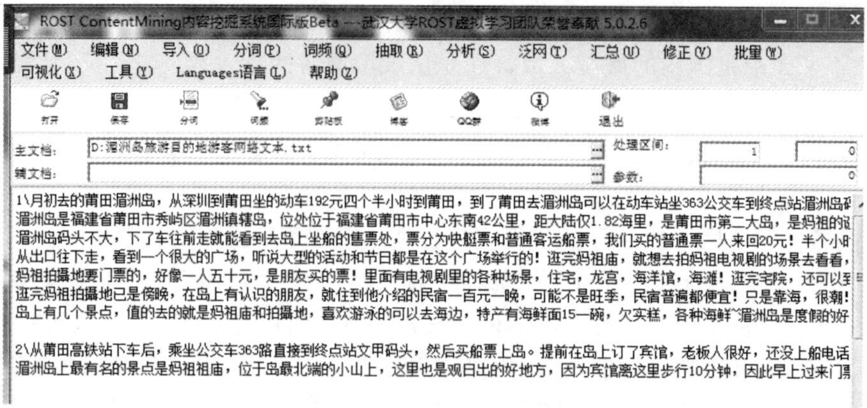


图 3　ROST Content Mining 软件的使用界面图

ROST Content Mining 软件，该软件使用界面如图 3：

以此为出发点，运用 ROST Content Mining 软件进行词频分析，将全国风景名胜信息、莆田市城市信息等词库，以及上述词库可能未有涉及的与湄洲岛相关的主要地名、店铺名称和特色食品名称扩充入自定义词典。本文使用的自定义词典是从百度输入法下载并保存为 .txt 格式，同时将常见但与本文分析研究无关的词汇（如于是、我们、然后、等等）纳入过滤词表。

在完成上述准备工作之后，最后使用 ROST Content Mining 软件的分词和词频统计功能对文档进行处理。在词频统计结果的基础上，经过筛选、合并等步骤获取符合研究需求的高频特征词及这些词的频数，从而提炼和归纳出湄洲岛的旅游目的地形象。分析思路图详见图 4：

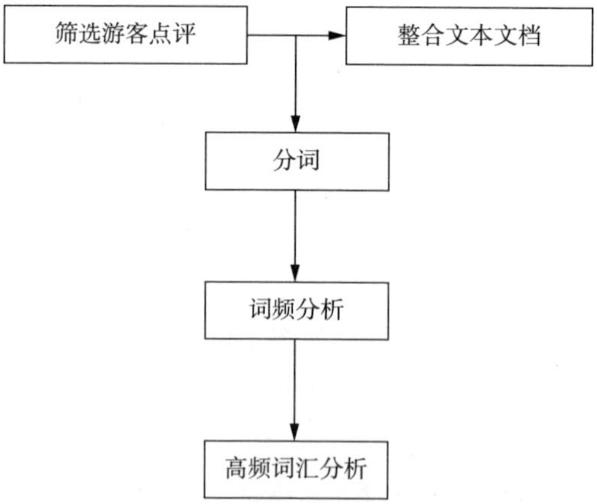


图 4　数据处理过程

3. 内容分析法

基于 ROST Content Mining 软件的高频词汇统计结果，结合湄洲岛旅游目的地的实际情况以及游客对湄洲岛的认识与评价，运用内容分析法开展下面的研究。参考付业勤、郑向敏（2012）等人的研究成果，建构出具有湄洲岛旅游目的地特色的内容分析类目，包括整体评价、特色风光、交通状况、饮食特色、旅游环境、动机与行为 6 个主类目，整体景观、整体氛围、海岛风光等 18 个次类目。具体详见表 4：

**表 4 湄洲岛旅游形象属性的内容分析类目**

| 主类目 | 次类目 | 主类目 | 次类目 |
|---|---|---|---|
| 整体评价 | 整体景观 | 旅游环境 | 住宿条件 |
| | 整体氛围 | | 购物 |
| 特色风光 | 海岛风光 | | 旅游服务 |
| | 妈祖文化 | | 环境卫生 |
| | 休闲度假 | | 基础设施 |
| | 建筑特征 | 动机与行为 | 游玩时间 |
| 交通状况 | 进岛交通 | | 出游动机 |
| | 岛内交通 | | 出游时间 |
| 饮食特色 | 海鲜 | | |
| | 小吃美食 | | |

## （四）信度检验

信度检验需设置内容分析单元作为编码的计算对象。其中，根据分析的需要，词语、句子、段落或全文均可作为内容分析单元。本研究则以从携程网、去哪儿网、马蜂窝网筛选出来的每位游客游记资料或点评数据作为最终的分析单元，并对上述所有的 105 个单元进行独立编码。具体操作流程如下：

（1）在次类目编码中，若内容分析单元涉及该次类目，则编码为“1”，反之为“0”。

（2）在主类目编码中，若内容分析单元涉及该主类目下的一个或多个次类目，则认为该内容分析单元属于这个主类目，并对其编码为“1”，反之为“0”。

上述工作由 3 位编码员独立完成。

信度是一项重要的可靠性检验指标。信度检验主要用于评判内容分析单元之间的一致性。若要顺利完成此项工作需对编码员进行培训，让其熟悉本次研究的主旨、研究方法和研究思路，重点加深对 6 个主类目和 19 个次类目的内涵理解，从而提高编码的准确率，进而提升本研究的分析精度。3 位编码员在完成编码后，利用交互判别信度计算公式对编码员间的信度进行检验。

交互判别信度计算公式表述如下：

$$R = \frac{n \times K}{1 + (n-1) \times K} \quad \text{(公式 1)}$$

其中，R 是交互判别信度，用于判断信度检验结果的优劣；n 是编码员数量，本处为 3；K 是相互平均同意度，即 3 位编码员之间的互相认可程度，需分别通过两两计算编码员间的相互平均同意度后再平均所得。本指标通过以下公式计算可得：

$$K_{AB} = \frac{2M_{AB}}{N_A + N_B} \quad \text{(公式 2)}$$

其中，$M_{AB}$ 表示编码结果相同的分析单元数量，$N_A$ 和 $N_B$ 则分别代表 A 和 B 两位编码员参与的分析单元数量。

再分别计算其他 3 位编码员两两之间的相互平均同意度，分别得到 $K_{AC}$、$K_{AB}$ 和 $K_{BC}$。K 值则是 $K_{AB}$、$K_{AC}$ 和 $K_{BC}$ 的平均值，即通过以下公式计算可得：

$$K = \frac{K_{AB} + K_{BC} + K_{AC}}{3} \quad \text{(公式 3)}$$

通过上述公式计算得到了本文的交互判别信度，具体详见表 5。在信度评价上，若交互判别信度在 0.80 以上则表示可以接受，在 0.9 以上则表示较好。

**表 5　编码元之间的交互判别信度**

| 旅游形象属性 | | 交互判别信度 | | 旅游形象属性 | | 交互判别信度 | |
|---|---|---|---|---|---|---|---|
| 主类目 | 次类目 | 主类目 | 次类目 | 主类目 | 次类目 | 主类目 | 次类目 |
| 整体评价 | 整体景观 | 0.901 | 0.889 | 旅游环境 | 住宿条件 | 0.875 | 0.888 |
| | 整体氛围 | | 0.922 | | 购物 | | 0.864 |
| 特色风光 | 海岛风光 | 0.894 | 0.911 | | 旅游服务 | | 0.901 |
| | 妈祖文化 | | 0.903 | | 环境卫生 | | 0.879 |
| | 休闲度假 | | 0.905 | | 基础设施 | | 0.901 |
| | 建筑特征 | | 0.905 | 动机与行为 | 游玩时间 | 0.896 | 0.858 |
| 交通状况 | 进岛交通 | 0.903 | 0.91 | | 出游动机 | | 0.901 |
| | 岛内交通 | | 0.869 | | 出游时间 | | 0.894 |
| 饮食特色 | 海鲜 | 0.884 | 0.876 | | | | |
| | 小吃美食 | | 0.904 | | | | |

由表 5 可知，本文计算所得的交互判别信度值均在 0.80 以上，表示编码结果可以接受，而大部分的交互判别信度值更是在 0.90 以上，处于较好水平。整体来看，本文研究的编码结果效果较好。

### （五）湄洲岛旅游形象实证研究

1. 高频特征词分析

通过 ROST Content Mining 软件词频分析功能，研究得到 600 个词语（数量在 ROST Content Mining 软件中可自由设置）的频数，并在分析后，提取了 60 个高频特征词，如表 6 所示。

表 6　湄洲岛旅游形象属性的高频特征词

| 特征词（频次） | 词性 | 特征词（频次） | 词性 | 特征词（频次） | 词性 |
|---|---|---|---|---|---|
| 妈祖（254） | 名词 | 轮渡（35） | 名词 | 差不多（18） | 形容词 |
| 湄洲岛（235） | 名词 | 文甲（32） | 名词 | 湄屿潮音（18） | 名词 |
| 妈祖庙（162） | 名词 | 天气（31） | 名词 | 自然（18） | 形容词 |
| 沙滩（130） | 名词 | 快艇（31） | 名词 | 行程（18） | 名词 |
| 景点（102） | 名词 | 海风（30） | 名词 | 准备（18） | 动词 |
| 码头（95） | 名词 | 海水（30） | 名词 | 孩子（18） | 名词 |
| 黄金沙滩（90） | 名词 | 台湾（24） | 名词 | 环岛（18） | 名词 |
| 莆田（86） | 名词 | 下午（23） | 名词 | 海景（18） | 名词 |
| 公交（78） | 名词 | 文化园（22） | 名词 | 日落（18） | 名词 |
| 酒店（72） | 名词 | 自行车（21） | 名词 | 吃饭（17） | 动词 |
| 公园（59） | 名词 | 观光（21） | 动词 | 适合（17） | 动词 |
| 门票（59） | 名词 | 晚上（21） | 名词 | 沙子（17） | 名词 |
| 海边（58） | 名词 | 乘坐（21） | 动词 | 船票（17） | 名词 |
| 鹅尾神石园（57） | 名词 | 海浪（20） | 名词 | 影视城（16） | 名词 |
| 小时（48） | 名词 | 鹅尾怪石（20） | 名词 | 步行（16） | 动词 |
| 文化（47） | 名词 | 方便（19） | 形容词 | 度假（16） | 动词 |
| 旅游（43） | 动词 | 日出（19） | 名词 | 享受（16） | 动词 |
| 分钟（41） | 名词 | 石头（19） | 名词 | 山顶（15） | 名词 |
| 海鲜（39） | 名词 | 九宝澜（19） | 名词 | 心情（15） | 名词 |
| 选择（36） | 动词 | 车站（19） | 名词 | 太阳（14） | 名词 |

从词性来看，名词、动词和形容词构成了这 60 个高频特征词的所有词性。其中，名词主要是以旅游地、景点、交通等事物为主，有 47 个，占比高达 78.3%，其中妈祖一词出现 254 次，是出现次数最多的一个词语；动词则表现了旅游者在湄洲岛的旅游活动特征，“享受”湄洲岛独特的风景和文化，需停留一段时间的“旅游”和“度假”等，有 10 个，占比为 16.7%；形容词主要反映了湄洲岛的景观风貌、交通及生活条件等，但数量最少。

从词频统计数据来看，即在上表第 1 列中频数排名靠前的一组词汇。“妈祖”及“妈祖庙”提及的次数远远高于其他词汇，总共有 416 次，因此可知“妈祖”文化已经成为湄洲岛旅游的符号及名片，并给游客留下比较深刻的旅游印象。

从总体特征来看，上述这 60 个高频特征词汇可以归纳成三类，从中提炼出湄洲岛旅游目的地的主题形象。第一类是“妈祖文化”，主要的高频特征词语包括妈祖、妈祖庙，共计出现 416 次，已经成为湄洲岛旅游的重要名片。第二类是“海岛风光”，主要的高频特征词语包括沙滩、海风、海水、鹅尾神石园、湄屿潮音等，累计出现 394 次，具有较为明显的海岛风光特色。第三类是“休闲度假”，主要的特征词语包括度假、享受等，反映游客在湄洲岛旅游时的闲暇与放松，累计出现 32 次。

2. *旅游形象属性的频次统计*

为了能够多角度、深入地探讨湄洲岛旅游形象特征，本文在剖析了高频词汇进而提取概括了湄洲岛旅游形象的四大主题后，继续对频次进行统计分析。结果如表 7 所示。

**表 7　湄洲岛旅游形象属性的频次统计**

| 主类目（频次 / 百分比） | 次类目（频次 / 百分比） | 主类目（频次 / 百分比） | 次类目（频次 / 百分比） |
|---|---|---|---|
| 整体评价（69/65.7%） | 整体景观（25/23.8%） | 旅游环境（78/74.3%） | 住宿条件（19/18.1%） |
| | 整体氛围（44/41.9%） | | 购物（5/4.8%） |
| 特色风光（124/118.1%） | 海岛风光（46/43.8%） | | 旅游服务（29/27.6%） |
| | 妈祖文化（64/61%） | | 环境卫生（3/2.9%） |
| | 休闲度假 (12/11.4%) | | 基础设施（2/1.9%） |
| | 建筑特征（2/1.9%） | 动机与行为（56/53.3%） | 游玩时间（14/13.3%） |
| 交通状况（80/76.2%） | 进岛交通（33/31.4%） | | 出游动机（22/21%） |
| | 岛内交通（47/44.8%） | | 出游时间（13/12.4%） |

续表

| 主类目（频次 / 百分比） | 次类目（频次 / 百分比） | 主类目（频次 / 百分比） | 次类目（频次 / 百分比） |
| --- | --- | --- | --- |
| 饮食特色（24/22.9%） | 海鲜（16/15.2%） | 动机与行为（56/53.3%） | 游览意愿（7/6.7%） |
| | 小吃美食（8/7.6%） | | |

备注：百分比 = 频次 / 篇数（105）

由上表可知，单纯从频次统计的结果来看，湄洲岛旅游目的地的形象属性出现数量由多到少分别是：特色风光 124 次、交通状况 80 次、旅游环境 78 次、整体评价 69 次、动机与行为 56 次和饮食特色 24 次。除特色风光和饮食特色外，其他类目的频次相差不大，由此可以说明以“妈祖文化”为代表的特色风光俨然成为了湄洲岛游客感知到的最重要的属性特征。

就 105 份的游客点评文本数据来看，湄洲岛旅游形象属性的 18 个次类目出现的频次从高到低依次是：妈祖文化 64 次、岛内交通 47 次、整体氛围 44 次、海岛风光 46 次，其他的次类目出现频次相对较少。由此可知，湄洲岛旅游形象在上述 4 个次类目方面受游客重视程度最高。整体来说，游客提及较多的主类目主要有两类，一是特色风光，另一则是交通状况。妈祖文化及妈祖祖庙是游客提及最多的，也是莆田湄洲岛重要的文化符号。以黄金沙滩、湄屿潮音、鹅尾神石园等为代表的海岛风光，也是游客另一项重要的游览重点。而休闲度假提及 12 次，较少，不能算作是湄洲岛的旅游形象属性。进岛交通和岛内交通则是湄洲岛重要的旅游配套设施，被游客提及较多。其中，进岛主要在文甲码头通过快艇或客轮等轮渡的方式进入岛内，服务品质存在差异。岛内交通主要依靠公交车等公共交通，电瓶车、自行车等其他辅助交通。

根据图表来看，购物、饮食和建筑特征等次类目提及较少，说明湄洲岛的商业化气息不够浓厚，湄洲岛建筑特色给游客留下的印象也并不深刻；饮食则是以海鲜食品为主，小吃美食主要是莆田卤面，特色相对不强；建筑特征和基础设施等则是在妈祖文化和海岛风光的光环下相对不够亮眼。至于游客的动机与行为方面，游玩时间基本在 1-3 天，出游动机以放松、临时起意为主，出游时间集中在假期，这些提及都相对较少，均在 10 次左右。

综合来看，湄洲岛旅游目的地的旅游形象属性是比较明显和有特色的，即妈祖文化和海岛风光，游客到此游玩的指向性也很明确。

再通过 Rost Content Mining 软件分析得到社会语义网络分析图，对湄洲岛的旅游形象属性做进一步的了解。结果如图 5 所示。可以看到，语义网络以湄洲岛和妈祖为中心发散，延伸到岛内的特色景点、海岛风光、旅游服务和交通状况等，分析

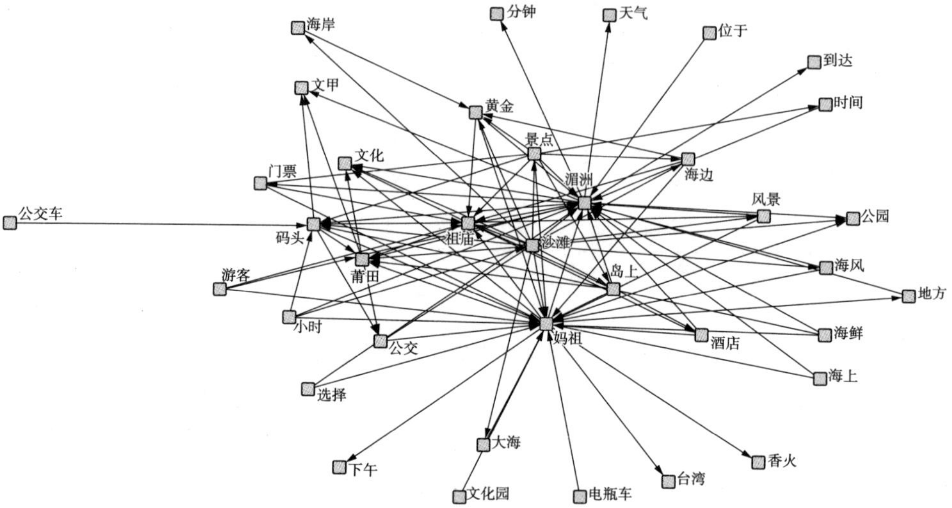


**图 5　湄洲岛旅游形象语义网络分析图**

结果也基本印证了旅游属性频次统计的结果。

利用 Rost Content Mining 软件分析进行共词分词分析，可以抽取出共词矩阵。结果如表 8 所示，可以看出，“妈祖”“妈祖庙”“湄洲岛”“沙滩”等也是跟其他词汇密切联系的。

**表 8　湄洲岛游客文本共现矩阵**

| | 妈祖 | 湄洲岛 | 沙滩 | 妈祖庙 | 码头 | 黄金沙滩 | 景点 | … |
|---|---|---|---|---|---|---|---|---|
| 妈祖 | | 88 | 43 | 48 | 35 | 36 | 36 | |
| 湄洲岛 | 88 | | 57 | 45 | 45 | 38 | 40 | |
| 沙滩 | 43 | 57 | | 20 | 20 | 39 | 25 | |
| 妈祖庙 | 48 | 45 | 20 | | 22 | 22 | 23 | |
| 码头 | 35 | 45 | 20 | 22 | | | 23 | |
| 黄金沙滩 | 36 | 38 | 39 | 22 | | | 21 | |
| 景点 | 36 | 40 | 25 | 23 | 23 | 21 | | |
| … | | | | | | | | |

3. 旅游目的地形象情感分析

对 105 份游客点评数据经过词频分析和旅游形象属性分析之后，湄洲岛旅游目的地形象已经基本被勾勒出来。然而，游客点评数据本身实际上还带有一定的感情色彩，比如在游客文本中有如下点评数据：

交通方面，有游客评论："电瓶车乱叫价，最好不要坐。"

"我们主要是选择步行，因为之前去有电瓶车的地方都很坑爹，所以我们果断放弃！"

遗憾的是单纯的词频分析无法提炼出上述感情，故接下来本文将利用 ROST Content Mining 软件的情感分析功能，以知网 hownet 词典为蓝本设置自定义词典，知网 hownet 词典内容截图如图 5 所示：

**图 5　知网 hownet 词典内容截图**

打开其中的《正面评价词语（中文）》文件，截图部分如图 6：

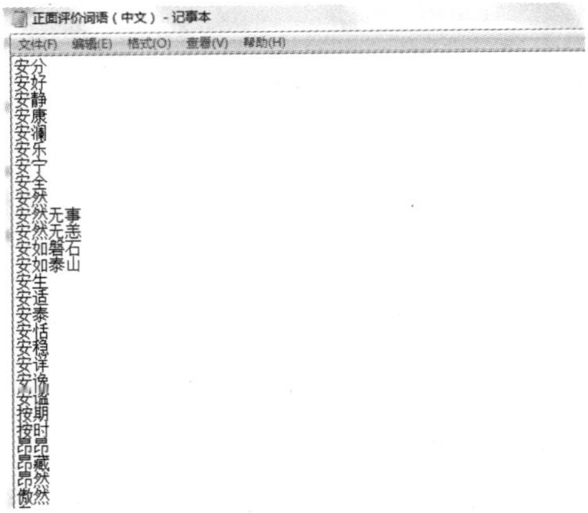


**图 6　知网 hownet 词典《正面评价词语（中文）》文件内容截图**

再以每一位游客的游记资料或点评数据为分析单位，利用 Rost Content Mining 软件提炼出这些信息的情感属性。按照上述的分析思路，得到分析结果具体如表 9 所示。

**表 9　湄洲岛旅游形象属性的情绪类型统计**

| 情绪类型 | 频数 | 占比 | 分段统计 | 频数 | 占比 |
|---|---|---|---|---|---|
| 积极情绪 | 90 | 85.7% | 一般（0–10） | 12 | 13.33% |
| | | | 中度（10–20） | 10 | 11.11% |

续表

| 情绪类型 | 频数 | 占比 | 分段统计 | 频数 | 占比 |
|---|---|---|---|---|---|
| 积极情绪 | 90 | 85.7% | 高度（20 以上） | 68 | 75.56% |
| 中性情绪 | 7 | 6.7% | 0 | 2 | 100% |
| 消极情绪 | 8 | 7.6% | 一般（-10-0） | 3 | 37.57% |
| | | | 中度（-20-10） | 0 | 0.00% |
| | | | 高度（-20 以下） | 5 | 62.5% |

由上表可知，105 份游客点评数据绝大多数属于积极情绪，表现了游客对湄洲岛旅游的满意度还是较高的。在某种程度上反映了湄洲岛旅游目的地较为得到旅游者的认同。具体来看，高度积极（20 以上）占据绝大多数，占比高达 75.56%，其中，不少游客也在点评中表达了在此旅游度假的放松感和重新游览的意愿，从侧面印证前述论证。少数游客表达了中性或消极的情绪，占比分别为 6.7% 和 7.6%。针对消极情绪，具体来看，高度消极（-20）占比最多，达 62.5%，但消极情绪总量相对较少。其中，消极情绪主要表达了对湄洲岛岛内交通管理的混乱以及电瓶车乱收费及门票收费现象的不满。

## 四、结论与讨论

### （一）结论

本文的研究结论主要如下：

湄洲岛官方在加强湄洲岛旅游形象建设时，提出要加快推进“国际旅游目的地和朝圣岛、度假岛、生态岛建设”，即“一地三岛”的建设。经过实证研究，我们从游客的视角提炼出湄洲岛旅游形象——“妈祖文化”和“海岛风光”。这与“一地三岛”定位略有差异。休闲度假属性仅提及 12 次，还不能作为湄洲岛主要旅游形象属性。

通过湄洲岛旅游形象频次统计得出：整体来说，游客提及较多的主类目主要有两类，一是特色风光，另一则是交通状况。妈祖文化及妈祖祖庙被游客提及最多。以黄金沙滩、湄屿潮音、鹅尾神石园等为代表的特色海岛风光则是游客另一项的游览重心。

根据网络文本分析，湄洲岛购物、饮食和建筑特征等次类目提及较少。从游客角度，湄洲岛的商业化气息尚不够浓厚；饮食则是以海鲜食品为主，小吃美食主要是莆田卤面，特色不强；建筑特征和基础设施等则湄洲岛建筑特色给游客留下的印象并不深刻。

通过湄洲岛目的地形象情感分析研究得出：绝大多数游客对湄洲岛的评价是积极的，占比为 85.7%；消极评价仅占 7.6%，主要是对湄洲岛岛内交通管理的混乱以及电瓶车乱收费及门票收费现象表示不满。

## （二）建议

根据前文实证研究发现，官方宣传与游客感知形象出现差异。事实上，到 2017 年底，湄洲岛全岛仅有四星级酒店 1 家（湄洲岛海景大酒店），三星级酒店 3 家，度假旅游基础配套设施相对不足，从侧面说明了度假旅游需求在湄洲岛表现得不够旺盛。笔者基于实证研究结论，认为湄洲岛旅游形象应聚焦定位于妈祖朝圣——着力宣传妈祖文化并延伸妈祖文化相关的旅游产品，由此突出妈祖文化的独特优势，并强化妈祖文化在游客心中的核心地位。

一是要根据目的地形象的游客视角，湄洲岛旅游形象应定位妈祖朝圣，大力发展妈祖文化。具体做法如下：

设立妈祖信俗文化遗产保护传承机构，推广“活化”的妈祖信俗文化。纵观湄洲岛管委会机构设置（见表 10），与普通政府机关设置类似，各司其职，并未突出湄洲岛妈祖文化特色灵魂。

**表 10　湄洲镇人民政府各行政部门一览表**

| 序号 | 部门名称 | 序号 | 部门名称 | 序号 | 部门名称 |
|---|---|---|---|---|---|
| 1 | 办公室 | 7 | 政法委 | 13 | 旅游局 |
| 2 | 纪律检查工作委员会 | 8 | 综治办 | 14 | 经贸招商局 |
| 3 | 组织部 | 9 | 群团工作部 | 15 | 接待办 |
| 4 | 宣传部 | 10 | 计划财政局 | 17 | 台办 |
| 5 | 社会事务管理局 | 11 | 农林水局 | | |
| 6 | 安全生产监督管理局 | 12 | 人事劳动与社会保障局 | | |

资料来源：湄洲岛管委会官网（http://www.mzd.gov.cn/zwb/zwgks/dzjg/zsxzdw/）

因此，笔者建议，湄洲岛管委会应专门设立妈祖信俗文化遗产保护传承中心，各部门联动，共同保护传承妈祖信俗。妈祖信俗被列入“世界非物质文化遗产”，非物质文化遗产是人类的精神家园。作为“活化”文化，非物质文化遗产主要通过人的语言、动作表演和手工技艺体现出来。为了传承妈祖文化，除了大修大建妈祖祖庙等有形实体建筑外，湄洲岛管委会还应重视妈祖信俗的妈祖祭典、妈祖戏剧、妈祖服饰与装扮、妈祖信俗传统工艺或者制作技艺等“活化”文化的展示。

开发妈祖宗教特色饮食及旅游纪念品。根据文本分析，湄洲岛饮食、购物次类目被游客提及较少，商业氛围不浓厚，饮食则以海鲜食品为主，小吃美食主要是莆田卤面，特色性相对不强。笔者建议湄洲岛以妈祖宗教文化为依托，开发宗教特色饮食。可以结合妈祖信众民间贡品特色，就地取材开发妈祖宴菜，每道菜以吉祥、团圆等美好寓意起名，表达人们对妈祖的崇敬以及对美好生活的向往。另外，福建人喜食素菜，福建省内以福州鼓山涌泉寺、厦门南普陀寺、泉州开元寺的素菜馆最为有名，湄洲岛也可以开发自己的独特素菜菜谱，不吃荤腥不杀生。在远离陆地的海岛上，通过素食吸引游客前来修养心灵。开发湄洲岛地域特色宗教饮食文化，有利于强化妈祖文化内涵。

关于旅游纪念品，可以引进海内外知名旅游文创团队，围绕妈祖文化、海洋文化进行旅游纪念品再设计，凸显地域特色，体现实用性、趣味性。

二是要扎实推进全域旅游，提升旅游产品与服务的品质。加强基础配套，提升公共服务。湄洲岛政府应高度重视游客负面评论，重点改善湄洲岛旅游交通体系，完善进出岛通道，加强港口基础设施和集散中心建设，完善配套设施和服务；提升岛内交通，加快环岛观光公路建设，打通码头通往旅游景区的连接通道以及景区和景区之间的连接通道，

对旅游从业人员进行严格培训和管理，建立旅游人才发展计划，健全旅游行业从业规范等。对美丽沙滩等自然资源要新建一些与景色相适宜的旅游设施，如提供免费 WiFi、实现智能导游、电子讲解等。同时完善智能信息推送，解决游客信息查询需求，对于每个班次渡轮时间、售票情况等可以在相关网络平台搜寻得到。

加强历史文物、历史建筑保护，留住城市的根。根据笔者同学的亲身经历，湄洲岛在城镇化进程中将许多拥有百年历史的古民宅、民居夷为平地，以普通楼房取而代之。前文实证研究结论也指出游客对建筑的提及频次仅有 2 次，占 2.2%。湄洲岛建筑缺乏独有的建筑特色，游客心目中基本没有留下印象。笔者呼吁，湄洲岛相关部门，能够重视保护历史文物建筑，可以通过逐一排查、分类保护，原貌复建、修旧如旧等方式留住湄洲岛城镇的根。

## 主要参考文献

宝贡敏，胡抚生．旅游目的地形象对游客购后行为的影响研究——基于来杭日韩游客视角的分析．旅游学刊，2008, 23(10): 40–46.

李蕾蕾．旅游目的地形象的空间认知过程与规律．地理科学，2000,20(6): 563–568.

王磊，刘洪涛，赵西萍．旅游目的地形象的内涵研究．西安交通大学学报：社会科学版，1999(1): 27–29.

Baloglu S. and McCleary K. W. 1999. A model of destination image formation.

*Annals of tourism research*, 26(4): 868–897.

Echtner C. M. and Ritchie J. R. B. 1991. The meaning and measurement of destination image. *Journal of tourism studies*, 2(2): 2–12.

Gallarza M. G., Saura I. G. and Garcıa H. C. 2002. Destination Image: Towards a Conceptual Framework. *Annals of tourism research*, 29(1): 56–78.

Hunt J. D. 1975. Image as a Factor in Tourism Development. *Journal of travel research*, 13(3): 1–7.

Young M. 1999. The Social Construction of Tourist Places. *Australian Geographer*, 30(3): 373–389.

## 点评

首先，该文的选题具有现实意义。目的地形象能够影响游客的主观感知、旅游满意度与忠诚度，进而影响到旅游目的地的选择。对于目的地管理者而言，准确认知和识别目的地在游客心目中的形象便成为一个重要的问题。特别是对于湄洲岛，存在“妈祖圣地”和“度假圣地”这种相互矛盾的形象定位。及时准确地了解湄洲岛在游客心中已经形成的目的地形象有助于目的地管理者更好地进行目的地形象的打造与营销。

其次，该文的文献综述详细具体，与该文的研究主题相契合，同时采用表格形式展示相关研究进展，使读者一目了然。另外，文章的研究层次很清楚，研究方法的论述也很详细，最后根据自己的研究成果得出研究结论，并提出有针对性的建议。

当然，该研究还有很多的改进研究空间。比如，与旅游供给方（政府、企业、专家学者）对目的地定位的旅游形象可以进行深入的对比研究；对旅游者社会学人口属性进行界定，研究不同地区、不同国籍、不同宗教信仰的游客对湄洲岛目的地形象感知的差异性。

# 基于整合节事营销传播（IEMC）理论的城市节事旅游研究

## ——以厦门中秋旅游嘉年华为例

朱 轶[①]

**摘要**：节事旅游是在某项或一系列的旅游资源的基础上，吸引旅游者来到旅游目的地的主题性节日盛事。在时间和空间两个层面，基于整合节事营销传播手段将节事通过一定主题活动重新编排传播信息，使参与节事活动的各方在整个参与过程中充分体验，并运用节事管理的各种营销传播手段，从而实现提升节事旅游品牌、产品、组织和理念的感知和认同。本文以 2013 年中国厦门中秋旅游嘉年华为例，分析了厦门城市节事旅游的活动设置及宣传营销策略，以翔实的数据和资料展示整合节事营销传播理论在城市节事旅游活动推广中的应用，具有实证性。

**关键词**：节事旅游；城市节事；整合节事营销传播；厦门中秋旅游嘉年华

## 一、引言

城市节事旅游是一种特殊的旅游产品，它具备时间性与周期性、参与性和娱乐性、综合性、地方性，结合旅游者的需求，节事内容每年不断创新，每年都有形式和内容上的变化，这对旅游营销提出了高要求。

范徽和李杨（2008）在舒尔茨（Schultz, 1993）等人关于整合营销传播（IMC）定义的基础上，提出了整合节事营销传播（IEMC）相关理论，但是整合节事营销传播的理论探讨并不多且缺乏实例佐证。因此，将整合节事传播营销（IEMC）理论和城市节事活动相结合，提出一种新的针对城市节事旅游活动推广策略，是对节事营销传播的延伸和拓展，具有一定的学术性与前瞻性。

厦门市举办多项节事旅游活动，各类精彩纷呈的节事活动为厦门市旅游搭建了一个大舞台，全方位展示了厦门丰富的旅游资源和独特的地域文化，使旅游者和广大市民充分感受到厦门丰富多彩的假期生活和休闲温馨的独特魅力。本文以笔者参与的 2013 年中国厦门中秋旅游嘉年华为例，基于整合节事营销传播（IEMC）模型，以翔实的数据和资料展示整合节事营销传播理论在城市节事旅游活动推广中的

---

① 2012 级，2014 年毕业；点评教师：黄海玉。

应用。论文案例分析得出的结论对厦门和其他城市进一步开展节事旅游营销活动具有较强的实践参考价值。

## 二、研究综述

### （一）节事旅游研究综述

节事活动是一个久远的话题，但是从旅游方面来进行研究却是近几十年的事情。西方最早从旅游角度研究的文献分别出现在1961年对节日（Festival）的研究、1963年的对特殊事件（Special Event）的研究、1966年对体育（Sport）的研究和1972年对仪式（Ritual）的研究。节事旅游研究在国内开展的比较晚，在节事活动的概念研究上，保继刚（1993）就提出“事件吸引”“事件旅游”“旅游事件”等概念；吴必虎（2000）、戴光全、保继刚（2003）都对事件旅游、节事旅游、会展旅游和体育旅游的概念和涵盖的类型进行了研究，随着近些年城市节事旅游活动举办的增多，各类关于节事旅游的研究也逐步增多。

### （二）整合营销传播（IMC）研究综述

美国西北大学麦迪尔新闻研究所的唐·E·舒尔茨教授在1992年提出整合营销传播理论，他认为，整合营销传播是一个战略过程，其主要是用于在和消费者的内外交往过程中，在计划、发展、执行和评估过程中，搭建一种品牌传播程序，这个程序是可测量，可评估的。

国内整合营销传播（IMC）理论研究比较晚，国内的专家和学者多是在引入国外IMC理论后进行本土化的研究。卢泰宏和朱翊敏（1996）首次以系列讲座的形式对IMC的特征进行分析，解释了什么是IMC，提出了4C是否能取代4P理论的问题讨论，认为4C理论提供了一种新的视角，这种视角变换了营销思考的方向。

### （三）整合节事营销传播（IEMC）研究综述

整合节事营销传播基于“整合营销传播”，又超越“整合营销传播”。范徽和李杨（2008）在舒尔茨等人关于IMC定义的基础上，给IEMC做出如下定义：“整合节事营销传播”是一种看待事物整体的新方式，通过对一定的主题重新编排的信息传播，在节事参与过程中，各利益相关者充分体验，并运用节事管理的独有工具，如营销活动、企业赞助等，来实现对品牌、产品、理念和组织的感知和认同提升。他们把整合节事营销传播看作是一种看待事物整体的新方式，并运用IEMC处理了节事效率、创造与利用节事、节事与日常工作等三方面的关系。

IMC相关理论研究成果颇丰，但针对城市节事旅游市场，以节事主题活动作为主线贯穿于 IMC 始终，基于节事营销与整合营销传播相结合的 IEMC 模式在城市节事旅游中的应用研究较少，因此可以在已有 IEMC 研究的基础上，对该理论在城市旅游营销的应用作进一步探索。

## 三、基于 IEMC 理论的城市节事旅游模式分析

### （一）城市节事旅游中节事的传播要素分析

1948 年，传播学四大奠基人之一的 Harold Lasswell（美）发表了文章《社会传播的结构与功能》。文中，Lasswell 明确地提出了传播过程及其五个基本构成要素。最终概括为：传播主体、传播内容、传播媒介、传播对象和传播效果。节事活动在对外传播的过程中，也具备以下五个要素，在整合节事营销传播框架下，基于各要素在节事活动中的构成，可以表现为图 1。

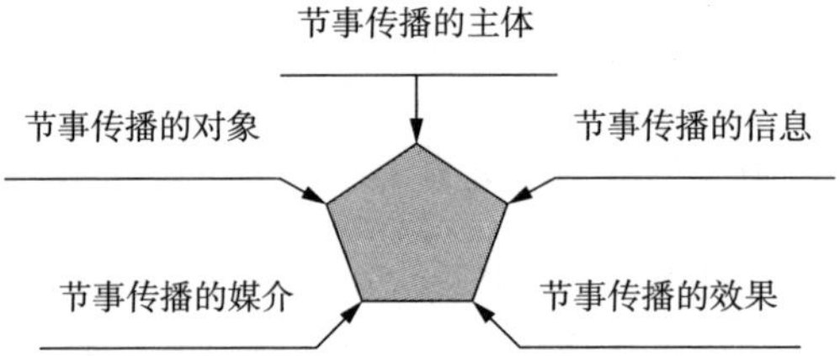


**图 1　节事活动传播过程五要素构成图**

### （二）城市节事旅游 IEMC 模型建构

整合节事营销传播（IEMC）模型的构建，基于节事传播的五要素，各要素紧密联系形成循环，构成了传播模型的基础框架（图 2）。

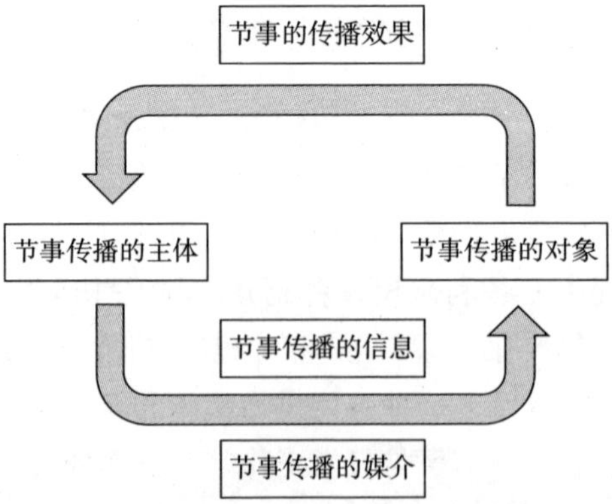


**图 2　节事活动传播过程五要素循环图**

构建一个有效的可实施模型是进行整合节事营销传播的研究基础。为了在城市节事旅游营销中有效地实践整合节事营销传播（IEMC）理论，就必须在基于时间和空间层面构建一个良好的整合节事营销传播具体实施的模式，然后再分项实施整合。

围绕节事活动本身、节事主办方、旅游者三方，基于时间和空间两个层面，以节事活动为主线，通过一定概念事件主题重新编排信息传播，分节形成事件节点，配合相应的营销策略和传播策略，不断刺激旅游者的大脑，并让旅游者在事件节点参与过程中充分体验，使旅游者对节事旅游品牌定位产生新的感知和认同。

1. 城市节事旅游活动中事件内容的选取

节事活动的内容是信息传播的主体，选取特色鲜明的节事主题活动可以突出城市节事品牌形象，符合节事活动的定位。

选取和编排的节事活动内容最终呈现在旅游者眼中的不仅仅是各类丰富的旅游产品，同时也是满足了他们在消费行为和心理方面的不同需求，节事活动的主办方可以多阶段、连续地进行一系列的营销传播，这是具体化了的整合营销传播。

节事的选取及后续的开展要具有一定的创新性和参与性。富有创新的节事能够确保足够的吸引力和关注度，让旅游者印象深刻，同时旅游者可以同节事主办方一样，作为信息整合的主体，参与到节事活动开展过程中，与节事主办方共同编排信息传播。

2. 城市节事旅游节事节点的分解

节事节点的分解应与相应的营销和传播策略配套，节事主办方根据节事发展的逻辑顺序，基于时间和空间两个层面，将概念事件分解为多个节点，根据旅游者游程的四个阶段，通过多种营销手段及口碑、宣传媒介等传播方式的综合运用，由节事主办方和节事活动的参与方共同去编排的节点信息并不断刺激旅游者的大脑，最终在他们印象中形成系统的城市节事旅游形象。

基于时间层面的划分，可以将参与节事的旅游者划分为潜在旅游者（旅游者在准备出发前）、在途旅游者（旅游者在前往节事活动主办地的过程中）、抵达旅游者（旅游者到达目的地）和返程旅游者（旅游者离开节事活动主办地）四类，面向四类旅游者进行连续的四个阶段的整合传播（表 1）。

**表 1　针对各阶段旅游者参与节事活动整合营销传播分解表**

| 阶段 | 传播载体 | 实施方式 | 目的 |
|---|---|---|---|
| 旅游者出发前 | 媒体广告 | 通过报纸、杂志、电视等大众传播媒体、印刷品、电子媒体、网络媒体、新媒体、展览等方式 | 发布目的地形象信息，提高目的地的知名度 |
| | 旅行尝试 | 邀请旅游中间商熟悉旅游目的地，举办体验师等活动，提前对节事活动主办地进行预热 | 培养“旅游体验师”和“旅游形象大使”，促使其向旅游者推荐目的地 |

续表

| 阶段 | 传播载体 | 实施方式 | 目的 |
|---|---|---|---|
| 旅游者出发前 | 公关活动 | 进行节事活动前的新闻通气会和发布会等，邀请名人和媒体记者访问目的地 | 利用明星效应并借助媒体炒作地区热点 |
| | 旅游者展示 | 通过旅行社进行节事活动宣传，针对目标客群展示目的地产品和户外娱乐的宣传内容 | 现场感染潜在客群 |
| | 节事举办 | 策划、实施目的地标志性节事 | 整合目的地形象 |
| | 直邮和电子邮件 | 向重点客群、境内外旅行社和大型旅游集团直接投递宣传邮件 | 丰富目的地形象 |
| | 客源地旅游局 | 提供目的地推广资料和咨询服务 | 传递目的地形象信息 |
| 旅游者在途 | 途中接待 | 在旅游者进入目的地途中，向其传播本地区风俗、经济文化和历史等信息 | 丰富旅游地的形象，鼓励旅游者延长停留时间 |
| | 户外广告 | 在到达旅游目的地沿途重要地段设立形象突出的户外广告，多方面宣传旅游区的特色与服务产品 | 强化目的地形象，并对在途旅游者实施潜在影响 |
| 旅游者到达 | 节事活动组委会旅游信息中心 | 在旅游者中心为抵达目的地的旅游者提供本地全方位的旅游信息咨询服务和其他专向信息服务 | 为旅游者的消费决策提供信息辅助 |
| | 媒体组合方案 | 以多种媒体组合向旅游者宣传当地吸引物和服务设施项目 | 创造区域内旅游氛围，刺激即时旅游消费 |
| | 活动展开 | 针对旅游者到达节事活动主办地，举办旅游者可亲身参与的各类分项节事主题活动 | 参与活动，形成互动 |
| 旅游者离开 | 节事活动组委会旅游信息中心 | 通过问卷调查的投放，了解旅游者对节事活动的意见和建议，通过新媒体实时反馈旅游者对节事活动的意见和建议，通过信息中心发布满意度调查等方式获得有关旅游者的简况与购买模式等信息，记录并对旅游者进行分类，了解旅游者对目的地整体的满意程度 | 衡量传播效果，用所收集的数据进行分析，以调整未来的传播计划 |

3. 节事旅游活动的链条整合及 IEMC 模型构建

整合形成具有丰富信息内涵的具体时间链条，在节点信息的不断刺激下，旅游者会有意识地根据节事的节点之间的逻辑，将节点信息串联起来，在大脑中勾画出完整的具有丰富信息内涵的具体事件链条，这些可以区别于旅游者大脑原有的已经编排好的信息，使得旅游者对于城市节事旅游的形象产生新的感知和认同。

城市节事旅游 IEMC 模型的构建就是通过不同阶段的旅游者参与到节事主办地的活动中，基于不同的时间和空间层面，在采取不同的营销传播手段时，做到保持信息的一致性，在不同时间、空间传播同一种声音，使旅游者更好地认识节事活动主办地，并在心目中建立一致的旅游目的地形象（图 3）。

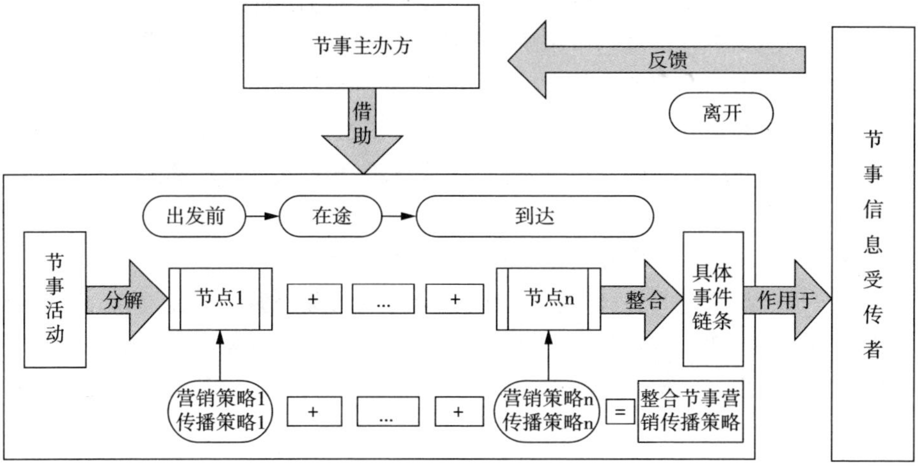


**图 3　城市节事旅游 IEMC 模型图**

作为一个多因素组成的城市节事活动 IEMC 模型，其整合节事营销传播就是把目的地的节事活动打包成为一个整体向旅游者进行推介，以满足旅游者和各相关群体的利益，和他们建立长期互信的关系，形成良好的口碑，树立良好的品牌。一个良好的整合节事营销传播的实施模型是有效进行整合营销传播的思考基础，利用整合节事营销传播模型有助于在旅游目的地构建起独特且有吸引力的整体形象，同时又可实现旅游与旅游目的地社会、经济的协调发展。

## 四、厦门中秋旅游嘉年华案例研究

### （一）厦门中秋旅游嘉年华的背景介绍

以传统的中秋文化作为主题，以闽南独具特色的非物质文化遗产“博饼”活动作为主线，在中国农历中秋到来之时，福建省厦门市都会举办为期一个月的“中国厦门中秋旅游嘉年华”。中秋旅游嘉年华充分挖掘福建闽南地区民俗文化的内涵，兼具两岸中秋团圆、文化融合的特色，融合了观光旅游、休闲度假、民俗体验、购物狂欢等旅游要素，吸引来自世界各国的旅游者朋友欢聚厦门。中秋旅游嘉年华既传承了中华民族的文化精髓，又彰显了闽南文化的独特魅力，内容精彩纷呈，令旅游者流连忘返、乐此不疲。对进一步丰富福建特色旅游产品，培育打造节事旅游品牌，提升福建旅游的影响力和知名度有着重要的意义。

## （二）厦门中秋旅游嘉年华的传播要素分析

### 1. 厦门中秋旅游嘉年华的营销传播主体分析

厦门中秋旅游嘉年华活动采用政府牵头、市场运作的模式，由厦门市人民政府、福建省旅游局主办，厦门市旅游局、厦门市各区政府、厦门日报社、厦门广电集团承办；漳州市、泉州市旅游局以及闽粤赣十三市其他城市旅游局协办。

活动设立组委会办公室，主要负责制定中秋旅游嘉年华的总体方案、组织方案和宣传营销方案并组织实施，重点策划并指导实施开幕式、花船巡游等活动并指导监督各项活动实施。

### 2. 厦门中秋旅游嘉年华营销传播目标与受众分析

中秋与国庆是法定节假日，在这个时间点上，大陆旅游者无疑是核心客群的重要组成部分；港、澳、台同胞，同宗同源，对中秋文化具有高度认同感。同时他们本身的消费层次较高，旅游是他们支出的重要部分，因此以中秋为核心要素的旅游嘉年华，势必会对他们产生很大的吸引力。

表2 目标受众分析图

| 地域 | 占比 | 文化关联度 | 主要消费特点 | 价格敏感度 |
|---|---|---|---|---|
| 大陆旅游者 | 较大 | 高 | 节假日消费 | 高 |
| 港、澳、台 | 大 | 高 | 探亲、宗教旅游 | 较低 |
| 东南亚 | 较小 | 较高 | 观光休闲，度假消费 | 较低 |
| 欧美 | 小 | 低 | 观光休闲，度假消费 | 低 |

### 3. 厦门中秋旅游嘉年华营销传播媒体投放分析

厦门中秋旅游嘉年华宣传营销活动采取全方位、多角度、多层次、开放性的宣传报道，以全媒体投放形式进行，方案整合现有的传统媒体、网络媒体和新媒体等，包括通过广播、电视、报纸、户外广告、微信、微博、手机APP、酒店触摸屏、宣传折页、旅行社和商家等多维一体的宣传营销维度，交叉同步覆盖不同地区的各类受众。

## （三）基于 IEMC 模型的厦门中秋旅游嘉年华活动分析

### 1. 厦门中秋旅游嘉年华的节事主题活动选取与分解

基于 IEMC 模型，根据旅游者来厦的不同阶段，将厦门中秋旅游嘉年华节事活动进行分解，主要由主题品牌策划会、全球十名旅游体验师活动、新闻通气会、开幕式、全球游客乐厦门（期间开展厦门旅游全球推广营销）、花船巡游、中秋蜜月节、悠游厦门手机游戏上线、闭幕式、嘉年华金点子征集等活动组成（表 3）。

**表 3　基于 IEMC 模型的厦门中秋旅游嘉年华活动设置**

<table>
<tr><th>旅游者阶段</th><th>节点活动</th><th colspan="2">全程活动</th></tr>
<tr><td rowspan="4">旅游者出发前</td><td>品牌策划会</td><td rowspan="12">全球十名厦门旅游体验师</td><td rowspan="12">全球游客乐厦门</td></tr>
<tr><td>全球游客乐厦门的全球推介会</td></tr>
<tr><td>全球十名厦门旅游体验师的征集和评选</td></tr>
<tr><td>新闻通气会</td></tr>
<tr><td rowspan="2">旅游者在途</td><td>网络媒体和新媒体推介活动</td></tr>
<tr><td>动车、旅游大巴、星级酒店视频、旅行社推介活动</td></tr>
<tr><td rowspan="6">旅游者到达</td><td>开幕式</td></tr>
<tr><td>全球游客乐厦门的总博赛</td></tr>
<tr><td>篔筜花船巡游</td></tr>
<tr><td>中秋蜜月节</td></tr>
<tr><td>悠游厦门手机游戏</td></tr>
<tr><td>好运车送好礼</td></tr>
<tr><td rowspan="3">旅游者到达</td><td>全球十名厦门旅游体验师的行程体验</td><td rowspan="5">全球十名厦门旅游体验师</td><td rowspan="5">全球游客乐厦门</td></tr>
<tr><td>厦门五运游</td></tr>
<tr><td>闭幕式</td></tr>
<tr><td rowspan="2">旅游者离开</td><td>全球十名厦门旅游体验师的记者见面会</td></tr>
<tr><td>嘉年华金点子征集等数据统计及旅游者信息反馈</td></tr>
</table>

全程活动是贯穿于旅游者来参与节事活动的四个阶段设置的活动，设置的目的是使旅游者在不同的时间体验丰富多彩的嘉年华活动，同一阶段大量活动同时进行，增强嘉年华活动的连续性，本次中秋旅游嘉年华设置有“全球十名厦门旅游体验师”和“全球游客乐厦门”两大全程活动。

(1) 全程活动设置具体内容

全球十名厦门旅游体验师活动：

时间为 2013 年 6 月 14 日到 10 月 7 日，主要内容为面向全球征集十名“厦门旅游体验师”，将通过两轮专家组评审，将评审出的 10 名旅游体验师名单通过《中国旅游报》进行公示。最终评选出的 10 名旅游体验师在 2013 中国厦门中秋旅游嘉年华活动举办期间，来厦门体验独特的中秋博饼文化，通过各类自媒体宣传展示厦门风采和他们的体验经历。在厦门中秋旅游嘉年华闭幕式前期，进行 5 天 4 夜的厦门深度旅游体验，这些旅游体验师将被授予“厦门首席旅游体验师”的称号并参与到后续的厦门旅游推广活动中。

全球游客乐厦门活动：

厦门中秋旅游嘉年华以博饼为主线，设置了全球游客乐厦门活动，向全球推荐闽南的非物质文化遗产博饼的民俗。

时间和规模设置：

①全球第一博：9 月 6 日（农历八月初二）8:30，地点为厦门中秋旅游嘉年华启动仪式现场，人数约 500 人。

②厦门市以外的境内外博饼活动时间为 9 月，承办方负责组织所在地旅行商和媒体记者（大陆厦门以外的 9 个城市 60 名，台湾为 100 名，港澳为 60 名，法国、德国、意大利各 80 人，瑞士、荷兰各 50 人）开展博饼活动，每桌 10 人，产生 1 个状元，于 10 月 4 日到厦门参加全球总博赛或要求于 1 年内到厦门采风踩线。

③厦门百点天天博时间为 9 月 7 日 -10 月 3 日，全城 100 个博饼点，累计产生 150 名周状元，周状元获得参加全球总博赛资格。

④网络天天博：时间为 9 月 7 日 -10 月 3 日，每个 ID 仅限参与一次网络博饼，每天有 3 个状元名额，每周有 1 个周状元名额，最后产生 5 个周状元名额参加总博赛。

⑤全球总博赛：时间为 10 月 4 日（农历八月三十）晚 8:00，约 350 人。

地域安排：以博状元、赢好运为主线，开展五洲十国（五洲：亚洲、欧洲、美洲、大洋洲、非洲；十国：中国、法国、荷兰、新加坡、韩国、意大利、马来西亚、德国、印度尼西亚、瑞士）、两岸四地（大陆、香港、台湾、澳门）、十城百点（十城：北京、上海、广州、天津、深圳、重庆、成都、武汉、厦门、南京；百点：厦门市 100 个博饼场所）旅游者大博饼，吸引全球旅游者汇聚厦门。

组织安排：全球所有博饼活动由组委会办公室统一安排，采取委托或招投标的方式确定具体承办机构，统一时间、统一氛围布置、统一博饼用品、统一奖品。大陆和台湾博饼活动承办机构采取招投标的方式确定，香港和澳门博饼活动委托厦门市旅游局驻香港代表处开展；韩国、马来西亚、新加坡博饼活动分别委托厦门市旅游局驻首尔、吉隆坡、新加坡代表处开展；印度尼西亚博饼活动委托厦门航空驻雅加达办事处开展；法国、德国、意大利、瑞士、荷兰博饼活动委托国家旅游局驻外机构开展，厦门市相关旅行社协办；其他大洲的国家采取来厦旅游者参与博饼的形式进行。

（2）针对旅游者出发前设置的节点活动具体内容

在旅游者出发前通过对节点活动的设置，可以调动参与节事活动各方的积极性，通过这些活动，对嘉年华活动进行预热，增强厦门中秋旅游嘉年华的社会影响力。

主题品牌策划会：

时间定在 2013 年 7 月，主要内容为邀请知名的广告设计公司为厦门中秋旅游嘉年华进行品牌策划，设计各类衍生产品，同时集思广益，征集社会各界对嘉年华的建议和意见，邀请专家和市民参与到嘉年华的策划活动中，营造开门办节事活动的氛围。

新闻通气会：

时间为 2013 年 8 月 15 日，由厦门市政府新闻发布厅邀请各界媒体记者，通过媒体渠道，对外发布厦门中秋旅游嘉年华活动的时间、主要内容及活动亮点。主要是炒热嘉年华活动，通过媒体渠道广而告之，扩大嘉年华的影响力。本届嘉年华新闻通气会的最大亮点就是揭晓吉祥物——好运状元郎，五个可爱的卡通人物造型引得各大媒体争相报道。

（3）针对旅游者在途设置的节点活动具体内容

针对在来厦途中的旅游者，通过各大媒体，尤其是网络媒体和新媒体进行各类活动推介，塑造良好口碑，也对旅游者到达节事活动主办地如何更好地参与到节事活动中进行介绍。

网络媒体和新媒体线上推介活动：

网络媒体：厦门旅游网、海西旅游网、中秋旅游嘉年华官方网站对三大纸媒——厦门日报、海西晨报、中国旅游报进行同步新闻跟进和发布。在新浪网、人民网、凤凰网、台海宽频等网站设置的中秋专题页面上链接中国厦门中秋旅游嘉年华的官方网站网址，提高官网的点击率和知名度。

新媒体方面，在厦门市旅游局官方微博展开话题讨论，以“来厦门过个不一样的中秋吧”为话题，开展有奖转发活动。厦门市旅游局官方微信宣传与微博同步，每天选取一条相关新闻或软文进行报道，同时利用微信的朋友圈订阅号，推送“中秋灯谜会”进行猜灯谜互动，同时和微信上的旅游者进行其他互动问答小游戏，强化嘉年华节事活动在旅游者心中的影响力。

动车、旅游大巴、星级酒店视频和旅行社推介活动：

旅游者在途过程中，通过在其乘坐的交通工具如动车、旅游大巴以及在其抵达厦门后入住的酒店进行厦门中秋嘉年华宣传片和宣传册的投放（表 4）。

表 4　动车、旅游大巴、星级酒店视频推介活动

| 媒体 | 投放时间 | 投放频次 | 投放内容 | 受众范围 |
| --- | --- | --- | --- | --- |
| 动车视频广告 | 8.15-10.05 | 南昌铁路局所属的（福州—上海线，福州—厦门线，厦门—龙岩线）动车组 TV，107 趟车次，每日播放 150 次 | 2-3 分钟宣传片，附带赞助商信息 | 乘坐动车出行的民众 |
| 福建全省星级酒店视频广告 | 8.15-10.05 | 约每日早上 9 点播放至晚 21 点 | | 福建省高星级酒店入住的客人 |
| 厦门全市星级酒店视频播放 | 8.15-10.05 | 约每日早上 9 点播放至晚 21 点 | 2-3 分钟宣传片，附带赞助商信息 | 厦门市星级酒店入住的客人 |
| 厦门旅游大巴视频广告 | 8.15-10.05 | 全市 1000 部旅游大巴行驶过程中播放 | | 来厦旅游团 |

（4）针对旅游者到达设置的节点活动具体内容

旅游者在厦门参与节事活动阶段是整个活动的最高潮，基于 IEMC 模型的设置，这个时间段的节事活动在空间分布较密，同一个时间段，多个活动的展开使得在厦市民和来厦旅游者充分体验到嘉年华活动的魅力。

好运厦门——2013 中国厦门中秋旅游嘉年华开幕式：

时间为 2013 年 9 月 6 日（八月初二）20:00，在厦门市交通便利的白鹭洲公园白鹭女神广场，现场邀请参加旅博会的主要嘉宾、境内外主要旅游企业、境内外主流媒体记者代表、境内外旅游者代表等，共计 500 人。开幕式的主要内容以“全球游客乐厦门”全球第一博、花船巡游首航、悠游厦门手机游戏上线、好运车发车、特色文艺演出等为主，将节事活动推向高潮。

登科运来——筼筜花船巡游：

时间为 2013 年 9 月 6 日—10 月 4 日，每晚 20:00-23:00，地点设置在厦门白鹭洲筼筜湖，筼筜渔火是老厦门八景，花船巡游将再现这一场景。

幸福运来——中秋蜜月节：

时间为 2013 年 9 月 5 日 -10 日 4 日，活动内容为：五缘湾（中国第一爱情湾）地标揭幕、新人集体婚礼、厦门十佳度蜜月酒店、厦门十大最受欢迎婚庆举办地、最美婚纱摄影地、蜜月旅游线路（产品）发布、十篇最动人的《我在厦门的甜蜜故事》发布、厦门十佳婚纱摄影机构展示活动，相关活动参与者可参加筼筜花船

巡游和博饼总博赛活动。

时来运转——悠游厦门手机游戏玩透透：

悠游厦门掌上手机游戏也是厦门中秋旅游嘉年华活动的一个亮点，发布时间为 2013 年 9 月 6 日，旅游者通过智能手机终端参与面向全球旅游者的开放游戏，采取累积分和奖励分的方式。

闭幕式：

时间为 2013 年 10 月 4 日，闭幕式活动是整个嘉年华活动的画龙点睛之笔，活动现场主要安排开幕式第一博的状元、五洲十国、两岸各地、全国十城、厦门百点博出的周状元等，角逐“状元王中王”，状元王中王大奖是双人豪华邮轮之旅。悬念在最后一刻揭晓，为整个厦门中秋旅游嘉年华活动画上圆满句号。

（4）针对旅游者离开后的满意度调查活动

在《海西晨报》上开展嘉年华活动金点子征集活动：

为了更好地办好一年一度的嘉年华活动，厦门市旅游局通过《海西晨报》面向广大市民和旅游者对 2013 中国厦门中秋旅游嘉年华征求意见和建议并公开征集“2014 中国厦门中秋旅游嘉年华”活动“金点子”（图 4）。征集内容包括：嘉年华的意见反馈和游客满意度调查，以及收集他们对 2014 年嘉年华活动的意见和建议等。

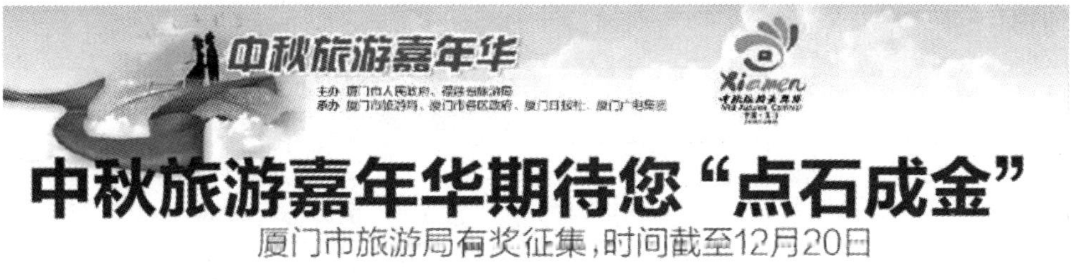


**图 4　金点子征集活动在《海西晨报》投放**

网络媒体和新媒体的实时数据统计反馈：

通过官网、微博、微信和海外推介媒体的后台程序，反馈数据到旅游信息中心，通过对旅游者反馈的数据进行分析，得出整个活动的分析报告。

2. 厦门中秋旅游嘉年华节事活动的整合

基于 IEMC 模型，在时间和空间层面，将分解的嘉年华节事活动整合形成具有丰富信息内涵的具体时间链条，在节点活动和全程活动信息的不断刺激下，旅游者会有意识地按主办方所安排的一系列的节点之间的逻辑，将节点信息串联起来，勾画出完整的具有丰富信息内涵的具体节事链条，这些可以区别于旅游者大脑原有的已经编排好的信息，使得旅游者对厦门中秋旅游嘉年华的定位、品牌形象等产生新的感知和认同。

在时间层面，根据旅游者到达厦门的不同阶段，设置不同的节事活动内容；在空间层面，多项节事活动安排在同时进行且互为联系，给旅游者营造全方位的旅游新感受，打造全程狂欢的嘉年华活动（图 5）。

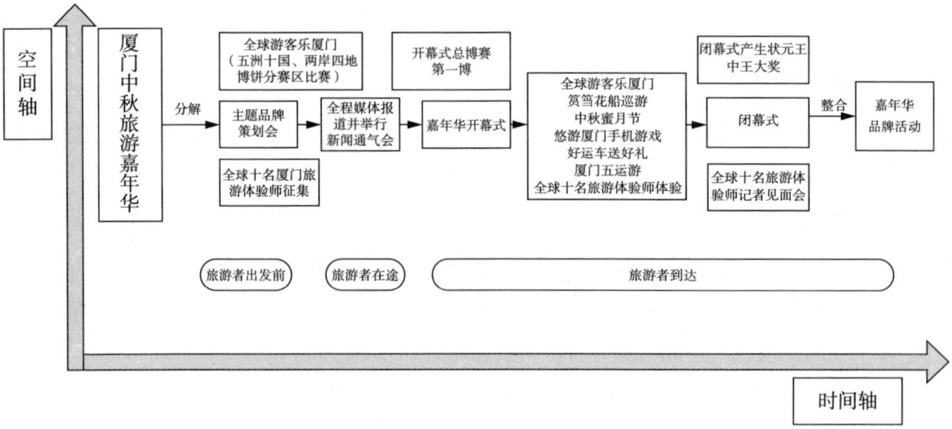


**图 5　厦门中秋旅游嘉年华节事分解整合图**

依照 IEMC 模型整合后的嘉年华活动是一个完整的链条，游客在充分体验了嘉年华活动后，反馈系统接受来自游客的反馈意见，形成图 6 的解释旅游者信息反馈图。

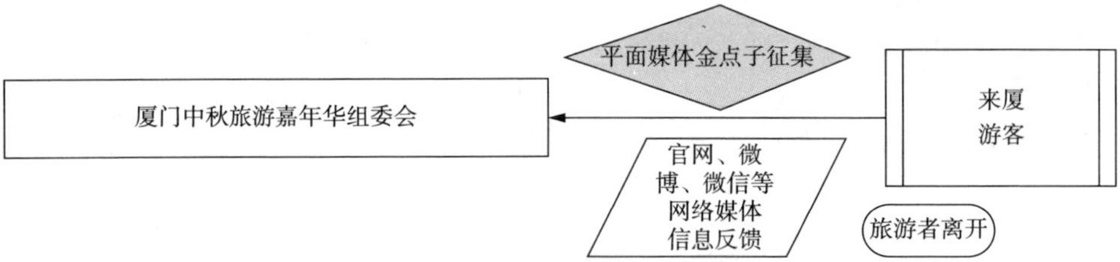


**图 6　厦门中秋旅游嘉年华节事旅游者信息反馈图**

通过数据抓取和意见反馈等方式，组委会的旅游信息中心对嘉年华活动进行有效评估。应用厦门中秋旅游嘉年华的模型（图 7）对于节事组委会开展城市节事活动的营销宣传工作起到重要作用。

3. 厦门中秋旅游嘉年华节事活动整合营销传播推广

厦门中秋旅游嘉年华活动的宣传营销推广活动借助整合节事营销传播（IEMC）模型（图 8），构建了全方位、多角度，交叉密集的全媒体新闻覆盖。充分运用官方强势媒体、新媒体以及国外社交媒体进行活动的宣传报道，特别是借助中央电视台和厦门卫视在全国落地契机投放 2013 中秋嘉年华宣传片，加上欧洲五国，广州、深圳的旅游推介会宣传，据不完全统计，有 200 多家新闻媒体对本届嘉年华活动高

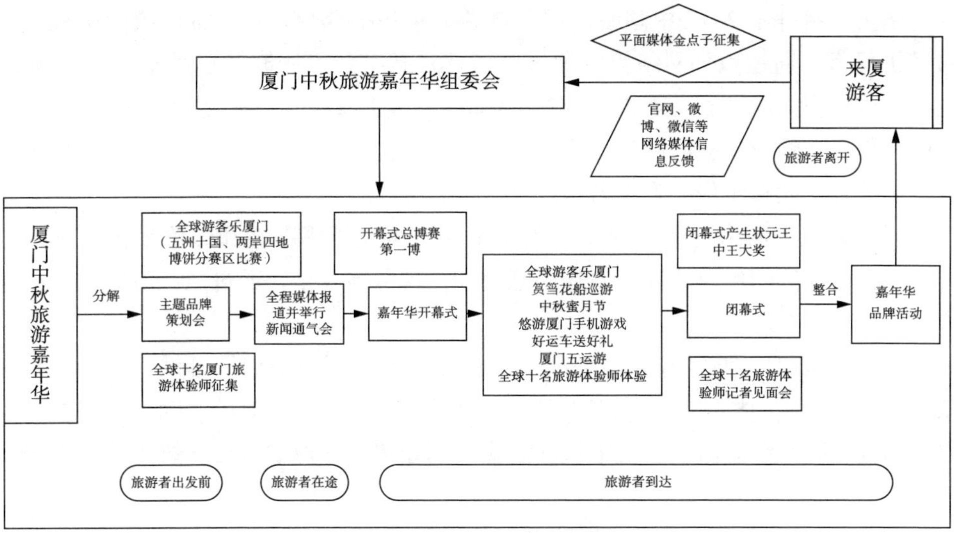


**图 7　基于 IEMC 模型搭建厦门中秋旅游嘉年华节事活动模型图**

| 旅游者阶段 | 节点活动 | 全程活动 | | 营销传播手段 | |
|---|---|---|---|---|---|
| 旅游者出发前 | 品牌策划会 | 全球十名厦门旅游体验师 | 全球游客乐厦门 | 品牌推广 | 厦门中秋旅游嘉年华品牌 |
| | 全球游客乐厦门全球推介会 | | | 品牌推广、引爆营销 | |
| | 全球十名厦门旅游体验师征集和评选 | | | 品牌推广、口碑营销、体验营销 | |
| | 新闻通气会 | | | 多维营销 | |
| 旅游者在途 | 网络媒体和新媒体推介活动 | | | 网络营销、互动营销 | |
| | 动车、旅游大巴、星级酒店视频、旅行社推介活动 | | | 线下营销、企业联动 | |
| 旅游者到达 | 开幕式 | | | 体验营销 | |
| | 全球游客乐厦门总博赛 | | | 线下宣传、企业联动、引爆营销 | |
| | 筼筜花船巡游 | | | 体验营销 | |
| | 中秋蜜月节 | | | 体验营销 | |
| | 悠游厦门手机游戏 | | | 互动宣传、网络营销 | |
| | 好运车送好礼 | | | 全程营销、线下宣传 | |
| | 全球十名厦门旅游体验师行程体验 | | | 全程营销、体验营销、口碑营销 | |
| | 厦门五运游 | | | 体验营销 | |
| | 闭幕式 | | | 体验营销 | |
| | 全球十名厦门旅游体验师记者见面会 | | | 全程营销 | |
| 旅游者离开 | 嘉年华金点子征集等数据统计及旅游者信息反馈 | | | 口碑营销 | |

**图 8　基于 IEMC 模式的应用**

度关注、大量报道，2013 年的宣传覆盖人口超过 10 亿人次。

多维宣传。通过邀请上百家境内外媒体对嘉年华新闻通气会、开幕式、闭幕式、中秋蜜月节的集中报道，达到覆盖宣传的效果。通过央视、东南卫视、福建电视台、厦门卫视、厦门电视台等电视媒体；中国旅游报、福建日报、厦门日报等平面媒体；人民网、凤凰网、新浪网、腾讯网、携程网等网络媒体，以及境外相关媒体宣传；通过旅游企业在境外的办事机构，在欧洲五国（德国、法国、意大利、荷兰、瑞士）召开了 2013 中国厦门中秋旅游嘉年华推介会，宣传推广厦门中秋文化和博饼民俗；通过境外网络媒体和报纸媒体进行宣传。同时还启动了在 Facebook 上的宣传，广大欧洲旅游者也可通过 Facebook 线上参与和体验厦门博饼民俗活动，赢取全程免费的豪华厦门四日游。此外还投放厦门市户外广告等媒体，进行轰炸性宣传，提升中秋嘉年华品牌知名度。

互动宣传和网络营销。建立中英文中秋旅游嘉年华网站和微信平台，发挥微博、点评网站等的作用，开展精准、互动和口碑网络营销，通过《悠游厦门》中秋博饼手机游戏互动宣传。

体验营销和口碑营销。将"全球征集十名厦门旅游体验师"活动设置为全程活动，收到爆发式的扩散效应。将十名厦门旅游体验师、五洲十国、国内十城旅行商在厦门的体验与踩线活动加入中秋旅游嘉年华元素，让他们进行博饼体验，进行口碑宣传。

全程营销。活动前期开展旅游者招徕宣传营销；活动期间开展微博转发送好运、好运车全城送惊喜（每天固定发车，由穿着状元服的工作人员负责发放统一的礼品、"状元送惊喜，好运就是您"），媒体跟踪报道每天一个好运故事等；活动后期开展最美的好运瞬间微摄影评比、"我与中秋旅游嘉年华"好运微博、微信评选活动；对状元王中王的"环球之旅"进行"全球状元王游全球"的跟踪宣传报道。

品牌推广和引爆营销。集中时间，在全球 20 多个城市，以中秋旅游嘉年华的博饼活动为引爆点，组织旅游推介会，集中宣传营销厦门旅游。通过一系列的品牌推广活动，扩大嘉年华活动的影响力。

线下宣传和企业联动营销。"全球游客乐厦门"活动历时整个农历八月，全市景区、酒店、大型商超等近 100 个博饼点有超过 300 万旅游者直接或间接参与。动员各旅行社配合做好中秋旅游嘉年华活动的推广招徕工作，策划包装以好运为主题的精品旅游线路，邀请境内外旅行商来厦门进行中秋旅游嘉年华专题踩线。

### （四）厦门中秋旅游嘉年华活动效果反馈

基于 IEMC 模型，节事信息反馈部分是整个模型的最后一环，也是最关键一环，它是检验节事活动成功与否的关键。通过评估营销传播实施和参与节事的各方所反馈的数据，可以为城市节事活动的举办累积经验。

2013 厦门中秋旅游嘉年华的营销传播渠道反馈主要有四个渠道，第一是招商情况反馈渠道，第二是传统媒体、网络媒体和新媒体的反馈渠道，第三是境外媒体和海外营销反馈，由于本次嘉年华的营销宣传覆盖海外，所以将境外媒体的反馈渠道单独列出，现场互动反馈作为第四个检验厦门中秋旅游嘉年华活动的反馈渠道。反馈部分在整合节事营销传播的过程中起到很重要的作用，厦门中秋嘉年华组委会通过各种渠道收集的反馈数据会汇总到旅游信息中心，进行数据分析，最终为今后的厦门市城市节事旅游活动提供数据支持。

1. 招商情况反馈

在组委会办公室的指导下，2013 厦门中秋旅游嘉年华宣传、招商工作按照预先确定的目标任务，积极拓展招商渠道，改变招商方式并细化服务，采用招商奖励办法等，依托各大主题活动的承办单位，调动社会各方力量，积极参与到嘉年华的宣传招商工作中，确保各项活动顺利开展。

在宣传招商部牵头下，主承办单位共征集到赞助企业近 50 家，赞助现金 112 万（不含各区政府），赞助实物价值约 500 万。各赞助商在共襄盛举参与中秋旅游嘉年华的同时，也借由活动平台展示企业形象、传播企业文化、提升品牌价值。

2. 传统媒体、网络媒体和新媒体反馈

（1）电视广播反馈

制作中秋旅游嘉年华 15 秒宣传片，用于活动预告和宣传。9 月 1 日 -10 月 30 日通过中央电视台 CCTV1、CCTV9、CCTV13 新闻频道进行字幕宣传；通过 CCTV4 每天 5 次播放 15 秒宣传片；于 9 月 3 日 -10 月 2 日在厦门电视台播放，每天 4 次；于 9 月 3 日 -10 月 12 日在厦门卫视播放，每天 6 次；于 9 月 1 日至 9 月 30 日（隔天播）在厦门 XM6 移动电视播放，每天 20 次；于 9 月 5 日 -10 月 7 日在厦门旅游、音乐、新闻广播进行宣传，9 月 5 日 -9 月 25 日每天一共不少于 20 次活动滚动宣传，9 月 5 日 -10 月 7 日每周一共不少于 9 次资讯播报，旅游广播每周四上午《就是爱旅游》一小时专栏直播；同时凤凰卫视资讯台对厦门中秋旅游嘉年华活动进行了新闻报道。

（2）报纸杂志反馈

厦门日报 5 个版面，中国旅游报 10 个版面，海西晨报约 60 个版面对活动作报道。2013 年厦门中秋旅游嘉年华活动在海西晨报设立"金点子"征集活动。

（3）户外广告反馈

投放楼宇电梯框架广告 100 块，投放时间从 9 月 7 日至 10 月 4 日；投放环岛路观光广告牌 30 块，投放时间从 9 月 1 日至 10 月 15 日；投放火车站旅游灯箱广告牌一块，投放时间从 9 月 1 日至 10 月 15 日。在博饼百点放置活动广告 X 展架，时间为 9 月 7 日至 10 月 4 日。

（4）官网及各大门户网站反馈

开通厦门中秋旅游嘉年华官方网站，作为官方唯一对外宣传网站，实时更新活动资讯和图片、视频等，中秋旅游嘉年华官网正式上线 35 天访问量为 122 000 人次，前十天每天访问量在 1500 人次，后十七天每天访问量为 3000 人次，活动期间 8 天每天为 7000 人次。

在新浪网进行广告投放及专题展示，时间为 9 月 1 日至 10 月 30 日。并依托新浪微博全国活动的资源进行宣传；在台海网络电视台进行广告投放及专题展示，时间为 9 月 1 日至 10 月 30 日；在人民网《旅游中国》频道进行为期一年的活动宣传片播放和 2 个月的图片链接、活动新闻报道等；活动期间在凤凰网《风尚中国》栏目进行宣传，并联合十家门户网站进行新闻报道；在厦门旅游网、海西旅游网制作活动专题报道，时间为 9 月 1 日至 10 月 31 日。

网络天天博依托淘宝聚划算（http://taobao.rituan.com）也同时开博，一个月来通过线上不断开展活动，吸引了近五十万的旅游者浏览参与，博饼次数 150 万人次。网上采用邮件投递方式，通过网上邮件投递 100 万封邮件，成功投放 943 279 封，有效送达率 95.59%，阅读人次 141 020，阅读人次率 14.95%，点击人次 12 847，点击人次率 1.36%。

（5）新媒体反馈

嘉年华活动吸引了大量网友的参与。借助厦门市旅游局官方微博微信实时发布活动资讯和产品信息，合理借用福建省旅游局官方微博发布活动消息和进行互动转发。微信每天发布一条活动资讯公告和不定期的抽奖活动。实时跟进推送节事活动信息。在活动开始的前期、中期和后期，厦门市旅游局官方微博都会实时推送相关信息，并专门开设话题，如“来厦门过一个不一样的中秋”“十名厦门旅游体验师厦门深度游”等。线下活动和微博线上宣传达到认知统一，让旅游者粉丝产生强烈共鸣。通过短短的一个月的时间的新媒体平台营销活动，嘉年华活动受到了海内外众多粉丝的追捧，很好地对外展示了厦门旅游形象。中秋旅游嘉年华、十名厦门旅游体验师两大活动的主办为官方微博带来粉丝累计超过 80 万。

3. 境外媒体和海外营销反馈

嘉年华组委会在国家旅游局驻外办事处、荷兰皇家航空公司的协助支持下，邀请了欧洲 250 家旅行社、100 家媒体参加福建（厦门）旅游欧洲营销推介活动。

本次活动在欧洲旅游业界掀起中国厦门旋风，吸引了星岛日报、华商报、Chineplus、Travel Inside、Guida Viaggi、Turismoe Attualita 等境外媒体争相报道。法国收视率第一的 FR3 电视台也播放了厦门旅游嘉年华活动的相关报道。

除此以外，组委会通过 Facebook 线上营销的模式，面向广大的欧洲网友展示和宣传厦门旅游风采、厦门民俗文化，专题页面由 9 月 1 日起开始建立，至 10 月 4 日粉丝数已经达到 10 224，粉丝讨论话题数 19 298 354，在半个月的时间内 2013 中国厦门中秋旅游嘉年华 Facebook 专页就吸引了 1 万多名粉丝关注、影响受众达 100 万之多。在粉丝所在地分析中，通过对广告内容的翻译，及“地区 + 语言”选择的精准定位，粉丝分布的前三名国家为法国、意大利、巴西。在欧洲市场中，意大利是一个比较突出的对“中国旅游”较有兴趣的地区。

同时，在 Facebook 的粉丝中也有不少海外的华人，如有粉丝表示她的故乡在鼓浪屿，非常高兴能在 Facebook 上面看到关于鼓浪屿的消息。巴西上榜的原因可能有两点，一是因为巴西的 Facebook 用户基数较大，同时也是西班牙语覆盖地区。

最受 Facebook 粉丝欢迎的内容有福建土楼、《市长带你游厦门》视频、鼓浪屿的猫、骰子（博饼）游戏、新生大熊猫亮相。在内容策略上，为贴近欧洲粉丝，选取了粉丝熟悉的内容。如大熊猫在外国旅游者印象中属于中国旅游的标志，同时视频也拉近了目的地和旅游者之间的距离。厦门地道小吃、鼓浪屿、南普陀、博饼和中秋节文化、福建土楼、霞浦日出和厦门的温泉，也是海外粉丝关注的内容。

4. 现场互动反馈

现场互动是厦门中秋旅游嘉年华的一大特色，因其具有较强的参与性与趣味性而备受旅游者关注。从 9 月 7 日至 10 月 3 日厦门的百点博饼活动吸引了来自世界各地的旅游者参与，活动现场热闹非凡，旅游者热情高涨。

从 9 月 7 日起至 10 月 4 日，持续一个月的时间，三辆车身贴有“欢乐中秋好运厦门”标志的好运车满载礼物在厦门市各大景点穿梭，市民和游客直接参与好运车免费博饼。同时，市民或游客如遇到好运车，可用手机自拍自己和好运车发微博并 @ 厦门旅游局官方微博，就有机会参加微博抽奖一次。

根据组委会旅游信息中心反馈的数据，在一个月时间里，好运车累计停靠点数超过 300 个，累计参与博饼人数超过 10 000 人，共产生状元近 200 人，其中状元插金花 3 人。

活动期间，面向海内外旅游者推出“五运游”线路以其图文并茂的形式推荐好运主题旅游产品，吃喝玩乐的一站式体验让参与嘉年华的旅游者产生了宾至如归之感。根据旅游信息中心反馈的数据统计，中山路状元屋礼品提领点共接待旅游者咨询近万人，提取状元公仔人数超过 1000 人（完成五条好运线路中的一条即可获得状元公仔），完成五运通关大礼包旅游者 600 人（完成全部五条好运线路可获得通关大礼包）。五运游线路的推出，延长了旅游者在厦停留时间，有力拉动旅游消费，有效提升了旅游者的旅游体验，是节事活动与旅游线路、产品相得益彰的创新。

## （五）基于 IEMC 模型的厦门中秋旅游嘉年华效果评估

因为营销目的和手段的不同，传播效果也有差异，基本可以分为及时性和延迟性效果。及时性效果多表现得立竿见影，只要导入对应的营销传播手段，就能产生相应的营销效果。这种效果的呈现方式一般是购买行为次数的增加，且变化是非常明显的，这些都是多维营销和促销等方式达成的效果。

相比之下，延时性效果并未表现得很明显。效果的显现需要很长一段时间，这些传播都是有利于品牌形象的长久建立，受众不会马上反馈出购买行为方式，但是对于企业的长久经营却是有利的，有助于维护企业的长久品牌形象。

基于 IEMC 模型构建的厦门中秋旅游嘉年华活动，在时间和空间层面为节事活动主办方搭建了一个整合营销传播的平台，通过节事活动不同阶段对节事主办方和节事参与方采取对应的营销宣传策略，掌握宣传营销的主动，对嘉年华品牌构建起到良好的作用。

1. 活动总体设计的节事效果评估

厦门中秋旅游嘉年华的总体活动和营销宣传设计遵循 IEMC 模型的分解——整合步骤，通过旅游者出行抵达节事活动主办地的四个阶段的时间层面和节事活动在同一时间段分解多项活动进行的空间层面两个维度进行评估（图 9）。

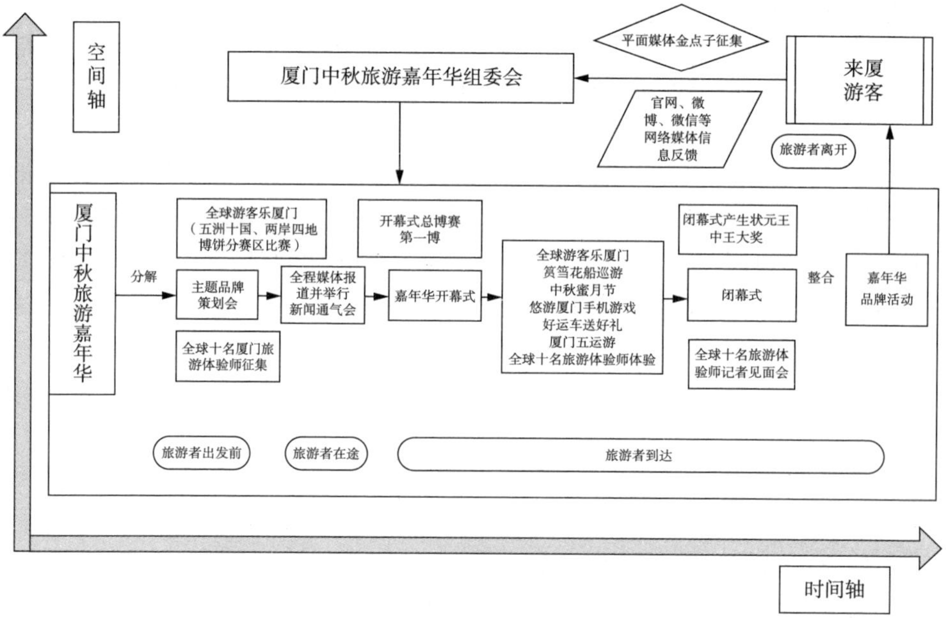


**图 9　时间轴和空间轴分析嘉年华**

在把握两个维度的基础上，设置嘉年华的节事活动并围绕这些活动开展宣传营销工作，整合节事营销传播利用全媒体进行覆盖传播，通过全覆盖立体式的宣传策略，使得厦门中秋旅游嘉年华的品牌更加深入人心。

2. 基于时间层面的活动设置效果评估

本次厦门中秋旅游嘉年华以旅游者参与节事活动的时间顺序设置不同的节事活动，并配套开展营销宣传活动。针对旅游者在不同阶段制定不同的营销传播策略，通过全媒体的广泛传播，经过节事活动后的效果反馈，获得了良好的宣传营销效果。基于 IEMC 模型，针对旅游者的消费心理和行为，节事主办方追踪旅游者游程的各阶段，进行连续的、多阶段的、全方位的、无缝隙的营销传播与沟通，也是整合营销传播的具体化。将参与本次厦门中秋旅游嘉年华的旅游者划分为潜在旅游者、在途旅游者、抵达旅游者和返程旅游者四类旅游者进行连续的四个阶段的整合传播，这样的划分，在一定程度上使得营销传播的针对性增强，有利于嘉年华的节事活动的口碑。在划分四个阶段的旅游者时，实际操作过程中也出现了一些交叉的现象，因为旅游者的流动具有不可控制性，同时厦门是旅游城市，即使未举办类似的节事活动，也会有一定量的旅游者来到厦门旅游，所以 IEMC 模型评估在分类和量化方面还需要进一步研究。

3. 基于空间层面的活动设置效果评估

在空间的活动设置上，厦门中秋旅游嘉年华依照节事活动的设置规律，分解了多个配套的节事活动，活动安排从最后的反馈效果看，已经达到了预期。在同一空间维度，安排多个配套节事活动，使得旅游者在参与节事活动的过程中可选择的余地更大，拓展了节事活动受众覆盖面，从社会效益和经济效益考虑，都取得了良好的效果。

全程活动如全球十名旅游体验师从线上征集到线下体验，配合厦门中秋旅游嘉年华各项配套活动的宣传，使得厦门城市的旅游形象通过体验式营销拓展到的范围更大，同时也使得厦门中秋旅游嘉年华活动的传播获得更多的线上的互动参与。通过全球游客乐厦门活动，将厦门传统的非物质文化遗产以线上中秋博饼、线下十城百点天天博的方式，在全球整合营销传播，扩大厦门旅游在国内甚至国际上的影响力都有所帮助。

在活动安排方面，也有出现活动设置没有达到预期的情况，比如同步推出的悠游厦门手机 APP 游戏，由于没有通过相关手机 APP 平台进行推广，所以下载使用量不多，并未达到预期的效果。

4. 营销传播的效果评估

整合营销传播评估的难度比较大，因为营销传播是整合了多种营销手段的有机体，最终其表现效果的呈现是众多手段共同作用的结果。因此，无法孤立地衡量和评估其营销效果，更无法摸清是哪些手段在其中起到关键作用，哪些手段是无效的。

此次中秋旅游嘉年华使用多维宣传、互动宣传和网络营销、体验营销和口碑营销、全程营销、品牌推广和引爆营销、线下宣传和企业联动营销等多种营销手段，由于互联网媒体和新媒体在本次嘉年华活动中的广泛应用，使得借助于旅游信息中心的数据收集进行营销传播评估中的受众的行为轨迹透明可测，依托于全面精准的数据库，营销传播活动和营销传播的效果评估便有了精确定位目标的可靠支持。

本次嘉年华的营销宣传分为线上和线下两部分进行，通过模型构建的两个维度进行整合节事营销传播，基于效果反馈的及时性和延时性，通过后期反馈的数据评估嘉年华的营销宣传方式使用合理，结合时间和空间两个维度在各个分解的节点进行宣传营销策略的推广，验证了整合节事营销传播（IEMC）模型的效度和信度，基于 IEMC 理论所构建的模型在城市节事旅游推广的过程中是可以复制的。

## 五、研究结论

本文是在对国内外整合节事营销传播（IEMC）理论及城市节事旅游研究的基础上，以厦门中秋旅游嘉年华作为案例，对如何开展城市节事旅游营销传播的具体实践进行了探讨。在现代旅游营销推广中，非系统化的营销传播推广越来越难以收到好的传播效果，城市节事旅游营销需要有一个系统的理论来指导。而整合节事营销传播（IEMC）理论是目前最适合城市节事旅游营销传播策略的指导理论之一，将它引入节事旅游营销传播策略的实践中，能够向节事的参与者传达统一的信息，对树立一致的、持久的节事品牌形象，对城市旅游形象的传播具有非常重要的作用。

基于整合节事营销传播（IEMC）理论，城市节事旅游营销传播策略是通过整合节事活动本身、节事主办方、旅游者三方，以节事活动为主线，基于时间和空间两个维度，将节事活动分解，通过一定概念事件主题重新编排信息传播，分解形成事件节点，配合相应的营销策略和传播策略，不断在四个阶段（出发前、在途、到达和离开）刺激旅游者的大脑，最终在旅游者意识中整合成具体的城市节事旅游品牌形象。旅游者在不同阶段，参与这些分解的节事活动，在参与过程中充分体验并有效反馈互动，使旅游者对城市节事旅游品牌定位产生新的感知和认同。这样能有效地建立城市节事旅游的知名度和美誉度，通过与旅游者建立起的良好关系，对于刺激购买和人际传播特别有效，而且有助于实现较深层次的城市的认同感，增强旅游者的品牌情感与体验。当然，在操作的过程中，节事活动的设置要考虑到节事活动的营销传播规律，不能过分使用某一种营销手段，否则容易在品牌传播上出现缺陷，不利于城市节事旅游形象的建立。所以，城市节事旅游的营销传播要注意各种营销手段的配合，以最终获得一加一大于二的整合效果。

现代城市节事旅游需要引入整合节事营销传播的理念。虽然，各地方政府对于地方的节事旅游活动的举办已经越来越重视，但是类似国外的节事旅游品牌比较少，要想建立更多、更强势的城市节事旅游品牌就要坚持以整合节事营销传播理论来指导城市节事营销传播策略，自始至终地以旅游者为中心，树立和打造统一的品牌形象，不断扩大与旅游者的接触面，持续地实现完整的沟通和反馈，不断地优化和完善城市节事旅游形象，最后达到提升城市形象的目的。

## 主要参考文献

保继刚，楚义芳，彭华. 旅游地理学（第一版）. 北京：高等教育出版社，1993.

戴光全，保继刚 . 西方事件及事件旅游研究的概念、内容、方法和启发（上、下）. 旅游学刊，2003(5、6).

拉斯韦尔（美）著，何道宽译．社会传播的结构与功能．北京：中国传媒大学出版社，2013.

卢泰宏，朱翊敏．什么是 IMC. 国际广告，1996(4): 31–32.

马聪玲．中国节事旅游研究——理论分析与案例解读．北京：中国旅游出版社，2009: 19.

王琪．整合营销传播中的广告策略研究．北方经贸，2010.

吴必虎．区域旅游规划原理．北京：中国旅游出版社，2001.

Teri L. Mayfie1d and John L. Crompton. 1995. The Status of the Marketing Concept Among Festival Organizers. *Journal of Travel Research*, 1995.

## 点评

国内外的旅游城市为了提升城市旅游品质，纷纷利用城市节事活动挖掘城市文化内涵，推广城市品牌，助力城市经济发展，这对城市的旅游营销策划提出了更高要求。论文在整合节事营销传播理论指导下，力图构建一个有效的城市节事旅游营销方案的可实施模式。论文认为，围绕整合节事营销的五要素（即传播的主体、传播的对象、传播的媒体、传播的信息和传播的效果），基于时间和空间两个层面，以节事活动为主线，通过一定概念事件主题重新编排信息传播，分解形成事件节点，配合相应的传播策略，不断刺激旅游者的大脑，让旅游者在各事件节点参与过程中充分体验，可以使旅游者对节事旅游品牌定位产生新的感知和认同。

在中秋假期到来之时，厦门市每年以闽南独具特色的非物质文化遗产“博饼”活动作为主线，举办“中国厦门中秋旅游嘉年华”节事活动，借以展示厦门丰富的旅游资源和独特的地域文化，使旅游者和广大市民充分感受到厦门丰富多彩的假期生活和休闲温馨的独特魅力。作者以其亲历参与组织的 2013 年中国厦门中秋旅游嘉年华为例，以翔实的数据和资料，利用其所构建的城市整合节事营销传播模式，分解分析了该活动营销的各个细节，不仅再现了活动的整体营销方案，还有活动中各个传播要素的剖析与评价。论文从招商情况、传统媒体与新媒体、境内媒体和境外媒体以及现场互动等方面展现该节事活动的效果反馈，最后分别从时间和空间层面对活动的设置效果进行评估，提出今后厦门举办该类活动营销方案的改进建议。

论文充分展示了整合节事营销传播理论在城市节事旅游活动推广中的应用，案例分析所得出的结论对厦门和其他城市进一步开展节事旅游营销活动具有较强的实践指导意义。

# 厦门酒店与城市空间结构协同演化研究

## ——静态特征与动态演化

李　婧[①]

**摘要**：过快的城市化进程带来不少城市问题，严重影响了城市功能发挥。酒店是受区位影响最为明显的行业之一，与城市的整体发展息息相关。基于此，本文以厦门城市目前的空间结构与酒店空间结构为研究对象，从静态特征和动态演化入手，揭示酒店空间结构对城市空间结构发展的影响。本文首先以空间认知、城市形态要素等理论为指导，分析厦门目前城市空间与酒店空间分布，得出其空间结构特征，为后续分析两者空间结构协同演化奠定基础。并选取 1960 年、1985 年、1997 年、2005 年和 2015 年，这五个厦门城市空间发展的关键时间节点，对城市空间和酒店空间分别进行空间句法分析，总结不同阶段的情况，深入分析两者动态演化以及协同演化格局；探讨厦门酒店与城市空间结构协同演化机制，提出两者协同演化的互馈理论模型，并对其实证验证，进而分析协同演化路径。提出厦门开拓岛外新城区可借助以酒店为中心的城市综合体项目、酒店企业抓住厦门城市空间重构的发展机会等建议。

**关键词**：厦门市；酒店空间结构；城市空间结构；协同演化

## 一、引言

本文利用空间句法对厦门历年的城市地图展开计算，既可以进行形态结构演化的历时性比较分析，还可以进行同时段不同地段的共时性分析。同时，还可以通过对厦门可理解度的分析得到某个区块形态的动态变化信息。基于此，本文可获得酒店空间结构和厦门岛城市空间的演化规律与特征，有利于为未来预测提供帮助。具体而言，本研究之意义有以下三点：

第一，为酒店空间分布研究提供了新的视角。空间布局不仅是旅游学界、城市地理学界关注的热点，也是酒店、政府规划部门关注的焦点。通过空间句法对酒店空间结构演化进行定量分析，可为该领域的研究提供一些新的思维视角，有利于丰

① 2014 级，2016 年毕业；点评教师：周波。

富酒店空间结构研究的成果。第二，通过引入空间句法分析厦门城市空间形态演化，对城市规划和布局具有一定的参考、借鉴价值。第三，采用空间句法分析酒店和城市空间形态，可以为在这方面应用的可行性提供一定的借鉴。

## 二、文献回顾

城市空间结构研究主要包括城市内部空间结构和外部空间结构两大范畴。城市内部空间结构是一个城市建成区之内（通常指市区）土地的功能分区结构。城市的外部空间，包括城市的郊区卫星城、城镇及其周围的广大乡村腹地，是城市内部空间增长及向外扩展的发生地区。城市空间结构的研究最早始于欧美国家，主要是地理学界对城市中心区的基础性理论研究。从美国地理学家伯吉斯（1902）同心圆圈层模式到霍伊特的扇形模型和哈里斯、乌尔曼的多核心模型（1945），以及德国地理学家克里斯泰勒提出的中心地理论（1933），这些研究为城市空间结构理论奠定了基础。随着科学研究的推进，学科之间的交叉结合日益增强，多学科的联合为更全面地研究中心区发展的特征及规律创造了条件，同时数字技术的发展也为分析和描述城市中心区内部结构的复杂状况提供了新的方法。在空间分析技术和对城市结构复杂性描述方面，分形、空间句法、细胞自动机等分析方法和理论逐步被应用于对城市网络和空间结构的研究（Hillier，1984；Hillier，1999；Donna，1993；Noam，2002；Wall and Hutchinso，1985；Ritter，1986）。

酒店空间结构是把单个酒店作为一个要素，将其与城市内其他要素如道路等结合起来，以在城市空间中形成一个具有一定规模、一定空间形态和组合特征的组合，包括各要素的相对位置、关系等。国外酒店空间结构研究主要体现在三个方面，酒店空间分布模式与演化、空间分布影响因素、空间集聚与竞争的关系。前两者的研究起始于 20 世纪 80 年代，阿什沃思（Ashworth）模型（Ashworth，1989）是对影响因素的定性分析模型的代表；2000 年以后由宏观规律探讨向微观规律、指导实践方面深化。国内研究主要体现在酒店空间分布特征、影响因素与扩张规律方面。

国外通过 Science Direct 等较为知名的数据库检索，与本研究篇名直接相关的研究基本没有，更多是酒店空间结构或城市空间结构的研究。而国内方面，通过关键词“酒店与城市空间结构协同演化”在知网、万方等国内知名的数据库进行检索，发现检索结果为零。缺乏相关的研究成果说明本文具有较大的学术意义。

总而言之，国内外学者对酒店空间结构和城市空间结构都有丰富的研究成果，包括其空间结构特征、影响因素和演化的过程等。但是，从现有文献看，几乎没有将两者结合起来探讨，既没有将酒店的空间结构分布及其演化放置于城市空间结构演化的大背景下来探讨问题，也没有从酒店空间分布演化的视角来看城市空间结构的演化。然而，酒店对区位选址十分敏感，与城市空间结构变化密切相关。深入研究酒店空间结构与城市内部空间结构的关系，分析城市空间结构重构的特征及趋势，对城市中心区功能疏解、多层次城镇体系建设、改善和优化城市空间结构及布局有重要的意义。

## 三、案例研究

### （一）厦门酒店与城市空间结构的静态特征分析

本章节以厦门星级酒店为研究对象，采用空间句法和阿什沃思（Ashworth）酒店分布模型，分析厦门酒店与城市空间结构的静态特征。本研究通过厦门市旅游政务网（http://www.xmtravel.gov.cn）行业管理专栏中公布的二至五星级酒店名录，截至 2015 年 12 月，厦门市共拥有 78 家星级酒店，其中岛内 64 家（含鼓浪屿）。

1. 厦门城市空间结构特征分析

（1）厦门城市空间分布现状

21 世纪以来，厦门市在城市空间布局上打造跨岛发展的框架，以组团式推进城市化建设，形成厦门本岛、岛外四大新城、小城镇三个层次功能互补、布局合理、特色明显的城市发展新框架。2014 年，厦门发布《美丽厦门战略规划》，明确了厦门市的城市空间布局，形成了海湾城市构想图，将拓展形成“一岛一带多中心”的空间结构，构筑“山、海、城”相融的空间格局（如图 1）。

（2）厦门城市空间特征分析

采用空间句法分析构建厦门岛城市空间轴线图，具体厦门城市空间轴线图如下：

图 2 直观上看，轴线颜色表现为从红到蓝，这代表着空间的便捷性逐渐减弱。2015 年厦门整个城市空间轴线图只有寥寥的几条；黄色线最多，其次是蓝色线条。红色线条代表着主干道，如嘉禾－厦禾路、仙岳路等，是连续性最强，便捷性最强的，空间尺度最大的空间，其他颜色线与其相交的数量也最多。图中也可看出，围绕着厦门市政府、湖里区中心布满众多黄色线，其便捷性次于红色线，它们既有长线也有短线，说明了街区中交叉点多、空间变化快，几步就构成一个新的空间。蓝色大都为短线，较多平行于红色线，这部分的空间便捷性最差，主要分布在东南部，以及沿岛外围。

空间句法的拓扑空间逻辑关系需要以轴线为核心的各种参数值来反映。这些参数包括连接值、控制值、集成度、可理解度等。

在 GIS 平台上，获得 2015 年厦门城市空间轴线图的相关数据，其中轴线数量共有 908 条，即整个厦门岛的城市空间被划分为大大小小的 908 个小空间。因轴线

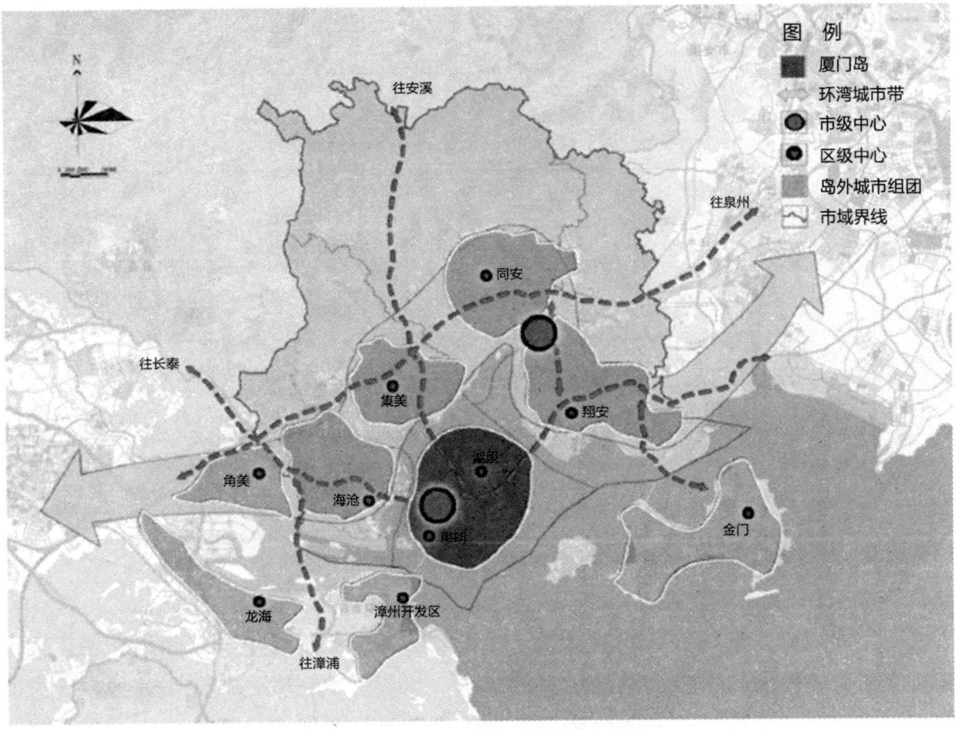


图 1　厦门大海湾城市空间布局图

资料来源：《美丽厦门战略规划》(2014 年)，厦门新闻网 http://news.xmnn.cn

图 2　2015 年厦门城市空间轴线图

资料来源：根据厦门地图自制

量较大，各轴线分析参数计算表格不一一列出，重点是选取厦门主干道包括嘉禾路、厦禾路、仙岳路、莲前路、湖滨南路进行详细说明（如表 1）。

**表 1　厦门核心轴线空间句法的各参数**

| Index | Connec-tion | Control | Total Integ-Ration | Total depth | Three depth | Integration | 道路 |
|---|---|---|---|---|---|---|---|
| 1 | 64 | 7.3435 | 3.4191 | 519 | 145 | 5.4587 | 仙岳路 |
| 2 | 64 | 6.9783 | 3.2096 | 629 | 106 | 4.4137 | 莲前路 |
| 3 | 32 | 4.6876 | 2.9827 | 667 | 89 | 3.7971 | 嘉禾路 |
| 4 | 28 | 3.8457 | 2.9453 | 745 | 74 | 2.6462 | 厦禾路 |
| 5 | 21 | 3.7325 | 2.8262 | 794 | 61 | 2.0108 | 湖滨南路 |

资料来源：根据 GIS 运算而得

在空间句法各参数中，集成度是一个关键参数。集成度反映的是某一城市街道与其他街道的集聚与整合运动经济流的水平，可测量某一轴线单元跟其他单元之间的拓扑可达性和渗透性。一般分为局部集成度和整体集成度，局部集成度指的是从某街道出发，经过 3 步，形成的范围的空间集成度；整体集成度则是经过 N 步所形成的范围的空间集成度。本文选择了局部集成度进行分析，具体公式：

$$I_i = \frac{1}{BRA_i} = \frac{m\left[\log_2\left(\frac{m+2}{3} - 1\right) + 1\right]}{(m-1)\,|D_i - 1|} \qquad \text{（公式 1）}$$

$$D_i = \frac{\sum_{d=1}^{s} d \times N_d}{m-1} \qquad \text{（公式 2）}$$

其中，$I_i$ 为空间集成度，$BRA_i$ 是实际相对不对称值；$D_i$ 是平均深度值。两个邻接轴线之间的距离为一步，从某一轴线到另一轴线的最少步数即为深度 d。s 是深度 d 的最大值，m 表示任意一轴线 i 步空间范围内的轴线总数，$N_d$ 是相对某一轴线深度为 d 的轴线数量，$D_d$ 则是系统 i 步空间内某一轴线至其他所有轴线的平均深度值。

表 1 显示，五条主干道中，仙岳路与莲前路（东、西路）的连接值相同，表示在整个城市空间中，这两条轴线的整合度或分离度最大，再结合控制值看，仙岳路大于莲前路，综合而言，仙岳路是整个空间整合度核心。总而言之，厦门岛内集成核心由仙岳路、嘉禾路、厦禾路、湖滨南路和莲前路（东、西路）五条交通主干道架构而成，城市空间以串联式为主，尚未形成密集的网状或环状结构，中间区域空间连接性较好，而岛东南及沿岛外围空间的便捷性较差。

## （二）厦门酒店空间结构特征分析

1. 厦门酒店空间分布现状

厦门岛内的星级酒店主要集中于西南部，西北－东南方向、西南－东北方向整体呈递减趋势。厦门岛南偏东部地区主要为山地，东北地区主要为工业用地，厦门市政府所在的西南地区是厦门岛的政治、经济、文化中心，可以说厦门岛内的南部地区是整个城市的商业、旅游、交通中心，人口密度大、流动性高，其酒店业发展较其他街道更为发达。

在研究厦门市酒店分布特征与规律的基础上，参考国外城市酒店分布规律，尤其是阿什沃思（Ashworth）的城市酒店分布模型，得出厦门市酒店分布模型（如图 3）。

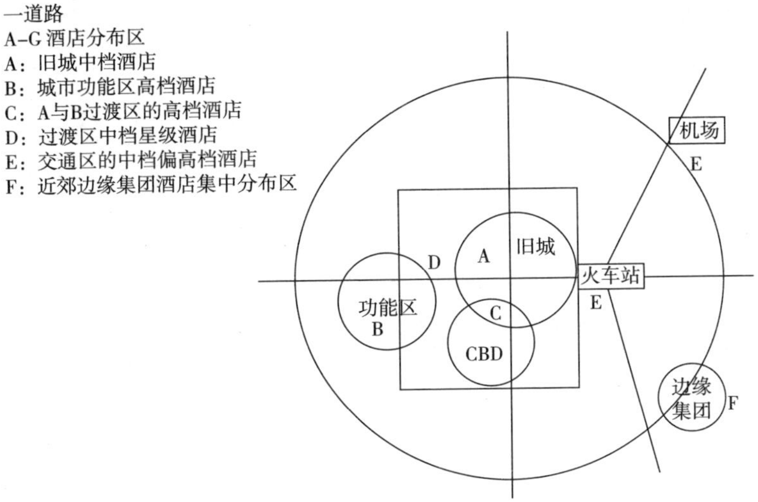


**图 3　厦门市住宿业空间分布模式**

资料来源：根据厦门资料自制

图 3 显示，以厦门城市结构为基础，简化了厦门城市空间结构，每种要素保留一种，从而形成的圈层式空间结构，包括中心区、边缘集团。图中的英文字母是指不同区位、不同类型的酒店集聚分布区。为了方便说明问题，本文在应用阿什沃思（Ashworth）模型时，暂时忽略分布密度较低的区域，重点研究酒店集聚分布区与各类型酒店分布区。具体为：A——旧城中档酒店；B——城市功能区内的高档酒店；C——旧城与 CBD 过渡区的高档酒店，D——中档星级酒店，在旧城与其他功能区的过渡区内；E——交通区位的中档偏高档酒店；F——近郊边缘集团酒店集中分布区。

2. 厦门酒店空间结构特征

（1）最邻近点指数

最邻近点指数 R 是用于判别点状物体空间分布情况的指标。它是克拉克

（Clark）和伊文思（Evans）在上世纪中期提出的一种距离统计指标，主要反映区域内点状物分布的模式。本文按照不同星级酒店，计算出其各自的最邻近距离指数（表 2 所示），各等级酒店中，三星级酒店的最邻近点指数 R ＜ 1，呈现集聚状态；五星级酒店、四星级酒店的 R 值略大于 1，严格上可以看成是呈现均匀分布状态；只有二星级酒店的 R ＞ 1，呈现随机分布，说明其离散程度较大。

表 2　厦门岛内各星级酒店最邻近点指数值

| 酒店等级 | r 实测 | r 理论 | 最邻近点指数 R |
|---|---|---|---|
| 五星级酒店 | 247.7146 | 238.34 | 1.039333 |
| 四星级酒店 | 193.8745 | 184.68 | 1.049786 |
| 三星级酒店 | 146.2348 | 166.92 | 0.876077 |
| 二星级酒店 | 562.0328 | 242.71 | 2.315656 |

资料来源：根据厦门资料测算

（2）集成度分析

本文利用空间句法，以 2015 年厦门城市轴线图为基础，增加不同星级酒店分布，分析目前厦门酒店空间上沿着轴线分布的情况。

图 4 显示了厦门星级酒店总体分布在仙岳路、嘉禾路、湖滨南路、厦禾路、莲

图 4　2015 年厦门星级酒店轴线图

资料来源：根据厦门资料自制

前路交通集成核心区域。这些区域的人流量和经济规模都较大，酒店分布在其周围，可到达性好，且识别度高，人流量有保证。

本文以各酒店半径为100m区域作为酒店道路轴线范围，以此确定所在空间的轴线集成度参数值（如表3所示）。从酒店所在空间的集成核心与城市空间集成核心对比来看，五星级酒店与三星级酒店重合度高一些，这两者的可达性更高一些，四星级酒店较弱，二星级酒店最弱。但具体来看，五星级酒店因环境因素，城市集成核心道路对其吸引力要弱于三星级酒店，分布在集成核心周边，而三星酒店则更分布在核心轴线沿线。

**表3　不同等级酒店所在空间的轴线各空间句法参数值**

| 类型 | 连接值 | 控制值 | 深度值 | 整体集成度 | 局部集成度（3步） |
|---|---|---|---|---|---|
| 五星级酒店 | 6.027 | 1.267 | 359.33 | 1.906 | 4.027 |
| 四星级酒店 | 3.868 | 1.038 | 437.46 | 1.614 | 2.468 |
| 三星级酒店 | 4.304 | 1.103 | 450.48 | 1.731 | 2.604 |
| 二星级酒店 | 3.201 | 1.004 | 581.58 | 1.025 | 1.834 |

资料来源：根据软件测算

（3）地理集中指数

本文采用基尼系数 (Gini) 对厦门酒店业空间分的均匀程度进行测定。经计算，Gini=0.983，分布均匀度 C=1−Gini=0.017。这说明星级酒店在岛内区域呈现地理上的集中分布，但其分布的均匀度低。

## （三）厦门酒店与城市空间结构的动态演化分析

1. 厦门城市空间结构演化分析

如前文所述，厦门城市发展过程中有五个关键节点，分别为1960年、1985年、1997年、2005年及2015年，本研究以此作为分析厦门酒店空间结构与城市空间结构协同演化分析的时间节点。厦门5个时间节点的城市空间轴线图如图5至图9所示。自1960年到2015年，厦门岛空间演化包括了面积的变化以及区域内可达性的变化。发展至今，厦门岛总体呈现以串联形式分布为主，未形成密集的网状或环状结构，但岛内总体可达性还可以。具体来看：

（1）1960年

1960年厦门岛城区主要集中在厦禾路、中山路、新华路等交通干道，但城区开始向东北、东南部拓展了（见图5）。

（2）1985年

1985年厦门城市空间同时存在中山路及周围的主城区与湖里经济特区双核心。

图 5　1960 年厦门城市空间轴线图

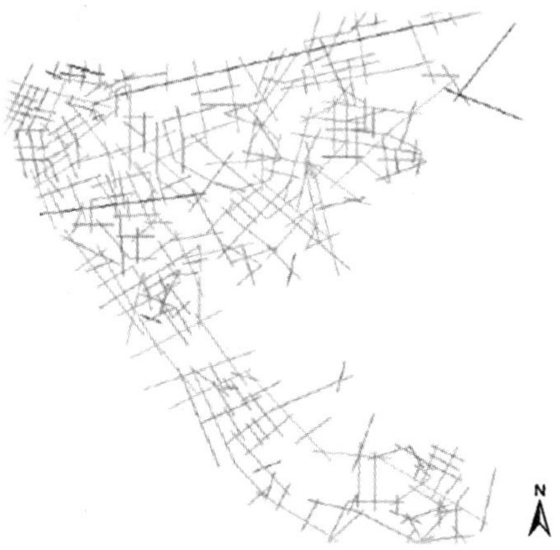

图 6　1985 年厦门城市空间轴线图

虽然该阶段的厦门城市空间仍以点式发展为主，但城市继续向北沿着鹰厦线、向东挺近岛中心，厦门城市空间将由点连成片，进入组团式发展阶段（见图 6）。

（3）1997 年

图 7 显示，1997 年的厦门城市空间形态相比 1985 年发生了翻天覆地的变化，整个城市空间核心开始集中到筼筜湖区域，以湖滨南路、厦禾路、湖滨中路为主。厦门城市空间形态椭圆形基本形成，城市空间发展由点连成片，进入组团式发展的趋势得到了印证（见图 7）。

图 7　1997 年厦门城市空间轴线图

（4）2005 年

对比图 8 和图 7，在城市空间范围上，变化不大，但是城市内部的集成度分布有了质的提升，城市集成核心区除了原有的筼筜区外，西北、东北部区域特别是金尚 - 殿前的集成度明显增强，后续随着万达等项目的引进，该区域将形成新的集成核心（见图 8）。

（5）2015 年

从 2005 到 2015 年，十年间厦门东北部集成度有了明显提高，特别是金尚 - 五缘湾区域的集成度提升最为明显，厦门城市空间的网络化发展日益复杂（见图 9）。

综合五个阶段，可以看出厦门城市空间的集成核心一直在筼筜湖周边，次集成

图 8　2005 年厦门城市空间轴线图

图 9　2015 年厦门城市空间轴线图

中心在金尚－五缘湾地带，整体呈现西部的集中与东部的分散并存的状态，东南部的开发零散进行，未能改变城市的集成核心位置。从道路走向看，以东西为高集成度的态势，南北走向欠缺的态势未有改变。

2. 厦门酒店空间结构演化分析

与已得出的厦门轴线图相结合，重新得出不同时间段下的厦门酒店空间分布图(如图 10 至图 14)。图 10 至图 14 呈现出厦门酒店空间演化方向与城市空间演化方向一致，由西南一路向东扩展。

(1) 发展缓慢的萌芽时期，酒店空间呈点状发展

厦门酒店业随着商贸业发展而兴起，在旅游业的带动下开始规模化发展。20 世纪 60 年代到 80 年代，厦门酒店零零散散，发展极为缓慢。但从酒店空间分布看，与该阶段城市空间发展是一致的，围绕着城市集成度较高的筼筜区域点状发

图 10　1960 年厦门星级酒店轴线图

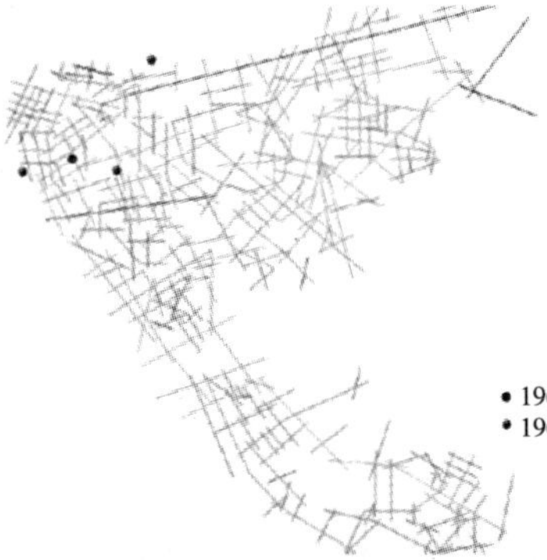


图 11　1985 年厦门星级酒店轴线图

图 12　1997 年厦门星级酒店轴线图

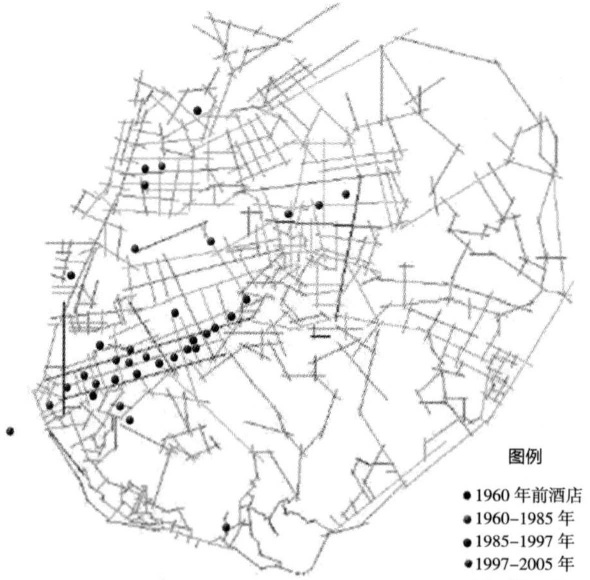


图 13　2005 年厦门星级酒店轴线图

展。此时，厦门酒店对城市空间的影响力微乎其微，无论是对城市形象的塑造，还是对周边环境的改善，都无法起到应有的作用。

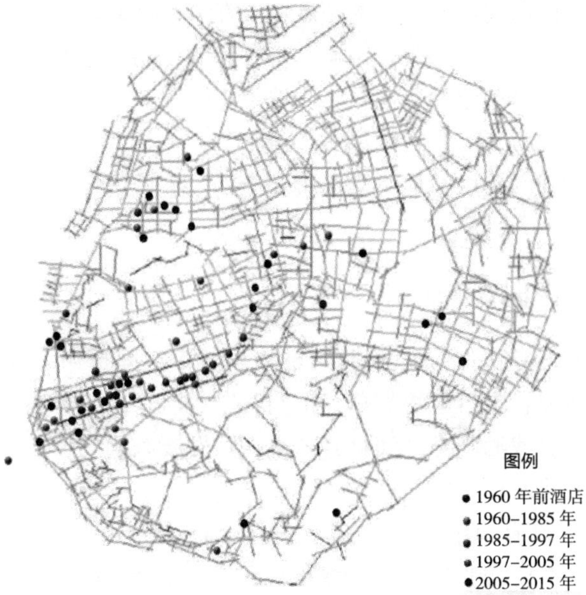


图 14　2015 年厦门星级酒店轴线图

（2）中档酒店快速发展时期，酒店空间呈现点状与组团式并存态势

厦门酒店业快速发展起来是从 20 世纪 90 年代开始的，涌现了大量中档酒店。酒店空间分布由筼筜区域往梧村地带快速延伸，点状发展也开始向组团式发展转变。这与厦门城市空间集成核心转移方向是一致的。同时，随着厦门酒店空间集成核心往梧村地带转移，以及酒店规模的快速发展，酒店业开始对城市空间产生了影响。

（3）高速井喷式发展时期，酒店空间组团式发展态势明显

图 13 显示，2005 年厦门酒店空间集成核心与城市空间集成核心保持高度一致，集中在：一是厦门城市老集成核心——筼筜区域；二是城市新兴区域——梧村地带。湖里城中心因湖里工业区、火炬高技术产业区和高崎机场的发展，空间上，酒店也由散点式向组团式发展。随着城市空间往东继续深入拓展，在松柏－江头一带也集聚了一些酒店。

（4）成熟稳定时期，酒店空间分布基本稳定

图 14 显示，厦门岛酒店空间在筼筜区域集成度进一步提高，梧村地带、松柏－江头地带组团式规模日益加大，集成度也有了一定的提升，而厦门岛环东海域的酒店有了量的突破，靠近观音山运营中心和软件园地带，包括五缘湾地带，随着城市空间集成度的提升，在该区域酒店空间集成度也有一定的提升。

该阶段的岛内酒店业竞争日趋激烈，空间发展日趋饱和，与城市空间发展呈现

出的趋势一致，厦门岛内酒店空间的拓展主要在东南部，沿着环岛路点式发展，以开拓新空间，这得益于思明区观音山运营中心和软件园二期两个区域的兴起。

总而言之，厦门酒店空间集成核心与城市空间集成核心保持较高的重合性，两者的迁移方向较为一致。二者之间如“鱼与水”的关系，城市空间是酒店赖以生存的基础，而酒店空间的集成又能优化周边环境，改善城市形象，进一步提升城市空间集成度。

### （四）协同演化格局分析

本文以前文划分的发展阶段为时间轴，将城市空间按照不同区域、不同主轴线、不同方向的标准，进行区块划分，把两者结合起来，分析酒店与城市空间演化格局的变化，探索寻找酒店空间演化对城市空间发展影响规律。

1. 不同区域酒店演化情况

本文以厦门市政府为中心，按照半径 5km 逐步向外扩展，形成两个同心圆，将厦门岛划分为两个区域。这两个区域从城市空间发展历程看，实际上就是厦门主城区的核心区与城市功能拓展区的关系，代表了城市空间演化的格局，基于此分析不同区域内酒店的演化情况。

以厦门市政府为中心，半径 5km 范围内的区域，为厦门岛的城市功能核心区，包含了城市空间集成度较高的几个区域：轮渡老城区、筼筜区域、梧村区域、松柏 - 江头区域和湖里中心地带；半径 5-10km 之间则为厦门岛内的拓展区，包括金尚 - 高崎、五缘湾等集成度相对较高的区域。根据时间节点，核算出该区域内新增酒店的数量与增长趋势，得出如表 4 所示。

表 4　不同城市区域不同阶段新增星级酒店数量

| 不同区域 | 1960 年前 | 1960–1985 年 | 1985–1997 年 | 1997–2005 年 | 2005–2015 年 | 合计 |
|---|---|---|---|---|---|---|
| 城市核心区新增酒店 | 1 | 3 | 14 | 14 | 21 | 53 |
| 城市拓展区新增酒店 | 0 | 0 | 1 | 3 | 7 | 11 |
| 合计 | 1 | 3 | 15 | 17 | 28 | 64 |

上表可见，无论是城市核心区还是拓展区，不同时期其酒店数量都是呈增长趋势的。2005–2015 年十年间，从增长绝对量看，核心区增长量远大于拓展区，但是从增长速度看，核心区增长速度为 61.54%，而拓展区增长了 130%。这说明了厦门岛的城市核心区酒店增长趋缓，区域内酒店饱和度过大，而城市拓展区已成为酒店扩张的主要空间，预计随着环岛路开发的深入，厦门岛内拓展区内的酒店数量将进

一步增长。

2. 不同主轴线酒店演化情况

根据前文城市空间轴线集成核心的结论，本文以其为基础，分析仙岳路、厦禾路、嘉禾路、湖滨南路和莲前路五大主轴线酒店演化的情况，如表 5 所示。

**表 5　不同主轴线不同阶段新增星级酒店数量**

| 主轴线 | 1960 年前 | 1960–1985 年 | 1985–1997 年 | 1997–2005 年 | 2005–2015 年 | 合计 |
|---|---|---|---|---|---|---|
| 仙岳路 | 0 | 0 | 0 | 1 | 5 | 6 |
| 厦禾路 | 1 | 2 | 5 | 6 | 6 | 20 |
| 嘉禾路 | 0 | 0 | 1 | 5 | 6 | 12 |
| 湖滨南路 | 0 | 0 | 4 | 5 | 3 | 11 |
| 莲前路 | 0 | 0 | 3 | 1 | 2 | 6 |
| 合计 | 1 | 2 | 13 | 18 | 22 | 54 |

上表显示，厦禾路是新增酒店数量最高的轴线，嘉禾路次之，两者之和占比高达 59.25%，这说明了厦门酒店增长中心是沿着厦禾 - 嘉禾路城市核心干道由西向东逐步往外移动的。从不同阶段看，2005 年以后，嘉禾路新增酒店增长快于厦禾路和其他轴线，这得益于嘉禾路周边的集成度不断提升，区域可达性日益增强，是酒店选址的重要因素，同时厦禾路周边日益饱和，可选择的空间非常小、地价增长过快，导致酒店布局空间往外移动。

3. 不同方向酒店演化情况

以厦门岛江头为中心，按照东南西北，将厦门岛划分为四个象限：第一象限为东北部，第二象限为西北部，第三象限为西南部，第四象限为东南部。以此为空间基础，分析厦门酒店不同方向的演化情况，具体如表 6 所示。

**表 6　不同方向不同阶段新增星级酒店数量**

| 方向 | 1960 年前 | 1960–1985 年 | 1985–1997 年 | 1997–2005 年 | 2005–2015 年 | 合计 |
|---|---|---|---|---|---|---|
| 第一象限 | 0 | 0 | 0 | 2 | 1 | 3 |
| 第二象限 | 0 | 1 | 2 | 3 | 7 | 13 |
| 第三象限 | 1 | 2 | 13 | 12 | 15 | 43 |
| 第四象限 | 0 | 0 | 0 | 0 | 5 | 5 |
| 合计 | 1 | 3 | 15 | 17 | 28 | 64 |

表 6 显示，各个时间阶段，厦门酒店空间演化以西南部为主，1997 年以后，

西北部开始演化，离老城区的距离逐渐增大，从 2005 年以后，才开始向东南部发展。总体看，厦门市新增酒店扩张仍在西南、西北部，东南部扩展非常弱，这一演化方向与城市空间演化方向一致。

### （五）协同机制分析

1. 协同演化影响因素

两者的协同演化呈阶段性发展的关键动力在于各自所包含的规律性，特别是技术创新、经济发展水平提高，从根本上促使酒店空间与城市空间的协同演化不断从较低阶段向较高阶段递进。影响因素具体包括：

（1）交通因素

交通可达性对城市空间扩展与酒店空间集聚的影响是直接而明显的。对于城市空间而言，厦门作为岛城，交通对城市空间结构演化的影响尤为凸显。厦禾路与嘉禾路主干道的建成，直接打通了厦门旧城与其他区域的联系，不断促使湖里区城市化；火车站点的投入使用，为梧村带来了巨大的人流，使得梧村区域逐渐成为城市中心点。这些都显而易见表明交通对城市空间结构演化的作用。从某种程度上看，城市空间结构的演化就是城市交通网演化的缩影。

对于酒店空间而言，交通可达性是酒店空间结构形成与演化的重要因素。为了要吸引更多顾客，酒店布局要接近更多潜在客源的位置，例如景区、CBD、商业中心、交通站点等服务设施周边。因此当交通因素产生变化时，往往会带动客源集聚区域的转移，由此对酒店空间布局产生影响。

交通对城市空间和酒店空间二者的影响过程在于，交通网的变化带动了城市中心的转移或扩散，由此引发人口聚集区域的变化，酒店趋于更多潜在客源地的特性，使得酒店整体空间布局必然跟着产生变化。

（2）经济发展因素

城市经济发展水平的影响。对于城市发展而言，城市空间是城市经济发展的物质载体，当经济发展起来，必然带动城市空间结构的演化。设立厦门经济特区后，厦门由一个小渔村逐步发展成为工业化和城市化水平较高的现代化城市，进而促使厦门岛由单一中心模式向组团式的城市空间结构格局演变。

对于酒店而言，城市经济发达、旅游业繁荣为城市带来巨大的人流、物流和资金流，吸引众多酒店项目落地，直接影响了酒店空间布局。随着厦门城市经济的发展，城市化水平的提高，交通基础设施的大量投入，提高了交通可达性，城市对周边的客源吸引力大大提高，酒店规模快速增长，集聚形成了酒店空间布局新的形态。

城市产业结构调整的影响。除了城市经济发展的影响外，城市产业结构的调整对酒店空间和城市空间的演化都产生了深刻的影响。在厦门城市发展历程中，湖里工业区的变化最能说明产业结构对城市空间布局的影响。湖里工业区是厦门第一个工业区，直接带动了周边商业、住宿业的发展，而商务往来的快速发展，也带动了周边酒店业的发展，成为厦门最早的酒店空间布局区域。但随着工业向岛外转移，湖里工业区逐渐萎缩，周边商业、旅游等都受到极大的冲击，城市中心向五缘湾等新商业、旅游、住宅区转移，也导致了酒店空间结构的调整。

（3）政策因素

政策因素对城市和酒店空间布局的调整有着极强的关系。具体包括城市总体规划、行政区域调整、土地制度。因厦门行政区除 2003 年进行过大区调整外，此后都相对固定，暂不作为影响因素。

城市总体规划。城市总体规划确定城市交通建设、商业聚集点设置、旅游景点的建设等，这些直接决定了城市空间和酒店空间演化的走向。1980 年以来，厦门先后进行三次大的城市总体规划调整或修编，总体上更加契合城市空间和产业发展趋势，组团式发展日益成型。城市规划的调整或修编直接带动了厦门岛城市中心调整，从中山路一带的单一核心，不断产生新的核心区，包括松柏－江头一带、梧村火车站－莲坂商圈、五缘湾等。

对于酒店而言，其对区位的敏感性强，选址趋于选择更多潜在客户的特性，直接决定了酒店空间布局与城市工业、商业、行政管理等功能布局有着极为紧密的联系。这也就意味着城市总体规划制约着酒店空间格局的形成与演化。

城市土地制度。对于城市发展而言，我国土地有偿使用制度建立后，土地配置成为了城市空间结构演化的活跃影响因素。目前厦门岛内的土地供应极为紧缺，除了拆迁外，几乎没有新的土地可供开发使用，因此城市空间结构演化受土地制度的影响更为凸显。

对于酒店而言，城市地价水平是影响其空间布局的最重要因素之一。酒店业内不同规模、级别对地价承受能力的差异，直接导致了酒店空间结构演化的产生。厦门岛内酒店在筼筜湖－白鹭洲一带聚集，这是厦门传统的地价峰值区，因此高端酒店几乎都聚集在此，而湖里区以工业为主，地价涨幅较小，中等酒店布局较多。

### （六）协同演化作用机理

1. 酒店与城市空间结构演化的耦合关系分析

城市是时代的产物，其发展受自然、经济等多重因素的作用，表现为城市形态和空间结构的重新整合。综合而言，研究各类因素对城市空间结构演化作用机制，经济因素是主导作用，可以说城市的扩展是在经济发展动力下的空间移动。酒店业作为城市经济的重要组成部分，是其载体之一，其空间结构的演进是推动城市结构变迁的核心动力。从二者的空间结构演化内容看，酒店空间结构演化主要体现在酒店企业数量规模的扩大、酒店业整体水平提升以及产业结构内部转换，以此实现酒店业内各种生产要素的重新配置，从而不断提升酒店业竞争力；而城市空间结构演化包括了城市规模、地域结构、职能结构等的变化。

历史发展经验也表明，当酒店空间结构演化和城市空间结构演化产生良性互动和耦合效应后，对城市发展的推动力远远大于二者作为孤立的过程各自产生的推动力。因为酒店与城市空间结构演化的协调发展有利于优化资源配置，在推动酒店业自身升级的同时，有效地促进人口的集聚，增加就业与收入，发展出新的城市商业区及经济新增长点。可以说，通过某些中间力量，两者构成一个互相促进、有着明显耦合型和协同性的关系。

(1) 酒店空间调整对城市空间演化的作用

酒店数量扩张有利于城市空间新的增长区域的产生。酒店业集合了居住、娱乐、餐饮等城市功能，甚至随着商业综合体的发展，又增加了上游办公、交通等功能，并且这些功能在城市空间中实现高效整合，形成城市新兴产业。在国际上，高星级酒店是衡量一个城市旅游业发展的首要指标，也是检测一个地区经济发展水平的标尺，直接影响城市房地产、商业的发展。一方面是酒店的消费群体短时间内大量集聚，无论是本地居民还是外地消费者，其市场需求巨大，人口效应对周边经济的带动作用非常明显，客观上刺激形成了城市新的集聚区域。这从城市改造新模式中也可略见一斑，目前城市旧城改造采用较多的模式是商业综合体的形式，这些城市综合体大部分配置了酒店，特别是星级酒店，说明了以酒店为核心的综合体对城市发展具有较大的促进作用。

另外，高星级酒店的选址，也是具有非常严格的考量标准，当其认可城市某些区域具有良好的发展潜力时，将酒店项目设置在此，能带动其他行业对该地段的信心，提高人口对该区域的预测值，从而带动各行各业的资源集聚，从而共同加快城市发展，改变城市空间布局。

酒店业整体水平的提升直接带动城市经济发展。酒店空间优化是酒店业发展的映射，而酒店业发展本身带动了城市就业的增长、城市第三产业增加值的增长，以及城市固定资产投入的增长，这些对城市建设投入水平和居民消费水平的提升都有直接的带动作用，体现为城市三大产业空间调整、新的商业空间出现等。学者班文婧（2012）对城市酒店业与城市发展的关联性进行实证研究，结果表明长期看，酒店业规模与生产总值、居民消费水平、旅客周转量、旅游收入等具有高度相关性，酒店业对城市发展，特别是经济的拉动具有显著的作用，因此要注重酒店业的长期发展，以促进城市整体的进步和经济水平的提升。

酒店空间转换促进城市功能转变。酒店空间转换意味着行业内生产要素的重新配置，酒店新兴业态不断发展，创新活动力度不断加大，且酒店具有投资资金大、回报周期长的特点，特别是星级酒店，短时间内投入大量资金，建成后，一方面有利于提升城市核心区的商务、旅游、贸易的功能，是优化城市功能的重要途径；另一方面对城市的经济具有很好的刺激作用，对解决当地就业也有较大的帮助。同时，一些高星级酒店本身资金实力雄厚，并且有成熟的营销模式，擅长于通过一系列的国际推介会、博览会加大对酒店的推销，这在塑造酒店品牌的同时，也是对城市形象的展示，对城市美誉度的提升具有良好的促进作用。而酒店本身的存在，又能大大提升城市的接待能力，能满足不同档次的消费需求，刺激当地商贸业和旅游业的发展，有利于城市功能转变。

酒店空间结构调整优化了城市用地布局。酒店空间结构的演化实质是生产要素由低效率部门向高效率部门流动，土地、资本、劳动力等生产要素的流动必然引发城市用地的变化。从厦门岛内城市发展历程看，随着酒店业及其他旅游服务业的进一步完善，城市工业、仓储用地比重明显减少，公共服务设施用地增加，城市环境得到极大的改善，例如厦门近几年绿地覆盖率不断提升，国际花园城市特色更加凸显，居住环境质量明显提升。

（2）城市空间发展对酒店空间结构演化的作用

城市规模影响着酒店需求总量。城市空间演化过程实质上是城市人口规模、用地规模、经济规模等的变化过程，这正是酒店发展的载体。酒店作为服务业特性，必然要倚重于城市总量在一定范围内进行的布局优化与资源的整合。从上文分析结论也可看出，当厦门城市空间不断扩大，酒店空间整体也呈现出扩大的趋势，其得益于厦门城区交通条件不断改善，新的商业点不断涌现。

城市地域结构调整强化了酒店空间选择。城市地域结构是城市体系内中心区域、次中心区域等密度不同的区域空间布局，包括了稠密程度、聚集联系情况、发展轴线和方向等。其最为直接的反应为土地价格的变动。土地价格的变化把城市空间与酒店空间结构的演化紧密联系在一起，它作为中介作用，在城市发展中产生了聚集效应；酒店布局趋于更多客源的选择，聚集成为酒店空间布局的重要影响因素之一，它体现为酒店在城市聚集下，可享受更多客源、更好的服务实施，降低了客源的搜索成本，提高酒店的接受度。再者，酒店对区位敏感性强，土地价格对酒店选择有着举足轻重的作用，对酒店空间布局产生了一定的影响。土地价格又直接体现了城市内部空间结构特征，单中心城市其土地价格由市中心向外围递减，当城市多中心产生时，土地价格可能由中心向外围呈波浪式变化。这种变化过程与酒店空间结构演化是吻合的。

城市化水平提升带动酒店空间结构调整。酒店企业对区位的选择因不同阶段而有不同的偏好，但是城市化水平是其“门槛”。城市化水平高低直接决定了酒店赖以生存的交通设施、城镇人口、公共服务品，特别是郊区城市化与城市空间结构优化为酒店提供新的可选择的区位，也就促成了酒店整体空间布局扩展或者转移。厦门岛外新城建设带来了酒店空间结构重构就是最好的例证。2002 年以前，厦门市城市中心都在狭小的厦门岛，酒店空间结构与城市空间高度吻合，都是分布在岛内，岛外星级酒店少之又少；随着岛内外一体化战略的实施，同安新城、集美新城、海沧新城和翔安新城的建设，岛外各类酒店蓬勃发展，厦门酒店空间结构从岛内外严重失衡，发展为两者区域平衡。可见，城市化水平的提升极大有利于酒店空间结构的优化。

2. 酒店与城市空间结构协同演化互馈模型

（1）互馈理论模型构建

如前文分析，从厦门城市发展历程看，每个阶段都能观察到酒店规模和布局的相应变化，而城市酒店空间布局调整，对周边人口、商业、地价等的直接影响，又对城市空间演化产生反作用力。因此，酒店空间与城市空间之间存在着复杂的互馈关系。这种相互作用的关系表现在城市空间演化为酒店提供更好的公共设施、新的商业集聚区、旅游景点不断增加等条件，为酒店业的发展提供良好的基础条件；而酒店空间演化对人口聚集、区位地价的抬高等会对城市空间演化产生重要影响。

但影响酒店空间与城市空间协同演化的因素复杂，主要有交通因素、经济因素、政策因素，这些作为外部力量直接作用于内部，与酒店和城市自身发展动力共同作用，促进二者的相互影响、相互作用，共同发展。综合上文酒店空间结构与城市空间结构协同演化的影响因素分析，结合酒店和城市发展自身的动机，建立两者之间的互动关系模型。本研究认为二者之间存在着复杂的互馈关系，其具体模型如图 15 所示。

（2）互馈模型实证分析

为进一步了解酒店空间结构与城市空间结构之间互馈关系的程度，本研究选择根据演化和协同演化理论研究，引入 Lotka-Volterra 模型协同演化路径进行实证分析。

首先假定外部环境不变，则只有酒店空间结构与城市空间结构，当两者单独存在时，其演化规律满足 Logistic 演化规律。因此，可设 $x_1$（$t$）、$x_2$（$t$）分别是酒店空间结构内酒店数量，以及城市空间结构内的城市中心数量，$r_1$、$r_2$ 分别是其固有增长率，$N_1$、$N_2$ 分布是酒店空间和城市空间单独存在的最大容纳量。采用因子 $(1-x_1/N_1)$ 表示相互影响的效应。由此可将两种协同演化实证模型表达为：

$$f(x_1, x_2)=\frac{dx_1}{dt}=r_1x_1\left(1-\frac{x_1}{N_1}-b_1x_2/N_2\right) \quad \text{（公式 3）}$$

$$g(x_1, x_2)=\frac{dx_2}{dt}=r_2x_2\left(1-\frac{x_2}{N_2}-b_2x_1/N_1\right) \quad \text{（公式 4）}$$

式中，比例系数 $b_1$ 和 $b_2$ 表示酒店空间和城市空间相互关系的程度。

根据收集的 2004-2014 年厦门岛的酒店规模和厦门岛内商业中心数量，确定 $x_1$ 与 $x_2$ 值，而固有增长率 $r_1$、$r_2$ 选择 $r_1$=0.04，$r_2$=0.02 水平下。根据王亚南经济研究院院长洪永淼的研究结果，到 2030 年厦门人口承载力 907 万人，因此目前岛内的人口密度，厦门岛内最大承载量预测值确定为 400 万（见表 7）。

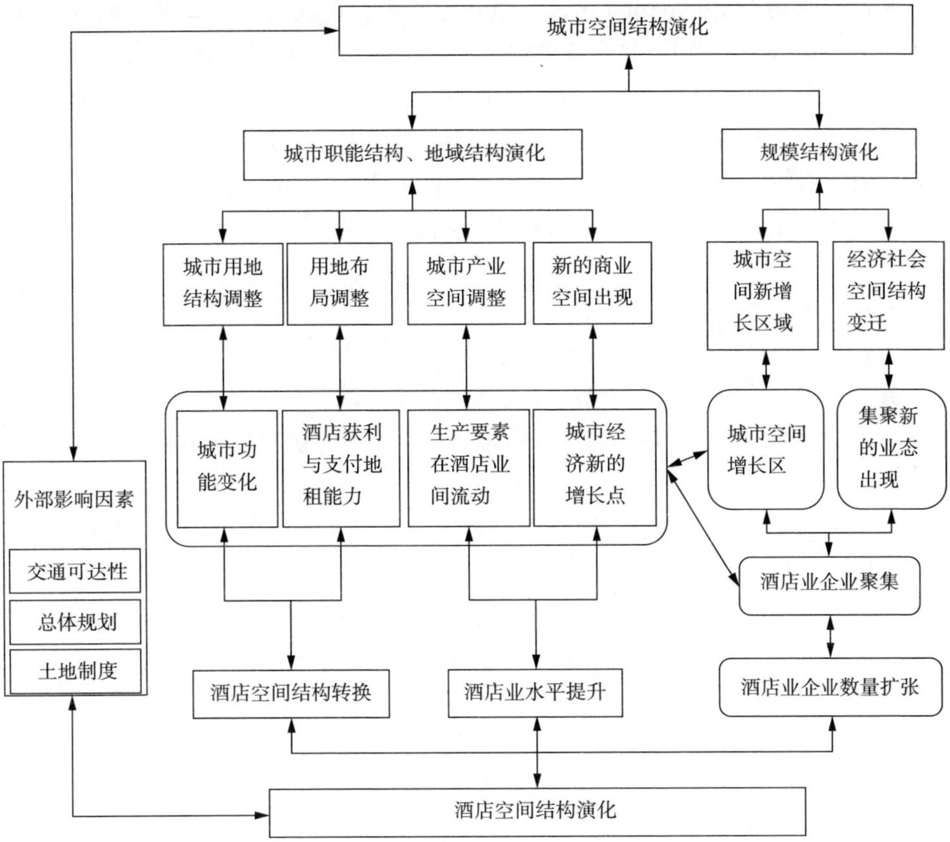


**图 15　酒店与城市空间结构协同演化互馈模型**

资料来源：根据本研究分析自制

**表 7　厦门岛酒店空间结构与城市空间结构协同演化实证分析参数**

| 年份 | 2005 | 2006 | 2007 | 2008 | 2009 | 2010 | 2011 | 2012 | 2013 | 2014 | 2015 |
|---|---|---|---|---|---|---|---|---|---|---|---|
| 厦门岛内星级酒店数量（家） | 62 | 63 | 66 | 68 | 73 | 74 | 75 | 76 | 77 | 77 | 78 |
| 厦门岛商业中心数量（个） | 3 | 7 | 7 | 8 | 8 | 8 | 9 | 9 | 10 | 10 | 10 |
| 厦门岛最大容量预测值 N（万人） | 400 | | | | | | | | | | |

资料来源：厦门市统计局 http://www.stats-xm.gov.cn/2014/main0.htm；
厦门商业中心参考厦门旅游局官网 http://www.visitxm.com/

其次，采用 Mathematica 仿真工具进行模拟，以获得相互关系系数 $b_1$ 和 $b_2$，分别为 $b_1$=−0.3，$b_2$=−0.1。这意味着酒店空间结构与城市空间结构之间具有互利共生关系，两者在协同演化中可受益。当酒店空间结构在扩展时，城市空间商业中心数量也在增大；而城市空间扩展，酒店也能得到扩大，两者不断在这种互利共生关系中沿着“增长——达到新状态下平衡——再次增长”轨迹不断促进。这一实证研究分析结果，支持了本研究理论分析得出的酒店与城市空间结构协同演化互馈的关系。

3. 协同演化路径分析

（1）酒店数量扩张与城市规模结构协同演化路径

城市空间结构演化在规模结构方面具体表现为城市人口的增长和城市化水平的提高。从前文厦门城市发展历程中，可以看出在演化的初期和中期阶段，厦门岛中山路 - 轮渡中心城区的人口增长和城市化水平都远远高于白鹭洲 - 筼筜湖、松柏 - 江头、梧村火车站等次中心。但是无论是中山路 - 轮渡一带，还是白鹭洲 - 筼筜湖等区域的快速发展，其人口增长和城市化水平的提升，一是酒店业发展提供了大量劳动力人员、资金等生产要素与发展机遇；二是极大增加了对酒店产品与服务的需求。数据也显示，2000−2014 年间，厦门市人口均处于净流入的状态，常住人口从 205 万人，增加至 381 万人[①]，增长了 1.85 倍，这还是在厦门执行严格的户口政策的情况下增长的。再者，随着厦门旅游业的快速发展，旅游资源开发力度不断加大，也间接带动了同安、翔安、海沧和集美各区城郊的城市化，各区游憩点和环东海域海洋游憩带的建设，不断扩大了厦门市民节假日出行消费的需求，为酒店企业数量的扩展带来了直接的刺激。因此，厦门市大量外来人口的流入、城郊城市化水平的进一步提升，促进了城市规模结构的演化，直接带动了酒店企业数量规模的快速扩张，推动酒店业结构演化。

反过来，酒店企业数量扩张的规模效应也带动了周围商圈的快速发展，形成人口集聚区，促进了城市化水平的提升。酒店业作为第三产业中的支柱，对城市发展起着非常重要的作用，目前最为明显的是城市商业综合体的发展模式，通过“一个知名酒店 + 百货 + 超市”的模式，将城市居住区进行空间上的扩散。再加上城市交通可达性的提高，汽车普及率的提升，新的专业城市商业综合体在城市外围形成了扩散并重新集中，围绕着城市中心区发展为带状的城市新的发展区域，成为城市的次中心区域。在厦门岛城市发展历程中，这种模式的作用尤为明显。湖里区是设立厦门经济特区后才快速发展的城市中心区域，在以悦华等酒店为代表的商业圈的带动下，特区政府附近成为居民选择的新去处，大量房地产项目发展起来，商业氛围日益浓厚，逐渐成为人口稠密的居住区。

① 厦门市统计局 .2015 年厦门经济特区年鉴 . http://www.stats-xm.gov.cn/2015/main0.htm.

酒店企业数量扩张对城市规模结构的促进作用，在经济原理上的解释是：当酒店企业获得规模经济和外部经济选择聚集在城市某区域发展，当大量的劳动力和资本涌入该区域时，酒店企业和生产要素的集聚又进一步吸引着更多的经济活动和人口向其流动，而经济活动和人口的流入，推动了市场规模的扩张和辐射半径的扩张，促使该区域成为城市新的增长区。这种集聚效应在一定时期内必然促进城市规模的扩展和城市经济的发展。但是，城市资源是有限的，当该区域成为城市新增长区域时，酒店要支付的土地租金会大幅度上涨、人力成本提高，这些因素使得酒店业发生了规模不经济的问题，部分酒店企业因无法承担地价、人力成本，开始选择新的区域，以获得更优质的规模效应，又形成城市新的集聚区。周而复始的循环，对城市空间而言，就是规模结构的不断梯次扩大的演化现象。

（2）酒店业整体水平提升与城市地域结构协同演化路径

城市地域结构是城市不同功能区的分布和组合所形成的空间结构，反映了城市不同等级稠密程度、聚集联系情况、发展轴线和方向等问题。其具体的结构模式有同心圆模式，即城市形态集中紧凑，城市功能区为以市中心区为核心呈现同心圆形状；扇形模式，即城市各功能区呈现扇形向外扩展；多核心模式，即城市并非单一核心发展，而是围绕着多个核心形成了商务区、住宅区、工业区、郊区等。这几种模式，都是城市地域结构的演化结果，是城市规模不断扩大，先进技术不断向外传递的结果。正是这种高生产效率和技术水平不断向低的区域传播的城市地域结构演化规律，促进酒店业整体水平逐步提升，使得酒店空间结构不断向更高层次优化与演进。

酒店业整体水平提升也促进了城市地域结构的演化。当酒店业整体水平较低时，对城市发展影响较小，但随着酒店业分类的细化，不同类别酒店业资本、生产效率不断向更高层级发展，对与酒店业相关的产业产生直接的带动作用，产业之间的依存度大大提高，不仅带来生产效率的整体提升，也提高了对劳动力的吸纳能力。再加上，酒店固定资产投资也是城市社会固定资产投资的重要组成部分，对城市现代化服务设施水平的提升也有直接的带动作用，因此当酒店进入城市较不发达的区域时，这种新技术、大量资本的集中投入，会大大刺激该区域的发展，城市中心区域与次中心区域之间的经济联系将更为密切，甚至形成城市新的区域发展轴，带动城市地域结构向新的方向演化。正是看到了酒店整体水平提升对城市地域结构演化有带动作用，厦门在建设翔安新城、海沧新城、集美新城和同安新城时，就下大全力引入国际知名酒店落户厦门，例如同安丙州现代化基地的五星级酒店项目，目前该项目已经开工建设，计划以此逐步带动该现代化服务基地发展成为厦门新的次中心区。

（3）酒店空间结构转换与城市职能结构协同演化路径

城市内不同区块其自然禀赋、区位条件、经济实力都有差异，之间作用此消彼涨，就决定了城市发展过程出现职能结构的演化。根据比较优势理论，在城市中，需要根据自身的优势，在城市不同区域内进行分工。中心区往往聚集着先进的技术、充裕的资金和优秀的人才，由此该区域会充分利用这种优势发展高级服务业，而次中心区域则根据其特色和优势，起着承上启下的作用。对一个城市而言，中心区往往发挥着带动城市职能转变的作用。这种城市职能结构演化的规律，往往在城市总规划中得到体现，通过土地用途的调整，把工业用地逐步往外布局，城市中心以商业用地为主。目前，厦门以服务业为核心职能的城市定位，逐步转化厦门岛的职能布局，包括软件信息服务业、旅游服务业、物流服务业、金融服务业，其中酒店业纳入旅游服务业内，以此带动厦门岛向服务为主的职能转变。而岛外四个组团，除了工业用地布局外，重点在条件优越的海湾区域进行现代服务业布局，以带动四个组团的职能结构调整。厦门这种职能结构调整，直接为酒店空间结构转换创造了条件，岛内外的酒店空间布局更加合理。

反过来看，酒店空间结构转换也伴随着资本重新配置、劳动力和生产技术的转移，实现了产业内的梯度转移。根据产业梯度转移理论，创新活动是决定区域发展梯度层次的决定性因素，酒店空间结构转换把这种创新度由城市中心区向周边扩散。厦门市一直将酒店业作为旅游服务业的重点之一，在用地上给予倾斜和支持，以引进国际知名的酒店管理公司，通过共建或租赁等形式，加快优化酒店业的布局，这些举措不但带动了旅游服务能力的提升，提高了本地居民和外来游客的满意度，更重要的是这种高层次的生产效率、资本的引入，对厦门城市向服务城市职能转变起着引领作用。

总之，当酒店业整体水平升级时，这种高能量聚集引发了城市形态结构中节点要素的变化；而当酒店空间结构调整时，会引起城市用地布局和结构的联动性调整，从而促使城市结构中流线和网络的功能性要素的变化，由此促成酒店与城市空间结构协同作用构成了一个客观的系统，最终呈现出协同演化的结果。

## 四、结论与讨论

### （一）结论

1. 厦门岛西南、西北方向是厦门市城市化水平最高的区域，集成核心为筼筜地带、梧村地带、湖里中心区域、金尚 - 五缘湾地带等，主要分布在仙岳路、厦禾路、嘉禾路、湖滨南路和莲前路周边。可以说，西南、西北方面的城市空间向外拓展趋于饱和，未来更多的是区域内部的完善。但是，值得关注的是厦门岛城市空间并未如目前普遍认为的完全没有发展空间，从城市空间轴线图看，东南、东北方向集成度较低、可达性较差，仍有可拓展和可提升的空间。

2. 将厦门酒店阿什沃思（Ashworth）分布模型与阿什沃思（Ashworth）理论模型相对照，酒店区位类型较为一致，但厦门市有自身的特色，多了几个区位。从空间句法分析看，厦门酒店的空间集成核心主要分布在中山路老城区地带、筼筜湖周边区域、梧村地带、松柏－江头地带以及湖里中心区域，并且沿着厦门城市主轴线分布。

3. 城市空间拓展影响了酒店区位选择，带动了酒店空间变迁。从前文分析中，发现随着城市空间集成核心的转移，酒店空间呈现与城市空间拓展方向的高度重合。

4. 酒店空间的开拓有利于塑造城市空间结构。依据厦门酒店空间结构与城市空间结构协同演化的分析结论，结合厦门酒店业发展与城市发展史，总结出了厦门酒店空间的开拓或演化对塑造城市空间结构有正面的促进作用。

### （二）建议

1. 加强城市发展规划，确保城市空间有序发展。首先，全市统筹规划，形成整体的空间布局，确保各行政区的城市建设在同一蓝图指导下进行，实现空间集约有序发展，而不是各自为政。其次，强化“多规合一”，项目落图，提高土地利用率。

2. 引导不同类型酒店合理布局，带动厦门城市新区的发展。首先，通过政策鼓励和引导带有酒店的城市综合体项目落户岛外新城区。其次，要根据海沧、集美、同安、翔安四个新城的特点，合理布局带有酒店的综合体项目。

3. 加快交通网络建设，提高城市可达性。首先，完善城市交通基础设施。其次，推动智能交通发展。

4. 酒店业应抓住厦门城市空间重构与郊区化机遇，寻求新的发展空间。首先，酒店企业可开展收购或兼并重组，整合岛内的酒店空间分布，降低酒店产品的同质性，提高岛内酒店集聚区的异质性，形成良好的分工秩序，优化岛内酒店的空间结构。其次，抓住厦门岛外四大新城的发展机会，加快布局岛外的业务。

## 主要参考文献

Ashworth G. J. 1989. Accommodation and the Historic City. *Built Environment*, 15(2): 92−100.

Ashworth G. J. 1989. Urban Tourism: An Imbalance In Attention. In Progress in Tourism. *Recreation and Hospitality Management*, (1): 33−54.

Donna Jo Napoli. 1993. Syntax−Theory and Problems. *USA: Oxford University Press*.

Hillier B. 1984. The Social Logic of Space. Cambridge: Cambridge University Press.

Hillier B. 1999. Space is the Machine-A Configurationally Theory of Architecture. Cambridge: Cambridge University Press.

Noam Chomsky. 2002. Syntactic Structures. *Berlin: Walter de Gruyere*.

Ritter, W. 1986. Hotel location in big cities, in: F. Vetter (Ed.). *Big City Tourism*, (56): 355-364.

Wall, G., D. Ddycha and J. Hutchinso. 1985. Point Pattern Analyses of Accommodation in Toronto. *Annals of Tourism Research*, 12(3): 603-618.

## 点评

该文对国内外相关领域文献进行翔实的梳理，由此发现了重要的研究空隙，即“从现有文献看，几乎没有将两者结合起来探讨，既无将酒店的空间结构分布及其演化放置于城市空间结构演化的大背景下来探讨问题，也没有从酒店空间分布演化的视角来看城市空间结构的演化”。该文对厦门的城市空间结构和酒店空间结构进行了历史性梳理，对于理解厦门的酒店和城市的空间结构演化规律，指导未来的空间结构规划有直接的应用价值。

该文采用空间句法和阿什沃斯（Ashworth）酒店分布模型为研究方法，首先分析厦门酒店与城市空间结构的静态特征，再进一步分析酒店空间结构与城市空间结构的协同演化。在分析协同演化过程时，对影响因素、作用机理、耦合关系、路径分析等多方面进行了详细的分析，对酒店空间结构与城市空间结构的协同演化有较深刻的认识。

在数据来源和数据分析方面，该文的工作也十分扎实。在数据来源方面，作者选取了可靠的数据源。在数据分析方面，作者借鉴了许多有力的量化分析工具，并对分析结构进行了可视化的处理和呈现，有助于深入把握案例地的酒店空间格局和城市空间格局。另外，作者使用的空间句法，对剖析空间结构而言，非常合适，说明作者所选取的分析方法能够有效地为研究目的服务。

本文可以改进的方向在于基于研究获得的政策建议可以更加充实、更具有操作性。

# 厦门星级酒店效率评价及优化

罗　兰[①]

**摘要**：酒店业作为旅游业的支柱产业，其效率已经引起每一个管理业者的关注。如何评估酒店业的效率，也已成为旅游业一个重要的研究领域。本文引入数据包络分析方法，通过数据包络分析法中的CCR模型，以厦门市的星级酒店为例，从《厦门经济特区年鉴》中选择了2009-2012年间的相关数据，对技术效率和规模效率进行分析比较，并运用DEA模型衡量星级酒店的效率，得出以下结论：（1）2009-2012年间，厦门市星级酒店业的整体效率较高，呈增长趋势。（2）总体上厦门星级酒店的规模效率和纯技术效率间存在一定差距。（3）厦门市星级酒店业投入产出指标存在投入冗余和产出不足现象。

**关键词**：星级酒店；效率；数据包络分析；优化对策

## 一、引言

改革开放三十余年以来，随着厦门经济的不断发展，厦门旅游产业的规模也随之壮大。而旅游市场的不断扩大，也把酒店业带入了蓬勃发展的时期。目前的文献资料显示，众多业内人对星级酒店的经营状况的评价较为单一和理论化。对于酒店业这类资金密集型和劳动密集型的服务行业，考量酒店经营状况的影响因素应从多角度进行，光看单一的指标很难全面了解星级酒店业真实的发展状况。基于以上认识，本文拟采用数据包络分析法对厦门星级酒店业整体进行剖析并对其经营效率进行系统的评估，找出影响厦门星级酒店业效率的因素，为厦门星级酒店业提高效率提供合理有效的建议。

本文通过对国内外相关文献进行分析，了解并总结国内外关于酒店业效率评价的不同方法，引入数据包络分析方法（Data Envelopment Analysis, 简称DEA），希望通过运用系统科学的方法对近几年厦门的星级酒店业效率作出全面的评价，总结出影响其效率的因素，为厦门星级酒店管理者、投资者以及政府相关部门在制定相关政策时提供一定的参考依据，促进厦门市星级酒店业的合理规划和可持续发展。

本文主要采用了文献研究法、定量分析法、数学建模法和理论研究与实证分析

① 2011级，2013年毕业，点评教师：魏敏。

相结合，对厦门星级酒店的经营效率及影响因素做出较全面的剖析。

## 二、文献综述

### （一）国外文献综述

国外对酒店业效率的研究最早起源于美国。其中大多数研究主要采用定性分析法或通过对财务指标的统计分析，如收支平衡分析法和收益率比较法等来探讨酒店效率。不过，单凭某些单一的指标评价酒店效率具有片面性，并不能全面反映出酒店的经营状况。随着研究理论的不断发展，学者们发现，DEA 数据包络分析法在评价酒店效率方面的优越性。因为，对于酒店这种多投入与多产出的行业，DEA 方法恰巧能对多种指标作出科学的评价与衡量。DEA 方法已经成为评价酒店业效率最常见也最有效的方法之一。

莫雷和迪特曼（Morey&Dittmam，1995）使用 DEA 方法，选取美国 54 家私有连锁酒店的相关经济指标，并进行效率分析。结果发现，89% 的酒店管理效率有效，所得结论是：美国酒店业的经营效率较高。

安德森、福克和斯科特（Anderson，Fork，Scott，2000）运用 DEA 方法，从综合效率、配置效率、技术效率和规模效率四个方面对美国 48 家酒店进行效率分析。选取员工数量、客房数、总娱乐成本、总餐饮成本及其他成本为输入变量，选取客房收入、娱乐收入、餐饮收入及其他收入为输出变量。结果表明这 48 家酒店经营效率的平均值仅为 0.42。通过进一步的对比分析，分别总结出效率较高及效率较低的酒店的不同资源配置情况。

巴罗斯（Barros，2004）利用 DEA 方法中的 CCR 模型和随机前沿分析法对葡萄牙的 42 家连锁酒店进行效率分析，同时利用科布 - 道格拉斯成本函数模型修正评估结果并提出改进意见。

阿米特·沙玛（Amit Sharma，2008）等人利用 DEA 方法，评价了坦桑尼亚的三个城市共 38 家酒店的经营效率，所选取的输入变量是客房和食品饮料的成本、客房出租数、服务人员及酒店员工数等，所选取的输出变量是营业收入及净利润等。研究结果显示，酒店的地理位置、规模大小，以及劳动力的投入等都会影响到酒店的效率。

奥尼尔（O'Neill，2011）选取美国 51 991 家酒店的客房出租率、平均房价、净利润等指标进行统计和对比。结果发现，连锁品牌酒店的经营效率和净利润均高于个体经营的酒店，而且这样的不均衡现象会随着经济环境的影响而变得愈发突出。造成这种现象的关键原因是，个体经营的酒店缺乏与连锁品牌酒店相当的市场影响力和品牌知名度。全球性的连锁酒店凭借着优秀的集团化管理模式和先进的硬件设备，在顾客的心里建立起了强大的心理保障。

通过对以上国外文献的阅读，我们可以看出，国外评价酒店业效率的体系建立的相对较早且较为健全，主要采用 DEA 及其改进后的 DEA 模型，在指标的选取方面也较为灵活，最常见的输入变量主要包括酒店从业人员数量、固定资产、客房数、平均房价及其一些主观因素，如客户满意度等，输出变量则包括营业收入、净利润、客房出租率等指标。最后，国外文献的研究样本量大，有的甚至进行了时间和空间序列分析，横向比较并分析酒店效率变化的趋势和影响因素。

### （二）国内文献综述

国内关于效率相关问题的研究，经 CNKI 检索，发现最早的同类问题研究出现在 21 世纪初，相对国外的研究起步较晚，并且多侧重于宏观层面的研究。对于银行、房地产公司、保险等行业的效率研究较多，而针对星级酒店业效率的研究较少。具体国内研究进展如下。

彭建军、陈浩等人（2004）利用 DEA 方法中的 CCR 模型，分析了 2000 年至 2002 年三年间广东省星级酒店的投入产出效率。选择营业收入、人均实现利润及客房出租率作为输出指标，酒店的固定资产和从业人员数量作输入指标。结果显示，在广州的星级酒店中，四星级酒店的经营效率相对较好，三星级酒店效率最差，而五星级和一二星级酒店则存在着投入冗余和产出不足。

刘靖（2007）采用改进了的三阶段数据包络分析法分别对大连及广州七种注册形式的限额以上餐饮企业进行比较分析。所得结果显示，如果只考虑盈利水平，外商投资餐饮企业的效率则高于国内私营企业。另外，由于经营效率受当地的经济活跃程度的影响，经济发达的广州地区的外资餐饮企业和私营餐饮企业的绩效比大连地区的餐饮企业绩效高。

王伟红（2009）利用因子分析法，对我国星级酒店在 2001 年至 2006 年的经营数据进行分析，结果表明，我国星级酒店的经营效率存在不同的空间特征和明显的区域差异，具体表现在：东部的经营效率高于西部。而且，星级酒店的规模大小、旅游接待能力、固定资产、区域经济发达程度和消费者的购买力等都会对星级酒店的经营效益产生一定的影响。

杨艳（2010）等人将杜邦分析体系引入到对星级酒店效益的评价中，以南京市 121 所星级酒店的经营数据作为样本进行分析。结果表明南京市星级酒店整体经营效益比较稳定，五星级酒店在资产净利率和销售净利率上较高，而二星级酒店的资产周转率比较大。

谢春山、王恩旭和朱易兰（2012）运用超效率 DEA 中的 BCC 模型对中国 2002 年至 2009 年的五星级酒店效率进行测度，同时根据地理位置，分析我国中、西、东、东北四个区域五星级酒店的总额效率的变化趋势。研究的结果表明，从

2002 年至 2009 年，我国五星级酒店的综合效率总体较低。其中东部和中部地区综合效率略高，而西部与东北部地区五星级酒店的综合效率均低于全国平均水平。

综合以上文献综述，我们可以看出，我国对酒店效率的研究虽然起步较晚，但近几年来随着酒店业的发展，国内有关酒店业效率的研究理论与方法在借鉴和学习了国外的研究方法后已经愈加成熟，并取得了一定成果。研究方法从原来只采用单一的 DEA 模型朝着如今的多样化发展，研究对象也逐渐由笼统变得全面，大部分文献在研究时间跨度、研究地区覆盖范围、研究星级范围等几方面都越来越完善，并追求对效率运作的内部原因的深度探寻。

## 三、效率理论及其评价方法

### （一）效率的含义

效率反映了投入和产出及成本和收益之间的关系。星级酒店的效率是指，星级酒店在经营管理过程中，总投入与产出及成本与收益之间的相互关系。从经济学的角度而言，酒店效率反映了资源的有效配置程度，是酒店的投入产出能力、竞争力以及经营管理水平的总概括。

基于上述效率和酒店效率概念的总结，酒店经营效率可以解释为：将不同的酒店作为一定区域范围内的决策单元，使酒店的各种投入要素能够最大限度地发挥效用，从而实现酒店企业的产出最大化、剩余量最大化的一种状态，同时还要体现出在多阶段动态条件下酒店的全部生产要素资源配置效率水平的变化程度。本文所理解的酒店经营效率不仅是静态的投入产出比值，还是动态的经营效率的变化程度。该定义不仅包含酒店效率也包含酒店效益的内容，反映酒店经营管理水平、投入产出水平，还要反映酒店的市场竞争力、可持续发展能力及未来的发展动态。

### （二）效率的评价方法

效率的测度方法主要分为两大类：层次分析法和前沿分析法。

*1. 层次分析法*

层次分析法的基本思路是将组成问题的多个元素权重的整体判断转变为对这些元素分层次进行比较，然后再转为对这些元素的整体权重排序判断，最后确定各元素的权（董彭婷、姜佩华，2007）。层次分析法的优点是具有系统性、简洁性，而其缺陷在于，当考量的指标过多时，容易造成分析结果的片面性，而且定量的数据少，会影响分析的准确性，无法为决策提供有效方案，所以在研究现代企业效率中采用这种方法的不多。

2. 前沿分析法

前沿分析法是一种在经济学和运营研究中较为常用的、衡量“投入—产出效率”的方法（Yip and Timothy，2010）。它在评估具有多项输入输出的机构时非常有价值，能为那些希望改善战略管理的企业提供真正的改进方法，是当今企业业绩评估的新标准。韩松和金钰根据前沿分析法中前沿函数的参数是否需要预估，将效率评价的方法分为参数法和非参数法。

非参数方法分为数据包络分析法（data envelopment analysis，DEA）和无界分析法（free disposal hull，FDH）。DEA 是一个线性规划模型，运用 DEA 方法来评测企业效率的基本步骤是：根据样本数据，采用线性规划的方法，找出效率前沿企业的投入和产出关系的包络面，再通过比较待考察样本企业与效率前沿企业的投入产出水平差异，评价各个样本企业的效率水平。

本文结合了厦门星级酒店业多投入多产出的特征，根据现有的样本数量，拟通过构造 DEA 中的 CCR 模型，定量地计算厦门星级酒店的投入产出效率，并对结果进行分析评价，为决策者提供重要的管理决策信息。之后的章节将对 DEA 方法进行具体详细的介绍。

## 四、评价模型与研究设计

### （一）数据包络分析法（DEA）

数据包络分析方法（Data Envelopment Analysis，简称 DEA），由美国著名的运筹学家查尔斯（Charnes）和库珀（Cooper）及罗德斯（Rhodes）教授于 1978 年第一次提出。在一篇刊登于权威欧洲运筹学杂志的名为“Measuring the efficiency of decision making unites”（《决策单元的有效性度量》）的文章中，他们正式提出了“数据包络分析”这一概念，用以评价部门间的相对有效性。基于相对效率评价的有关概念，DEA 方法结合了数学、运筹学、经济学及管理学的相关知识，用以处理多输入、多输出部门间相对效率的有效性。其基本原理是借助数学规划模型判断决策单元的前沿面，通过对样本的投入产出数据进行综合分析，用投入产出值与前沿面的距离来评价决策单元，获取反映决策单元效率的数值信息。

（二）数据包络分析模型

DEA 的模型有很多，最早也是应用最多的是 CCR 模型，于 1978 年提出。之后 DEA 模型得到不断改进和扩充，现在还有 BCC 模型、ST 模型和 FG 模型，以及很多集合其他方法组成的综合评价模型。其中，最普遍采用的有 BCC 模型和 CCR 模型，主要用来评价酒店的综合效率。规模报酬可变的 DEA 模型用 BCC 模型表示，规模报酬不变的 DEA 模型用 CCR 模型表示。本文将通过 DEA 方法中的 CCR 模型对厦门星级酒店业效率进行定量测度，探讨由 CCR 模型测算的总体效率 TE（又称技术效率：Technical Efficiency）、纯技术效率 PTE（Pure Technical Efficiency）和规模效率 SE（Scale Efficiency）（Farrell，1957）之间的关系，并对星级酒店业效率提出优化建议，为厦门星级酒店业发展提供理论依据。其中，纯技术效率体现出的是企业的生产及管理的技术水平和管理者的能力，规模效率反映的是企业在现有技术水准下，其规模对效率的影响，而总体效率（又称技术效率）则表示纯技术效率与规模效率的乘积。

CCR 模型可以同时评价出决策单元的规模效率和技术效率的有效性。由于 CCR 模型假定规模报酬不变，因此又称为 CRS（Constant Returns to Scale）模型。其基本思路是：引入"数据包络"的概念，将决策单元投入和产出数据投射到超平面中，根据产出的最高值和投入的最低值，找出有效生产前沿面。然后根据各决策单元与有效生产前沿面的距离状况，判定各决策单元是否为 DEA 有效（魏权龄，2004）。

DEA 有效的生产单位其投入产出比在所有生产单元中是最好的，而当决策单元处于 DEA 无效时，表示该生产单元的投入产出比有提高的空间，削减投入或可以得到更大的产出。

CCR 模型的原理是：假定有 n 个被评价的同类项目，称为决策单元（Decision Making Unit，简称 DMU），每个决策单元均有 m 种输入变量和 s 种输出变量，输入和输出分别用 X 与 Y 来表示。其中 $X_{ij}$ 表示第 j 个决策单元的第 i 输入变量（$X_{ij}>0$），$Y_{ij}$ 表示第 j 个决策单元的第 i 输出变量（$Y_{ij}>0$），则 $DMU_j$ 的投入和产出可表示为 $X_j=$（$X_{1j}, X_{2j},\cdots X_{mj}$）T，$Y_j=$（$Y_{1j}, Y_{2j},\cdots Y_{sj}$）T，j=1,2,3,…n。另外，赋予 V 和 U 作为权重来衡量投入与产出的重要程度。假设 $X_i$ 的权重为 $V_i$，$Y_i$ 的权重为 $U_i$，则投入产出的权重分别记为 U=（$U_1, U_2, \cdots U_S$）T，V=（$V_1, V_2, \cdots V_m$）T。第 j 个决策单元的效率评价指数为：

$$h_j = \frac{u^T y_j}{v^T x_j}, j = 1, 2, ..., n \qquad \text{（公式 1）}$$

总能找到权重变量 V 和 U，使 $h_j \leqslant 1$。令第 $j_0$ 个决策单元为 $DMU_0$，分别记相应的投入和产出为 $X_0$ 和 $Y_0$，以权重 U 和 V 为变量，以所有决策单元的效率指数 $h_j \leqslant 1$（j=1, 2, …n）为约束条件，求一组最优权数 U、V，使 $h_{j0}$ 最大时，即可得到 DEA 的 CCR 基本模型：

$$\begin{cases} \max \dfrac{u^T y_j}{v^T x_j} \\ s.t. \dfrac{u^T y_j}{v^T x_j} \leqslant 1 \\ u \geqslant 0, v \geqslant 0 \end{cases} \qquad \text{（公式 2）}$$

上述规划模型是一个分式规划，可通过变换转化为等价的线性规划形式，再利用线性规划的对偶原理，得出以下模型：

$$\begin{cases} \min\theta \\ \sum_{j=1}^{n} X_j\lambda_j \leqslant \theta X_0 \\ \sum_{j=1}^{n} X_j\lambda_j \geqslant Y_0 \\ \lambda_j \geqslant 0, j=1,2,...,n \end{cases} \quad \text{（公式 3）}$$

以上表达式中求解得到的 θ 值就是决策单元 DMU 的效率值。为了进一步探讨问题，1952 年，查尔斯（Charnes）和库珀（Copper）在此模型中引入了阿基米德无穷小量的概念，用以解决评价有效性时的技术困难。利用 Charmes-Copper 变换，考虑具有非阿基米德 ε 无穷小量的 CCR 模型，引入松弛变量 S- 和 S+，可将以上不等式变为公式 4。

$$\min\left[\theta - \varepsilon\left(E_1^T S^- + E_1^T S^+\right)\right]$$

$$s.t.\begin{cases} \sum_{j=1}^{n} X_j\lambda_j + S^- = \theta X_0 \\ \sum_{j=1}^{n} X_j\lambda_j - S^+ = Y_0 \\ \lambda_j \geqslant 0, j=1,2,...,n \end{cases} \quad \text{（公式 4）}$$

式中，$E_1^{\mathrm{T}}$ 和 $E_2^{\mathrm{T}}$ 分别是 m 维、s 维的单位向量。该模型结果 DEA 有效判定方法为：当 θ=1，S−=0 或 S+=0 时，则表明第 j0 个决策单元是有效的，即此决策单元的资源获得了充分利用，投入变量达到了最佳组合，原有投入所获得的产出已达最优；当 θ=1，S− ≠ 0 或 S+ ≠ 0 时，则第 j0 个决策单元是弱有效，即该决策单元存在一定的效率浪费，即将投入减少 S−，产出也没有发生变化，或者保持原有投入不变，则产出会增加 S+；当 θ ＜ 1 时，则该决策单元为非 DEA 有效决策单元。可以按照一定的比例减少投入也能得到相同的产出，这个减少比例为 1−θ，即将投入减少到原来的 θ 倍，仍然可得到原有相同的产出。决策单元与效率前沿之间的距离即表示投入冗余量和产出不足量。我们还可以进一步将 θ 分为纯技术效率和规模效率，具体分析决策单元效率的问题。纯技术效率反映了酒店当前的生产点与规模收益变化的生产前沿之间技术水平运用的差距。而规模效率则反映了规模收益不变的生产前沿与规模收益变化的生产前沿之间的距离。

### （三）研究设计

#### 1. 研究的指标与数据来源

输入数据是指决策单元投向某一生产活动的过程中所消耗的人力、物力、财力等资源，输出数据是指在消耗投入资源后，该过程所产生的反映这一生产活动效能的各项指标。在文献综述里我们已经大致了解了构建 DEA 模型评价酒店业中应用最频繁的几个投入产出指标。其中，输入指标主要为年末员工数量、酒店的固定资产、土地价值、建筑物价值、营业成本、非营业成本、员工薪酬、客房数、平均每日房价等。输出指标主要为营业收入、客房收入、餐饮收入、营业利润、人均实现利润、旅客留宿数量、客房出租率、平均员工生产率及一些主观因素指标。

2. 指标的选取

酒店业属于资金密集型和劳动密集型的服务行业，对于多投入多产出的 DEA 模型来讲，最关键的问题之一就是选取适当的投入产出指标。虽然 DEA 方法本身可以选取多个指标，但是选取指标时，由于受计算结果精确性和计算方法的限制，对指标的选取有严格限制，比如，选取投入指标和产出指标个数不宜太多，引入过多的指标因素会模糊决策单元之间的大部分差异，使绝大多数的决策单元的 DEA 值都偏向 1，从而失去衡量的意义。

本文选取的投入指标如下：

从业人员数量：是指年末统计的在酒店业从业的人员，范围包括从管理人员到一线工作人员。从业人员的数量能反映出酒店的人力资源投入情况、酒店声誉和管理能力等方面情况。

固定资产：主要是指酒店在建造或者购买、安装或改造、改建和扩建某项固定资产时所有支出的总额。固定资产可反映出酒店的综合实力和资金运作能力。

酒店房间数：是指在《厦门经济特区年鉴》中每年被统计的酒店中的房间数量。它能反映出酒店的经营规模。

我们最终选取的产出指标如下：

营业收入：主要指在企业经营各项业务时取得的收入，一般包括客房收入、食品饮料收入、商品部收入、车队收入及其他收入，反映出酒店总体的经营效果。

客房出租率：一般指在一个统计周期内实际出租的天数的占比，它是评估酒店经营业绩的最直接指标，反映了酒店对资源的充分利用情况，通过该指标可以清楚掌握客房使用状况和入住客人数。

## 五、厦门星级酒店效率评价

### （一）样本与数据来源

1. 样本

进入 21 世纪，伴随着经济的迅速增长，厦门的星级酒店业也取得了较快的发展。2012 年 1–12 月厦门市共接待国内外游客 4124.43 万人次，同比增长 17.07%，旅游总收入 539.88 亿元人民币，同比增长 19.06%。其中接待国内过夜游客 2024.94 万人次，同比增长 16.46%；入境过夜游客为 159.97 万人次，同比增长 22.75%。厦门市接待游客量继续呈现较快发展态势，特别是过夜游客的大幅增长，为饭店提升经营业绩提供最有力支撑，再加上会展会议经济的上涨趋势及高铁和城际快运线路的不断拓展延伸，使厦门作为旅游中转枢纽地位更为凸显，吸引着越来越多的游客，同时刺激了星级酒店业的经济发展。

2. 数据来源

考虑资料的可获得性，本文所选择的数据来自厦门统计局 2009-2012 年各年出版的《厦门经济特区年鉴》，以及厦门旅游局网站上的厦门酒店业年度分析报告。根据 2009 年至 2012 年的统计数据，分别对五星、四星、三星、二星酒店进行横向和动态的比较分析。

## （二）厦门星级酒店效率评价

1. 数据的处理整合

本文选取固定资产、从业人员和酒店房间数作为投入指标。选取营业收入、客房出租率作为产出指标，根据 DEA 方法中的 CCR 模型，利用 DEAP 2.1 软件对数据进行处理。数据见表 1 所示。

表 1 投入产出指标描述性统计表

| | 产出指标 | | | 投入指标 | | |
|---|---|---|---|---|---|---|
| | 客房出租率 | 营业收入（万元） | 人均利润（万元） | 从业人员 | 酒店房间数 | 固定资产（万元） |
| 2009 五星 | 53% | 56 040 | 0.758601241 | 3546 | 1896 | 11 5426 |
| 2009 四星 | 63% | 69 869 | −0.94190476 | 5250 | 3967 | 91 450 |
| 2009 三星 | 66% | 24 450 | −0.09726195 | 2447 | 2621 | 20 132 |
| 2009 二星 | 59% | 10 026 | 0.304285714 | 700 | 1051 | 4214 |
| 2010 五星 | 60% | 70 304 | −0.40277194 | 4762 | 3790 | 186 419 |
| 2010 四星 | 72% | 60 053 | −0.74505808 | 4907 | 3907 | 74 507 |
| 2010 三星 | 73% | 26 428 | 1.285828343 | 2505 | 2861 | 10 750 |
| 2010 二星 | 63% | 7712 | 0.261862917 | 569 | 753 | 4844 |
| 2011 五星 | 64% | 123 325 | 1.041847314 | 5305 | 4460 | 181 195 |
| 2011 四星 | 72% | 66 859 | 0.075842697 | 4628 | 3684 | 57 187 |
| 2011 三星 | 71% | 30 912 | 0.520962733 | 2576 | 3201 | 19 485 |
| 2011 二星 | 62% | 6472 | 0.051282051 | 546 | 722 | 4127 |
| 2012 五星 | 62.30% | 155 339 | 2.200791296 | 5055 | 3581 | 161 157 |
| 2012 四星 | 66.20% | 90 889 | 0.644985904 | 4966 | 4743 | 76 365 |
| 2012 三星 | 66.60% | 25 054 | 0.528632025 | 1886 | 2766 | 9166 |
| 2012 二星 | 57.40% | 5390 | −0.08088235 | 408 | 508 | 1790 |

资料来源：《厦门经济特区年鉴》，2009-2012

2. 厦门星级酒店效率分析

（1）星级酒店总体效率分析

总体效率里面既包含了纯技术效率又包含了规模效率，是相对综合的一个指标，可以反映决策单元的整体效率情况。计算 2009 年至 2012 年的相对效率后，结果如表 2 所示。

**表 2　各样本各年相对总效率值表**

| TE | 2009 | 2010 | 2011 | 2012 | 平均 |
|---|---|---|---|---|---|
| 五星 | 0.793 | 0.509 | 0.768 | 1 | 0.7675 |
| 四星 | 0.676 | 0.671 | 0.903 | 0.933 | 0.7956 |
| 三星 | 0.671 | 0.856 | 0.787 | 0.982 | 0.824 |
| 二星 | 1 | 0.884 | 0.844 | 1 | 0.932 |

从表 2 中我们可以看出，从 2009 到 2012 年厦门各星级酒店的综合效率的平均值分别为 0.7675、0.7956、0.824、0.932，四年平均值为 0.83。平均效率从五星级到二星级由低到高依次递增。总体效率表现最好的是二星级酒店，其中有两年达到了 1，说明它们在资源配置和酒店内部的经营管理水平与其他星级酒店相对而言是最优的。五星级酒店的效率经历了从 2010 年开始呈现逐年提高，从无效到有效的态势，从 2009 年的 0.793，次年略有下滑，随后再次提高，直到 2012 年达到了 1。说明五星级酒店的资源配置效率、管理水平等方面正在提高，并取得了较好的经营绩效。2012 年五星级和二星级酒店的综合效率都达到了有效。但每个星级酒店的平均总体效率都小于 1，说明近四年来看，它们相对而言在经营管理上还是存在着投入成本的浪费。产生技术无效的主要原因可能是由于管理者的管理失误而未能充分利用资源，导致投入要素浪费；或是由于竞争性的加强，企业的获利空间降低，管理方式未变而原有部分资源相对获利能力下降，从而造成浪费。就本文考察的星级酒店而言，它们的总体效率非有效应该与行业的经营大环境有关。厦门经济特区的发展，导致厦门星级酒店业在近年来发展提速，整个酒店业行业明显竞争加剧，平均行业利润下降，但这一情况仍未推动总体效率大步的提高。

（2）厦门星级酒店纯技术效率分析

对纯技术效率的分析主要是判断在消除规模因素影响后，总体效率的变化情况，它增强了不同规模下每个决策单元的可比性。纯技术效率主要考虑的是使投入与产出的比值最小，而且消除了规模因素影响的剩余部分一般指在短期内是可控的，也是考察的重要参考指标。厦门星级酒店的纯技术效率如表 3 所示：

表 3 各样本各年纯技术效率值表

| PTE | 2009 | 2010 | 2011 | 2012 | 平均 |
| --- | --- | --- | --- | --- | --- |
| 五星 | 0.815 | 0.51 | 0.809 | 1 | 0.7835 |
| 四星 | 0.695 | 0.897 | 1 | 1 | 0.898 |
| 三星 | 0.737 | 1 | 0.924 | 1 | 0.915 |
| 二星 | 1 | 1 | 1 | 1 | 1 |

由以上计算结果可以看出，纯技术效率表现最好的是二星级酒店。其余星级的酒店纯技术效率平均值小于 1。但 2012 年，各星级酒店的纯技术效率值表现良好，达到了技术有效。总体而言，除了二星级酒店，其余星级酒店的纯技术效率处于波动状态，四年的平均值为 0.899，表明除了规模大小的影响，完全因为酒店业整体管理的缺陷和行业竞争带来的资源浪费为 11%，这部分是可控制的投入要素浪费，属于短期行为。从表中还可以看出，二星级酒店在四年中均达到纯技术效率有效。需要改进的是四星级和三星级的酒店。五星级酒店则更需引起注意，特别是 2010 年，技术效率值仅为 0.51，相对较低，且四年内波动较大。

(3) 厦门星级酒店规模效率分析

规模效率考虑的是如何随着规模的不断变化，决策单元是否拥有最优的投入和产出。根据经济学中的定义，是否达到规模效率表示投入与产出两者之间是否达到最优状态。规模报酬的变化一般可分为三类：规模报酬递增（IRS）、规模报酬递减（DRS）和规模报酬不变（CRS）。只有当规模报酬不变时，才认为是达到最优的规模效率。根据 DEA 模型计算出的规模效率值和规模报酬情况，对样本的经营规模问题进行分析，其结果如表 4 和表 5 所示：

表 4 各样本各年规模效率值表

| SE | 2009 | 2010 | 2011 | 2012 | 平均 |
| --- | --- | --- | --- | --- | --- |
| 五星 | 0.973 | 0.998 | 0.949 | 1 | 0.98 |
| 四星 | 0.973 | 0.749 | 0.903 | 0.933 | 0.89 |
| 三星 | 0.911 | 0.856 | 0.852 | 0.982 | 0.9 |
| 二星 | 1 | 0.884 | 0.844 | 1 | 0.932 |

表 5 各样本各年相对规模报酬情况表

| TE | 2009 | 2010 | 2011 | 2012 |
| --- | --- | --- | --- | --- |
| 五星 | IRS | DRS | DRS | CRS |
| 四星 | DRS | DRS | DRS | DRS |

续表

| TE | 2009 | 2010 | 2011 | 2012 |
|---|---|---|---|---|
| 三星 | DRS | DRS | DRS | DRS |
| 二星 | CRS | DRS | DRS | CRS |

IRS：规模报酬递增；DRS：规模报酬递减；CRS：规模报酬不变

厦门各星级酒店的规模效率值整体处于较高分值，且波动不大，规模效率虽然高点较多，但整体却处于递减状态。四星和三星级酒店的规模效率连续四年递减，五星和二星级酒店规模效率略有波动，至 2012 年趋于不变。相对于厦门星级酒店市场的需求能力而言，可以看出随着市场竞争激烈程度的变化，整个酒店行业逐渐调整向规模经济的阶段前进，有很大的发展空间。三星和四星级酒店规模递减的状态表明它们虽然占有大量的市场份额，但竞争过程中有过量投入的现象，投入过量的资源无法再创造规模效率。而五星级和二星级酒店则由前两年的规模递减状态逐渐转变为规模适宜状态。

随着厦门旅游业的快速发展，消费者对旅游住宿接待的要求越来越高，于是在这几年间，酒店投资呈现迅猛增长态势。大量的投资使酒店的硬件越来越豪华、客房的面积越来越大，高星级酒店的数量也不断增加。这会导致供给的局部、短时过剩，也加剧了酒店的价格竞争，使酒店业经营收益下降，继而影响酒店的投资回报率。

将上述所有数据分析归纳整理，具体结果如表 6 所示。由技术效率、纯技术效率和规模效率之间的关系可推知，酒店技术无效主要来源于规模无效或纯技术和规模同时无效两种类型。经营规模不合理，没有达到规模经济，造成规模无效，应该通过合并、兼并、收购等方式来降低酒店存量以减少规模，从而达到规模经济，实现酒店业效率的技术有效。而纯技术和规模同时无效，则必须同时从技术能力和经营规模两方面着手，实现酒店设备设施的充分利用，增加投资提高酒店规模效率，最终实现总体效率有效。整体而言，厦门星级酒店的效率呈现出中间细两头大的形态，即高星级（五星级）和低星级（一、二星级）的效率较高，中端酒店的效率最低。从 2009 年到 2012 年四年间的变化我们可以看出，厦门星级酒店已经在逐渐调整经营战略，得以不断良性发展。

**表 6　效率综合评价表**

| 星级 | 效率 | 对策建议 |
|---|---|---|
| 五星 2009 | 技术无效：纯技术与规模均无效 | 提高资源利用率，减少酒店规模 |
| 四星 2009 | 技术无效：纯技术与规模均无效 | 提高资源利用率，减少酒店规模 |

续表

| 星级 | 效率 | 对策建议 |
|---|---|---|
| 三星 2009 | 技术无效：纯技术与规模均无效 | 提高资源利用率，减少酒店规模 |
| 二星 2009 | 技术有效 | |
| 五星 2010 | 技术无效：纯技术与规模均无效 | 提高资源利用率，减少酒店规模 |
| 四星 2010 | 技术无效：纯技术与规模均无效 | 提高资源利用率，减少酒店规模 |
| 三星 2010 | 技术无效：纯技术有效与规模无效 | 减少酒店规模 |
| 二星 2010 | 技术无效：纯技术有效与规模无效 | 减少酒店规模 |
| 五星 2011 | 技术无效：纯技术与规模均无效 | 提高资源利用率，减少酒店规模 |
| 四星 2011 | 技术无效：纯技术有效与规模无效 | 减少酒店规模 |
| 三星 2011 | 技术无效：纯技术与规模均无效 | |
| 二星 2011 | 技术无效：纯技术有效与规模无效 | 减少酒店规模 |
| 五星 2012 | 技术有效 | |
| 四星 2012 | 技术无效：纯技术有效与规模无效 | 减少酒店规模 |
| 三星 2012 | 技术无效：纯技术有效与规模无效 | 减少酒店规模 |
| 二星 2012 | 技术有效 | |

(4) 厦门星级酒店总体效率、纯技术效率和规模效率差异分析

经过对每个决策单元的总体效率、纯技术效率和规模效率分析后，进一步对每个决策单元的投入产出量进行分析。分析结果如表 7 所示：

**表 7　松弛变量表**

| DMU | Score | S−（1） | S−（2） | S−（3） | S+（1） | S+（2） |
|---|---|---|---|---|---|---|
| 五星 2009 | 0.793 | 1568.239 | 349.997 | 59 804.77 | 0.061 | 0 |
| 四星 2009 | 0.676 | 2409.414 | 1209.987 | 27 893.44 | 0.008 | 0 |
| 三星 2009 | 0.671 | 675.061 | 689.112 | 5293.095 | 0 | 0 |
| 二星 2009 | 1 | 0 | 0 | 0 | 0 | 0 |
| 五星 2010 | 0.509 | 2334.564 | 1934.567 | 115 587.1 | 0 | 0 |
| 四星 2010 | 0.671 | 730.927 | 404.211 | 25 084.45 | 0 | 0 |
| 三星 2010 | 0.856 | 0 | 0 | 0 | 0 | 0 |
| 二星 2010 | 0.884 | 0 | 0 | 0 | 0 | 0 |
| 五星 2011 | 0.768 | 1013.003 | 1223.803 | 56 070.41 | 0 | 0 |
| 四星 2011 | 0.903 | 0 | 0 | 0 | 0 | 0 |

续表

| DMU | Score | S-（1） | S-（2） | S-（3） | S+（1） | S+（2） |
|---|---|---|---|---|---|---|
| 三星 2011 | 0.787 | 195.713 | 571.455 | 1480.387 | 0 | 0 |
| 二星 2011 | 0.844 | 0 | 0 | 0 | 0 | 0 |
| 五星 2012 | 1 | 0 | 0 | 0 | 0 | 0 |
| 四星 2012 | 0.933 | 0 | 0 | 0 | 0 | 0 |
| 三星 2012 | 0.982 | 0 | 0 | 0 | 0 | 0 |
| 二星 2012 | 1 | 0 | 0 | 0 | 0 | 0 |

S-（1）：从业人员投入冗余率；S-（2）：酒店房间数投入冗余率；S-（3）：固定资产投入冗余率
S+（1）：客房出租率产出不足率；S+（2）：营业收入产出不足率

从表 7 可以看出，低星级酒店表现良好，有两年的效率值达到了有效，虽然在 2010 年和 2011 年出现了波动，但效率值依然保持在 0.844 和 0.884 的较高水平。对于中高星级酒店，波动比较大，存在着投入的冗余和产出的不足。一方面可能是由于投资过热的倾向，另一方面，可能源于酒店的资源利用率低，导致资源浪费。从各项投入指标的冗余比例来看，固定资产的冗余率占的比重最高，这说明，在影响效率的因素中，固定资产的投入造成的浪费最大。改善这一问题可以从如下两个方面入手：

①增加地区旅游收入。地区旅游收入对固定资产的松弛变量来讲属于有利因素，即当地区旅游收入增加时，有利于降低固定资产投入的浪费。一般地说，旅游收入反映星级酒店的市场需求状况，旅游收入增加，表示市场需求增大，从而能提高星级酒店固定资产的利用率，因此旅游收入的增加可降低固定资产投入的负产出。但另一方面，它对劳动力松弛变量来讲是不利的，当地区旅游收入增加时，市场需求增大会在一定程度上加大从业人员的投入力度，从而增加劳动力的投入浪费或增加负产出。

②合理控制中高星级酒店的数量。星级酒店数量的增加有利于减少劳动力的浪费但会增加固定资产的浪费。这可能由于星级酒店个数越多，它们之间的竞争程度越强，星级酒店迫于压力，会重视对酒店基础设施和环境条件的改善，这在一定程度上需要加大固定资产的投入，加之目前星级酒店业粗放型的投入要素利用方式，从而导致了固定资产投入的浪费。近年来厦门中高星级酒店的数量增长快，但就目前来看，建造豪华中高星级酒店并不是越快越好，越多越好。有业内人士指出，五星级酒店每年营业收入的九成都是成本，低星级或经济型酒店的成本回收周期一般只需要 2 至 3 年，而高星级酒店的回收期普遍在 10 至 20 年。这就是图表中高星级酒店固定资产收益率总体不如低星级酒店的原因。

（5）不同星级酒店的技术效率、纯技术效率和规模效率差异分析

表 8　不同星级酒店效率对比分析

| 年份 | 五星级酒店 | | | 四星级酒店 | | | 三星级酒店 | | | 二星级酒店 | | |
|---|---|---|---|---|---|---|---|---|---|---|---|---|
| | TE | PTE | SE | TE | PTE | SE | TE | PTE | SE | TE | PTE | SE |
| 2009 | 0.793 | 0.815 | 0.973 | 0.676 | 0.695 | 0.973 | 0.671 | 0.737 | 0.911 | 1 | 1 | 1 |
| 2010 | 0.509 | 0.51 | 0.998 | 0.671 | 0.897 | 0.749 | 0.856 | 1 | 0.856 | 0.884 | 1 | 0.884 |
| 2011 | 0.768 | 0.809 | 0.949 | 0.903 | 1 | 0.903 | 0.787 | 0.924 | 0.852 | 0.844 | 1 | 0.844 |
| 2012 | 1 | 1 | 1 | 0.933 | 1 | 0.933 | 0.982 | 1 | 0.982 | 1 | 1 | 1 |

根据表 8 的统计结果，从时间上看，2009 到 2010 年间，五星级和二星级酒店的技术效率出现了严重下滑的趋势，分别由 0.793 和 1 下滑至 0.509 和 0.884，而四星级酒店只是出现了微弱的下滑，三星级酒店的技术效率表现良好，出现显著提升，从 0.671 提升至 0.856。2010 到 2012 年这段时间，各个星级酒店的技术效率均表现良好，总体呈现上升的趋势。取四年的平均值，五星级酒店的技术效率为 0.7675，纯技术效率为 0.784，规模效率为 0.98；四星级酒店的技术效率值为 0.796，纯技术效率值为 0.898，规模效率值为 0.89；三星级酒店的技术效率为 0.824，纯技术效率值为 0.915，规模效率值为 0.9；二星级酒店的技术效率值为 0.932，纯技术效率值为 1，规模效率值为 0.932。中低星级酒店的效率优势主要来源于纯技术效率。从规模收益来看，五星级和二星级酒店处于规模收益不变阶段，而三四星级酒店则处于规模递减阶段。因此，三四星级酒店应该通过提高资源利用水平，而不是追加投资的方法来提高效率。五星级酒店业还有一定的提升空间，制约五星级酒店技术效率提升的原因主要在于其纯技术效率不高，加强技术创新、制度创新、提高管理效率是未来厦门五星级酒店的主要发展战略。

## 六、厦门星级酒店效率的优化对策

### （一）厦门星级酒店效率影响因素分析

从前文的分析中可以总结出，影响厦门星级酒店效率的主要因素包括酒店规模、酒店等级、酒店品牌知名度、酒店的人力资源水平、服务质量、收入组成、酒店所在区域的经济发展水平及旅游接待能力等。具体归纳为如下四个方面：

第一，酒店经营总体效率的影响因素。

旅游接待量、城市居民人均可支配收入、人力资本与技术效率呈现显著相关，说明一个地区经济发展的程度、速度严重影响该城市星级酒店经营效率，经济发展

水平越高，对星级酒店的需求就越大，星级酒店效率就越高；此外，还可以看出旅游业和酒店业的紧密联系，二者相辅相成互相促进，旅游业的发展会促进酒店的发展，同时酒店的良好服务也能吸引更多的游客，提高居民的生活质量。酒店规模、竞争程度与综合技术效率关系不是很显著，表明不是酒店规模越大、竞争越激烈，星级酒店的效率就越好。

第二，酒店经营纯技术效率的影响因素。

国民收入、旅游接待量、人力资本与纯技术效率呈显著相关关系，表明旅游城市的星级酒店的技术进步受到国民收入、旅游接待量、人力资本的推动作用的影响。从理论上分析，国民收入尤其是人均可支配收入对星级酒店需求会产生很大影响。收入水平决定着消费水平，收入水平也决定了需求的满足程度，引起消费结构的变化。酒店规模对纯技术效率影响不大，城市人均可支配收入也无法影响纯技术效率。国际和国内知名酒店的技术能够促进旅游城市星级酒店的技术进步。

第三，酒店经营规模效率的影响因素。酒店规模、人力资本、城市居民人均可支配收入与规模效率呈显著相关关系，说明星级酒店的规模效率不仅受政府政策导向的影响，还与当地旅游资源品位有关。为了保持规模效率的稳步发展，要综合考虑投资需求，坚持资本投资的导向作用。

不难发现，以上众多因素其实可划分为两类，一类是战略投资者所关注的因素，如酒店规模、酒店等级、酒店品牌知名度等，这些外部因素也常是酒店筹建初期需要考虑的因素。另一类是管理者所关注的因素，如人力资本、服务质量、酒店收入、旅游接待水平等。这些因素是酒店管理者在管理过程中时刻需要考虑的因素，也考察管理者如何在战略投资者给定的酒店框架中更好地提高资源配置的效率的能力。

### （二）厦门星级酒店效率的优化对策

本文通过使用 DEA 方法中的 CCR 模型，对厦门星级酒店业过去四年间的效率进行了评估。通过对厦门酒店业效率的分析可知，其效率在这四年间随着时间的推移，效率越来越高，五星级和二星级酒店在 2012 年达到了效率最优的状态。通过运用 DEA 模型，进一步计算厦门不同星级酒店实现效率最优目标值、投入冗余量和产出不足量，为厦门酒店业效率由无效率转为有效率的状态提出优化对策。建议通过以下几个方面来提升效率：

首先，星级酒店应加强投资管理，引导理性投资。根据上文的规模报酬分析，对于数量上的冗余，相关部门应进一步完善酒店准入制度，促进酒店业更加理性、科学的发展，使酒店业的发展速度与当地经济整体发展及旅游业发展相协调。固定资产的冗余表明有相当一部分的酒店是非理性投资的产物。行业主管部门要根据旅游市场需求和酒店业的发展现状，对星级酒店业的发展进行统一规划，对酒店进行前瞻性指导和限制，制定有利于引导不同星级酒店均衡发展的政策，避免盲目追求高星级、高档次品牌的引进和发展，减少非理性投资行为造成的效率低下现象。

其次，对于人员方面的冗余，星级酒店应提高酒店人力资源的质量。人力成本是酒店成本的重要组成部分之一。从企业战略上看，人力资源的好坏直接关系到企业效率和效益的提高，是企业在市场竞争中十分重要的战略因素。各星级酒店企业应当适应消费者多样化的需求、切实改进经营管理模式。酒店要加大人才队伍建设力度，包括酒店管理型人才的引进，加强培训，包括对基层服务人员的培训。另外还要重视提高员工的忠诚度，建立完善的绩效考核和激励制度，稳定员工队伍，降低员工的流失率，使酒店的发展步入良性循环。

最后，星级酒店应通过创新，构建核心竞争优势。尽管酒店企业的硬件设施、服务水平等初始竞争条件在竞争中起着重要作用，但创新的思想和技术正在成为引导竞争趋势的新的因素。星级酒店应当结合现状和国际发展趋势，通过创新整合内部和外部的资源，形成差异化优势以提高市场竞争力，包括管理创新、营销创新、价值创新、技术创新等。对于经营效率相对落后的酒店，可通过企业间合并或资产重组等办法给酒店重新定位，改善经营状况。对规模较小的低星级酒店而言，应当专注于细分市场，通过对市场的细分将自身有限的资源集中于提供专门化服务，构建酒店的核心竞争优势。

## 七、结论与展望

### （一）结论

在市场经济条件下，竞争是酒店业必须面对的生存法则。竞争制胜的决定性基础在于经营绩效的提高，效率优势就是竞争优势的核心。因此，提高酒店效率，进而提升酒店的竞争力，对于实现厦门星级酒店的持续稳定发展有着重要意义。

本文运用 DEA 的 CCR 模型测算了 2009-2012 年厦门不同星级酒店的总体效率、纯技术效率及规模效率，并对影响厦门市星级酒店业效率的相关因素进行了探讨，本文得到以下结论：

第一，厦门星级酒店业的整体效率较高。根据 DEA 模型的结果可知，2009-2012 年厦门星级酒店的平均技术效率值为 0.83，存在 17% 的浪费或提升空间。平均纯技术效率值为 0.899，平均规模效率值为 0.926。这表明厦门星级酒店业整体经营效果较好，规模效率水平大于纯技术效率水平。

第二，厦门星级酒店的规模效率与纯技术效率之间存在差距。厦门市星级酒店的规模效率高于纯技术效率。说明规模效率对综合效率的贡献更大。

第三，厦门星级酒店业投入产出指标存在投入冗余和产出不足的现象，可以通过引进新的技术，提高从业人员的综合素质，调整要素投入结构和规模，提高要素的转化和推进资产重组等措施来综合提升厦门城市酒店业效率。

### （二）研究展望

由于主客观方面的原因，本研究仍然存在一些局限和待改进之处，希望以后的研究能做进一步的分析，主要体现在以下两个方面：

方法选择上，虽然采用了 DEA 中的 CCR 模型从动态和静态角度结合分析，但仍有许多因素没有纳入模型之中。这些因素也会直接或间接影响酒店业效率。DEA 方法有一定的缺点，即每个决策单元都从对自身最为有利的角度出发，分别求权重，致使这些权重随着决策单元的差异而改变，削弱了各决策单元之间的特点，使之失去可比性。因此未来研究中多种方法的综合运用可以在一定程度上弥补这一不足。另外，DEA 方法的准确性很大程度上依赖于指标选择的合理性，但由于旅游行业的高度综合性和关联性，以及学术界对旅游业边界认识的模糊性，本文中所选取指标的合理性及其统计数据的准确性有待进一步探讨。

在研究数据方面，本文主要根据《厦门经济特区年鉴》和厦门旅游局网站上的相关数据对酒店业效率进行分析。因此，论文的研究主要是针对所有星级酒店所汇总的数据进行分析，并没有对具体每个酒店的经营状况进行小范围的微观层面的分析。事实上，单个酒店内部的分析对酒店以后的发展也非常具有现实的指导意义。现有的文献也缺乏采用数据包络分析对实体酒店的研究，其指标选取也仅限于统计年鉴上的指标，在数量上可能存在一定不足，希望在以后的研究中扩大指标的选择范围，丰富数据来源并作进一步的分析。

## 主要参考文献

陈浩，彭建军．从投入产出效率的角度分析广东星级酒店发展．商业经济文荟，2004(3).

刘靖．餐饮企业经营绩效数据包络分析 (DEA) 评价方法的研究．大连：东北财经大学出版社，2007.

彭婷，姜佩华．层次分析法在环境绩效评估中的应用．能源与环境，2007(1).

王伟红．中国星级饭店经营效益的时空差异及其形成机理．经济问题探索，2009(7).

魏权龄．数据包络方法．北京：科学出版社，2004.

谢春山，王恩旭，朱易兰．基于超效率 DEA 模型的中国五星级酒店效率评价研究．旅游科学，2012(2).

杨艳，黄震方．杜邦分析体系在星级饭店效益评价中的应用．商业研究，

2010(9).

Amit Sharm and Jeannie Sneed. 2008. Performance Analysis of Small Hotels in Tanzania. *Journal of Services Research*, Special Issue: 83−100.

## 点评

本研究的目的是对厦门星级酒店业整体进行剖析并对其经营效率进行系统的评估，找出影响厦门星级酒店业效率的因素，为厦门星级酒店业提高效率提供合理有效的建议。研究内容具有现实性和可操作性，选题为旅游业的热点问题。但是该选题的研究已经较为成熟，并且数据包络分析法对效率的研究也较为成熟，所以文章缺乏一定的创新性，真正属于自己的创新内容还有待增加。

全文的结构合理科学，逻辑思路清晰，观点表达准确，语言流畅，论证方法合理，参考的文献资料也符合主题要求，从主题到内容都符合本专业要求。作者采用了文献研究法、定量分析法、数学建模法和理论研究与实证分析相结合，对厦门星级酒店的经营效率及影响因素做出较全面的剖析。文章引入数据包络分析方法，通过数据包络分析法中的 CCR 模型，以厦门市的星级酒店为例，从《厦门经济特区年鉴》中选择了 2009-2012 年间的相关数据，对技术效率和规模效率进行分析比较，并运用 DEA 模型衡量星级酒店的效率。理论方面，文献资料充分，各个概念阐述清楚。

文章通过实证研究得出，2009-2012 年间，厦门市星级酒店业的整体效率较高，呈增长趋势；总体上厦门星级酒店的规模效率和纯技术效率间存在一定差距；厦门市星级酒店业投入产出指标存在投入冗余和产出不足现象等结论，并基于此提出三点针对性的建议，对厦门的星级酒店的经营具有较强的启示作用。所以本文在理论学术方面的贡献虽然较弱，但是对实业界的现实意义较强，在各部分的论述和研究上也是较为严谨，主要观点突出，逻辑观点清晰，语言表达流畅，不失为一篇规范的毕业论文。

# 第四篇 旅游行业分析

# 精品酒店区位选择影响因素分析

## ——以世界知名精品酒店在中国的区位分布为例

刘丽艳[①]

**摘要**：区位选择对于酒店经营成败而言至关重要，对于体量小、总体数量少的精品酒店而言更是如此。如何建立一套区位选择的影响因素体系、如何引导投资人在进入市场之前正确选择区位、地方政府以何标准规划布局精品酒店数量，成为亟需探讨的问题。本文选取中国世界知名精品酒店为研究样本具有一定的代表性，以样本所在城市拥有的精品酒店数量为因变量，选取经济因素、空间因素、信息因素、人文因素四大主类、八个子类的 21 个量化指标作为自变量，通过秩相关法对所选取变量指标进行相关性分析，再通过逐步回归法计算，初步提出精品酒店区位选择影响因素体系及模型，同时提炼出世界知名精品酒店在中国的区位分布特点。本研究一方面填补中国精品酒店区位理论研究领域的空白，另一方面通过科学分析提炼世界知名精品酒店在中国扩张的区位影响因素，为中国精品酒店投资的区位选择提供依据。

**关键词**：精品酒店；区位选择；影响因素

## 一、引言

随着市场消费行为的更新迭代和不断细分，中国精品酒店近年来得到快速发展，然而现有精品酒店领域的研究尚停留于设计及主题塑造板块，对于区位选择影响因素的研究几乎空白。区位选择对于酒店经营成败而言至关重要，对于体量小、总体数量少的精品酒店而言更是如此。目前中国精品酒店产业尚存在大量投资人，盲目依托资源进入市场后往往遭遇经营瓶颈。如何建立一套区位选择的影响因素体系、如何引导投资人在进入市场之前正确选择区位、地方政府以何标准规划布局精品酒店数量，成为亟需探讨的问题。

本文尝试以发展相对成熟的世界知名精品酒店为例，研究影响世界知名精品酒店区位选择的相关因素及模型，选题具有较好的实践价值与理论意义。在实践方

① 2015 级，2018 年毕业；点评教师：伍晓奕。

面，本文一是提出符合中国国情的精品酒店定义；二是以本文定义为依据，全面梳理中国精品酒店名录及筛选世界知名精品酒店在中国的名录，来阐述精品酒店的发展与现状；三是通过静态区位分布状况的对比，找出本土精品酒店品牌与世界知名精品酒店品牌在选址上的差异；四是提炼出世界知名精品酒店在中国扩张的区位影响因素。在理论方面的意义表现于，一是丰富服务业区位理论研究的精品酒店板块内容；二是填补精品酒店产业研究体系区位理论研究的空白。

## 二、文献综述

纵观国内外精品酒店领域的研究，国外精品酒店研究多数还停留在定义的探讨上，发达国家的研究较为领先，但主要停留于经营管理和规划设计层面。国内精品酒店研究，则因为目前中国精品酒店的发展陷入“古建改造”和“特色建筑”的误区，多数文献着重于讨论所谓精品酒店的设计创新，殊不知国内学界及业界均尚未在精品酒店定义上达成统一，因此部分文献的研究样本与精品酒店定义并不匹配。多数学者认为精品酒店是旅游住宿业的新品类，少数派认为精品酒店是传统大酒店的替代品，而对精品酒店的特征界定集中于小规模、个性化、奢华，国家旅游局 2017 年出台的《精品旅游饭店》行业标准强调的内容也在于完善、精致、别致、艺术、高雅、舒适。

在区位影响因素的研究方面，虽然精品酒店相关的区位因素研究成果较少，但国内外对区位因素的理论体系研究、实证分析成果相对成熟。服务业区位理论体系的梳理已基本涵盖服务业区位影响因素的研究理论和研究方法，不同行业采用近似研究模型和研究方法所得出区位影响因素的研究结论也支撑了文献中“不同因素体系对不同行业的影响程度不同”的结论。因此本文的研究方法可学习、借鉴的模型以及可提出的初步假设便不再仅局限于精品酒店业乃至旅游住宿业，而是可以放大至整个服务业甚至于其他产业的区位理论研究方法，其中现有区位因素的研究方法多采用层次分析法、问卷调查法、实证研究法及大量采用统计学的相关性分析，在分析模型的设计上主类大体相似，亚类和子类（即量化指标或二级要素）的设计上则取决于研究对象及研究样本的选取。

现有较为成熟且适用性较强的模型为方远平、闫小培（2008）的服务业区位因素钻石模型，如图 1，未来可以此为研究模型，借鉴不同学者的研究方法，综合归纳不同行业的变量设计，科学、客观地验证与世界知名精品酒店区位选择相关的影响因素。

产业集聚理论是当集聚演化到一定程度时会出现高度地理集中现象。产业集聚是某一特定空间内相互关联的组织的聚集效应，认为产业的地理集中是相互竞争导致的结果，产业与区域竞争力与集聚紧密相关，区域发展与资源环境、人口等密切

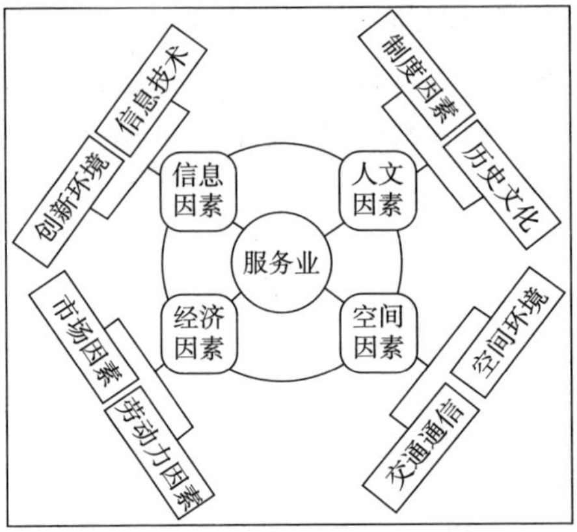


**图 1　服务业区位因素钻石模型图**

资料来源：方远平 . 闫小培 . 服务业区位论：概念、理论及研究框架，2008

相关，而不仅与空间因素相关。另有研究结论表明，多数位于酒店产业集聚区的酒店都能从集聚效应中获益，而该现象对于奢华酒店而言效果尤为显著，而位于小城市、城镇或城郊区域的集聚效应又明显优于度假区、机场片区的集聚效应。同时研究者提出，酒店的集聚效应不仅来源于酒店的集聚，同时来源于旅游业如酒店、景区、旅游区等旅游产业的集聚经济。集聚理论将用于本文影响因素的结论分析、趋势判断以及未来研究展望。

## 三、研究设计与数据分析

### （一）研究方法与数据收集

1. 研究对象：世界知名精品酒店

“世界知名精品酒店”的选定是在中国精品酒店名录的基础上，精选全球十五强酒店集团旗下精品酒店成员、全球知名精品酒店管理集团成员、全球知名精品酒店联盟成员，同时选取中国精品酒店联盟、中国精品酒店联盟成员酒店等。同时笔者联系相关专家进行小范围的专家访谈，挑选部分未纳入前述范畴、但具备国际知名度的精品酒店，整理出中国世界知名精品酒店名录，随后根据研究需要选取研究对象。

2. 样本选择：围绕“世界知名”高标准筛选

本文首先在万豪国际官网、希尔顿官网、洲际官网、温德姆酒店集团官网、雅高国际官网、凯悦酒店官网搜索其在中国的精品酒店成员。其次，在完成全球十五强酒店集团的精品酒店成员梳理后，本文在以小型奢华酒店为主要成员的、联盟型精品酒店集团——世界小型奢华酒店联盟官网、罗莱夏朵酒店集团官网、立鼎世酒店集团官网查找其中国成员。再次，本文对世界知名精品酒店集团品牌成员进行梳理。接下来，为确保不遗漏其他世界知名酒店并查找中国较具代表性的精品酒店，本文对携程网、猫途鹰网及赞那度网的酒店名录进行梳理。最后，在第一轮酒店名录排查过程中本文还借鉴了中国精品酒店联盟公布的精品酒店名录信息并进行实地探访最终得出中国精品酒店名录。符合本文精品酒店选择标准的酒店共计 240 家，覆盖包括香港、澳门、台湾在内的 41 个地区（其他地区以地级市、直辖市为单元)。

另外，考虑到样本数据采集的统一标准，由于香港、台湾、澳门以及自治州、自治县的数据统计口径与其他行政区域不同，研究样本中不包含该区域的精品酒店，最终本文世界知名精品酒店样本确定为 115 家，覆盖 34 个城市。

3. 研究变量设计和资料来源

纵观精品酒店的扩张历程，结合服务业区位钻石模型，以及不同行业在区位影响因素研究过程中验证的影响因子，本文结合研究对象行业特征和产品属性，采用服务业区位影响因素模型的四大主类设计变量：

（1）经济因素

经济因素包含消费规模、市场潜力、市场竞合程度、劳动力与人才因素，其中消费规模和市场潜力代表了当地市场的消费能力，这是精品酒店盈利的基础。市场竞合程度代表酒店业态的聚集程度，以及实际运营过程中涉及的竞合成本。劳动力与人才因素代表潜在的经营成本和潜在消费市场。

（2）空间因素

空间因素包含交通通信因素、环境因素和便利因素，其中交通通信因素代表精品酒店顺利运营的基本条件，同时也代表潜在客源地的数量。环境因素是顾客忠诚度的有效保障，便利因素能够影响潜在客源。

（3）信息因素

信息因素包含创新要素和创新环境，创新因素和创新环境都是精品酒店新文化导入、本地文化融合、有效弱化文化亲缘要求的因素。

（4）人文因素

人文因素包含制度因素和历史文化因素，制度因素决定了精品酒店扩张的政策风险和投资成本，历史文化因素决定了所在区域的文化吸引力和吸引内容。

在以上四个主类的基础上结合原有区位影响因素分析的相关因素，选取较有可能相关的量化指标作为分析变量，具体如表 1 所示。

表 1　世界知名精品酒店区位影响因素分析变量说明表

| 序号 | 主类 | 亚类 | 量化指标 | 单位 | 对应自变量 |
|---|---|---|---|---|---|
| 1 | 经济因素 | 市场竞争及集聚因素 | 人口密度（全市） | 人 / 平方千米 | X1 |
| 2 | | | 人口总数 | 万人 | X2 |
| 3 | | | 旅游总人数 | 万人次 | X3 |
| 4 | | | 五星级酒店数 | 间 | X4 |
| 5 | | | 平均房价 | 元 / 间夜 | X5 |
| 6 | | | 平均入住率 | % | X6 |
| 7 | | 劳动力与人才因素 | 职工平均工资（全市） | 元 / 年 | X7 |
| 8 | | | 中等职业教育学校学生数 | 人 | X8 |
| 9 | 空间因素 | 交通通信因素 | 公路通车总里程 | 千米 | X9 |
| 10 | | | 机场通航城市 | 个 | X10 |
| 11 | | | 私有汽车拥有量 | 辆 | X11 |
| 12 | | | 轨道交通里程 | 千米 | X12 |
| 13 | | 环境因素 | 平均气温 | ℃ | X13 |
| 14 | | | 年降雨量 | 毫米 | X14 |
| 15 | | | 空气质量达标天数 | 天 | X15 |
| 16 | 信息因素 | 创新要素 | 互联网普及率 | % | X16 |
| 17 | | 创新环境 | 普通高等学校数量 | 个 | X17 |
| 18 | | | 国家级双创示范基地 | 个 | X18 |
| 19 | 人文因素 | 制度因素 | 综合地价水平值 | 元 / 平米 | X19 |
| 20 | | 历史文化因素 | 国家 5A 级旅游景区数量 | 个 | X20 |
| 21 | | | 国家级文化保护单位数量 | 个 | X21 |

4. 研究资料来源

人口密度、人口总数、旅游总人数、职工平均工资、中等职业教育学校学生人数资料来源于《中国城市统计年鉴》；公路通车总里程、机场通航城市、私有汽车拥有量、轨道交通里程数据部分与省会城市及重要城市资料来源于《中国交通运输年鉴》；部分县级城市或小城市资料来源于各省统计年鉴及各城市统计年鉴；平均气温、年降雨量、五星级酒店数量数据、旅游总人数来源于各城市国民经济与社会发展统计公报；互联网率根据各城市统计渠道的区别分别来源于各城市通信业统计公报、通信运营业统计公报、信息化统计公报等；综合地价水平值资料来源于中国地价监测网；普通高等学校数量、国家级双创示范基地数量、国家5A级旅游景区数量、国家级文化保护单位数量来源于相应国家公布名单；通航城市数量来源于机场公开信息，对于城市内有多个机场的采取合并同类项加总。

上述所有自变量数据所选择年份均为2016年数据。因变量数据为2015-2017年期间持续采集的数据。为确保数据的真实性和有效性，笔者在开始统计分析前逐个登录每个酒店网页或酒店集团网页，主要核实期间是否有精品酒店更名或重新挂牌或调整定位，另增加已建成或已确定选址但尚未公布信息的酒店。主要信息来源于各酒店企业发布的公报、各专业研究渠道发布的新闻以及中国精品酒店联盟的定期行业数据公布。因此因变量和自变量的资料来源都合理有效，确保统计结果科学真实。

## （二）研究方法

### 1. 专家访谈法

由于不同酒店集团对品牌序列的命名方式并不完全相同，因此除了在官网上了解品牌属性外，本文通过专家访谈的方式一一筛选核实。而在对世界知名精品酒店联盟成员的筛选过程中，由于立鼎世酒店集团旗下成员并不完全为小型奢华酒店，与本文精品酒店的定义不一致，受研究时间和研究经验的限制，研究对象的选定也以官网信息核对结合专家推荐的形式开展。在世界知名精品酒店管理集团的选择上，则多数源于专家推荐并以专家推荐名录为基础，通过延伸资料查询、国外精品酒店预订网站查询、官网信息核实的方式选定样本。因此本文研究样本信息相对翔实，受研究时间和见识所限恐有部分遗漏，但属于目前业内相对客观的评价名录。

在研究变量设计上，除了精品酒店联盟专家的访谈以外，本文也对中国旅游研究院研究员、部分国内精品酒店的管理层、投资人以及部分风投公司的投资顾问开展了大量的访谈工作。

### 2. 统计分析方法

为确保相关性分析的可靠性，本文分别采用秩相关系数及等级相关系数分析。秩相关系数是利用两变量的秩次大小做线性相关分析，适用范围高于Pearson相关系数，尤其适合于不满足正态分布假设的等间隔数据分析。部分学者在做相关分析前假设数据服从正态分布，而本文在做变量的相关分析前对数据进行正态性检验，发现样本数据并不服从正态分布（详见表2变量正态分布检验结果表）。因此本文探索因变量知名酒店数量与其他分析变量的相关关系时采取秩相关法做相关分析。同时为检验其数据的有效性，使用Kendall's tau-b等级相关系数分析。经检验，两种相关性统计结果相仿，本文以Spearman秩统计结果为依据。

表 2　变量正态分布检验结果

| 变量名称 | 变量代码 | 统计量 | 显著指标 |
|---|---|---|---|
| 世界知名精品酒店数量 | Y | 0.308 | 0 |
| 人口密度（全市） | X1 | 0.104 | .200* |
| 人口总数 | X2 | 0.258 | 0 |
| 旅游总人数 | X3 | 0.197 | 0.002 |
| 五星级酒店数 | X4 | 0.204 | 0.001 |
| 平均房价 | X5 | 0.1 | .200* |
| 平均入住率 | X6 | 0.212 | 0 |
| 职工平均工资（全市） | X7 | 0.158 | 0.032 |
| 中等职业教育学校学生数 | X8 | 0.269 | 0 |
| 公路通车总里程 | X9 | 0.326 | 0 |
| 机场通航城市 | X10 | 0.134 | 0.128 |
| 私有汽车拥有量 | X11 | 0.185 | 0.005 |
| 轨道交通里程 | X12 | 0.306 | 0 |
| 平均气温 | X13 | 0.207 | 0.001 |
| 年降雨量 | X14 | 0.073 | .200* |
| 空气质量达标天数 | X15 | 0.149 | 0.054 |
| 互联网普及率 | X16 | 0.108 | .200* |
| 普通高等学校数量 | X17 | 0.225 | 0 |
| 国家级双创示范基地 | X18 | 0.372 | 0 |
| 综合地价水平值 | X19 | 0.307 | 0 |
| 国家 5A 级旅游景区数量 | X20 | 0.192 | 0.003 |
| 国家级文化保护单位数量 | X21 | 0.191 | 0.003 |

注：* 表示在 a=0.1 水平上显著

资料来源：笔者通过统计软件计算结果

为消除自变量之间可能存在的线性相关关系，在进行多元逐步回归之前采用方差膨胀性因子 VIF 进行多重共线性诊断。随后将经共线性诊断的相关变量采用逐步回归方法进行运算（准则：F–to–enter 的概率≤ .050，F–to–remove 的概率≥ .100），减轻各自变量共线性的影响，剔除部分相关系数较低的变量。同时，本文还采用德宾 – 沃森（Durbin–Watson）检验残差的独立性。

### （三）实证结果分析

1. 区位分布特点

（1）逾半数中国精品酒店不在集聚区内

符合本文精品酒店选择标准的酒店共计 240 家，覆盖包括香港、澳门、台湾在内的 41 个地区（其他地区以地级市、直辖市为单元），其中北京、上海、杭州三地所占数量占据全国的 30% 以上。现有中国精品酒店在地图上分布呈现一定的集聚性，密度最高的为长三角地带。

（2）世界知名精品酒店在中国扩张相对稳健

本文世界知名精品酒店样本确定为 115 家，覆盖 34 个城市，排名前十的城市分别为上海、北京、杭州、三亚、丽江、苏州、天津、重庆、南京、成都，一线城市北京、上海、广州、深圳、天津共有精品酒店数量 45 间，占总数的 39.1%，二线城市杭州、南京、重庆共有精品酒店 18 间，占总数的 15.6%，过半数精品酒店集中于经济发达地区。

2. 区位分布特点分析——经济因素

（1）人口密度

按照世界人口密度的分类等级标准，人口密度一般分为四个等级：人口密集、人口中等、人口稀少和人口极稀。在所取 115 家世界知名精品酒店中，除丽江、普洱两市共计 7 家世界知名精品酒店位于人口中等区外，其余世界知名精品酒店全部位于人口密集区，人口密集区的知名精品酒店所占比例达到 93.9%。

（2）人口总数

共计 80.8% 世界知名精品酒店位于Ⅱ型大城市以上规模城市中。不属于大城市但有世界知名精品酒店的中等城市包括嘉兴、三亚、保山、漳州，小城市包括黄山、丽江、普洱、玉溪。但从不同规模城市精品酒店数量分布图上看，除超大城市分布密度显著高于其他规模城市外，其余规模城市世界知名精品酒店密度差异不大，如图 2 所示。

（3）旅游总人数

如图 3，世界知名精品酒店分布的 34 个城市除玉溪外全部为中国优秀旅游城市。

（4）五星级酒店数量

从五星级酒店分布数量上看，五星级酒店数量排名前十的城市分别为：上海、北京、苏州、重庆、杭州、广州、深圳、厦门、南京、成都，十个城市拥有的五星级酒店数量占所涉及城市五星级酒店总数的 68.1%。可见无论是五星级酒店，还是世界知名精品酒店，都高度集聚于上海、北京、苏州、重庆、杭州、广州、南京、成都八个城市。

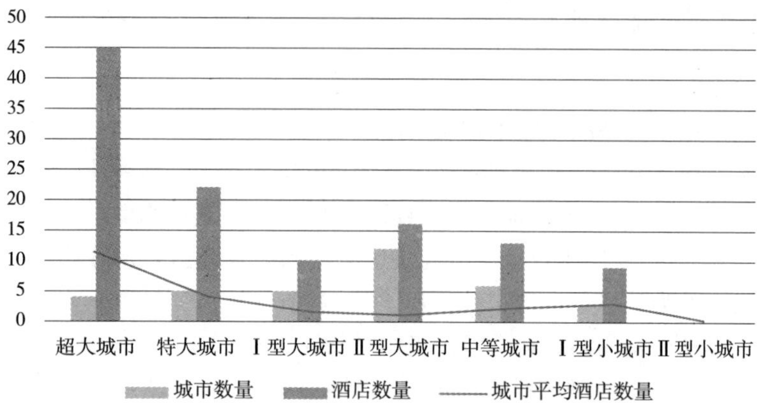


**图 2　不同规模城市精品酒店分布密度图**

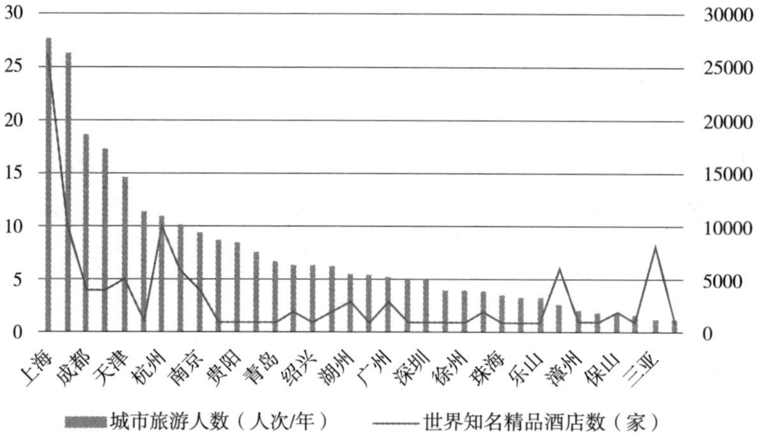


**图 3　城市旅游总人数与精品酒店数一览图**

（5）五星级酒店平均房价

五星级酒店平均房价代表一个城市旅游住宿业的整体水平，图 4 数据显示，34 个样本城市中，24 个城市五星级酒店平均房价高于 500 元 / 晚，占样本城市总数的 70.6%，共有 98 家世界知名精品酒店位于这些城市中，占总数的 85.2%。如文献综述中所述，靠近集聚区的企业将从集聚效应中受益，故五星级酒店平均房价或有可能是吸引世界知名精品酒店入住的因素，也有可能是同为奢华酒店的世界知名精品酒店入住后，奢华酒店的集聚带动了五星级酒店平均房价的提升。

（6）五星级酒店平均入住率

与五星级酒店平均房价的成因相同，五星级酒店平均入住率在数据上也显著

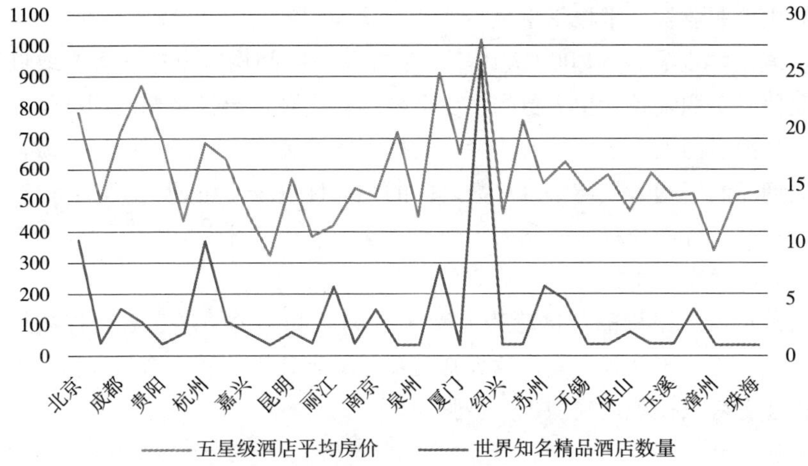


**图 4　五星级酒店平均房价折线图**

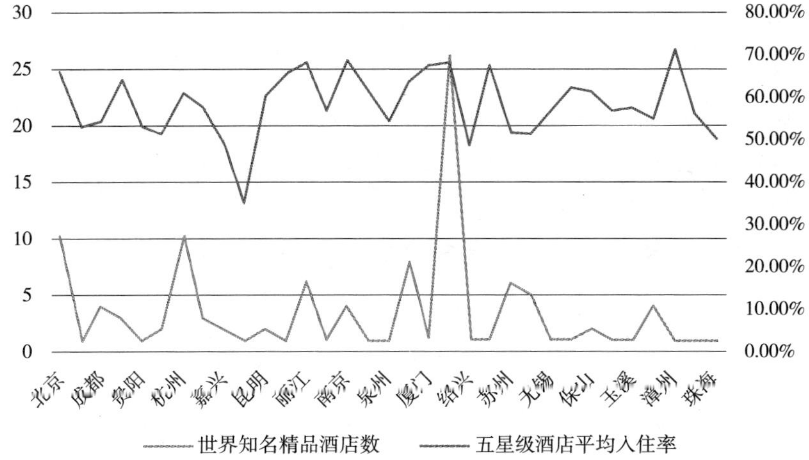


**图 5　五星级酒店平均入住率图**

高于其他城市水平，有 88.23% 的拥有世界知名精品酒店的城市五星级酒店平均入住率高于 50%，其中五星级酒店平均入住率高于 60% 的城市也有 15 个城市（详见图 5），这 15 个城市所拥有世界知名精品酒店数量为 77 家，占总数的 67.5%。

（7）职工平均工资

拥有世界知名精品酒店的城市，其职工平均工资水平主要集中于 40 000 元 / 年 –80 000 元 / 年，占比 82.3%，均略高于国家平均工资水平，然而基于我国人口分布的不均衡和区域经济发展水平的不均衡，全国职工平均工资水平较不具备可比性，无法显著代表城市的发达水平。

（8）中等职业教育学校学生数

多数城市学生数在 50 000 人以下，但在其他区间均有分布。本文取该指标的初衷，是假设中职院校学生人数的多少会影响新进驻世界知名精品酒店员工招聘的快捷度，从散点图上无法明显看出两个数据之间的关联，需通过验证各城市所拥有世界知名精品酒店的数量与学生总数之间的相关性进一步论证。

3. 区位分布特点分析——空间因素

（1）公路通车总里程

从公路通车总里程的数据趋势上看（图 6），并非公里通车总里程数越高，世界知名精品酒店分布就越密集，世界知名精品酒店分布数量是否与人均可用公路里程数相关还有待依托统计模型进一步验证。

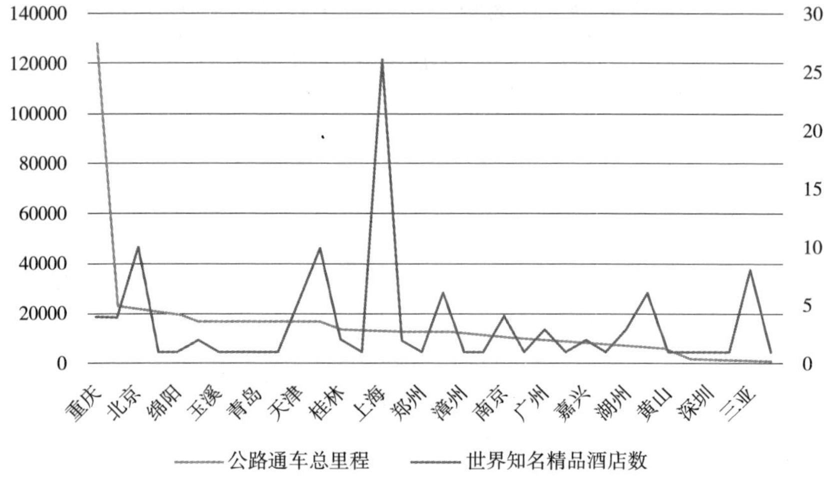


**图 6　样本城市公路通车总里程折线图**

（2）机场通航城市

所有拥有世界知名精品酒店的城市所在地机场通航城市总数分布均匀，其中通航城市在 150 个以上的城市共有 8 个，分别为北京、成都、广州、杭州、上海、深圳、西安、重庆，5 个城市合计拥有世界知名精品酒店数量 59 个，占据总数的一半以上，而 38.3% 的世界知名精品酒店分布于机场通航城市在 200 个以上的城市中。

（3）私有汽车拥有量

从私有汽车拥有量的分布折线图上（图 7）看，世界知名精品酒店数量与私有汽车拥有量存在一定的线性关系，总体趋势上较为接近，在私有汽车拥有量排名前五名的城市中，即北京、成都、天津、杭州、上海，总计拥有世界知名精品酒店数 55 家，接近总数的 50%。但由于私有汽车拥有量在一定程度上受到城市人口总数的影响，因此私有汽车拥有量是否直接影响精品酒店的区位选择也还需进一步统计验证。

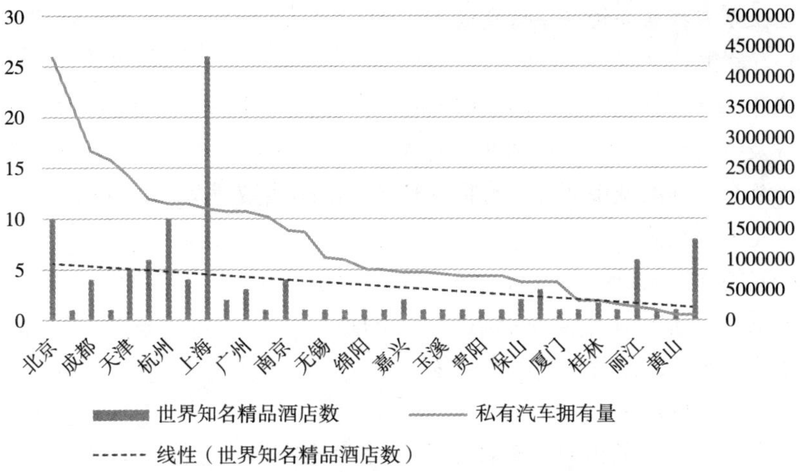


**图 7 样本城市私有汽车拥有量折线图**

（4）轨道交通里程数

是否投建轨道交通和轨道交通里程数与一个城市的经济发展水平息息相关，从轨道交通里程数散点分布图上看，有轨道交通的城市通常精品酒店数量较多，但精品酒店数量多的城市未必有轨道交通，即未必轨道交通里程数越高世界知名精品酒店数量越多，从分布情况上看，共有 14 个城市投建轨道交通，这 14 个城市合计拥有世界知名精品酒店数量 78 个，有 8 个城市轨道交通里程数在 150 公里以上，这 8 个城市合计拥有世界知名精品酒店数量 57 个，而轨道交通最为发达的北京、上海两地，合计拥有世界知名精品酒店数量 36 个。

（5）平均气温

舒适温度，是指某一环境在给定人体活动量、衣着热阻值及环境温度的条件下满足舒适要求的当量温度。对于度假人群而言，出行前首先考虑的就是天气，基本上夏季 19–24℃，冬季 17–22℃为人体舒适温度区间。从平均气温的区间上看，共有 23 个城市的平均气温低于 17℃，但所有城市的平均气温均低于 24℃。

（6）年降雨量

共有 9 个城市年降雨量低于 1000 毫米，所有城市年降雨量都高于 500 毫米以上，可见在宏观的区位选择上，世界知名精品酒店多数选择东南沿海地区、长江中下游地区。

（7）空气质量优良天数

空气质量同样是一地气候的重要指标之一，更重要的是空气质量优良天数决定了一地是否宜居。26 个城市空气质量优良天数在 8 个月以上，占总数的 76.4%，共有 95 个世界知名精品酒店分布于这 26 个城市里，占总数的 82.6%。

4. 区位分布特点分析——信息因素

（1）互联网普及率

据统计，2016 年我国互联网上网人数 7.31 亿人，其中手机上网人数 6.95 亿人，互联网普及率达到 53.2%。而所采集样本中仅有 10 个城市互联网普及率低于国家互联网普及率，其余城市共计拥有世界知名精品酒店数量 91 家，占总数的 79.2%。

（2）高等院校数

本研究的数据分析结果表明，高等院校数的分布与世界知名精品酒店数并不存在线性关系，需通过引进其他模式进一步论证。

5. 区位分布特点分析——人文因素

（1）综合地价水平

从综合地价水平的散点分布图上看，综合地价水平值低于 10 000 元 / 平方米的城市共有 27 个，占所有城市的 79.4%，但仅有 63 家世界知名精品酒店分布于这些城市，占总数的 54.7%，其他 20.6% 的城市拥有了近半数世界知名精品酒店（详见图 8）。可见世界知名精品酒店在区位选择时更倾向于区位好、地价高的区域。

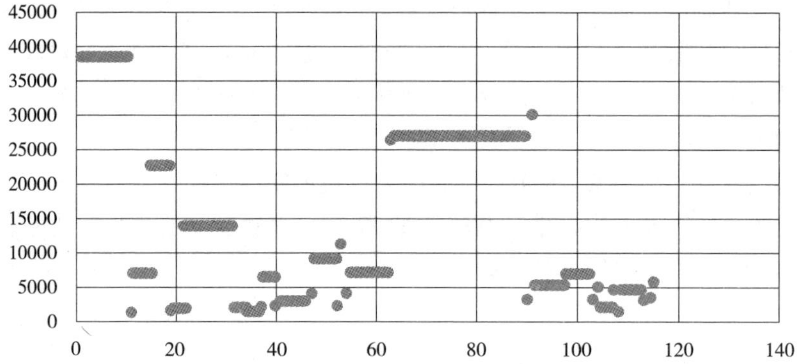


**图 8　不同综合地价水平值世界知名精品酒店散点图**

注：横坐标为样本编号，因空间有限文字无法显示，纵坐标为综合地价水平值，单位为元 / 平方米。

（2）国家 5A 级景区数量

从国家 5A 级景区的分布数量上看，共有 4 个城市拥有 3 个以上国家 5A 级景区，这 4 个城市分别为北京、桂林、苏州、重庆，共计拥有 22 个世界知名精品酒店，在比例上并不显著。相反拥有最多世界知名精品酒店的、高度发达城市上海，仅有 3 个国家 5A 级景区，仅上海一个城市拥有的酒店数量就高于 4 个城市的总数。

（3）国家级文化保护单位数量

截至 2017 年，我国共有七批全国重点文物保护单位，总数为 4296 处分布于 301 个行政区划单位中，而世界知名精品酒店所分布的 34 个城市，占行政区划单位总数的 11.3%，所拥有的国家级文保单位数量总数为 897 个，占全国国保单位总数的 20.9%。本文统计样本共涉及 17 个省 / 直辖市，其中有 8 个省 / 直辖市的半数以上的全国文保单位分布于拥有世界知名精品酒店的城市中。可见精品酒店多分布于历史文化底蕴较为深厚的区域。

### （四）区位影响因素指标体系构建

1. 相关分析

以 Spearman 秩相关统计结果为依据，在检验水准为 0.05 的情况下，与某城市精品酒店数量相关的相关性具有统计学意义的影响因子包括人口总数、旅游总人数、五星级酒店数、平均房价、职工平均工资、机场通航城市、轨道交通里程、普通高等学校数量、国家级双创示范基地、综合地价水平值、国家 5A 级旅游景区数量 11 个变量，详见表 3。

**表 3　相关变量一览表**

| 主类 | 亚类 | 量化指标 | 对应自变量 | 相关性系数 | 显著水平 |
|---|---|---|---|---|---|
| 经济因素 | 市场竞争及集聚因素 | 人口总数 | X2 | .367* | 0.033 |
| | | 旅游总人数 | X3 | .432* | 0.011 |
| | | 五星级酒店数 | X4 | .514** | 0.002 |
| | | 平均房价 | X5 | .386* | 0.024 |
| | 劳动力与人才因素 | 职工平均工资（全市） | X7 | .403* | 0.018 |
| 空间因素 | 交通通信因素 | 机场通航城市 | X10 | .431* | 0.011 |
| | | 轨道交通里程数 | X12 | .578** | 0 |
| 信息因素 | 创新环境 | 普通高等学校数量 | X17 | .415* | 0.015 |
| | | 国家级双创示范基地 | X18 | .394* | 0.021 |
| 人文因素 | 制度因素 | 综合地价水平值 | X19 | .403* | 0.018 |
| | 历史文化因素 | 国家 5A 级旅游景区数量 | X20 | .526** | 0.001 |

注：* 表示在 a=0.1 水平上显著；** 表示在 a=0.05 水平上显著

资料来源：SPSS17.0 计算结果

2. 共线性诊断

本文用来的建模样本量是 34 个城市，115 个酒店，为了满足多元回归建模的条件，在将经相关性检验的 11 个相关变量纳入建模之前，采用逐步回归方法进行运算（准则：F-to-enter 的概率≤ .050，F-to-remove 的概率≥ .100），在自相关系数高（相关系数高于 0.8）的自变量间，剔除与因变量相关系数较低的变量，减轻各自变量共线性的影响。

由于自变量之间可能存在的线性相关关系，因而本文在进行多元逐步回归之前采用方差膨胀性因子 VIF 进行多重共线性诊断。经计算发现人口总数与旅游总人数、职工平均工资、轨道交通里程、普通高等学校数量、国家级双创示范基地存在高度正相关（相关系数高于 0.8，显著性水平小于 0.01）的关系。为了满足多元回归建模的条件，建模的变量数限制在 6 个范围之内，因此依次剔除相关系数较低的人口总数、国家级双创基地数量、职工平均工资、普通高等学校、旅游总人数 5 个高度自相关的变量。

3. 计算模型

将自变量和因变量纳入 spss17.0 的线性回归模型，经逐步回归运算后最终进入模型的自变量为五星级酒店数（X4）、平均房价（X5）、机场通航城市（X10）、轨道交通里程（X12）、综合地价水平值（X19）、国家 5A 级旅游景区数量（X20）6 个变量，具体模型表达为：

$$Y=-0.555+0.322\times X4+0.005\times X5-0.006\times X10+0.009\times X12-0.000266\times X19-0.614\times X20 \quad \text{（公式 1）}$$

进入模型前由于单独计算变量之间的相关关系，研究单独自变量对因变量的影响或相关程度时，暂时不考虑其他要素影响，所得数值结果为偏相关系数，6 个因素的偏相关系数均为正向相关关系。进入模型后由于考虑 6 个变量的综合影响，相关系数进入模型后会发生变化，因此原 6 个变量的偏相关系数均为正向，进入模型后机场通航城市（X10）、综合地价水平值（X19）、国家 5A 级旅游景区数量（X20）为负向影响。

经检验，模型的调整 $R^2$ 达到 0.712，说明整体的多元回归模型的结果较好。且通过对残差的自相关检验即 Durbin-Watson 为 1.835，在 1.5-2.5 之间，可认为残差间相互独立，模型可靠。

（1）经济因素

五星级酒店数量与城市世界知名精品酒店分布数量具有显著正向影响。在其他变量保持不变的情况下，五星级酒店数量每增加 3 家，世界知名精品酒店数量增加 1 家。

五星级酒店数量反映了三个重要内容：第一，从五星级酒店的主要消费群体上看，外籍人士和高端消费群体较多，该部分人群的消费行为特点，一方面是更愿意为高端服务和极致体验买单，另一方面是对新生事物的接受能力更强，还有一方面是重复消费频率更高，对于强调奢华和极致体验的精品酒店而言，五星级酒店聚集的区域本身就为目标客群的集中区域；第二，从五星级酒店的经营管理团队上看，五星级酒店的集聚发展一定程度上代表了经营团队的稳定和服务人员的数量，有利于精品酒店进入后快速组建经营团队；第三，从五星级酒店的工程运维角度看，酒店的集聚代表高端硬件设施尤其是特种设备的供应商驻点服务的可能性，可有效降低高端业态进驻后的日常维护成本。正如前文文献综述中所述，奢华酒店比其他酒店业态更容易从集聚效应中获益，因此城市五星级酒店数量越多，世界知名精品酒店分布的数量也越多。

此外，五星级酒店平均房价与城市世界知名精品酒店分布数量具有显著的正向影响。在其他变量保持不变的情况下，五星级酒店平均房价每增加 200 元，世界知名精品酒店数量增加 1 家。五星级酒店的平均房价反映了两个重要内容：第一，五星级酒店的平均房价在一定程度上代表了地方经济发展水平和综合消费水平，第二，五星级酒店的平均房价反映了消费人群的数量和对价格的接受程度。无论是五星级酒店还是精品酒店，其主要收入均来源于客房收入，因此五星级酒店的平均房价越高，世界知名精品酒店数量分布就越多。

（2）空间因素

机场通航城市对城市世界知名精品酒店分布数量具有显著的负向影响。在其他变量保持不变的情况下，机场通航城市每增加 166 个，世界知名精品酒店数量减少 1 家。在做单一变量的相关分析时，机场通航城市与世界知名精品酒店数量呈现正相关关系，而进入模型计算时则出现了负相关，该现象应由偏相关理论解释，即在控制了其他变量后，机场通航城市对因变量的影响是负向的。机场通航城市数量的增加，虽然在很大程度上代表了高端人群的可达性的提升，但是在一定程度上也代表了本地高端消费人群外流的便利性，尤其对于受限于大交通的便利性而选择近郊度假的群体而言，机场通航城市的增加扩大了其度假目的地的选择范围，因此机场通航城市的增加，在一定程度上会造成城市世界知名精品酒店分布数量的减少，但影响相对不显著，且受限于通航城市数量变化的频率，短期内该因素的影响较小，通常在新建机场或扩建机场时有变量产生。

此外，轨道交通里程数对世界知名精品酒店数量有显著的正向影响。在其他变量保持不变的情况下，轨道交通里程数每增加 111 公里，世界知名精品酒店数量增加 1 家。轨道交通的建设在很大程度上反映当地经济发展水平、人口及可预见增长人口水平、城市交通发展水平等。前文分析中也指出，人口总数与轨道交通里程相关系数为 0.841（显著性水平小于 0.01），二者的关系是显著正相关，与前文结论类似。而从另外一个角度探讨，轨道交通的发达性提高了消费者出行的便利性，虽然世界知名精品酒店定位的人群多为高端人群，不容忽视的是该人群对地方人文体验的倾向性，便捷、舒适的轨道交通能够分流部分因选址差异造成的原有核心区域的客流。

（3）信息因素

经过不同方法的论证分析，经济因素的 3 个量化指标中，有 2 个经检验与世界知名精品酒店数量相关，即普通高等学校数量、国家级双创示范基地数量，经自变量之间的共线性诊断，普通高等学校数量、国家级双创示范基地数量与人口总数等变量高度自相关，因此在信息因素项中没有将这两个变量纳入计算模型。

（4）人文因素

综合地价水平值对世界知名精品酒店数量的分布有显著的负向影响。在其他变量保持不变的情况下，综合地价水平值每提升 4000 元 / 平方米，世界知名精品酒店数量减少 1 家。该变量与机场通航城市数量的情况相同，在做单一变量的相关性分析时，与因变量呈现正相关关系，而在控制其他变量后则呈现负相关。综合地价水平值虽然在很大程度上代表了当地的经济发展水平和经济发展规模，但是对于投资人而言则在更大程度代表了其物业的建设成本或租赁管理成本，而该影响因素的显著性强于五星级酒店房价一定程度的正向影响，因为综合地价水平值代表的是前期投资的绝对值，而客房收入作为经营收入为运营过程中的可能值。

此外，国家 5A 级景区数量对世界知名精品酒店数量的分布有显著的负向影响。在其他变量保持不变的情况下，国家 5A 级景区数量每增加 1.5 家，世界知名精品酒店数量减少 1 家。在“全域旅游”和“共享经济”的大环境之下，大多数游客出行依然以“国家 5A 级旅游景区”“国家 4A 级旅游景区”“国家级旅游风景名胜区”“国家级旅游度假区”等标签作为目的地选择依据。由此国家 5A 级景区数量越多，虽然代表当地的旅游资源越为丰富，但同时也代表了主要消费者群体的构成。而从精品酒店的目标客源市场的消费行为上看，他们更愿意独享“独一无二的体验”而非与大众共享价格已不是绝对壁垒的“奢华体验”。因此国家 5A 级景区数量的增加会显著影响世界知名精品酒店数量的下降。

## 四、研究结论

本章通过不同方法的论证对调研获得的数据进行分析。首先，从经济因素、空间因素、信息因素、人文因素的 21 个量化指标逐个分析世界知名精品酒店的区位选择特点，共有 6 个因素为多数样本的必要条件：93.9% 的世界知名精品酒店位于人口密集区；80.8% 的世界知名精品酒店位于Ⅱ型大城市以上规模城市中；99.1% 的世界知名精品酒店位于中国优秀旅游城市；世界知名精品酒店周边高星级酒店集聚，且呈现明显的正面集聚效应，85.2% 的五星级酒店平均房价高于 500 元 / 间夜，集聚区内的最低值比不在集聚区内的最低值高出 58.2%；世界知名精品酒店基本上偏好气候宜人的宜居城市，多数选择东南沿海地区、长江中下游地区一带且均位于年平均气温低于 24℃的城市，82.6% 的世界知名精品酒店位于空气质量优良天数在 8 个月以上的城市。

随后本文通过相关性分析、共线性诊断进行 21 个自变量与因变量之间的相关关系、21 个自变量之间的共线性关系分析，得出 11 个相关指标后剔除贡献率较

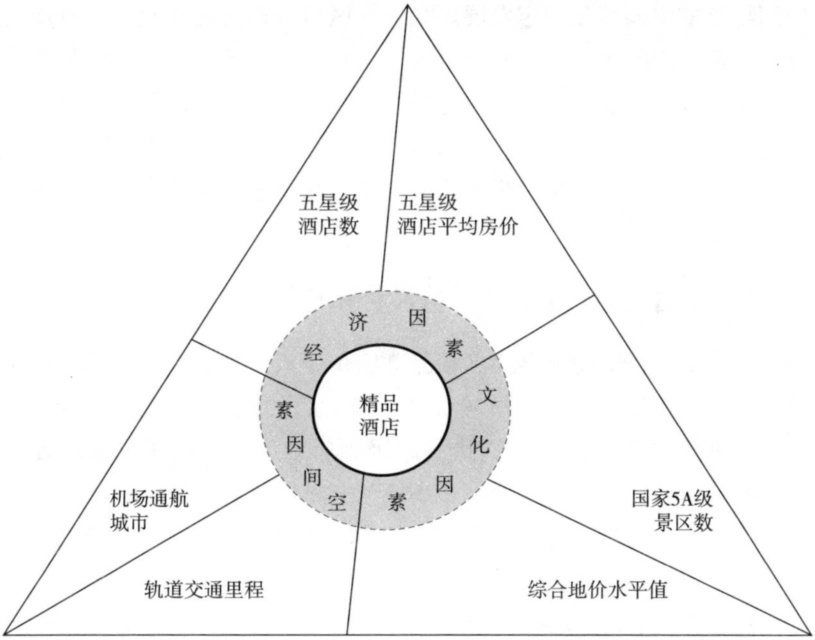


**图 9 精品酒店区位选择影响因素燕尾三角形模型**

低的 5 个指标，最终以 6 个指标进入计算模型并确定指标权重。具体模型（详见图 9）表达为：

$$Y=-0.555+0.322\times X4+0.005\times X5-0.006\times X10+0.009\times X12-0.000266\times X19-0.614\times X20 \quad \text{（公式 2）}$$

五星级酒店数量、五星级酒店平均房价、轨道交通里程数与城市世界知名精品酒店分布数量对城市世界知名精品酒店分布数量具有显著正向影响。机场通航城市数量、综合地价水平值、国家 5A 级景区数量对城市世界知名精品酒店分布数量具有显著的负向影响。在保持其他变量不变的情况下，五星级酒店数量每增加 3 家，世界知名精品酒店数量增加 1 家。五星级酒店平均房价每增加 200 元，世界知名精品酒店数量增加 1 家。在其他变量保持不变的情况下，机场通航城市每增加 166 个，世界知名精品酒店数量减少 1 家。轨道交通里程数每增加 111 公里，世界知名精品酒店数量增加 1 家。综合地价水平值每提升 4000 元 / 平方米，世界知名精品酒店数量减少 1 家。国家 5A 级景区数量每增加 1.5 家，世界知名精品酒店数量减少 1 家。

根据本文的研究结果，主要得出以下研究结论：

### （一）中国精品酒店的发展现状

中国第一家精品酒店 2002 年在上海出现以后，经过 15 年的快速发展已经呈现出具有中国特色的中国精品酒店发展现状：在区位分布方面，现有中国精品酒店在地图上分布呈现一定的集聚性，密度最高的为长三角地带，与世界知名精品酒店的分布趋势大体一致；在品牌潜力方面，基于对中国市场的充分了解，中国精品酒店业在全国的版图分布上比国际品牌分布范围更广且更加深入，本土精品酒店品牌或精品酒店品牌部分已有国际化扩张的趋势，未来将基于巨大的中国市场基础与国际品牌接轨并抗衡。

### （二）世界知名精品酒店在中国的区位分布特点

本研究发现，93.9% 的世界知名精品酒店位于人口密集区；80.8% 的世界知名精品酒店位于Ⅱ型大城市以上规模城市中；99.1% 的世界知名精品酒店位于中国优秀旅游城市；世界知名精品酒店周边高星级酒店集聚，且呈现明显的正面集聚效应，85.2% 的五星级酒店平均房价高于 500 元 / 间夜，集聚区内的最低值比不在集聚区内的最低值高出 58.2%；世界知名精品酒店基本上偏好气候宜人的宜居城市，多数选择东南沿海地区、长江中下游地区一带且均位于年平均气温低于 24℃的城市，82.6% 的世界知名精品酒店位于空气质量优良天数在 8 个月以上的城市。

### （三）精品酒店区位选择影响因素体系

在相关性分析中，人口总数、旅游总人数、五星级酒店数、平均房价、职工平均工资、机场通航城市、轨道交通里程、普通高等学校数量、国家级双创示范基地、综合地价水平值、国家 5A 级旅游景区数量 11 个因素均与世界知名精品酒店数量存在相关性，通过多元回归分析计算后得出计算模型并构建精品酒店区位选择影响因素体系，共有 6 个因素进入模型：经济因素中代表市场竞争及集聚因素的五星级酒店数和平均房价，空间因素中代表交通通信因素的机场通航城市和轨道交通里程，人文因素中代表制度因素的综合地价水平值，代表历史人文因素的国家 5A 级旅游景区数量，信息因素在精品酒店的区位选择过程中影响并不显著。

## 主要参考文献

方远平，闫小培．服务业区位论：概念、理论及研究框架．人文地理，2008(5).

方远平，闫小培，陈忠暖．服务业区位因素体系的研究．经济地理，2008(1).

刘少军．向世界展示中国精品酒店风貌．经理人，2012(1).

伍蕾，郑向敏．基于层次分析法的饭店投资决策指标体系研究．饭店现代化，2009(1).

张祥，章晴，李艳．酒店企业跨国扩张区位选择影响因素．经济地理，2015(3).

Oktay Emir and Sinan Saracli. 2014. Determination of The Thermal Hotel Location:

Application of Analytic Hierarchy Process. *Tourism and Hospitality Management*, (1): 71−83.

RJ Callan and Ruth Fearon. 1997. Town House Hotels−An Emerging Sector. *International Journal of Contemporary*, 9(4): 168−175.

Sharareh Khosravi, Anahlta Malek and Erdogan Ekiz. 2014. Why Tourists are attracted to Boutique Hotels: Case of Penang Island, Malaysia. *Journal of Hospitality & Tourism*, 1(12): 26−43.

## 点评

随着市场的发展，酒店业竞争越来越激烈，而精品酒店又是以酒店特色作为核心竞争要素，分析选址的影响有多大、受哪些因素影响等也显得越来越重要。但该领域以往相关的研究成果很少，因此该选题具有开创性，具有一定的理论意义与实践价值。

该论文以集聚理论等理论为基础，采用定性与定量相结合的研究方法，对精品酒店区位选择的影响因素进行了研究。论文的研究问题明确，对相关领域的已有研究把握较为全面。论文的写作基本规范，结构合理，研究方法运用得当，具有一定的逻辑性与创新性。该论文采用科学的方法，对“中国世界知名精品酒店”的名录进行确定与统计，这是保证研究对象准确的前提条件。接下来，论文通过对现有文献的梳理与统计，对中国精品酒店的发展现状进行了较好的总结。论文通过研究发现世界知名精品酒店在中国的区位分布特点，并通过数据分析对精品酒店区位选择影响因素体系进行提炼。作者选择从经济、空间、信息、人文这四大主体因素、多个变量的角度，探索影响精品酒店区位选择的因素，构建的体系是比较合理、完整的。论文的研究结果丰富了服务业区位理论在精品酒店领域的成果，为精品酒店的区位选择与开发提供实践指导。当然论文也存在一些不足之处，表现为作者对于区位选择相关因素的筛选过程、模型的构建以及实证研究方向的研究过程描述还可以进一步深化。总体而言，这是一篇比较规范的 MTA 论文，把理论与实践较好地结合在一起，采用的研究方法比较科学，使得研究结论比较可靠，为精品酒店区位选择提供了实践指导。

# 旅游综合体业态配比研究

## ——以南昌万达文化旅游城为例

杨志锋[①]

**摘要**：在旅游综合体的构建中，业态配比是其实现规模效益的核心环节，也是一个复杂的实践问题，针对旅游综合体的业态配比进行探讨，具有重要的理论与实践意义。针对旅游综合体的业态配比问题，本文进行了模型构建，运用 ANP 网络分析对旅游综合体业态配比的影响因素进行分析；运用线性规划模型对旅游综合体业态配比的空间比例进行计算；运用欧式贴近度模糊物元模型对规划方案与实际方案进行比较。在案例分析中，本文以南昌万达文化旅游城为例，对本文构建的业态配比影响因素 ANP 模型、业态配比线性规划模型、业态经营贴近度评价模型进行了模型验证，对旅游综合体业态配比的方法、步骤等进行了模拟，验证本文模型构建的有效性，从而为旅游综合体的业态配比及综合开发提供了一定的理论与实践参考。通过实证研究，表明本文选用的旅游综合体业态配比相关模型能够用于旅游综合体的实际开发规划，对旅游综合体的功能协同、价值优化、效益提升具有重要意义。

**关键词**：旅游综合体；业态；南昌万达文化旅游城；配比比例

## 一、引言

随着我国旅游业的不断升温，人工旅游景区逐渐在旅游项目开发中占据重要地位，据统计，目前人工景区已经占据 3A 级别以上景区总量的 30% 左右。在人工景区的开发中，旅游综合体是目前较为热门的一种新型模式，这一模式是一种新型的结合商圈、酒店、娱乐等功能的综合旅游主题景区，在其开发的过程中，大型企业投资尤其是地产类企业项目投资参与较多，资金的引入也带来了发展模式的革新。与传统旅游景区发展不同，旅游综合体的业态选择与配比更加具有主题性、现代性、商业性、综合性。在旅游综合体的开发过程中应遵循现代经济规律，运用多种科学手段，进行商业角度的整体规划与综合角度的量化规划。针对旅游综合体，

---

① 2012 级，2017 年毕业；点评教师：伍晓奕。

进行业态配比角度的研究，对于旅游综合体的商业规划及整体发展有着较大的促进作用。

从研究对象而言，目前国内外针对旅游综合体的研究较少，相关研究多处于概念性探索阶段，相关案例研究也不够深入。在研究内容上，目前与旅游综合体有关的研究较多关注理论的探讨与总结，较少选择从业态配比角度切入研究，尽管关于城市综合体业态配比研究领域已有一定的相关文献，但由于旅游综合体具备旅游的主题性质，在业态选择及配比上具备一定的特异性，与城市综合体的业态组合方法有着一定的区别。在旅游综合体的建设中，基于功能分区及收益规模进行业态的选择与配比是一个重要的问题。基于这一背景，本研究主题的选择对于旅游综合体研究的理论丰富有一定的助益，对于实践中旅游综合体业态分布的科学性与合理性有着重要的意义。

## 二、研究述评

### （一）旅游综合体相关研究

旅游综合体的概念源自于城市综合体，从理论研究角度，旅游综合体是在城市综合体基础上衍生的概念。在国外关于旅游综合体的研究方面，哈维耶夫等（Javiyev etal，2014）针对奥古斯地区旅游综合体的建筑构造及运营模式进行了研究，并对旅游综合体发展过程中与旅游者、开发商、政府、居民等多重的相关关系进行了探讨。综合相关文献，可以看出国外在旅游综合体研究方面更为注重实证研究，通过实证性的分析，为旅游综合体的发展路径提供了一定的参考经验。

目前国内关于旅游综合体的研究，主要从理论溯源、模式探讨、实例分析等角度入手。从模式研究角度，陈琴等（2012）针对旅游综合体与地产项目的合作模式进行了研究；从案例分析角度，蔡雅萍（2014）以杭州西溪天堂旅游综合体为案例，对其以供应链一体化为特征的发展模式进行了分析总结。陈海明（2014）以深圳华侨城为例，对旅游综合体的集聚发展模式进行了分析。冯志红等（2015）以大连万达广场为例，对融合文化、娱乐、商业功能的旅游主题城市综合体发展模式及构建特征进行了分析。

### （二）业态配比相关研究

在城市综合体及旅游综合体的业态配比方面，国外研究主要以业态的构建及商业业态的结构规划设计方面的研究为主。在城市综合体及旅游综合体的业态配比方面，国外较为注重经济、社会、人口、文化等因素间的复杂结构关系，在对各类影响因素进行综合分析的基础上，对其业态组合现状进行评价，并对其发展趋势及相应规划提出建议。

国内研究方面，关于城市综合体的业态配比研究中，武前波等（2016）指出业态规划的重点是从传统的商铺或百货模式向购物中心、主题公园模式转变，在其业态组合的构建过程中充分考虑文化、旅游、娱乐等综合体验因素。

总体而言，目前关于旅游综合体已有较多研究，但从旅游综合体业态配比角度切入的研究较为少见。在已有的关于旅游综合体业态配比的相关研究中，多数研究着眼于业态配比的经验分析，即通过对各类已有规划案例的业态配比比例分析提出被研究案例的建议业态比例，定量研究较少。本文的研究，对于旅游综合体的业态配比研究有一定的促进作用。

## 三、案例例证研究

本文的理论基础包括旅游规划理论、产业聚集理论、协同理论，在此不再详述。笔者对旅游综合体的基本特征（从空间、资源、业态、服务四个角度进行分析）、旅游综合体类型（包括娱乐型、度假型、商业型、文创型四大类）、业态配比概念、业态配比主要原则、业态配比要素确定方法、旅游综合体的业态类型等知识进行了介绍，并对 ANP 网络分析法（Analytic Network Process）、线性规划、欧式贴近度模糊物元模型的基础原理进行了介绍。

### （一）研究方法

本研究针对旅游综合体的业态配比，运用 ANP 网络分析法针对旅游吸引物的业态影响因素进行了定性与定量结合的分析；运用线性规划模型对南昌万达文化旅游城的业态配比空间规划进行了定量分析；最后运用欧式贴近度模糊物元模型对本文设计的规划方案进行了模型评价。

### （二）旅游综合体业态配比影响因素评价

旅游综合体在进行业态配比的具体选择过程中，同时受到一定的外部要素的影响。如选址、交通、配套、环境、政策等，都会对游客的到达率、满意度等产生重要影响。本文运用 ANP 网络分析法，对旅游综合体业态配比的影响因素进行指标评价分析，在实证分析中选用南昌万达文化旅游城作为案例，对其指标选取作综合评价。为便于作影响因素的分析，本文首先针对该项目进行市场调查、项目定位、开发流程、项目可行性研究等方面的分析，从而为评价指标的选取提供一定的参考。

1. 市场调查及项目定位

旅游综合体在规划前期首先应进行市场调查及项目定位分析，市场调查的具体内容包括目标城市的人均可支配收入、消费结构、旅游支出占人均收入的总体比例、旅游收入、旅游客源来源等。项目定位的规划应根据旅游综合体拟开发的地理区位条件、交通因素、政策因素等条件进行综合分析。

（1）市场调查

旅游综合体在业态配比方案确定的市场调查阶段，首先要对地区的经济发展水平进行一定的了解。衡量经济发展的主要综合指标包括：城市生产及人均生产总值、城市人均收入、社会消费结构、经济发展对周边地区的辐射能力等。在业态配比方面，城市的经济发展水平、消费水平、对周边的辐射程度及影响力，是决定其内部业态配比规划的重要影响因素。

通过针对南昌万达文化旅游城项目进行市场调查，了解到南昌市发展文化旅游综合体的相关数据。2015 年南昌市政府披露，南昌市 GDP 总值超过 4000 亿元，人均可支配收入达 31 942 元，南昌市恩格尔系数逐年下降，截至 2015 年统计，城乡恩格尔系数均已下降至 50% 以下，其中城市恩格尔系数为 35%，农村恩格尔系数为 46%，表明城镇居民生活水平基本实现从温饱向小康的转变。2015 年南昌市消费结构中住房购买增加，健康医疗类消费增加，交通支出呈上涨趋势，文化、娱乐、旅游、休闲类服务性消费有明显增长，旅游支出占人均总支出的 4.8%。从以上基本条件分析，可以了解到南昌市经济发展速度加快，人均可支配收入的增加使得本市居民对旅游等服务类消费热情提高。该项目选址于南昌市九龙湖新区，该区域属于城市新区，在发展经济、旅游、地产方面有着一系列的利好措施，总体而言有着较好的宏观政策条件。

通过对南昌市进行总体的市场调查，构建南昌万达文化旅游城综合宏观影响因素的相关指标，将该主准则定义为“U1 宏观环境”，其构成子准则包括：“C11 城市生产总值”“C12 居民恩格尔系数”“C13 旅游人均支出”“C14 政策支持程度”四项指标。

（2）项目定位

从南昌万达文化旅游城的项目定位来看，该项目属于新城开发基础上的休闲娱乐类旅游综合体。南昌万达文化旅游城在旅游吸引物的开发方面主要包括室内主题乐园、室外大型游乐场、大型主题影院、量贩式 KTV、电玩城、儿童天地、舞台秀等，通过对旅游吸引物的类型分析，可以了解到该项目立足于以对周边人群及辐射区内距离较近城市游客的吸引为主，因此吸引大量游客是该综合体盈利的基础。故对于该项目而言，具体的项目定位分析，应当对辐射范围、地理区位、交通条件等影响游客到达率的指标进行具体分析。

根据项目定位的相关分析，提取南昌万达文化旅游城项目建设的影响因素，将主准则命名为“U2 项目建设”，将其中子准则分别命名为：“C21 休闲娱乐定位”“C22 人群辐射范围”“C23 地理区位特点”“C24 交通配套条件”四项指标。

（3）不同业态的影响因素确定

本文运用 ANP 网络分析法对旅游综合体的业态配比影响因素进行分析，对于旅游综合体而言，可选择的业态有着较多的类型，主要包括旅游吸引物、商圈、酒店、旅游地产、办公、生活、医疗、教育、文化、娱乐、休闲等。具体的业态选取应依据项目的不同进行选择。南昌万达文化旅游城的业态主要包括旅游吸引物、酒店、商圈、旅游地产四类，本文即针对上述四类业态进行特征的具体分析。

从旅游吸引物的规划角度，将影响其游客吸引能力的因素定义为主准则“U3 旅游吸引物业态”，将其子准则定义为“C31 知名度与影响力”“C32 旅游项目特色程度”“C33 旅游项目规模级别”三个指标。

从酒店业态的规划角度，将该主准则定义为“U4 酒店业态”，规划“C41 游客住宿意向”“C42 酒店竞争优势”“C43 商务会议需求”三个子准则。通过分析可知，由于南昌万达文化旅游城项目中用于游览娱乐的项目类型较多属于主题公园、电影院、KTV、电玩等类别，属于较日常性的娱乐，吸引周边人群短期游览的项目类型较多，能够使游客多日停留的项目较少，因此游客对于酒店业态的需求度在总的游览人群中占据较低的比例，游客住宿意向较低；而旅游城属于定位较为高档的项目，配套的酒店业态定位较高，单日房间价较高，对比周边酒店住宿在竞争上优势不明显；在商务会议方面需求也较低。

从商圈业态的规划角度，将主准则定义为“U5 商圈业态”，将其子准则分别定义为“C51 游客消费意向”“C52 商圈辐射范围”两个子准则。通过分析可知，由于南昌万达文化旅游城项目规划的特征，偏重于项目娱乐而非景点游览，因此商圈业态的独立性较强，渗透性较差，游客消费意向不高；而由于商圈业态处于景区内部，属于景区配套业态，与周围居住区距离较远，地理上隔绝明显，因此，商圈辐射范围有限。

从旅游地产业态的规划角度，将主准则定义为“U6 旅游地产业态”，将子准则定义为“C61 人群消费水平”“C62 区域地产政策”“C63 地产开发条件”三个指标。通过分析可知，南昌万达文化旅游城定位为较高级别的大型主题游览项目，能够吸引到的游客相对高端，同时，旅游项目对于周边地产消费有着显著的带动效应；从九龙湖新区的区位上看，该区是南昌市规划中拟吸纳 40-50 万人口的都市新城，有着较好的发展旅游地产的条件，在区域地产政策上占据优势；南昌万达文化旅游城有着现代化的区域建设投入，覆盖交通、市政、生活、教育等多个方面，同时以其生态、宜居等条件有着一定的吸纳高收入群体的基础，因此旅游地产业态有着较好的地产开发条件。

2. ANP 网络分析法模型构建

根据前述分析，将主准则各项子准则指标汇总，获得 ANP 网络分析法的基本影响因素指标，运用九级标度法，通过菲尔德法专家打分得出基本子准则的判断赋值（详见表 1）。专家打分法需要依据定量及定性的指标，定量的指标主要是关于项目的调研数据，定性的指标确定则主要依据旅游综合体各项功能评价的描述性资料。

**表 1　南昌万达文化旅游城业态配比影响因素评价指标体系**

| 主准则 | 子准则 | 菲尔德打分 |
|---|---|---|
| U1 宏观环境 | C11 城市生产总值 | 9/6 |
| U1 宏观环境 | C12 居民恩格尔系数 | 9/6 |
| | C13 旅游人均支出 | 9/5 |
| | C14 政策支持程度 | 9/7 |
| U2 项目建设 | C21 休闲娱乐定位 | 9/8 |
| | C22 人群辐射范围 | 9/7 |
| | C23 地理区位特点 | 9/7 |
| | C24 交通配套条件 | 9/7 |
| U3 旅游吸引物业态 | C31 知名度与影响力 | 9/7 |
| | C32 旅游项目特色程度 | 9/7 |
| | C33 旅游项目规模级别 | 9/8 |
| U4 酒店业态 | C41 游客住宿意向 | 9/4 |
| | C42 酒店竞争优势 | 9/4 |
| | C43 商务会议需求 | 9/2 |
| U5 商圈业态 | C51 游客消费意向 | 9/3 |
| | C52 商圈辐射范围 | 9/3 |
| U5 旅游地产业态 | C61 人群消费水平 | 9/5 |
| | C62 区域地产政策 | 9/7 |
| | C63 综合开发条件 | 9/7 |

通过对准则层及子准则的指标构建，可以获得南昌万达旅游综合体业态配比影响因素的评价模型，如图 1 所示。在模型的各个主准则及子准则之间，存在着相互依赖相互影响的关系，通过 ANP 分析结构，能够充分考虑不同影响因素之间相互关系对整体模型的影响。

在评价模型建立后，首先进行无权重超矩阵的构建，Ui（i=1~6）是主准则，Cj（j=1~n）因素组中的 cjl（l=1~nj）表示各主准则层中的子准则，通过主准则对子准则的影响关系，获得归一特征化向量，在此基础上，对各子准则进行两两比

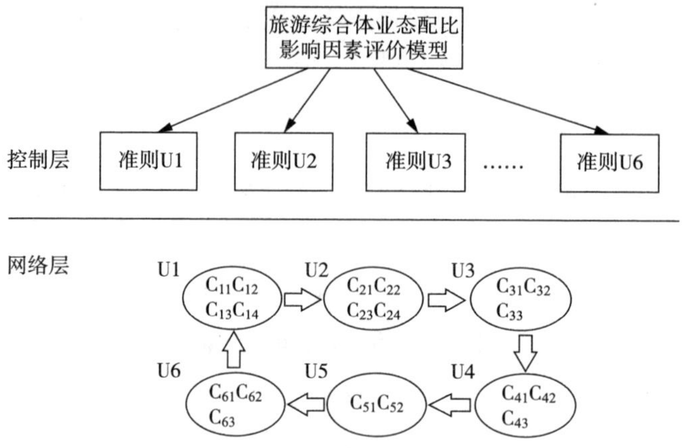


**图 1　业态配比影响因素评价模型**

较，获得元素间的影响关系架构。本模型中共可获得无权重矩阵 m 个。无权重矩阵仅子块部分形成列归一，为更好地体现元素间的优先结构，对各元素进行综合比较，获得权重超矩阵的构建。最终获得，遵循对应准则的权重矩阵 Bs：

运用 Super Decision 软件，对南昌万达文化旅游城业态配比的各项影响因素进行权重分析，获得结果如下表所示。

**表 2　南昌万达文化旅游城业态配比影响因素权重值**

| U1 | C11 | C12 | C13 | C14 | U2 | C21 | C22 | C23 | C24 |
|---|---|---|---|---|---|---|---|---|---|
| 0.193 | 0.042 | 0.048 | 0.045 | 0.058 | 0.232 | 0.064 | 0 .054 | 0.053 | 0.061 |
| U3 | C31 | C32 | C33 | | U4 | C41 | C42 | C43 | |
| 0.216 | 0.61 | 0.64 | 0.091 | | 0.084 | 0.031 | 0.029 | 0.024 | |
| U5 | C51 | C52 | | | U6 | C61 | C62 | C63 | |
| 0.093 | 0.049 | 0.044 | | | 0.182 | 0.054 | 0.051 | 0.077 | |

3. 评价模型结果分析

通过对南昌万达文化旅游城业态配比影响因素指标权重的结果分析，可以看出该项目业态配比的宏观环境及项目建设的影响要素有着较高的权重，表明该项目有着较好的开发前景。

根据 ANP 分析法评价结果，建议该项目在业态构建方面选择旅游吸引物、酒店、商圈、旅游地产四类业态。对于四类业态之间的比例结构，设旅游吸引物、酒店、商圈、旅游地产分别为 X1、X2、X3、X4，根据指标评价结果，旅游吸引物业态及旅游地产业态对于项目总体有着较大的贡献，同时有着较好的市场前景；而酒店业态及商圈业态由于游客住宿比例及购物类消费比例较低，而对于项目整体的贡献度有限。故拟设定四类业态的基础比例为：

$$x_1 : x_2 : x_3 : x_4 = 40\% : 10\% : 10\% : 40\% \qquad \text{（公式 1）}$$

由于旅游综合体业态配比在具体的规划中有较多的约束条件影响，故在本文研究中，运用线性规划模型进行业态配比比例的具体核算，并与 ANP 分析法中根据影响因素构建的业态比例进行对比获得相互验证。

### （三）旅游综合体业态配比线性规划模型

本文在研究中，主要以万达文化旅游城项目中的旅游吸引物、地产、商圈、酒店四类业态为依据建立规划模型，通过对财务净现值的预估，规划各类业态最佳的面积配比。

1. 确定变量及目标函数

在万达文化旅游城业态配比模型中，选取不同业态的面积为决策变量，目标函数为求得该项目财务净现值的最大值。本项目共针对旅游吸引物、地产、商圈、酒店四类业态进行统计，设定决策变量即项目中各业态的面积平米数为 Xi（i=1，2，3，4）。

$$X = \begin{pmatrix} x_1 \\ x_2 \\ x_3 \\ x_4 \end{pmatrix} = \begin{pmatrix} \text{旅游吸引物} \\ \text{酒店} \\ \text{商业} \\ \text{地产} \end{pmatrix} \qquad \text{（公式 2）}$$

设不同业态的每平米创造的财务净现值为 fnpvj（j=1，2，3，4）：

$$fnpv_j = \begin{pmatrix} fnpv_1 \\ fnpv_2 \\ fnpv_3 \\ fnpv_4 \end{pmatrix} = \begin{pmatrix} \text{旅游吸引物净现值} \\ \text{酒店净现值} \\ \text{商业净现值} \\ \text{地产净现值} \end{pmatrix} \qquad \text{（公式 3）}$$

其中，$fnpv_j$ 的计算依据项目的折现率（k），将项目计算期内的各年净现值流量折现到建设初期的现值之和，其表达式为：

$$fnpv_j = \sum (CI - CO)_T (1 + k_c)^{-t} \qquad \text{（公式 4）}$$

设该项目财务净现值总额为 FNPV，则目标函数为求得 FNPV 的最大值 max FNPV。

2. 约束条件

（1）项目容积率

旅游综合体容积率的确定需要参考多项因素，包括业态的合理性因素、建设的可行性因素、经济的可盈利性因素等。设定该项目容积率为 tm（m=1,2,3,4）。

针对旅游吸引物的容积率设定，该项目旅游吸引物建设规划包括大型舞台秀、电影乐园、主题公园、电影城、量贩 KTV、电玩城、儿童天地、酒吧街等，根据对主体建筑类型的评估，参考建筑多层 2–3 层与少量小高层 4–5 层的混合，设定容积率“$2.5 < t1 \leqslant 3$”。

针对酒店业态的容积率设定，南昌万达文化旅游城有着较大的人流量，对于酒店住宿有着较高的需求，该项目配套应设计较多高层酒店以满足住宿需求，在酒店容积率规划方面，参考 8–12 层建筑的容积率标准，设定容积率为“$3.5 < t2 \leqslant 4$”。

针对商圈业态的容积率设定，该项目规划中商圈业态主要以时尚品牌、美食、娱乐、购物等类型为主，建筑类似于万达城市综合体项目，故该项目参考 4–5 层小高层为主，设定容积率为“$3 < t3 \leqslant 3.5$”。

针对地产业态容积率设定，根据江西省国土资源部相关规定，住宅类项目容积率必须大于 1.0。南昌万达文化旅游城项目中的地产业态属于配套的旅游地产，相对而言作为较为高端的地产项目，应当约定较低的容积率，从而更好地满足旅游地产的销售需求。根据旅游地产的项目特征，将该项目地产业态容积率限定为“$1.0 < t4 \leqslant 1.1$”。

在容积率限定条件下，本项目获得财务净现值的最大值要求建筑面积规划达到最大，故该项目容积率模型规划为：

$$s.t.\begin{cases} \frac{x_1}{t_1}+\frac{x_2}{t_2}+\frac{x_3}{t_3}+\frac{x_4}{t_4} \\ 2.5<t_1\leqslant 3 \\ 3.5<t_2\leqslant 4 \\ 3<t_3\leqslant 3.5 \\ 1.0<t_4\leqslant 1.1 \end{cases} \qquad \text{（公式 5）}$$

$$\max X = x_1 + x_2 + x_3 + x_4$$

根据项目资料，南昌万达文化旅游城项目规划用地即 A=267 万平方米，运用上述模型，通过 matlab 进行编程运算，获得 max X=477 万平方米。即：

$$x_1 + x_2 + x_3 + x_4 \leqslant 477 \qquad \text{（公式 6）}$$

（2）旅游吸引物业态约束

关于旅游吸引物指标的约束限制，运用景区日容量公式进行其空间规模的推算。根据面积法测算景区日容量：

$$p = \frac{x_1}{q} \times \frac{T_a}{T_b} \qquad \text{（公式 7）}$$

在该式中，p 为旅游吸引物总面积的日容量，为旅游吸引物总面积限制，q 为每位游客最低空间标准，Ta 为景点开放时间，Tb 为平均游览时间。根据南昌万达文化旅游城项目资料，该项目建设预计同时容纳游客 5 万人次，按照主题公园类景区景点周转率 2.5 核算，该项目旅游吸引物最高容纳游客 12.5 万人次，即

50000 ≤ p ≤ 125000，根据景区日容量公式，获取旅游吸引物总面积约束条件为：

$$x_1 = p \times q \times \frac{T_b}{T_a}\ (50000 \leq p \leq 125000) \tag{公式 8}$$

（3）酒店业态约束条件

酒店业态面积规划方案中，首先应对酒店单个房间平均面积进行核算。根据南昌万达文化旅游城项目开发定位，酒店类型定位为商务型酒店、四星级为基础，设计部分五星级、六星级酒店，根据酒店行业基本建筑规范，商务型酒店客房平均面积为 $26m^2$，四星级酒店客房平均面积约为 $35m^2$，五星级酒店客房平均面积为 $48m^2$ 左右，六星级酒店客房面积一般不超过 $60m^2$。设定南昌万达文化旅游城项目不同级别酒店用地比例为：商务酒店 30%，四星酒店 40%，五星酒店 20%，六星酒店 10%，故总体的客房平均面积为：

$$W = 30\% \times 26m^2 \times \mu_1 + 40\% \times 35m^2 \times \mu_2 + 20\% \times 48m^2 \times \mu_3 + 10\% \times 60m^2 \times \mu_4 \tag{公式 9}$$

其中，$\mu_i$（$i$=1,2,3,4）为不同级别酒店建筑面积，设 $x_2$ 为酒店业态总体空间规划面积，则有：

$$x_2 = \mu_1 + \mu_2 + \mu_3 + \mu_4 \tag{公式 10}$$

故南昌万达文化旅游城酒店业态的空间规模约束模型为：

$$x_2 = \frac{N \times F \times L}{T_c \times S} \times W \tag{公式 11}$$

其中，$x_2$ 为旅游综合体酒店业态的空间规模；N 为旅游综合体全年游客总人次；F 为旅游综合体住宿游客占总游客的比例；L 为旅游综合体住宿游客的平均住宿天数；T 为旅游综合体全年开放天数；S 为酒店房间平均床位数，W 为酒店业态单个房间平均面积。

（4）商圈业态约束条件

商圈业态是旅游综合体旅游体验提升的重要环节，在旅游综合体的开发过程中，商圈业态配比的确定需要根据城市的消费水平、旅游综合体的每日人流量、商业坪效、商业规模、商业类型等综合确定。在上述影响因素中，坪效是用于评估商圈盈亏平衡的商业术语，其内容指的是每平米面积能够产生的营业额规模。根据供需平衡原理获得旅游综合体商圈业态配比的约束条件：

$$x_3 \leq \frac{n \times I \times \alpha}{R \times \left(\frac{1}{r - r_0}\right)} \tag{公式 12}$$

其中，$n$ 为该旅游综合体单日最大接待人数；$I$ 为旅游综合体旅游行程总花费；$\alpha$ 为消费比例，即旅游行程中购买性消费占旅游总花费的比例；$R$ 为旅游综合体商业地产的平均单位租金；$r$ 为旅游综合体项目正常经营的预测利润率；$r_0$ 为旅游综合体项目中无风险利润率，选取五年期国债利率代表该指标。

（5）地产业态约束条件

对于旅游综合体的开发而言，旅游地产属于配套业态，其业态配比比例根据项目不同有着较大的差异。对于南昌万达文化旅游城项目而言，由于该项目位于城市新区，承担有一定的引流城市人口的作用，故设定该项目地产配套为 40%，即 $x_4 \leqslant 40\% \times \max X$。

3. 规划模型

根据以上分析，确立南昌万达文化旅游城项目业态配比的数学模型如下，其中，模型规划所需的相关数据如表 3 所示。

目标函数：

$$\max FNPV = fnpv_1x_1 + fnpv_2x_2 + fnpv_3x_3 + fnpv_4x_4$$

$$s.t.\begin{cases} x_1 + x_2 + x_3 + x_4 \leqslant 477 \\ x_1 = p \times q \times \dfrac{T_b}{T_a}\ (50000 \leqslant p \leqslant 125000) \\ x_2 \leqslant \dfrac{N \times F \times L}{T_c \times S} \times W \\ x_3 \leqslant \dfrac{n \times I \times a}{R \times \left(\dfrac{1}{r - r_0}\right)} \\ x_4 \leqslant 40\% \times \max X \end{cases} \qquad \text{（公式 13）}$$

**表 3 南昌万达文化旅游城业态配比规划指标汇总**

| 变量名 | 含义 | 数据 | 来源 |
|---|---|---|---|
| p | 单日游客人数均值及最值 | $50\,000 \leqslant p \leqslant 125\,000$ | 旅游城项目资料 |
| q | 单人游客空间标准 | $8.4 \leqslant p \leqslant 18.2$ | 经验数据 |
| $T_a$ | 景区开放时间 | 8.5 小时 | 同类项目平均数据 |
| $T_b$ | 平均停留时间 | 4.9 小时 | 旅游城项目资料 |
| N | 全年游客总人次 | 2000 万人次 | 预测数据 |
| F | 住宿游客比例 | 15.4% | 统计数据 |
| L | 平均住宿天数 | 1.34 天 | 统计数据 |
| $T_c$ | 全年开放天数 | 365 天 | 近似值 |
| S | 房间平均床位数 | 1.5 | 统计数据 |
| W | 房间平米数 | 公式求解 | 近似值 |
| n | 单日游客人数均值 | 50 000 人次 | 旅游城项目数据 |
| I | 旅游行程总花费 | 774 元（不含交通费） | 经验数据 |
|  | 消费比例 | 24% | 经验数据 |
| R | 商业地产的单位租金 | 8.53 元 /$m^2$/ 天 | 统计数据 |
| r | 商业地产预测利润率 | 12.35% | 规划数据 |

续表

| 变量名 | 含义 | 数据 | 来源 |
|---|---|---|---|
| $r_0$ | 商业地产无风险利润率 | 4.4% | 规划数据 |
| max X | 建筑面积最大值估计 | 477 万平方米 | 模型规划 |

在旅游吸引物约束条件的相关参数中，$p$ 为旅游吸引物吸引游客数量，其取值介于日游客人均值及日游客最大值，分别为 5 万及 12.5 万，数据来自南昌万达文化旅游城项目开发相关资料。$q$ 为游览时游客个体单人最低空间标准，其最低范围为主题公园类旅游资源环境容量均值 8.4 平方米 / 人，最值为主题公园类旅游心理容量均值 18.2 平方米 / 人。$T_a$ 为旅游吸引物的每日开放平均时间 8.5 小时。$T_b$ 为在旅游吸引物的人均停留时间，根据同类主题公园类大型旅游休闲区经验数据，显示人均停留时间为 4.9 小时。

酒店业态约束条件的相关参数中，指标 N 为全年游客总人次，根据南昌万达文化旅游城全年开放天数及单日平均接待人次，预测全年游客总人次为 2000 万人次；指标 F 住宿游客占总游客比例，以及指标 L 平均住宿天数，均依据国内大型主题公园类旅游区经验数据，分别为 15.4% 及 1.34 天；指标 $T_c$ 开放天数为全年天数；指标 S 为房间平均床位数，根据行业平均值设定为 1.5；W 为房间平米数控制范围，通过公式计算求得。

商圈业态约束条件的相关参数中，其中指标 n 单日平均游客接待人数为 50 000 人次；指标 I 旅游总花费及指标 $\alpha$ 消费比例来自国内大型主题公园类旅游区经验数据；指标 R 来自南昌九龙湖新区商业地产平均租金，均值为 8.53 元 /$m^2$/ 天，指标 $R-R_0$ 来自南昌市统计年鉴中零售、餐饮等服务业毛利率与无风险收益率的差值，本研究中选用五年期国债多年度数据的均值代表无风险收益率。

地产业态约束条件的相关参数中，依据南昌万达文化综合体承载的一定的城市人口引流作用，设定其地产配套比例为 40%，其中 max X 为根据容积率计算的约束模型中得出的建筑总面积数据 477 万平方米。

4. 现金流预测

本研究运用财务净现值的最大化作为业态配比比例的规划条件，其中，财务净现值 $fnpv_j$ 的计算依据项目的折现率（k），将项目计算期内的各年净现值流量折现到建设初期的现值之和，其表达式为：

$$fnpv_j = \sum (CI - CO)_T (1 + k_c)^{-t} \qquad \text{（公式 14）}$$

研究首先依据项目建设期的现金净流出进行指标分析，根据南昌万达文化旅游城项目投资相关资料披露，对该项目建设期内各类现金净流出进行了预测，指标如表 4，表中各项数据已将建设期各年度数据折现为建设初期现值。经统计，南昌万达文化旅游城建设期全部投资为 400.1 亿元。

表 4　南昌万达文化旅游城建设期现金净流出

| 项目 | 总花费（亿元） | 折算每平米（元） |
|---|---|---|
| 1. 土地费 | 30.8 | 1154 |
| 2. 前期工程费 | 13.3 | 873 |
| 3. 三通一平费用 | 11.2 | 229 |
| 4. 建安工程费 | 96.8 | 1987 |
| 5. 配套费 | 74.4 | 1527 |
| 6. 间接费 | 28.5 | 586 |
| 7. 不可预见费 | 35.2 | 724 |
| 8. 管理费 | 22.1 | 454 |
| 9. 财务费 | 26.6 | 546 |
| 10. 销售费和展示费 | 36.4 | 748 |
| 11. 前期经营成本 | 16.9 | 348 |
| 12. 增值税及附加 | 3.8 | 78 |
| 13. 土地增值税 | 4.1 | 85 |
| 14. 总计 | 400.1 | 9339 |

5. 模型求解

目标函数中，$fnpv_j$ 为不同类型业态的每平米净现值，其中，$fnpv_1$ 旅游吸引物每平米净现值主要运用门票收入衡量，数据依据同类大型主题公园旅游区核算 $fnpv_1$ 为 11 120 元 / 平米，$fnpv_2$ 酒店业态每平米净现值主要运用酒店平均住宿价格衡量，南昌万达文化旅游城周边四星以上酒店住宿均价为 358 元，根据南昌市酒店平均入住率 57.3%，核算 $fnpv_2$ 为 10 467 元 / 平米；$fnpv_3$ 商圈业态每平米净现值主要运用商业地产出租价格及平均出租率进行衡量，该区域周边商业地产均价为 8.53/m$^2$/ 天，平均出租率为 74%，经核算 $fnpv_3$ 为 8969 元 / 平米；$fnpv_4$ 地产业态每平米净现值主要运用地产配套项目每平米出售价格衡量，该项目 2014 年 3 月首次开盘，由于地产项目销售周期较短，故将其计算期设定为 2014 年 3 月至 2018 年 3 月，$fnpv_4$ 经核算数据为 3105，横向数据方面地产业态与其他业态的差异主要是由于该项目中地产项目销售期较短，而其他业态均有较长的经营期（详见表 5）。但该项目配套旅游地产销售速度较快，对于项目回笼投资资金有着重要意义。由于房地产销售价格涨幅变动较大，且该项目计算期较短，为避免对目标函数的平稳性造成影响，设定该项目配套为总面积的 40%。

表 5 南昌万达文化旅游城不同业态每平米财务净现值

| 业态 | 变量名 | 财务净现值 / 平米（元） |
|---|---|---|
| 旅游吸引物 | $fnpv_1$ | 11 120 |
| 酒店 | $fnpv_2$ | 10 467 |
| 商圈 | $fnpv_3$ | 8969 |
| 地产 | $fnpv_4$ | 3105 |

南昌万达文化旅游城项目建设期为 2013 年 6 月至 2016 年 6 月，该项目预计主经营成本回收期为 2016 年 6 月至 2026 年 6 月，故本研究将总计算期设定为 2013 年 6 月至 2026 年 6 月。将各项数据进行财务净现值计算，获得相应指标如表 6 所示。将 $fnpv_j$ 各项数据代入，运用 matlab 将目标函数及约束条件进行编程运算，求得各项业态配比比例如下表所示。

表 6 南昌万达文化旅游城业态配比比例

| 业态 | 变量名 | 万平方米 | 所占比例 |
|---|---|---|---|
| 旅游吸引物 | $x_1$ | 156.32 | 32% |
| 酒店 | $x_2$ | 107.39 | 23% |
| 商圈 | $x_3$ | 18.93 | 5% |
| 地产 | $x_4$ | 194.8 | 40% |

根据线性规划模型对南昌万达文化旅游城各类业态进行空间规划，根据模型求解结果，旅游吸引物业态规划建筑面积为 156.32 万平方米，占总比例的 32%；酒店业态规划建筑面积为 107.39 万平方米，占总比例的 23%；商圈业态规划建筑面积为 18.93 万平方米，占总比例的 5%；地产业态规划建筑面积为 194.8 万平方米，占总比例的 40%。

6. 小结

本文以南昌万达文化旅游城项目为案例进行了实证研究，在实证部分，本文以财务净现值的最大化为规划原则，选取不同业态的配比面积为决策变量，运用容积率因素及四类业态的约束条件构建方程，求得不同业态的配比结构为：旅游吸引物规划建筑面积 156.32 万平方米，占总体建筑面积比例的 32%；酒店业态规划建筑面积 107.39 万立方米，占总体比例的 23%；商圈业态规划建筑面积为 18.93 万立方米，占总体比例的 5%；旅游地产业态规划建筑面积为 194.8 万平方米，占总体比例的 40%。将各项规划值代入目标函数，求得 FNPV 最大值为 362.6 亿元，*max* FNPV 大于零，该项目具备投资可行性，且有较为可观的投资回报率。

### （四）南昌万达文化旅游城业态经营评价

1. 业态建设实况与规划对比

本文将南昌万达文化综合体业态配比建成后的占地面积与比例结构同本研究规划结果进行了对比。结果显示，本研究通过不同业态容积率的约束条件分析，对于总建筑面积的求解较为准确，规划方案中总建面为 477 万平方米，实际最终建成方案为 475 万平方米。在四类业态的结构比例方面，规划方案的结构比例为：

旅游吸引物：酒店：商圈：旅游地产 =32% ：23% ：5% ：40%

实际建成后该项目业态结构比例为：

旅游吸引物：酒店：商圈：旅游地产 =28% ：26% ：4% ：42%

其中，旅游吸引物及商圈业态比例实际方案小于规划方案；酒店业态及旅游地产业态比例实际方案大于规划方案。表明该项目在实际规划方案中，更为注重旅游地产业态及酒店业态的盈利率及利润贡献价值。而旅游吸引物收入结构较为单一，投资回报率较长；在商圈业态方面，由于本项目主体结构为主题公园、电影、KTV 等形式的娱乐休闲，相对购物比例较低；因此在这两项业态的空间规划方面，从投资回报率角度考虑设计了相对规划方案较小的空间比例（详见表 7）。

表 7 规划面积与实际面积比较

| 业态 | 规划面积（万平方米） | 规划比例（%） | 实际面积（万平方米） | 实际比例（%） |
|---|---|---|---|---|
| 旅游吸引物 | 156.32 | 32% | 137 | 28% |
| 酒店 | 107.39 | 23% | 122 | 26% |
| 商圈 | 18.93 | 5% | 16 | 4% |
| 旅游地产 | 194.8 | 40% | 200 | 42% |
| 总建面 | 477 | 100% | 475 | 100% |

2. 欧式贴近度模糊物元模型简介

本文运用欧式贴近度模糊物元模型对南昌万达文化旅游城项目的规划方案及实际运营方案与最优方案进行贴近度评价。将规划方案中的四类业态，旅游吸引物、酒店、商圈、旅游地产分别设为 M11、M12、M13、M14，将实际运营方案中的四类业态，旅游吸引物、酒店、商圈、旅游地产分别设为 M21、M22、M23、M24。方案选取四项指标对其业态经营表现进行衡量，分别是 C1 业态吸引力，主要以不同业态吸引的游客人流量、游客消费比例、游客消费额等指标作为参考；C2 业态盈利率，利用各业态的建设期投资额与计算期收入核算其财务净现值；C3 业态满意度，运用游客对于不同业态的满意度作为评价指标；C4 业态成长性，主要衡量不同业态在该项目十年经营期内其经营及销售情况的变化指标；C5 表示业态竞争力，由四项指标综合加权后的总权重表示。

指标综合权重的判断运用 AHP 层次分析法与熵权法相结合，其中 AHP 层次分析法主要对定性指标进行量化评价，熵权法主要评估定量指标。由于本文评价方案中规划方案为理论方案，因此其经营性指标的评定对定性指标依赖较大，因此本文在研究中，设定 AHP 层次分析法权重为 60%，熵权法权重为 40%。

通过综合评估，获得不同方案中，各项指标的综合权重如表 8 所示：

**表 8　不同方案评价指标综合权重表**

| | 规划方案 | | | | 实际方案 | | | |
|---|---|---|---|---|---|---|---|---|
| | M11 | M12 | M13 | M14 | M21 | M22 | M23 | M24 |
| C1 | 0.165 | 0.018 | 0.015 | 0.121 | 0.126 | 0.016 | 0.044 | 0.114 |
| C2 | 0.084 | 0.043 | 0.024 | 0.083 | 0.074 | 0.042 | 0.052 | 0.072 |
| C3 | 0.123 | 0.021 | 0.023 | 0.102 | 0.113 | 0.026 | 0.048 | 0.106 |
| C4 | 0.042 | 0.024 | 0.021 | 0.091 | 0.032 | 0.018 | 0.042 | 0.075 |
| C5 | 0.414 | 0.106 | 0.083 | 0.397 | 0.345 | 0.102 | 0.186 | 0.367 |

根据各项指标的权重值，进行欧式贴近度模糊物元计算，得到结果分别为：

$$\widetilde{R}_{\rho H}=\begin{bmatrix} & M_{11} & M_{12} & M_{13} & M_{14} \\ \rho H_{11} & 0.518 & 0.221 & 0.204 & 0.457 \\ & M_{21} & M_{22} & M_{23} & M_{24} \\ \rho H_{21} & 0.482 & 0.253 & 0.289 & 0.486 \end{bmatrix} \qquad \text{（公式 15）}$$

将各项业态进行综合计算，获得欧式贴近度模糊物元指标为.

$$\widetilde{R}_{\rho H}=\begin{bmatrix} & M_i & M_j \\ \rho H_1 & 0.834 & 0.867 \end{bmatrix} \qquad \text{（公式 16）}$$

3. 小结

通过对评价结果的分析可以看出，在旅游吸引物业态方面，规划方案中的业态配比比例较之实际方案有更高的竞争力；其他业态较之实际方案均存在差距，但总体而言，差异不大，表明规划方案能够较好地对项目建设实践起到一定的指导作用。

从总体的欧式贴近度模糊物元指标评价来看，规划方案与最优方案贴近度为 0.834，实际方案与最优方案的贴近度为 0.867，实际执行方案与最优方案有着更高的贴近度。规划方案整体而言与最优方案也有较高的贴近度，体现了本文选用模型及规划方法有着较高的有效性。在实际分析中，本文运用了 ANP 网络分析法对业态配比的影响因素进行了定性分析，运用线性规划对业态配比的空间规划进行了数理分析，但由于本文在线性规划的数理方案分析中未加入定性的评价因素，使得在确定最终配比比例方面，对一些非数理的影响因素考虑不足，使得模型规划与实际方案存在一定偏差，这一问题应当在下一步研究中加以改进。

总体而言，本文选用的规划方案有着较高的有效度，对于旅游综合体的业态配比规划有一定的应用及推广价值。

## 四、研究结论与展望

### （一）研究结论

本文针对旅游综合体的业态配比进行了研究，并以南昌万达文化旅游城为案例，进行了业态配比的实证研究，研究结论如下：

1. 旅游综合体业态配比存在一系列外部影响因素，其中区位交通因素影响游客到达总量，从而影响各业态的体量构建；历史文化因素影响旅游吸引物的构建方式，从而影响旅游吸引物的业态比例；经济发展影响地区消费结构，从而影响酒店及商圈规划的类型及级别；政策制度影响旅游综合体的协调规划与决策的具体实现。

2. 业态配比需要遵循一定的流程规划，应首先进行市场调查与项目定位，在具体的开发流程中，应从选址、勘测、技术、市场等多角度切入进行详细分析；在基础的业态配比确定之后，具体的不同业态如何进行类型及数量的选择也需要进行详细的方案分析。对于整体的业态配比定性和定量的分析是确定业态配比很重要的两种互补的方式。

3. 在旅游综合体业态配比的研究中，整体数学模型的建立及后验证是至关重要的。本文首先运用 ANP 网络分析法对业态配比的影响因素进行评估，并根据 ANP 分析提出了不同业态配比的基本比例建议；其次，在此基础上运用线性规划模型对业态配比的空间比例在数理约束下进行了求解；最后，运用欧式贴近度模糊物元模型对于规划方案及实际方案与最优方案的贴近度进行研究，此种研究步骤及方法对旅游综合体的业态配比方案设计有着实践的指导意义。

4. 南昌万达文化旅游城项目作为万达开发开业的第一个文化旅游项目，开业便取得了较大的成功。通过基础性研究及整体模型计算，确定的业态配比与实际项目的业态配比有很高的一致性。此结果表明，本文所确定的研究方法及建立的模型在实践中有一定的科学性，对旅游综合体开发前期业态研究及业态配比有指导意义。

### （二）实践建议

旅游综合体的业态要素选择的确定需要经历业态规划、业态组合、业态分布的相应步骤。业态规划主要进行业态功能选择及具体业态类型选择；业态组合主要解决不同业态的配比结构问题；业态分布主要解决不同业态的空间分布及建筑设计方案问题。

业态配比是上述市场分析的结果，同时也是进行空间规划的前提。各业态类型的面积确定在满足经济技术指标及市场调查结果的同时，更需要在旅游综合体规划方案中落实。因此可以说业态配比的科学性决定了一个旅游综合体项目开发的成败，符合消费者需求的物业类型需要在项目开发中多层次多角度论证。

### （三）创新、不足与研究展望

本文的创新之处在于：(1) 在实践和以往的研究中，对旅游综合体的业态选择及配比，更多的是基于经验数据和对单个业态进行模型构建进行承载力研究。本文的研究引入了定量研究模型对项目进行实证验证，并将不同业态纳入统一目标函数进行统一约束，使得其业态结构配比的研究更具有实践意义，避免了以往研究将不同业态割裂研究的不足。(2) 本文在建立整体规划模型进行业态配比分析的同时，运用贴近度模糊物元模型对规划方案及实际方案与最优方案的贴近度进行了研究，对模型在实际案例中的运用进行评价，对项目的规划及开发实践具有指导意义。

本文的不足之处在于：本研究在进行模型构建中，对旅游综合体业态进行了诸多的限制与假设，这虽然提高了同类项目业态配比的准确性，但是同时限制了模型的适用范围。后续的研究中可以增加物业类型及相关参数，丰富旅游综合体研究类型，使配比模型有更广泛的适用性。

## 主要参考文献

蔡雅萍 . 旅游供应链信息共享程度研究——以杭州西溪天堂旅游综合体为例 . 旅游纵览月刊 , 2014(11).

陈海明 , 陈芳 . 旅游综合体开发的集聚模式分析——以深圳东部华侨城为例 . 西安建筑科技大学学报 ( 社会科学版 ), 2014(4).

陈琴 , 李俊 , 张述林 . 旅游综合体开发——一种旅游房地产全新开发模式研究 . 资源开发与市场 , 2012: 28(4).

冯志红 . 商业综合体与文旅综合体景观规划设计对比分析——以大连万达集团万达广场及万达茂为例 . 现代园艺 , 2015(23).

马晓龙 , 李维维 . 城市旅游综合体 : 概念建构与理论来源 . 人文地理 , 2016(1).

武前波 , 崔万珍 , 黄杉 . 中国城市综合体的时空演变格局及其运营机制——以万达广场为例 . 世界地理研究 , 2016,25(5).

Hadjikakou M, Chenoweth J, Miller G, et al. 2014. Rethinking the Economic

Contribution of Tourism: Case Study from A Mediterranean Island. *Journal of Travel Research*, 53(5): 610–624.

Warnken J and Guilding C. 2014. Uuo Vadis Gold Coast? A Case Study Investigation of Strata Titled Tourism Accommodation Densification and Issues Arising. *Journal of Travel Research*, 53(2): 167–182.

## 点评

旅游综合体是一种新型旅游经济形式，具有很大的发展潜力。在旅游综合体构建中，业态配比是其实现规模效益的核心环节，也是一个复杂的实践问题。该论文选择旅游综合体进行业态配比的研究，选题具有重要的理论意义与实践价值。

目前有关业态配比的相关研究，较多是对已有案例的总结，对旅游综合体业态配比的规划主要依据其他项目的经验进行大体规划。这一方法缺乏应对旅游不同项目的针对性，同时也缺少配比比例确定的工具理性。当前旅游综合体的研究中定量分析较少，该研究在研究方法上主要选取定量的手段进行模型的分析与规划，其研究角度对于定量研究的补充具有一定意义。该论文以南昌万达文化旅游城为例，运用模型构造方法，对不同业态的规模及比例进行定量的研究，运用可量化可构建的指标，进行业态分布的模型计算。作者获取了关于该项目的大量翔实数据，难得的是通过多种模型进行业态分布的计算与分析，所应用的研究方法比较科学，得到的结论比较可靠。研究结果对旅游综合体研究的理论丰富有一定的助益，同时也对实践中旅游综合体业态配比提供了科学的操作工具与方法指导。整个文章的构架合理，是一篇合格的 MTA 论文。

# 基于 Hedonic 模型的旅游住宅地产价格影响因素研究

## ——以泉州聚龙小镇为例

黄桑桑[①]

**摘要**：本文基于 Hedonic 模型的理论知识，结合聚龙小镇旅游住宅地产的实际情况，对影响旅游住宅地产价格的因素进行深入地探索和研究。综合考虑传统住宅地产的特征和旅游地产的特殊性，确定影响旅游住宅价格的主要因素，构建旅游住宅地产价格特征的指标体系；确定符合旅游住宅地产特征价格模型的函数形式，并借助该函数模型，以泉州聚龙小镇为例进行实证研究，构建旅游住宅地产的特征价格模型；最后，对模型的结果进行验证和评价，分析旅游住宅价格特征的影响方向和影响程度，并确定影响旅游住宅价格的显著性因素，发现旅游住宅价格与影响因素之间的关联程度。最终得出以下结论：根据模型得出了各个特征变量对旅游住宅价格的影响程度由大到小排序分别是：建筑面积、绿化率、容积率、景观视线、至核心旅游资源距离、装修程度、房龄、楼层；对旅游住宅价格贡献率最高的因素是景观视线，达到了 7.896%，绿化率、至核心旅游资源距离、容积率等与景观相关的因素对住宅价格的影响也是显著的，说明旅游景观资源的维护和景观环境的改善，对提升旅游住宅地产的价值具有重要意义。

**关键词**：旅游地产；特征价格（Hedonic price）模型；价格影响

## 一、引言

本文基于 Hedonic 模型的理论知识，结合聚龙小镇旅游住宅地产的实际情况，对影响旅游住宅地产价格的因素进行深入地探索和研究。同时，运用统计工具 SPSS18.0 对旅游住宅地产特征价格模型进行实证研究，确定了影响旅游住宅地产价格的显著性因素，得出相关结论。本文的创新点在于在研究方法上运用了特征价格法对旅游地产价格进行定量的探讨，填补特征价格模型在旅游地产领域的应用空白。本文的理论意义和实践意义如下：

理论意义：目前我国从定量角度分析旅游地产价格的学术研究成果还相当匮

① 2013 级，2017 年毕业，点评教师：周波。

乏，理论基础非常薄弱。此外，我国对特征价格法的运用仍局限于传统住宅价格，对旅游地产的特征价格分析还处于起步阶段。因此，运用特征价格法对旅游地产价格进行定量分析有助于丰富我国旅游地产价格方面的理论知识，扩展旅游地产这一新兴学科的研究范畴，推动旅游地产更加科学、健康、良性地发展。

实践意义：本文通过实证研究构建旅游地产的价格特征模型，剖析旅游住宅的主要特征变量对住宅价格的影响程度和方向，不仅可以弥补旅游住宅定价方法研究领域的缺失，对旅游住宅地产的决策、开发和发展也具有重要的实际操作意义。

## 二、文献回顾

### （一）国外研究现状

国外关于特征价格模型的研究经历了萌芽期、停滞期、复苏期、成熟期、推广期等发展阶段。由于研究起步较早，国外关于特征价格法的理论体系已相当成熟，实践经验丰富，应用领域也非常广泛，为国内学者的研究提供充足的理论基础和实践经验。尤其是在房地产住宅领域，大量运用特征价格模型对住宅价格进行定量研究的文献，为本文的研究提供了借鉴。

直到 20 世纪 60 年代至 70 年代，特征价格模型的发展才进入了复苏期。格瑞里茨（Griliches，1961）利用特征价格模型编制汽车产业的价格指数的研究使人们再次将目光转向特征价格法。在实证应用方面，里德克（Ridker，1967）首次将特征价格模型应用到住宅商品市场分析，并测算出环境质量的提高对住宅价格的影响程度。

进入 20 世纪 80 年代以来，随着计量经济学的发展和推广，函数形式的选择更加多样化。模型的检验估计方法、数据的统计分析工具等也更加科学合理。特征价格模型由此得到了更加广泛的应用。皮尔斯和马坎迪亚（Pearce，Markandya，1998）测算出空气中每增加 1% 的污染物，住宅的价格会相应下降 0.01% 至 0.5%。

### （二）国内研究现状

国内关于特征价格的研究起步较晚。相关的研究文献相对较少，主要运用于房地产价格指数的编制，到了 20 世纪后开始陆续转向房地产特征价格的影响研究上，并逐渐推广到其他商品市场领域和价值评估领域等。关于旅游地产的特征价格研究一直少有学者涉足，可以借鉴的文献较少。目前国内特征价格模型与房地产相关的应用主要在以下两个方面：一是在房地产住宅价格影响因素方面的实证研究，目前国内关于旅游地产的特征价格研究中比较有代表性的研究之一是周春香（2011）基于特征价格模型对深圳华侨城住宅价格的关联度分析，利用线性函数计算旅游住宅地产的特征价格，并采用对数函数对线性函数进行改进，测算出了影响旅游住宅价格的 9 个特征变量的价格弹性系数 / 半弹性系数和边际价格，计算出景观特征变量对特征总价的贡献率总和为 21.45%，提出了景观特征与旅游住宅地产价格具有较高关联度的观点。二是在价值评估方面的应用。刘东兰（2000）在研究水资源的五种不同评估方法并进行实证调研时，认为该法可以从房地产的总价中分离出水资源的隐含价格，从而评估良好的水资源景观所增加的住宅价格。

综上，纵观国内外关于特征价格模型的理论研究和实证应用研究文献，运用特征价格法对房地产住宅进行定量分析已经成为国内外学者广泛接受的方法。但是，目前国内外专门针对旅游房地产的特征价格研究案例较少，对于旅游房地产的研究更多的是从定性的角度出发，定量研究的文献稍显不足，即使有也尚不成熟，研究技术和数据分析等方面有待进一步改善。

## 三、案例例证研究

### （一）Hedonic 模型的理论分析与模型构建

1. Hedonic 模型的理论分析

（1）适用的前提条件

商品的异质性。商品的异质性是指某个商品拥有区分于其他同类商品所没有的特质，使得该商品从某种程度上来讲具备一定的垄断优势。住宅类商品具备了差异性的特点。

市场的隐含性。商品在进行生产、交换和消费的交易过程均是可以在市场上完整表现出来的，其成交价格是可见的，但是，构成商品价值的各个特征所反映的市场需求和内在价格却是无法通过市场体现出来的。这种被隐藏的商品内含特征市场就是隐含市场，每个内含特征所对应的价格就是隐含价格。住宅类商品符合市场的隐含性条件。

（2）模型的理论基础

Hedonic 模型的构建必须建立在以下两个理论基础上，分别是：

消费者理论。消费者理论是 1966 年由美国学者兰卡斯特（Lancaster）提出的，学术界又称之为兰卡斯特偏好理论。兰卡斯特认为商品内在所蕴含的特征数决定了该商品的效用水平。“效用是由商品的特性或特征产生的”这一观点的提出正是消费者理论最重要的贡献。由于这些特征无法通过一个总价表征出来，导致传统的经济模型难以分析这样的市场。特征价格模型是在消费者理论的基础上建立起来的，实际上就是由多个特征形成的价格结构，通过模型可以一目了然地知道每个特征所对应的价格。

市场供需均衡模型。市场供需均衡模型是 1974 年由美国经济学家罗森（Rosen）针对产品的特征提出的。市场供需均衡模型是对特征价格理论的进一步补充和完善，要求特征价格模型在房地产市场上的运作必须建立在一定的假设基础上：假设市场是在完全竞争下运作的、假设交易双方进出市场是完全自由的、假设交易双方拥有完全透明的产品和价格信息、假设消费者对产品特征的理解是完全相同的、特征价格函数是凸性的。

## （二）Hedonic 模型函数形式的选择

目前学术上并没有一个统一的标准来决定要选择哪一种函数形式来表达特征价格模型中因变量和多个自变量之间的关系。大部分学者们都是凭借经验预先采用某种函数形式进行回归分析，再尝试用其他的函数形式对分析结果进行不断地修正，直到函数模型能够充分地解释变量数据，拟合效果符合要求为止。

巴特勒将影响住宅价格的因素归结为建筑结构、邻里特征、区位条件三大类，并据此构建了住宅的特征价格模型。

模型的基本函数形式为：P=f（S、N、L）。

其中：P 为住宅价格，S 表示建筑结构，N 表示邻里特征、L 表示区位条件。

在实际应用中，考虑到自变量和因变量相互间更多的是非线性的依存关系，因此，在函数形式的选择上，除了线性函数外，较为常用的还有对数函数、线性对数函数和对数线性函数。四种函数的形式及其代表的含义具体见表 1。

**表 1　四种基础函数形式的公式及说明**

| 函数形式 | 函数公式 | 函数说明 |
|---|---|---|
| 线性形式 | $P = a_0 + \sum a_i Z_i + \varepsilon$ | 自变量和因变量均以线性形式进入模型，回归系数 $a_i$ 代表特征变量的隐含价格，此时是一常数。$a_i$ 表示在其他条件不变时，特征每变化一个单位时价格的变化量 |
| 对数形式 | $\ln P = a_0 + \sum a_i \ln Z_i + \varepsilon$ | 自变量和因变量均以对数形式进入模型，回归系数 $a_i$ 代表特征的价格弹性，此时是一常数。$a_i$ 表示在其他条件不变时，特征数值变化 1%，相应地价格变化的百分比 |
| 对数线性形式 | $\ln P = a_0 + \sum a_i Z_i + \varepsilon$ | 自变量采用线性形式，因变量采用对数形式，回归系数 $a_i$ 代表特征价格与产品总价格之比，即 $a_i=P_{Z_i}/P_0$。$a_i$ 表示在其他条件不变时，特征数值变化一个单位，相应地价格变化的百分比 |

续表

| 函数形式 | 函数公式 | 函数说明 |
|---|---|---|
| 线性对数形式 | $P = a_0 + \sum a_i \ln Z_i + \varepsilon$ | 自变量采用对数形式，因变量采用线性形式，回归系数 $a_i$ 代表产品中某一特征的价格，即 $a_i=Z_iP_{Z_i}$。$a_i$ 表示在其他条件不变时，特征数值变化 1%，相应地价格的变化值 |

## （三）Hedonic 模型的估计和检验

1. 模型的估计

（1）回归参数的最小二乘估计

最小二乘估计是回归分析中最常采用的参数估计方法，不仅适用于一元线性回归方程，对于多元线性回归方程也同样适用。

（2）随机误差项方差的估计

在对模型进行估计时，还可以通过观察参数估计量的方差或标准差的数值来判断参数估计量是否具备可靠性。换句话说，就是检验因变量的实际值与估计值的平均变异程度。

2. 模型的检验

通常在检验某一个模型的好坏或者对不同模型进行比较时都需要一定的评价标准，本文将采用的检验标准有以下三个方面：一是经济意义检验，即主要是从经济意义的角度出发检验模型的参数估计量是否合理，通常是将模型参数的估计量与预先设定好的理论期望值分别从大小和符号两方面进行对比。二是统计检验，包括拟合优度检验和显著性检验。三是计量经济学检验，主要是从回归方程的序列相关性、多重共线性、残差统计量等方面进行检验。

## （四）旅游住宅地产价格影响因素分析

作为一种以旅游业与传统住宅地产相融合的衍生产业，旅游住宅地产拥有着与传统住宅项目相近又相异的特质，由此导致其价格的影响因素不仅与传统住宅价格的影响因素具有共通的一面，又因其自身依托于旅游资源的独特性，使得影响住宅价格变动的因素也存在着特殊性。

1. 关于传统住宅特征的相关文献

根据以往学者的研究经验，传统住宅的特征一般由建筑结构、区位条件、邻里环境三大类特征构成。

（1）建筑结构

在所有的住宅特征中，建筑特征对住宅价格的影响具有直接的关联性。众多文献研究表明，建筑面积和室厅浴数目一般都会对住宅价格产生正向的影响，消费者愿意支付更高的费用来换取更宽阔的空间，尤其是具有功能性的空间。如加洛德和威利斯（Garrod，Willis，1992）研究发现，在其他条件不变的情况下，一套住宅的房间数每增加一间，住宅的价格就会相应地提高 7%，每增加一间浴室要额外支出的费用是原来的 2 倍，即边际价格将翻一倍。

也有研究表明，住宅的房龄一般会对价格产生负影响；建筑特征中的建筑材料、取暖制冷系统、地下室、建筑质量等都可能会对住宅价格产生影响。

（2）区位条件

众多学者在评估住宅的区位特征时往往是从交通的可达性入手，而交通的可达性通常与能否以最便捷的方式到达指定场所密切相关。一般通过出行方式的可选择性、出行的时间与成本等方面来衡量。众多文献显示，住宅所处区域的道路修整级别、通畅程度、周边公交站点的通行路线数、与重要交通枢纽的距离，都会影响到房地产的价格水平。

多数学者研究发现，消费者愿意付出更高的住宅成本以降低出行的交通成本。此外，住宅对城市快速通道的依赖性也是明显的，临近城市主干道可以在很大程度上缩短居民的出行时间，但是临近主干道也可能会给居民的居住环境造成尾气污染和噪声污染。

（3）邻里环境

住宅作为一种连接人们日常生活与外部环境的空间，是处于整个地区的大环境中的。因此，消费者在选择住宅时，会考虑住宅所处区域的整体配套是否能够满足人们的基本生活需求，居住环境的空气质量是否良好、噪声污染是否严重，以及社会治安状况、小区居民整体素质等邻里因素都会对住宅价格产生影响。

综合以上国外有关住宅特征的文献总结，国内学者在借鉴国外研究的基础上，结合我国房地产业的实际情况，通常将影响住宅价格的特征归结为表 2 等几个内容，可作为本文选取旅游住宅特征的参考依据。

**表 2　传统住宅特征变量汇总表**

| 特征分类 | 特征变量 | 特征内容 |
|---|---|---|
| 区位条件 | CBD 距离 | 小区到城市商业中心的距离 |
| | 交通站点 | 小区至附近的公共交通站点距离、线路数目 |
| | 道路 | 小区是否临近主干道、道路是否通畅等 |
| 建筑特征 | 建筑类型 | 分为高层、小高层、联排别墅、独立别墅 |

续表

| 特征分类 | 特征变量 | 特征内容 |
|---|---|---|
| 建筑特征 | 建筑面积 | 一套住宅的建筑面积 |
| | 建筑质量 | 建筑结构类型、施工质量 |
| | 室厅数目 | 一套住宅的室和厅总数 |
| | 户型 | 住宅内部的结构及通风采光情况 |
| | 朝向 | 住宅坐落方向 |
| | 房龄 | 住宅竣工日期 |
| | 装修程度 | 住宅内部的装修档次 |
| | 楼层 | 住宅所处的楼层数 |
| | 车位 | 小区是否配套车位或车库 |
| | 阁楼 | 住宅是否带有阁楼 |
| 邻里环境 | 基础设施 | 小区的供水、供电、供气、网络、消防等配套情况 |
| | 教育配套 | 小区周边是否有幼儿园、小学、中学 |
| | 生活配套 | 小区周边是否有超市、菜市场、医院、邮局、银行等 |
| | 文体配套 | 小区的文化娱乐和体育设施配套程度 |
| | 自然环境 | 小区周边的自然景观环境 |
| | 人文环境 | 小区业主的文化程度及职业 |
| | 环境质量 | 小区所处环境的空气质量、噪声污染状况 |

2. 旅游住宅地产价格的影响因素差异分析

除了上述列举的与传统住宅项目具有共通影响的住宅特征以外，旅游住宅地产因其与旅游业相互依存的独特性质，其价格的变动还受到旅游资源条件等特殊因素的影响，主要的影响差异表现在以下几个方面：

（1）CBD 距离

对于传统普通住宅来说，通常越靠近热闹商圈中心的住宅，价格会越高，反之越低。但是，由于旅游住宅地产项目一般都位于市郊，其建设的初衷是为了营造品质优良的居住环境并满足人们休闲度假的需要，旅游住宅价格受 CBD 距离的影响较小。

（2）配套设施方面

对于作为第二居所的旅游住宅地产而言，消费者在购买时更看重整个住宅项目的整体环境品质，在配套设施方面只要能满足基本的生活需求和购物需求即可，而教育方面的影响则没有那么重要。

（3）景观资源方面

旅游住宅地产与传统普通住宅地产最大的区别在于前者是依托于旅游资源而建，优美的景观环境和良好的自然条件是其最大的优势，也是最能满足城市消费者热衷追求的休闲度假需求的要素之一。

（4）地方政府的规划倾向

由于旅游地产一般都是建立在大型景观资源和游乐资源的环境基础上，需要更多的空间来营造良好的景观氛围。因此，旅游住宅地产的开发商一般会选择在远离城市中心，并拥有秀丽的自然风光的新开发区域进行建设，而地方政府对新开发区的规划倾向和发展计划将对旅游住宅地产的价值产生重大影响，最终将体现在旅游住宅的价格上面。

（5）旅游业相关政策的扶持

旅游住宅地产作为旅游业与房地产业的联姻产物，不仅能享受到国家出台的有关房地产方面的优惠政策，还能得到旅游业相关政策法规的支持，扶持性政策包括逐步落实的带薪休假制度、加快基础设施建设、多方资金支持等多项举措。

3. 旅游住宅地产 Hedonic 模型变量的选择

（1）选择变量的原则

本文在借鉴国内外研究文献的基础上，结合旅游地产的自身特点，选择影响价格变动的关键性因素作为模型的特征变量，并确保这些特征变量能够被量化。本文的变量选取原则如下：一是相关性原则，即变量是与住宅价格高度相关、能够对住宅价格的变动产生重要影响的关键性因素；二是可得性原则，即确保所选的变量能够获取到样本数据；三是可量化原则；四是无线性关系原则；五是同类合并原则，即在不影响分析结果的情况下可以将同一类型的影响因素合并为一个特征变量。

（2）自变量的确定

根据以上五个特征变量的确定原则，结合以往学者关于住宅特征研究的相关文献，并综合考虑旅游住宅地产的特殊性，本文将影响旅游住宅价格的特征变量归纳为 4 类 13 项，构成旅游住宅特征价格指标体系的特征变量如图 1。

（3）因变量的确定

本文将以一套住宅的总价格作为旅游住宅特征价格模型的因变量。但是住宅的实际成交价格数据属于商业机密，较难获取。依据相关研究支持，本文将以住宅的挂牌价格作为因变量，挂牌价格数据可以直接从房地产交易信息平台的备案数据库直接获得。

（4）旅游住宅地产特征价格的基本模型

在借鉴国内外文献的研究基础上，结合旅游住宅地产价格影响因素的普遍性和特殊性特征，旅游住宅地产特征价格的基本模型如下：

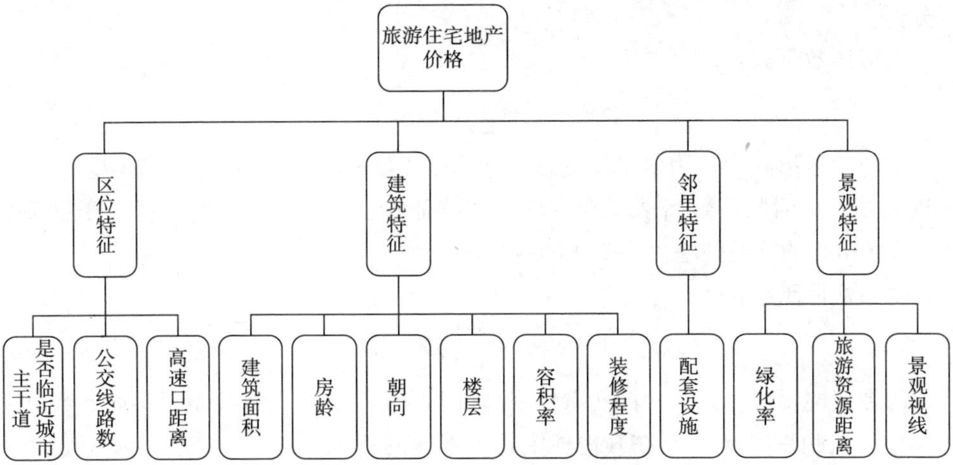


**图 1　旅游住宅地产价格特征指标体系**

$$P = f(L, S, N, C) \qquad \text{（公式 1）}$$

其中：P 为旅游住宅地产的交易价格；

L 为旅游住宅地产价格的区位特征变量；

S 为旅游住宅地产价格的建筑特征变量；

N 为旅游住宅地产价格的邻里特征变量；

C 为旅游住宅地产价格的景观特征变量。

若采用线性函数作为模型的函数形式，则旅游住宅地产的价格计算公式如下：

$$P = a_0 + \sum a_i L_i + \sum a_{n_{1+j}} S_j + \sum a_{n_1+n_2+m} N_m + \sum a_{n_1+n_2+n_3+k} C_k + \varepsilon \qquad \text{（公式 2）}$$

旅游住宅总价格等于所有特征价格的总和，只要通过已有数据分析得出各种特征的特征价格，确定了每种影响因素的量，即可得出具体的住宅价格。

根据前面的理论分析，旅游住宅各个特征所对应的隐含价格分别为：

$$P_i^L = \frac{\partial P}{\partial L_i} \qquad \text{（公式 3）}$$

$$P_i^S = \frac{\partial P}{\partial S_i} \qquad \text{（公式 4）}$$

$$P_i^N = \frac{\partial P}{\partial N_i} \qquad \text{（公式 5）}$$

$$P_i^C = \frac{\partial P}{\partial C_i} \qquad \text{（公式 6）}$$

在实际应用中，许多自变量与因变量之间并非单纯的线性依存关系。因此，本文将借鉴国内外学者的研究经验，结合对数函数形式和对数线性函数形式对模型进行分析。

对数函数形式：

$$\ln P = a_0 + \sum a_i \ln Z_i + \varepsilon \qquad \text{（公式 7）}$$

对数函数形式中，因变量住宅总价以及自变量中的连续性特征变量均以对数形式进入模型，回归系数 $a_i$ 表示在其他住宅特征不变的情况下，某一特征变量每变化 1% 所引起的旅游住宅价格变化的百分比。

对数线性函数：

$$\ln P = a_0 + \sum a_i Z_i + \varepsilon \qquad \text{（公式 8）}$$

对数线性函数形式中，因变量住宅总价取对数形式、特征变量保持原始数值进入模型，回归系数 $a_i$ 表示在其他住宅特征不变的情况下，某一特征变量每变动一个单位时，旅游住宅价格变动的百分比。

本文通过对三种函数模型的回归分析结果进行比较，最终选出拟合效果最好的函数模型作为旅游住宅地产的特征价格模型。

### （五）聚龙小镇旅游住宅地产 Hedonic 模型例证研究

#### 1. 研究项目概况

（1）聚龙小镇简介

聚龙小镇建于泉州市惠安县黄塘镇的聚龙山麓下，面积约 20 000 亩，由福建省聚龙养生发展有限公司建设。小镇以“森林”“湖泊”“运动”“人文”为主题，是一座集居住、养生、运动、休闲、文教、商务、酒店、医疗于一体的综合性小镇。聚龙小镇所在的区位紧临 G15 福厦高速惠安 / 黄塘高速口，且小镇门口就是惠安动车站，园区聚龙大道直连城西大道，自驾至泉州市区 15 分钟，至厦门市区 45 分钟，坐拥着便利的交通网络。

聚龙小镇自 2007 年起开工建设，从 2009 年首次开盘的价格仅 3500 元 /$m^2$，发展至 2016 年的 8278 元 /$m^2$ 左右。作为惠安县城的一个郊区楼盘，价格却跟泉州市区不相上下，得益于小镇开创了泉州市“旅游 + 配套 + 地产”开发模式的先驱。聚龙小镇的开发商一开始并不是将其当作一个房地产项目在建设，其最早打造的是大面积的景观，在原有的格口水库基础上进行规划，通过围水造湖、开山造景，倾力地修路、修桥、修湖边栈道，为居民打造一条优美的景观大道，最后才是造房子。聚龙小镇的开发模式充分地将当地的旅游资源包装整合并与地产完美结合，满足了消费者心中的“桃源梦”。这也正是聚龙小镇取得成功的核心竞争力所在。

本文将选取陶然居一期、二期和东蓠新村 2015 年的住宅销售数据作为样本进行研究，共收集整理有效样本数 354 个。

(2) 研究数据的来源

住宅挂牌数据。本文将把搜房网的挂牌数据作为本文研究的数据来源之一。此外，为了确保数据的准确度，本文还将从房地产交易平台（如当地住建部、税务局、行政服务中心）取得房屋成交价格数据，对挂牌数据进行调整和补充，得出最为可靠的住宅样本数据。

小区调研数据。对于旅游住宅的邻里特征、景观特征、区位特征等方面的信息，本文主要以发放调查问卷的调研方式为主，直接对小区居民、物业管理部门、营销部门等人员进行访问，结合实地观察，对样本数据进行完善。调查内容如表 3。

**表 3　调研项目及内容**

| 调查项目 | 调查内容 |
|---|---|
| 配套设施 | 所在的小区 500 米范围内是否有：超市、菜市场、银行、邮局、医院、健身中心、游泳池、艺术馆、文娱活动室、学校 |
| 公交线路数 | 所在的小区 500 米范围内的公交线数有几条 |
| 是否临近城市主干道 | 所在的小区是否临近城市的主要干道 |
| 容积率 | 所在小区的容积率是多少 |
| 绿化率 | 所在小区的绿化率是多少 |
| 景观视线 | 住宅能看到的景观有：聚龙湖公园、聚龙山森林公园、高尔夫球场、中庭园林、花海公园 |

电子地图数据。本文将采用百度卫星地图来收集旅游住宅区位特征变量中与高速路口的直线距离、是否临近城市主干道，及景观特征变量中与核心旅游资源的直线距离数据。

(3) 研究数据的整合

研究数据的整合是指将从不同途径获取的为模型所用的初始数据进行整理，为下一步的量化和回归分析奠定基础。对二者的数据整合流程如图 2。

(4) 研究数据的量化

本文将采用直接观测数据法、分等级赋值法、综合评价打分法、虚拟变量法四种方法对模型中的各个特征变量进行量化。

直接观测数据法。直接观测数据法不需要对样本数据进行任何处理，而是直接采用变量的原始数值，或者只是将样本的原始数据作简单的转化。运用这类方法的变量、具体的量化方法、数据来源及其对价格的预期影响见表 4。

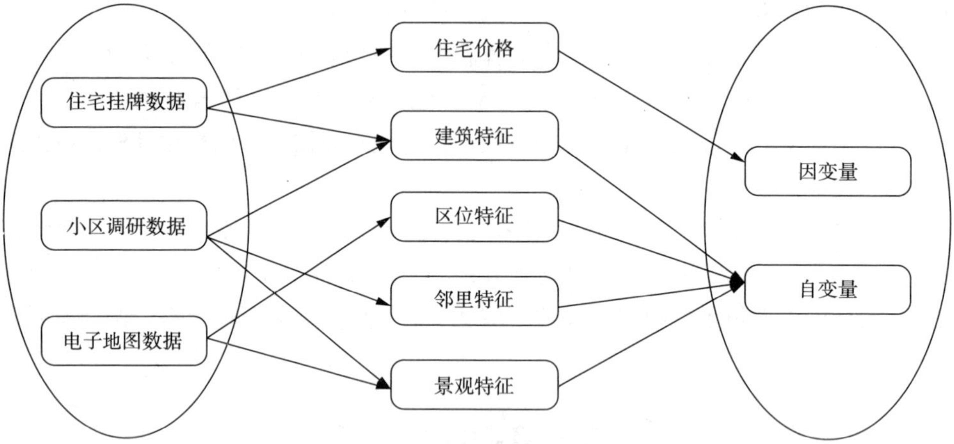


**图 2　变量数据的整合流程**

**表 4　特征变量的量化方法和数据来源**

| 变量名称 | 量化方法（单位） | 数据来源 | 预期方向 |
|---|---|---|---|
| 建筑面积 | 一套旅游住宅的总建筑面积（$m^2$） | 交易数据 | + |
| 楼层 | 住宅所处的楼层层数（层） | 交易数据 | + |
| 房龄 | 从竣工至出售的时间（年） | 交易数据 | − |
| 容积率 | 小区总建筑面积与规划建设用地面积的比值（%） | 小区调研 | − |
| 至高速路口的距离 | 住宅到最近高速路口的直线距离（km） | 电子地图 | − |
| 公交线路数 | 小区公交站点的线路数目（条） | 小区调研 | + |
| 至核心旅游资源的距离 | 小区到核心景区的直线距离（km） | 电子地图 | − |
| 绿化率 | 小区绿化面积与规划建设用地面积的比值（%） | 小区调研 | + |

分等级赋值法。分等级赋值法是针对具有不同等级划分的变量而采用的一种变量赋值法。根据变量自身存在的等级差异，将其分为几个等级，并采用等级量表的形式对每个等级赋予相对应的分值。采用此类方法进行量化的变量有装修程度，赋予的分值越高，其相应的住宅价格一般也会越高。具体方法见表 5。

**表 5　特征变量的量化方法和数据来源**

| 变量名称 | 量化方法 | 数据来源 | 预期方向 |
|---|---|---|---|
| 装修程度 | 毛坯（1）、简装（2）、精装（3）、豪华装修（4） | 交易数据 | + |

综合评价打分法。综合评价打分法是根据特征变量所包含的内容进行打分，采用此法可以缩减特征变量的数目，避免变量之间出现较严重的共线性问题，同时满足反映住宅特征内涵的研究要求。采用此类方法的特征变量及具体方法见表 6。

**表 6 特征变量的量化方法和数据来源**

| 变量名称 | 量化方法 | 数据来源 | 预期方向 |
|---|---|---|---|
| 配套设施 | 小区 500 米内是否有超市、菜市场、银行、邮局、医院、健身中心、游泳池、艺术馆、文娱活动室、学校，有一项计 1 分，共 10 分 | 小区调研 | + |
| 景观视线 | 住宅能否看到聚龙湖公园、聚龙山森林公园、高尔夫球场、中庭园林、花海公园，有一项计 1 分，共计 5 分 | 小区调研 | + |

虚拟变量法。虚拟变量法是通过引入虚拟变量，将定性变量对因变量的影响进行数量化的一种方法，通常取 0 或 1 作为变量的属性值。本文有朝向和是否临近主干道两个特征变量采用此类方法。具体方法见表 7。

**表 7 特征变量的量化方法和数据来源**

| 变量名称 | 量化方法 | 数据来源 | 预期方向 |
|---|---|---|---|
| 朝向 | 南北朝向赋值为 1，其他为 0 | 交易数据 | + |
| 是否临近主干道 | 是赋值为 1，否为 0 | 电子地图 | |

2. 旅游住宅地产特征价格模型函数形式的确定

（1）三种函数形式的对比分析

经过预先对样本的筛选和处理，本文共收集整理样本数据共 354 个，笔者分别采用线性形式、对数形式、对数线性形式三种模型，运用统计软件 SPSS18.0（中文版），采用强行进入（ENTER）的方式将样本数据分别带入三种模型中进行多元回归分析，得到的回归分析汇总结果和 ANOVA（方差分析）结果如表 8 和表 9 所示。

**表 8 三种函数模型多元回归分析结果汇总**

| 模型 | R | $R^2$ | 调整 $R^2$ | 标准估计的误差 | Durbin-Watson |
|---|---|---|---|---|---|
| 线性形式 | .991a | .982 | .981 | 99447.03293 | 1.798 |
| 对数线性形式 | .982a | .964 | .963 | .1214179994 | .886 |
| 对数形式 | .995a | .989 | .989 | .0666052060 | 1.710 |

由表 8 可以看出，对数模型的拟合优度最高，对数线性模型的拟合优度最差。

表 9　三种函数模型 ANOVA 分析结果汇总

| 模型 | | 平方和 | df | 均方 | F | Sig. |
|---|---|---|---|---|---|---|
| 线性形式 | 回归 | 1.853E14 | 12 | 1.544E13 | 1561.022 | .000a |
| | 残差 | 3.372E12 | 341 | 9.890E9 | | |
| | 总计 | 1.886E14 | 353 | | | |
| 对数线性形式 | 回归 | 133.757 | 12 | 11.146 | 756.085 | .000a |
| | 残差 | 5.027 | 341 | .015 | | |
| | 总计 | 138.785 | 353 | | | |
| 对数形式 | 回归 | 137.272 | 12 | 11.439 | 2578.600 | .000a |
| | 残差 | 1.513 | 341 | .004 | | |
| | 总计 | 138.785 | 353 | | | |

由表 9 可以看出，三种函数形式的回归方程对应的方差分析显著性检验指标 Sig 值为 0.000 远小于 0.001，三种模型的估计结果均通过了统计的整体显著性检验，说明旅游住宅价格与价格特征之间确实存在线性关系。但通过表 9 可发现，线性模型中的回归平方和小于残差平方和，说明线性模型的拟合效果不好。因此，线性函数将不作为本文住宅特征价格模型的函数形式选择。

（2）旅游住宅特征价格模型函数形式的确定

综合比较以上三种函数模型的多元回归分析结果可知，由显著性统计量 Sig 值，说明三种模型的估计结果均具有高度显著性，其中线性模型中的残差平方和大于回归平方和，说明该模型的拟合效果不好，不宜采用。由三种函数模型的判定系数 $R^2$ 和调整后的判定系数 $R^2$ 的对比结果可知，对数模型对因变量的解释能力最强，拟合优度最佳。因此，本文将选取对数函数形式模型对聚龙小镇旅游住宅地产特征价格进行多元回归分析。

3. 聚龙小镇旅游住宅地产的对数模型分析

对数模型中因变量住宅总价采用自然对数的形式；自变量中的建筑面积、容积率、绿化率、至核心旅游资源的距离、至高速路口距离 5 个连续变量也是采用自然对数的形式。

因本文所选取的旅游地产项目聚龙小镇位于对风水极其考究的闽南地区泉州，整个小镇所有的楼盘住宅朝向规划都是南北朝向，且均是坐北朝南，以东南朝向为主，导致在运用统计软件 SPSS18.0 将所有变量强行进入模型时，会提示“朝向”这一自变量缺失相关系数。因此，考虑到研究区域内三个楼盘的住宅朝向对研究结果不存在实质性意义，本文将从模型中剔除该变量。

（1）描述性统计

从对数模型的描述性统计量表（表 10）可以看到，共有 354 个样本数据进入统计，通过了完备性检查，统计表也反映出了各个变量的均值和标准差。

表 10 描述性统计量

| | 均值 | 标准偏差 | N |
|---|---|---|---|
| ln 住宅总价 | 13.718268624 | .6270227782 | 354 |
| 是否临近主干道 | .35 | .477 | 354 |
| ln 距高速路口的距离 | 2.073411123 | .0633891003 | 354 |
| 公交线路数 | 4.94 | .766 | 354 |
| ln 建筑面积 | 4.734630240 | .4636950237 | 354 |
| 装修程度 | 1.12 | .481 | 354 |
| 房龄 | 1.4769445021 | .48078713330 | 354 |
| 朝向 | 1.00 | .000 | 354 |
| 楼层 | 15.93 | 8.432 | 354 |
| ln 容积率 | .961061588 | .2963032311 | 354 |
| 配套设施 | 5.81 | 1.289 | 354 |
| 景观视线 | 1.80 | 1.125 | 354 |
| ln 至核心旅游资源距离 | −.7190072846 | .74559646969 | 354 |
| ln 绿化率 | −.527576 | .2313700 | 354 |

（2）对数模型检验

拟合优度检验。从模型汇总表（表 11）可知对数模型的拟合优度检验情况，模型的复相关系数 R=0.995，判定系数 $R^2$=0.989，调整后的判定系数 $R^2$=0.989，说明对数模型的拟合程度较高，对数模型对聚龙小镇旅游住宅地产价格具有很好的解释能力。另外，由表 12，对数模型的残差平方和远远小于回归平方和，说明对数模型可以很好地表征总平方和中的绝大部分，拟合效果很好。

表 11 模型汇总表

| 模型 | R | $R^2$ | 调整 $R^2$ | 标准估计的误差 | Durbin–Watson |
|---|---|---|---|---|---|
| 1 | .995a | .989 | .989 | .0666052060 | 1.710 |

a. 预测变量：（常量）、ln 绿化率、楼层、公交线路数、装修程度、ln 至高速路口的距离、是否临近主干道、ln 建筑面积、配套设施、房龄、ln 容积率、景观视线、ln 至核心旅游资源距离

b. 因变量：ln 住宅总价

表 12 ANOVA

| 模型 | | 平方和 | df | 均方 | F | Sig. |
|---|---|---|---|---|---|---|
| 1 | 回归 | 137.272 | 12 | 11.439 | 2578.600 | .000a |
| | 残差 | 1.513 | 341 | .004 | | |
| | 总计 | 138.785 | 353 | | | |

a. 预测变量：（常量）、ln 绿化率、楼层、公交线路数、装修程度、ln 至高速路口的距离、是否临近主干道、ln 建筑面积、配套设施、房龄、ln 容积率、景观视线、ln 至核心旅游资源距离

b. 因变量：ln 住宅总价

（3）显著性检验

整体显著性检验。由回归方程的方差分析表（表 9）可知，方程的整体显著性检验统计量 F 值对应的 Sig 值为 0.000，远小于 0.001，表明对数模型从整体上来说是高度显著的。

回归系数显著性检验。从对数模型的回归系数分析表（表 13）中可以看出，在以 5% 作为回归系数显著性水平标准的情况下，进入模型的 12 个自变量中，共有 8 个自变量的回归系数的显著性检验统计量 T 值所对应的 Sig 值小于 0.05，说明回归方程中对应自变量的偏回归系数具有显著性。

表 13 回归系数分析表

| 模型 | | 非标准化系数 | | 标准系数 | t | Sig. |
|---|---|---|---|---|---|---|
| | | B | 标准误差 | 试用版 | | |
| 1 | （常量） | 9.008 | .165 | | 54.528 | .000 |
| | 是否临近主干道 | .002 | .010 | .002 | .233 | .816 |
| | ln 至高速路口的距离 | .042 | .069 | .004 | .605 | .546 |
| | 公交线路数 | .002 | .005 | .003 | .434 | .664 |
| | ln 建筑面积 | 1.022 | .012 | .756 | 83.634 | .000 |
| | 装修程度 | .042 | .009 | .032 | 4.869 | .000 |
| | 房龄 | −.031 | .012 | −.024 | −2.685 | .008 |
| | 楼层 | .004 | .000 | .047 | 7.147 | .000 |
| | ln 容积率 | −.228 | .022 | −.108 | −10.324 | .000 |
| | 配套设施 | .002 | .004 | .003 | .425 | .671 |
| | ln 景观视线 | .076 | .008 | .137 | 9.670 | .000 |
| | ln 至核心旅游资源距离 | −.046 | .015 | −.055 | −3.090 | .002 |
| | ln 绿化率 | .340 | .035 | .125 | 9.751 | .000 |

序列相关检验。由表 9 可知，对数模型的 D-W 统计量检验值为 1.710，接近于 2，基本上可以认为对数模型不存在序列相关性，即对数模型的随机误差项之间是相互独立的，不存在自相关。

共线性诊断。由表 14 可以看出，进入对数模型的 12 个自变量的共线性统计量 VIF 值均小于 10。因此，从理论上可以认为，进入对数模型的 12 个自变量之间并不存在严重的共线性问题，说明旅游住宅地产的价格特征变量之间的共线性假设是不成立的。

**表 14 共线性诊断**

| 模型 | | 共线性统计量 | |
|---|---|---|---|
| | | 容差 | VIF |
| 1 | （常量） | | |
| | 是否临近主干道 | .576 | 1.737 |
| | ln 距高速路口的距离 | .660 | 1.515 |
| | 公交线路数 | .875 | 1.143 |
| | ln 建筑面积 | .391 | 2.557 |
| | 装修程度 | .736 | 1.359 |
| | 房龄 | .405 | 2.472 |
| | 楼层 | .726 | 1.378 |
| | ln 容积率 | .292 | 3.420 |
| | 配套设施 | .534 | 1.873 |
| | 景观视线 | .160 | 6.269 |
| | ln 至核心旅游资源距离 | .102 | 9.798 |
| | ln 绿化率 | .193 | 5.171 |

方差齐性检验。由图 3 可以看出，进入对数模型的样本数据大部分都随机地分布在正负 2 这个水平区间内，说明对数模型可以通过方差齐性的检验。

残差正态性检验。由图 4 的直方图可见，对数模型的残差分布基本服从于均值为 0 的正态分布，可以判定模型的设定是有效的，估计结果也是可信的。

同时，根据图 5 的残差累计概率图所示，对数模型的散点分布基本上接近于直线，也可以说明进入模型的样本数据残差符合正态分布，对数模型通过了残差正态性检验。

综上所述，对数模型很顺利地通过了统计意义上相关检验，对数模型对因变量住宅总价具有很强的解释能力，且拟合效果很好。

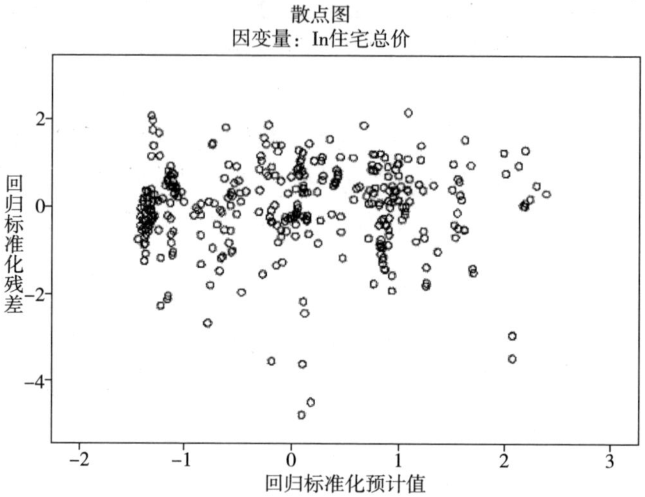


**图 3　回归标准化预计值与回归标准化残差散点图**

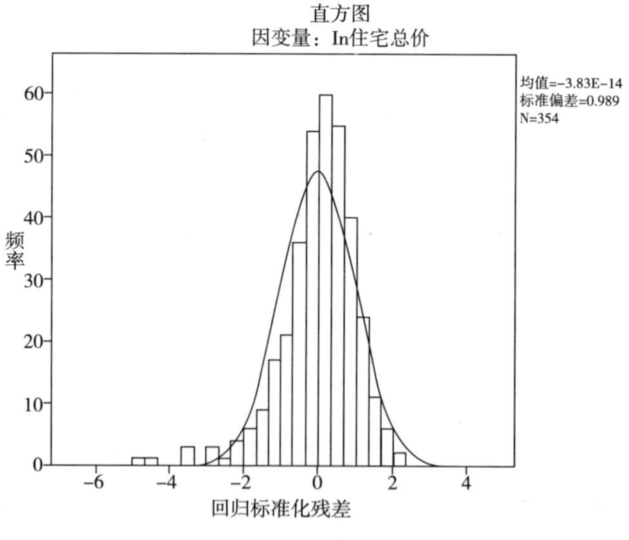


**图 4　残差直方图**

（4）对数结果分析

旅游住宅地产特征价格模型的确定。在以 5% 作为回归系数显著性标准的情况下，进入模型的 12 个特征变量中共有 8 个特征变量会对聚龙小镇旅游住宅地产的住宅总价产生显著影响，而另外 4 个特征变量对住宅总价不会产生显著性影响，因此将不被纳入对数模型的回归方程中，如表 15 所示。

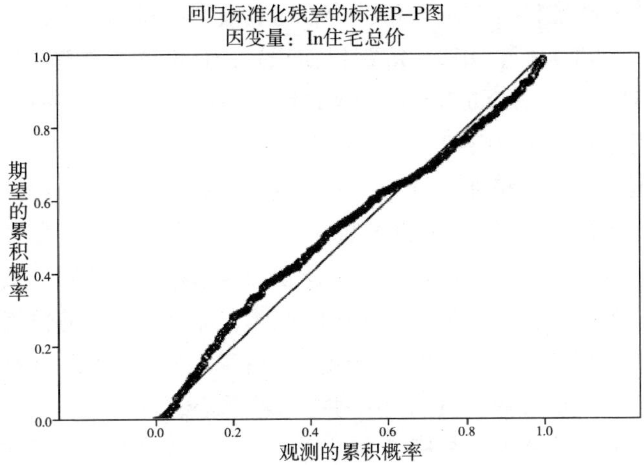


**图 5　残差累计概率图**

**表 15　模型的自变量回归系数分析表**

| 进入模型的变量 | | 非标准化系数 | | 标准系数 | t | Sig. |
|---|---|---|---|---|---|---|
| | | B | 标准误差 | 试用版 | | |
| 1 | （常量） | 9.008 | .165 | | 54.528 | .000 |
| | ln 建筑面积 | 1.022 | .012 | .756 | 83.634 | .000 |
| | 装修程度 | .042 | .009 | .032 | 4.869 | .000 |
| | 房龄 | −.031 | .012 | −.024 | −2.685 | .008 |
| | 楼层 | .004 | .000 | .047 | 7.147 | .000 |
| | ln 容积率 | −.228 | .022 | −.108 | −10.324 | .000 |
| | 景观视线 | .076 | .008 | .137 | 9.670 | .000 |
| | ln 与核心旅游资源距离 | −.046 | .015 | −.055 | −3.090 | .002 |
| | ln 绿化率 | .340 | .035 | .125 | 9.751 | .000 |
| 剔除的变量 | | 非标准化系数 | | 标准系数 | t | Sig. |
| | | B | 标准误差 | 试用版 | | |
| | 是否临近主干道 | .002 | .010 | .002 | .233 | .816 |
| | ln 至高速路口的距离 | .042 | .069 | .004 | .605 | .546 |
| | 公交线路数 | .002 | .005 | .003 | .434 | .664 |
| | 配套设施 | .002 | .004 | .003 | .425 | .671 |

因此，聚龙小镇旅游住宅地产特征价格对数模型可以表述为：

ln 住宅总价 =9.008+（1.022 × ln 建筑面积）+（0.042 × 装修程度）−（0.031 × 房龄）+（0.004 × 楼层）−（0.228 × ln 容积率）+（0.076 × 景观视线）−（0.046 × ln 至核心旅游资源距离）+（0.340 × ln 绿化率）

旅游住宅地产特征价格弹性符号分析。进入对数模型的 8 个特征变量对应的非标准化系数 B 值的符号，与前文的预期符号基本上是一致的。在对住宅总价能够产生显著性影响的 8 个特征变量中，建筑面积、装修程度、楼层、景观视线、绿化率等 5 个特征变量会对住宅总价产生正面的影响，即特征变量的数值越大，住宅总价越大；房龄、容积率、至核心旅游资源的距离等 3 个特征变量会对住宅总价产生负面的影响，即特征变量的数值越大，住宅总价越小。

旅游住宅特征的价格弹性分析。在对数模型中，建筑面积、容积率、至核心旅游资源距离、绿化率等连续型特征变量是取自然对数的形式进入模型，其对应的未标准化回归系数 B 值就是这类特征变量的价格弹性系数；而装修程度、房龄、楼层、景观视线等非连续型的特征变量是以原始数值进入模型，因此，要取得非连续型特征变量的价格半弹性系数，还需对回归系数作相应的计算和转换，计算公式如下：

$$\text{价格半弹性系数（\%）} = (e^{\text{未标准化回归系数}} - 1) \times 100 \qquad \text{（公式 9）}$$

非连续型特征变量得出的半弹性系数（%）如表 16 所示。

**表 16　旅游住宅特征的价格弹性系数 / 半弹性系数**

| 特征变量 | 未标准化回归系数 | 弹性系数（%） | 半弹性系数（%） |
|---|---|---|---|
| ln 建筑面积 | 1.022 | 1.022 | |
| 装修程度 | 0.042 | | 4.289 |
| 房龄 | −0.031 | | −3.052 |
| 楼层 | 0.004 | | 0.401 |
| ln 容积率 | −0.228 | −0.228 | |
| 景观视线 | 0.076 | | 7.896 |
| ln 至核心旅游资源距离 | −0.046 | −0.046 | |
| ln 绿化率 | 0.34 | 0.34 | |

由表 16 特征变量的价格弹性系数 / 价格半弹性系数的数值可以得出各个特征变量对住宅总价的贡献率，即在保证其他特征变量不变的前提下，住宅某一特征变量每变动一个百分比，相应地住宅总价的变动百分比。

本文发现，对传统住宅也会产生显著性影响的邻里因素、交通因素等，如配套设施、至高速路口的距离、公交线路数等特征变量，对旅游住宅总价并不会产生显著影响，其特征变量对应的回归系数等同于零。而景观因素及与景观密切相关的因素对旅游住宅总价的影响却是显著的，如景观视线、至核心旅游资源距离、绿化率、容积率等特征变量。虽然这些因素也会对传统住宅产生影响，但通过对比其他学者的研究成果，旅游住宅的景观因素的价格弹性系数 / 半弹性系数值远比传统住宅的数值高，尤其是景观视线对住宅总价的影响程度，达到了 7.896%，说明消费者愿意为拥有良好的景观视线付出更高的价格。另外，至核心旅游资源距离的价格弹性是 −0.046%，对住宅总价会产生负影响，说明住宅离景观资源越近，周边的环境质量越好，消费者更愿意以更高的价格来换取更好的环境品质。

综上所述，本文认为，旅游景观品质与旅游住宅地产之间存在着重要的关联性，旅游地产开发商在开发旅游资源时，应充分利用良好的旅游景观资源带动住宅的整体环境质量，提升居民的生活环境品位，最终带旺旅游地产，实现旅游地产的升值。

## 四、结论与讨论

### （一）研究结论

（1）确定了影响旅游住宅地产价格的主要特征变量。

（2）确定采用对数形式对旅游住宅地产特征价格模型进行多元回归分析。

（3）确定了聚龙小镇旅游住宅地产的特征价格模型。根据 8 个特征变量对应的回归系数得出聚龙小镇旅游住宅地产特征价格的对数模型为：

ln 住宅总价 =9.008+（1.022 × ln 建筑面积）+（0.042 × 装修程度）−（0.031 × 房龄）+（0.004 × 楼层）−（0.228 × ln 容积率）+（0.076 × 景观视线）−（0.046 × ln 至核心旅游资源距离）+（0.340 × ln 绿化率）

（4）确定了旅游住宅地产价格显著性影响因素的影响方向和影响程度。本文发现建筑面积、装修程度、楼层、景观视线、绿化率等 5 个特征变量会对住宅总价产生正影响，房龄、容积率、至核心旅游资源的距离等 3 个特征变量会对住宅总价产生负影响。并且，影响程度按照大小排序分别是：建筑面积、绿化率、容积率、景观视线、至核心旅游资源距离、装修程度、房龄、楼层。

（5）确定了旅游景观与旅游住宅地产价格的关联度。景观特征对旅游住宅总价有着不可或缺的作用，通过旅游景观资源的维护和景观环境的改善，对提升旅游住宅地产的价值具有重要意义。

结合旅游地产市场的开发现状，本文认为，运用 Hedonic 模型对旅游住宅地产进行特征价格分析具有重要的经济价值与社会意义，具体如下：

（1）有助于发现旅游住宅区别于传统普通住宅的特殊价格影响因素。本文通过实证研究发现，在影响旅游住宅价格变动的因素中，建筑面积对住宅总价的影响最大，景观视线、至核心旅游资源距离、绿化率等景观特征及与景观密切相关的容积率也进入了显著性影响因素的行列。而被传统普通住宅所看重的区位特征和邻里特征，却被排除在模型之外，对旅游住宅的总价并不会产生显著的影响。

（2）为旅游住宅的定价及价值评估提供更科学的方法。通过 Hedonic 模型对住宅产品进行定价，开发商可以随时根据市场的发展和变化对价格进行修正，从而使产品的定价更加的准确和科学。

## （二）启示建议

目前旅游房地产市场上还存在很多假借旅游开发之名、行售房之实的旅游地产项目，地产开发商因盲目追求房产销售带来的短期快速回报，未能考虑到充分利用旅游资源能够带来的长远效益，导致在开发旅游地产项目时一味地投入建房而忽略了旅游景观环境的营造和优化。

鉴于以上的研究结论，结合当前旅游房地产市场的开发现状，本文提出以下几方面的建议：

首先，在旅游地产的开发前期，开发商在对旅游地产项目进行规划和对旅游住宅产品进行设计时，应该趋合消费者的需求，不仅要考虑旅游住宅建筑方面的属性，也要充分利用地产项目本身的旅游资源优势。

其次，旅游地产开发商在进行旅游住宅产品定价时，可以考虑从影响旅游住宅价格的显著性特征入手，科学地发现旅游住宅地产的价值增长点，有针对性地加大投入，从而有效地提升旅游住宅的附加价值。

最后，消费者和投资者在购置旅游地产时可以借鉴旅游住宅特征价格模型的研究结果，更加理性地判断所要购置的项目是否具备投资价值和升值空间，从而作出合理的购买选择，以保障自身的合法权益。

## （三）研究不足与展望

### 1. 研究区域的适用性有限

本文的研究结论并不能完全代表整个旅游住宅地产市场，其广泛适用性存在一定的局限性。

### 2. 变量选择的全面性有限

在确定影响旅游住宅价格的特征变量时，所选取的特征变量并不是很全面，如政府性因素、社会性因素、经济性因素等很多方面的因素都无法通过数据来体现。

### 3. 变量数据的准确性有限

本文有一大部分数据是笔者通过实地调研、调查问卷、现场采访等方式取得的，该部分样本数据可能因笔者及受访者的主观性而影响到数据的客观性，从而导致数据的准确性受到限制。

4. 函数形式的选择较单一

本文只是简单地将对线性函数、对数线性函数和对数函数三种常用函数形式的回归分析结果进行对比，最终采用拟合效果较好的对数模型对旅游住宅地产特征价格进行多元回归分析。

## 主要参考文献


刘东兰．水资源评价方法及其应用．国土与自然资源研究，2000(2).

彭新育，吴甫成．土地价格和享乐评价方法．经济地理，1998(3).

任唤麟．旅游房地产与旅游度假房地产概念研究．旅游论坛，2013: 6(1).

周春香．基于Hedonic模型的旅游地产关联度研究—以深圳华侨城为例．暨南大学硕士学位论文，2011.

周文丽、李世平．基于凯恩斯消费理论的旅游消费与收入关系实证研究．旅游学刊，2010,25(5).

Anil Markandya and David Pearce. 1998. Natural environments and the social rate of discount. *Project Appraisal*, 3(1):2−12.

Griliches Z. 1961. Hedonic Price Indexes for Automobiles: An Econometric of Quality Change. The Price Statistics of the Federal Government Report of the Price Statistics Review Committee, Cambridge: UMI,173−196.

Garrod G. D. and Willis K. G. 1992. Valuing goods' characteristics: An Application of The Hedonic Price Method to Environmental Attributes. *Journal of Environmental Management*, 34(1):59−76.


## 点评

首先，这篇文章的选题具有一定的新颖性和现实意义。旅游地产，作为旅游业与房地产业联姻的一种新式产业，其潜在的利益诱惑掀起了地产业一股狂热的投资潮。关于旅游地产价格受到哪些因素影响这一问题的研究对防止旅游地产价格泡沫化，促进旅游地产良性发展具有重要意义。正如此文的归纳发现，目前学术界运用Hedonic模型对传统住宅价格影响因素进行实证分析的研究成果比比皆是，但关于旅游住宅地产的价格特征分析却寥寥无几。当前，旅游地产市场上不乏有假借旅游开发之名、行售房之实的房地产开发商，仅仅追求房产销售所带来的短期快速回报，忽视旅游资源带来的环境效益，最终导致投入的资金没有得到长远的经济回报。在此种背景之下，研究旅游地产这种热门新兴的行业的价格影响因素具有较强的现实意义。

其次，该文文献功夫扎实，对国内外相关领域文献进行翔实的梳理，为文章奠定了较好的理论基础。基于此，作者提出了本文的创新点，即在“在研究方法上运用了特征价格法对旅游地产价格进行定量的探讨，填补特征价格模型在旅游地产的应用空缺”。

再次，作为一篇实证类型的文章，该文的数据来源可靠，相关数据可得，最后的实证结果值得信赖，对模型的验证和评价清楚可靠，实证结果与经济学意义相符。最后根据实证结果得出结论，并有针对性地提出自己的建议，是一篇中规中矩的实证文章。

最后，对于函数形式的选择方面，正如作者所说，本文只是简单地将对线性函数、对数线性函数和对数函数三种常用函数形式的回归分析结果进行对比，最终采用拟合效果较好的对数模型对旅游住宅地产特征价格进行多元回归分析。但是，在统计中，还有其他更加复杂、结果更加精确的函数形式可以选择，如 translog 形式、generalized linear functional form 形式、Box-Cox 变换、semilog quadratic 形式等。这些函数形式将自变量间的相互作用也考虑进去，涉及的回归参数估计也就更多，有可能可以更好地反映自变量和因变量之间的非线性关系，未来的研究可以考虑其是否适用于旅游住宅地产市场，更好地拟合旅游地产的价格决定函数。

# 交通基础设施对川渝地区旅游经济发展的影响研究

叶沐阳[①]

**摘要**：交通基础设施是连接旅游客源地与目的地的重要载体，在游客旅游活动中扮演着与游客不可分离的角色；因此，研究交通基础设施建设对旅游经济发展的影响具有重要现实意义。本文利用 1990-2016 年间川渝地区交通基础设施建设、旅游资源禀赋、当地国民经济发展水平与旅游经济发展水平四个相关指标的时间序列数据，通过平稳性检验后建立 VAR 模型进行实证研究，再经过格兰杰因果检验分析证明川渝交通基础设施建设与旅游经济发展间的因果关系，从而得出变量之间的影响作用机理。本文最后得出结论如下：（1）交通基础设施建设的提升能够成为旅游经济发展的有力助推器。（2）短期内川渝地区水、陆交通路线总长度增长对旅游总收入的增长起抑制作用，后期会转为促进作用。（3）交通基础设施建设的发展速度高于旅游产业的发展速度，因此要重视交通建设与旅游经济发展水平的同步协调。最后，本文针对研究中发现的问题，对川渝地区交通基础设施提出发展建议。

**关键词**：川渝地区；交通建设；区域旅游

## 一、引言

古人常言“蜀道难，难于上青天”，可见四川省和重庆市所在的西南地区具有特殊地理区位。川渝地区地形西高东低，西部多为高原和山地，东部以盆地和丘陵为主，结构不稳且地势复杂，造成早期出入通行极为困难，对其交通发展产生了极大影响，该地区的区域经济、旅游经济等方面的发展都格外依赖交通建设。然而，也正是因为这样特别的地形与地理位置，使得川渝地区旅游资源丰富，成为我国西南地区非常典型的旅游目的地。

本文选取川渝地区交通基础设施建设对区域旅游经济发展的长期作用问题进行研究，对于川渝地区未来交通建设的优化和促进旅游经济发展的进程均具有十分重要的意义。

从理论上来看，多数学者对于交通与旅游方面的研究一般集中在研究交通可达性或某种交通运输方式与旅游业发展的中短期相互作用及耦合度协调水平等方面，

---

① 2016 级，2018 年毕业；点评教师：黄海玉。

而系统性研究综合交通体系与区域旅游经济在长期发展中的相互作用方面的文献较少。本文以川渝地区为对象，通过深入分析交通发展对旅游业发展的长期作用和滞后影响，进一步揭示旅游经济优化进程中交通基础设施建设的作用机理及变动规律，丰富交通基础设施建设与旅游经济互动发展理论。

从现实层面来看，本文的研究将在宏观层面上为地区政府制定交通建设规划和旅游产业布局政策提供参考依据，微观层面上也为相关交通运输业和旅游业投资者提供一定借鉴。

## 二、研究回顾

### （一）综合交通对旅游的影响相关研究

综合交通由区域内的各种交通方式或者其中某几种交通方式构成，并不局限于特定交通方式或交通线路，体现了一个区域的交通通达性和发展程度。

研究我国交通运输业与旅游业发展关联性的学者较多，其中张建春与陆林（2002）基于相关分析法研究了国内近 20 年的数据，发现公路、铁路与航空的发展与旅游业的发展很大程度上相关，提出安徽旅游业要推进航空旅游，拓展境内外的中长途旅游客源市场；陈晓与李悦铮（2008）认为城市交通和旅游系统之间高质量的协调是城市旅游可持续发展的必由之路，选取大连市为例，首次通过模糊数学法构建评价体系，探究两个系统的发展模式和演变关系；汉等（Khan et al.，2017）运用主成分分析法，构建了入境旅游的旅游竞争力指数，研究多种交通运输方式对国际入境和出境旅游的影响，认为达成关于交通运输业重要性的共识是促进全球旅游业发展的重要因素。

在交通基础设施方面，贾米尔 · 卡达鲁等（Jameel Khadaroo et al.，2007）运用重力模型评估了综合交通基础设施对塑造旅游目的地吸引力的重要性，并揭示了在世界范围内各地旅游流对交通基础设施的敏感度都相当程度取决于客源地和目的地，随后斯莫尔伍德（Smallwood et al.，2012）通过对交通基础设施和旅游者行为、旅游目的地等进行相关性分析，得出交通基础设施的布局很大程度影响旅游集散效率的提高的结论。科拉克和吉沃德（Čorak，Živoder，2017）考察了交通基础设施对旅游目的地管理的限制，认为克罗地亚的目的地管理因受到人力资源、旅游品质供给和交通基础设施质量不足的限制而无法应对旅游市场的快速变化，并对这些问题提出了可能的解决方案。

其他关于综合交通与区域旅游空间效应方面的研究趋于多样化。张广海与赵金金（2015）基于综合交通方式与国内区域旅游经济发展间的协同作用，构建了铁路、高速公路、等级公路、内河航道、民航航线对国内各区域旅游经济发展影响的空间计量模型，分别在全域和局域角度下对其进行了空间计量回归。

### （二）特定交通形式对旅游发展的影响相关研究

在交通对旅游的影响相关研究中，研究较多的是特定交通形式或交通线路对旅游业产生的影响研究。

1. 公路与旅游发展的相关研究

对公路建设与旅游发展方面的研究主要分为公路与旅游发展相关性和景区可达性实证分析等。

在公路与旅游业的相关关系方面，来逢波（2006）认为国内旅游交通受各地区公路等级差距大与环境保护矛盾等问题所限，应当改善交通基础设施；张和陈（Zhang，Chen，2015）对河南省 6 年左右的交通和旅游关联数据进行回归分析，确定高速公路、铁路和其他交通设施对促进河南旅游业发展有显著作用。

景区可达性研究中，靳诚等（2009）和王美霞等（2014）学者分别基于南京市区旅游景点和武陵山片区旅游景点的可达性水平与空间格局做了基于公路路网结构的实证研究，给出了景点可达性优化目标和优化措施。

2. 铁路与旅游发展的相关研究

由于高速铁路的飞速发展，对铁路与旅游业发展相关的研究也在近年逐渐成为热点。

陈佩虹与王稼琼（2009）运用引力模型对铁路旅行时间变化带给井冈山旅游客源数量变化的影响进行分析；王欣与邹统钎（2010）基于时空替代机制，探索研究旅游系统的网格空间模型和北京节点，论述了高速铁路网将如何影响国内旅游产业的发展与布局。

## 三、交通基础设施对川渝地区旅游经济发展影响实证研究

针对川渝地区在过去较长时期中所表现出的交通建设与旅游经济发展的典型性和特殊性，本文从交通基础设施建设角度出发，通过实证分析考察其对该地区旅游经济发展的影响。

### （一）研究设计与模型选择

首先本文要验证关于交通基础设施建设对川渝地区旅游经济发展存在较大影响的假设，即交通基础设施建设是一个与旅游经济发展存在较高的关联度的影响因素。

西姆斯（Sims）于 1980 年提出的 VAR 模型（向量自回归模型），是一种广泛使用的计量经济学模型，它基于数据的统计性质建立，是多个方程同时进行估计构

建而成的一个系统，系统中的每个变量都由自己的滞后项和其他变量的滞后项所解释。VAR 模型是 AR 模型的推广，由多元时间序列的变量组成模型，用以分析联合内生变量的动态关系，对确认有相关关系的变量都可以纳入 VAR 模型中，却没有任何事先约束条件。

基于交通基础设施建设的长期性和滞后性特征，它与旅游经济发展过程中相互作用的动态性关系，并合理考虑当地经济水平和旅游资源禀赋两个变量也可能作用其中，可以确定本文的研究对象是多元的时间序列变量，并需要考虑变量滞后项的影响。因此本文认为选取 VAR 模型作为实证研究方法在此是合理适用的。

### （二）变量选取

本文在 VAR 模型下将再分为综合交通基础设施建设对川渝地区旅游经济发展影响和特定交通基础设施建设（细分为铁路、公路、内河航运三种）对川渝地区旅游经济发展影响两部分，对其分别进行 VAR 模型建立和分析研究。

一般而言，影响旅游经济发展的宏观因素可以概括为外部因素和内部因素，其中前者一般指的是可能影响旅游消费的当地经济水平如人均收入等外在性因素，而后者则主要指的是当地旅游资源禀赋等内在性因素。本文对应地选取其中一些具有较强代表性的指标进行灰色关联度研究和 VAR 模型的建立。在灰色关联度分析和 VAR 模型关于综合交通基础设施建设对川渝地区旅游经济发展影响研究中选取川渝地区旅游经济发展水平指标（用 Y 表示），交通基础设施建设指标（用 X 表示），经济发展水平指标（用 P 表示），旅游资源禀赋指标（用 S 表示）作为变量。

1. 自变量

（1）X——交通基础设施建设指标

本文选取川渝两地的水、陆交通运输线路总长度作为衡量交通基础设施建设指标的主要依据。川渝两地地面主要运输方式为铁路、公路，且由于江河众多，水路发达，内河航运历史悠久，因此将铁路营业里程、公路（通车）里程和内河航道里程进行加总得到水、陆交通运输线路总长度，该指标近似等同于运输化的交通基础设施建设总量指标，而每年增长的水、陆交通运输线路里程数可直观体现交通基础设施建设发展水平。

2. 控制变量

（1）P——经济发展水平指标

本文选取人均 GDP 作为经济发展衡量指标。由于是对四川和重庆的旅游经济整体发展进行研究，因此本文不能单纯合并两地的人均 GDP，而是先分别加总两地的地区生产总值和两地的总人口数，然后通过二者相除得到川渝地区的人均 GDP。

（2）S——旅游资源禀赋指标

在衡量川渝地区的旅游资源禀赋方面，本文选取川渝两地历年国家级风景名胜区、世界遗产和国家 4A、5A 级景区个数进行加总得到旅游景区总数作为旅游资源禀赋的指标。

其中，考虑到名衔级别的权重，同时具备世界遗产资格和国家级风景名胜区资格的景区按世界遗产类别只计数一次，以此消除重复统计。

综上，灰色关联度分析测度变量指标体系如表 1 所示：

**表 1　影响旅游经济发展因素指标体系**

| 因素层 | 因子层 | |
|---|---|---|
| | 代表变量 | 具体指标 |
| 外部影响因素 | X：交通基础设施建设 | 水、陆交通运输线路总长度（单位：万公里） |
| | P：经济发展水平 | 人均 GDP（单位：元） |
| 内部影响因素 | S：旅游资源禀赋 | 旅游景区总数（单位：个） |

3. 因变量

因变量 Y 为旅游经济发展水平指标，在衡量旅游经济发展水平指标方面，本部分选取了包含旅游外汇收入和国内旅游收入的旅游总收入作为代表，衡量川渝两地的旅游经济发展水平。其中，旅游外汇收入均按历年美元对人民币平均汇率进行换算，再将旅游外汇收入与国内旅游收入统一单位进行加总得到历年旅游总收入。

上述变量均由对应的四川全省省域年度数据和重庆全市市域年度数据加总得到。此外，为去除价格浮动对变量的影响，本文以 1990 年为参考年份，将每年的旅游收入和地区生产总值分别按照商品价格指数（RPI）折算为相对旅游收入和相对 GDP，再进行后续加总。为了使 VAR 模型有直观分析结果，故在 VAR 模型的实证部分对所有变量均取对数处理，如后文中因变量 Y 取对数处理后为 $lnY$，再进行一阶差分处理后为 $\Delta lnY$。

## （三）数据来源

数据均主要来源于 1990 年至 2016 年的《中国西部统计年鉴》《四川旅游年鉴》《四川统计年鉴》《长江年鉴》《重庆统计年鉴》，部分数据来源于历年四川省国民经济和社会发展统计公报和重庆国民经济和社会发展统计公报。

所有变量的数据时限都是从 1990 年到 2016 年，样本数为 27 个，属于小样本数据。

## （四）变量间的灰色关联度分析

灰色关联度分析，又称灰关联分析，其所属的灰色系统理论是由我国著名学者邓聚龙教授于 1982 年提出的一种研究非完全信息的系统工程的方法。其原理是根据因素之间的发展趋势的相同或者是相异程度作为衡量因素之间关联度的依据，若二者在发展过程中的相对变化趋于一致则可认为这两个因子之间的关联度大，反之关联度就较小。

灰色关联度分析所对应变量的相关描述性统计如表 2 所示：

**表 2 灰色关联度所测度变量的描述性统计分析**

| 变量 | 平均值 | 中值 | 最大值 | 最小值 | 标准差 |
|---|---|---|---|---|---|
| 旅游经济发展水平（Y） | 1991.062 | 625.2789 | 10 255.61 | 1.6702 | 2810.908 |
| 交通基础设施建设（X） | 24.4653 | 16.2125 | 48.95556 | 8.5433 | 14.4681 |
| 经济发展水平（P） | 13 382.02 | 6519.678 | 43 989.98 | 799.1575 | 13 746.31 |
| 旅游资源禀赋（S） | 82.3704 | 45 | 297 | 8 | 85.9692 |

从表 2 中可以看出在 27 年中代表川渝地区经济发展水平指标的旅游总收入最小值是 1.6702 亿元，最大值是 10 255.61 亿元，由于本文的旅游总收入数据和人均 GDP 数据已做过相对化处理，实际上旅游总收入的两级差更大，这说明经过长期发展川渝地区的不同时期旅游总收入已有了巨大的差距。同样也可以看出川渝地区经济发展水平指标、旅游资源禀赋指标也具有这样的明显的两级差差异，而交通基础设施建设指标的两级差是四个变量中最小的，则可能是因为交通基础设施建设的发展一般会相对较为平稳而漫长，也可能是由于川渝地区交通基础设施建设进程比较缓慢。

根据前述步骤，选取以川渝两地 1990 年至 2016 年的旅游总收入为主的旅游经济发展水平指标作为参考序列，记作 $X_0=\{x_0^{(1)}, x_0^{(2)}, \cdots, x_0^{(27)}\}$，以同期的交通基础设施建设指标、经济发展水平指标和旅游资源禀赋指标作为比较序列，记作 $X_i=\{x_i^{(1)}, x_i^{(2)}, \cdots, x_i^{(27)}\}$，（$i$=1，2，3），并进行无纲量化处理，在此本文采用初值法处理。

接着，再进行基于 $X_0$ 序列的各组数据求差处理，通过灰色关联度公式，求出每组数据的灰关联系数并对其求均值得到其灰色关联度 $r_i$。通过对变量间进行灰色关联度分析，结果可以看出，针对旅游总收入与所选用的三个变量指标的灰色关联度测度结果如表 3：

**表 3 川渝地区旅游总收入与各因子的灰色关联度**

| 因子 | 交通基础设施建设（X） | 经济发展水平（P） | 旅游资源禀赋（S） |
|---|---|---|---|
| 关联度 | 0.7996 | 0.8087 | 0.8043 |

续表

| 因子 | 交通基础设施建设（X） | 经济发展水平（P） | 旅游资源禀赋（S） |
|---|---|---|---|
| 排序 | 3 | 1 | 2 |

基于灰色关联分析原理可以得知，关联度越趋于 1，则关联程度越紧密。通常认为 $0 \leqslant r_i \leqslant 0.4$，则关联程度低；$0.4 \leqslant r_i \leqslant 0.6$，关联程度中等；$0.6 \leqslant r_i \leqslant 0.75$，关联程度较强；$0.75 \leqslant r_i \leqslant 1.0$，则关联程度极强。

川渝地区旅游总收入（$X_0$）与各指标之间的灰色关联度大小排序为：经济发展水平（$P$）>旅游资源禀赋（$S$）>交通基础设施建设（$X$）。三个指标因子的灰色关联度均大于 0.75，表明三者与旅游总收入的相关性极高。这表明如果要使川渝地区旅游经济水平快速发展，则应该重点考察这三个指标的提升状况。根据变量之间的灰色关联度可以初步判断：交通基础设施建设提升会促进旅游经济水平的发展，最终带动旅游业的整体发展。

## （五）VAR 模型分析

本部分研究交通基础建设的发展与旅游经济的发展在动态性关系中的内在作用机理，并通过运用 VAR 模型（向量自回归模型）进行实证分析。在建立 VAR 模型前，通常需要先对收集到的数据进行平稳性检验，来确定数据是否平稳，以避免出现伪回归，本次分析中采用的检验方法为 ADF 检验。数据通过平稳性检验后，则可建立 VAR 模型并继续观察模型系统的脉冲响应函数（简称为 IRF）。

1. 综合交通基础设施建设影响分析

（1）变量描述性统计

关于综合交通基础设施建设对川渝地区旅游经济发展影响 VAR 模型的变量指标体系如表 4 所示，综合交通基础设施建设影响的 VAR 模型实证分析中均以表 4 中的具体指标代表变量展开研究，其描述性统计如表 5：

**表 4　综合交通基础设施建设对川渝地区旅游经济发展影响研究变量设定**

| 变量 | 变量含义 | 变量符号 | 具体指标 |
|---|---|---|---|
| 被解释变量 | 旅游经济发展水平 | lnY | 旅游总收入（单位：亿元）（对数） |
| | | Δ lnY | 旅游总收入增长率（对数） |
| 解释变量 | 交通基础设施建设 | lnX | 水、陆交通运输线路总长度（单位：万公里）（对数） |
| | | Δ lnX | 水、陆交通运输线路总长度增长率（对数） |

续表

| 变量 | 变量含义 | 变量符号 | 具体指标 |
|---|---|---|---|
| 解释变量 | 经济发展水平 | lnP | 人均 GDP（单位：元）（对数） |
| | | Δ lnP | 人均 GDP 增长率（对数） |
| | 旅游资源禀赋 | lnS | 旅游景区总数（单位：个）（对数） |
| | | Δ lnS | 旅游景区总数增长率（对数） |

**表 5　综合交通实证影响分析变量的描述性统计分析**

| 变量 | 平均值 | 中值 | 最大值 | 最小值 | 标准差 |
|---|---|---|---|---|---|
| 旅游总收入（lnY） | 5.8563 | 6.4382 | 9.2356 | 0.5129 | 2.7152 |
| 水、陆交通运输线路总长度（lnX） | 3.0245 | 2.7858 | 3.8909 | 2.1451 | 0.5999 |
| 人均 GDP（lnP） | 8.8700 | 8.7826 | 10.6917 | 6.6836 | 1.2566 |
| 旅游景区总数（lnS） | 3.8402 | 3.8067 | 5.6937 | 2.0794 | 1.1407 |
| 旅游总收入增长率（Δ lnY） | 0.3355 | 0.2153 | 2.8650 | −0.0072 | 0.5276 |
| 水、陆交通运输线路总长度增长率（Δ lnX） | 0.0579 | 0.0352 | 0.5103 | −0.2620 | 0.1442 |
| 人均 GDP 增长率（Δ lnP） | 0.1542 | 0.1414 | 0.5886 | 0.0263 | 0.1069 |
| 旅游景区总数增长率（Δ lnS） | 0.1390 | 0.0991 | 0.5931 | 0.0000 | 0.1535 |

取对数化处理后的四个变量的描述性统计基本与灰色关联度变量绝对数值的描述性统计所反映的信息一致，故不再赘述。而一阶差分处理后，可以看出旅游总收入增长率和水、陆交通运输线路总长度增长率的最小值都是负数，这说明川渝地区在 27 年的发展中曾在某个时期出现过旅游总收入或交通基础设施建设同比减少的情况。结合数据来看本文发现旅游总收入增长率为负是在 2008 年出现，而那一年四川发生了“5·12 汶川地震”，因此当年的川渝地区的总体经济和旅游产业均受到了很大冲击，出现负增长是极为正常的。同样，本文考察了水、陆交通运输线路总长度增长率的数据，发现基本是在 1990–1998 年期间偶尔出现增长率为负的情况，如 1995 年和 1997 年。考虑到 1997 年八届全国人大五次会议通过《关于批准设立重庆直辖市的决定》，批准设立重庆直辖市，撤销原重庆市，因此可以推测这可能是由于行政辖区重新划分后影响了该时期交通规划、改建和数据统计，造成交通运输线路总长度在当年并没有出现正常的同比增长，反而有所减少。

(2) 数据平稳性检验

对时间序列数据的平稳性检验常见的是图形观察法和统计计量检验法。本文选用更为精确的统计计量检验法。单位根检验是常见的检验平稳性方法，本部分采用 ADF 单位根检验法。检验结果如表 6 所示：

**表 6 ADF 单位根检验**

| 序列 | 模型 | ADF 统计量 ($t_\delta$) | 5% 临界值 (t) | P 值 | 结论 |
|---|---|---|---|---|---|
| 旅游总收入（lnY） | 截距项 | −1.829398 | −2.986225 | 0.3587 | 不平稳 |
| 旅游总收入增长率（ΔlnY） | 截距项 | −5.152331 | −2.986225 | 0.0003 | 平稳 |
| 水、陆交通运输线路总长度（lnX） | 截距项 | −0.188610 | −2.981038 | 0.9284 | 不平稳 |
| 水、陆交通运输线路总长度增长率（ΔlnX） | 截距项 | −7.405624 | −2.986225 | 0.0000 | 平稳 |
| 人均 GDP（lnP） | 截距项 | −1.402132 | −2.986225 | 0.5656 | 不平稳 |
| 人均 GDP 增长率（ΔlnP） | 截距项 | −3.196646 | −2.986225 | 0.0322 | 平稳 |
| 旅游景区总数（lnS） | 截距项 | −0.139859 | −2.986225 | 0.9347 | 不平稳 |
| 旅游景区总数增长率（ΔlnS） | 截距项 | −6.291778 | −2.986225 | 0.0000 | 平稳 |

上述表格中，第二项模型截距项（Intercept）为检验方程中设定含常数项，第四项 5% 在检验中表示显著水平，其所对应的是该水平下的临界值。变量旅游总收入增长率（Δ*lnY*），水、陆交通运输线路总长度增长率（Δ*lnX*），人均 GDP 增长率（Δl*nP*）和旅游景区总数增长率（Δ*lnS*）分别是变量旅游总收入（*lnY*），水、陆交通运输线路总长度（*lnX*），人均 GDP（*lnP*）和旅游景区总数（*lnS*）所对应的一阶差分。

通过平稳性检验可以看出，旅游总收入（*lnY*），水、陆交通运输线路总长度（*lnX*），人均 GDP（*lnP*）和旅游景区总数（*lnS*）均在进行一次差分后是包含常数项的平稳序列。由此说明，变量旅游总收入增长率（Δln*Y*），水、陆交通运输线路总长度增长率（Δl*nX*），人均 GDP 增长率（Δ*lnP*）和旅游景区总数增长率（Δ*lnS*）均为原序列单整，均通过了平稳性校检，下一步可以建立 VAR 模型。

(3) 建立 VAR 模型

通过 EVIEWS8.0 计量软件建立 VAR 模型后，通过软件的内部功能确定模型的滞后阶数，如表 7 所示：

**表 7　不同滞后阶数 VAR 模型的 AIC 和 SC 值汇总**

| Lag | LogL | LR | FPE | AIC | SC | HQ |
|---|---|---|---|---|---|---|
| 1 | 65.34406 | NA | 1.35e−07 | −4.485824 | −3.692338* | −4.298902 |
| 2 | 78.91957 | 17.27792 | 1.90e−07 | −4.265416 | −2.678445 | −3.891573 |
| 3 | 92.03008 | 11.91864 | 3.65e−07 | −4.002734 | −1.622278 | −3.441971 |
| 4 | 134.0764 | 22.93437 | 9.62e−08* | −6.370584* | −3.196643 | −5.622899* |

由表 7 可知，除 SC 信息准则指向 1 期外，剩下的 FPE、AIC 和 HQ 信息准则都指向 4 期。由于一般认为确认滞后阶数为 AIC 与 SC 最小准则，在此本文选择遵循 AIC 最小准则并以多数准则指向为主，故模型的滞后阶数选取为 4。据此建立 VAR（4）–A 模型，其第一个代数表达式如下：

$$\begin{aligned}\Delta \ln Y = {} & -0.5538 \times \Delta \ln Y(-1) - 0.7525 \times \Delta \ln Y(-2) + 0.6799 \times \Delta \ln Y(-3) + \\ & 0.0264 \times \Delta \ln Y(-4) - 2.5728 \times \Delta \ln X(-1) - 1.0003 \times \Delta \ln X(-2) + \\ & 1.0301 \times \Delta \ln X(-3) - 1.8246 \times \Delta \ln X(-4) + 4.8011 \times \Delta \ln P(-1) + \\ & 5.2828 \times \Delta \ln P(-2) - 7.7326 \times \Delta \ln P(-3) + 3.7849 \times \Delta \ln P(-4) - \\ & 1.1627 \times \Delta \ln S(-1) + 0.9470 \times \Delta \ln S(-2) - 1.0829 \times \Delta \ln S(-3) + \\ & 0.1558 \times \Delta \ln S(-4)\end{aligned} \qquad \text{（公式 1）}$$

（4）稳定性检验

得到了 VAR 模型的表达式后，需要检验模型的稳定性，以便进行下一步脉冲响应分析。具体稳定性检验结果如表 8 和图 1 所示：

**表 8　VAR（4）–A 模型的根模的倒数**

特征根
内生变量：$\Delta$lnY $\Delta$lnX $\Delta$lnP $\Delta$lnS
外生变量：
滞后期设定说明：1 4

| Root | Modulus |
|---|---|
| 0.991558 | 0.991558 |
| 0.872005 − 0.350510i | 0.939814 |
| 0.872005 + 0.350510i | 0.939814 |
| −0.785452 − 0.456471i | 0.908461 |
| −0.785452 + 0.456471i | 0.908461 |
| 0.175396 − 0.874498i | 0.891914 |
| 0.175396 + 0.874498i | 0.891914 |

续表

| Root | Modulus |
|---|---|
| 0.554101 − 0.671227i | 0.870387 |
| 0.554101 + 0.671227i | 0.870387 |
| −0.230445 − 0.838825i | 0.869903 |
| −0.230445 + 0.838825i | 0.869903 |
| 0.862037 | 0.862037 |
| −0.798023 | 0.798023 |
| −0.612028 − 0.389189i | 0.725290 |
| −0.612028 + 0.389189i | 0.725290 |
| −0.139143 | 0.139143 |

单位圆外没有特征根.
VAR 模型通过稳定性检验.

由表 8 和图 1 可知，该模型的 AR 特征方程的特征根倒数的模均小于 1，能够确认该模型是稳定的，可以进行脉冲响应分析，通过该模型所建立的实证分析也将有效。

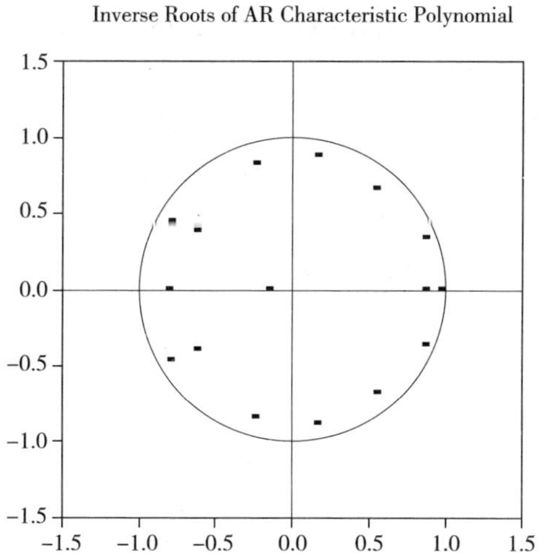


**图 1　VAR（4）– A 模型的根模的倒数**

图片来源：作者自制，EVIEWS8.0，2017 年 12 月

（5）格兰杰因果关系检验

根据之前的检验和 VAR–A 模型，可以看出旅游总收入（ln $Y$），水、陆交通运输线路总长度（ln $X$），人均 GDP（ln $P$）和旅游景区总数（ln $S$）原本是不平稳

序列，在进行一阶差分后是平稳的时间序列，故直接进行格兰杰因果检验。格兰杰因果关系本质上是研究滞后相关性，进一步具体解释多元序列之间的先后引导关系。在 VAR（4）-A 模型中对旅游总收入增长率（$\Delta\ln Y$），水、陆交通运输线路总长度增长率（$\Delta\ln X$），人均 GDP 增长率（$\Delta\ln P$）和旅游景区总数增长率（$\Delta\ln S$）进行格兰杰因果关系检验，其结果如表 9 所示：

**表 9　VAR（4）-A 模型中格兰杰因果关系检验**

| 零假设 | Chi-sq | Prob. | 结论 |
|---|---|---|---|
| ΔlnX 不是 ΔlnY 的格兰杰原因 | 9.401163 | 0.0518 | 拒绝 |
| ΔlnY 不是 ΔlnX 的格兰杰原因 | 5.064718 | 0.2807 | 接受 |
| ΔlnP 不是 ΔlnY 的格兰杰原因 | 11.31043 | 0.0233 | 拒绝 |
| ΔlnY 不是 ΔlnP 的格兰杰原因 | 11.10842 | 0.0254 | 拒绝 |
| ΔlnS 不是 ΔlnY 的格兰杰原因 | 4.671556 | 0.3227 | 接受 |
| ΔlnY 不是 ΔlnS 的格兰杰原因 | 5.881787 | 0.2082 | 接受 |
| ΔlnX 不是 ΔlnS 的格兰杰原因 | 11.34886 | 0.0229 | 拒绝 |
| ΔlnS 不是 ΔlnX 的格兰杰原因 | 11.92610 | 0.0179 | 拒绝 |

由表 9 结果所示，在 10% 的显著水平下，因果关系检验大部分结果是显著的。水、陆交通运输线路总长度增长率（$\Delta\ln X$）与旅游总收入增长率（$\Delta\ln Y$）之间存在单向的格兰杰因果关系，具体而言为接受水、陆交通运输线路总长度增长率（$\Delta\ln X$）是旅游总收入增长率（$\Delta\ln Y$）的格兰杰原因，但不接受旅游总收入增长率（$\Delta\ln Y$）是水、陆交通运输线路总长度增长率（$\Delta\ln X$）的格兰杰原因，即川渝地区水、陆交通线路长度的增长是该区域旅游经济增长的格兰杰原因。而人均 GDP 增长率（$\Delta\ln P$）与旅游总收入增长率（$\Delta\ln Y$）之间互为格兰杰原因，水、陆交通运输线路总长度增长率（$\Delta\ln X$）与旅游景区总数增长率（$\Delta\ln S$）之间也互为格兰杰原因，说明川渝地区人均 GDP 增长和旅游经济增长互相影响，水、陆交通线路长度增长和旅游景区个数的增加也互相影响。但结果拒绝旅游景区总数增长率（$\Delta\ln S$）与旅游总收入增长率（$\Delta\ln Y$）之间存在格兰杰因果关系，即川渝地区的旅游景区个数增长和该区域旅游经济增长互不为对方的格兰杰原因。

（6）脉冲响应函数和方差分解

在已得到的 VAR（4）-A 模型基础上，以旅游总收入增长率（$\Delta\ln Y$）、水、陆交通运输线路总长度增长率（$\Delta\ln X$）、人均 GDP 增长率（$\Delta\ln P$）和旅游景区总数增长率（$\Delta\ln S$）分别作为冲击因素，利用脉冲响应函数进行考察，绘制四个变量各自误差项的一个标准差大小波动冲击带来的脉冲响应函数图。

旅游总收入增长率（ΔlnY）在初期受到来自自身的一个正向冲击后，其影响在期初最大，为 0.429，然后急剧下降转为最大负响应，在接下来的几期有明显震荡，影响随之逐渐减小，最终趋于 0，冲击带来的影响在 20 期后基本消失；而受到来自水、陆交通运输线路总长度增长率（ΔlnX）的冲击时，旅游总收入增长率（ΔlnY）期初暂无响应，随即作出一个 −0.184 的负向响应，经过 4 期左右逐步从负向响应转为正向响应，从第 5 期起进入长期较弱的正向响应阶段，并在第 10 期达到正向效用的一个相对高点后回落减弱，在小幅并缓慢的波动中趋于稳定，但基本保持正向效应；人均 GDP 增长率（ΔlnP）在初期给予一个冲击后，旅游总收入增长率（ΔlnY）第二期立即进行了正向响应，并在第三期达到最大 0.259，之后慢慢回落并趋于稳定，多数时候保持正向效应；旅游景区总数增长率（ΔlnS）给旅游总收入增长率（ΔlnY）一个冲击后，旅游总收入增长率（ΔlnY）在 2 期首先出现 −0.119 的负向响应，然后上升到相对最大正向响应 0.275，以正、负向响应交替出现的形式，维持长期的小幅波动状态，10 期后也维持微弱的正向效应。

由 VAR（4）−A 模型的脉冲响应图总体来看，某一冲击带来的交通基础设施建设增长短期内对川渝地区旅游收入造成一个短期的负向作用，但正向响应的时间更长，尽管幅度不大但会长期对旅游收入产生正向促进作用。而人均 GDP 冲击后的效果则反映了当地总体经济状况和居民收入水平会对旅游经济增长有较强促进作用，且持续时间长。而旅游资源禀赋的开发对旅游收入的促进作用期初不明显，但在长期有一定的正面影响。从脉冲响应函数图中还可以看出，旅游资源禀赋对交通基础设施建设的冲击则有一个较强的长期稳定正向响应，说明交通基础设施建设的发展对于当地旅游资源的开发有显著带动作用。

在 VAR（4）−A 模型中，进一步进行方差分解，结果如图 2 展示：

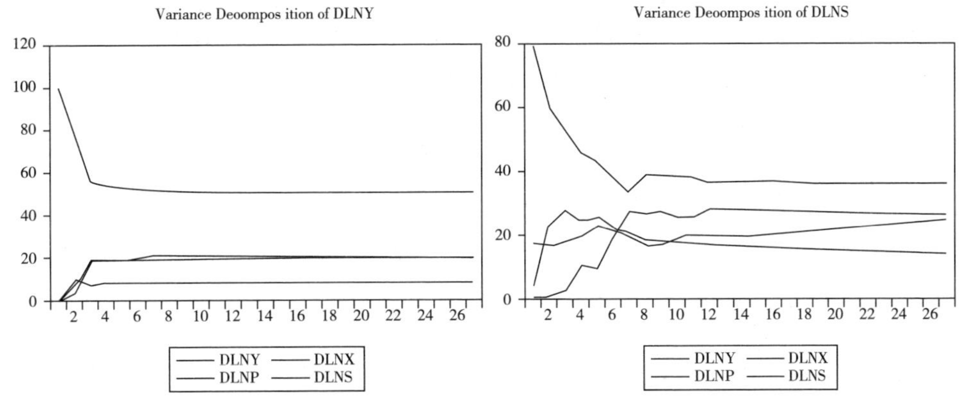


**图 2　VAR（4）−A 模型的方差分解图**

图片来源：笔者自制，EVIEWS8.0，2017 年 12 月

通过图 2 可看出，方差分解后旅游总收入增长率（$\Delta lnY$）对自身解释的贡献最大，期初两期最大，高于 70%，其他时候全部高于 50%，由此可说明旅游收入波动受到自身滞后期数据影响为主。水、陆交通运输线路总长度增长率（$\Delta \ln X$）、人均 GDP 增长率（$\Delta lnP$）和旅游景区总数增长率（$\Delta lnS$）对旅游总收入增长率（$\Delta lnY$）的解释贡献逐步上升，其中人均 GDP 增长率（$\Delta lnP$）的贡献最大，中后期高于 20%，表现显著；而旅游景区总数增长率（$\Delta lnS$）长期趋于 20%，水、陆交通运输线路总长度增长率（$\Delta lnX$）仅在期初有 10.53% 的相对最高贡献，此后影响随着时间推移有所减弱，一段时间下降后其影响程度呈现出缓慢增长态势，最终稳定在 9% 以上。结合实际来看，这与川渝地区交通基础设施建设在规划和推进时可能更多侧重第一、第二产业发展有一定关系。旅游经济的发展在早中期并不是川渝地区进行交通建设规划的重点目标，这个结果体现为已有交通基础设施建设状况与该区域旅游经济发展协调度不高的现状。

此外，本文还关注了方差分解后旅游景区总数增长率（$\Delta lnS$）的情况，从图中可以看出尽管旅游景区总数增长率（$\Delta lnS$）波动主要也是受到自身滞后期数据影响更大，然而人均 GDP 增长率（$\Delta lnP$）和旅游总收入增长率（$\Delta lnY$）先后增强对旅游景区总数增长率（$\Delta lnS$）波动的解释作出了贡献，其中，水、陆交通运输线路总长度增长率（$\Delta lnX$）对旅游景区总数增长率（$\Delta lnS$）的波动贡献最为稳定，在第 5 期出现一个小高峰 22.67%，之后微微波动，在中后期缓慢上升，最终期末贡献达到相对最大 24.54%，说明交通基础设施建设的增长对旅游资源开发的促进作用会随着时间推移而越来越明显。总的来说，旅游经济增长和交通基础设施建设提升对旅游资源开发的影响不仅日趋明显，且具有长久的持续性。

2. 特定交通基础设施建设影响分析

(1) 变量选取

在 VAR 模型关于特定交通基础设施建设（细分为铁路、公路、内河航运三种）对川渝地区旅游经济发展影响研究中选取川渝地区旅游经济发展水平指标（用 Y 表示）、铁路营业里程（用 $R_1$ 表示）、公路（通车）里程（用 $R_2$ 表示）和内河航道里程（用 $R_3$ 表示）变量。

上述变量均由对应的四川全省省域年度数据和重庆全市市域年度数据加总得到。对人均 GDP 指标的处理与上节变量选取部分一致，不再赘述。所有变量也均取对数处理。

关于特定交通基础设施建设（细分为铁路、公路、内河航运三种）对川渝地区旅游经济发展影响 VAR 模型的变量指标体系如表 10 所示，该部分 VAR 模型实证分析中均以表 10 中的具体指标代表变量展开研究，其描述性统计如表 11 所示：

**表 10　特定交通基础设施建设对川渝地区旅游经济发展影响研究变量设定**

| 变量 | 变量含义 | 变量符号 | 具体指标 |
|---|---|---|---|
| 被解释变量 | 旅游经济发展水平 | lnY | 旅游总收入（单位：亿元）（对数） |
| | | Δ lnY | 旅游总收入增长率（对数） |
| 解释变量 | 铁路建设 | lnR1 | 铁路营业里程（单位：万公里）（对数） |
| | | Δ lnR1 | 铁路营业里程增长率（对数） |
| | 公路建设 | lnR2 | 公路（通车）里程（单位：万公里）（对数） |
| | | Δ lnR2 | 公路（通车）里程增长率（对数） |
| | 内河航道建设 | lnR3 | 内河航道里程（单位：万公里）（对数） |
| | | Δ lnR3 | 内河航道里程增长率（对数） |

**表 11　特定交通实证影响分析变量的描述性统计分析**

| 变量 | 平均值 | 中值 | 最大值 | 最小值 | 标准差 |
|---|---|---|---|---|---|
| 旅游总收入（lnY） | 5.8563 | 6.4382 | 9.2356 | 0.5129 | 2.7152 |
| 铁路营业里程（lnR1） | −0.9124 | −0.8540 | −0.3811 | −1.3348 | 0.2793 |
| 公路（通车）里程（lnR2） | 2.9397 | 2.6701 | 3.8439 | 2.0058 | 0.6277 |
| 内河航道里程（lnR3） | 0.1501 | 0.3522 | 0.4978 | −0.2352 | 0.2954 |
| 旅游总收入增长率（Δ lnY） | 0.3355 | 0.2153 | 2.8650 | −0.0072 | 0.5276 |
| 铁路营业里程增长率（Δ lnR1） | 0.0320 | 0.0093 | 0.4624 | −0.5564 | 0.1862 |
| 公路（通车）里程增长率（Δ lnR2） | 0.0604 | 0.0335 | 0.5475 | −0.2968 | 0.1559 |
| 内河航道里程增长率（Δ lnR3） | 0.0228 | 0.0000 | 0.4108 | −0.1910 | 0.1092 |

从表 11 可看出，公路（通车）里程的数值在三种交通运输线路中相对最大，这可以看出川渝地区在 27 年的长期发展中交通运输方式主要以公路为主，以平均值来看，也是公路（通车）里程平均增长最快，铁路其次，内河航道平均增长最慢，这也符合当今交通运输方式中河运逐渐衰落的趋势。铁路营业里程增长率的最小值是三种交通运输线路中最小的，可以推测川渝地区早期铁路建设受复杂地形和技术不足制约而进展缓慢，但随着近年来高速铁路迅速发展，考察铁路营业里程增长率近 5 年的数据，发现确实在逐步提高。

（2）数据平稳性检验

原理与操作同上一部分，故不再赘述。采用 ADF 单位根检验法，得到检验结果如表 12 所示：

表 12 ADF 单位根检验

| 序列 | 模型 | ADF 统计量（$t_\delta$） | 5% 临界值（t） | P 值 | 结论 |
|---|---|---|---|---|---|
| 旅游总收入（lnY） | 截距项 | −1.829398 | −2.986225 | 0.3587 | 不平稳 |
| 旅游总收入增长率（Δ lnY） | 截距项 | −5.152331 | −2.986225 | 0.0003 | 平稳 |
| 铁路营业里程（lnR1） | 截距项 | −1.385386 | −2.981038 | 0.5737 | 不平稳 |
| 铁路营业里程增长率（Δ lnR1） | 截距项 | −5.866568 | −2.986225 | 0.0001 | 平稳 |
| 公路（通车）里程（lnR2） | 截距项 | −0.224991 | −2.981038 | 0.9234 | 不平稳 |
| 公路（通车）里程增长率（Δ lnR2） | 截距项 | −7.230215 | −2.986225 | 0.0000 | 平稳 |
| 内河航道里程（lnR3） | 截距项 | −0.914001 | −2.981038 | 0.7674 | 不平稳 |
| 内河航道里程增长率（Δ lnR3） | 截距项 | −6.485139 | −2.986225 | 0.0000 | 平稳 |

表 12 中，第二项模型截距项（Intercept）为检验方程中设定含常数项，第四项 5% 在检验中表示显著水平，对应该水平下的临界值。变量旅游总收入增长率（$\Delta \ln Y$）、铁路营业里程增长率（$\Delta lnR_1$）、公路（通车）里程增长率（$\Delta \ln R_2$）和内河航道里程增长率（$\Delta \ln R_3$）分别是变量旅游总收入（$lnY$）、铁路营业里程（$lnR_1$）、公路（通车）里程（$lnR_2$）和内河航道里程（$lnR_3$）所对应的一阶差分。

通过平稳性检验可以看出，旅游总收入（$lnY$）、铁路营业里程（$lnR_1$）、公路（通车）里程（$lnR_2$）和内河航道里程（$\ln R_3$）均在进行一次差分后是包含常数项的平稳序列。由此说明，变量旅游总收入增长率（$\Delta \ln Y$）、铁路营业里程增长率（$\Delta lnR_1$）、公路（通车）里程增长率（$\Delta \ln R_2$）和内河航道里程增长率（$\Delta \ln R_3$）均为原序列单整，四个变量都通过了平稳性校检，下一步可以建立 VAR 模型。

（3）VAR 模型建立

通过 EVIEWS8.0 计量软件建立 VAR 模型后，通过软件的内部功能确定模型的滞后阶数，如表 13 中所示：

表 13 不同滞后阶数 VAR 模型的 AIC 和 SC 值汇总

| Lag | LogL | LR | FPE | AIC | SC | HQ |
|---|---|---|---|---|---|---|
| 1 | 33.35012 | NA | 2.47e−06 | −1.577284 | −0.783798 | −1.390362 |
| 2 | 52.64285 | 24.55438 | 2.07e−06 | −1.876622 | −0.289652 | −1.502780 |
| 3 | 73.62077 | 19.07084 | 1.95e−06 | −2.329161 | 0.051295 | −1.768397 |
| 4 | 126.9214 | 29.07305* | 1.84e−07* | −5.720124* | −2.546182* | −4.972438* |

由表 13 可知，FPE、AIC、SC 和 HQ 信息准则都指向 4 期，故模型的滞后阶数选取为 4。据此建立 VAR（4）-B 模型，模型中的第一个代数表达式如下：

$$\begin{aligned}\Delta \ln Y = {} & 1.5194 \times \Delta \ln Y(-1) + 0.3010 \times \Delta \ln Y(-2) - 0.8390 \times \Delta \ln Y(-3) + \\ & 0.2085 \times \Delta \ln Y(-4) - 7.6953 \times \Delta \ln R_2(-1) + 0.9222 \times \Delta \ln R_2(-2) + \\ & 3.8419 \times \Delta \ln R_2(-3) - 1.4764 \times \Delta \ln R(-4) + 0.1356 \times \Delta \ln R_1(-1) + \\ & 3.1433 \times \Delta \ln R_1(-2) + 0.1381 \times \Delta \ln R_1(-3) + 0.1008 \times \Delta \ln R_1(-4) + \\ & 2.9463 \times \Delta \ln R_3(-1) - 0.2658 \times \Delta \ln R_3(-2) + 4.5235 \times \Delta \ln R_3(-3) + \\ & 2.6858 \times \Delta \ln R_3(-4)\end{aligned} \qquad \text{（公式 2）}$$

（4）稳定性检验

得到了 VAR 模型的表达式后，需要检验模型的稳定性，以便进行下一步脉冲响应分析。具体稳定性检验结果如表 14 和图 3 所示：

**表 14　VAR（4）-B 模型的根模的倒数**

特征根
内生变量：Δ lnY Δ lnR2 Δ lnR1 Δ lnR3
外生变量：
滞后期设定说明：1 4
日期：12/26/17　　时间：19:47

| Root | Modulus |
|---|---|
| −0.442601 − 0.814216i | 0.926738 |
| −0.442601 + 0.814216i | 0.926738 |
| 0.920715 | 0.920715 |
| 0.853969 − 0.308504i | 0.907985 |
| 0.853969 + 0.308504i | 0.907985 |
| 0.284065 − 0.839664i | 0.886413 |
| 0.284065 + 0.839664i | 0.886413 |
| −0.145612 − 0.872176i | 0.884247 |
| −0.145612 + 0.872176i | 0.884247 |
| −0.806807 − 0.360033i | 0.883494 |
| −0.806807 + 0.360033i | 0.883494 |
| 0.588721 − 0.649830i | 0.876853 |
| 0.588721 + 0.649830i | 0.876853 |
| −0.704708 − 0.375799i | 0.798647 |
| −0.704708 + 0.375799i | 0.798647 |
| 0.373359 | 0.373359 |

单位圆外没有特征根.

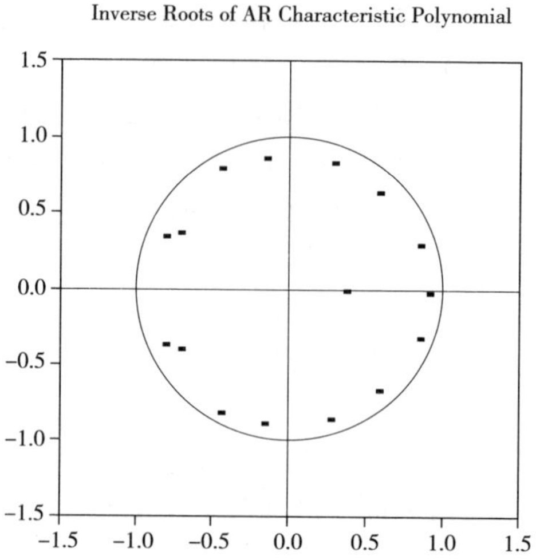


**图 3　VAR（4）–B 模型的根模的倒数**

图片来源：笔者自制，EVIEWS8.0，2017 年 12 月

由表 14 和图 3 可知，VAR（4）–B 模型的 AR 特征方程的特征根倒数的模也均小于 1，能够确认该模型是稳定的，可以进行脉冲响应分析，通过该模型所建立的实证分析也将有效。

（5）格兰杰因果关系检验

在 VAR（4）–B 模型中对旅游总收入增长率（$\Delta lnY$）、铁路营业里程增长率（$\Delta lnR_1$）、公路（通车）里程增长率（$\Delta \ln R_2$）和内河航道里程增长率（$\Delta \ln R_3$）进行格兰杰因果关系检验，其结果如表 15 所示：

**表 15　VAR（4）–B 模型中格兰杰因果关系检验**

| 零假设 | Chi–sq | Prob. | 结论 |
|---|---|---|---|
| Δ lnR1 不是 Δ lnY 的格兰杰原因 | 6.492316 | 0.1653 | 接受 |
| Δ lnY 不是 Δ lnR1 的格兰杰原因 | 12.10549 | 0.0166 | 拒绝 |
| Δ lnR2 不是 Δ lnY 的格兰杰原因 | 24.18568 | 0.0001 | 拒绝 |
| Δ lnY 不是 Δ lnR2 的格兰杰原因 | 5.007498 | 0.2865 | 接受 |
| Δ lnR3 不是 Δ lnY 的格兰杰原因 | 13.04669 | 0.0110 | 拒绝 |
| Δ lnY 不是 Δ lnR3 的格兰杰原因 | 5.246512 | 0.2629 | 接受 |
| Δ lnR1 不是 Δ lnR2 的格兰杰原因 | 4.113492 | 0.3909 | 接受 |
| Δ lnR2 不是 Δ lnR1 的格兰杰原因 | 9.832023 | 0.0434 | 拒绝 |

由表 15 结果所示，在 10% 的显著水平下，格兰杰因果关系检验半数结果是显

著的，四组关系中只存在单向的格兰杰因果关系。旅游总收入增长率（$\Delta lnY$）与铁路营业里程增长率（$\Delta lnR_1$）之间存在单向的格兰杰因果关系，即接受旅游总收入增长率（$\Delta lnY$）是铁路营业里程增长率（$\Delta lnR_1$）的格兰杰原因，但不接受铁路营业里程增长率（$\Delta lnR_1$）是旅游总收入增长率（$\Delta lnY$）的格兰杰原因。说明川渝地区的旅游经济增长会导致该区域铁路营业里程增长，而铁路营业里程增长并不是旅游经济增长的格兰杰原因。公路（通车）里程增长率（$\Delta \ln R_2$）是旅游总收入增长率（$\Delta lnY$）的格兰杰原因，内河航道里程增长率（$\Delta \ln R_3$）也是旅游总收入增长率（$\Delta lnY$）的格兰杰原因。这说明川渝地区的公路（通车）里程和内河航道里程增加是该区域旅游经济增长的格兰杰原因，二者具有明显的影响作用。此外，本文还发现公路（通车）里程增长率（$\Delta \ln R_2$）是铁路营业里程增长率（$\Delta lnR_1$）的格兰杰原因，而铁路营业里程增长率（$\Delta lnR_1$）不是公路（通车）里程增长率（$\Delta \ln R_2$）的格兰杰原因，即公路（通车）里程的增加会导致铁路营业里程增加，铁路营业里程的增加却并不是公路（通车）里程数增加的原因。

（6）脉冲响应函数和方差分解

在已得到的 VAR（4）-B 模型基础上，以旅游总收入增长率（$\Delta lnY$）、铁路营业里程增长率（$\Delta lnR_1$）、公路（通车）里程增长率（$\Delta \ln R_2$）和内河航道里程增长率（$\Delta \ln R_3$）分别作为冲击因素，利用脉冲响应函数进行考察，绘制四个变量各自一个标准差冲击带来的脉冲响应函数图。

从中发现，旅游总收入增长率（$\Delta \ln Y$）在初期受到来自自身的一个正向冲击后，其影响在期初最大，为 0.500，然后急剧下降转为最大负响应，在第 3 期反弹为较大的正响应，影响随之呈一定坡度逐渐减小，最终保持多数时候微弱正响应，冲击带来的影响在 11 期后基本消失；而受到来自公路（通车）里程增长率（$\Delta \ln R_2$）的冲击时，旅游总收入增长率（$\Delta \ln Y$）期初暂无响应，随即做出一个 -0.495 的负向响应，经过 10 期左右逐步从负向响应转为正向响应，从第 11 期起到中期较为较弱的正向响应阶段，并在第 15 期达到正向效用的一个相对高点后又转为弱的负响应，在小幅并缓慢的波动中趋于 0，但后期基本保持负向效应；铁路营业里程增长率（$\Delta lnR_1$）在初期给予一个冲击后，旅游总收入增长率（$\Delta \ln Y$）第 2 期立即进行了正向响应，并在第 3 期达到最大 0.070，之后慢慢回落并趋于 0，基本保持微弱的正向效应；内河航道里程增长率（$\Delta \ln R_3$）给旅游总收入增长率（$\Delta \ln Y$）一个冲击后，旅游总收入增长率（$\Delta \ln Y$）在 2 期首先出现 0.255 的相对最高正向响应，然后平缓下降但全程维持正向响应，13 期后稳定为微弱的正向效应。

由此看出，某一冲击带来的三种交通基础设施建设里程增长都对川渝地区旅游经济增长存在长期影响。其中，铁路营业里程和内河航道里程增长均对川渝地区旅游收入增长有积极的正向作用，尽管铁路营业里程冲击对旅游经济增长的响应幅度不大但会长期对旅游收入产生正向促进作用。而旅游经济增长对公路（通车）里程所给予的冲击在一定长的时期内产生较强的负向响应，然后转为一定时期内较弱的正响应，最终趋于微弱的负响应，这意味着公路（通车）里程增长对旅游经济增长的长期影响可能是难以界定的，但在期初一定是抑制了旅游经济增长的。从脉冲响应函数图中还可以看出，公路（通车）里程增长对铁路营业里程增长、内河航道里程增长和旅游经济增长的冲击都有长期的正向响应，说明这三者长期对公路（通车）里程的增长有正向带动作用。

在 VAR（4）-B 的模型中，进一步进行方差分解，结果如图 4 展示：

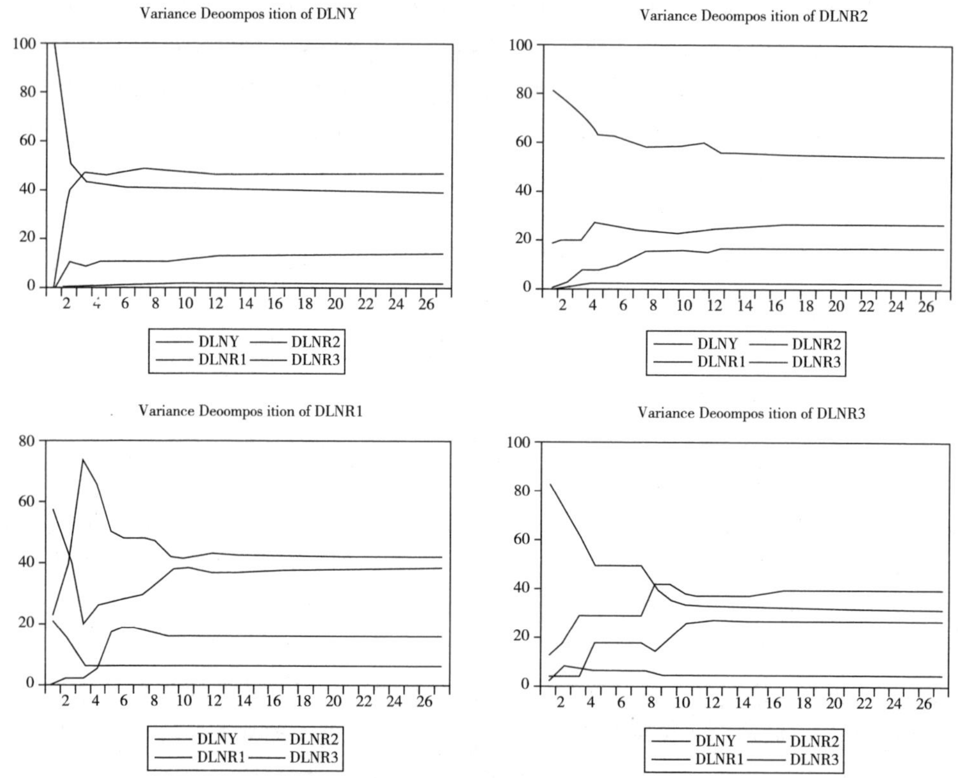


**图 4 VAR（4）-B 模型的方差分解图**

图片来源：笔者自制，EVIEWS8.0，2017 年 12 月

通过图 4 可看出，方差分解后旅游总收入增长率（$\Delta \ln Y$）在期初两期对自身解释的贡献最大，高于 50%，从 3 期起则被公路（通车）里程增长率（$\Delta \ln R_2$）取代，公路（通车）里程增长率（$\Delta \ln R_2$）成为对旅游总收入增长率（$\Delta lnY$）解释的主要贡献变量，后期稳定在 46% 以上高度贡献，由此可说明旅游收入波动在长期中以受到公路（通车）里程增长的滞后期数据贡献为主。铁路营业里程增长率（$\Delta lnR_1$）和内河航道里程增长率（$\Delta \ln R_3$）对旅游总收入增长率（$\Delta \ln Y$）的解释

贡献逐步上升，其中内河航道里程增长率（$\Delta \ln R_3$）的贡献相对较大，中后期高于13%，但表现依然不算显著；而铁路营业里程增长率（$\Delta lnR_1$）长期趋于1%，即使随着时间推移也始终低于1%，贡献非常微弱。

## 四、结论与建议

### （一）研究结论

一方面，根据实证研究分析，川渝地区水、陆交通线路总长度增长率、旅游总收入增长率和旅游景区总数增长率存在格兰杰因果关系，因此交通基础设施建设的提升能够成为旅游经济发展的有力助推器。

另一方面，短期内川渝地区水、陆交通路线路总长度增长对旅游总收入的增长起抑制作用，后期会转为促进作用；其中，内河航道里程的增长对于旅游经济发展的带动作用较为明显，铁路营业里程增长对旅游总收入增长没有显著作用，公路（通车）里程的增长会在初期对旅游总收入的增长产生明显的抑制作用，中期开始才有微弱的正向带动作用。故而在发展不同交通线路上，应该考虑对症下药，扬长避短。

### （二）建议

针对上述结论与启示，本文针对性地提出以下建议：

1. 交通工程建设初期，重视旅游产品开发

作为“一带一路和长江经济带的交汇点”，川渝地区当前需要把加快构建现代综合交通运输体系作为追赶东部地区旅游发展的先导工程，并着手采取一些相应措施来减小交通建设对旅游发展的初期不利影响。

首先，受到不良影响的当地旅游景区可以借此机会进行内部开发；其次，当地旅游景区还要同时推进对外营销；最后，旅游目的地景区还应该与交通工程捆绑合作。

2. 多种交通方式合作，加快无缝衔接

首先，川渝地区早期交通主要依赖公路出行，然而因其地形的复杂实际存在多种交通方式发展的可塑性。实际上本文认为除了提高已有的其他公路使用效率，或铁路绕线等主流运输方式来分担因在建公路而损失的客流外，还可以探索性发展城市特殊交通方式作为暂时性替代运输方式。

其次，川渝地区已建的铁路交通很多存在着“最后一公里”的问题，往往出站后还需要通过其他交通方式漫长的换乘和周转才能到达旅游目的地。因此新建的高速铁路应当注意合理规划和设置换乘点，景区附近规划铁路建设时则应该考虑与旅

行社等旅游供给方合作设计线路，而已有的站点则需要优化站点配置。

最后，高铁网络的形成，很大程度影响着所在区域内公路的短途客流和民航的中长途客流，并因此必须有预见性地科学规划该地区交通网络布局。

此外，川渝地区需要优化已有交通设施质量和交通线路的网络结构，以核心景区带动次级景区发展升级。具体措施如可以通过完善公路、铁路的交通配套设施提升“无缝衔接”度，改进已有公路的载客容纳量或提升铁路客运的运行速度，进行交通网络结构优化，形成便捷旅游圈，发展出成都、重庆“双核心”以外的次级核心游客集散中心。同时，小景区和边缘地区宜采取与“双核心”区域旅游产品差异化战略，细分市场并打造多样化度假型旅游产品，减少区域内高铁开通导致的旅客外流损失，增加旅游收益。

## 主要参考文献

陈佩虹，王稼琼．交通与旅游业发展关系实证研究——京九铁路建设对江西省旅游业发展影响．生产力研究，2009(15).

陈晓，李悦铮．城市交通与旅游协调发展定量评价——以大连市为例．旅游学刊，2008: 23(2).

邓聚龙．灰色系统基本方法．武汉：华中科技大学出版社，1988.

靳诚，陆玉麒，张莉，徐菁．基于路网结构的旅游景点可达性分析——以南京市区为例．地理研究，2009: 28(1).

来逢波．交通对旅游的影响及发展对策．铁道运输与经济，2006: 28(11).

王美霞，蒋才芳，王永明，张佑印．基于公路交通网的武陵山片区旅游景点可达性格局分析．经济地理，2014: 34(6).

王欣，邹统钎．高速铁路网对我国区域旅游产业发展与布局的影响．经济地理，2010: 30(7).

张广海，赵金金．我国交通基础设施对区域旅游经济发展影响的空间计量研究．经济管理，2015: 37(7).

## 点评

作为我国旅游资源最为富集的区域之一，川渝地区大量奇特的自然风景与独具风情的巴蜀文化使其旅游经济的发展具有巨大的潜力；但其特殊的地形与地理位置，使其交通的发展较为困难，古人常言“蜀道难，难于上青天”，因此交通的建设对于川渝地区的旅游经济发展至关重要。

作者先搜集和整理了 1990-2016 年间川渝地区水陆交通基础设施建设里程（航

空数据缺失不完整较多)、旅游资源禀赋、当地国民经济发展水平与旅游经济发展水平四个相关指标的时间序列数据，接着通过平稳性检验后建立向量自回归模型，再经过格兰杰因果检验对川渝地区的交通基础设施建设与该区域旅游经济发展的动态性关系深入考察，分析交通基础设施建设对川渝地区旅游经济发展作用的长期性和影响的滞后性。论文研究结果发现:(1)川渝地区的水陆交通基础设施建设的提升能够成为旅游经济发展的有力助推器，但水陆交通基础设施建设的发展速度高于旅游产业的发展速度。(2)短期内川渝地区水陆交通路线总长度增长对旅游总收入的增长起抑制作用，后期会转为促进作用；其中，内河航道里程的增长对于旅游经济发展的带动作用较为明显，铁路营业里程增长对旅游总收入增长没有显著作用，公路（通车）里程的增长会在初期对旅游总收入的增长产生明显的抑制作用，中期开始才有微弱的正向带动作用。

论文应用计量经济学模型的研究步骤，较为细致深入地分析了某个区域内旅游交通建设的类别对当地旅游经济发展影响的机理，丰富了已有的相关研究。论文对川渝地区旅游交通建设与旅游资源开发的实践工作也有启示和指导意义，如旅游资源开发与交通建设的时序性安排、旅游资源特点与交通建设方式选择及多种旅游交通方式建设优化衔接等。

# 基于利益相关者视角的乡村旅游共生机制研究

## ——以同安丽田园休闲农庄为例

叶艳青[①]

**摘要**：本文以利益相关者理论和共生理论为理论基础，分析了同安丽田园旅游企业、当地居民两者利益要求的异同点，探讨了丽田园旅游企业和当地居民的共生冲突现状，并结合实际进一步具体分析两个核心共生单元共生的衍生模式：分工共生、合作共生以及多赢共生。最后，在分析两者共生条件的基础上，构建了丽田园乡村旅游企业和当地居民的共生机制，以期为今后厦门乃至全国的乡村旅游开发提供参考与借鉴。

**关键词**：乡村旅游；利益相关者；共生机制；同安丽田园

## 一、引言

乡村旅游共生机制是一个涉及利益调适与可持续发展的理论与现实问题。当前，乡村旅游持续升温，成为了我国农村经济新的增长点，但由于乡村旅游资源的特殊性，外来旅游企业在进行乡村旅游开发与管理过程中总是涉及各方利益相关者。在各方利益相关者中，旅游企业能否与当地居民和谐共生显得尤其重要，也是乡村旅游能否可持续发展的必要因素。

## 二、理论基础

### （一）乡村旅游利益相关者

从20世纪50年代开始，一种发生在乡村地区，以具有乡村性的自然和人文客体为旅游吸引物的旅游活动在国外兴起。1980年之后，因为在旅游开发中众多涉及利益、公平、民主、协调等问题逐渐突出，许多学者在旅游研究中开始引入管理学理论中的“利益相关者”概念。

自20世纪60年代美国斯坦福研究院第一次解释“利益相关者”至今，学者们

① 2012级，2015年毕业；点评教师：张进福。

有各种各样的答案。国内外众多学者均对利益相关者的范畴进行了研究，对于“企业利益相关者”的概念解读围绕广义和狭义进行。广义定义将只要能影响相关的社会组织和社会团体甚至人类下一代及非人物种均视为利益相关者。狭义定义则认为只有在企业中下了“赌注”的人或团体才是利益相关者（刘长喜，2005）。

国外学者对利益相关者在旅游行业的研究主要集中在生态旅游或社区旅游等领域，而国内起步较晚，从该角度研究乡村旅游的文献也较少，尚处于起步阶段。笔者通过对于文献的整理，发现学者们大多套用弗里曼（1984）的观点定义，将旅游利益相关者定义为“任何能影响旅游业目标实现或受旅游业发展影响的群体或个人。

另外，关于旅游利益相关者的分类，我国专家主要从单维角度进行分析，按照各个利益相关者在旅游发展过程中的影响力强弱划分为核心型利益相关者和非核心型利益相关者（或称战略利益相关者）。

通过借鉴学者对于旅游利益相关者的分类以及对厦门乡村旅游的调研，本文特选取核心层群体即旅游企业和社区居民作为乡村旅游研究的对象，同时以厦门市同安区乡村旅游点之一——丽田园休闲农庄为例，探讨乡村旅游开发过程中协调双方利益的研究。开发乡村旅游，并不是单靠某一个人或者某一个团体的努力就能完成的事情，其中必定是涉及到多方利益和诉求，协调各方利益关系，构建一个使各方受益的共生机制是十分重要的。由此扩展到厦门市的乡村旅游也一样，在发展过程中必须以利益相关者理论为指导，按照公平公正的原则，从整体大局出发，努力追求整体利益最大化才能促进厦门市乡村旅游健康持续发展。

### （二）旅游共生系统

“共生”（Symbiosis）是一个生态学的基本概念，是指两种或两种以上不同种的生物在竞争生存空间的过程中，所形成的一种互惠互利、相互依赖、共同生活的关系。共生系统由共生单元、共生模式和共生环境三个要素构成，三要素相互作用的媒介称为共生界面。共生单元是指构成共生体或是共生关系的基本能量生产和交换单位，是形成共生体的基本物质条件（袁纯清，1998）。共生模式是指共生单元相互作用的方式或相互结合的形式，按行为模式可分为寄生、偏利共生、非对称互惠共生和对称互惠共生，按组织模式可分为点共生、间歇共生、连续共生和一体化共生（吴汉、顾朝林，2004）。共生系统的状态如表 1。

旅游共生是指旅游系统内部各子系统之间，旅游活动的各环节之间，旅游开发管理的各相关主体之间，旅游业与其他产业之间，以及不同区域的旅游地之间，在旅游发展过程中所形成的相互结合、相互依赖、相互促进的关系（吴汉、顾朝林，2004）。近年来，因为我国发展旅游过程中出现的矛盾和冲突日益增多的原因，学者将该理论用来研究旅游的概率越来越高，表明关于旅游共生的研究越来越深入。

表 1　共生系统的状态（S）

| 组织模式 M<br>行为模式 P | 点共生 M1 | 间歇<br>共生 M2 | 连续<br>共生 M3 | 一体化<br>共生 M4 |
|---|---|---|---|---|
| 寄生 P1 | S11（M1, P1） | S12（M2, P1） | S13（M3, P1） | S14（M4, P1） |
| 偏利共生 P2 | S21（M1, P2） | S22（M1, P2） | S23（M3, P2） | S24（M4, P2） |
| 非对称互惠共生 P3 | S31（M1, P3） | S32（M2, P3） | S33（M3, P3） | S34（M4, P3） |
| 对称互惠共生 P4 | S41（M1, P4） | S42（M2, P4） | S43（M3, P4） | S44（M4, P4） |

共生利益增强↓

共生组织化程度提高，共进化作用增强→

韩芳（2005）、王东红（2009）将共生理论应用于区域旅游资源整合开发研究；吴泓和顾朝林（2004）、陈学强（2009）分别将共生理论应用于淮海经济区和北部湾经济区的区域旅游竞合研究；张健华（2008）将共生理论引入闽台旅游合作研究，对闽台旅游合作的共生条件、共生模式选择进行分析，从而认为闽台旅游应该构建一体化对称共生模式。王维艳（2007）提出“边界共生”的思路，对跨界景区的旅游资源进行整合共享。

综合梳理国内研究现状，该理论在不同旅游区域的竞合和边界共生的应用较多，而单一旅游地各利益相关者之间的共生研究较少，尤其是乡村旅游利益相关者如何和谐共生的研究更是稀少。鉴于此，笔者尝试从微观层次入手，将共生理论应用于单一旅游地外来旅游企业和当地居民的共生研究。在本文研究中，旅游共生是指在乡村旅游发展过程中各利益相关者之间相互结合、相互依赖、相互促进的关系。

## 三、丽田园休闲农庄和当地居民的共生机制

### （一）同安丽田园休闲农庄概况

厦门市同安区丽田园休闲农庄成立于 2010 年 6 月 11 日，位于同安区北部的莲花镇云洋村，占地面积 300 多亩，距离同安县城 8 公里，省道 206 线穿村而过，农庄沿着素有闽南小漓江之称的澳溪而建，山环水绕，环境宜人。

丽田园休闲农庄起源于婚纱摄影基地。2008 年 3 月，云洋村引入外来经营者投资经营维也纳婚纱摄影基地，并因地制宜取名绿田园摄影基地。创办人是厦门维纳斯婚纱影楼的家族经营者黄温典、黄辉煌等三兄弟，属家族企业经营模式。在此基础上，创办人于 2010 年 6 月正式成立农家乐专业合作社，更名为丽田园休闲农庄。

丽田园休闲农庄依靠云洋村优厚的自然生态优势，综合旅游与乡村资源进行开发建设。农庄沿溪（澳溪）而建；重点保护当地原始生态林和竹林；主要开发“蔬菜采摘、中草药园、山蔬野菜”三类产品；农庄依托原有婚纱拍摄地扩大种植四大花海，主要有油菜花、荷花、三角梅、向日葵。目前农庄体现五大特色：地道农家菜、农耕文化展示与体验、生态林氧吧、农副土特产展销、闽南古民居。经过合作社成员初期的共同创建，丽田园农家乐专业合作社目前已被评为全国休闲农业与乡村旅游示范点、福建省休闲农业示范点、厦门市农民合作社示范社、福建省创意农业示范基地、厦门市“岛外十佳农庄”、厦门市十佳农庄“至尊五强”、厦门市“十佳个性店”等多项荣誉。

### （二）丽田园休闲农庄与当地居民的共生基础

为了了解丽田园休闲农庄核心利益相关者的利益要求以及共生现状，笔者在借鉴前人研究的基础上结合云洋村乡村旅游的实际情况，分别对丽田园当地居民和旅游企业设计了调查问卷。对当地居民调查共发放问卷 200 份，实际回收 190 份，回收率为 95%，回收问卷中有效问卷数为 180 份，有效率为 94.7%。对旅游企业调查共发放问卷 31 份，实际回收 31 份，有效率为 100%。

本次调查居民的利益要求共涉及到 8 个指标，要求居民根据丽田园发展农家乐旅游的实际对于其利益要求内容进行评分。笔者采用描述性统计、均值比较分析当地居民的利益要求先后次序，统计结果如表 2 所示。

**表 2　丽田园休闲农庄旅游社区居民利益要求描述性统计**

| 利益要求（指标） | N | 极小值 | 极大值 | 均值 | 标准差 |
|---|---|---|---|---|---|
| 保护村里的自然环境 | 180 | 1 | 9 | 7.71 | 1.814 |
| 提高当地居民的收入 | 180 | 1 | 9 | 7.64 | 2.274 |
| 丰富村民的文化生活 | 180 | 1 | 9 | 6.98 | 1.960 |
| 增加村民的就业机会 | 180 | 1 | 9 | 6.92 | 2.231 |
| 改善本村基础设施 | 180 | 1 | 9 | 6.90 | 2.190 |
| 有利于村民与外界的交流 | 180 | 1 | 9 | 6.60 | 2.139 |
| 维护村民原本的生活方式 | 180 | 1 | 9 | 6.53 | 2.115 |
| 村民应有权参与丽田园项目管理 | 180 | 1 | 9 | 6.24 | 2.393 |
| 有效的 N（列表状态） | 180 | | | | |

数据来源：调查问卷统计得出

通过以上各项指标的重要程度均值可以看出，当地居民最关注的利益要求是保护村里的自然环境和提高居民的收入，其次是丰富村民的文化生活，对于是否参与丽田园的项目管理关注度较低。部分居民表示出强烈的参与旅游决策与管理的愿望，体现了从开始接受引进丽田园发展乡村旅游到现在重视乡村旅游发展的阶段。

值得一提的是，在各项指标中保护村里的自然环境和提高居民收入两项利益要求均值非常接近，甚至保护环境指标在居民心目中的重要性程度还略高于居民收入的经济利益要求。为此，笔者再次访谈调研当地居民时发现，在丽田园进村发展旅游业之前，村民为增加收入来源，家家户户不断扩大养猪规模，由此产生的污水未经处理便直接排放入溪，使得原本素有闽南小漓江之称的澳溪一度变成臭水沟，严重污染村民生活环境。另外，澳溪在数年前曾发过一次大水，洪水淹没两岸，造成极大的环境破坏。因此，当地居民越来越意识到发展旅游业的同时，保护环境是当前第一要务。

参照前文对当地居民利益要求调查内容，笔者对丽田园旅游企业调查设计如下 8 个指标，并请企业经营者根据内心最真实想法对各项利益要求指标进行打分，结果如表 3 所示。

**表 3　丽田园旅游企业利益要求描述性统计**

| 利益要求（指标） | N | 极小值 | 极大值 | 均值 | 标准差 |
|---|---|---|---|---|---|
| A：获得丽田园的长期生存和发展 | 30 | 9 | 9 | 9.00 | .000 |
| B：提升丽田园休闲农庄的知名度 | 30 | 9 | 9 | 9.00 | .000 |
| C：获得良好的旅游企业形象 | 30 | 9 | 9 | 9.00 | .000 |
| D：获得高额的利润回报 | 30 | 7 | 9 | 8.93 | .365 |
| E：保护当地的自然环境 | 30 | 7 | 9 | 8.53 | .860 |
| F：维护村民原来的生活方式 | 30 | 3 | 9 | 6.27 | 1.437 |
| G：提高当地居民的收入 | 30 | 3 | 9 | 5.93 | 1.639 |
| H：为当地居民增加就业的途径 | 30 | 3 | 9 | 4.80 | 1.324 |
| 有效的 N（列表状态） | 30 | | | | |

数据来源：调查问卷统计得出

通过对企业利益要求各项指标的重要程度均值比较，我们可以看出企业的利益要求很明确，即获得高额的利润回报并维护企业良好形象，提升农庄的知名度从而获得企业的长期生存和发展。其次，企业也清楚地认识到，为达到可持续发展目标，企业必须保护当地自然环境和维护村民原来的生活方式。因此，企业在这些方面也都有较高的关注度和保护措施，但同时对于提高当地居民收入和增加就业机会的关注度较低，这说明旅游企业的社会责任感较薄弱。

根据以上内容对丽田园当地居民和旅游企业利益要求的分析，我们可以看出当地居民与丽田园休闲农庄在利益上的分歧与趋同。当地居民和旅游企业在丽田园发展乡村旅游过程中表现出不同的利益要求目标，比如，居民最渴望的提高收入和增加就业机会却是旅游企业利益要求各项指标中最被忽视的，此种利益分歧必将造成两者之间共生的矛盾和冲突。与此同时，当地居民和旅游企业之间也存在着共同的目标。比如，丽田园旅游企业为获得乡村旅游的可持续发展而重视的保护环境要求也是居民的最高利益诉求点，这就为两者之间的利益共生创造了条件。

### （三）丽田园休闲农庄与当地居民的共生冲突

在丽田园乡村旅游这一共生体中，当地居民、旅游企业从切身利益出发所产生的不同要求在旅游发展初期还无法协调一致，由此所产生的共生冲突主要表现在以下几点：

1. 当地居民在乡村旅游发展中处于弱势地位

通过对丽田园旅游企业 31 个经营者的调查（见表 4），94% 的经营者表示，因为当地居民的本土意识太强以及难于管理等原因不太愿意或者非常不愿意雇佣当地居民参与园内的旅游经营项目。即使在不得不雇佣的情况下，绝大多数的经营者也认为当地居民顶多只能从事一般岗位的工作（如卫生保洁、景区维护等）。从目前来看，丽田园企业自身 31 个项目经营管理者均引自外地，当地居民因缺乏相关专业经验难以介入，大部分农民只能参与体力服务岗位，收入处于弱势地位。

**表 4　企业认为居民可以从事的工作种类**

| 企业认为居民可以从事的工作种类 | | 计数 | 表响应 %（底数：计数） |
|---|---|---|---|
| 旅游行业工作 | 一般岗位工作（如卫生保洁、景区维护等） | 31 | 100.0% |
| | 导游 | 6 | 19.4% |
| | 旅游接待服务 | 30 | 96.8% |
| | 参与旅游规划与开发 | 1 | 3.2% |
| | 参与旅游决策 | 0 | .0% |
| | 参与旅游企业的经营与管理 | 2 | 6.5% |

数据来源：调查问卷统计得出

2. 当地居民与企业旅游收入分配不均衡

丽田园开发之初，经过直接与当地居民的协商，将村民的荒地、自留地、杂地等零碎闲散的土地以土地流转的方式集中整治规划。农户虽然每年可从合作社获得一定的土地流转资金，每逢过年，与合作社发生土地流转关系、年龄超过 60 岁的老人还可获得一定的过节费和奖金，但这些补偿毕竟非常低，并且丽田园为当地居民提供的就业岗位很有限。虽然企业也鼓励居民自主创业共同致富，但当地居民因缺乏创业资金和创业经验，目前仍有 70% 村民依靠自家农田或者外出打工维持生计，云洋村村民中经营与旅游相关的产品或服务的农户仅占 24.4%（见表 5）。此外，为吸引更多游客，丽田园农家乐至今为止并无设置门票收入，导致可供分配的利益收入减少，因此大部分当地居民目前获得的旅游收益是很少的，大部分利益仍然属于旅游企业本身，两者在经济收入方面不对称。如果企业长此以往不顾及利益分配失衡越来越严重的趋势，将会有碍于丽田园与当地居民的和谐发展。

**表 5　当地居民是否有经营与旅游相关的产品或服务**

| | | 频率 | 百分比 | 有效百分比 | 累积百分比 |
|---|---|---|---|---|---|
| 有效 | 是 | 44 | 24.4 | 24.4 | 24.4 |
| | 否 | 136 | 75.6 | 75.6 | 100.0 |
| | 合计 | 180 | 100.0 | 100.0 | |

数据来源：调查问卷统计得出

3. 丽田园旅游企业不够重视当地居民的主体地位

近年来，随着旅游业发展地位的提升，当地居民对乡村旅游的价值有了进一步的认识。作为本地农业资源的占有者，他们不仅希望能从乡村旅游中获益更有强烈地参与相关旅游决策意愿。笔者分别从丽田园旅游企业和当地居民的调查中发现：96.8% 企业经营者表示在制定相关旅游发展决策时，完全不会征询当地居民意见；与此同时，83.3% 居民也表示企业在实际发展过程中从未征询过相关发展意见。由此可见丽田园在云洋村当地发展乡村旅游过程中很大程度上忽视了当地居民的主体地位（见图 1 和图 2）。

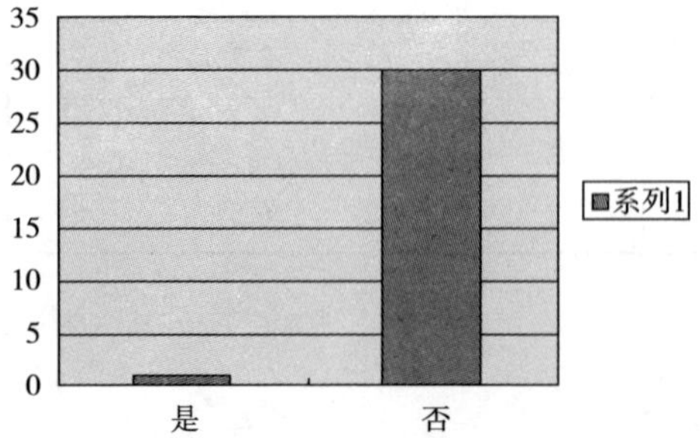


图 1　旅游企业是否征询村民的决策意见

数据来源：调查问卷统计得出

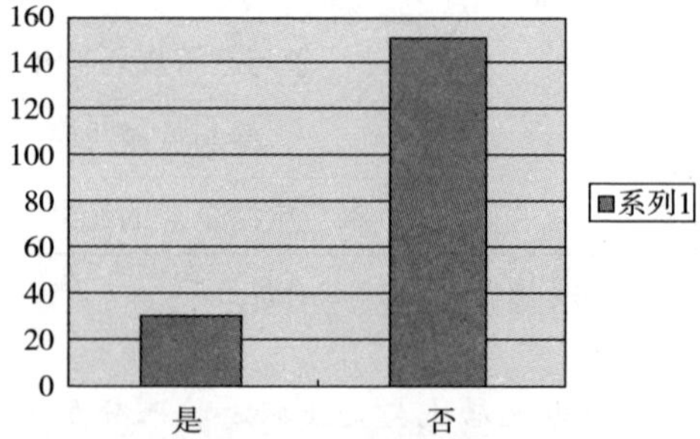


图 2　村民是否得到旅游企业的征询意见

数据来源：调查问卷统计得出

另外，从目前来看，丽田园农家乐专业合作社社员分为三个等级：一级社员为旅游企业投资者（家族个体）；二级社员为与合作社发生土地流转关系的土地流转农户；三级社员为自主创业参与旅游经营者。这三级社员中仅一级社员拥有整个旅游企业的经营管理决策权，加入合作社的成员也并未持有任何股份可以参与决策。显然，不仅是云洋村的普通村民，就连加入合作社的当地社员都无法参与相关旅游发展决策或者相关项目管理，居民决策管理意愿受到经营者排斥。据统计，云洋村全村共有 1095 户，目前加入合作社的社员仅有 120 多户，农民加入合作社的自觉性不高，许多农户还处在观望阶段。

4. 当地居民的生活习惯受到负面影响

从当地居民的利益描述性统计分析，如图 3 所示，6% 当地居民表示对丽田园发展现状非常不满意，18% 居民不太满意，38% 居民表示一般，只有 17% 居民表示比较满意，21% 居民表示非常满意。由此可见，绝大部分居民对丽田园乡村旅游发展现状是不满意的，其中一个很大的原因是，他们的生活习惯已经受到一定程度的负面影响。随着丽田园休闲农庄的宣传推广，游客数量急剧增长，村民的生活空间受到挤占。尤其是周末节假日等高峰期，由于丽田园目前缺乏规范的停车场与专员引导，游客车辆随意沿溪停放甚至占用村落通行要道等行为已经造成村落交通严重堵塞，村民安全和出行无法得到保障。另外，部分游客随手丢垃圾或任意破坏农作物等破坏自然环境的不文明行为也让当地居民极其反感。

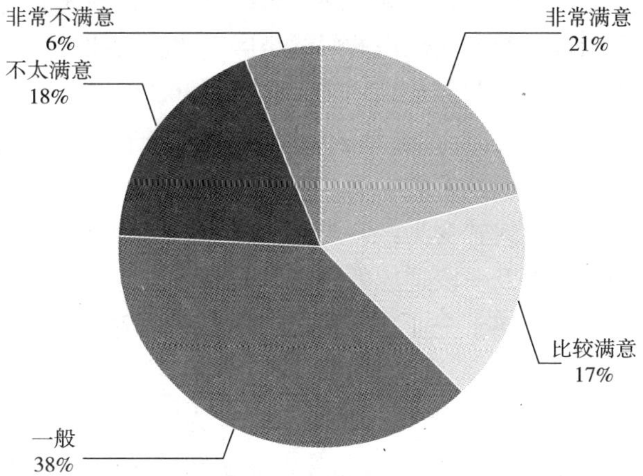


**图 3　居民对丽田园农家乐发展现状的满意程度**

数据来源：调查问卷统计得出

从某种程度来说，丽田园休闲农庄的辐射力还不够强。丽田园休闲农庄所在地的莲花镇云洋村，总面积 11 971 亩，其中山地面积 8681 亩、耕地面积 3290 亩，目前仅开发该村沿澳溪支流的 300 多亩土地，规模效益未充分体现，游客数量不够多，活动范围还远远未渗透深入到整个村落，云洋村的内部村落均未得到充分开发利用。

因此，丽田园休闲农庄在发展乡村旅游过程中如何协调与当地居民的关系，如何更好地利用现有的乡村资源吸引更多的游客，如何使企业在追求利益最大化的同时使双方获益均衡都是目前急需解决的难题。或许，在将来的继续发展成熟阶段，随着规模的扩大，丽田园休闲农庄和当地居民因为生活习惯、征地问题、收入分配等原因将产生的利益纷争也应列入前期规划考虑范围。

### （四）丽田园休闲农庄与当地居民现有共生模式

丽田园自 2010 年成立专业合作社发展至今，全面整合云洋村闲置土地经营乡村旅游，在保护当地自然环境的基础上投资修建村庄沿河区域旅游休闲基础设施，带动了村庄旅游产业的价值链升级发展。但经营的更多利益归属于丽田园旅游企业本身。其共生模式表现为偏利共生条件下的间歇共生。该共生模式的行为模式表现为偏利共生，也就是在共生单元中的其中一方占有能量、物质以及信息等方面的绝对优势。该共生模式的组织模式为间歇共生，表示旅游企业和当地居民这两个共生单元之间的合作沟通还只是间歇性的，无法持续。

其中，偏利共生的行为模式表现为：丽田园休闲农庄经营乡村旅游至今，更多的利益归属于丽田园旅游企业本身。目前，加入丽田园农家乐专业合作社的居民只占 22.2%，同时整个村落也只有 24.4% 的居民经营与旅游相关的产品或服务，主要形式是自家农产品销售以及不成规模的餐饮小店经营。由此可见，丽田园农家乐的发展并未带动大部分居民参与到旅游中来。另外，46.4% 当地居民仍然以传统农业为生，24% 居民选择外出打工。虽然丽田园旅游企业进入云洋村确实带来更多元的就业机会，但对于当地已经习惯农业并且缺乏旅游行业相关经验的居民来说，突然要从原本传统的营生方式转变为经营与旅游相关的产品或者服务确实存在一定的难度，也需要培训学习以及一段适应的时间。因此，从目前来看，丽田园休闲农庄更多的旅游利益收入仍归属于企业本身，大部分当地居民的经济收入并没有因为乡村旅游的发展而得到提高。

另外，丽田园旅游企业和当地居民组织模式为间歇共生的表现为：在此情况下，云洋村当地得天独厚的自然资源和外来丽田园旅游企业可强强联合，优势互补，实现双方共赢的理想状态。但因利益分配不均和土地政策等原因，外来旅游企业偏向短期化经营，不利于云洋村当地乡村旅游的长期发展。因此，虽然丽田园休闲农庄的企业和当地居民之间已经具备了较好的共生条件，但如果要形成长远良性的共生合作关系，还要进一步明确该地两者之间的共生模式，从而为丽田园休闲农庄核心共生单元之间共生机制的构建指明方向。随着乡村旅游逐步扩大，规模打造品牌深入，发展提升到成熟阶段之后，两者之间的共生关系将再次发生变化。

从共生界面来看，丽田园休闲农庄本阶段共生单元主要是外来旅游企业和当地居民。两者之间的共生模式如图 4 所示，横轴代表共生关系在行为方式上的表现，下方的灰色箭头表明越向正方向延伸，共生单元之间的相互行为越密切，总效用（总效益）越大；纵轴代表共生关系在组织程度上的表现，上方的灰色箭头表明，越向正方向延伸，共生单元之间的一体化程度越高，而对称互惠共生行为模式和一体化共生组织模式是实现共生单元“双赢”或者“多赢”的理想模式。

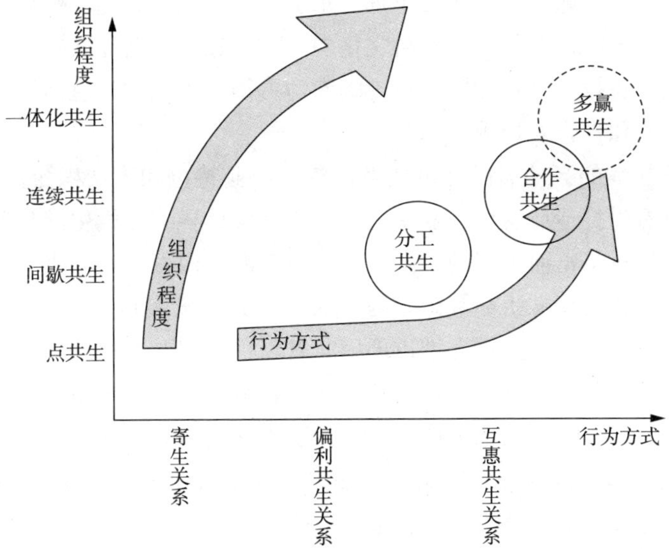


**图 4　丽田园居民和旅游企业共生模式（关系）示意图**

数据来源：笔者自绘

共生模式是在发展乡村旅游的过程中，外来旅游企业和当地居民从以不同的方式和资源为旅游者提供旅游服务，在良性竞争中相互合作，共同致力于促进当地乡村旅游可持续发展，体现了两者之间分工协作、和谐共生的实质。本文结合丽田园乡村旅游的发展历程，以及对其相关旅游共生体中所体现的共生冲突，将两个核心单元共生的衍生模式概括为三种模式：分工共生、合作共生和多赢共生。

1. 分工共生模式

“分工共生”指外来旅游企业和当地居民为避免同质化的恶性竞争，以不同形式和旅游资源为游客提供不同类别的旅游产品和服务，从而吸引更多不同类型的旅游市场，共同促进乡村旅游的生机活力。

如图 4 所示，分工共生在横轴方向上介于偏利共生关系和互惠共生关系之间，在纵轴方向上介于间歇共生和连续共生之间。这是因为该模式属于初级差异化行为产生的衍生模式，离最终的完全连续互惠共生仍有一定距离。

丽田园休闲农庄致力寻求特色开发模式，以保护当地自然环境为基础，大力开发丰富多彩的农村休闲体验项目，谋求与当地居民共生的理想状态。其目标市场是孩子带动全家庭成员参与的人群以及城市青年学生群体。农庄一直提倡贯彻的新概念旅游是既可以观光旅游又完全有别于自然景观和人文景观。农庄为游客提供的是集传统文化与现代培训、休闲旅游方式于一体的旅游度假培训体验。农庄现有五大类二十七项新概念旅游主项目，主要特色项目有森林探险、高空溜索、极限攀岩、空中游步道、同心协力、儿童森林探索乐园、骑马、射箭、快乐蹦床等拓展类项目，手摇船、水上碰碰船、齐心龙舟、水上凉亭、水上茶屋、手划船等水上类项目，犁田、戽水、踩水车、参观农耕文化园、推独轮车、磨豆浆等农耕类项目。未来几年，农庄还将投入大量的资金建设闽南仿古街、当地的特色面线村以及 300 亩都市生态农业园和观光农场等。

丽田园所在地的当地居民立足生态优势、产业特色和人文积淀，利用 10 年时间，把辖区自然村打造成特色产业明显、生态环境优异、百姓生活和美的风情小镇集群。其中，依托丰富而独特的生态文化旅游资源，做好做足山水文章，重点规划好莲花国家级森林公园文山和铜钵岩两大景区，认真配合上级有关部门做好莲花水库库区规划建设。此外，高标准推进环境修复保护工程并且在保护环境的基础上大力发展生态农业。截至目前，全村共建成无公害蔬菜生产基地 200 亩，建成民用沼气池 200 多口。此外，他们还重视文物抢救工作，利用有限的资源，成立组织抓好文山灯火寨、铜钵岩佛像等区级文物大保护大利用共建工程，致力打造文化强村，为游客提供生态文化综合体验。

这样，丽田园休闲农庄与云洋村当地居民积极创造的各种不同类别和特色的旅游产品和服务为不同级别的旅游市场增加了吸引力，克服同质化的恶性竞争，互相依存，在分工共生的基础上共同促进丽田园农家乐旅游的可持续发展。

2. 合作共生模式

“合作共生”是指外来旅游企业与当地居民通过出租或合作的方式开发乡村旅游，利益共享（邹统钎、陈序桄，2006）。合作共生在横轴方向上位于互惠共生的位置，在纵轴上介于连续共生和一体化共生之间，这是由不同的形成方式导致的。在这种共生模式中，如果旅游企业与当地居民通过合作方式进行共生，那么只要双方存在就能一直保持一体化互惠共生关系状态；如果两者以出租土地方式共生，那么在租期时间内两者可以连续保持相互互惠共生关系。

经对丽田园旅游企业经营者的调查，100% 的经营者表示十分愿意与当地居民开展旅游合作，这为两者合作共生创造了良好的前提条件。丽田园休闲农庄自 2008 年以来向云洋村当地村民租用闲置的自留地、杂地、荒地、小面积的种植土地、古民居、果园等零碎的土地和建筑物，总共占地面积 300 多亩。经过综合整治打理将云洋村沿溪区域变成环境优美、生机勃勃、鸟语花香的农家乐旅游点。目前，丽田园日接待能力为 1000 多人，高峰期接待游客达到 2000 人，极大地促进了当地的经济发展和就业机会的增加。由此看来，丽田园休闲农庄与云洋村当地居民之间是以出租为实现方式的合作共生关系。云洋村当地居民将闲置的土地出租给丽田园，丽田园休闲农庄向发生土地流转关系的当地农户缴纳一定数额的租金，逢年过节给相关农户老人发放过节费和奖金，并解决部分村民的就业甚至给予经营补贴。在丽田园发展的近几年时间里，部分当地村民也为农庄的日常经营提供农副产品。

这种合作共生模式符合双方保护环境的共同利益诉求，一切开发经营都把当地生态环境放在首要位置，共同致力扭转之前村落生态的恶化趋势，很大程度上改善了当地居民的生活环境。在为旅游者极力创造旅游目的地的同时，丽田园休闲农庄还为当地居民提供了一个闲暇时间休闲放松的好去处。因此，该模式也是实现旅游企业和当地居民和谐共生的一种新型模式。

3. 多赢共生模式

“多赢共生”是指外来旅游企业和当地居民在实际旅游经营项目中加强合作和交流，实现优势互补、资源共享，合作与互惠互利程度高于合作共生模式，双方获得的旅游总效益最大化。

多赢共生在横轴上方向上位于互惠共生的位置，在纵轴上介于接近一体化共生，表示外来旅游企业和当地居民共生模式为一体化互惠共生的理想状态，而用虚线表示其还未实现，是一个需要逐渐提高共生度的目标模式。

调查中，有 96.8% 经营者认为在乡村旅游发展过程中，居民自发从事的旅游经营生意跟丽田园农家乐经营项目是存在竞争的。但良性的竞争环境更加能够促进乡村旅游核心利益相关者加强合作与交流，扩大范围，提高合作程度，在共同发展中实现互惠多赢。丽田园农家乐所在的云洋村近几年因人文资源的深入挖掘，迸发了旅游开发的激情与活力，当地居民现已自发建成其他农家乐 15 家，间接带旺了村内服务业以及特色农业的发展。同类型农家乐的诞生从某种程度上也促使丽田园休闲农庄加强景点开发，按照“更优、更精、更靓”的要求打造旅游精品。目前，在良性竞争基础上，云洋村推动“丽田园”和“耕读园”成功申报“厦门市岛外十佳农庄”，努力建成融生产经营、科普教育、观光休闲为一体的特色农家乐。此外，各个农家乐立足云洋村实际，积极探索，不断创新旅游发展模式。借助时尚文化，着力发展“假日节庆游”。充分利用“五四”青年节、“十一”国庆节等重大节日，以群众喜闻乐见的文体活动为载体，大力举办一系列旅游户外活动。目前，已经初步形成丽田园“五四”青年趣味运动会、耕读园端午亲子绑粽王大赛、铜钵岩“九九”重阳敬老情等品牌活动。

这种模式处于共生模式关系图的最顶端，要求旅游企业和当地居民能够保持理智良好的心态对待两者之间的共生关系，自觉提升，在良性竞争中实现更成熟的乡村旅游发展状态，以求最终实现两者一体化互惠共生理想的最佳模式。

### （五）构建丽田园休闲农庄和当地居民的共生机制

对称互惠一体化共生是丽田园乡村旅游共生单元的目标模式，但是从前文的分析可以看到，丽田园核心共生单元之间的共生模式仍处于非理想模式，并且该理想模式的实现也并非能一蹴而就，是一个需要逐步改善趋近理想模式的过程，这就需要相关机制的支撑协调，才能最终得以实现。为此，本文尝试在丽田园旅游企业与当地居民之间构建一种共生机制，确保核心利益相关者应有的利益都能得以实现。

丽田园休闲农庄与所在的云洋村共生机制如图 5 所示。从宏观角度看，云洋村当地居民给丽田园休闲农庄提供了良好的投资环境，为农庄的农家乐日常经营输送了很多资源和支持；丽田园休闲农庄的发展也大大提升了云洋村的知名度，很多游客都是通过丽田园知道云洋村的，二者相互依托共同打造旅游品牌，致力和谐发展。云洋村居民将土地出租给丽田园，丽田园则定期向与之发生土地流转关系的农户交纳租金以及另外给予其他社员项目经营补贴，为部分当地居民带来了良好的就业机会，从这种角度看，云洋村当地居民与丽田园休闲农庄已经形成“合作共生”关系。

另外，当地自然村经过综合治理与丽田园一起为游客提供不同层面的旅游产品

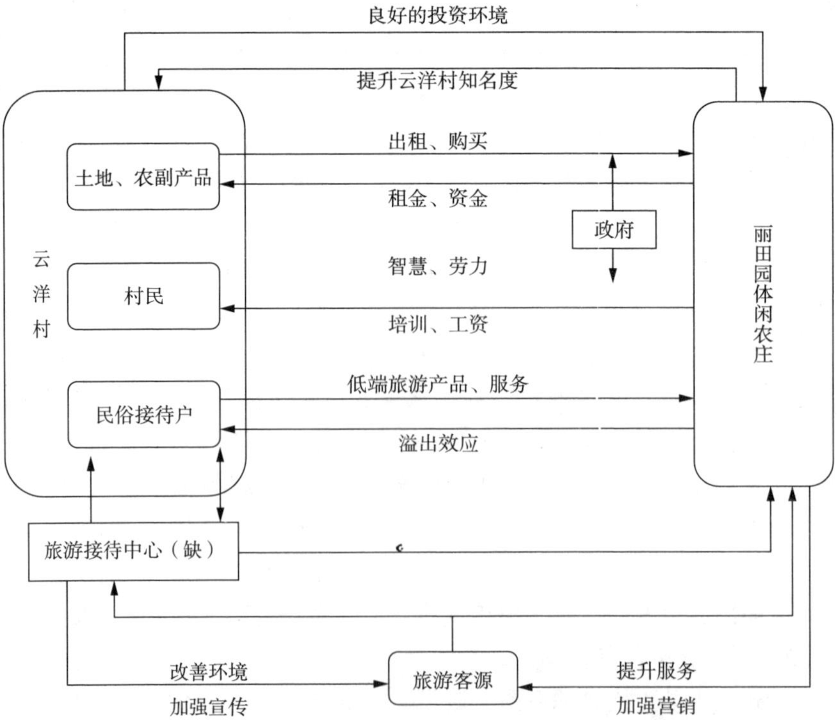


图 5 丽田园休闲农庄与云洋村当地居民共生机制

数据来源：笔者自绘

和服务，为旅游者提供了更多样化的旅游产品，有利于整个村落乡村旅游的可持续发展。而丽田园休闲农庄经营所产生的“溢出”效应为云洋村当地居民带来很大的经济效益。从这个角度看，云样村当地居民与丽田园休闲农庄已经形成“分工共生”关系。

然而，需要特别说明的是，丽田园休闲农庄所在的云洋村目前缺少旅游接待中心。随着乡村旅游热潮在社会上的日渐兴盛以及云洋村改善环境、加强宣传，丽田园的旅游客源越来越多，有时无法得到合理协调分配，旅游黄金周等节假日则更甚。而旅游接待中心的作用就是用来改善共生环境、调节共生单元之间的关系，并促进形成稳定的“多赢共生”关系。由此可见，云洋村的旅游接待中心成立势在必行。

## 四、结论与讨论

当前阶段，丽田园休闲农庄乡村旅游的共生单元主要是外来旅游企业和当地居民。通过分析这两个共生单元的利益要求，我们可以看出丽田园外来旅游企业与当地居民之间虽然因为利益分歧存在共生冲突，但也因为共同的利益诉求点存在良好的共生条件。

从共生模式来看，目前丽田园乡村旅游的共生模式为偏利条件下的间歇共生模式。在此模式下，丽田园休闲农庄乡村旅游发展中的更多的利益归属于丽田园旅游企业本身，而且土地使用权可能发生变动，故外来旅游企业偏向短期化经营，不利于云洋村当地乡村旅游的长期发展。

为达到外来旅游企业和当地居民之间互惠、连续甚至一体化的共生模式就必须将相关的利益主体各项利益进行绑定。从理论上讲，假设土地的使用具有连续性，那么在外来旅游企业和当地居民或政府之间采用股份制的形式成立股份公司，互惠、连续甚至一体化的多赢共生模式就可实现。在此，可以借鉴下梅古村落所采用的股份制经营模式。由外来旅游企业和当地居民以及当地政府三者担当乡村旅游的经营主体，共同来承担整个云洋村乡村旅游的经营和管理。首先，必须充分地调动起当地政府在共生体中的作用，带动整个共生体之间的物质流、能量流以及信息流的有效传递和交换，保证整个共生界面顺畅。其次，丽田园休闲农庄通过当地政府加强和当地居民的沟通与交流，使当地居民真正体会到发展乡村旅游所能得到的好处并自觉提高自身主人翁意识。两者之间通过政府所达到的和谐共生状态有利于提高整个云洋村乡村旅游吸引力，为旅游者展示更加美好的乡村旅游形象。只有这样，云洋村的基础设施以及旅游资源才能收获最大的投资效益，目前旅游者普遍反映的接待设施不够完善的状态也才能得到彻底转变，丽田园乡村旅游共生体才能达到最终的对称互惠一体化共生模式。

## 主要参考文献

陈学强，刘潇，杨超．基于共生理论的广西北部湾经济区旅游竞合研究．沿海企业与科技，2009(5).

韩芳，吴焱，帕尔哈提·艾孜木．基于共生思想的新疆旅游资源整合研究．新疆师范大学学报，2005(3).

刘长喜．利益相关者、社会契约与企业社会责任．上海：复旦大学出版社，2005.

王东红．共生理论视角下的区域旅游资源整合研究．焦作大学学报，2009(2).

王维艳，林锦屏，沈琼．跨界民族文化景区核心利益相关者的共生整合机制——以泸沽湖景区为例．地理研究，2007(4).

吴泓，顾朝林．基于共生理论的区域旅游竞合研究——以淮海经济区为例．经济地理，2004(1).

袁纯清．共生理论及其对小型经济的应用研究（上）．改革，1998(2).

Freeman R. E. 1984. Strategic Management: A Stakeholder Approach. Boston: Pitman/Ballinger.

## 点评

乡村旅游是当下全国的旅游热点与当前旅游研究的重要领域。叶艳青同学专业硕士学位论文《基于利益相关者理论视角的乡村旅游共生机制研究——以同安丽田园休闲农庄为例》一文，关注乡村旅游发展，借用生态学共生理论并引入利益相关者理论视角探讨乡村旅游中旅游企业与乡村居民的共生发展模式，就其选题而言具有较好的理论价值和现实意义。

文章在乡村旅游研究、利益相关者理论和共生理论梳理基础上，紧扣乡村旅游共生机制主题，试图剖析旅游企业与乡村居民利益诉求之异同以寻找两者的利益冲突与共同利益诉求，探讨旅游企业、乡村居民、地方政府共同参与的股份制经营模式，从而构建乡村旅游共生机制。而且，以福建厦门同安丽田园休闲农庄为个案展开深度访谈和问卷调查，资料较为翔实、数据分析较为合理。总体来看，文章观点明确、论据可靠、论证清晰，结论有独特见解，乡村旅游共生机制亦有一定的现实启发意义。但是，文章之利益分析仅限经济层面，在共生概念、共生维度以及共生机制的论证方面仍有挖掘可能。

尽管在理论深度、维度建构与深入论证等方面仍有提升空间，叶艳青同学专业硕士学位论文《基于利益相关者理论视角的乡村旅游共生机制研究——以同安丽田园休闲农庄为例》不失为一篇资料翔实、逻辑较为清晰、兼具理论价值与现实意义的专业硕士学位论文。